테러리스트

김구

A Report on

KIM

테러리스트
김구

KOO's

정안기 지음

Terrorist

Activities

미래__H

책머리에

서울 남산 중턱에 위풍당당하게 서 있는 동상. 도심 한복판에 자리한 육중한 대리석 기념관. 어느 왕릉을 방불케 하는 효창공원의 거창한 묘역. 백범 김구(1876~1949)는 한국 사회가 위대한 민족의 영도자이자 항일 독립의 거성이며, 대한민국 국부라 앙망하고 떠받드는 더없는 흠모와 숭경의 위인이다.[1] 그동안 한국인들은 김구를 민족의 영광과 상처를 상징하는 육화(肉化)된 기호이자, 민족 독립의 고귀한 이상을 위해 헌신한 불세출의 영웅, 1919년 3·1독립운동의 위대한 혁명 이상의 계승자로 우상화하고, 그의 정신적 사생아를 자처해 왔다. 한국 근현대사를 통틀어 김구에 버금가는 장엄한 인물 또는 불가침의 신성(神聖)을 간직한 역사인(歷史人)은 없다.

그렇지만 김구에게는 또 다른 얼굴이 있다. 테·러·리·스·트. 김

---

[1]   김구를 두고 '대한민국 국부'라고 최초로 주창한 인물은 손세일이다. 그는 2015년 200자 원고지 2만 3천 장 분량, 전 7권, 권당 800쪽에 달하는 『이승만과 김구』라는 거작을 출간했다. 제1권 서설 글머리에서 "이승만과 김구는 대한민국의 두 국부"라고 논정(論定)했다. 또한 2020년 7월 23일 이인영 통일부장관 후보자는 국회 인사청문회에서 "이승만 대통령이 건국 대통령인 것에 동의하느냐"는 박진 미래통합당 의원의 질의에 "우리의 국부는 김구"라고 딱 잘라 답해 역사의식 논란이 일었다. 이인영은 1980년대 '전국대학생대표자협의회(전대협)' 초대 의장을 역임한 인물이다. 손세일(2015), 『이승만과 김구(1)』, 조선뉴스프레스, 25쪽; 손세일·송홍근(2015. 12.), 「김구도 대한민국 국부, 1948년 8·15는 건국일」, 『월간조선』, 통권 제675호; 「김구는 '대한민국' 반대했는데 … 이인영 "우리 국부는 김구" 역사관 논란」, 〈뉴데일리〉 2020년 7월 23일 자.

구는 평생에 걸쳐 수십 건의 잔혹한 테러를 자행하고 다수의 인명을 살상한 "세계적으로 유명한 정치적 암살자"[2]이자 "무수한 암살 음모의 장본인"[3]이다. 하지만 김구는 '세계적인 테러리스트' 혹은 '테러의 수괴'라는 비난과 조롱을 부정하거나 부끄러워한 적이 없다. 오히려 부정의(不正義)한 일본 제국주의 체제에 맞서 싸운 자신의 혁명적 과거를 표상하는 '명예로운 훈장'이라 관념했고, 자주·독립의 회천대업(回天大業)을 수행하는 '민족의 십자군'을 자부했다. 그렇다면 김구는 과연 진정한 의미의 테러리스트였을까? 혹은 어떤 역사적 성격의 테러리스트였을까? 안타깝게도 지금껏 김구의 테러활동 혹은 테러리즘을 정면으로 거론하고 분석한 학술연구는 없었다.[4]

한국 독립운동의 대서사, 대한민족의 대경전, 온 국민의 필독서로도 회자되는 자서전 『백범일지』의 최면술에 걸린 연구가 대부분이었다. 뭇사람들의 상상을 초월하는 온갖 고난과 역경을 극복한 '시대의 초인'이자 '수난받는 민족의 메시아'라 찬송하고 광신했을

---

2   1946년 11월 7일 김구를 인터뷰했던 미국 〈시카고 선(Chicago Sun)〉지 기자 마크 게인(Mark Gayn)은 자신의 저작에서 김구를 '세계적으로 유명한 정치적 암살자'이자 한국 우익을 대표하는 인물이라 소개했다. 마크 게인 지음, 까치편집부 옮김(1986), 『해방과 미군정』, 까치, 115~116쪽.

3   리차드 로빈슨 지음, 정미옥 옮김(1988), 『미국의 배반』, 과학과사상, 115쪽.

4   그렇다고 김구를 테러리스트로 간주하는 연구가 전혀 없지는 않았다. 예를 들어 일본인 학자 하야시 다케히코[林建彦]는 1986년 저작에서 일정기 김구(1876~1949)는 "테러리스트 김구"라는 이름으로 일본인 관계자들 사이에서는 널리 알려져 있었다고 지적했다. 상해 홍구공원에서 시라카와 요시노리[白川義則] 육군대장 폭사를 비롯해 일본인 고관과 대작에 대한 굵직한 테러 사건 배후에는 반드시 김구가 있었다. 그 때문에 그의 목에는 막대한 현상금이 걸려 있었고, 해방 그날까지 일본 관헌의 '지명수배'를 받았다. 해방 이후 송진우, 여운형, 장덕수 암살사건과 관련해서 배후에 김구가 있다는 소문이 돌았지만, 과연 김구가 어디까지 관여했는지는 분명치 않다. 요컨대 하야시는 "한국 현대사" 문맥에서 지극히 단편적으로 "테러리스트 김구"를 거론했을 뿐이다. 하야시 다케히코 지음, 최현 옮김(1986), 『한국 현대사』, 삼민사, 25쪽/56쪽.

뿐 '테러리스트 김구'에 대해서는 모르쇠로 일관했다. 이 책은 김구의 테러활동을 실증 분석해 '테러리즘 있는 테러(terror with terrorism)'와 '테러리즘 없는 테러(terror without terrorism)'를 분별하고, 테러리즘의 구조·특질·논리를 밝히고자 했다. 요컨대 세계적인 테러리스트와 대한민국 국부라는 이 환상적 부조화에 대한 비판적 성찰과 함께 '백범 김구'라는 거대 신화의 탈신화(脫神話)에 도전하는 본격적인 학술 연구다.

이 책의 출간은 우리 시대의 대표 논객이자 자유언론의 아이콘 정규재 주필의 과감한 결단과 획기적인 기획이 있었기에 가능했다. 2020년 10월 이래 정규재 주필과 약 20회에 걸쳐 '김구 신화'의 라이브 대담 방송을 진행했다. 오랫동안 공식적인 담론은 물론이고 비판적 사유를 불허하고, 신성불가침의 위인으로 군림해온 '김구의 흑역사'를 대담의 소재로 삼는다는 것은 남다른 용기, 배짱, 소명이 필요한 일이었다. 회를 거듭하면서 드러나는 '김구의 살인 본색'과 '백범일지의 뻔뻔함'에 경악하고, 분노했다. 이후 오로지 학자적 양심만을 길라잡이 삼아 사료들이 속삭이는 내러티브와 가리키는 화살표를 따라 김구의 테러·테러리즘을 정조준했다. 잔혹한 진실과 마주하는 놀라움, 두려움, 착잡함으로 밤잠을 설쳐야 했고, '김구 신화'라는 거짓말의 바벨탑을 쌓아 올린 사이비 역사학자들의 충격적 위선과 만행에 치를 떨어야 했다.

약 3년에 걸친 저술 작업은 '김구는 누구인가?' 또는 '나는 왜 김구를 연구하는가?'를 자문하고 자답하는 고통스럽고도 지난한 날들이었다. 하지만 지나고 보니 학술적인 긴장감과 희열감으로 충만했던 시간들이었다. 그렇게 김구는 나의 운명이 되고 말았다. 이런 과중한 노동을 견딜 수 있었던 것은 재작년 하늘나라 별이 되신 나의 영원한 스승 교토[京都]대학 시모타니 마사히로[下谷政弘] 명예교수와 존경하는 성균관대학 이대근(李大根) 명예교수의 격려 덕분이었다. 특히 이 교수께서는 이 저작을 보고서야 이승의 삶을 정리하겠다고 입버릇처럼 말씀하셨다. 억장이 무너지는 말씀에 뜨거운 눈물을 삼켜야 했고, 그래서 칼을 물고 널을 뛰는 심정으로 이 연구에 더욱 매진할 수 있었다. 앞으로도 더욱 강녕하셔서 후속 연구를 지켜봐 주시기를 간절히 소망한다.

개인적으로, 이 책이 대한민국 건국과 그 위대한 성취의 초석을 놓으신 이승만 대통령의 독립 정신과 건국 전쟁을 정당하게 평가하는 데 도움이 되었으면 한다. 일찍부터 이 연구의 학술적 값어치를 인정하고 후원과 격려를 아끼지 않으신 이승만학당 이영훈 교장, 포럼1948 류석춘 대표, 정규재tv 시즌3 정규재 주필 그리고 주위 여러 선후배와 동료들에게 감사한다. 더구나 시대의 금기를 건드리는 문제작 출판을 결단하고, 복잡하고 까다로운 원고를 이토록 정갈하게 다듬고 꾸며준 미래사 고영래 사장에게도 감사한다. 마지막으로, 어느새 장성해 고등학교 럭비선수로까지 활약하는 아들 석준이가 아빠의 이 책을 읽어줄 날을 상상하며, 고단했던 지난날의 위안으로 삼고자 한다.

2024년 8월 저자

1부 항일 테러

1. 치하포의 약장수, 쓰치다 조스케

2부 밀정 테러

일반적으로 테러가 극도의 공포심과 같이 피해자가 감각하는 극
단적인 정신적 두려움이라면, 유사 용어인 테러리즘은 심리적 공포
나 충격과 같은 대립과 갈등을 유발하기 위한 정치적 폭력 행위 혹
은 테러 행위 그 자체를 의미한다. 과거에는 테러와 테러리즘이 차
별화된 개념으로 규정되기도 했지만, 최근 들어서는 같은 의미로
혼용하거나 유사한 의미로 사용하는 공식·비공식의 경계가 불분
명한 글로벌한 개념이다. 요컨대 테러·테러리즘은 정치, 이념, 종교
등 특정 목적을 가지고 상대편을 위협하거나 폭력을 행사해서 공포
에 빠뜨리는 행위 일반을 총칭한다.

그렇다면 본격적인 논의에 앞서 테러·테러리즘·뉴테러리즘의
역사와 개념의 변천을 살펴보자.

테러·테러리즘·뉴테러리즘

먼저 테러리즘의 역사와 개념의 변천을 살펴보자. '테러(terror)'라
는 단어는 '겁을 주다'라는 뜻의 라틴어 '테레레(terrere)'에서 유래했
고, 극도의 공포 혹은 극단적인 정신적 두려움을 뜻한다.[1] 테러라는
용어는 1789년 프랑스혁명 이후 공포의 정치 시대(1793~1794년)에 왕

당파에 대한 혁명파의 무자비한 암살, 고문, 처형 등 정치적 탄압, 혁명파에 대한 왕당파의 처절한 보복이 난무하는 공포의 지배(reign of terror)를 역사의 무대로 삼고 있다. 로베스피에르(Maximilien Robespierre, 1758~1794)가 이끄는 공공안정위원회는 왕정복고를 획책하는 앙시앵 레짐(Ancien Régime)의 왕당파 척결을 명분으로 1년 동안 약 30만 명을 체포·구금했고, 약 1만 7천 명을 단두대로 처형했다.[2]

하지만 테러와 테러리즘(terrorism)이라는 용어를 세계 최초로 고안한 인물은 영국 보수주의 정치의 시조 에드먼드 버크(Edmund Burke, 1729~1797)다. 그는 프랑스혁명 발발 직후인 1790년 펴낸 『프랑스혁명에 대한 성찰』이란 저작에서 혁명의 과격성과 급진성을 비판하고자 테러·테러리즘 용어를 고안해냈다. 1798년 프랑스 학림원이 발행한 『아카데미 프랑세즈 사전(Dictionary of the Academic Française)』에 세계 최초로 등재된 테러의 개념은 '조직적 폭력 사용', 테러리즘의 개념은 '조직적 폭력을 사용한 정치' 혹은 '공포의 지배'였다. 당시 테러리즘은 지배자의 권력 유지 혹은 반대 세력을 제거하는 '정치적 폭력'을 의미했다. 하지만 점차 용어의 쓰임새가 다양하면서 피지배자 혹은 피압박 민족이 자신들의 정치적 요구를 관철하기 위해 사용하는 특수한 폭력이란 의미를 갖게 되었다.

테러와 테러리즘은 유사 용어로 정착하면서 '공포와 충격을 유발하기 위한 정치적 폭력 행위'를 의미했고, 정치와 종교, 이념 등 다양한 목적과 신념으로 동기화되는 비합법적 폭력을 총칭하게 되었다. 그 가운데 테러의 목적은 정치권력 쟁탈, 정치적 탄압에 대한 저항, 혁명적 목적의 달성 등이었다. 테러는 피압박 민족의 해방을 위한 투쟁 수단이자 무정의한 강자에 대한 약자의 정의로운 폭력적

저항이다.[3]

국제사회 차원에서 테러리즘 개념 정의를 최초로 시도한 것은 1937년 국제연맹이 개최한 '테러리즘 방지와 처벌에 관한 회의 (Terrorism Convention)'였다. 여기서 합의된 테러리즘의 정의는 "한 국가에 대하여 직접적인 범죄 행위를 가하거나 일반인들의 마음속에 공포심을 일으키는 행위, 특히 정치적인 동기에 따른 의도되고 계산된 폭력 행위"[4]다. 하지만 국제연맹은 테러리즘을 규탄하는 성명서 채택에 실패했다. 테러의 정치성을 둘러싼 참가국의 입장이 첨예하게 엇갈렸기 때문이다. "한 사람의 테러리스트는 또 다른 사람의 자유 투사(freedom fighter)다"[5]라는 경구처럼 테러리즘이 상대성을 지니는 독특한 정치적 개념이다 보니 배타적이고 보편적인 개념 정의가 곤란했다.[6]

테러와 테러리즘은 선과 악의 가치판단이 아니라 사실 판단의 지극히 가치 중립적(neutral) 개념이기 때문에 혐오와 동정, 범죄와 의거, 비난과 인정 등 양가성(兩價性)을 띠게 되었다. 테러는 박해받는 약소국 국민 혹은 망국민의 처지에서 보면 해방투쟁의 별다른 저항 수단이 없을 때 선택할 수 있는 극강의 가성비를 갖춘 전술이다. 그래서 테러는 "위대한 선의(greater good of cause)"[7], "성스러운 테러(holy terror)"[8], 신을 위한 투쟁의 지하드(jihād)로 회자되었다. 단순히 "영혼을 결여한 광기"[9]라고만 비난할 수 없게 만든 것이다.[10]

국제적으로도 테러리즘의 다양한 개념이 존재한다. 테러의 동기, 대상, 범위, 주체, 이념의 포함 여부에 따라 각각 달리 정의되면서 오랫동안 논쟁거리였다. 그 가운데 세계적인 테러리즘 전문가 알렉스 슈미드(Alex P. Schmid)의 개념 정의가 널리 인용돼왔다. 그는

　　　　　　　　　　　　　　　　　　　　　테러리스트 김구

1936년에서 1980년까지 109개의 테러 개념을 분석해 22개의 공통분모를 추출했고, 그 가운데 폭력, 정치, 공포라는 용어를 활용해 "정치적 목적을 달성하기 위해 직접적인 목표에 대한 암살 등 일반인에게 공포를 유발하는 반복적 폭력 행위"[11]로 정의했다. 그럼에도 테러리즘은 여전히 국가별로, 정치적·종교적·문화적 차이에 따라 다르게 정의되고 있다. 일반적으로 테러리즘은 피해자(victim), 목표물(object), 수단(mean), 동기(motivation), 의도(intention)라는 5가지 요소로 구성된다.[12]

이 구성 요소는 테러리즘을 전쟁, 게릴라전, 폭력 범죄와 구별되게 한다.

(1) 테러의 목적은 정치성이기 때문에 개인적인 원한·보복 등 형사 범죄와 구별된다.

(2) 피해 대상이 비무장 민간인이기 때문에 게릴라전 및 국지전과 구별된다.

(3) 테러 공격은 치밀한 사전계획에 따라 실행되므로 우발적인 범죄(이른바 묻지마 폭력)와 구별된다.

(4) 테러리스트는 비폭력을 추구하는 정치범 혹은 확신범과도 구별된다.

요컨대 테러리즘은 '정치적 목적을 위해 특정 비무장 민간인을 대상으로 계획적이고 조직적인 폭력을 행사하는 주의 혹은 정책'으로 정의할 수 있다. 테러리즘은 목적과 수단의 구별 그리고 목적이 수단을 정당화하는 특수한 정치학 개념이다. 테러리즘은 악의 축(axis of evil)인 동시에 저항의 축(resistance axis)이라는 양가성을 지닌다. 바로 테러·테러리즘의 두 얼굴이다.

19~20세기 테러리즘은 정치적 약자들이 암살, 폭살, 파괴, 납치 등 국가 혹은 민간인을 대상으로 특수한 폭력을 행사해서 자신들의 정치적 목적을 달성하고자 했다. 하지만 1990년대 냉전체제 붕괴와 글로벌리즘 확산에 따라 테러리즘의 성격도 차츰 변질하면서 '테러리즘의 재정의'가 불가피해졌다. 1995년 일본의 옴진리교가 도쿄 지하철에 청산가리보다 독성이 500배나 강한 '사린(Sarin) 가스'를 무차별 살포한 생화학 테러가 발생해 전 세계를 충격과 공포의 도가니에 몰아넣었다. 더욱이 사이버공간과 메타버스 등 새로운 테러 환경을 배경으로 테러 수단도 고도화·첨단화했고, 불특정 다수를 표적으로 삼은 무차별 테러 혹은 고강도 테러가 빈발했다. 바로 테러리즘과 구별되는 '뉴테러리즘(New Terrorism)' 혹은 '슈퍼 테러리즘(Super Terrorism)'의 등장이다.

　패러다임 전환의 절정은 바로 2001년 9월 11일 뉴욕에서 발생한 '9·11테러'였다. 뭇사람들은 화창하고 평화로운 화요일 아침 TV 생중계를 통해서 이슬람 테러단체가 민간 항공기 4대를 납치해서 뉴욕의 세계무역센터와 워싱턴의 국방부 청사를 공습하는 놀라운 광경을 지켜봐야 했고, 거대한 충격, 공포, 분노에 휩싸여야 했다. 오사마 빈 라덴(Osama Bin Laden, 1957~2011)이 이끄는 알카에다(Al-Qaeda) 소속 테러리스트들은 예상치 못한 목표와 방법으로 약 3,500명의 인명 손실과 약 2만 5,000명의 부상자를 발생시켰다. 이는 미국 역사상 최악의 테러 사건이었다.[13] 세계적인 테러리즘의 대명사로 떠오른 빈 라덴은 '9·11테러'를 두고 초강대국 미국의 헤게모니와 서구의 지배·착취에 대항하는 '신성한 투쟁'이라 강변했고, 세계적인 지하드의 수호자·후원자를 자처했다. '9·11테러'는 불특정 다수의 무차별 학살, 치밀한 계획, 과감한 자폭을 특징으로 했다.

1999년 미국 랜드(RAND)연구소는 세계 최초로 '뉴테러리즘'이란 개념을 고안해냈다. 이 연구소 소장을 지낸 브루스 호프만(Bruce Hoffman)은 "과거 전통적 의미의 테러리즘과 수법이나 피해의 규모 면에서 많은 차이를 나타냄으로써 새롭게 등장한 테러리즘"[14]이라고 정의했다. 전통적 테러리즘은 이념적 갈등, 민족주의 저항, 인종적 갈등, 종교적 갈등이 주된 원인이었다면, '뉴테러리즘'은 정치적 저항이 주된 요인이다.[15] 아울러 뉴테러리즘은 전통적 테러리즘과 비교해서 (1) 테러 주체의 불명확, (2) 테러 목표의 불특정 다수, (3) 테러 수단의 고도화·첨단화라는 뚜렷한 차이를 드러냈다. 불특정 다수에 대한 무차별 폭력 혹은 벌거벗은 폭력을 특징으로 하는 뉴테러리즘은 종래의 절제된 폭력 혹은 경제적 폭력의 전통적 테러리즘을 대체하게 되었다.[16]

9·11테러의 가공할 만한 충격과 공포는 '전통적인 테러리즘'의 상대성(相對性)과 불편성(不偏性)을 훼손하고 '반문명적 범죄'라는 지극히 부정적인 꼬리표가 붙게 만들었다. 하지만 9·11테러 이후 전 세계를 휩쓸었던 테러 공포는 '테러와의 추악한 전쟁'을 위해 만들어낸 "마음속의 쓰레기"[17]에 불과했다. 미국은 테러의 충격과 공포를 과장했고, 비이성적인 공포 분위기를 조장했다. 이는 새로운 야만주의(New Barbarism)로부터 서구 문명을 보호한다는 '테러와의 전쟁'을 위한 대대적 군사력 동원의 명분 쌓기였다. 20세기 영국을 대표하는 저명한 역사학자 에릭 홉스봄(Eric Hobsbawm, 1917~2012)은 이것이야말로 바로 "우리 시대의 커다란 위험 중 하나"[18]라고 갈파했다. 요컨대 2001년

발생한 9·11테러는 20세기 전통적 테러리즘과 21세기 뉴테러리즘을 구별하는 역사적 분기점이었다.

김구는 테러리스트인가?

2007년 8월 〈중앙일보〉는 「외국인 고대 강의서 테러리스트 김구」[19]라는 제하의 기사를 게재해 커다란 파장을 불러일으켰다. 이는 고려대학 국제하계학교가 개설한 '한국현대사' 강의에서 런던대학 앤더스 칼슨(Anders Carlson) 교수가 김구를 비롯한 윤봉길과 이봉창을 테러리스트라 규정했다는 수강생의 제보를 기사화해서 벌어진 소동이었다.[20] 당시 한국인 대부분은 "9·11은 테러리스트들이 무고한 시민들을 죽였지만 김구 선생에게는 독립이란 목적이 있었다. (…) 김구 선생과 윤봉길 의사를 테러리스트로 표현한 것은 서양 사람들의 시각일 뿐이다. 무고한 시민을 대상으로 하는 테러리즘과 독립운동은 명백히 구분되어야 한다"[21]고 반발했다. 이런 반응은 김구가 '테러리스트가 아니다' 혹은 '테러리스트여서는 안 된다'는 일종의 '역사적 강박관념'이 오랫동안 한국인들의 정신세계를 지배해왔음을 극명히 드러냈다.

다음에서는 '김구는 테러리스트가 아니다'라는 명제를 살펴보자.

첫째, 상해 프랑스영사관은 1934년 6월 본국 외무성 앞으로 발송한 「상해 한인 단체 현황과 한인 활동 보고서(제334호)」[22]에서 대한민국 임시정부(이하 임정)의 활동을 크게 (1) 한인 대중과 외국인들에 대한 반일 선전 활동, (2) 혁명사업 자금 모금 활동, (3) 테러 활동으로 구분했다. 그 가운데 상해 프랑스 조계지를 관할하는 프랑스영사관의 주요 관심사는 역시 임정의 테러 활동이었다. 이들의 우두머리는 김구였고, 테러의 표적은 일본인 유력자와 조선인 친일파였다. 테러 활동은 중국 상해를 비롯한 경성과 도쿄를 무대로 1920년 경성에서 사이토[齊藤] 총독 저격 등 4건을 시작으로 1934년 상해 일본 신사 습격까지 총 19건을 기록했다. 당시 프랑스영사관은 임정을 '테러 집단', 김구를 '테러의 수괴'라고 단정했다.

둘째, 1932년 1월 한국독립당은 이봉창 투탄 테러와 관련해서 「한국독립당 선언문」을 〈북평신보(北平晨報)〉에 발표했다. 그 내용은 "비루한 섬의 악당들이 삼한(三韓)을 차지하고 우리 형제들을 어육(魚肉)처럼 집어삼킨 후에 이제 만주와 몽골을 흡수하고 친구의 나라에 몹쓸 짓을 하는구나. (…) 최근에 이봉창이 테러를 벌였다. 누가 그를 테러로 내몰았는가. 일본의 제국주의가 그를 자극했다. 바로 그들이 밤낮으로 이봉창에게 동기를 부여했다. (…) 요컨대 자신들의 왕자(王者)를 죽이라고 우리 한국인들의 손에 무기를 쥐어준 것은 일본인들이다. 이봉창이 실행에 옮긴 계획은 그만의 것이 아니다. 그것은 2,300만 한국인들의 가슴에 끓어 넘치는 의지"[23]라고 강변했다. 요컨대 한국독립당은 이봉창 테러가 일제의 조선 지배에 저항하는 항일테러였다고 주장했다.

셋째, 1883년 중국 소주(蘇州) 출생으로 한국 독립운동을 물심양면으로 후원했던 조지 A. 피치(George A. Fitch, 1883~1979) 목사는 1932년 윤봉길 테러 직후 상해 경찰에게 쫓기는 김구와 그 일당을 자기 집에 28일 동안 숨겨주고 극진히 대접했다.[24] 더욱이 김구는 피치 부부의 도움을 받아 「홍구공원 진상(The Truth of the Hongkeu Park)」[25]이란 영문 성명서를 전 세계 언론사에 타전할 수도 있었다. 1947년 경교장에서 오랜만에 김구를 접견한 피치 목사는 "폭력과 테러리즘을 통해 추구하는 그의 구식 애국주의가 바람직한 목적을 달성할 수 있을 것인가? (…) 김구 씨는 여전히 자유라는 목적이 폭력 행위라는 수단을 정당화한다고 생각할지도 모른다. 그렇다면 그는 결코 약속된 독립의 땅을 보지 못할 것"[26]이라 확언했다. 피치 목사는 김구가 해방된 조국에서도 여전히 테러를 정치적 야욕의 수단으로 삼고 있다는 사실을 무척 안타깝게 생각했고, 침울함을 감추지 않았다.[27]

넷째, 님 웨일즈(Nym Wales)의 『아리랑』은 1920~1930년대 폭풍의 시대를 불꽃같이 살다 간 조선인 혁명가 김산(본명 장지락)의 고뇌와 좌절, 사랑과 열정 그리고 "민족주의로부터 시작하여 무정부주의자로, 다시 사회주의자"[28]로 전향해야 했던 사상적 방황과 편력을 그려낸 피눈물의 기록이다. 김산은 청년 테러리스트 집단의 사상과 행동에 매료되어 무정부주의자(테러리스트)가 되었다고 고백했다. "테러리즘은 조선인의 항일투쟁에서 떼어낼 수 없는 한 부분을 차지해왔다. (…) 그것은 상존하는 억압과 좌절감, 허무감에 대한 강한 반발이다. 그것은 노예화된 민족만이 진정으로 실감할 수 있는 자유에 대한 열망"[29]이라고 갈파했다. 한인 청년들은 극동 전역에서 가장 무시무시한 테러리스트 집단으로 이름을 떨쳤다. 그래서 테러를 계획하는 중국인들도 한인 청년들 가운데서 테러리스트 지원자를 물색할 정도였다. 그는 이봉창, 윤봉길, 김원봉, 오성륜도 테러리스트였다며, 이를 자랑스럽게 생각했다고 밝혔다.

다섯째, 1923년 단재(丹齋) 신채호(申采浩)는 「조선혁명선언」을 발표하고, "우리는 일본 강도정치가 우리 민족 생존의 적임을 선언하는 동시에 우리는 혁명 수단으로 우리 생존의 적인 강도 일본을 살벌(殺伐)함이 곧 우리의 정당한 수단"[30]이라고 갈파했다. 암살, 파괴, 폭동 등 폭력적 독립운동의 당위성을 강조하는 한편, 살벌(殺伐) 대상으로 조선 총독과 고관·일본군부 수뇌·대만 총독·매국노·친일파 거두·적탐(敵探)·반민족 토호를 칠가살(七可殺), 조선 총독부·동양척식·매일신보·경찰서·기타 중요 기관을 오파괴(五破壞)로 규정했다. 그는 혁명의 유일한 무기인 폭력을 동원해 강도 일본을 타도하자고 선동했다. 요컨대 신채호의 「조선혁명선언」은 시대의 폭력성에 맞대응하는 '테러리즘 선언'의 전범이다. 조관자는 힘없는 자의 "자기 생살(生殺)의 권리"[31]를 선언한 「조선혁명선언」이야말로 힘 있는 자의 폭력에 대해 분노와 살의를 노골적으로 드러낸 저주 혁명론이자 원념의 폭력사상이라 갈파했다.

여섯째, 김구는 『백범일지』에서 1931년경 "침체한 국면을 타개할 목적으로 (…) 철혈남아(鐵血男兒)들을 물색하여 테러(암살·파괴)운동을 계획했다"[32]고 주장했다. 1946년 2월 출간한 『도왜실기(屠倭實記)』한글판 서문에서도 "우리는 이른바 폭행(테러)을 찬양하는 자는 아니며, 혁명의 사선을 넘나든 우리에게는 이 길이 최소의 역량을 가지고 가장 위대한 효과를 거둘 수 있는 길이라는 확고한 인식에서 출발했다"[33]고 고백했다. 1946년 7월 김구는 「동포에게 고함」이라는 성명서에서 "나를 테러의 수괴라 하였으니, 나 자신이 이를 부정치 않는다. (…) 윤봉길·이봉창 두 의사의 의거를 김구가 사주했다는 것은 이미 세계적으로 공표된 것이다. 나는 조국 광복을 위해서는 이 이상의 방법이라도 취했을 것"[34]이라고 강변했다.[35] 김구는 자신에 대한 '세계적인 테러리스트' 혹은 '테러의 수괴'라는 비난에 전혀 개의치 않았으며, 오히려 부정의한 일본제국주의에 맞서 싸운 항일투쟁이라고 주장했다.

일곱째, 1949년 7월 11일 주한 미국 대사관은 미국무성 앞으로 발송한 보고서에서 "칼로 흥한 자는 칼로 망한다. 주중 한국 임시정부 주석을 지낸 김구는 6월 26일 오후 12시 20분 한국군 장교가 미제 권총으로 쏜 4발의 총격을 받고 사망했다"[36]고 밝혔다. 이어서 초대 주한 미국 대사 무초(John J. Muccio)도 8월 9일 자 보고서에서 "김구는 암살자의 생을 살았으며, 암살자의 앞잡이들과 친구들로 스스로를 에워쌌으며, 모든 죽음 가운데 그가 가장 잘 이해하던 바로 그런 죽음을 맞이했다. (…) 그는 신뢰할 수 없으며, 악의에 찬 인물이며, 극동의 음지에서 음모를 꾸몄다. (…) 김구는 그의 명성에도 불구하고 죽을 만하다"[37]고 지적했다.[38] 요컨대 미군정은 물론 주한 미국 대사관도 일찍부터 김구를 "블랙 타이거"[39]라 호칭하고 '테러의 수괴'로 간주했다.[40]

1920~1930년대에 상해에서 활동했던 김구를 비롯한 한인 청년들은 항일 독립을 위한 '성스러운 테러리스트(a holy terrorist)' 혹은 '민족의 십자군(the crusaders of the nation)'을 자처했다. 극동 전역에서 가장 무시무시한 테러리스트로 명성을 떨쳤던 한인 청년들은 일제의 억압과 모순에 대항하는 해방투쟁의 '비대칭 전술(asymmetric tactics)'로서 잔혹한 테러를 주저하지 않았다. 이들은 일제의 입장으로 보면 흉포한 테러리스트였지만, 한인들 사이에서는 강의(剛毅)한 사랑을 실천하는 독립전사들이었다.[41] 이들에게 테러리스트란 부정의한 일본제국주의를 공격하고 무너뜨리는 혁명가의 '명예로운 훈장'이자 '자긍심의 상징'이었다. 요컨대 김구가 '세계적인 테러리스트'이자 '테러의 수괴'였음은 자타가 공인하는 역사적

테러리스트 김구

사실이다. 따라서 '김구는 테러리스트가 아니다'라는 주장은 자신들이 믿고 싶은 사실만을 골라 믿는 지독한 '역사적 확증편향'을 증거할 뿐이다.

역사학계의 불편한 진실

그렇다면 '김구는 테러리스트가 아니다' 혹은 '테러리스트여서는 안 된다'는 '역사적 강박관념'은 언제, 그리고 어떻게 형성되었을까. "9·11은 테러리스트들이 무고한 시민들을 죽였지만, 김구 선생에게는 독립이란 목적이 있었다. 무고한 시민을 대상으로 하는 테러리즘과 독립운동은 명백히 구분돼야 한다"[42]는 한국인들의 역사 인식은 9·11테러는 무고한 시민들에 대한 무차별 학살이었지만, 김구는 독립을 위한 애국적 폭력을 행사했기 때문에 테러가 아니라는 주장과 다르지 않다. 하지만 이는 테러·테러리즘에 대한 지독한 가치편향이자 제멋대로의 해석일 뿐이다. 이러한 한국인들의 '역사적 강박관념' 혹은 '역사적 확증편향'의 이면에는 역사학계의 불편한 진실이 도사리고 있다.

다음에는 '김구는 테러리스트가 아니다'라는 명제를 둘러싼 역사학계의 동향을 살펴보자.

첫째, 신용하는 1931년 말 김구가 조직하고 지도했던 '한인애국단' 활동을 '테러가 아닌 의열투쟁'으로 간주했다.[43] 그는 2002년 일본 외무성이 1932년 상해사변 당시 일본군 총사령관 시라카와 요시노리[白川義則] 대장의 죽음을 '공무사망'이 아니라 '전사'로 처리했다는 사실을 논거로 삼았다. 일본이 "윤봉길 의사의 거사를 만주에서의 조선 독립을 위한 편의대원의 공격과 같은 것"[44]으로 간주했기 때문에 공무사망이 아니라 전사로 처리했다는 주장이다.[45] 하지만 시라카와 대장이 국가의 명령을 받고 제1차 상해사변에 참전했고, 군무(軍務)를 수행하는 와중에 참변을 당했기 때문에 '전사자'로 처리하는 것은 너무나 당연한 조치였다. 그럼에도 신용하는 일본 외무성의 행정적 조치를 학술적 근거로 삼아 윤봉길 폭살 테러를 의열투쟁이라 강변했다. 납득하기 곤란한 주장이다.

둘째, 조동걸은 의열투쟁이 겉으로 작탄 활동이란 점에서 테러와 같지만 성격과 의의는 판이하다며, "의열투쟁은 정의에 입각하여 불의를 토벌한 것인데, 테러는 자신의 이익을 위한 것이다. 정의에 입각했다고 주장하더라도 그것은 주관적인 경우"[46]라고 갈파했다. 더구나 의열투쟁은 타격 대상을 구체적으로 결정하지만 테러는 불특정 다수를 대상으로 한다며, 2001년 9·11테러를 논거로 내세웠다. 이어서 의열투쟁은 자신의 행동을 사전 혹은 사후에 공개하는 것과 달리 테러는 숨어서 행동하고 결과도 숨긴다고 주장했다. 하지만 조동걸의 주장은 테러리즘에 대한 지극한 몰상식과 비합리적 추론에 기초해서 테러와 구별되는 의열투쟁의 차별성 확보에 매달렸다.

셋째, 제12대 독립기념관 관장을 지낸 한시준은 의열투쟁이 암살·파괴 활동이라는 점에서 테러와 같아 보이지만, 의열투쟁과 테러리즘은 엄연히 다르다고 주장했다.[47] 그 차이로 의열투쟁이 타격 대상을 차별하는 것과 달리 테러는 무차별하다는 사실을 거론했다. 이봉창은 일왕을, 윤봉길은 침략자를 타격 대상으로 삼았고, 일반 일본인의 피해를 최소화하고자 노력했지만, 9·11테러는 그렇지 않았다. 행위 공개와 관련해서 의열투쟁은 결행 이후 자신의 행위를 공개한 반면, 9·11테러는 자신의 행위를 숨겼다며, 제국주의에 짓밟힌 자유와 평화를 되찾기 위한 의열투쟁을 테러라고 규정하는 것을 독립운동에 대한 지독한 모독이라 주장했다. 하지만 한시준 역시 테러리즘의 역사에 대한 몰상식과 제멋대로 해석에 기초해서 의열투쟁의 차별성을 확보하고자 했다.

넷째, 김용달은 의열투쟁을 "개인 단독 혹은 소수 인원으로 행해진 자기희생적 거사 방식의 투쟁이자, 의사와 열사의 의로움을 기리고 그들의 장렬한 최후를 존숭한다는 뜻을 함축하고 있다"[48]고 주장했다. 테러의 목적은 개인과 단체의 사사로운 이익이지만 의열투쟁은 국가와 민족 그리고 인류공영을 위한 것이며, 테러는 불특정 다수를 타격 대상으로 삼지만 의열투쟁은 침략 원흉과 식민기관에 한정했다. 의열투쟁은 거사의 목적·이유·주체를 밝히지만 테러는 그렇지 않다. 의열투쟁은 역사 발전의 혁명적 의미를 함의하는 반면, 테러는 역사를 혼란과 함정에 빠뜨리고 후퇴시킨다. 그는 이렇게 허무맹랑한 주장을 서슴지 않았다. 이 또한 테러리즘에 대한 지독한 가치편향에 기초해 의열투쟁을 찬양하고 미화했을 뿐이다.

다섯째, 김영범은 '김구는 테러리스트'라는 주장을 두고 "9·11테러 이후 절대적 부정과 타매(唾罵) 대상으로 전락한 테러리즘의 논법"[49]이라며, "테러는 절대 의열을 품어내지 못한다. 한국적 의열투쟁을 테러리즘이라는 개념 틀 속으로 마구 쑤셔 넣고 동일시하려는 것은 그 자체로 무도한 폭력이거니와 테러리즘 개념조차 제대로 파악·이해하지 못한 것"[50]이라고 강변했다. 그는 의열투쟁과 테러를 구별하고자 1932년 4월 거사에 앞서 윤봉길에게 "최후로 군에게 한마디 하고 싶은 것은 (…) 결코 왜놈 이외의 각국 인사에게 해를 가

하지 않도록 해달라"[51]는 김구의 당부를 거론했다. 하지만 김구의 당부는 '전통적 테러리즘'과 '뉴테러리즘'을 구별 짓는 논거일 뿐이다. 더구나 김영범은 자신과 다른 견해에 대해 '무도한 폭력'이라 매도했고, 세계 학계가 공인하는 테러를 두고도 의열투쟁이라며 억지를 부렸다.

역사학계가 주장하는 의열은 조선왕조 법속(法俗)의 일부였던 의살(義殺: 의롭고 죄가 되지 않는 살인) 개념과 상통한다. 다산(茶山) 정약용(丁若鏞)은 의살을 "대악·불효·패역·음란한 자를 죽이는 것"[52]이라고 정의했다. 요컨대 조부모, 부모, 형제, 스승, 사장(師長)을 살해한 자를 처단해서 원수를 갚는 등 의(義)와 예(禮)를 실천하는 극단적 방법이 의살이었다. 유교적 통념이 법치를 압도했던 조선왕조의 법적 관습은 '절의(節義)를 지키는 살인'에 무척 관대했고, 오히려 이를 허용하고 장려하기까지 했다. 즉, 의살은 만민의 권리이자 도덕적 의무의 일종이었다. 그 때문에 정약용도 의살을 빙자한 "무고한 살인"[53] 혹은 의살이 또 다른 의살을 부르는 복수의 악순환을 심각한 사회적 폐단으로 간주하고 깊은 우려를 표명했다.

20세기 초반 '재야의 양심'을 자처했던 매천(梅泉) 황현(黃玹)이 1909년 10월 26일 안중근의 이토 히로부미 '의살' 소식을 듣고 '조선 백성의 경사' 혹은 '환희의 앙갚음'이라 환호작약했던 것도 전혀 이상한 일이 아니었다.[54] 또한 당대 '진정한 유림'을 자처했던 창강(滄江) 김택영(金澤榮)도 「문안중근보국수사(聞安重根報國讐事)」라는 유명한 한시에서 "평안 장사가 두 눈을 부라리며, 양을 죽이듯이 나라의 원수를 죽였구나. 죽지 않고 이런 좋은 소식을 들으니, 흐드러진 국화 옆에서 미친 듯 노래하고 환장한 듯 춤을 춘다"[55]고 읊었다. 당

테러리스트 김구

대 최고의 지성을 행세했던 황현과 김택영조차도 안중근의 저격 테러를 두고 경사, 환호, 앙갚음을 운운했다. 도덕적 의살 관념에 사로잡힌 폭민들의 정신세계와 하등 다를 것이 없었다.

이런 조선인들의 의살 관념에 지대한 영향을 미친 것은 사마천(司馬遷)의 『사기(史記)』 「자객열전(刺客列傳)」이다. 사마천은 사적 폭력으로 도덕적 관념을 실천한 이 자객들이야말로 뜻을 세우고, 신의를 밝히고, 의를 위해서 몸을 던진 '비범한 사람들' 혹은 '비극적인 영웅들'이라 찬송했다. 「자객열전」은 도덕적 의살 혹은 사적 폭력을 장려했던 전근대 "테러리즘 장려문학"[56]을 대표한다. 그렇다고 의살은 단지 조선인 사회에 한정하는 것도 아니었다. 1895~1896년 민비 시해 사건과 단발령 공포를 계기로 전국 각지에서 폭민들이 일본인 양민을 학살하는 사건이 빈발했고, 심각한 외교 문제로까지 비화했다.[57] "흡사 밥상 위의 파리 떼"[58]로 비유되는 폭민들은 일본인의 입장으로 보면 테러리스트였지만, 조선인들 사이에서는 조선왕조의 법속 그대로 의사(義士)였다.

근현대사를 관통하는 메타 히스토리 테러리즘을 두고 전근대 유교적 가치관을 반영해서 의열 혹은 의거라고 치켜세우고 폭력을 신화화 혹은 신성화하는 것은 명백한 반문명·반인권·반지성이다. 의열투쟁은 제국주의에 저항하는 식민지 해방투쟁의 비대칭 전술로서 '전통적인 테러리즘'과 그 어떤 구별성도 없다.[59] 그럼에도 테러리즘에 대한 역사학계의 알레르기는 9·11테러의 충격파에 따라 김구를 오사마 빈 라덴으로 착각하는 연상심리와 그에 따른 거부반응일 뿐이다. 이는 그야말로 '내 편이 하면 의열, 남의 편이 하면 테러'라는 지독한 내로남불이자 사이비 역사학의 민낯일 뿐이다.[60] 이런 역사학계의 반지성 혹은 불편한 진실이야 말로 '김구는 테러리스트가 아니다' 혹은 '테러리스트여서는 안 된다'는 오늘날 한국인의 '역사적 강박관념' 혹은 '보이지 않는 추상'의 밑자락을 깔았다.

연구의 대상·관점·방법

1932년 5월 7일 자 〈뉴욕 이브닝 포스트〉는 윤봉길 테러를 두고 "우리는 이번에 발생한 폭탄사건에서 한국인이 일본 통치에 반항하는 민의(民意)를 가지고 있음을 알게 되었다"[61]고 밝혔다. 1933년 8월 안공근도 "테러 행동에 이르러 김구는 작년 사건으로 일본인 및 우리의 혁명운동과 그 공작 능력을 믿지 않았던 모든 사람에게 우리의 공작 능력을 증명하고도 남음이 있는 것으로 생각하고 있다"[62]고 주장했다. 김구의 최측근 엄항섭도 "왜적의 간담을 서늘케 하였을 뿐만이 아니라 국제 여론을 환기했고, 세계의 시선을 대한민족에 집중시켰다"[63]고 장담했다. 요컨대 이들의 발언은 김구가 '뉴테러리스트'가 아니라 '전통적인 테러리스트'였음을 의미한다.

다음에서는 김구가 자행한 테러 활동의 연구 대상, 관점, 방법을 서술한다.

첫째, 연구 대상이다.

김구의 테러 활동은 크게 항일(抗日)·밀정(密偵)·정적(政敵) 테러 3가지로 구분된다.[64] 이는 김구가 각각 테러를 두고 내세운 명분 혹은 의지에 근거한 것이다. 이 가운데 압도적 비중을 차지하는 밀정 테러는 협의와 광의의 밀정을 포함하는 중층적 개념이다.[65] 논의 대상이 되

는 테러 9건의 사건 발생 연월일, 가해자, 피해자, 장소, 방법을 표로
정리하면 다음과 같다.

구분	연월일	가해자	피해자	장소	방법
항일 테러	1896. 3. 9.	김구	쓰치다 조스케	조선, 치하포	척살
	1932. 1. 8.	이봉창	쇼와 천황	일본, 도쿄	폭살
	1932. 4. 29.	윤봉길	시라카와 대장 등	중국, 상해	폭살
밀정 테러	1922. 2. 10.	오면직 외 1명	김립	중국, 상해	총살
	1933. 8. 1.	오면직 외 1명	옥관빈 등	중국, 상해	총살
	1939. 5. 30.	정화암	안공근	중국, 중경	총살
정적 테러	1945. 12. 30.	한현우 외 5명	송진우	조선, 서울	총살
	1947. 7. 19.	한현우 외 6명	여운형	조선, 서울	총살
	1947. 12. 2.	박광옥 외 1명	장덕수	조선, 서울	총살

(1) 항일 테러는 특정 일본인을 대상으로 특별한 폭력을 행사했던
1896년 3월 치하포 살인테러를 시작으로 1932년 1월 이봉창과 1932년
4월 윤봉길의 폭살테러이다. 1896년 치하포 사건은 본격적인 항일투쟁
에 나선 청년 김구가 국모보수(國母報讐)를 위해 맨주먹으로 일본군 육군
중위를 때려죽인 것으로 알려져왔다. 1932년 1월 이봉창 폭살테러는
일본 동경에서 육군 관병식(觀兵式)을 마치고 환궁(還宮)하는 일본 천황을
폭살시키려다 미수에 그친 테러 사건이다. 1932년 4월 윤봉길 폭살테
러는 윤봉길이 상해 홍구공원 천장절(天長節) 기념식장에서 폭탄을 터트
려 일본군 상해파견군사령관 시라카와 대장 등을 폭살시킨 테러 사건
이다. 김구는 윤봉길 폭살테러를 자행해서 세계적인 테러리스트로서
의 명성을 얻었다.

(2) 밀정 테러는 항일운동을 방해·저지하는 한인 밀정을 대상으

로 특수한 폭력을 행사했던 1922년 2월 김립 암살, 1933년 8월 옥관빈 암살, 1939년 5월 안공근 암살 테러이다. 1922년 2월 김립 암살은 김구가 고향 후배이자 소학교 제자였던 오면직(吳冕稙)과 노종균(盧鍾均)을 시켜 상해 임정 국무원 비서장 김립을 소비에트 정부가 상해 임정에 제공한 40만 루블을 횡령한 국사범으로 몰아 암살한 사건이다. 1933년 8월 옥관빈 암살은 남화한인청년연맹 정화암을 사주해 상해 한인 거상 옥관빈을 밀정으로 몰아 암살한 사건이다. 1939년 5월 안공근 암살은 남화한인청년연맹 정화암을 사주해 안중근의 막냇동생 안공근을 암살한 테러 사건이다.[66]

(3) 정적 테러는 1945년 11월 환국 이후 대한민국 건국 과정에서 자신과 정치적 입장을 달리하는 정적을 대상으로 특별한 폭력을 행사했던 1945년 12월 송진우, 1947년 7월 여운형, 1947년 12월 장덕수 암살 테러 사건이다. 1945년 12월 송진우 암살은 김구·한독당 계열이 민족주의 광신자 한현우를 사주해 당시 한민당 수석총무 송진우를 찬탁론자로 몰아 암살한 사건이다. 1947년 7월 여운형 암살은 마포형무소에 수감된 한현우와 그 일당이 김구·한독당의 지원을 받아 당시 남조선민주주의민족전선 의장 겸 근로인민당 당수 여운형을 민족반역자로 몰아서 암살한 테러 사건이다. 1947년 12월 장덕수 암살은 김구 한독당 산하 대한보국의용단장 김석황과 그 일당을 사주해서 당시 한민당 정치부장 장덕수를 암살한 테러 사건이다.

둘째, 연구 관점이다.

1932년 이봉창과 윤봉길은 거사에 앞서 자신들의 가슴에는 자신의 정치적 목표와 신념을 명기한 선언문을, 양손에는 자신의 정치적 목표와 신념을 실천하는 수단으로서 권총과 폭탄을 들고 사진을 찍었다. 적에 대한 자폭 테러를 앞두고 자기희생적 각오와 정치적 요구사항을 밝히는 것은 20세기 저항적 테러리스트들의 공통적인 행동 패턴이다. 이는 검은 천으로 얼굴을 가린 무슬림 전사들의 전유물만은 아니었다. 의열투쟁은 한국 사회와 학계에서만 통용되는 가치편향적 개념이자 학술적 의미를 가장한 위(僞)개념이다. 반면, 테러리즘은 선악의 가치판단이 아니라 사실판단의 가치중립성을 지니는 학술개념이다. 따라서 이 연구는 도덕적 가치판단에 대해서는 일단 괄호 안에 묶어두고 오직 사실판단만으로 김구가 자행한 테러 활동을 실증 분석한다.

세계 지성사가 인정하는 테러라는 개념을 두고 의열투쟁이라 둘러대는 것은 명백한 지적 기만이자 말장난이다. 비인도적이고 반문명적인 폭력 행위를 정당화하는 반인류·반인권이다. 그 점에서 의열투쟁은 제국주의 폭력과 구조적 상동성(相同性)을 가지는 자기당착이자, 대중적이고 정치적으로 소비되는 괴담(怪談)의 일종이다. 반면, 테러리즘은 제국주의 폭압에 맞서는 항거자(抗拒者)의 입장과 논리를 포착해낸다. 이들이 직면해야 했던 가혹한 현실과 정치적 신념에 따라 특수한 폭력을 행사해야 했던 역사적 국면을 제대로 드러낸다. 실제로 김구도 '민족의 십자군'을 자처하는 세계적인 테러리스트였다. 테러리즘은 살벌함과 치열함이 묻어나는 한인 테러리스트들의 항일투쟁을 세계 학계에 발신하는 프로토콜(protocol)이다.

종래 연구는 테러 사건의 의거성(義擧性)만을 중시했다. 그 때문에 '김구는 테러리스트가 아니다' 혹은 '테러리즘으로 파악할 수 없다'는 역사적 강박관념이 사건의 사실성을 심각하게 왜곡하고 훼손했다. 바꿔 말하면, 종래 연구는 행위자의 의도로부터 행위와 결과를 추론하는 '무엇을 의도했는가'를 중시하는 목적 지향적 연구였다. 반면, 테러리즘 연구는 행위자가 '무엇을 행위했는가'라는 구체적 사실로부터 과정, 결과, 의도를 분석하고 검증한다. 테러리즘은 수단과 목적을 명확히 구별하고, 정치적 목적성이 수단의 폭력성을 정당화하는 이론 틀이다. 그렇기 때문에 테러리즘 연구는 정치적 목적과 신념에 동기화되는 특수한 폭력성 여부를 중시한다. 이 연구는 사건의 의거성이 아니라 사건의 사실성(事實性)을 중시하는 관점에서 김구의 테러 활동을 실증 분석한다.

셋째, 연구 방법이다.

범죄수사학(Criminal Investigation)은 범죄의 증가, 흉포화, 지능화, 기동화, 광역화에 대응해서 범죄수사의 효율성을 높이고자 과학적 방법론을 결합시켜 창발된 근대 학문이다. 범죄수사학은 실제로 발생한 범죄 현상의 원인을 규명하고, 밝혀진 현상을 수사관의 주관적 사고를 통해 해석·연관시킴으로써 사건을 재구성하는 사회과학의 일종이다.[67] 범죄 현장의 물질적·형태적 증거를 수집·분석해서 범행의 패턴과 범인의 심리상태 등 범죄의 실체적 진실을 구성해낸다. 그리고 가용한 모든 범죄 정보에 대한 과학적 추론을 거쳐 다른 범죄와의 유사성 및 연관성을 해명하고 용의자를 필터링한다. 범죄수사학은 범죄 현장과 증거를 과학적이고, 냉정하고, 편견 없이 분석한다.[68]

이 연구의 목적은 김구의 테러 활동을 피해자, 목표, 수단, 동기, 의도라는 5가지 요인으로 재구성해서 '테러리즘 있는 테러'와 '테러리즘 없는 테러'를 분별하고, 테러리즘의 구조·특질·논리를 밝힌다. 하지만 테러와 비(非)테러 구별이 그렇게 간단한 일은 아니다. 예를 들어, 1933년 8월 상해 프랑스 조계에서 한인 거상 옥관빈 암살 사건이 발생했다. 김구로부터 살인을 청부받은 남화한인청년연맹 맹주 정화암이 하수인을 시켜 자행한 암살 테러였다.[69] 청부살인업자 정화암은 옥관빈이 밀정이어서 처단했다고 주장했다. 하지만 옥관빈 밀정설은 서로 다른 견해가 경합하는 상황이다. 따라서 밀정설 재검토와 함께 청부 암살이 언제, 어디서, 어떻게 기획되고, 실행되었는가에 대한 실체적 진실을 밝혀낼 필요가 있다.

한인 테러리스트들은 동시대와 불화했고, 전혀 다른 방향을 살았던 아웃사이더였다. 1930년대 남화한인청년연맹 조직원으로 활동했던 유기석(柳基石)은 당시 상해에서 활동했던 "소수의 혁명 분자는 민중의 기초가 없었을 뿐만 아니라 동맹군의 힘 있는 지원도 없었다. 그들은 극단적으로 빈곤한 상황에서 한편으로는 생활하고, 다른 한편으로는 힘들게 싸우며 절망 속에서 발악한 것에 불과했다"[70]고 증언했다. 요컨대 환락과 탐욕, 전통과 현대, 서양과 동양이 어우러진 화양잡거(華洋雜居), 음모와 폭력이 난무했던 동아시아 최대의 국제도시 상해 뒷골목을 어슬렁거리며 고달픈 삶에 지친 한인 청년들이야말로 살벌한 테러리스트 예비군들이었다.[71] 이들에게 테러리즘은 무력감과 절망감의 무기였고, 이들의 정신세계를 지배한 것은 비관주의와 소영웅주의였다.[72] 한인 테러리스트들의 동기, 심리, 행동을 파고드는 범죄수사학은 김구의 테러 활동을 밝히는 유효한 연구 방법이다.

1
부

항일 테러

1

치하포의 약장수,
쓰치다 조스케

1896년 3월 9일 새벽 황해도 안악군 치하포(鴟河浦) 이화보가 운영하는 여점(旅店)에서 구타살해, 사체훼손, 사체유기, 재물강탈의 살인강도 사건이 발생했다. 범인은 1876년 황해도 해주부 백운방 출생으로 이른바 팔봉접주(八峯接主)와 의병좌통령(義兵左統領)을 자칭하던 김구였고, 피살자는 일본인 매약상(賣藥商) 쓰치다 조스케(土田讓亮)였다. 그동안 치하포 사건은 본격적인 항일투쟁에 나선 청년 김구가 민비 시해에 대한 복수를 위해 맨주먹으로 일본군 육군 중위를 때려죽인 '국모보수(國母報讐)'로 알려져왔다. 과연 치하포 사건은 김구의 서릿발 같은 충절과 항일의식을 표상하는 '치하포 의거'였을까? 이 장에서는 치하포 사건의 동기, 심리, 행동을 실증 분석한다.

살인의 추억

김구가 『백범일지』에서 묘사한 치하포 사건을 재구성하면 다음과 같다.[73]

1896년 3월 8일(음력 1월 25일) 당시 김구(본명 김창수金昌洙)는 황해도 용강에서 나룻배를 타고 대동강 하구 건너편 안악군 치하포로 향했다.[74] 황해도 안악군 서하면 초정리에 자리한 치하포는 대동강 물길을 따라 즐비한 여러 나루터 가운데 하나였다.[75]

김구를 비롯한 남녀 선객 15~16명과 나귀 한 필을 태운 나룻배가 출항한 시기는 대동강물이 아직 채 풀리지 않은 3월 상순이었고, 산더미 같은 얼음덩이가 둥둥 떠다니는 유빙기(流氷期)의 끝자락이었다.[76] 그래서 대동강 하구 뱃길에는 크고 작은 얼음덩이가 조수에 떠밀려 강역(江域)을 오르락내리락하면서 수로항행(水路航行)을 방해했다.[77] 그 때문에 얼음덩이 사이에 나룻배가 끼여 옴짝달싹 못 하는 등

[1-1] 1890년대 황해도 안악군 지도.

얼음 귀신이 될 수 있는 위태로운 지경에 처했다. 그 와중에서 오랜 시간 굶주리고 지친 선객들은 함께 태운 나귀를 잡아서 식량을 대신하기도 했다. 어찌어찌해서 치하포로부터 서쪽 5리 밖의 강기슭에 닿을 수 있었다. 김구 일행이 치하포 나루터의 여점에 들어선 것은 서산에 지는 달빛도 희미한 자정(子正)을 다 넘긴 시각이었다.[78]

『백범일지』에 따르면 여점 3칸에는 전날의 풍랑 때문인지 유숙하는 손님들로 가득했다. 지친 몸을 누이고 잠시 눈을 붙이는 사이 유숙객들의 떠들썩한 기상과 함께 아침 밥상이 들어오기 시작했다. 대략 새벽 3시경이었다. 그때 가운데 방에서 단발하고 한복을 차려입은 정씨(鄭氏)라는 사람이 황해도 장연(長淵)에 산다는데 말투는 경성 말씨였다. 김구가 정씨를 일본인으로 짐작하고 바라보니 흰 두루마기 밑으로 칼집이 보여 우리 국모를 시해한 미우라 고로[三浦梧

樓] 또는 그의 공범일 것이라 확신했다. 이에 "저놈 한 명을 죽여서라도 국가의 치욕을 씻어보리라"[79]고 작정했다.

먼저 아랫방에 밥상이 들어왔고, 제일 먼저 밥상을 받은 사람이 숟가락질을 시작했다. 나중에 밥상을 받은 김구는 네댓 숟갈로 한 그릇 밥을 다 먹어 치웠고, 주인장을 불러서 오늘 700여 리나 되는 산길을 걸어서 넘어가는데 아침을 더 먹고 가야겠으니 밥 일곱 상을 더 차려 달라고 청했다. 그렇지만 주인장은 아무런 대꾸도 없이 물끄러미 쳐다보다가 미친놈을 다 보겠다고 중얼거리며 안방으로 들어가버렸다. 정씨는 별로 주의하는 기색도 없이 식사를 마치고 중문 밖 문기둥에 기대어 총각 아이의 밥값 계산을 지켜보고 있었다. 김구는 서서히 몸을 일으켜 소리를 지르며 힘껏 발길질해서 정씨를 한 길 남짓 돌계단 밑으로 떨어뜨렸고, 곧장 쫓아 내려가 정씨의 목을 힘껏 밟았다.

그러자 정씨는 칼을 뽑아 김구에게 달려들었다. 김구가 얼굴로 떨어지는 칼을 피하면서 발길질로 정씨의 옆구리를 차서 거꾸러뜨리고 칼 잡은 손목을 힘껏 밟으니 칼이 저절로 땅바닥에 떨어졌다. 김구는 정씨의 칼을 주워서 그의 머리부터 발끝까지 점점이 난도질했다. 아직 3월 날씨라 마당에 있던 빙판에 피가 샘솟듯 흘러넘쳤다. 김구는 "왜놈의 피를 움켜 마시고, 그 피를 얼굴에 발랐다. 그리고 피가 뚝뚝 떨어지는 칼을 들고 방 안으로 들어가 좌중을 보고 호통을 쳤다".[80] 그 와중에 여점 주인장 이화보(李化甫)가 뛰쳐나와 방 바깥에 엎드려 "소인이 눈은 있지만 눈동자가 없어 장군님을 멸시하였으니 그 죄, 죽어도 여한은 없다"며 싹싹 빌었다.

이어서 눈치 빠른 이화보는 밥 일곱 그릇을 한 상에, 다른 한 상에

테러리스트 김구

반찬을 차려 들여놓고 먹기를 청했다. 밥 한 그릇을 먹은 지 10분 정도밖에 안 되었지만, 김구는 큰 양푼 한 개를 청하여 밥과 반찬을 모두 붓고 숟가락 두 개를 포개어 밥 한 덩이를 사발만큼씩 되게 해서 떠먹었다. 피비린내가 진동하는 와중에서도 보기 좋게 두어 그릇 분량을 먹다가 숟가락을 던지고는, 사람들이 들으라고 "오늘은 먹고 싶던 원수의 피를 많이 먹었더니 밥이 들어가지 않는다"고 혼잣말로 중얼거렸다.

식사를 마치고 김구가 직접 정씨의 소지품을 조사해보니 쓰치다 조스케라는 일본 육군 중위였고, 가진 돈이 엽전 800냥 남짓이었다. 그 돈으로 김구는 뱃사람 7명에게 뱃삯을 지불하고 마을 동장(洞長)을 겸했던 이화보에게 나머지 돈을 모두 동네 극빈자들에게 나눠줄 것과 '왜놈들은 우리 조선의 사람들뿐 아니라 모든 생물들의 원수니, 바닷속에 던져서 물고기와 자라들까지 즐겁게 뜯어먹도록 하라'고 명했다. 이어서 지필을 대령시켜 '국모보수(國母報讐)'의 목적으로 이 왜인을 타살하노라'라고 적고, 끝줄에 '해주 백운방 텃골 김창수(金昌洙)'라고 써서 사람들이 지나다니는 여점 외벽에 내붙였다. 그러고는 이화보에게 "안악 군수에게 사건의 전말을 보고하라. 나는 내 집으로 돌아가서 회답을 기다리겠다"[81]고 말했다.

아침 해가 밝아오자, 김구는 흰옷이 온통 피로 붉게 물들었기 때문에 벗어두었던 두루마기를 걸치고 피살자의 환도를 허리춤에 지르고는 한가로워 보이는 태도로 행객과 동네 사람 수백 명 사이를 지나서는 빠른 걸음으로 고개를 넘어 신천읍으로 향했다. 겉으로는 태연자약했으나 마음속으로는 무척 조급했다. 그날은 마침 신천읍 장날이었다. 시장에 모여든 장꾼들 사이에서는 이미 치하포 이야기가 입에 오르내리고 있었다. '오늘 새벽 치하포 나루에 어떤 장사가 나타나서 일본 사람을 한 주먹으로 때려죽였다'느니 '나이가 스물도 채 못 되는 소년이라더라' 혹은 "그 장사는 밥 일곱 그릇을 눈 깜짝할 사이에 다 먹더라"[82]…….

우연히도 장터에서 신천 서부 출신으로 동학 접주 행세를 하고 다니는 유해순(柳海純)과 그의 동생 유해각(柳海珏)을 만났다. 유해순은 김구의 몸에서 풍기는 피비린내와 붉은 피로 얼룩진 의복 그리고 허리춤에 지르고 있는 칼을 가리키며 그 연유를 물었다. 그러자 김구는 '길을 오다가 왜가리 한 마리를 잡아먹었더니 피가 묻었다'느니 '노형이 동학 접주 노릇 할 적에 남의 돈을 많이 강탈하여 두었다는 말을 듣고 강도질하러 왔다'고 둘러댔다. 사건의 대강을 파악한 유해순은 크게 놀라며 어서 피신할 것을 권했다. 하지만 김구는 "사람의 일은 모름지기 밝고 떳떳하여야 하오. 그래야 사나 죽으나 값이 있지, 세상을 속이고 구차히 사는 것은 사나이 대장부가 할 일이 아니오"[83]라며 거절했다.

이후 곧장 해주 백운방 본가로 향했고, 부친께 그동안의 일을 소상히 보고했다. 부모 역시 몹시 놀라며 속히 피신할 것을 애써 권했다. 하지만 김구는 "내가 왜놈을 죽인 것은 사사로운 감정으로 한 일이 아니라 국가적인 수치를 씻기 위해 행한 일이니 정정당당하게 대처하겠습니다. (…) 피신할 마음이 있었다면 애당초 그런 일을 하지 않았을 것입니다. 이미 실행한 이상 자연히 법사(法司)에서 사법적인 조치가 있을 터이니 그에 따르도록 하겠습니다. 이 한 몸 희생하여 만인을 교훈할 수 있다면 죽더라도 영광된 일입니다. 제 소견으로는 집에 앉아서 마땅히 당할 일을 당하는 것이 의로운 일이라 생각합니다"[84]라며 거절했다. 그러자 부친도 '내 집이 흥하든 망하든 네가 알아서 하라'며 더 이상 피신을 권유하지 않았다.

해주부 검속과 심문

조선 정부가 치하포 사건의 범인 김구 검거에 나선 것은 1896년 5월 28일이었다. 앞서 검토한 대로 김구는 사건의 주범이 자신임을 알리는 포고문을 손수 써서 여점 담벼락에 내붙이는 한편, 치하포 여점의 주인장 이화보에게 사건 전모를 안악 군수에게 사실대로 알리라고 당부했다. 하지만 조선 정부가 김구를 검거한 것은 사건이 발생한 지 3개월이 훨씬 지난 시점이었다. 그렇다면 조선 정부 혹은 관할관청 해주부는 언제, 어떻게 해서 사건 발생을 인지했으며, 왜 그렇게 용의자 체포가 지체되었는가? 또한 해주부가 김구를 검거하고 문초해서 밝혀낸 죄상은 무엇인가?

치하포 사건을 가장 먼저 인지하고 초동수사(初動搜査)에 착수한 것은 경성영사관 소속 히라하라 아쓰다케[平原篤武] 경부(警部)였다. 사건 제보자는 피살자 쓰치다의 통역이었던 평안도 용강 출신의 임학길(林學吉)이었다.[85] 임학길은 사건 현장에서 살해 위기를 피해 김구로부터 도망친 이후 사건 발생 사흘 만인 3월 12일 오후 7시경 평양에 도착했다. 그리고 마침 평양 일대의 거류민 보호를 위해 파견 나와 있던 경성 주재 일본영사관 소속 히라하라 경부에게 사건의 전말(顚末)을 제보했다.[86] 다음 날 히라하라 경부는 일본인 순사 2명과 조선인 순검 5명을 인솔하고 나룻배를 이용해서 3월 15일 치하포에 당도했다.

히라하라 일행은 이화보의 여점과 동네를 돌면서 사건의 진상을 탐문했고, 여점 앞뜰 여기저기에 남아 있는 선명한 핏자국을 확인했다. 하지만 피살자의 시신은 강물에 유기된 후였기 때문에 검시(檢屍)와 수습도 곤란했다. 유력한 용의자였던 여점 주인 이화보는 이미 도망친 뒤였고, 여점 담벼락에 붙였다는 포고문도 발견할 수 없었다. 그래서 여점을 수색해 엽전 꾸러미와 기타 물품을 회수하는 한편, 이화보의 아내와 선원, 주민 등 7명을 연행해서 16일 평양으로 귀환했다. 이들을 취조해보니 사건과는 무관하고 그저 사건의 내막을 들어 알고 있을 뿐이었다. 사건의 진범은 여점 투숙자 가운데 한 명이라는 사실을 확인했지만, 신원을 특정할 수는 없었다. 히라하라 경부는 상부에 사건의 전말을 보고하는 한편 범인 수배와 검거를 요청했다.

일본영사관이 본국에 의뢰해 파악한 피살자 신원은 나가사키현〔長崎縣〕 쓰지마〔對島國〕 시모군〔下郡〕 이즈하라〔嚴原〕 출신의 쓰치다 조스케〔土田讓亮〕였다. 나가사키항에서 무역업에 종사하는 오쿠보 기이치〔大久保機一〕에게 고용된 그는 1895년 10월 진남포를 거쳐 11월 4일 황해도 황주에 도착해서 약을 팔았다. 이듬해 1896년 3월 8일 황주 십이포를 출발해 진남포를 거쳐 인천항으로 귀환하는 도중 치하포 여점에 들렀다. 히로하라 경부가 회수한 쓰치다의 유품은 정부 기관을 거쳐 고용주 오쿠보에게 인계되었고, 그의 사망 소식도 친족에게 알려졌다.

1896년 3월 31일, 당시 경성 주재 일본 변리(辨理)공사 고무라 주타로〔小村壽太郞〕는 외부대신 이완용(李完用) 앞으로 자국 거류민 쓰치다 살해 사건에 대한 조선 정부의 적극적 대응을 요청했다.[87] 사건의 전말을 전달하면서 곧바로 평양 관찰사와 해당 군수에게 엄중히 훈령해서 살인범을 체포하고 의법 처단할 것을 요청했다. 공문서에 따르면 사건 당일 쓰치다가 소지한 재물은 한전 10표(1천 냥)와 행낭 1개였으며, 그 가운데 한전 2표는 누군가 약탈해 갔고, 나머지는 인천영사관이 무사히 회수했다는 내용이었다. 고무라 공사의 조회에 대해 외부대신 이완용은 4월 4일 회답했다.[88]

1896년 4월 19일 해주부 관찰사서리(署理) 참서관 김효익(金孝益)은 외부대신 이완용 앞으로 치하포 사건에 대한 안악군수 류기대(柳冀大)의 조사 보고서를 상신했다.[89] 그 요지를 정리하면 (1) 일본인 살해범은 의병좌통령을 자칭하는 해주에 사는 김구 등 4명이었고, (2) 피살자 일본인은 황주에서 조응두(趙應斗)의 나룻배를 빌렸으며, (3) 김구 일행은 일본인을 살해해서 강물에 유기했고, (4) 피살자 재물 75냥으로 나귀를 샀으며, 나머지 800냥을 여점 주인 이화보에게 임치(任置)했고, (5) 자칭 팔봉접주 김구는 이미 '장연(長淵) 산포수(山砲手) 사건'에 연루된 지명수배자라는 점이었다.[90] 류기대의 보고는 피살자가 일본인이라고만 지적했을 뿐 신원을 구체적으로 언급하지는 않았다.

4월 초 외부는 사건의 관할관청 평양부와 해주부 앞으로 김구 체포를 훈령했지만, 한 달이 넘도록 감감무소식이었다. 그래서 외부는 5월 1일까지 김구를 체포해서 법부(法部) 앞으로 압송할 것을 거듭 훈령했다.[91] 6월 18일에 이르러서야 해주부 참서관 김효익이 외부 앞으로 사건 보고서를 상신했다. 이 보고서는 조선 정부 최초로 치하포 사건 피살자의 신상 정보를 구체적으로 담고 있다.[92]

6월 5일 인천 주재 일본영사관은 치하포 사건과 평양 일대 일본 거류민들의 정황을 파악하고자 와타나베 타카지로(渡邊鷹次郎) 등 순사 3명의 평양 출장을 명령했다. 이들은 평양부 참서관을 만나서 범인 검거에 소홀한 것을 항의하는 한편, 해주부 참서관을 만나 범인 수배를 의논했다. 6월 18일 와타나베 일행은 평양부와 해주부 소속 순검 6명을 인솔해서 치하포로 향했다. 6월 21일 새벽 여점을 포위하고 이화보 검거에 나섰다. 하지만 이화보가 낌새를 알아채고 도망친 뒤여서 그의 가족들을 어르고 달래서 6월 22일 이화보를 검거했다. 6월 26일 와타나베 일행은 이화보와 함께 27일 인천항으로 귀환했다.

1896년 5월 28일 드디어 김구가 체포되었다. 사건 발생 2개월이 훨씬 지난 시점이었다. 체포가 늦어진 데는 이유가 있었다. 1896년 2월 아관파천 이후 정국 혼란으로 관리들의 복지부동이 만연한 가운데 해주부 관찰사들이 연이어 사직하면서 관찰사 교체도 빈번했다. 4월 1일 이명선(李鳴善)과 4월 17일 후임 윤길구(尹吉求)는 난국을 감당할 수 없다며 사직했고, 4월 21일 임명된 이건창(李建昌)은 부임을 극구 사양하다가 유배형 처분을 받기도 했다. 7월 15일에야 민영철(閔泳喆)이 신임 관찰사로 부임했다.[93] 앞서 와타나베 순사 일행도 평양부 관찰사 정경원(鄭敬源)을 찾았지만, 그 또한 사표를 제출하고 성 밖에서 숨어지내는 형편이었다. 그 때문에 해주부 참서관 김효익이 관찰사를 대리해 치하포 사건을 처결해야 했다.

[1-2] 1896년 6월 27일 자 해주 감영 공안.

해주 감영이 김구 체포에 나선 것은 5월 28일 이른 아침이었다. 『백범일지』에 따르면, 김구의 모친이 사랑문을 열고 "우리 집 앞뒤에 전에 보지 못하던 사람들이 와서 수없이 둘러서 있다"[94]고 말하기가 무섭게 쇠채찍과 쇠몽둥이를 손에 쥔 30여 명의 장정이 달려들어 김구를 포박했다. 이들은 해주 감영 소속 순검과 사령들이었다. 순검은 '내부훈령(內部訓令)'이라고 등인(等因)한 체포장을 내보이고, 쇠사슬로 김구를 결박해 감영으로 압송했다. 체포되어 한 달쯤 지난 6월 27일 김구는 대전목(大全木) 칼을 쓰고 해주 감영 선화당(宣化堂) 앞뜰에서 해주부 참서관 김효익의 심문을 받았다. 김구의 진술은 다음과 같다.[95]

지난 계사년(1893년) 동학에 입도해서 팔봉접주(八峯接主)라 칭하고 도당(徒黨) 천여 명을 모아서 도처에서 노략질을 일삼았습니다. 갑오년(1894년) 12월 문화(文化) 동산평(東山坪)에서 일본인이 쌓아둔 대미(大米) 150석을 탈취해서 40석은 도중(都中)에서 유용했고, 나머지 110석은 문화접주(文化接主) 이동엽(李東燁)에게 탈취당한 적이 있습니다. 그 밖에도 해주 검단방 도락지 박홍석(朴泓錫)이 쌓아둔 정조(正租) 200석을 탈취해서 송화접주(松禾接主) 방원중(方元仲)과 분식(分食)했고, 석담(石潭) 이참판댁에서 250냥을 토색(討索)한 일이 있습니다. 단발령(斷髮令) 당시에는 각지에서 의병이 일어나자 저도 의병 좌기총(左旗總)이 되어 전남도 김형진(金亨鎭)과 함께 해주 검단방 청용사에 머물렀고, 같은 해 12월 안악군 대덕방 거주 좌통령 최창조(崔昌祚)와 지내다가 돌아왔습니다. 치하포 사건에 대해서는 전혀 아는 바가 없습니다.

해주부 심문에서 김구가 토설한 죄상은 첫째, 1894년 동학란 당시 문화 동산평에서 일본인이 쌓아두었던 미곡 150석을 탈취한 적이 있고, 둘째, 해주 검단방 도락지 박홍석이 쌓아둔 미곡 200석을 탈취했고, 셋째, 해주 석담 이참판댁에서 250냥을 토색질한 적이 있고, 넷째, 1895년 전라도 동학당 괴수(魁首) 김형진(1861~1898)과 해주부 대덕방 비괴(匪魁) 최창조와 합세해 '장연 산포수(山砲手) 사건'을 획책한 적이 있다는 것이었다.[96] 하지만 치하포 살인강도 사건에 대해서는 '전혀 아는 바가 없다'고 딱 잡아뗐고, 그 때문에 김구는 주리가 틀리는 등 혹독한 고문을 받았다. 그럼에도 그는 모르쇠로 일관했다. 하지만 일본공사관은 물론이고 한국 정부 관계기관도 해부주 심문과 무관하게 이미 김구를 치하포 사건의 진범으로 지목하고 있었다.

홍미로운 점은 김구가 해주부 심문에서 여러 범죄를 인정하면서도 유독 치하포 사건에 대해서만은 모른다고 잡아뗐다는 사실이다. 그런데 나중에 인천항재판소 심문에서는 별다른 고문도 없이 치하포 사건을 자백했다. 이런 김구의 심리와 행동을 추론하면, 해주부 심문 당시 김구는 유력한 증인 이화보가 검거된 사실을 몰랐고, 그래서 모르쇠로 일관하면 얼마든지 사건을 뭉갤 수 있을 것이라 심산(心算)했을 것이다. 하지만 인천경무서 이감 이후 이화보가 체포·유치되었음을 인지하고 난 뒤에는 생각을 바꾸었다. 더구나 해주부 심문에서 치하포 사건을 부인했다는 사실은 사건 당일 현장에서 김구 자신의 주소와 이름을 여점 외벽에 써서 밝히고, 안악 군수에게 사건 전말을 보고하라고 했다는 『백범일지』의 서술이 명백한 사실의 왜곡·날조라는 말이 된다.

테러리스트 김구

어쨌든 이후 해주부의 심문조서를 검토한 외부대신 이완용은 "허다한 패악(悖惡)을 용서할 수 없다"[97]며 크게 노발대발했고, 외부대신 한규설도 "범인의 행위가 극히 패악한지라 도저히 용서치 못할 일"[98]이라며 엄중한 징치를 훈령했다. 해주부 심문 내용은 1894년 동학란 이래 이른바 자칭 팔봉접주 김구가 해주 일대를 헤집고 다니며 향민들을 상대로 노략질을 일삼았다고 적시하고 있기 때문이다. 이는 김구가 1894년 이래 여러 건의 떼강도 사건을 자행한 주범이었고, 오래전부터 해주부의 지명수배를 받아왔음을 시사한다.

장연 산포수 사건

더구나 1896년 4월 19일 해주부 관찰사서리 겸 참서관 김효익(金孝益)이 외부대신 이완용에게 올린 보고에서는 팔봉접주(八峯接主)를 자칭하는 김구가 '장연 산포수 사건'의 지명수배자였다고 밝히고 있다.[99] 또한 6월 27일 해주부 심문에서 김구는 전라도 동학당 괴수 김형진과 해주부 대덕방 거주 비적의 우두머리 최창조와 합세해서 불궤(不軌)를 획책한 적이 있다고 자백했다. 그렇다면 '장연 산포수 사건'의 진상 그리고 치하포 사건과의 관련성을 검토해보자.

1895년 1월 이래 김구는 당시 해서(海西)유림의 거두이자 갑오의려(甲午義旅, 갑오년 동학당 토벌의 의병 거사)를 주도했던 안중근의 부친 안태훈(安泰勳) 진사에게 의탁하게 되었다. 당시 해주부 신천군 두라면 청계동에 은둔하고 있던 안 진사는 1894년 해주 일대에서 봉기한 동학군을 토벌하고자 몸소 의려소(義旅所, 의병 근거지)를 차리고 약

300명의 산포수 의병을 모았다. 그는 "새벽 굼벵이는 살고자 흔적 없이 가버리나(曉蝎求生無跡去), 저녁 모기는 죽기를 무릅쓰고 소리치며 달려든다(夕蚊寧死有聲來)"[100]는 한시를 지어 휘하 의병들에게 외우게 했다. 1894년 동학당 창궐 당시 비루한 삶을 좇아 소리 없이 피신하는 농민들과 죽을 줄도 모르고 덤비는 농민군 무리를 새벽 굼벵이와 저녁 모기떼로 비유하고 풍자한 시다. 더구나 당시 안 진사는 가솔의 교육과 학문교류를 위해 화서학파(華西學派)의 대학자이자 해서 지방의 척사유림을 대표했던 후조(後凋) 고능선(高能善)을 초빙해서 함께 생활하던 중이었다. 그래서 김구도 안 진사의 소개로 고능선을 알게 되었고, 스승으로 모시게 되었다.

어느 날 김구는 고능선에게 "국가는 장래 멸망에 처하겠지만, 내정부패로 이를 구할 방도가 없다. 이를 회복하기 위해서는 중국과 친선을 꾀하는 일이 유일한 방책이기 때문에 미리 중국의 많은 인사와 교류해두는 것이 득책"[101]이라는 훈화를 들었다. 그래서 1895년 5월경 김구는 15세 연상의 참빗 장수 김형진과 함께 제1차 청국 시찰 여행을 떠났다가 7월 말쯤 귀환했다. 8월 20일 을미사변(乙未事變)이 발생해서 전국적으로 국수보복(國讐報復)을 부르짖으며 의병이 봉기했고, 정국이 극심한 혼란에 빠져들었다. 그러자 김구와 김형진은 역성거병(易姓擧兵)을 꿈꾸는 김재희(金在喜)와 최창조(崔昌祚)의 후원을 받아 9월 12일경 제2차 청국행을 결행했다.

김형진의 『노정약기(路程略記)』에 따르면 두 사람은 9월 21일 서금주에 도착했고, 9월 말 심양에서 관동연왕(關東燕王) 의극당하(依克唐阿)와 서금주 진동영(鎭東營)의 서경장(徐慶璋)을 면담했다. 서경장은 1894년 청일전쟁 당시 청병 수장으로서 병력을 이끌고 조선에 파병했던 인물이다. 두 사람이 면담 취지를 설명했고, 서경장은 한청(韓淸) 연대를 약속하면서 보군도통령(步軍都統令)을 상징하는 금자령기(金子令旗) 한 쌍, 진동창의(鎭東倡義) 인신(印信)과 직첩(職帖)을 내렸다. 김구는 '의병좌통령(義兵左統領)'이란 직첩을 받았다.[102] 그런데 김형진의 『노정약기』의 기술과 달리 『백범일지』에는 제2차 청국행에 대한 언급이 없다.[103] 더구나 서경장의 '의병좌통령' 하첩 여부는 인천항 경무서 제2차 심문에서도 문제가 되었던 사안이다.[104]

11월 초순 김구 일행이 제2차 청국행을 마치고 귀환해 얼마 지나지 않은 11월 15일 단발령(斷髮令)이 공포되었고, 전국적으로 저항운동이 거세게 일었다. 관아를 습격하는 크고 작은 저항과 함께 조직적이고 강력한 무력 항쟁도 잇달았다.[105] 그러자 김구는 안 진사에게 단발령에 반발하는 역성혁명(易姓革命)의 거병을 제안했다. 그러나 1895년 9월경 이미 의려소를 해체했던 안 진사는 "아무 승산 없이 일어났다가는 실패할 수밖에 없으니 그럴 생각이 없고, 천주교를 믿다가 후일 기회를 보겠다"[106]며, 김구의 제안을 일언지하에 거절했다. 이를 계기로 김구는 안 진사와 절교했고, 서경장과 한청 연대를 믿고 거사를 모의하게 되었다.[107]

12월 12일 김구는 김재희, 백낙희(白樂喜), 김형진과 함께 청룡사에 머무르며 거사를 모의했다. 김형진은 제2차 청국행의 성과를 거론하며, 마(馬) 대인의 출병이 가까워지고 있으니 시급히 봉기할 것을 종용했다. 김형진은 스스로 평안·전라·황해 3도 도통관(都統官), 백낙희는 장연 산포수 선봉장이 될 것을 결의했다.[108] 거사의 제1단계는 장연과 안악 지역 산포수를 동원해 장연 관아를 습격해 무기를 탈취하고, 제2단계는 김형진과 김구가 장연과 안악 산포수를 이끌고 해주성을 공략하고, 제3단계는 마 대인이 이끄는 청병과 합세해서 한양 도성을 점령하며,[109] 제4단계는 양왜(洋倭)를 토멸(討滅)하고 각부 대신을 주멸(誅滅)한 후 해도(海島)의 정(鄭)씨를 국왕으로 맞아 새로운 나라를 세운다는 것이었다.[110]

그런데 '장연 산포수 사건'은 시작과 함께 실패했다. 제1단계 거사 일이었던 1986년 정월 초하루 신천 신화방(新花坊)에서 백낙희 등 주동자 5명이 동민(洞民)들에게 붙잡혀 거사 계획이 백일하에 드러났기 때문이다. 이들은 동민들에게 복날 개 패듯 두들겨 맞아 피투성이가 되었다.[111] 신화방 동민들은 향민들의 안전과 보호를 위해 해주부 앞으로 이들의 역모를 낱낱이 고발했다. 물론 이 역도들을 구출하고자 산포수 부대가 집결한다는 소문이 나돌기도 했지만, 곧바로 경군(京軍)이 출병하면서 이 또한 무위에 그쳤다.

장연 산포수 사건의 공모 및 동조자는 백낙희 등 27명에 달했다.[112] 1896년 4월 6일, 장연 군수 염중모(廉仲模)는 법부대신 앞으로 백낙희 등 6명의 대역죄인을 교형에 처하고, 도주한 김구, 김형진, 김재희, 유학선, 최창조, 성명 미상의 이씨 6명에 대해 지명수배령을 내렸다고 보고했다. 그리고 사건을 공모한 김양근, 백기정, 김규조, 김의순, 백낙규 5명은 체포 당일 곧바로 교수형에 처했다고 밝혔다.[113] 그 뒤 약 2주일이 지난 4월 24일 해주부 참서관 김효익은 법부대신 한규설 앞으로 "장연군 백낙희와 흉계를 도모했던 사건의 공모자 유학선, 김구, 김형진, 최창조, 김재희 그리고 성명불상(姓名不詳)의 이씨를 순포(巡捕)하려고 다방면으로 노력했지만 한 명도 붙잡지 못했다"[114]고 보고했다.

1896년 1월 이래 김구는 지명수배를 피하려고 홀로 제3차 청국행에 나섰다. 하지만 평북 안주 근방에서 아관파천(俄館播遷), 갑오내각 붕괴, 단발령 철회 소식을 듣게 되어 청국행을 단념했고, 해주 본가를 향한 귀향길에 올랐다. 그 길이 안주, 평양, 용강, 안악으로 이어졌고, 드디어 3월 9일 안악군 치하포 나루터의 이화보 여점에 이르게 되었다. 앞서 1896년 6월 해주부의 심문 기록에 나타난 대로 김구가 해주부의 지명수배를 받았던 것은 '장연 산포수 사건'의 주모자 가운데 한 명이기 때문이었다.

인천감리서 이송과 심문

해주부는 사건의 주범이 김구라 확신했지만 자백을 받지 못했으므로 이화보와의 대질심문이 불가결하다고 판단했다. 그래서 내부, 법부, 외부 앞으로 인천부가 하옥시킨 이화보의 해주부 이송을 요청했다.[115] 그래서 7월 7일 외부는 해주부 앞으로 "이화보를 압송하고 대질해서 김구의 죄악을 모두 밝혀 법부에 보고하라"[116]고 훈령하는 한편, 인천부에 대해서도 "김창수가 일본인 살해 원범(原犯)이 분명함에도 모른다고 잡아떼니 심히 당혹스러운지라 일본 영사와 상담해서 이화보를 해주부로 압송해 대질케 하라"[117]고 명했다. 아울러 법부도 해주부에 대해서도 "상세히 채문(採問)해서 자살(刺殺)의 확증을 확보하라"[118]고 훈령했다.

하지만 외부대신 이완용의 훈령은 인천 주재 일본영사관의 반발로 무산되었고, 오히려 김구를 인천감리서로 압송하게 되었다. 7월 초 인천부 참서관 임오준(任午準)으로부터 해주부가 김구를 체포했다는 사실을 인지한 인천 주재 일본영사관 하기하라 사무대리는 고무라 외무차관 앞으로 "이 건은 폭민(暴民)이 본방인(本邦人)을 살해한 중대 안건으로 소관(小官)이 입회할 필요가 있고, 해범인(該犯人) 이하를 당지로 이송해서 심문해야 한다"[119]고 김구의 인천감리서 이송을 주장했다. 결국 인천감리서도 하기하라의 주장을 용인해야만 했다.

8월 13일 김구는 인천감리서 순검과 인천 주재 일본영사관 소속 순사에 의해 압송되었다.[120] 그렇다고 김구의 인천감리서 이송이 단지 일본영사관의 일방적 요구에 따른 것만은 아니었다. 당시 황해도 일대에서 발생하는 외국인 관련 사건의 재판관할권은 인천항재판소에 있었기 때문이다. 김구에 대한 취조 및 심문은 제1차 8월 31일, 제2차 9월 5일, 제3차 9월 10일 총 3차에 걸쳐 진행되었다. 제1~2차 심문자는 인천항재판소 경무관 김순근(金順根)이었다.[121] 제3차 심문자는 인천항재판소 판사 이재정(李在正)과 일본영사관 카미야 기요시[神谷淸] 경부로 한일합동 심문이었다.[122]

다음은 제1차 심문 내용이다.

문 그대가 행한 일은 이미 이화보(李化甫)가 명백하게 고한 바 있으니 사실대로 말하라.

답 내가 금년 정월 24일 용강(龍岡)에서 안악(安岳)으로 가던 중에 평양 사람 정일명(鄭一明)과 함경도 정평(定平) 사람 김장손(金長孫)과 김치형(金致亨)을 만나 같은 배를 타고 치하포(鴟河浦)에 와서 점주(店主) 이화보를 찾아가 저녁을 먹고 그곳에 투숙했다. 이튿날 새벽에 조반을 마치고 길을 떠나려 하는데, 점막(店幕)의 법도가 나그네에게 밥상을 줄 때 노소(老少)를 분별해 그 차례를 마땅히 지켜야 하는 데도 손님 중에 단발을 하고 칼을 찬 수상한 사람이 밥상을 먼저 요구하자 여점원이 그 사람에게 먼저 밥상을 주므로 마음으로 심히 분개했다. 그래서 그 사람의 근본을 알아본즉 일본인이므로 '불공대천지수(不共戴天之讎)'라고 생각하니 가슴의 피가 뛰었다. 그때 일본인이 한눈을 팔고 있는 틈을 타서 발길로 차 거꾸러뜨리고 손으로 때려죽여서 얼음이 언 강에 버렸다. 그 후 동행한 세 사람으로 하여금 돈을 가져오게 해서 점주에게 800금을 맡기고, 나머지 돈은 세 사람이 노자를 요구하기에 분배했다. 그리고 본인은 일본인의 환도(環刀)를 탈취하여 당나귀 한 마리를 일흔다섯 냥에 사서 단기(單騎)로 재령(載寧)으로 향했다. 5월에 귀가했다가 해주(海州) 순포(巡捕)에게 잡혔다.

제1차 심문의 요지는 다음과 같다. (1) 3월 9일 치하포 객점에 유숙할 당시 정일명, 김장손, 김치형 3명의 일행이 있었다. (2) 범행 동기는 비록 여점의 식사에도 노소(老少)를 분별하는 법도와 차례가 있는데, 이를 무시하고 단발머리에 칼을 찬 수상한 사람이 밥상을 먼저 요구했다. (3) 수상한 사람의 근본을 알아보니 일본인이었고, 불공대천지수(不共戴天之讎)라 생각하니 피가 끓었다. (4) 피살자가 남긴 재물 800냥을 점주에게 맡겼고, 75냥으로 나귀 한 필을 샀고, 일행 3명에게 노자를 지급했고, 환도를 탈취했다. (5) 사건 직후 재령(載寧)으로 향했고, 5월경 귀가했다.
다음은 제2차 심문이다.

문 그대는 같은 무리 몇 명과 이화보 집에서 유숙하다가 일본인을 살해했는가?

답 평양 남문 밖에서 초면인 상민(商民) 세 사람을 만나 동행하게 되었고, 이화보의 여점에서 유숙했다. 일본인을 살해할 당시 이 세 사람은 도망쳤다.

문 그대는 동행한 세 사람과 이화보 집에 도착해서 그대가 동당(同黨) 몇백 명이 뒤따라올 것이니 초혜(草鞋, 짚신) 등 물품을 준비하라 일렀는데, 동당이 있음을 뜻하는가?

답 당시 각처에 비도(匪徒)들이 봉기했기에 그 허세를 부려 점주를 현혹하고자 했던 것이다.

문 그대는 일본인을 살해한 뒤에 의병이라 참칭하고 피살자의 금품을 탈취했다. 그것은 배 안에 돈이 있음을 미리 알고 재물을 탐해서 일본인을 살해한 것인가?

답 일본인 살해 뒤에야 배 안에 돈이 있다는 것을 처음 알았고, 동행한 세 사람을 시켜 배 안의 현금을 가져오게 했다.

문 가져온 돈은 몇 냥이나 되며, 무엇에 쓰려고 하였는가?

답 금액은 잘 모르고, 동행인의 노자로 얼마를 주고 나귀 한 필을 75냥에 사서 타고 왔으므로 대략 백 냥가량이다.

문 그대는 처음 공술에서 800냥을 이화보 집에 임치했다고 했는데, 지금 와서는 100냥뿐이라 하니 도대체 어찌 된 까닭인가?

답 처음 공술은 졸지에 잘못 말했다. 지금 생각하니 800냥을 임치한 사실은 없고, 동행 세 사람의 노자와 나귀 한 필 값 일흔다섯 냥뿐이었다.

문 일본인을 타살할 때 사용한 물품은 무엇이며, 동행한 세 사람도 합

테러리스트 김구

세했는가?

답 처음에는 돌로 쳤고, 다시 몽둥이로 때리자 그가 넘어졌다가 일어나 도망가기에 강변까지 쫓아가서 몽둥이로 연타해서 살해한 후에 시체를 끌어다가 강에 유기했으며, 동행 세 사람은 이 일에 관계가 없다.

문 이화보의 공술 가운데 동행한 세 사람과 합세해서 범행을 저질렀다고 하는데, 그대는 단독으로 행했다고 하니 도대체 어찌 된 일인가?

답 일본인 살해 당시 주위 사람들도 놀라서 다들 도주했다. 그런데 어찌해서 이화보가 감히 참관할 수 있었겠는가. 이는 이화보가 꾸며 낸 말이라 믿을 수 없다.

문 그대는 자칭 중국에서 출첩(出帖)한 좌통령(左統領)이라 하였다는데, 진실로 중국에서 출첩한 것인가, 그렇지 않으면 스스로 자칭했는가?

답 그것은 가칭(假稱)이 아니라 중원(中原) 사람 서경장의 하첩(下帖)을 받았으며, 이것밖에 할 말이 없다.

제2차 심문의 요지는 다음과 같다. (1) 김구는 객점 주인과 다른 투숙객의 반발을 억누르고자 의병 도적떼 두목이라 허세를 부렸다. (2) 살인은 피살자의 재물을 노린 것이 아니라 사후에 인지했고, 김구가 직접 배를 뒤져서 재물을 확보했다. (3) 피살자 재물은 제1차 심문과 달리 800냥을 이화보에게 임치한 사실이 없고, 동행자 노자 25냥과 나귀 구입비 75냥으로 합계 100냥가량이다. (4) 일행 3명과 공모했다는 이화보의 진술은 거짓말이며, 단독 범행이다. (5) 일행

3명은 살해 당시 도망쳤지만, 피살자의 재물을 약탈할 때 도움을 주었다.

다음은 3차 심문이다.

문 형제는 몇 명인가?

답 형제는 없고 7대 독자(獨子)다.

문 무슨 불협(不協)한 마음으로 이토록 인명을 살상했는가?

답 국민 된 몸으로 '국모의 원수[國母之讐]'를 갚고자 거사했다.

문 1~2차 심문에서 돌과 몽둥이로 일본인을 타살했다고 진술했다. 그런데 당시 일본인은 차고 있던 칼을 빼 들고 대적하지 않았는가?

답 일본인을 발로 차서 넘어지게 하자 그가 칼을 빼려 하므로 돌로 때려 쓰러뜨리고 칼을 빼앗은 뒤, 동행 세 사람과 분기한 여러 행인과 힘을 합쳐 타살했다. 사람들이 사후 조처를 걱정하므로 내가 시체는 매장하지 말고 얼어붙은 강에 버리라고 해서 그렇게 했다.

문 이화보는 그대의 사건을 목도했는가?

답 그는 겁에 질려서 피신했기 때문에 사람을 보내 불러왔다.

문 사건을 일으킨 것은 재물을 탐해서가 아니라면서도 왜 재물을 탈취했는가?

답 동행자 3명이 귀향 노자를 달라 애걸하므로 그들이 요구하는 대로 돈을 줘서 보내고, 나머지 돈 800냥을 점주에게 임치했다.

문 그대가 처음 범행을 자행하고서도 여러 사람과 합세해서 타살했다는 진술은 이치에 맞지 않는다. 그것은 범행의 책임을 면하려는 공술이 아닌가?

답 나는 이미 손에 피를 묻혔다. 어찌 감히 다른 사람들에게 죄를 씌워

모면하고자 하겠는가? 당장에 사람들을 지휘해서 일본인을 타살했다고 해서 무엇이 달라지겠는가?

제3차 심문의 요지는 다음과 같다. (1) 김구는 7대 독자다.[123] (2) 국모의 원수를 갚고자 해서 일본인을 살해했다. (3) 단독 범행이 아니라 공모 범행이었다. (4) 피살자의 사체유기를 제안한 것은 김구 자신이었다. (5) 재물 탈취는 일행의 노자 때문이었고, 800냥을 여점 주인 이화보에게 임치했다. 총 3차에 걸친 심문에서 김구의 진술은 일관성을 크게 결여했다. 번복에 번복을 거듭했고, 진술의 진실성을 담보하지 못했다.

다음은 여점 주인 이화보(당시 48세)에 대한 심문이다.

그는 초동수사 당시부터 공범자로 지목되어 수배당했다. 6월 22일 이화보는 인천 주재 일본영사관 소속 와타나베 순사 일행에게 체포되어 인천경무서에 투옥되었고, 본격적인 심문에 앞서 7월 4~5일 인천영사관 소속 카미야 경부에게 취조를 받았다. 취조 과정에서 이화보는 "가해자는 강서군을 습격한 의병대장 김구 외 4명이고, 이화보가 쓰치다의 재산 가운데 한전 몇 표(俵)를 예치한 것은 전적으로 김(김구) 장군의 명령에 따른 것"[124]이라고 진술했다. 인천 감리서 심문은 8월 31일과 9월 5일, 두 차례 이루어졌다. 이화보의 제1~2차 심문 담당자는 경무관 김순근이었다.[125]

문 점주는 일본인 토전양량(土田讓亮) 피살 건과 관련해서 김창수(金昌洙)의 범행을 자세히 보았을 것이다. 감추지 말고 사실대로 말하라.

답 금년 정월 24일(양력 3월 7일) 밤, 알지 못하는 일본인 한 사람이 통역 아이 하나를 데리고 와서 저녁밥을 먹은 뒤 휴식을 취할 즈음에 비도(匪徒) 김창수가 일당을 거느리고 용강(龍岡)으로부터 건너왔으며, 행인 13명도 일시에 도착하여 저녁밥을 청하므로 밥을 지어주었다. 그 일본인은 선원들과 유숙하려고 나룻배로 갔고, 통역 아이 하나와 선원 한 사람만 유숙했다. 김창수 일행도 투숙했다. 날이 밝자 조반을 재촉해서 먹으려 할 즈음에 일본인도 여점으로 돌아와 아침을 먹었다. 그런데 조금 뒤 통역 아이가 급히 달려와 싸움이 벌어졌다며 매우 위급하니 속히 와서 구호해달라고 했다. 그래서 몹시 놀라 달려가본즉 김창수가 일본인을 붙들고 마구 때리고 있기에 만류했다. 나중에 보니 김창수는 일본인을 죽여서 끌어다 강변에 버렸고, 환도 한 자루를 탈취해서 허리에 차고 당나귀 한 마리를 사서 타고 떠났다. 어디로 갔는지 알 수 없으나 일본인을 살해한 것은 김창수가 분명하다.

문 당초 김창수가 누구누구와 당신 가게에 투숙했다가 일본인을 죽였으며, 당신은 전부터 김창수와 알고 있었는가?

답 치하포진(鴟河浦津)으로 건너올 때 그의 동행은 17명이었지만, 나루를 건넌 이후 13명은 다른 곳으로 가고 김창수와 세 사람이 저의 집에 도착해서 투숙하다가 일본인을 살해했다. 김창수와는 초면이었다.

문 김창수가 범행할 당시 동행 세 사람도 합세했으며, 범행에 사용한 물건은 무엇인가?

답 김창수가 범행을 저지를 때 동행 세 사람도 같이 덤벼들기에 말리려고 하자, 김창수가 달려와 나를 때리고 그들 세 사람 가운데 한 사람이 저놈도 때려죽이라고 고함을 치므로 무서워서 도망쳤다. 당시는 캄캄한 밤중이라 지척을 분별하기 어려웠으므로 어떤 흉기를 사용했는지 분간하기 어려웠다.

문　김창수가 의병을 자칭한 것은 일본인을 살해하기 전인가 후인가?

답　살해한 후에 좌통령 김창수라는 서함(書函)을 내보였다.

제1~2차 여점 주인 이화보 심문에서 밝혀진 진상은 이렇다. (1) 치하포에 당도한 일행은 17명이었지만, 여점 유숙자는 김구와 일행 3명이었다. (2) 쓰치다는 사건 전날 여점에서 저녁밥을 먹고 나룻배에서 선원들과 함께 유숙했고, 사건 당일 아침밥을 먹었다. (3) 살인 범행은 김구와 일행 3명의 공모였다. (4) 이화보는 싸움을 말리려다가 김구 일당의 폭행이 무서워 도망쳤다. (5) 김구가 피살자에게 약탈한 것은 환도 한 자루뿐이었고, 나귀 한 필을 사서 타고 현장을 떠났다. (6) 김구는 쓰치다를 살해한 후에 '의병좌통령'이란 서함을 내보였다.

그렇다면 범행 직후 김구는 왜 의병좌통령이란 서함을 꺼내 보였을까? 당시 김구가 처한 절체절명의 상황, 심리, 행동을 고려하면, 의병좌통령이라는 전대미문의 전국적인 의병 조직의 핵심 인물을 주위 사람들에게 암시해서 여점 주인 이화보를 비롯한 유숙자들과 몰려든 다수의 동민을 현혹하고 협박하려는 의도였을 것이다. 혹시 있을지 모르는 이들의 반격을 저지하고 도주하고자 하는 전형적인 '블러핑' 전술이라 추론할 수 있다.

그런데 여기서 꼭 짚고 넘어가야만 하는 중요한 사실이 있다. 김구가 왜 800냥을 여점 주인 이화보에게 임치했는가 하는 점이다. 1890년대 1냥의 가치는 엽전(상평통보) 100문(文)이었고, 1천 냥은 엽전 10만 문에 달하는 거금이었다. 당시 엽전 1매의 평균 무게는 1전 2분이었고, 오늘날 도량형으로 치면 4.5g이다. 따라서 1천 냥은 450kg에 달하는 엄청난 중량이다. 당시 인부를 고용해서 엽전을 운반한다 해도 인부 1인당 120~150량을 짊어지는 데 그쳤고, 우마를 이용하더라도 필당 250~300냥을 운반하는 데 그쳤다.[126] 실제로 360kg에 달하는 800냥을 소지하고 장거리 여행에 나서는 것은 지극히 위험한 일이었다. 김구 자신의 경험을 고려하면, 해주 일대에서 준동하는 동학당 혹은 화적떼 무리의 표적이 되기 십상이었다. 그래서 김구는 도진순의 주장 혹은 『백범일지』의 서술과는 달리 어음(於音)을 받고 이화보에게 800냥을 임치한 뒤 떠났다.[127]

심판·처결·배상

인천항재판소 심문 종료와 함께 곧바로 다음 날인 9월 12일 하기하라 영사대리는 인천항감리서 감리 정재정 앞으로 "우리나라 상인 쓰치다를 살해한 김구를 심문한 결과, 인명 모살자는 참(斬)한다는 귀국의 법률인 대명률(大明律) 조문에 비추어 처단할 것"[128]을 요구했다. 12일 정재정도 외부대신과 13일 법부대신 앞으로 치하포 사건의 경과와 관련자의 조속한 처결을 촉구하는 품의서를 상신했다. 그 내용은 "일본인 쓰치다를 장살했다고 자복한 김구의 범법 행위는 조율재처(照律裁處)하고, 의외지변(意外之變)을 당한 이화보는 방환본적(放還本籍)하는 것이 타당하다"[129]고 상신했다.

10월 2일 정재정은 법부대신 앞으로 이화보의 '즉시 방면'을 청하는 전보(電報)를 타전했고, 법부대신도 같은 날짜로 이화보의 '무죄 방면'을 답전(答電)했다.[130] 10월 3일 정재정은 법부대신 앞으로 "김창수 안건은 훈령 거행을 대기하고 있으며, 이화보는 즉시 방환

본적했다"[131]고 보고했다.

이화보 석방과 관련해 김구는 자신이 인천감리서 경무관 김윤정에게 요구해 이화보가 풀려나서 "이화보는 옥문 밖에 나를 찾아와 '당신이 말을 잘해주어 무사히 석방되었소' 하고 치사하고 작별하였다"[132]고 주장했다. 하지만 이는 인천항재판소 이재정의 판결에 따른 것이다. 이화보는 치하포 살인강도 사건 때문에 가족의 생계를 꾸리던 여점 영업을 접어야 했고, 인천항까지 끌려와서 장기간 투옥과 가혹한 심문에 시달려야 했다. 그런 이화보가 자식뻘도 안 되는 흉악범 김구에게 뭐가 그렇게 감사해서 일부러 찾아와 석방에 도움을 주어서 감사하다고 인사말까지 했겠는가. 이는 김구의 후흑(厚黑)한 심성을 적나라하게 드러내는 명백한 거짓말이다.

한편, 재판 종결일로부터 달포가 지난 10월 23일 법부대신 한규설은 강도살인범 김구를 비롯한 국사범 11명에 대해 교형을 판정하고, 고종의 재결(裁決)을 청하는 '상주안'을 상신했다. 이들 11명의 국사범은 대부분 살인강도를 자행한 자들이었고, 한성·인천항·강원 등 여러 지역 관할재판소가 교수형을 판결한 흉악범들이었다. 김구에 대한 상주안의 내용은 다음과 같다.[133]

인천항재판소에서 심리한 강도죄인 김창수가 자칭 좌통령이라 하고 일본 상인 쓰치다 조스케를 타살해서 강물에 던지고, 재물과 환도를 탈취하여 800냥을 점주에게 임치하고 그 외 금전을 3명에게 나누어준 죄를 범했다. 금년 법률 제2호 제7조 제7항에 따라 신체와 병기를 사용해서 위협 혹은 살상하고 재물을 절취한 자에 대해서는 주범과 종범을 불분율(不分律)해서 교형에 처한다.

1896년 당시 치하포 사건의 판결 내용은 일본과의 외교 분쟁의 중대 사안이었으므로 신문에도 게재되었다. 〈독립신문〉 1896년 9월 22일 자는 "구월 십육일 인천감리 이재정 씨가 법부에 보고하였는데, 해주 김구가 안악군 치하포에서 일본 장사 토전양량을 때려죽여 강물 속에 던지고 환도와 은전을 많이 뺏었기에 잡아서 공초를 받아 올려 법에 따라 처판(處辦)해달라고 했다더라"[134]고 보도했다. 〈독립신문〉 1896년 11월 7일 자에도 "그전 인천재판소에서 체포한 강도 김구는 자칭 좌통령이라 하고 일상(日商) 토전양량을 때려죽여 강에 던지고 재물을 탈취한 죄로 교형(絞刑)에 처하기로 했다"[135]고 보도했다. 〈독립신문〉 기사 어디에도 '국모보수'라는 네 글자는 찾아볼 수 없으며, 재물탐심의 살인강도 사건이라 지적했다.

1898년 3월 20일 오전 1시경 김구는 절도, 강도, 위조, 사기, 부녀강탈, 인신매매 등 흉악범행을 자행하고 투옥된 인천감리서 감옥 동료 조덕근(曹德根), 양봉구(梁鳳九), 황순용(黄順用), 강백석(姜伯石)과 함께 탈옥했다.[136] 1898년 4월 인천감리서는 이 파옥 책임을 물어 당직 간수 김춘화(金春化)를 비롯한 당직 순사 등 관계자 5명을 구속하고 탈옥수(脫獄囚) 체포에 나섰다. 9월 1일 조덕근(31세)을 체포했지만, 김구를 비롯한 나머지 탈옥수 체포에는 실패했다.[137] 그 때문에 김구의 경우 부친 김순영이 김구를 대신해서 약 1년 동안 인천감리서에 투옥되었다가 1899년 3월 풀려났다.[138]

[1–3] 1896년 9월 22일 자 〈독립신문〉 기사.

테러리스트 김구

그의 부친은 옥고(獄苦) 후유증 때문인지 출옥 후 2년 만에 작고했다. 김구는 역모, 살인, 강도 그리고 탈옥까지 자행했고, 자신의 죄과를 부친에게 떠넘겼다.

다음은 쓰치다 유족에 대한 정부 배상이다. 1895년 8월 20일 을미사변 참극, 11월 15일 단발령 공포, 1896년 2월 아관파천의 충격으로 전국적으로 배일(排日) 감정이 고조되었고, 전국에서 일본인 양민 학살이 속출했다. 그 때문에 일본 정부는 2월 22일 조선 거류민의 인천 개항장 철수를 훈령했다.[139] 쓰치다도 3월 8일 변복을 하고 황주 십이포를 출발해서 진남포를 거쳐 인천항으로의 귀환을 서둘렀다. 3월 24일 고무라 공사는 외부대신 이완용 앞으로 "각도 지방에서 적법한 업무에 종사하는 우리 국민의 신체와 재산에 상해와 손상을 입히는 일이 점차 늘고 있다. 지난 2월 11일 (을미)정변을 전후하여 피해 건수가 갑자기 증가하여 오늘에 이르러서는 거의 헤아릴 수조차 없을 지경"[140]이라고 한탄했다.[141] 그 때문에 고종은 2월 11일 일본인 살해를 우려하는 '경참(驚慘)의 칙어(勅語)'를 발표해야 했고, 4월 1일에는 "외국인 살상금지에 대한 효유칙어(曉諭勅語)"[142]를 반포하지 않으면 안 되었다.

1896년 5월 30일, 고무라 공사는 피해자 명단과 함께 조선 정부 앞으로 피해배상을 요구했다.[143] 피해자 명부에 따르면 사상자는 62명(피살자 43명, 부상자 19명)이었다. 그 가운데 피살자 43명의 직업은 어민 19명, 전신공부(電信工夫) 9명, 상인 7명, 군속 3명, 육군측량수 2명, 역부(役夫) 1명, 촉탁 1명, 의사 1명이었다. 이들 가운데 군인이나 장교는 없었다. 피살자의 44%를 차지하는 어민은 동해안 인근에서 어로작업을 하다가 울진군(15명)과 고성군(4명) 앞바다에서 조난당해 조선지역 해안가로 피신했다가 인근 폭민(暴民)들에게 학살당했다.[144] 쓰치다는 상인 7명 가운데 한 명이자 매약상 3명 가운데 한 명이었다.

고무라 공사는 피해자들의 직군별 임금 수준에 따라 배상액을 산출했다. 생명과 신체의 배상액 14만 6천 원과 재산 손실 배상금 9만 7,146원 41전 9리, 합계 24만 3,146원 41전 9리였다. 이는 현재의 화폐가치로 환산하면 약 146억 원에 달하는 거금이다.[145] 조선 정부는 일본 정부의 지속적인 요구에도 재정 궁핍을 이유로 피해배상을 지체했다. 최종적인 배상 결정은 사건 발생 9년이 지난 1905년 2월이었다. 하지만 피해 배상액은 조선 정부의 끈질긴 감액 요청에 따라 당초 배상총액에서 25%(6만 786원 60전 5리)를 삭감한 18만 3,750엔이었다.[146] 1905년 3월 쓰치다 유가족도 다른 피해자들과 같은 정산 절차를 거쳐 3,778엔 59전의 위자료를 받았다.[147] 요컨대 쓰치다는 일본군 육군 장교가 아니라 매약상이었기 때문에 다른 민간인 피해자와 동일한 수속을 거쳐 비슷한 금액의 위자료를 수취할 수 있었다.

진상과 쟁점

1947년 말 『백범일지』 출간 이래 치하포 사건은 대한민국 임시정부 주석 겸 한독당 집행위원장 김구가 청년 시절 국모보수를 위해 맨주먹으로 일본군 육군 중위를 때려죽인 항일 테러의 첫 페이지를 장식해왔다. 그 때문에 치하포 살인강도 사건은 그동안 한국독립운동사에 빛나는 '치하포 의거'로 간주되었다. 하지만 앞서 주한 일본공사관 외교문서와 조선 정부 및 여러 주무관청의 공문서 기록을 검토한 바와 같이 치하포 사건의 진상은 그동안 한국 사회 일반이 관념해온 역사상과는 크게 다르다. 이는 단순한 살인강도 사건이 아니라 갓 스물이 넘은 김구의 반일 종족주의 적대감과 증오심이 잔혹하고 비열한 살인강도를 충동질했고, 이를 정당화했다.

다음에서는 치하포 사건을 둘러싼 종래 연구와 쟁점을 검토해본다.

첫째, 쓰치다의 신원을 둘러싼 논의이다.

김구는 1928년 집필한 『백범일지』 육필본 이래 일본군 육군 중위 혹은 1932년 윤봉길 폭살테러 직후 성명서에서 육군 대좌, 1946년 한글판 『도왜실기』에서는 육군 대위라고 주장했다.[148] 1920년 3월 일본이 생산한 기밀문서는 김구가 "민비(閔妃) 사건에 분개해서 소위 국모복구(國母復仇)의 소요(騷擾)를 일으켰고, 일본군 장교 소위(少尉)를 살해해서 형벌을 받은 적이 있다"[149]고 지적했다. 1997년 도진순도 "조선 정부 측 자료에는 쓰치다의 신원에 대해서 거의 언급된 것이 없고 (…) '장기현(長崎縣) 평민(平民, 商人)'이라 언급한 것이 가장 자세한 정도"[150]라고 주장했다. 하지만 1896년 4월 6일 하기하라 공사대리는 나가사키현[長崎縣] 쓰지마[對島國] 시모군[下郡] 이즈하라[嚴原] 출신으로 무역업에 종사하는 오쿠보 기이치[大久保機一]의 고용인이라고 분명히 밝혔다.[151] 조선 정부 관계 관청 어디에서도 쓰치다가 매약상이라는 사실에 의문을 제기하지 않았고, 일본군 장교를 운운한 적도 없었다.

1896년 4월 6일부터 11월 16일까지 조선 정부 관계 관청 공문서와 심문자료 그리고 〈독립신문〉에서 거론한 쓰치다의 신분은 한결같이 나가사키현 쓰치다 조스케[土田讓亮], 일본 장사꾼, 일본 상인, 일본인 매약상이었다. 고무라 공사가 5월 30일 자로 본국 정부에 발송한 일본인 사상자 리스트에서 언급한 일본인 피살자 49명의 직업군 가운데 군인은 없었다. 대부분이 어민, 전신공부, 상인의 면면이었다. 김구도 사건 발생 직후 쓰치다의 신분이 일본인 매약상이란 사실을 인지했을 것으로 짐작된다. 왜냐하면 남겨진 유품 가운데 버들고리짝에는 팔다가 남은 약품이 상당량 담겨 있었고, 나룻배 주인 조응두와 선원들을 통해서도 그의 신원을 파악할 수 있었을 것이기 때문이다. 일본군 장교가 단신으로 1천 냥의 거금을 소지하고 황해도 벽지를 여행한다는 것도 상상하기 힘든 일이다.

다음은 그럼에도 김구가 『백범일지』에서 왜 한사코 쓰치다를 일본군 장교라 주장했는가에 대한 합리적 추론이다. 만약 쓰치다의 신분이 육군 장교가 아니라 매약상이었다면 치하포 사건의 본질은 국모보수를 위한 '의거'가 아니라 한낱 재물탐심의 살인강도라는 '흉폭한 범죄 사건'이 되고 만다. 그래서 김구는 불타는 애국심의 화신 혹은 강의(剛毅)한 독립전사의 면모를 갖춘 전혀 다른 자신으로 분식하고자 피살자의 신원을 날조했다. 쓰치다를 매약상이 아니라 일본군 장교라고 조작해서 치하포 사건의 본질을 살인강도 사건이 아니라 과감한 감투정신과 자기희생으로 충만한 '의열투쟁'으로 분식하려 했다고 보는 것이 타당하다.[152]

둘째, 살해 동기를 둘러싼 논의이다.

김구는 자신을 동학의 '팔봉접주' 혹은 '의병좌통령'으로 참칭하며, '국모보수'를 위해 쓰치다를 처단했다고 주장했다. 더구나 손세일조차도 "김구는 국모의 원수를 갚기 위해서라는 쓰치다 살해 동기와 자신의 주소까지 떳떳이 밝혔다"[153]며, 젊은 날 김구가 결행한 본격적인 항일투쟁의 대단한 성과라고까지 치켜세웠다. 하지만 인천감리서 제1차 심문에서 김구는 불공대천지수(不共戴天之讎)인 일본인 쓰치다가 여점의 아침 식사 시간에 노소(老少)를 분별해서 밥상을 들이는 조선의 법도를 무시하고 먼저 청해서 먹었기 때문에 이를 보고 크게 분개해서 살해했다고 주장했다.

김구가 '국모보수'를 처음 언급한 것은 제3차 마지막 심문이었다. 하지만 조선 정부의 법부, 외부, 내부에서 작성한 공문서 어디에도 국모보수라는 단어는 등장하지 않는다. 더구나 국모보수를 위해 쓰치다를 죽였다는 포고문을 작성하고, 자신의 주소와 성명까지 작성해서 여점 외벽에 붙였다는 주장과 관련해서 김구는 "왜놈들이 조사할 때 떼어 감추고 나를 순전히 살인강도로 꾸며놓았다"[154]고 거짓말했다. 손세일도 이런 김구의 주장에 맞장구를 쳤다. 하지만 3월 15일 초동수사를 담당했던 히라하라 보고서와 이화보에 대한 인천항재판소 심문조서 어디에도 김구가 말하는 포고문에 대한 언급은 없었다.

'국모보수'라는 용어는 조선 왕조에 대한 김구의 더없는 충절 혹은 애국심을 드러낸다. 하지만 1896년 6월 27일 해주부 심문조서와 같이 1894년 이래 김구는 팔봉접주를 참칭하고 돌아다니며 일본인과 조선인의 미곡과 금전을 토색질했다. 그 때문에 안 진사는 이들 동학당을 가리켜 "새벽 굼벵이"와 "저녁 모기떼"라고 조롱했다.[155] 더구나 1895년 11월 단발령 공포를 계기로 김구는 조선왕조를 무너뜨리고 정씨 왕조를 세우겠다며 '장연 산포수 사건'을 모의했다. 명백한 반역이었던 '장연 산포수 사건'은 치하포 사건의 '국모보수'와 양립하기 곤란한 충성과 반역의 모순이다. 김구도 논리적 모순을 의식했기 때문에 『백범일지』에서 장연 산포수 사건을 일절 언급하지 않았다. 국모보수 운운은 김구가 지어낸 거짓말이다.

셋째, '치하포 사건'의 본질을 둘러싼 논의이다.

사건의 진상은 쓰치다가 남긴 유산의 처분과 불가분의 관련성을 지닌다. 김구는 유산이 엽전 800냥가량이었고, 얼마간의 뱃삯과 일행의 여비를 지급하고 나머지를 이화보에게 맡겨 동네의 극빈자들에게 나누어주라 했다고 주장했다.[156] 1997년 도진순도 "쓰치다가 소지한 금액은 총 1천 냥(10표) 정도였고, 그중에 김구가 75냥으로 나귀를 구입하고 동행인에게 약간의 노자를 주었으며, 나머지 800냥은 동(洞)에 나눠주라고 이화보에게 어음을 받고 맡겼다"[157]고 지적했다. 손세일도 쓰치다가 남긴 거액의 금전을 확인하고도 손대지 않았고, "금전을 이화보에게 맡기면서 동네의 불쌍한 사람들에게 나누어주라고 지시했다"[158]며 김구의 주장에 맞장구쳤다.

하지만 앞서 1999년 도진순이 주장하는 "나머지 800냥은 동(洞)에 나눠주라고 이화보에게 어음을 받고 맡겼다"[159]는 지적을 고려하면, 김구는 물론 손세일의 주장도 사실무근이다. 동네 극빈자들에게 나누어주라면서도 어음을 받는다는 것은 앞뒤가 맞지 않기 때문이다. 더구나 어음을 받고 800냥을 맡겼다는 것은 언제든지 찾아와 금전을 인출하겠다는 김구의 적나라한 심산을 드러낸다. 그 때문에 1896년 7월 외부대신 이완용도 김구의 죄상을 확인하고 노발대발하며 "허다한 패악(悖惡)이 죄고난사(罪固難赦)"[160]라며 엄중한 징치를 훈령했다. 그 때문에 당시 정부 공문서에 등장하는 김구의 별칭은 비도(匪徒), 흉범(凶犯), 범한(犯漢), 패악범(悖惡犯), 흉악범(凶惡犯)이었다.[161]

더구나 쓰치다의 유산과 처분 실태는 치하포 사건의 또 다른 핵심이다. 조선 정부 공문서와 심문조서에서 확인되는 쓰치다의 재물은 엽전 1천 냥, 버들고리 1짝, 환도 한 자루였다.[162] 유산은 일행 3명에게 노자 25냥을 분배했고, 75냥짜리 나귀 한 필을 구입했으며, 나머지 800냥을 이화보에게 임치했다. 그런데 문제는 유산의 총액과 처분 총액 사이에 약 100냥의 차액이 발생한다는 점이다. 그동안 도진순은 물론이고 누구도 이 점을 거론한 적이 없었다. 이와 관련해 김구는 『백범일지』에서 사건 당일 신천읍을 거쳐 곧장 해주 본가로 향했다고 고백했다.[163] 그런데 인천감리서 제1차 심문에서는 5월이 되어서야 귀가했다고 밝혔다. 바꿔 말하면 김구는 사건 발생 이후 약 2개월 동안 해주 일대를 떠돌다가 5월이 되어서야 귀가했다. 요컨대 2개월 동안 소비한 노자가 바로 차액 100냥이었다. 그래서 김구는 45kg에 달하는 100냥을 운반하고자 나귀를 구입했던 것이다.

갈무리

1896년 3월 9일 발생한 치하포 사건의 진상은 구타살해, 사체훼손, 사체유기, 재물강탈의 살인강도 사건이었다. 진범은 '팔봉접주(八峯接主)'와 '의병좌통령'을 참칭했던 김구였다. 김구는 『백범일지』에서 자신을 마치 『수호지』에 등장하는 영웅호걸이요, 우국지심(憂國之心)으로 가득한 충절의 화신으로 묘사했다. 장칼을 든 일본인을 맨주먹으로 쓰러뜨리고 머리에서 발끝까지 점점이 난도를 치고, 낭자한 선혈(鮮血)을 움켜 마시고, 그 피를 얼굴에 처바르고, 핏물이 뚝뚝 떨어지는 칼을 휘두르며 좌중을 향해 호통을 치는 장면에서 김구는 영화에나 나올법한 희대의 살인광(殺人狂) 그 자체였다. 더구나 금전에도 초연하고 자신의 신상을 떳떳하게 밝히는 김구 캐릭터는 마치 『수호지』에서 쌍도끼를 휘두르며 장쾌하게 악당을 물리치는

흑선풍(黑旋風) 이규(李逵)의 환생을 보는 듯하다.[164]

다음에 테러리즘 이론에 따라 치하포 사건의 진상을 정리하는 것으로 갈무리한다.

첫째, 테러의 피해자는 민간인 혹은 비전투원이다.

치하포 사건의 피해자는 일본 나가사키현 쓰시마 시모군 이즈하라 출생의 약장수 쓰치다 조스케였고, 그는 나가사키항에서 무역업에 종사하는 오쿠보 기이치의 고용인이었다. 그는 1895년 10월 인천항과 진남포를 거쳐 11월 4일 황해도 황주 일대에서 매약(賣藥) 행상을 했다. 1896년 3월 8일 황주 십이포를 출항해서 진남포를 거쳐 인천항으로 귀환하는 뱃길에 날이 저물어 이화보의 치하포 여점에 들렀고, 김구가 자행한 살인강도 사건의 표적이 되고 말았다. 표독한 칼질에 토막 난 그의 사체는 치하포 강물에 내던져졌다. 쓰치다는 황해도 황주 일대에서 약을 팔고 다닌 장사치였고, 비무장 민간인이었다.

둘째, 테러의 목표는 정치 지도자들이다.

김구는 『백범일지』에서 "소지품을 조사해본 결과, 그 왜인은 쓰치다라는 자였고 직위는 육군 중위였다"[165]고 주장했다. 하지만 1920년 3월 일제가 생산한 기밀문서는 김구가 "일본군 장교 소위를 살해해서 형벌을 받은 적이 있다"[166]고 지적했다. 『도왜실기』도 "우리나라 명성황후를 시해한 일본군 대위 쓰치다란 자"[167]라고 지적했다. 요컨대 쓰치다는 1896년 죽임을 당한 이후에도 육군 소위에서 중위로, 그리고 대위로까지 계속 진급했다. 김구는 치하포 사건을 애국심에 동기화된 항일 테러로 꾸미고자 피살자의 신분을 일본군 육군 장교라고 둘러댔다. 하지만 1차 사료에서 확인되는 쓰치다의 신분은 모험적인 일본인 약장수이다.

셋째, 테러의 수단은 가장 극적인 공포 효과를 노린 폭력의 선택이다.

그런데 인천항재판소 제2차 심문에서 김구는 "처음은 돌로 쳤고, 다시 몽둥이로 때리자 그가 넘어졌다가 일어나 도망가기에 강변까지 쫓아 따라가서 몽둥이로 연타해서 살해한 후에 시체를 끌어다가 강에 유기했다"[168]고 진술했다. 제3차 심문에서는 "그가 칼을 빼려 하므로 돌로 때려 쓰러뜨리고 칼을 빼앗은 뒤에 동행 세 사람과 분기(奮起)한 여러 행인과 힘을 합쳐 타살했다"[169]고 진술했다. 『백범일지』에서는 "왜놈의 머리부터 발끝까지 점점이 난도질했다"[170]고 기술했다. 치하포 사건에서 김구가 자행한 폭력은 주먹, 발길질, 몽둥이, 돌덩이, 환도를 사용한 마구잡이식 살인이었다.

넷째, 테러의 동기는 일방적 폭력과 달리 민족, 이념, 종교 등 정치적 신념에 동기화된 폭력이다.

김구는 『백범일지』에서 치하포 사건의 '의거성(義擧性)'을 강조하고자 '국모보수'를 거론했지만, 이는 거짓말이다. 치하포 사건에 앞서 모의한 '장연 산포수 사건'과 같이 김구는 황해도 장연 산포수들과 정체불명의 마(馬) 대인이 이끄는 청병(淸兵)과 합세해서 조선왕조를 쓰러뜨리고 정씨(鄭氏) 왕조를 세우고자 획책했던 반역 사건의 주모자였다. 그 때문에 치하포 사건 당시 김구는 해주부의 지명수배를 받고 쫓기는 신세였다. 반역과 불충의 대명사 김구가 국모보수를 입에 올린다는 것은 어불성설이다. 치하포 사건의 동기는 정치적 신념에 따른 특수한 폭력이 아니라 금전욕에 동기화된 범죄적 폭력이었다.

다섯째, 테러의 의도는 거대한 공포 확산에 있다.

　치하포 사건의 테러는 거대한 공포의 확산이 아니라 재물탐심이었다. 당시 일본영사관과 조선 정부의 공문서 등에서 확인되는 쓰치다의 유산은 엽전 1천 냥, 버들고리 1짝, 환도 한 자루였다. 김구는 이 가운데 동행자 3명에게 노자로 25냥을 분배했고, 자신의 여비로 100냥을 챙겼으며, 나귀 한 필을 75냥에 구입했고, 나머지 800냥은 어음을 받고 여점 주인 이화보에게 임치했다. 임치 이유는 450kg에 달하는 중량 때문에 운반이 불가능했기 때문이다. 더구나 김구는 45kg에 달하는 100냥의 노자를 운반하려고 나귀 1필을 구입했다. 치하포 사건의 의도는 공포의 확산이 아니라 1천 냥에 달하는 금전이었다.

2

난봉꾼 테러리스트,
이봉창

1932년 1월 8일 오전 11시경 일본 도쿄 한복판 사쿠라다몬[櫻田門] 외곽에서 육군 관병식(觀兵式)을 마치고 환궁하는 쇼와 천황 폭살테러 미수 사건이 발생했다. 테러범은 1901년 경성부 출신의 이봉창(李奉昌)이었고, 사주 공범은 당시 상해 임정 재무부장 겸 상해 한인교민단장 김구(가명 백정선)였다. 이봉창은 곧바로 체포되었고, 취조·심문·재판을 거쳐 1932년 10월 10일 교수형에 처해졌다. 그동안 이봉창의 폭살테러는 일제의 지배와 차별에 항거하는, 한국독립운동사에 빛나는 의혈투쟁 혹은 '쾌거 중의 쾌거'로 간주되어왔다. 하지만 이봉창 테러가 과연 민족적 의거일까? 이봉창은 언제, 어디서, 어떻게 테러를 모의하고 실행했는가? 이 장에서는 이봉창 테러의 동기, 행동, 심리를 실증 분석한다.

천황 테러의 추억

먼저 『백범일지』에서 김구가 묘사한 이봉창의 천황 폭살테러 사건을 살펴보자.

1931년 김구가 임정 재무부장과 민단장을 겸임할 때의 일이다. 하루는 중년 동포가 민단을 찾아와서 '저는 일본에서 노동하다가 독립운동을 하고 싶어 상해에 가정부(假政府)가 있다기에 일전에 상해로 왔습니다'라고 자신을 소개했다. 그는 경성 용산 출생으로 성명은 이봉창이라 했고, 막노동하면서 독립운동에 동참하고 싶다고 했다. 하지만 해가 많이 저물었기에 김구는 민단 사무원 이동우(李東宇, 본명 노종균)에게 여관을 소개하도록 조치했다. 이봉창의 말씨는 절반이 일본어였고 행태 또한 일본인과 흡사했다. 김구는 별도의 조사가 필요하다고 생각했다.

며칠이 지난 어느 날, 이봉창은 민단사무소에서 직원들과 술자리를 했다. 그는 취기가 돌자 주담(酒談)을 시작했다. 옆방에 있던 김구는 이들이 주고받는 이야기를 자연스럽게 듣게 되었다. 그는 "당신들은 독립운동을 한다면서 일본 천황을 왜 못 죽입니까. (…) 나는 작년 동경에서 천황이 능행(陵幸)한다고 행인을 엎드리라고 하기에 엎드려서 생각하기를, 내게 지금 폭탄이 있다면 쉽게 죽일 수도 있지 않을까 싶었습니다"[171]고 말했다. 김구는 그 말을 유심히 들었고, 저녁 무렵 이봉창이 묵고 있는 여관을 방문해 흉금을 터놓고 이야기를 나누었다. 김구는 이봉창이 살신성인(殺身成仁)의 큰 결심을 품고 임정을 찾아왔음을 확인했다.

이봉창은 자신의 포부를 털어놓았다. '제 나이 31세입니다. 인생의 목적이 쾌락이라면 지난 31년 동안 인생의 쾌락을 맛보았습니다. 그런 까닭에 이제는 영원한 쾌락을 위하여 우리 독립사업에 헌신하고자 상해에 왔습니다.' 이봉창은 공손한 태도로 김구에게 국사에 헌신할 수 있도록 지도해달라고 청했다. 이후 이봉창은 기노시타 쇼조[木下昌藏]라는 일본 가명으로 홍구(虹口)에서 일본인이 경영하는 철공장에 취직했다. 월급은 80원이었다.

이후 그는 종종 술, 고기, 국수를 사 들고 민단사무소를 찾아와 직원들과 질펀한 술자리를 가지곤 했다. 이봉창은 취하면 곧잘 일본 노래를 유창하게 부르며 호방하게 놀았다. 다들 그를 "일본 영감"[172]이라는 별명으로 불렀다. 이봉창은 일본인 행색으로 하오리를 걸치고 게다를 신고 임정 정문을 들어서다가 중국인 하인에게 쫓겨난 일도 있었다. 이동녕 선생과 다른 국무위원들 그리고 여러 동지는 도무지 조선인과 일본인의 분간이 안 되는 혐의인물(嫌疑人物)이라며, 그를 임정 청사에 들이는 것조차 불쾌하게 여겼다.

김구가 이봉창과 만난 지 1년여가 다 되어가던 1931년 11월 중순에 '하와이애국단' 동지들이 1천 달러의 거금을 보내왔다. 김구는 1931년 12월 중순 프랑스 조계 중흥(中興)여관에서 이봉창과 하룻밤을 유숙하며 일본행을 상의했다. 그는 거사 자금을 준비하는 것 외에 폭탄 두 개를 구입했다. 하나는 왕웅(王雄, 본명 김홍일)을 시켜 상해 병공창(兵工廠)으로부터, 다른 하나는 김현(金鉉)을 시켜 마련해두었다. 하나는 폭살용, 다른 하나는 자살용이었다.

다음 날 아침 김구는 지폐 한 뭉치를 이봉창에게 꺼내주며 일본행을 준비하도록 했다. 며칠 후 김구와 이봉창은 일본행을 앞두고 마지막 하룻밤을 함께했다. 이봉창은 "해진 옷 속에서 많은 액수의 돈을 꺼내주시는 것을 받아 가지고 갈 때 눈물이 나더이다. (…) 과연 영웅의 도량이로소이다. 제 일생에 이런 신임을 받은 것은 선생께 처음이요, 마지막입니다"[173]라며 자신의 심정을 털어놓았다. 그길로 김구와 이봉창은 안공근의 집으로 가서 선서식을 하고 폭탄 2개와 300원을 건넸다. 그리고 동경에 도착해서 전보를 주면 추가로 송금할 것을 약속했다. 그길로 김구와 이봉창은 사진관에 가서 함께 기념사진을 찍었다. 10여 일이 지난 1월 8일, 거사를 결행한다는 이봉창의 전보가 도착했고, 김구는 약속했던 200원을 송금했다.

1931년부터 임정 활동의 활성화를 위해 군사공작 혹은 테러공작이라도 결행해야 할 상황이었다. 일제가 '만보산(萬寶山)사건'을 날조하면서 인천, 평양, 경성, 원산 등 각지에서 일본인의 사주를 받은 조선인 무뢰배들이 중국인들을 닥치는 대로 타살하는 끔찍한 일들이 빈발했다. 더구나 같은 해 9월 18일 일제는 만주사변(滿洲事變)을 일으켰다. 여기에 조선인 부랑자들이 부화뇌동해 일본을 뒷배로 삼

　　　　　　　　　　　　　　　　　　　　테러리스트 김구

고 권세를 빌려 중국인에 대해 극악한 만행을 저질렀다. 그 때문에 중국인 사회에서 조선인에 대한 감정이 거의 폭발 지경에 이르렀다. 백주에 상해 길거리에서 한·중 노동자들이 충돌하는 일도 빈발했다. 임정도 크게 우려했다.

김구는 "한인애국단(韓人愛國團)"[174]을 조직해 암살·파괴 등 테러 공작을 작정했다.[175] 공작금과 인물의 출처에 대해서는 전권을 위임받았고, 다만 성공과 실패의 결과를 보고하라는 특권을 얻어 이봉창의 동경 사건을 주관하게 되었다. 1월 8일 자 신문에 '이봉창이 일본 천황을 저격하였으나 명중하지 못했다(狙擊日皇不中)'라는 제하의 기사가 실렸다. 김구는 천황을 죽이지 못한 것이 몹시 분했다. 그러나 주변 동지들은 일황이 즉사한 것만은 못하나 정신적으로 우리 한인이 일본의 신성불가침 천황을 죽인 것이나 다름없다며 위로했다.

일본은 이봉창의 폭살테러와 상해에서 일어난 중국인에 의한 일본인 승려 타살을 빌미로 1932년 1월 28일 제1차 상해사변을 일으켰다. 김구는 일경의 추격을 피하고자 낮에는 은신하고, 밤에는 동지들이나 알고 지내는 창녀의 집에서 잤고, 식사는 동포들 집을 돌면서 해결했다. 이봉창의 동경 의거가 세계적으로 알려지자 미주·하와이·멕시코·쿠바 동포들 가운데 김구를 애호하고 신임하는 동지들의 서신이 태평양을 건너서 눈송이처럼 날아들었고, 금전적 지원도 늘었다. 그전까지 임시정부를 반대하던 사람들도 이제는 태도를 바꾸어 오히려 김구를 격려했고, 민족을 빛내는 사업을 해달라는 부탁도 답지했다.

이봉창은 누구인가?

이봉창은 1901년 경성부 용산구 원정(元町)에서 부친 이진구(李鎭球)와 모친 손(孫) 씨 사이에 2남 중 차남으로 출생했다. 손위 형의 이름은 범태(範泰)였다. 부친에게는 주간난(朱干蘭)과 정봉희(鄭鳳嬉)라는 첩이 있었는데, 주 씨와의 사이에는 봉준(奉俊)·봉운(奉雲)·종대(鍾臺)라는 3명의 아들을, 정 씨와의 사이에는 덕희(德喜)라는 외동딸을 두었다. 부친은 사업 수완이 뛰어나서 건축 청부업과 우마차 운송업으로 상당한 재산을 모았고, 1900년경 목재상으로 전업했다. 그래서 이봉창은 "어릴 때는 아무런 아쉬움도 없이 성장하여 향리 용산(龍山)에서는 사람들이 저 애가 이진구의 아이라고 했고, 학교에서도 2학년 때까지 선생들이 특별히 보살펴주었고, 학생 동료들도 나를 중히 여겼다"[176]고 회고했다.

1911년 이후 집안의 가세는 급격히 기울었다. 부친이 악성 매독에 걸려 3년여 동안 집 안에 틀어박혔고, 자연스럽게 사업에도 소홀해졌기 때문이다. 특히 사방에서 사 모은 재목들이 대홍수에 떠내려가 막대한 손실도 입었다. 설상가상으로 이마이[今井]라는 일본인에게 3채의 집문서를 사기당하는 일마저 발생했다. 그래서 이봉창이 11세가 될 무렵 가족은 용산구 금정(錦町)으로 이사했다.[177] 기울어가는 가세에도 대단한 도락가였던 부친은 2명의 첩을 들여 그들의 생활까지 꾸렸다. 부친은 주 씨와 딴살림을 차렸고, 모친과 조모는 형 부부와 함께 살았다. 큰형이 그날그날 벌어오는 수입에 가재도구를 저당잡히거나 팔아서 생활비를 충당하는 궁핍한 생활이었다. 지병을 앓던 모친은 1927년, 부친은 1930년 사망했다. 하지만 당시 오사카에 체류하던 이봉창은 양친의 장례식에도 참석하지 않았다.

이봉창은 1908년부터 약 3년 동안 서당에서 수학했고, 1911년 경성부 청엽정(青葉町, 지금의 청파동) 효창원 인근의 4년제 문창(文昌)학교에 입학했다. 14~15세에는 불운하게도 말라리아와 관절염을 앓았다. 그 때문에 환절기에는 전신의 관절이 쑤시는 고통에 시달렸다. 취미는 야구·탁구·바둑이었고, 주량은 대략 소주 한 되였다. 1914년 문창학교를 졸업한 뒤 생활난으로 상급학교 진학을 포기한 채 일본인이 경영하는 와타이세이토[和田衛生堂] 과자점의 점원으로 들어갔다. 1916년까지 3년을 근속했고, 처우는 식사 포함 월급 7~8원이었다. 1917년에는 경성부 한강통에 소재하는 무라타[村田]약국 점원으로 전직했다. 숙식 제공에 기본급이 약 10원이었고, 판매 성과에 따라 보너스를 지급했다. 월급은 대략 13~14원 수준이었다.

1919년 8월 무라타약국을 그만두고 남만철도 용산정차장 시용부(試傭夫)로 전직했다. 얼마 뒤 1920년 1월 역부(驛夫), 2월 전철수(轉轍手), 10월 연결수(連結手)로 승급했다. 월급은 대략 47~48원으로 생활하는 데 큰 어려움은 없었다. 하지만 1924년 4월 일본인에 비해서 낮은 승급률과 월급 그리고 용원(傭員) 승진 탈락 등 차별대우에 불만을 품고 용산역 연결수를 사직하고 말았다. 그런데 당시 함께 근무했던 다른 조선인 동료들은 모두 용원으로 승진했다.[178] 이봉창의 나태하고 방탕한 생활 태도를 고려하면 민족적 편견 때문에 승급에서 뒤처지고 급료가 오르지 않았다고 보기는 곤란하다. 그는 용산역 전직 이후 부친과 불화를 겪으며 주색에 빠져들었고, 화류병에도 걸려 고생했다.[179] 1924년 퇴사 당시 400~500원의 큰 빚을 지고 옴짝달싹 못 하는 신세였고, 퇴직금을 받아서 차금을 청산하려고 사직을 결심하게 되었다.

하지만 일반퇴직이 아니라 의병퇴직이었다. "역 근무를 감당하지 못할 정도는 아니었으나, 의병퇴직을 하면 퇴직수당을 더 많이 탈 수 있다"[180]는 사실을 알았기 때문이다. 철도병원에서 2개월에 걸쳐 무릎 관절염 진단서를 받아 의병퇴직을 신청했고, 더 많은 퇴직수당을 손에 쥘 수 있었다. 용산역 연결수를 그만둔 뒤 이봉창은 약 1년 반 동안 취직하지 않은 채 청년회를 조직해서 용산 금정의 관제묘(關帝廟) 보존 운동과 하수구 청소 그리고 야간경비 등 봉사활동을 하며 지냈다. 그러다가 1925년 11월 일자리를 찾아 일본 오사카로 건너가게 되었다. 조카딸 은임(銀任)이 마침 오사카에 식모살이를 가게 되면서 그 급료를 선불로 받아 여비를 마련할 수 있었기 때문이다.

이봉창은 오사카에 도착한 이후 신문광고를 보고 오카다[岡田]상회 판매원으로 취직했다. 하지만 제대로 된 급료를 받을 수 없어 1개월도 안 되어 1925년 12월 말 사직했다. 3개월 후 1926년 2월 다케다쿠미[武田組]의 상용 인부로 채용되었고, 오사카가스에서 기노시타쇼조[木下昌藏]라는 일본인 가명으로 근무했다. 하지만 1926년 9월 각기병에 걸려 약 1년여 동안 요양해야 했다. 1927년 5월 오사카가스에 복귀했지만, 같은 해 12월 초순 사직했다. 그 이유는 친구 동생의 입원 수속을 도와주느라 3~4일을 무단결근했고, 이후 회사가 제대로 된 일거리를 주지 않았기 때문이다.

퇴직 후 한동안 빈둥거리다가 오사카 부두의 석탄 짐꾼 노릇을 했고, 1928년 2월 스미또모[住友] 제강소 아마가사키[尼ヶ崎] 출장소 상용 인부로 취업했다. 조장(組長) 야마노[山野]의 신임을 받아 5~6명의 인부를 부리며 유쾌하게 근무했다. 1928년 11월 9일 조선인 야마스미[山住]와 일본인 이와타[岩田]와 함께 11월 10일 교토 고쇼[御所]

테러리스트 김구

에서 거행하는 천황 즉위식을 배관(拜觀)하게 되었다.[181] 하지만 당일 오전 7시경 고죠[伍條] 경찰서 소속 순사들이 배관자의 검문·검속을 시작했다. 그는 마침 고향 친구가 보내온 한글 섞인 편지를 소지했고, 이것이 문제가 되었다.[182] 그는 11일 동안 경찰서 유치장에 구금되었다.[183] 그는 자신이 조선인이라서 피검되고 구금된 것이라 여겼다.[184] 하지만 당시 이봉창이 구금의 부당성을 지적했다면 얼마든지 풀려날 수 있었다. 몇 줄 안 되는 편지를 해석하는 데 11일이 걸렸다는 진술도 납득하기 어렵다.

이후 이봉창은 자포자기하는 심정으로 술과 도박에 빠져들었고, 얼마 안 되는 돈을 탕진하고 말았다. 1929년 1월에는 아마가사키 출장소 일도 싫증이 나서 사직했다. 이후 오사카와 고베의 막노동판을 전전했지만, 육체노동에 적응하지 못하고 곧바로 접었다. 1929년 2월 한 일본인의 소개를 받아 오사카 쓰루하시[鶴橋] 야마노[山野] 비누상점에 취직했다. 하지만 같은 해 9월 판매대금 100엔을 횡령해 도쿄로 도주했다.[185] 이봉창은 상점 주인이 자신이 조선인임을 알아차리고 불신했기 때문에 자포자기하는 심정으로 범죄를 저질렀다고 변명했다. 도쿄에서는 직업소개소의 도움으로 고구마 도매상 짐꾼으로 취업했지만, 사흘을 넘기지 못하고 그만두었다.

1930년 3월 마쓰이 이치오[松井一夫]라는 이름으로 교바시[京橋]의 사카구치[坂口] 해산물 도매점에 취업했지만, 이 또한 4개월 만에 그만두었다. 이유는 동업자와의 경쟁에 염증을 느끼고, 친구를 만나거나 매춘(賣春)하기 위해 2~3일간 무단결근하며 점주에게서 "한심스럽다는 질책을 받았기 때문"[186]이었다. 다음 달 8월 마쓰이란 이름으로 오오키[大木] 가방점의 판매원으로 취업했다. 하지만 요코스카[横須賀] 출장 중에 음주와 매춘을 했고, 회삿돈 50~60엔을 횡령해 탕진하고 말았다. 12월 말 횡령한 회삿돈을 변제할 길이 없자 재차 50~60엔 상당의 회삿돈을 추가로 횡령해서 오사카로 도주했다.

1930년 12월 초순 전에 오사카 막노동판에서 알게 된 박태산(朴泰山)과 재회했다. 이봉창은 그로부터 상해에 가면 영국인이 경영하는 전차 회사가 조선인을 크게 우대한다는 것과 임시정부가 있다는 이야기를 듣고는 상해 도항을 결심했다. 1932년 1월 폭살테러 사건 발생 직후 취조에서 이봉창은 "실은 그때는 상해에서 독립운동에 참가하고 싶은 생각은 전혀 갖고 있지 않았습니다. 단지 영국인이 경영하는 전차 회사에 들어가 앞으로 떳떳하게 조선인으로 생활하고자 하는 생각만으로 상해 도항을 작정했습니다"[187] 하고 진술했다. 상해 도항 당시 지참금은 약 50엔이었다. 이 가운데 21엔은 마쓰무라 슈조[松村昌藏]라는 이름으로 배표를 샀고, 1930년 12월 6일 오사카 축항(築港)에서 상해로 가는 사카오키마루[笹置丸]에 승선했다.

상해의 백정선

1930년 12월 10일 상해 도착 당시 수중에는 18엔 정도가 있었다. 1931년 1월 초순 프랑스 조계 마랑로(馬浪路) 보경리(寶慶里)에 소재하는 상해 한인교민단 사무소를 찾았다. 목적은 영국인이 경영하는 전차 회사에 취직을 부탁하기 위해서였다. 그를 맞은 교민단 직원 김동우는 전차 회사에 취직하려면 영어와 중국어를 할 줄 알아야 한다고 말했다.[188] 그래서 전차 회사 취업을 단념하고 일본인 회사를 상대로 구직 활동을 해서 곧바로 명선(明善) 철공소 대장장이로 취직했다. 입사해서 2개월 동안은 임금이 용돈 수준에 불과했지만, 2개월이 지나자 일당 2원을 받았다. 가끔 민단사무소를 찾아 직원들과 질펀한 술판을 벌였다. 그러다가 술기운이 오른 이봉창이 "당신들은 독립운동을 한다면서 일본 천황을 왜 못 죽입니까"[189] 하고 따졌다. 김구는 천황을 처단할 수 있다는 이봉창의 객기 어린 주담에 주목했다.

이봉창은 1931년 3월경 백정선(김구의 가명)과 첫 대면을 했다.[190] 김구는 일본에서의 조선인 처우와 생활은 어떠한지, 천황이 드나들 때 경계 수준과 세상을 놀라게 할 만한 사건을 일으킬 수 있겠는지를 물었다. 이봉창은 지난 1929년 11월 교토에서 있었던 고죠 경찰서의 검속과 구속을 떠올리며 몸서리쳤고, 그래서 폭탄 등 적당한 무기만 주어진다면 일본으로 건너가 깜짝 놀랄 만한 사건을 일으키겠다고 답했다. 그리고 백정선에게 임정의 주의와 강령을 문의했지만, 아무런 설명도 들을 수 없었다. 백정선과의 첫 만남 때는 천황에 대한 테러를 논의하지 않았다.

천황 폭살테러를 본격적으로 논의하기 시작한 것은 1931년 4월경 이루어진 두 번째 만남 때였다. 백정선이 천황이 지나갈 때 폭탄을 던질 수 있겠느냐고 물었고, 이봉창은 도쿄 지리에 밝기 때문에 폭탄만 주어진다면 천황을 향해 폭탄을 던지는 것은 아주 손쉬운 일이라며, 천황이란 신(神)의 장식물에 불과하니 오히려 총리대신 등 고관을 폭살하는 것이 더 효과적이지 않겠느냐고 반문했다. 하지만 백정선은 천황을 폭살하는 편이 훨씬 효과가 크고 세계적으로 반향을 불러일으킬 수 있다고 주장했다. 결국 이봉창도 백정선의 주장에 찬성했고, 천황 폭살테러를 결심하게 되었다.

백정선과의 세 번째 만남은 1931년 5월 말 이루어졌다. 세 번째 만남에서 이봉창은 상해에서 활동하는 독립운동단체에 가입하고 싶다는 의사를 비쳤다. 하지만 백정선은 2~3개 단체가 있지만 들어가도 별 소용이 없고, 임정도 허울뿐이어서 별다른 힘이 없다고 답했다. 이어서 이봉창의 의사가 굳건하다면 단독으로 폭살테러를 감행하는 것이 좋다면서, 자신이 후원자가 되어 폭탄을 구해주겠다고 약속했다. 1931년 9월 중순 백정선과 이봉창은 네 번째 만남을 가졌다. 이봉창은 마침 명선 철공소를 그만두고 축음기 판매상 영창공사(榮昌公司)에 취직했기 때문에 보고를 겸해서 민단사무소를 방문했다.

이봉창은 앞서 약속한 폭탄의 입수 여부를 물었고, 백정선은 일본 도항 여비와 함께 폭탄 구입을 추진하고 있다며 폭살테러를 결행할 결심이 섰는지 물었다. 이봉창은 "나는 5년, 10년 삶을 더 사는 것도 흥미가 없다. (…) 어떤 일이든 중도에 흐지부지하는 것을 싫어하므로 폭탄이 틀림없는지, 그 효력을 확인한 다음에 내지(일본)에 갈 생각이기 때문에 폭탄이 입수된다면 반드시 책임지고 결행하겠다"[19]고 약속하는 한편, 폭탄이 입수되면 즉시 알려달라고 부탁했다. 김구는 폭탄을 왕웅(王雄, 김홍일)에게 1개, 김현(金鉉)을 통해서 하남성 유치(劉峙) 장군에게 1개를 입수했다. 폭탄은 6~7칸 거리의 물건을 모두 파괴하는 대단한 위력이 있으니 굳이 시험해보지 않아도 문제가 없다며, 자기를 믿어달라고 했다.

이봉창과 백정선의 다섯 번째 만남은 1931년 11월 하순 어느 날

이루어졌다. 백정선은 일전에 편지를 보냈는데 왜 오지 않았냐고 이봉창을 추궁했고, 편지 배달에 실수가 있었던 것 같다며 다음번에 편지를 보내면 꼭 방문할 것을 약속하고 헤어졌다. 이들의 여섯 번째 만남은 12월 13일 저녁 프랑스 조계 신천상리(新天祥里) 20호 어느 조선인의 집에서 있었다. 곧바로 러시아 식당에서 저녁을 먹으면서 백정선이 모든 준비를 마쳤다고, 언제 떠날 것인지 물었다. 그래서 이봉창은 12월 17일 상해-고베 직항에 승선하겠다고 답했다. 그 자리에서 백정선은 여비에 쓰라며 300원을 건넸다. 이봉창은 나중에 "백이 폭탄과 그 밖의 것에 확실한 이야기도 없었기 때문에 예상보다 많은 돈을 주는 것에 깜짝 놀랐다"[192]고 진술했다.

오후 10시경 하비로(霞飛路)에 있는 안공근의 집으로 이동해서 사진 촬영을 했다. 사진사는 안공근의 차남 안낙생(安樂生)이었다.[193] 백정선이 시키는 대로 태극기를 배경으로 선서문(宣誓文)을 가슴에 달고 폭탄을 좌우 양손에 들고 가슴 높이까지 들어 올린 채 사진을 찍었다.[194] 선서문의 내용은 "나는 적성(赤誠)으로 조국의 독립과 자유를 회복하기 위하여 한인애국단(韓人愛國團)의 일원이 되어 적국(敵國)의 수괴(首魁)를 도륙(屠戮)하기로 맹서(盟誓)하나이다. 대한민국 13년 12월 13일 한인애국단 앞 이봉창"이었다.

이봉창은 돈이 생기자 백정선과 헤어진 직후 곧장 오송로(吳松露) 사창가에 들러 중국인 창기를 샀다.[195] 일곱 번째 만남은 12월 15일 저녁 7~8시경 역시 안공근의 집에서 있었다. 곧바로 요릿집으로 이동해 저녁 식사를 마칠 무렵 백정선은 잠시 외출하고 돌아오면서 신문지와 보자기로 싼 폭탄 2개를 들고 왔다. 이후 중국인이 경영하는 중흥(中興)여관으로 이동했다.[196] 그리고 폭탄의 휴대와 사용 방법

을 알려주었다.[197]

12월 16일 아침 백정선과 헤어진 뒤 이봉창은 곧장 영창공사에 가서 봇짐을 꾸렸다. 그날 저녁 이봉창은 백정선과 여덟 번째이자 마지막 만남을 가졌다. 저녁 식사 자리에서 백정선은 손목시계를 선물했고, 이후 전날 묵었던 여관으로 이동했다. 17일 오전 이봉창은 백정선이 준비해준 복대를 차고 폭살용과 자폭용 폭탄 2개를 특제 훈도시에 넣고 주머니 양 끝을 허리에 감아 묶고는 폭탄 사이에 고환을 끼우고, 그 위에 팬츠와 양복을 입은 뒤 여관을 나섰다.[198] 특제 훈도시는 당시 한인애국단 소속 여성 단원 이화림(이동해로 개명)이 밤새워 손바느질로 기워 만든 것이었다.[199] 아침을 먹고는 이별을 기념하고자 사진관에 들러 함께 사진을 찍었다. 백정선과 헤어진 이봉창은 기노시타 쇼조라는 가명으로 3등 배표를 사서 고베행 히가마루[氷川丸]에 승선했다.

미션 임파서블

1931년 12월 19일 이봉창은 고베항에 상륙해 한신[阪神] 전철을 타고 오사카로 이동했다.[200] 기노시타라는 가명으로 우메노야[梅ノ屋] 여관에 투숙해 3일을 묵었다. 오사카에서의 활동은 상해에서 부탁받은 물품 구매, 하나엔[花園] 구락부에서 영화 관람, 밤에는 오사카 최고의 유곽(遊郭) 마쓰시마[松島]에서의 매춘이었다. 12월 22일 아침 여관을 나와 오사카역에서 도쿄행 열차를 탔다. 당일 오후 9시경 도쿄역에 도착해서 아사쿠사[淺草]로 이동해서 오하리야[尾張屋] 여관에 투숙했다. 12월 22일부터 1932년 1월 6일까지 같은 여관에 숙박했지만, 12월 26~27일은 다른 곳에서 묵었다.

이봉창은 도쿄 도착 다음 날인 12월 23일 백정선 앞으로 100엔 송금을 요청하는 전보를 타전했다. 26일에는 가진 돈도 다 떨어져 마쓰하라 이치오[松原一夫]라는 이름으로 혼쇼구[本所區]의 싸구려 여인숙에 투숙했다. 27일에는 손목시계를 전당포에 맡겨 1원 50전을 받았고, 직업소개소에 들러 취직자리를 알아보았다. 곧바로 닛뽀리[日暮里]의 초밥용 기재 상점을 소개받아 짐을 찾으러 여관에 들렀다가 백정선에게서 '정금(正金) 100원 보냈다'는 전보가 도착했음을 확인했다. 그는 일단 취직을 미루고 오하리야 여관에 투숙했다. 여관에서 송금이 되기를 기다렸지만, 소식이 없어서 12월 30일부터 1월 3일까지 세 차례에 걸쳐 백정선에게 조회 전보를 타전했다.[201]

1932년 1월 4일에서야 송금은 우편환이 아니라 요코하마세이킨[橫浜正金] 은행 앞으로 보낸 은행환이라는 사실을 알게 되었다. '정금'을 그냥 일본 돈으로 잘못 알고 시일을 지체한 것이다. 곧바로 인근에 있는 요코하마세이킨 지점에 들러 100엔을 인출했다.[202] 이후 가나가와[神奈]현 가와사키[川崎]시로 이동해 다마키루[玉木樓]라는 유곽에 들러 마쓰이 이치오[松井一夫]라는 새로운 가명으로 세이기[靜技]라는 창녀를 사서 숙박했다. 5일에는 다시 오하리야 여관에 들러 백정선에게서 회신 전보가 도착했는지 확인했지만, 전보가 도착하지 않아 근처의 데이고크간[帝國館] 등 영화관을 돌면서 시간을 보내고 밤이 되어서야 여관으로 돌아왔다.

1월 6일에는 아침 일찍 여관을 나와서 전철을 타고 요요기[代ヶ代]역에 내려 요요기 연병장에서 거행되는 관병식(觀兵式) 연습을 관

람하러 갔다. 도중에 택시 운전사에게서 육군헌병조장 오오바 젠기[大場全奎]의 명함을 입수했다. 이봉창은 관병식이 정식으로 개최되는 8일을 거사 일로 정했다.[203] 더 이상 백정선의 회신 전보를 기대할 수 없다고 판단해 숙소를 바꾸기로 작정하고, 시모따니[下谷]구 아사히[朝日] 호텔에 오사카시 비누상점의 아사야마 마사이치[朝山昌一]라는 이름으로 투숙했다. 우에노역 근처에서 엿을 두 상자 사서 호텔 방에 두고 저녁 7시경 카메베[龜戶]라는 유곽에 들렀다가, 다음 날 오전 1시경 호텔로 돌아왔다.

1월 7일에는 골프장, 마작 구락부, 음식점을 돌면서 먹고 놀다가 호텔로 돌아왔다. 그러고는 전날 밤 사두었던 엿 상자 두 개를 비운 뒤 종이로 포장한 폭탄 2개를 넣고 보자기로 다시 쌌다. 그리고 폭탄을 들고 1월 4일 들렀던 가와사키시 다마키루에 들러 매춘했다. 거사를 앞두고 매춘을 한 것은 세상을 하직한다는 기분으로 한번 놀고 가자는 심산이었다. 그는 창녀 세이기에게 "내일 비가 오면 천천히 깨워도 되지만, 날씨가 맑으면 7시경 깨워달라고 부탁"[204]했다. 드디어 8일 아침 가와사키역에서 국철을 타고 이동해 시나가와[品川]에서 전철을 갈아타고 8시 50분경 하라주쿠[原宿]역에서 내렸다. 당일 이봉창의 복장은 신사복에 오버코트와 헌팅 캡을 썼으며, 나사천을 두른 검은 구두를 신고, 보자기로 싼 보따리를 들고 있었다.

천황 행차까지는 이른 시간이라 판단해서 역전 인근 중국 음식점에 들러 아침식사를 하게 되었다. 식사 도중 형사 두 명이 들어왔고, 미행당한 게 아닌가 착각하기도 했다. 형사들이 쫙 깔린 하라주쿠역 앞은 기분도 나쁘고 거사 가망성이 없다고 생각해서 국철을 타고 요츠야미츠케[四谷見附]역으로 이동했다. 천황이 요츠야미츠케 부근을 통과할 때 폭살테러를 결행할 심산이었다. 그런데 인근의 신문팔이로부터 천황의 행차 코스는 이곳이 아니라 아카사카미츠케[赤坂見附]역 부근이라는 사실을 확인하게 되었다. 그래서 인근 화장실에 들러 보자기를 풀고 폭탄을 꺼내 바지 양쪽 주머니에 넣고 시영(市營) 전철을 타고 아카사카미츠케역으로 이동했다. 이때가 대략 오전 10시경이었다.

역전 청소부에게 천황의 행차가 이미 요요기 연병장을 향해서 아카사카미츠케역을 통과했지만, 환궁할 때 다시 이곳을 통과한다는 사실을 확인했다. 환궁하는 천황 행차를 노리기로 결심하고 아카사카미츠케역 부근의 식당에 들러 식사도 할 겸 시간을 보냈다. 관병식 중계방송이 있었지만, 조금 이를 것으로 판단해서 11시 40분경 식당을 나와 아카사카미츠케역으로 향했다. 그런데 아뿔싸 천황의 환궁 행렬은 이미 그곳을 통과한 뒤였고, 그 행렬의 꼬리가 다마치[田町] 모퉁이를 돌아서고 있었다. 그래서 오늘은 틀렸다며 낭패감에 사로잡혀 있는데, 역전 청소 감독이 환궁 행렬은 도라에몬[虎の門]을 거쳐 우회하기 때문에 지름길로 가면 천황 행렬을 따라잡을 수 있다고 알려주었다.

이봉창은 곧장 택시를 잡아타고 합참본부 앞 내리막길까지 내달렸지만 순사에게 정지당했고, 그래서 택시에서 내려 사쿠라다마치[櫻田町] 경시청 북쪽 현관 근처까지 뛰어갔지만, 재차 순사에게 제지당했다. 1월 6일 관병식 예행연습을 관람하러 가던 길에 택시 기사에게 받아두었던 육군헌병조장 오오바 젠기의 명함을 꺼내 보이고 경찰 저지선을 돌파했고, 경시청 정문 앞까지 진출했다. 경시청 현관 앞 잔디밭 전방 아스팔트 인도에 5~6줄로 서 있던 약 1,200명에 달하는 봉배자(奉拜者) 가운데 섞여 들었다.[205] 다가오는 천황의 행차는 3대의 어료(御料) 마차 행렬이었고, 쇼와(昭和) 천황이 탑승한 것은 세 번째 어료 마차였다. 이봉창은 순간적으로 두 번째 마차에 천황이 탔을 것이라 짐작하고 운집한 봉배자들 사이를 헤치고 전진했다.[206] 마차까지 약 18.7m 거리에서 오른쪽 주머니의 폭탄을 꺼내어 조금은 높다 싶게 투척했다. 폭탄이 작렬한 시각은 대략 11시 44~45분경이었다.

폭탄이 터진 지점은 두 번째 어료 마차 뒤편 마부가 딛고 서는 받침대 아래 지면이었고, 굉장한 폭음을 냈다. 이봉창은 폭탄이 작렬하면 11~13m 반경의 모든 사물이 풍비박산(風飛雹散) 나는 등 대단한 살상력을 발휘할 것으로 생각했다. 하지만 천황 행렬에는 아무런 이상이 발생하지 않았고, 별일 없다는 듯 약 5분 후 환궁하고 말았다. 그는 곧바로 폭살테러가 실패했음을 직감했다. 더구나 신문 호외를 보고서야 두 번째 어료 마차 탑승자는 천황이 아니라 궁내부대신 이치키 키토구로[一木喜德郎]라는 사실을 알고는 어이없는 착각과 실수에 아연실색했다.

이봉창이 투척한 폭탄은 파열강도가 극히 낮은, 소리만 요란한 폭음탄 수준이었다.[207] 실제로 폭탄을 공급했던 왕웅(王雄)에 따르면, 폭탄은 구식 마미(麻尾) 수류탄으로 세열 수류탄과 달리 폭발력이 약하지만, 중량이 가볍고 불발탄이 없으며 휴대가 간편하다는 이점 때문에 택했다고 밝혔다.[208] 그 때문에 두 번째 어료 마차의 왼쪽 뒷바퀴 타이어 일부분이 이탈하는 경미한 손상과 함께 천황 깃발을 든 기수와 근위병이 탔던 말 2필의 가슴과 코에 경미한 찰과상을 입혔을 뿐이다.[209] 이봉창은 "폭탄의 위력이 너무 작아서 실패한 것을

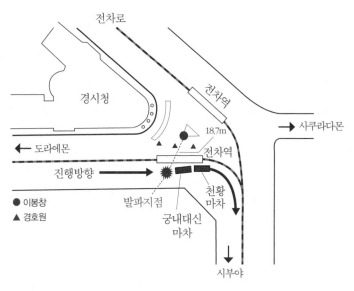

전차로

경시청

전차역

18.7m

→ 사쿠라다몬

← 도라에몬

전차역

진행방향 →

천황마차

● 이봉창
▲ 경호원

발파지점

궁내대신
마차

시부야

[2-1] 사쿠라다몬외(外) 이봉창 테러 현장.

유감이라 생각한다. (…) 나는 상해에서 시험해보자고 했지만, 대단한 위력의 폭탄이라며 시험하지 않아도 괜찮다는 백정선의 말을 믿었던 것이 실패의 원인"[210]이었다고 한탄했다. 하지만 이미 엎질러진 물이었다.[211]

체포·심문·재판

1932년 1월 8일 11시 45분 폭살테러 현장에서 이봉창은 대불경범(大不敬犯) 혹은 대역범(大逆犯)으로 체포되었다.[212] 곧바로 경시청으로 연행되어 도요타마[豊多摩] 형무소에 수감되었다. 7월 19일부터 9월 16일까지 엄중한 취조 및 심문을 거쳐 9월 30일 대심원(大審院) 대법정에서 와니 데이기치[和仁貞吉] 판사는 형법 제73조[213]에 의거해서 사형을 언도했다. 이봉창은 1932년 10월 10일 오전 9시경 도쿄

이치가야[市ヶ谷] 형무소에서 교수형에 처해졌다.[214] 이봉창의 폭살테러와 관련해서는 예심조서(豫審調書), 검증조서(檢證調書), 의견서(意見書), 공판(公判), 판결(判決) 등 심문과 재판기록 그리고 청취서(聽取書)와 상신서(上申書) 등 이봉창 자신이 직접 진술하거나 작성한 문서도 남아 있다.[215]

다음에는 재판기록을 활용해 이봉창이 폭살테러를 자행하게 된 동기, 행동, 심리를 검토해보자. 심문자는 예심판사 아키야마 다카히코[秋山高彦]였다.

문 1919년 3월 경성에서 일어난 만세 소동을 목격했는가?

답 그때 나는(17~18세) 고용살이 중이어서 그러한 일이 있었다는 것을 들었지만, 무엇 때문에 했는지 까닭도 모르는 채 듣기만 했습니다. 아무것도 의식하지 못했습니다.

문 조선 독립운동에 관여한 적이 있는가?

답 나는 일찍이 조선 독립문제에 관심을 가졌으나 연줄이 없어서 실제 운동에는 관련할 수 없었습니다.

문 조선인에 대한 차별 대우가 주원인이라면, 피고는 상당히 일찍부터 조선의 독립을 바라고 있었던 것이 아닌가?

답 내가 조선의 독립을 바라게 된 것은 차별 대우가 그 주된 원인이기는 하지만, 그렇다고 일찍부터 조선을 독립시켜야겠다고 생각했던 것은 아니고, 교토 고조 경찰서 검속으로 말미암아 처음 조선의 독립을 생각하게 되었습니다. (…) 조선인이라는 이유만으로 위험인물로 검속되었던 것입니다. 나는 갑자기 우리 조선인은 조국 조선의 자유를 획득하지 않으면 안 되며, 신명을 바쳐서라도 2천만 동

테러리스트 김구

포를 위해 조선 독립의 실현에 노력할 것을 결심했습니다.

문 독립운동에 참가하고 싶다는 생각이 상해 도항의 한 원인이었는가?

답 그때는 상해에서 독립운동에 참가하고 싶은 생각은 전혀 없었습니다. 단지 영국인이 경영하는 전차 회사에 들어가 앞으로 떳떳하게 조선인으로서 생활하겠다는 생각만으로 상해에 건너가게 되었던 것입니다.

문 백정선은 본명인가?

답 나는 본명이라 여기고 있습니다.

문 백정선은 상당히 훌륭한 인물인가?

답 백정선을 그렇게 학문이 있는 사람이거나 또 인격자라 생각하지 않습니다. 다른 조선인들이 백정선에게 인사하는 것을 보고서야 상해 조선인의 총대표자일 것으로 생각했습니다.

문 상해에 가서 조선 독립에 관해 특별히 연구라도 했는가?

답 조선 독립에 관해 연구하고 싶었으나 그럴 틈이 없었습니다. (…) 일본인은 관헌까지도 우리 조선인에 대해 차별 대우를 하며 학대하고 있으므로 우리 조선인은 어떻게 해서든지 조선을 독립시켜 조선인의 국가가 있어야 한다고 생각하는 터에 백정선으로부터 천황 폐하를 죽이는 것이 조선의 독립을 촉진하는 첩경이라는 말을 듣고 과연 그렇다고 생각되어 2천만 동포를 위해 희생하여 천황 폐하를 죽이자고 결심하기에 이르렀던 것입니다.

문 관병식 예습을 관람하러 간 까닭은?

답 그것은 형편이 좋으면 관병식장에서 나의 계획을 실행하려고 사전 점검을 위해 갔던 것입니다. 그러나 요요기 연병장이 너무 넓어서 천황 폐하에게 접근하기가 곤란했고, 장소로서 부적당하다고 생각했습니다.

문　실행일을 관병식 당일 8일로 정한 이유는?

답　특별한 이유가 없습니다. 그날 폐하가 나들이를 하므로 그 기회를 노리는 것이 좋을 것이라 생각했기 때문입니다.

문　천황 폐하를 위해(危害)하는 것이 어째서 조선 독립을 촉진하는 것이라 생각했는가?

답　백정선으로부터 설명을 듣고 나는 단지 막연히 천황 폐하를 위해하면 조선 독립운동이 촉진될 것으로 생각한 것에 불과합니다.

문　지금은 조선의 독립문제를 어떻게 생각하는가?

답　형무소에 들어가서 여러 가지 생각을 했습니다만, 조선의 독립이라는 것은 전혀 실현될 수 없는 것이라 판단했기 때문에 지금으로서는 독립문제에 대해 아무것도 생각하고 있지 않습니다.

문　조선인을 행복하게 해주기 위해서 어떻게 했으면 좋겠다고 생각하는가?

답　조선인은 대체로 미신적이지만, 진정한 신앙은 없고 또 이해력도 낮다고 생각합니다. 생활과 문화의 정도가 아직 내지 일본인에게 미치지 못합니다. 그런데 나는 종교를 통해서 조선인을 이끌고 정신수양과 인격양성을 힘쓴다면 조선인도 점차 발전해서 내지인과 서로 이해하고 융화하여 피차 일본 국민으로서 유쾌하게 생활할 수 있을 것이라 생각합니다. [216]

이상, 이봉창은 애당초 조선 독립에 무관심한 친일 조선인이었다. 그는 1928년 11월 말 고쿄 경찰서의 검속과 구금을 계기로 민족의식을 자각했다고 강변했지만, 이후에도 충성스럽고 선량한 일본인 행세를 했다. 취업하는 직장마다 회삿돈을 횡령해 주색잡기에 탕진했고, 기노시타 쇼조를 시작으로 7개의 일본인 가명으로 때와 장소에 따라 번갈아 사용했다.[217] 1930년 12월 궁지에 몰린 이봉창은 영국인이 경영하는 전차 회사에 취업할 목적으로 상해에 건너갔다. 상해 한인교민단 사무소를 들락거리며 백정선(김구)을 알게 되었고, 천황 폭살을 모의했다. 하지만 백정선은 끝까지 자신의 정체를 밝히지 않았다. 이봉창은 천황 폭살테러 실패 이후 취조 및 심문 와중에서 백정선의 부추김에 제대로 놀아났음을 깨닫고 자신의 어리석음을 원망했다.

테러의 충격과 파장

일본은 이봉창의 폭살테러를 '사쿠라다몬가이[櫻田門外] 대역사건' 이라 명명하고 있다. 이 사건은 1923년 12월 27일 일본 도쿄 도라노몬[虎ノ門] 근처에서 황태자 겸 섭정관(摂政宮) 히로히토 친왕[裕仁 親王, 나중에 昭和 天皇]에 대한 무정부주의자 난바 다이스케[難波大助]의 저격사건 이래 최대의 대역사건이었다. 1923년 당시에는 제2차 야마모토[山本] 내각의 총사직과 함께 경호책임을 물어 경시총감과 경시부장을 면직 처분했다. 암살범의 부친인 당시 중의원 의원 난바 사쿠노신[難波作之進]과 그의 가족은 모든 사회활동을 접고 칩거에 들어가야 했고, 향리인 야마구치현 지사와 모교 소학교 교장과 담임교사도 사직해야 했다. 그 때문에 지식인, 정치가, 군인들을 중심으로 국수주의 사상단체 청천회(靑天會)가 결성되었고, 난바가 코민테른의 영향을 받았다며 반공교육이 강조되었다.

그렇다면 이봉창의 폭살테러가 미친 충격과 파장은 어떠했을까.

첫째, 사건의 진원지 일본이다.

사건 당일 오후 내무성은 관병식을 마치고 환궁하는 천황의 마차를 향해 폭탄이 투척되었지만 천황 폐하는 이상이 없었다는 대불경 사건의 발생 개요와 함께 사건의 진범이 조선인 이봉창(32세)이라는 사실을 신문 호외를 통해 발표했다.[218] 사건 당일 오후 이누카이 쓰요시[犬養毅] 총리는 급거 내각회의를 열어 총사직을 결정하고, 오후 5시경 황거(皇居)를 참내해서 텐키호시[天機奉伺, 천황에 대한 문안인사]와 함께 사표를 봉정해서 천황의 재가를 청했다. 다음 날 2월 9일 오전 총리와 각료 전원이 천황을 배알하고 '시국이 중대하니 유임하라'는 천황의 훈령을 받았다. 앞서 1923년 '도라노몬 대역사건'과 달리 이누카이 내각은 유임되었다.[219]

하지만 천황의 훈령이 있었다고 해서 내각 유임이 쉽게 수용될 수는 없는 일이었다. 곧바로 들고일어난 곳이 귀족원이었다. 귀족원은 불상사에 대해 경악과 격분을 금할 수 없다고 격렬하게 성토하는 한편, 설령 어정(御諚)을 내렸다 해도 이를 사양하고 군신지분(君臣之分)을 밝히는 것이 신하의 도리라고 비난했다. 또한 민정당(民政黨)도 내각의 유임이 천황 보필(輔弼)의 중임을 맡은 국무대신들이 취할 바가 아니라며, 내각의 '신절(臣節)'에 의혹을 제기하고 탄핵을 거론했다.[220] 1932년 3월 23일 귀족원 회의에서 이누카이 총리는 재차 유임 문제로 추궁을 받았고, "사쿠라다몬가이 사건과 같은 불상사건에 대해 관례(慣例)에 반해 유임을 받아들인 수상의 국체관념이 우려된다"[221]는 수모를 당했다.

하지만 대역사건 발생의 경호 책임을 피할 수는 없었다. 문관징

테러리스트 김구

계위원회는 가와다(河原田) 내무차관을 비롯해 경보국장, 경시총감, 경무부장, 관방주사, 관할경찰서장 등 6명의 경호 책임 과실을 심의했다. 결국 경시총감 등 4명은 징계면직, 내무차관 등 3명은 죄벌 처분을 받았다. 내무성은 지방장관 앞으로 유언비어 통제와 민심의 동요 방지를 발령했다.[222] 이는 재일조선인에 대한 무차별 테러를 우려했기 때문이다. 1932년 2월 중순 내무성 경보국과 조선총독부는 조선인이 주로 왕래하는 항구 그리고 다수의 조선인이 거주하는 주요 도시에 조선총독부 경무국 소속 경찰관을 파견했다.[223] 더욱이 일본 제국권에 걸쳐 이봉창 폭살테러 혹은 대역사건에 대한 언론통제를 실시했다.[224]

둘째, 조선 국내의 반응이다.

우가키 가즈시게(宇垣一成) 조선총독은 사건 당일 오후 궁내부대신 앞으로 천황에게 문안을 드리는 전문을 발송했다. "금번 불상(不祥)사건은 참으로 두려움을 감출 수 없다. 더욱이 범인이 조선인이라니 더욱 두려운 일이며, 일선융화를 위해 반도인사(半島人事)의 자중을 바란다"[225]는 내용이었다. 이마이다(今井田) 정무총감도 "금번 불상사건은 일본국민으로서 진정 두려움을 감출 수 없는 일인 바, 더구나 범인이 조선인인 것은 조선통치의 담당자나 조선 민중으로서도 실로 두렵고 황송한 일이다. 금번 사건은 조선 민중과는 하등 관계가 없는 돌발 사건이지만 범인이 조선인이라서 조선 통치의 장래에 영향이 없기를 바라며, 조선 민중도 근신(勤愼)하기를 바란다"[226]는 성명을 발표했다. 민족지를 자처하는 〈동아일보〉도 1932년 1월 10일 자에 '대불경(大不敬) 사건'이라는 제하의 기사를 게재했다.

1932년 1월 8일 이봉창의 폭살사건에 가장 먼저 민감하게 반응한 조선인은 일본 아카사카[赤坂]에 거주하는 이왕가(李王家)의 이왕(李王)이었다. 그는 사건 당일 오후 1시 20분 곧바로 황거를 참내하고 천황에게 텐키호시를 드렸다. 당일 오후 상애회(相愛會) 회장이자 조선인 출신 최초의 중의원 박춘금도 궁내성 등 일본 고위층을 방문해서 '불경한 범인이 조선인이라서 송구합니다'라고 사죄했다. 상애회란 박춘금이 재일조선인 노동자의 상호부조와 지위향상을 위해 결성한 내선융화 단체였다.[227] 다음 날 아침, 상애회 소속 회원 120명도 황거 정문 니주바시[二重橋] 앞에 줄지어 서서 '우리 동포들 가운데 불령자가 나온 것을 충심으로 사죄드립니다'라고 사죄했다.

한편, 1월 9일 내선융화를 표방하는 동민회(同民會) 소속 박영철, 한상룡, 신석린 등 7명도 조선 총독과 총리대신 앞으로 "어제 발생한 불경 사건에 대해 송구한 마음을 어찌할 바 모르겠으며 적성(赤誠)으로 근신하겠습니다"[228]라는 사죄문을 타전했고, 조선총독부·조선군사령부·신문사를 방문해서 각각 사죄했다.[229] 그리고 같은 날 동민회 본부는 "지난번 한 조선인이 저지른 불상사로 모든 조선인에 대해 불쾌한 감정을 갖게 된다면, 실로 광인(狂人)이 저지른 일이 불광인(不狂人)이 저지른 일이 되고 만다. 우리는 범인을 색출해서 도려내야 한다"[230]는 요지의 성명을 발표했다. 동민회는 불경과 대역을 획책한 이봉창을 부정불의(不逞不義)의 역도(逆徒)이자 광인(狂人)의 추태(醜態)라 규탄하는 한편, 조선인 사회의 심심한 참회와 근신 그리고 내선융화를 촉구하고 나섰다.

셋째, 중국의 반향이다.

1930년 만주사변 이래 반일 감정이 극도로 악화된 중국에서는 각지 신문사들이 중국인 사회의 배일 분위기에 편승해서 '한인 이봉창 저격 일황 불행부중(韓人李奉昌狙擊日皇不幸不中)'이라는 제하의 기사를 대서특필했다. "흉한 이(李)를 '지사(志士)' 혹은 '의사(義士)'라며 범행을 찬양하고, 쾌거의 실패를 애석해하거나 혹은 한 명의 이봉창이 죽어서 만 명의 이봉창이 출현해서 조종(朝宗)의 구원(仇怨)을 갚는다고 호언(豪言)하는 등 (…) 극히 불경한 독필(毒筆)을 휘두르는 기사가 속출했다."[231] 1932년 1월 9일 상해 〈민국일보(民國日報)〉는 "한인이 일황을 노리고 투탄했지만 불행하게도 명중하지 않았고 (不幸不中), 다른 마차를 작렬시켰을 뿐 범인은 즉시 체포되었다"[232]는 기사를 게재했다. 하지만 기사에서 '불행부중'이란 용어가 파란을 일으켰다.[233]

1932년 11월 말까지 이봉창 폭살테러를 찬양하고 일본을 폄훼하는 기사는 총 31건에 달했다.[234] 불경 기사의 속출에 따라 일본 정부는 중국 각지의 영사를 호출해서 해당 지방 당국에 엄중한 항의를 발령했다.[235] 일본 정부는 (1) 해당 지방장관 사죄, (2) 관계 신문사 사장 사죄, (3) 책임자 처벌, (4) 신문사 정간 및 폐간, (5) 불경 기사 단속 및 재발방지 보장을 요구했다. 국민당 정부에 대해서도 재중 공사를 통해서 항의했다. 〈민국일보〉와 관련해서 1월 10일 상해 주재 일본총영사 무라이[村井]는 오철성(鳴鐵城) 상해시장 앞으로 (1) 해당 기사의 정정 보도, (2) 성의 있는 사죄, (3) 책임자 처벌을 요구했다. 이후 우여곡절이 있었지만 1월 16일 〈민국일보〉는 사죄 성명서를 게재했고, 21일 오철성 상해시장은 심심한 유감의 뜻을 표명했다. 〈민국일보〉 기사는 1932년 1월 28일 제1차 상해사변 발발의 불씨가 되었다.[236]

한편, 1932년 1월 9일 한국독립당은 "본당은 삼가 한국 혁명 용사 이봉창이 일본 황제를 저격하는 벽력일성(霹靂一聲)으로 전 세계 피압박 민족에게 새해의 행운을 축복하고 이와 함께 환호하며, 즉각 제국주의자의 아성(牙城)을 향해 돌격하여 모든 폭군과 악한 정치 수범(首犯)을 쓰러뜨리고 제거하여 민족적 자유와 독립의 실현을 도모할 것을 바란다"[237]는 성명을 발표했다. 상해 임정 기관지 〈상해 한문(上海韓聞)〉 1월 11일 자는 "이봉창 의사의 쾌거"[238]라는 제하의 기사에서 이봉창의 의거는 왜황과 5천만 왜놈 괴뢰의 간담을 서늘하게 하고 적의 혼백을 빼앗은 쾌거라 주장했다. 1932년 10월 중순 김구는 '한인애국단장' 명의로 "이 탁한 세상과 영원히 이별"[239]한 이봉창을 '의사'라 치켜세우며, 애국단의 최선봉, 영웅의 탄생, 피를 머금은 청춘, 영웅의 본색, 최후의 결별, 늠름한 대의 등 감성적인 언어의 사건 전말서를 상해 중국어 신문에 게재했다.

진상과 쟁점

앞서 예심조서에서 확인한 바와 같이 이봉창은 1919년 3·1운동은 물론이고 독립운동에도 지극히 무관심한 청년이었다. 조선 독립에 관심을 가지게 된 것은 상해에서 백정선을 만나고 나서부터였다.[240] 이봉창이 천황 폭살테러를 감행할 수 있었던 것은 1930년 말 김구가 "블라디보스토크 고려공산당으로부터 수류탄을 입수했고, 이를 사용해서 불령행동을 감행하고자 병인의용대(丙寅義勇隊) 모 씨에게 결행을 종용했지만, 독립운동에 실효가 없다는 이유로 거절당했기 때문에 계속해서 적당한 인물을 물색하던 중에 우연히 이봉창을 발견하고 설득했기 때문"[241]에 가능한 일이었다.[242] 이봉창은 백정선(김구)의 꼬임에 넘어가 막연히 일본 천황을 폭살하면 독립운동이 촉진될 것이라 관념하고 자행한 일이었다. 하지만 폭살테러가 실패하고서야 자신의 어리석음을 깨우쳤다.[243]

다음에는 이봉창의 폭살테러를 둘러싼 몇 가지 쟁점을 검토해보자.

첫째, 1925년 이봉창의 도일(渡日)과 1930년 도중(渡中)을 둘러싼 논의이다.

1932년 10월 발표한 '동경 작탄 사건의 진상'이란 기사에서 김구는 이봉창이 일본인으로부터 횡포와 능욕을 당했고, 1919년 3·1운동을 계기로 복수·혁명·자유·해방을 환상했으며, 조국 광복을 도모하고자 큰 뜻을 품고 1925년 일본으로 건너왔다고 말했다. 1930년 12월 복수의 기회가 성숙했지만, 단독으로는 힘이 미칠 수 없었고, 그래서 임정과 독립지사들의 도움을 청하고자 상해로 건너왔다고 주장했다.[244] 1947년 『백범일지』에서는 "이 씨가 의기남자(義氣男子)로 살신성인(殺身成仁)할 큰 결심을 품고 일본에서 상해로 건너와 임시정부를 찾아온 것"[245]이라고 강변했다. 2001년 한시준도 그의 "상해 망명은 바로 조선인으로 살기 위해, 즉 독립운동을 위한 그의 선택이었다"[246]고 주장했다.

하지만 앞서 심문조서에서와 같이 이봉창은 1919년 3·1운동이 있었다는 사실조차 누군가에게서 들어 알게 되었고, 무엇 때문에 발생했는지 까닭도 몰랐다고 진술했다. 그가 일본에 건너오게 된 것은 독립운동이 아니라 조선에서 구차한 생활을 청산하고 급료를 더 많이 주는 직장을 구하기 위해서였다. 특히 1928년 11월 천황 즉위식 당시 검속과 구금을 민족적 편견과 차별대우로 간주해 민족의

식을 자각하게 되었다고 강변했지만, 이후 이봉창의 삶에 대한 태도는 바뀐 것이 없었다. 조선인임을 감추고 일본인 사회에 녹아들어 일신의 안위를 꾀하고 향락을 추구했을 뿐이다. 실제로, 오사카와 도쿄의 여러 직장을 전전했지만, 취업하는 직장마다 회삿돈을 횡령해서 탕진하고 도주를 반복했을 뿐이다.

다음으로 1930년 12월 상해 도항과 독립운동의 관련성이다. 1930년 11월 당시 도쿄의 오오키[大木] 가방점 점원이었던 이봉창은 회삿돈을 횡령해 주색에 탕진했고, 그 돈을 변제할 길이 없게 되자 재차 회삿돈을 횡령했다. 1930년 12월 초순 오사카로 도망친 이봉창은 친구 박태산을 통해 상해에 가면 조선인을 우대하는 영국인이 경영하는 전차 회사에 취직할 수 있고, 이를 알선해주는 임정이 있다는 사실을 알았다. 반복되는 절도 행각으로 일본 체류가 여의찮게 된 이봉창의 입장에서는 막다른 골목의 선택지였다. 관련해서 이봉창은 "실은 그때는 상해에서 독립운동에 참가하고 싶은 생각은 전혀 가지고 있지 않았습니다. 단지 영국인 경영의 전차 회사에 들어가 떳떳하게 조선인으로서 생활하고자 하는 생각만으로 상해 도항을 작정했습니다"[247]라고 자백했다. 이봉창이 독립운동에 헌신하고자 일본과 상해를 넘나들었다는 김구와 한시준의 주장은 명백한 거짓이다.

둘째, 이봉창은 왜 김구가 아닌 백정선이라 주장했는가 하는 점이다.

1932년 3월 11일 제8회 심문조서에서 "백정선은 본명인가"라고 묻는 판사의 질문에 이봉창은 "나는 본명이라 여기고 있습니다"[248]라고 진술했다. 김구라는 이름은 1932년 6월 27일 제9회 심문조서에서 처음 등장한다. 한편, 한시준은 이봉창이 심문 과정에서 배후에 대해 집중적인 추궁이 있었지만 끝까지 김구의 이름을 밝히지 않았다는 사실을 거론하며, "오직 백정선의 지시를 받았다고 하며 김구를 끌어들이지 않았다"[249]고 주장했다. 바꿔 말하면 한시준의 주장은 이봉창이 백정선이 김구라는 사실을 알면서도 김구를 사건에 끌어들이지 않으려고 일부러 김구가 아닌 백정선이라 진술했다는 것이다.

그렇다면 여기서 문제는 이봉창이 백정선이 김구라는 사실을 알았는가 하는 점이다. 1932년 2월 13일 제7회 심문조서에서 이봉창은 경시청에서 폭탄 파편을 보여주자 상해에서 출발 전에 백정선이 엄청난 효력이 있다고 한 것이 형편없는 엉터리였다는 것을 알게 되었고, 그래서 부아가 치밀어 "백정선에 관한 것 등은 말하지 않으려 했던 결심을 번복하여 모든 사실을 그대로 진술하게 되었다"[250]고 했다. 이상의 진술은 이봉창이 폭살테러를 자행하고 경시청과 예심을 받을 당시까지도 백정선이 김구라는 사실을 몰랐음을 시사한다. 그렇다면 김구는 왜 목숨을 걸고 폭살테러를 감행하고자 떠나는 이봉창과 이별하는 순간까지도 자신의 정체를 감추었는가 하는 의문이 남는다.

김구는 이봉창과의 빈번한 회합을 통해서 이봉창의 인간됨을 가늠했다. 그는 쾌락주의자였고, 일신의 쾌락을 위해서는 수단과 방법을 가리지 않는 허황하고 방탕한 인물이었다.[251] 더구나 하오리를 걸치고 게다를 신은 차림으로 임정을 방문할 만큼 몰지각했다. 1931년 12월 중순 김구는 거사 자금 300원을 건네면서 그의 반응을 관찰했고, "제가 이 돈을 가지고 가서 마음대로 써버리더라도 돈을 찾으러 못 오실 터이지요. (…) 제 일생에 이런 신임을 받은 것은 선생께 처음이요 마지막입니다"[252]라고 묘사했다. 그래서 김구는 거사 자금을 2차례로 나누어 지급한 것이다. 김구의 입장에서 이봉창은 결코 신뢰할 수 없는 인간이었고, 그래서 김구는 자신의 정체를 숨겼다. 따라서 이봉창은 한시준의 주장과는 달리 김구라는 사실을 알면서도 백정선이라 주장했던 것이 아니라 김구의 정체를 몰랐기 때문에 백정선이라 주장했다고 보는 것이 타당하다.

셋째, 이봉창의 천황 폭살테러에 대한 또 다른 가설이다.

김구는 1932년 1월 8일 자 신문을 보고 "천황을 죽이지 못한 사실이 극히 불쾌했지만, 여러 동지들은 오히려 나를 위로하였다. 그들은 일황이 즉사한 것만은 못하나, 정신적으로 우리 한인이 일본의 신성 불가침인 천황을 죽였다"[253]며 이른바 '정신승리'를 주장했다. 폭살테러의 실패 원인은 이봉창이 천황의 마차를 혼동했고 아울러 폭탄 성능이 살상력을 결여했기 때문이다. 실제로 같은 폭탄을 천황의 마차에 정확히 투척했다 해도 천황을 폭살하기에는 턱없이 부족한 수준이었다. 김구는 폭탄의 성능과 관련해 "폭탄은 상당히 좋은 것으로 자기에게 경험이 있는데 6~7칸 거리 내의 물건을 모두 파괴하는 위력이 있는 것"[254]이라고 자신했다. 이 같은 언급은 김구가 당초에 천황을 폭살하고자 하는 의지가 있었는지 의문을 가지게 한다.

실제로 1932년 1월 18일 예심판사가 폭탄 전문가들에게 의뢰한 폭탄 감정서에 따르면, "내부에 충전(充塡)하는 폭약은 폭발력이 약한 흑연화약인 반면, 탄체의 강도는 지나치기 때문에 폭렬(爆裂)에 따른 파편이 너무 큼직큼직해서 살상 위력이 크지 않을 것으로 판단된다"[255]는 것이었다. 한편, 김홍일은 김구와 협의해서 폭살테러에 사용할 폭탄을 선택했다. "100m 이상이나 떨어져 있는 표적물을 보통 수류탄을 던져서 실수 없이 명중시키기란 참으로 어렵다는 생각이 들었다. 나는 여러 가지로 생각을 거듭한 끝에 약간 구식이긴 하지만 그래도 그 보통 수류탄 대신에 마미 수류탄을 구해서 이 동지한테 주는 것이 좋다는 의견을 제시했다"[256]고 증언했다. 바꾸어 말하면, 김홍일은 폭발력이 약하지만 중량이 가벼워 멀리까지 투척할 수 있고, 불발탄도 없고, 휴대하기가 간편한 이점 때문에 마미탄을 선택했다.

김홍일의 실감 나는 증언을 고려하면, 이봉창 테러를 기획하는 과정에서 김구는 마미탄을 사용해서는 결코 천황을 폭살할 수 없다는 사실을 인지했으면서도 김홍일의 제안을 승낙했다. 따라서 폭살테러와 자폭테러에 나서는 이봉창에게 마미탄을 제공했다는 사실은 애당초 김구에게 천황 폭살의 의지가 있었는지 의문이 들게 한다. 폭살 의지가 확고했다면 결코 살상력을 결여한 마미탄을 제공하지 않았을 것이기 때문이다. 이와 관련해서 김구가 폭살 및 자폭테러를 예정하는 이봉창에게 "공판 때의 주의 사항"[257]을 하달했다는 사실도 고려해야 한다.

요컨대 김구는 이봉창을 소모품으로 삼아 자신의 존재를 세상에 알리고 중국 사회의 반응을 가늠하고자 터무니없는 천황 폭살테러를 사주한 것은 아닐까? 혹은 천황 폭살의 성공 가능성에 의문을 품으면서도 그 후폭풍을 가늠해보고자 이봉창의 폭살테러를 사주했던 것은 아닐까? 어쨌든 결과적으로 이봉창의 폭살테러는 중일 관계를 이간질하는 '정신승리' 이상의 정치적 효과를 발휘했다. 김구는 이봉창 테러를 통해서 항일테러의 새로운 선택지를 확인했고, 이를 경험 삼아 1932년 4월 윤봉길 폭살테러를 실행하게 되었다.

갈무리

1932년 1월 8일 이봉창은 일본 도쿄 한복판 사쿠라다몬 외곽에서 육군 관병식을 마치고 환궁(還宮)하는 쇼와 천황 폭살테러를 자행했다. 하지만 그는 감투정신 혹은 희생정신과는 거리가 먼 인물이었다. 이봉창이 기노시타 쇼조 등 일본인 가명을 써가며 오사카와 도쿄, 상해를 떠돈 동기와 심리는 독립운동이 아니라 현실 도피와 향락 추구였다. 그는 원초적 욕망을 채우기 위해 사기, 횡령, 절도 등 물불을 가리지 않는 난봉꾼이었다.[258] 그는 상해에 도착한 이래 민단사무소를 들락거렸고, 사람들로부터 '일본 영감'이라는 조롱과 멸시를 받았다. 이에 따른 반발 심리와 김구의 선동이 이봉창의 소영웅심을 자극했고, 쇼와 천황에 대한 폭살테러를 자임하고 나서게 했다.[259]

테러리즘 이론에 따라 이봉창 폭살테러의 진상을 정리하면 다음과 같다.

첫째, 테러의 피해자는 민간인 혹은 비전투원이다.

이봉창이 노린 것은 쇼와 천황이었다. 하지만 실제로 그가 투척한 폭탄의 표적은 천황이 아니라 궁내부대신 이치키 키토구로가 탑승한 두 번째 어료 마차였다. 더구나 투척한 폭탄은 파열강도가 극히 낮고 소리만 요란한 폭음탄 수준의 살상력을 결여한 구식 마미탄이었다. 그 때문에 두 번째 어료마차를 명중시켰지만, 마차의 좌측 뒷바퀴 타이어가 이탈하는 경미한 손상과 함께 천황의 깃발을 들었던 기수와 근위병이 타고 있던 말 2필에 가벼운 찰과상을 입혔을 뿐이다. 이봉창이 자행한 폭살테러의 피해자는 표적으로 삼았던 쇼와 천황이 아니라 기수와 근위병이었다.

테러리스트 김구

둘째, 테러의 목표는 정치 지도자들이다.

김구는 이봉창이 민족적 자유와 독립을 위해 적장의 수괴 천황을 테러의 표적으로 삼았다고 주장했다. 하지만 김구가 목숨을 걸고 폭살테러에 나서는 이봉창에게 제공한 폭탄은 살상력을 결여한 마미탄이었다. 애당초 쇼와 천황 폭살 의지가 있었는지 의문이다. 폭살 의지가 강고했다면 결코 마미탄을 제공하지 않았을 것이기 때문이다. 아마도 김구가 천황 폭살테러의 후폭풍을 도저히 감당할 수 없었기 때문이거나, 난봉꾼 이봉창이 과연 천황 폭살테러를 감행해서 성공할 수 있을지 미지수였기 때문은 아니었을까? 어쨌든 김구와 이봉창이 일본의 최고 지도자 천황을 테러 목표로 삼았던 것은 사실이다.

셋째, 테러의 수단은 극적인 공포 효과를 달성하기 위한 폭력의 선택이다.

김구는 "폭탄이 상당히 좋은 것으로 자기에게 경험이 있는데 6~7칸 거리 내의 물건을 모두 파괴하는 위력이 있는 것"[260]이라고 주장했다. 하지만 폭탄 전문가들은 "내부에 충전하는 폭약은 폭발력이 약한 흑연화약인 반면, 탄체의 강도는 지나치기 때문에 폭렬에 따른 파편이 너무 큼직큼직해서 살상 위력이 크지 않을 것"[261]이라고 감정했다. 김홍일도 "보통 수류탄 대신에 마미 수류탄을 구해서 이 동지한테 주는 것이 좋다"[262]고 생각해서 제공했다고 회고했다. 요컨대 이봉창에게 제공한 폭탄이 극적인 공포 효과를 발휘할 수 없는 마미탄이었다는 사실은 폭살테러 자체가 애당초 실패하도록 설계된 테러였음을 의미한다.

넷째, 테러의 동기는 범죄적 폭력과 달리 민족, 이념, 종교 등 정치적 신념에 동기화된 폭력이다.

이봉창은 온순한 성품의 사교적인 사람이었지만, 원초적 욕망을 자제하고 사회 상규(常規)를 존중하고 따르는 도덕률을 결여한 인물이었다. 그의 의식과 행동을 지배한 것은 나태와 쾌락이었다. 그는 기노시타 쇼조 등 무려 7개의 가명을 쓰고 유창한 일본어를 구사하며 일본인 행세를 했다. 이봉창의 폭살테러는 그가 비범한 항일혁명가여서가 아니라 자포자기 신세, 천하의 난봉꾼이었기에 가능한 일이었다. 이는 '천황 폭살만이 독립의 지름길'이라는 김구의 감언이설과 이봉창의 소영웅심에 동기화된 '어설픈 폭살테러'였다. 이봉창의 천황 폭살테러는 정치적 신념을 결여한 범죄적 폭력이었다.

다섯째, 테러의 의도는 거대한 공포의 확산에 있다.

이봉창 폭살테러 직후 한국독립당은 "제국주의자의 아성(牙城)을 향해 돌격하여 모든 폭군과 악한 정치 수범(首犯)을 쓰러뜨리고 제거하여 민족적 자유와 독립의 실현을 도모할 것을 바란다"[263]고 성명했다. 하지만 조선인 사회의 한결같은 반응은 이봉창을 두고 '부정불의(不正不義)한 역도' 혹은 '광인의 추태'라 비난했고, 천황에 대한 심심한 참회와 근신을 맹세해야 했다. 이봉창 폭살테러가 거대한 공포를 확산시킨 곳은 애당초 의도했던 일본인 사회가 아니라 바로 조선인 사회였다. 이봉창의 테러 실패는 당시 중국인들이 입에 올린 불행부중(不幸不中)이 아니라 조선인들의 가슴을 쓸어내리게 하는 다행부중(多幸不中)이었다.

3

강의(剛毅)한 사랑의 독립전사,
윤봉길

1932년 4월 29일 상해 홍구(虹口)공원에서 거행된 일본군 관병식(觀兵式)
겸 천장절(天長節) 기념식장에서 폭살테러가 발생했다. 일본군 상해파견
군사령관 시라카와(白川) 대장 등 2명이 사망하고, 10여 명이 중경상을
입었다. 테러범은 충남 예산 출신의 25세 청년 윤봉길(尹奉吉)이었고, 사
주 공범은 임정 재무장 겸 한인애국단장 김구였다. 윤봉길은 상해파견
군 군법회의를 거쳐 12월 19일 일본 가나자와(金澤)에서 총살당했다. 그
동안 윤봉길의 폭살테러는 한민족의 독립정신을 전 세계에 과시한 민
족적 의거이자 한국독립운동사에 빛나는 대전과(大戰果)로 간주되어왔
다. 그렇다면 윤봉길 폭살테러는 언제, 어디서, 어떻게 기획되고 실행
되었으며, 그 충격과 파장은 어떠했을까? 이 장에서는 폭살테러를 사
주한 김구와 이를 실행한 윤봉길의 동기, 심리, 행동을 실증 분석한다.

폭살테러의 추억

먼저 『백범일지』에서 김구가 밝힌 윤봉길 폭살테러의 경위와 정황이다.

어느 날 말총으로 모자와 일용품을 만드는 박진의 종품(鬃品) 공장에서 노동자로 일한 적 있는 윤봉길이 홍구시장에서 채소 장사를 하다가 조용히 김구를 찾아왔다. 그는 "제가 날마다 채소 바구니를 등에 메고 날마다 홍구 방면으로 다니는 것은 큰 뜻을 품고 천신만고 끝에 상해에 온 목적을 달성하기 위해서입니다. 그런데 중일전쟁도 굴욕적으로 정전협정이 성립되는 형세인즉 아무리 생각해보아도 마땅히 죽을 자리를 구할 수 없습니다. 그렇지만 선생님께는 동경 사건과 같은 경륜이 계실 줄 믿습니다. 저를 믿으시고 지도해주시면 은혜는 죽어도 잊지 못할 것입니다"[264]라고 말했다. 김구는 그동안 윤봉길을 지켜보고 그가 성실한 청년 노동자로 학식은 있으나 생활을 위해 노동하겠거니 생각했다.

이제 마음을 터놓고 이야기해보니 몸을 바쳐 큰 뜻을 이룰 의로운 대장부였다. 그래서 김구는 "뜻을 품으면 마침내 일을 이룬다고 했으니 안심하시오. 내가 요사이 연구하는 바가 있으나 마땅한 사람을 구하지 못해 번민하던 참이었소. (…) 그런데 지금 신문을 보니 왜놈이 전쟁에 이긴 위세를 업고 4월 29일 홍구공원에서 이른바 천황의 천장절 경축식을 성대하게 거행하며 군사적 위세를 크게 과시할 모양이오. 그러니 군은 일생의 큰 목적을 이날에 달성해봄이 어떠하오?"라고 떠보았다. 그러자 윤봉길은 "저는 이제부터 가슴에 한 점 번민이 없어지고 마음이 편안해집니다. 준비해주십시오"[265] 하고 답했다.

김구는 즉시 서문로(西門路) 왕웅(김홍일)을 방문해서 상해 병공창장 송식표(宋式驫)와 교섭해 일본인들이 사용하는 어깨에 메는 물통과 도시락을 사서 보낼 테니 그 속에 폭탄을 장치해 3일 이내에 보내달라고 부탁했다. 다음 날 강남조선소(江南造船所)를 찾아가서 기사 왕백수(王伯修)의 물통과 도시락 폭탄의 성능시험을 구경했다. 이번 시험 성적은 무척 양호했다. 상해 병공창이 폭탄을 무료로 제조해준 것은 이봉창 의사의 은혜 덕분이었다. 병공창장은 자기들이 빌려준 폭탄의 위력이 미약해서 일본 천황을 폭살하지 못한 것을 유감으로 생각했기 때문이다. 물통과 도시락 폭탄을 받아 프랑스 조계의 친한 동포 집에 숨겨두었다.

운명의 날이 다가오자 윤봉길은 날마다 홍구공원에 나가서 식장과 거사 위치를 점검했고, 시라카와[白川] 대장의 사진을 구하고 일장기를 마련했다. 김구는 윤봉길을 여관으로 보낸 뒤 폭탄 두 개를 휴대하고 김해산(金海山)의 집에 가서 "내일 이른 아침 윤 군이 중대 임무를 수행하기 위해 동북 3성으로 떠난다"[266]며, 쇠고기를 사다가 윤봉길을 위한 새벽 아침을 부탁했다. 다음 날 4월 29일 새벽 김구는 윤봉길과 함께 김해산의 집에 들러 아침을 들었다. 윤봉길의 기색은 태연자약했다. 아침 7시가 되자 윤봉길이 시계를 바꾸자고 해서 김구는 기념품으로 그의 시계를 받고 자기의 시계를 그에게 주었다. 윤봉길은 자동차를 타고 홍구공원을 향해 질주했다.

김구는 그길로 조상섭(趙尙燮) 상점에 들어가 편지 한 통을 써서 점원 김영린(金永麟)에게 주어 급히 안창호 형에게 보냈다. 편지는 "오늘 오전 10시경부터 댁에 계시지 마시오. 무슨 대사건이 발생할 듯합니다"[267]라는 내용이었다. 이후 김구는 이동녕의 처소에 가서 그동안의 진행 경과를 보고하고 점심을 먹고 소식을 기다렸다. 오후 1시쯤 되자 여기저기서 중국인들이 "홍구공원에서 폭탄이 터져서 다수의 일본인이 즉사하였다. 고려 사람의 짓이다"[268]라며 술렁거렸다. 채소 장사꾼 윤봉길이 세상을 깜짝 놀라게 할 큰 사건을 연출할 줄이야. 김구 외에 이동녕, 이시영, 조완구 등 몇 명만 이 사실을 짐작했을 뿐 그날의 거사는 김구 혼자만 알고 있었다.

오후 2~3시경 발행된 신문 호외를 통해서 사건의 정황을 파악했다. 김구는 즉시 안공근, 엄항섭, 김철과 함께 미국인 피치 목사의 집으로 피신했고, 피치 부인은 극진하게 정성껏 보살폈다. 그들은 윤봉길 의사가 희생한 공덕으로 톡톡히 대접받았다. 일경이 동포들을 체포하기 시작했고, 안창호와 장헌근(張憲根), 김덕근(金德根) 등 젊은 학생들이 붙들려 갔다. 날마다 왜놈들이 미친개처럼 사람을 잡으려고 돌아다녀 임시정부와 민단 직원들은 말할 것도 없고, 심지어 부녀단체까지도 꼼짝할 수 없게 되었다. 그러자 동포들 사이에

테러리스트 김구

서 김구를 비난하기 시작했다. "이번 홍구 사변의 주모 책임자는 따로 있으면서 자기가 사건을 감추고 관계가 없는 자들만 잡히게 하는 것은 옳지 못하다"[269]는 것이었다.

이것은 이유필(李裕弼) 등 일부 인사들의 말이었다. "나의 편지를 보고도 그날은 아무 일이 없으리라 짐작하고 이 씨 집을 찾아갔던 안창호 선생이 체포된 것은 그의 불찰이나, 주모자가 아무 발표가 없는 관계로 사람들이 함부로 체포된다"[270]고 원망했다. 김구는 사건의 진상을 세상에 공개할 필요가 있다고 동지들에게 주장했다. 안공근은 펄쩍 뛰면서 지극히 위험한 일이라고 반대했다. 그러나 김구는 엄항섭에게 선언문을 기초하게 하고 피치 부인에게 영문으로 번역시켜 로이터 통신사에 투서했다. 5월 10일 선언문이 발표되었고, 비로소 세계 각국은 도쿄 사건과 상해 홍구 사건의 주모자는 김구이고, 집행자는 이봉창과 윤봉길임을 알게 되었다.

거사를 계기로 남경의 박찬익(朴贊翊)이 찾아와서 은주부(殷鑄夫), 주경란(朱慶瀾), 사량교(査良釗) 등 중국인 저명인사들과 접촉해 중국 측으로부터 보호와 물질 등 다양한 편의를 제공받았다. 이를 계기로 "만보산사건"[271] 이후 악화 일로에 있던 한인들에 대한 중국인들의 감정은 놀라우리만큼 호전되었다. 더구나 임정에 대한 미주, 하와이, 멕시코, 쿠바 등지 한인 교포들의 성원도 넘쳐났다. 이봉창의 도쿄 사건은 완전한 성공이 아니었지만, 홍구 사건은 조금이라도 민족혼을 떨치는 데 절대적 성공을 거두었다. 임정에 대한 납세와 김구에 대한 후원도 급격히 증가해 점차 사업이 확장하는 단계에 들어서게 되었다. 종래 임정에 대한 한인 교민들의 태도도 호의적으로 바뀌었다.

윤봉길은 누구인가?

윤봉길은 1908년 충남 예산군 덕산면 시량리 도중도(島中島)라는 산골 정취가 완연한 마을에서 부친 윤황(尹璜)과 모친 김원상(金元祥) 사이에 6남 1녀의 장남으로 태어났다. 본명은 우의(禹儀)이고 별명은 봉길(奉吉)이다.[272] 가계는 논 20마지기와 밭 4마지기, 임야 약 1만 평의 자산으로 윤택하지는 않아도 생활에는 지장이 없는 자작농이었다.[273] 한글은 물론이고 소학을 배운 학식과 교양을 지닌 모친은 큰아들 윤봉길의 교육에 정성을 다했다.[274] 윤봉길은 1913년부터 백부 윤경(尹坰)의 서당에서 천자문을 수학했고, 1918년 덕산공립보통학교에 입학했다. 하지만 다음 해인 1919년 3·1운동에 충격을 받고 공립보통학교를 자퇴했다. 그의 성격은 남달리 굳세고 굽힘이 없었다.[275] 그런 남다른 성격 탓에 주위 사람들 사이에서 살가지(狸, 살쾡이의 방언)로 불렸다.

그는 1921년 14세에 마을 인근 오치서숙(烏峙書塾)에 입학해 유학자 매곡(梅谷) 성주록(成周錄, 1876~1963)의 문하생이 되었다. 매곡 선생은 뛰어난 학식과 고매한 인격을 갖춘 인물이었고, 근동 사람들의 흠앙(欽仰)을 받는 큰어른이었다. 오치서숙에서 약 6년에 걸쳐 사서삼경(四書三經)과 한시를 수학했고, 타고난 시재(詩才)를 발휘해 명추(鳴椎), 임추(任椎), 옥타(玉唾) 등 300여 편의 자작시를 수록한 시집을 편찬했다.[276] 그는 공맹(孔孟)의 학문만이 아니라 〈동아일보〉와 잡지 『개벽』 등을 구독해서 읽었다. 1922년 3월 예산군 삽교면 출신의 배용순(裵用順)과 혼인했다.[277] 1923년 『일어속성독본』으로 일본어를 독학했다.[278] 1925년 오치서숙을 졸업했고, 스승 매곡으로부터 매헌(梅軒)이라는 아호를 선물받았다. 한겨울 추위를 견뎌내는 매화와 같

이 고고한 기풍과 충의(忠義)를 본받으라는 뜻이었다.[279]

1926년 그는 공동묘지 묘표(墓表) 사건을 계기로 문맹 퇴치를 위한 야학을 개설했다. 어느 날 묘표 한 무더기를 들고 오는 청년과 마주쳤다. 글을 모르는 청년이 부친의 무덤을 찾겠다며 공동묘지의 묘표를 전부 뽑아와 부친의 무덤은 물론 다른 무덤들도 구별할 수 없게 만든 사건이었다. 이를 계기로 호랑이보다 더 무서운 것이 '무지'임을 자각했다. 야학당을 개설해서 문맹자들에게 한글을 가르쳤고, 독서회를 조직해서 월례강연회를 개최했다. 1927년 농촌계몽운동을 위한 교재로 삼고자 『농민독본(農民讀本)』 3권을 저술했다. "독립적 정신이 조선을 살리는 원동력인 것과 같이 농민의 공동정신이 또한 조선을 살리는 길"[280]이라며 농민들의 개척정신을 강조했다.

1929년 2월 향민들의 관혼상제(冠婚喪祭)를 목적으로 '위친계(爲親契)'를 조직했다. 1929년 3월에는 농산물 증산, 공동구매, 토산품 애용, 부업 장려 등 본격적인 농촌부흥운동을 목적으로 마을 한가운데에 부흥원(復興院)을 완공했다. 이를 기념하고자 학예회를 개최해서 이솝 우화의 〈토끼와 여우〉라는 연극으로 일제의 식민통치를 신랄하게 풍자했다. 이 때문에 윤봉길은 덕산(德山)주재소에 불려 가 곤욕을 치르기도 했다. 1929년 4월에는 자급자족, 상조상애(相助相愛), 근검절약, 미풍양속 함양을 목적으로 '월진회(月進會)'를 조직하고 초대 회장에 취임했다.[281] 또한 청년들의 체력단련과 친목도모를 목적으로 '수암(修巖)체육회'를 결성해 수암산 기슭에 운동장을 개설했다. 그는 고향을 이상촌으로 만들고자 열과 성을 다했다.

그런데 일제는 월진회의 농민운동을 불온시하고 감시의 눈초리를 거두지 않았다. 그 와중에 1929년 12월 3일 광주학생운동이 일어나 그 충격과 영향이 경향 각지로 파급되었다. 설상가상으로 1929년 12월 함흥수리조합 일본인들이 조선인 농민 3명을 타살하는 사건이 발생했다. 그는 1929년 12월 7일 자 일기에 '경성 보성고보 학생들이 만세를 부르다. 이들은 만세 삼창을 했는데, 1은 일본 제국 타파 만세, 2는 약소민족 해방 만세, 3은 노예적 교육철폐 만세다. 아아! 가슴이 시원한 소식이구나!'라고 적었다. 12월 16일 자 일기에서는 "함흥수리조합 일본인들이 선인(鮮人) 3명을 타살하였다. 아아! 가엾어라, 분통할 일이로구나! 이 압박, 어느 날 갚을 것이냐"[282] 하고 한탄했다. 인간의 기본권이 박탈된 상황에서 윤봉길은 농촌진흥운동의 한계를 절감했다.

그는 야학당 학생들에게 광주학생운동을 소개하며 항일투쟁에 나설 것을 호소했다. 낌새를 알아챈 덕산주재소는 야학당을 폐쇄하고 윤봉길을 구속했다. 그는 3주간 옥고를 치러야 했고, 야학당도 그만두게 되었다. 광주학생운동의 충격은 윤봉길을 농민운동가에서 혁명가로 변신시키는 결정적 계기가 되었다. 1930년 3월 23살의 윤봉길은 늙은 부모와 아내, 어린 자식 그리고 '장부출가생불환(丈夫出家生不還)'이라는 글을 남기고 망명길에 올랐다. 당시 부인 배 씨는 차남 담을 임신한 지 약 3개월째였다. 1931년 10월 18일 중국 청도(青島)에서 어머니에게 보낸 편지에서 윤봉길은 출가와 망명의 동기를 다음과 같이 밝혔다.[283]

천사만려(千思萬慮)하여 보았으나 현재의 경제적 고통은 점점 커져가는 반면 우리 가사(家事)는 점점 어려워진다. 이것이 어느 놈의 행동인가. 나는 이것이 역경(逆境)을 밟으려는 결심의 효시였다. 두 주먹으로 방바닥을 두

드리며 항상 혼자 부르짖기를, 사람은 왜 사느냐? 이상(理想)을 이루기 위해 산다. 무엇이 이상이냐? 목적의 성공자다. 보라! 풀은 꽃을 피우고 나무는 열매를 맺는다. 만물의 영장인 사람인 나도 이상의 꽃을 피우고 목적의 열매를 맺기를 자신했다. 그리고 우리 청년시대는 부모의 사랑보다, 형제의 사랑보다, 처자의 사랑보다 일층 더 '강의(剛毅)한 사랑'이 있을 것을 각오했다. 나의 우로(雨露)와 나의 강산과 나의 부모를 버리고라도 이 길을 나설 결심이었다.

윤봉길은 일제의 압박과 고통에 나날이 뻣뻣하게 말라 시들어가는 삼천리강산과 수화(水禍)에 빠진 동포를 그냥 두고 볼 수 없어서 부모의 사랑보다, 형제의 사랑보다, 처자의 사랑보다도 일층 더 강의(剛毅)한 사랑을 실천하고자 답답한 가슴을 안고 망명을 결심한 뒤 압록강을 건넜다. 이런 결단의 직접적인 계기는 광주학생운동의 충격이었다. 그는 그런 절절한 심회(心懷)를 담아낸 운명의 서곡 "슬프다 내 고향아"[284]로 시작하는 도산 안창호의 거국가(去國歌)를 떠올리게 하는 이향시(離鄉詩)를 남겼다. 그는 '마음의 폭탄'을 안고 거칠고 척박한 혁명가의 길에 나섰다.[285]

상해의 살가지

윤봉길은 1930년 3월 말 신의주를 거쳐 중국 국경도시 안동(安東)에 도착했다. 가출 이후 시일을 지체한 것은 신의주행 경의선 기차에서 형사대의 검속을 받았고, 평북 선천 경찰서에 억류되어 취조를 받았기 때문이다. 다행히도 한일진(韓一眞) 등의 도움을 받아 안동에서 기선을 타고 4월 상순 청도에 도착했다. 이후 어느 조선인 동포의 도움으로 일본인이 경영하는 나가하라[中原] 세탁소에 취업했다. 약 1년여에 걸쳐 세탁소 점원으로 일해 상해행 여비를 마련했고, 1931년 5월 상해행 기선을 타고 5월 8일 당시 아시아의 파리로도 회자되었던 상해 우송(吳淞)항에 도착했다. 충남 예산 촌뜨기가 당시 동아시아에서 두 번째로 손꼽히는 메트로폴리스 상해에 첫발을 내디디는 순간이었다.

곧바로 상해 한인교민단을 찾았고, 당시 민단장 김구와 직원 김동우와 인사를 나누었다. 마침 민단사무소를 찾아온 안명진(安明鎭)의 알선으로 프랑스 조계 하비로(霞飛路) 화합방(和合坊)에 숙소를 마련하고 상해 생활을 시작했다.[286] 1931년 5월 중순 한인교민단 사무소에 들러 수속을 밟았고, 7월에는 교민단 정무위원장 춘산(春山) 이유필(李裕弼)의 추천을 받아 한국독립당에 가맹했다.[287] 주위 사람들의 권유에 적은 자본으로 이익이 많이 난다는 인삼 행상에 나섰다. 당시 상해 한인사회에서 인삼 행상은 주요 생계 수단 가운데 하나였다. 하지만 윤봉길은 천성이 무뚝뚝하고 중국어도 서툴러서 문전 박대를 당하기 일쑤였다. 결국 한 푼의 수익도 없어 몇 달 만에 인삼 행상을 접고 말았다. 낯선 거리를 헤매며 달과 구름을 이불 삼아 잠을 청하는 참으로 고달픈 나날이었다.[288]

그 와중에도 윤봉길은 1931년 7월 만주에서 발생한 만보산사건에 민감하게 반응했다. 동생 앞으로 보낸 편지에서 사건 발생의 원인은 경제적 착취와 민족차별 때문이라 주장했다.[289] 1931년 7월 프랑스 조계 망지로(望志路) 북영길리(北英吉里) 18호에 거처를 정하는 한편, 한인 교포 박진(朴震)과 중국인 자본가가 합자해 경영하는 종

　　　　　　　　　　　　　　　　　테러리스트 김구

품공사(縹品公司) 직공으로 취업했다.[290] 말총 모자를 만드는 일은 상당한 시일에 걸쳐 기술을 배워야 했지만, 윤봉길은 취업 한 달 만에 숙련공으로 변신해 높은 생산성을 올리면서 동료 직공들보다 더 많은 일당(1일 50전)을 손에 쥐었다. 그런데 얼마 안 되는 직공들이 사소한 일에도 서로를 질시하고 다투자 1932년 2월 윤봉길이 나서서 직공들의 친목회를 조직했다.

친목회 결성 이후 직공들 사이에 서로를 아끼는 분위기가 조성되어 생산량도 늘었다. 하지만 교활한 공장주는 오히려 직공들의 임금을 삭감했다. 그러자 윤봉길은 친목회 간부들과 공장주를 찾아가서 제조원가와 판매가격을 비교해 임금의 원상회복을 요구했지만, 공장주는 그런 윤봉길을 해고했다.[291] 이 소식을 접한 직공들은 윤봉길의 복직과 임금 삭감 취소를 요구하며 파업했다. 그러자 당시 상해 한인사회의 정신적 지도자였던 도산 안창호와 이유필이 중재에 나서 윤봉길의 복직을 추진했다. 하지만 "상해의 흡혈귀"[292] 공장주 박진에게는 어림도 없는 일이었다. 윤봉길은 1932년 3월 초순 복직을 단념했다.

1932년 1월 28일 제1차 상해사변이 발발했다. 당초 일본군은 해군특전대를 투입해 상해를 공략했지만, 중국군 제19로군의 완강한 저항 때문에 전세가 불리했다. 그래서 추가로 육군 3개 사단을 파병하는 한편, 시라카와 요시노리[白川義則] 육군 대장을 상해파견군 총사령관에 임명했다. 윤봉길은 1932년 1월 31일 자 모친 앞으로 보낸 서신에서 "비행기 소리는 우르르, 대포 소리는 쾅쾅, 기관총 소리는 호도독호도독 콩을 볶았습니다"[293]라고 상해 외곽에 벌어진 전투 장면을 생생하게 묘사했다. 채진개(蔡進鍇) 장군이 지휘하는 중국군 제19로군은 일본군과 치열한 전투를 벌였다. 그 과정에서 윤봉길은 자신의 조국을 지켜내고자 용전분투하는 중국군과 관민들의 불타는 애국심에 큰 충격과 감동을 받았다. 윤봉길은 중일 무력 충돌이 장기화해 일본이 피폐해진다면 조선 독립의 기회를 포착할 수 있다고 상상하게 되었다.[294]

김홍일 장군에 따르면, 1932년 3월 제1차 상해사변 당시 윤봉길은 일본군 군수창고 폭파계획의 실행자였다.[295] 1929년 이래 상해 병공창(兵工廠) 군기처 주임이었던 김홍일은 상해사변 발발에 따라 제19로군 정보국장을 겸하게 되었다. 맡겨진 임무는 일본군 군사정보 수집과 군사 시설의 파괴 공작이었다. 그는 김구와 모의해서 군수창고 폭파 공작을 추진했다. 공작 실행자는 군수창고 노무자로 변장한 윤봉길이었다. 당시 일본군은 노무자들의 몸수색에 철저했지만, 도시락과 물통만은 예외였다. 그래서 고안해낸 것이 도시락 폭탄과 물통 폭탄이었다. 하지만 폭탄의 설계와 제작이 지연되면서 휴전을 맞아 군수창고 폭파 공작을 단념하고 말았다.

1932년 3월 하순 윤봉길은 프랑스 조계 마랑로 보경리(普慶里) 23호 전차검표원 계춘방(桂春方)의 집에서 고영선(高榮善)[296]과 동거했고, 홍구시장에서 밀가루 판매상을 시작했다. 그는 바쁘고 고달픈 나날 중에도 배움에 대한 뜨거운 열망을 억제할 수 없었고, 미국 유학을 모색했다. 윤봉길이 보기에 임정과 혁명 지사들은 그동안 책이나 신문을 통해서 알던 것과 달리 혁명운동에 무척 소극적이었다. 그래서 미국 유학을 통해 선진 문물을 체득해서 독립운동의 기초를 닦고자 결심했다. 민족 지도자 안창호의 격려와 지도를 받아가며 낮에는 노동하고, 밤에는 지친 몸을 이끌고 영어 공부에 매진했다.[297] 윤봉길은 이렇게 결코 불의에 꺾이지 않는 꿋꿋하고 당당한 '상해의 살가지'로 새로운 삶에 적응해 나갔다.

세기의 폭살테러

1931년 5월 8일 윤봉길은 상해에 도착하자마자 프랑스 조계 민단사무소를 방문해서 당시 민단장 김구와 면담하고 독립운동에 대한 자신의 신념과 목적을 밝혔다. 이후 종품공사 직공으로 근무하는 와중에도 매주 한 번 정도 김구와 여러 시사 문제를 거론하고, 의견을 주고받았다. 1932년 4월 초순 어느 날 프랑스 조계 천문대로(天文臺路) 오풍리(五豊里) 부근 노상에서 김구와 마주쳤다. 당시 김구는 윤봉길이 종품공사에서 해고당한 이후 공동조계 홍구시장을 들락거리며 밀가루 장사를 시작했다는 것을 알고는 혹시 독립운동을 단념한 것은 아닌가, 일본 밀정이 된 것은 아닌가 하고 의심했다. 이와 관련해서 상해파견군 군법회의 예심에서 확인되는 당시 정황에 대한 윤봉길의 진술은 다음과 같다.[298]

> 나는 올해 3월 종품공사에서 해고당하고 밀가루 장사를 시작했는데, 매일 홍구(虹口)에 가기 때문에 프랑스 조계에 있는 조선인을 위하여 여러 가지 물건을 홍구에서 사다 주고 있었다. 4월 초순 (…) 노상에서 우연히 김구를 만나서 내가 인사를 했다. 김구는 나에게 공장을 그만두고 무엇을 하며 지내는지 물었기 때문에 홍구에서 장사하고 있다고 말씀드렸더니, 홍구에 있는가 라고 물어서 가게만 내고 프랑스 조계 마랑로 보경리에 있는 계춘방의 집에 있다고 대답했다. 그러자 김구는 홍구에 가게 되어 기분이 어떤

가 하고 물어서, 나는 홍구에서 장사는 하고 있지만 원래 독립운동을 목적으로 상해에 왔기 때문에 홍구에 가도 마음은 조금도 변함이 없다고 말하자, 너와 이야기하고 싶은 것이 있으니 가까운 시일 안에 통지하면 그때는 와 달라고 말하고 헤어졌다.

4월 20일 오후 8시경 김구가 보낸 심부름꾼을 따라 프랑스 조계 서문로 근처 어느 조선인의 집 2층으로 안내되었다.[299] 김구는 29일 오후에 예정된 홍구공원 관병식 및 천장절 기념행사에 참석한 일본군 고위층에 대한 폭살테러를 제안했고, 윤봉길도 순순히 승낙했다. 그러자 김구는 신문지로 싼 도시락과 물통 폭탄을 보여주며 당일 사용할 폭탄이라 말했다. 매년 일본 거류민단은 천장절을 맞아 성대한 경축식을 거행했다. 1932년 천장절 경축식은 예년과 달리 제1차 상해사변 전승을 축하하는 관병식도 겸하고, 기념식을 마친 후에는 군관민이 함께하는 운동회도 예정되어 있었다. 그 때문에 거류민단은 예년과 달리 장내에 매점을 설치하지 않는다며 참석자들에게 도시락, 물통, 일장기 휴대를 공지했다. 바로 그런 과정으로 도시락과 물통 폭탄을 사용한 폭살테러를 기획하게 되었다.

4월 24일 오후 8시경 김구의 지시를 받은 심부름꾼을 따라 사해다관(四海茶館) 부근 2층 찻집에서 김구를 만나 거사 자금 명목으로 중국 돈 200원을 건네받았다.[300] 김구는 4월 29일 기념식장에 참석하는 시라카와[白川] 대장과 우에다[植田] 중장의 폭살테러를 지시했고, 26일 재회를 약속하고 헤어졌다. 4월 26일 오전 9시경 윤봉길은 사해다관에서 다시 김구를 만나 곧바로 프랑스 조계 패륵로(貝勒路)와 신천상리(新天祥里) 20호 안공근의 집으로 이동해서 사진을 촬영하려 했지만, 날씨가 좋지 않아 다음 날로 연기했다. 그 대신 김구가 내민 선서문[301]에 서명하고, 윤봉길은 시라카와 대장과 우에다 중장의 사진과 보자기를 구입할 것과 다음 날 호텔 동방공우(東方公寓)에 투숙하라는 지시를 받고 헤어졌다.

한편, 4월 26일 밤 개최된 임시정부 국무회의에 출석한 김구는 "4월 29일 홍구공원에서 일본 육군의 열병식이 거행되므로 윤봉길이란 자를 사용하여 폭탄을 투척케 하고 다시 중일전쟁을 발발케 할 계획"[302]이라며, 구체적인 폭살계획과 윤봉길의 인물됨을 설명하며 승인을 요청했다. 하지만 국무위원 조소앙(趙素昻)과 조완구(趙琬九)는 "현재 일본 육군이 상해에 진주한 상황에서 이런 사건을 한국인이 결행한다면 한국인은 상해에 거주할 수 없게 될 것"[303]이라며 반대했다. 그러자 김구는 "한인이 결행한 것임을 절대 비밀로 하고, 윤봉길에게는 한인이라 발각될 우려가 있는 물건은 일절 소지하지 못하게 하고 결행과 동시에 자살할 것을 명령해두었으므로 그 같은 염려는 없다"[304]고 설득했다. 결국 국무회의는 김구가 제안한 윤봉길의 폭살테러 계획을 만장일치로 가결했다.

4월 27일 오전 9시경 윤봉길은 재차 신천상리 안공근 자택에서 사진을 촬영했다. 사진사는 안공근의 차남 안낙생(安樂生)이었다.[305] 먼저 태극기를 배경으로 독사진을 찍고, 이어서 왼손에 폭탄을, 오른손에 권총을 쥐고 전날 밤 서명했던 선서문을 가슴에 달고 태극기를 배경으로 사진을 찍었다. 마지막으로, 윤봉길은 기립하고 김구는 착석한 사진을 각각 두 차례씩 촬영하고 헤어졌다. 윤봉길은 곧바로 오송로(吳淞路) 일본인 잡화점에 들러 모슬린 보자기 1장을 구입한 뒤 패륵로 공방공우 30호에 투숙했다.[306] 오후 8시경 김구가

[3-1] 윤봉길 선서문.

찾아와서 29일 거사 당일 사용할 폭탄 사용법을 설명해주고 다음 날(28일) 점심 약속을 하고 헤어졌다.

4월 28일 정오경 점심을 함께하는 와중에 김구는 홍구공원에서 관병식 예행연습이 열린다며 현장 답사를 지시했다. 윤봉길은 인근 일본인 상점에서 시라카와 대장과 우에다 중장의 사진을 구입하고, 오후 2시경 양복을 차려입고 한인애국단 여성 단원 이화림과 부부를 가장해서 홍구공원을 찾아 경축식단 위치 등을 확인하고 동방공우로 돌아왔다.[307] 오후 8시경 숙소를 방문한 김구와 투탄 위치를 협의했다. 이후 약 2시간 반에 걸쳐 이력과 유서를 작성해서 김구에게 건넸다. 당시 윤봉길은 자신의 약력과 함께 「청년 제군에게」, 「강보에 싸인 두 병정에게」, 「신공원에서 답청(踏靑)하며」, 「백범 선생에게」라는 4편의 유촉시(遺囑詩)를 남겼다.[308] 이후 프랑스 조계 화용로(華龍路) 원창리(元昌里) 13호 김해산의 집으로 이동해서 폭탄 사용법을 배웠다.

당일 사용할 폭탄 2개는 투척 약 4초 만에 폭발하는 고성능 세열 폭탄이었다.[309] 물통 폭탄은 의심을 피하고자 알루미늄을 물통 모양으로 만들어서 주둥이 부분에 신관을 장착하고 발화용 삼베 끈을 붙였으며, 외부를 흰색 옷감으로 덮고 가죽으로 만든 멜빵을 달았

테러리스트 김구

다. 도시락 폭탄은 무쇠를 이용해서 거푸집에 넣고 주조한 이후 알루미늄 도시락 상자에 장치하고 신관 부분에 작은 구멍을 뚫어서 발화용 심지를 심어놓았다. 폭탄의 기폭장치는 당시 중국군이 사용하던 것이었다. 당시 폭탄 전문가의 감정에 따르면, 폭탄은 아마추어가 아닌 전문가들이 제작한 것이라 판정했고, 교묘한 발화장치에 전문가들조차 혀를 내두를 정도였다.

29일 아침 식사를 약속하고 김구와 헤어져 공방공우로 돌아왔다. 웬일인지 이날만은 윤봉길이 아닌 이남산(李南山)이란 이름으로 투숙했다. 4월 29일 오전 6시 30분경 윤봉길은 김해산의 집에서 아침을 먹고 보자기로 싼 도시락 폭탄과 물통 폭탄을 받았다. 7시 30분경 폭탄 2개와 일장기를 휴대하고 김구와 헤어져 택시를 타고 7시 45분경 홍구공원에 도착했다. 공원 정문의 중국인 수위가 입장권 제시를 요구했지만, "나는 일본인이다. 입장권 따위가 왜 필요한가"[310]라고 쏘아붙이고 입장했다.

윤봉길은 식단 우측 뒤편에 마련된 일반 관람석에 섞여 들었다. 축하 식단은 높이 1.8m, 가로 3.6m, 세로 3.5m였다. 경축식장의 식단(式檀) 정면 좌우 측에는 일본군 장교들, 식단 정면 중앙에는 일본인 재향군인·의용대·국민학생이 각각 도열했다. 식단 바로 뒤편에는 14명의 위병이 식단을 둘러싸고, 추가로 반경 19m 반원형으로 헌병대 및 기마헌병대 15명이 2열로 배치되었다. 일반 관람석은 식단으로부터 약 20m 떨어진 지점에 마련되었다.[311]

기념식 참석 인원은 상해 주재 일본 관민 약 11만 명, 일본군 제9사단·제3함대·육전대 등 1만 2천 명, 각국 사절단과 초청자 약 3만 명으로 군관민 약 15만 2천 명에 달하는 거대 인파였다.[312] 1932년 천

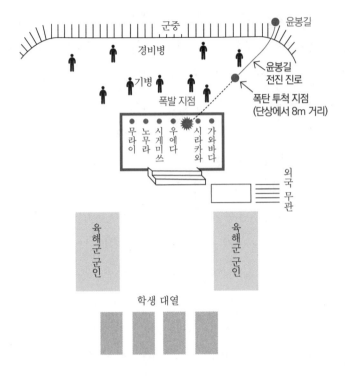

군중　　　　　　　　　　　● 윤봉길

경비병

윤봉길
전진 진로

기병

폭발 지점

폭탄 투척 지점
(단상에서 8m 거리)

무라이　노무라　시게미쓰　우에다　시라카와　가와바다

외국무관

육해군 군인　　　　　　　　육해군 군인

학생 대열

[3-2] 홍구공원 윤봉길 테러 현장.

장절은 상해파견군 관병식도 겸했다. 제1부는 오전 9시부터 11시
까지 관병식, 30분 휴식 후 11시 30분부터 제2부 경축식의 순서였
다. 식단 뒤편 우측에 마련된 일반 관람석에서 윤봉길은 투탄 기회
를 엿보았다. 정확히 11시 30분 천장절 관민합동 축하식이 시작되
었고, 11시 40분경 시라카와 대장 등 군관민 대표자 7명이 식단 위
에 열립해 기미가요[君ガ代]를 합창하기 시작했다. 합창하는 동안
장내는 숙연하고 엄숙한 분위기에 휩싸였고, 마침 부슬비가 내리
기 시작했다. 윤봉길에게 눈길을 주는 사람은 없었다.

　윤봉길은 절호의 기회라 직감하고 들고 있던 도시락 폭탄을 땅바

　　　　　　　　　　　　　　　　　　　테러리스트 김구

닥에 내려놓고 어깨에 메고 있던 물통 폭탄을 벗어서 발화용 끈을 잡아당긴 다음 앞으로 돌진해서 식단으로부터 약 8m 좌측 후방 기마병 바로 뒤편에서 단상을 향해 폭탄을 투척했다. 폭탄은 단상 위의 시라카와 대장과 무라이 상해 총영사 사이에 떨어지면서 엄청난 폭발음을 일으켰고, 행사장은 순식간에 아수라장이 되었다. 바로 다음 날 4월 30일 가와바타[河端] 거류민단장, 5월 26일 상해파견군 사령관 시라카와 대장이 사망했다. 우에다 제9사단장은 좌측 다리, 시게미쓰 마모루[重光葵] 주중 대리공사는 우측 다리를 절단했고, 노무라 요시사부로[野村吉三郎] 제3함대 사령관은 왼쪽 눈을 실명했으며, 무라이 쿠라마쓰[村井倉松] 총영사와 도모노 모리[友野盛] 상해거류민단 서기장도 중상을 입었다.[313] 이들 사상자 7명 외에도 헌병 2명, 해병 2명, 사진사 2명, 부인 1명이 경상을 입었다.[314]

윤봉길은 곧바로 몰려든 성난 군중에게 무차별 폭행을 당했고, 곧바로 상해파견군 헌병대에 연행되어 양수포(楊樹浦) 상해파견군사령부 구치소로 이감되었다.[315] 5월 4일 상해파견군 군법회의는 예심을 개시해서 5월 19일 종결했다. 5월 20일 군법회의는 '살인, 살인미수 및 폭발물단속법' 위반으로 공소를 제기했고, 1932년 5월 25일 사형을 판결했다. 11월 18일 윤봉길은 다이헤이요마루[大平洋丸]에 승선해 11월 20일 고베항에 도착했고, 오사카 위수형무소에 구금되었다. 12월 18일 가나자와[金澤] 주둔 제9사단 위수형무소로 이감되었고, 다음 날 19일 오전 7시 40분 가나자와시 교외 미쓰코우지[三小牛] 육군 작업장에서 총살되었다. 그의 나이 25세였다.

체포·심문·판결

1932년 4월 29일 사건 당일 윤봉길은 상해파견군 헌병대위 오오이시 마사유키[大石正幸]로부터 30일까지 두 차례에 걸쳐 엄중한 취조를 받았다. 이후 상해파견군사령부 군법회의에 회부된 윤봉길은 5월 4일부터 5월 19일까지 육군법무관 하라 겐치[原憲治]에게 7차례 예심을 받았다. 관련 문건은 4월 29일과 30일 상해파견군 헌병대의 심문조서 2건, 5월 4일부터 5월 18일까지 군법회의 7차례 심문 요점을 정리한 예심조서 1건, 5월 25일 군법회의 재판장 미요시 지타로[三好次太郎]의 판결문, 10월 11일 상해파견헌병대 육군사법경찰관 헌병군조 스도우 데지로[須藤貞一郎]의 청취서 1건이다.[316] 이 자료는 체포·심문·판결까지를 포괄하는 문건이다. 이 기록 가운데 주요 지문을 발췌해 윤봉길 폭살테러 사건을 다음에 재구성해본다.

문   이춘산(李春山)과 피고인과는 어떤 관계인가?

답   1932년 7월 이춘산과는 사해로(四海路)와 마랑로(馬浪路) 교차점 부근의 찻집에서 처음 만났다. 이때 이춘산이 어떤 목적으로 상해에 왔느냐고 묻기에 조선독립운동 본부가 상해에 있다고 해서 왔다고 대답했다. 이춘산이 자기도 독립당원이라며 입당을 권유하므로 그의 소개로 독립당에 입당했다. 이후 매월 2~3회 이춘산과 만나 조선독립에 대해 의견을 나누었다.

문   이춘산의 현주소, 성명, 연령, 직업, 인상, 복장은 어떠한가?

답   이춘산은 현주소와 직업을 나에게 밝히지 않았다. 그 이유는 서로 주소와 직업을 알면 곧 영사관에 잡힐 것을 우려했던 모양이다. 단지 성명만 이춘산이라 말했다. 연령은 35~36세, 신장은 약 5척

7~8촌, 두발은 3~4촌가량 길러서 7 대 3으로 갈라 빗었고, 눈·코·입은 보통이며, 직업은 무직인 것 같았다. 복장은 양복과 중국옷을 착용했다.

문 시라카와와 우에다 장군을 살해하면, 독립이 된다고 생각했는가?

답 가능하다고 생각지 않았다. 그러나 같은 황색인이면서도 일본이 세력이 있다고 조선을 병탄하고 또 지금 내가 있는 상해까지도 병탄하고 있으므로 얼마만큼은 의사가 통할 것이라 생각한다.

문 피고인은 조선이 일본에 병합된 것을 분개한다고 말했는데, 어떤 점을 분개하고 있는가? 일본인이 조선인에 대해 차별 취급이라도 했는가?

답 나는 일본인과 그다지 접촉한 일이 없어서 차별 취급이 있는지 없는지 모른다. 오히려 당신들이 잘 알고 있을 것이다. 요컨대 자기의 것이 타인 권한 내로 들어간다는 것은 누구라도 분개할 것이다.

문 피고는 왜 조선의 독립운동을 하게 되었는가?

답 17~18세 때 신문과 책을 보고 조선에 일본인이 와서 통치하는 것은 왜일까 하는 생각이 들었다. 그 후 우리나라는 우리가 다스리는 것이 좋다고 생각했다. (…) 조선에는 조선 고유의 언어와 문자와 풍속 습관이 있는데 어째서 일본에 복종하지 않으면 안 되는가. 세계 문명이 발달한 오늘날 다른 나라에 병합되는 것은 조선인으로서 수치스러운 일이라 생각하게 되었다. 신문을 보고 상해에 한국 독립운동 기관이 있다는 것을 알았기 때문에 나도 한국 독립을 위해 활동해보고 싶다는 생각에 상해로 오게 된 것이다.

문 피고는 어떻게 하면, 조선이 독립할 수 있다고 생각하는가?

답 현재 조선은 실력이 없기 때문에 일본에 반항해서 독립하는 것은 불가능하다고 생각한다. 세계에 대규모 전쟁이라도 일어나서 강대국이 피폐하면 그때 각 국민이 독립할 수 있다고 생각한다. 예를 들면 유럽대전 후 세르비아, 폴란드 등 각국이 대국으로부터 해방된 것과 같이 조선도 독립할 수 있을 것이라 생각한다.

문 세계대전 발발이 조선 독립의 확실한 방법이라 생각하면서도 전쟁을 유발하는 운동을 할 수 없다면 독립운동가로서 쓸모가 없지 않은가?

답 지금 나에게 힘이 없고 전쟁을 일으킬 만한 운동도 할 수 없지만, 당에 들어가서 협력하여 점차 운동을 시작할 작정이다. 현재의 강대국도 나뭇잎과 같이 자연스럽게 쇠락하는 때가 있을 것이다. 우리 독립운동가들은 나무에 비료를 주거나 물을 주어 자연적인 발육을 돕는 것처럼 국가 성쇠의 순환을 앞당기는 역할이다.

문 금번 피고가 행한 것과 같은 일을 해도 독립운동에 별 효과가 없는 것으로 보이는데 어떻게 생각하는가?

답 물론 한두 명의 상급 군인을 죽인다고 독립이 쉽게 될 것이라 생각지 않는다. 금번 투탄이 독립에 직접적인 효과는 없지만, 조선인들의 각성을 촉구하고 세계 사람들에게 조선의 존재를 분명하게 알리는 것이다.

문 피고는 상해 도착 직후 한인교민단에 가서 무슨 이야기를 나누었는가?

답 민단사무소에서 단장 김구와 간사 김동우와 인사를 나누었다. 나에게 상해에 온 이유를 물었는데, 당신들과 함께 일하기 위해서 왔다고 대답했다. 그러자 웃으면서 그러면 조선에서 독립운동을 한 적

테러리스트 김구

이 있는지 물었다. 그래서 나는 지금까지 그런 생각은 갖고 있었지만, 실제로 아무것도 한 일은 없다고 대답했다.

문 피고는 시라카와 대장과 우에다 중장을 살해하도록 명령하고 폭탄과 자금을 준 것은 이춘산이라 진술했는데, 그 말도 거짓말은 아닌가?

답 이춘산으로부터 폭탄과 자금을 받고 시라카와 대장 일행을 살해하도록 명령을 받았다고 진술한 것은 거짓말이다. 이춘산이라 말한 것은 사실 김구였고, 헌병대에서 조사받았을 때 엉겁결에 이춘산이라고 말이 나와버렸기 때문에 그 후 계속해서 이춘산이라 이야기하고 말았다. 춘산은 이유필의 호다.[317]

문 김구의 인상은 어떠한가?

답 신장이 5척 8~9촌, 두발은 상고머리, 수염을 길렀고, 광대뼈가 나왔으며, 살집이 좋고, 특히 한눈에 봐도 김구라 알 수 있는 것은 얼굴에 천연두 자국(곰보)이 있다. 나이는 55~56세라 생각한다.[318]

문 4월 27일 작성한 유서의 내용은 무엇인가?

답 나의 이력서와 내가 작성한 향리의 '시랑리가'와 나의 자식에 대한 유서 및 조선 청년에 대한 나의 감상을 수필로 쓰고, 끝으로 내가 금년 4월 27일 오후 1시경 상해 신공원의 식장을 미리 조사하러 갔을 때 내가 밟은 잔디가 그대로 일어서지 못하는 것도 있고 또다시 일어서는 것도 있었다. 그것을 보고 나는 인간 또한 강한 자로부터 유린되었을 때 이 잔디와 하등 다름이 없다고 생각하고 무척 슬픈 감정을 느꼈다. 그 감정을 유서로 썼다.

문 애국단의 조직, 규칙 등은 알고 있는가?

답 그런 것은 모두 존재하지 않는다. 다만 김구는 자신이 애국단 단

장을 자칭하고 있었기 때문에 김구를 대장으로 하는 암살단이라고 생각한다.[319]

 이 문답에서 주목할 만한 사실은 윤봉길이 4월 29~30일의 헌병대 신문과 5월 4~10일의 군법회의 예심에서 사주범을 김구가 아니라 이유필이라 지목했다는 점이다. 실제로 5월 3일 상해 주재 일본 총영사는 "윤봉길이 진술한 이춘산이란 자는 이번 사건의 주범으로 지목되는 바, 춘산은 이유필의 자(字)이므로 이유필이 주모자라 추측된다. 하지만 그의 인상(人相)과 특징을 피의자에게 질의했더니 진술이 지극히 애매해서 그의 진술만으로는 이유필이라 확증할 수 없다"[320]는 의문을 제기했다. 실제로 인상착의에서 김구와 이유필은 전혀 다른 인물이었다. 그 이유는 사건 직후 "헌병대에서 조사받을 때 엉겁결에 이춘산이라고 말이 나와버렸기 때문"[321]이었다.

 그랬던 윤봉길은 "5월 11일 사쿠라다몬가이[櫻花門外] 사건은 김구가 주모자라고 번복"[322]했다. 그렇다면 윤봉길이 5월 11일에 이르러서야 사주범이 이유필이 아니라 김구라고 진술을 번복한 이유는 무엇일까? 그 이유는 5월 9일 김구가 은신처를 제공한 피치 목사 부부의 도움을 받아 작성한 「홍구공원 진상(The Truth of the Hongkeu Park)」[323]이라는 영문 성명서를 로이터 통신사와 중국 신문사에 발송했고, 5월 10일 상해 영자신문은 물론이고 〈신보(申報)〉를 비롯한 중국 각지 중국어 신문이 일제히 「홍구작안(虹口炸案)의 진상」이란 제하의 성명서를 게재하고 나섰기 때문이다. 윤봉길은 예심관이 내미는 5월 10일자 신문기사를 보고 난 뒤 더 이상 '폭살테러의 사주범 이유필'이라는 종래 진술을 유지할 수 없었다.

세계적인 충격과 반향

1932년 4월 29일 윤봉길의 홍구공원 폭살테러는 세계적인 톱뉴스가 되었다. 그 이유는 1932년 1월 28일부터 3월 3일에 걸쳐 상해 공동조계 인근에서 일본군과 중국군이 격돌하면서 발발했던 제1차 상해사변이 국제연맹 중재·알선에 따라 사건 발생 바로 다음 날인 4월 30일 '상해정전협정' 체결을 앞두고 있었기 때문이다.[324] 실제로 제1차 상해사변의 군사적 충돌로 일본군은 전사자 769명·부상자 2,322명을, 중국군은 전사자 4,086명·부상자 9,484명·행방불명자 756명을 기록했다. 더구나 중국 측은 사망자 6,080명, 부상자 2천 명, 행방불명자 1만 4천 명에 달하는 민간인 인명 피해도 발생했다.[325] 국제연맹을 비롯한 세계 각국은 홍구공원 폭살테러의 충격이 상해정전협정 파기와 함께 중일전쟁의 재발·확전으로 번질 것을 우려했다. 각국의 반응을 살펴보면 다음과 같다.

첫째, 일본의 반응이다.

4월 29일 폭살테러 발생 당일 〈대판조일신문〉이 두 차례 호외를 발행하며 테러 사건의 참상을 맨 처음 보도한 이후 각 신문사가 자극적인 기사를 쏟아냈다. 초기에는 주로 사건 현장의 상황과 부상자들의 면면 그리고 조야의 동정을 집중적으로 보도했지만, 이후에는 부상자와 가족들의 동정, 국제연맹과 각국 대표들의 위문, 정전협정에 대한 전망을 다루었다.[326] 테러범에 대해서도 당초 '괴지나인(怪支那人)' 혹은 '○○인 윤봉길'이라 보도했지만, 5월 6일부터는 '조선인 윤봉길'이라는 기사가 지면을 채웠다. 하지만 일본 정부는 정전협정에 대해 냉정함을 잃지 않았다. 4월 29일 주중 공사 시게미쓰는 심각한 중상에도 상해정전협정의 중요성을 역설하며 속개

를 희망한다고 성명했다.[327]

조선의 경우, 사건 상황을 가장 먼저 보도한 신문은 〈동아일보〉였고, 4월 29일과 30일 양일간 세 차례의 호외를 발행해서 홍구공원 폭살테러 사건의 진상을 1면으로 보도했다.[328] 4월 29일 자 첫 번째 호외는 부상자들의 면면과 홍구공원 일대에 임시 계엄령이 공포된 상황 그리고 체포한 범인이 조선인이라는 사실을 보도했다. 4월 29일 두 번째 호외는 상해파견군사령부의 발표와 함께 테러범을 '공산당 계열의 조선인 윤봉길'이라 보도했다. 4월 30일 자 호외는 29일 자 호외를 반복하면서도 정전협정 중지 혹은 속개 여부를 전망하는 기사였다.[329] 〈경성일보〉도 상해 주재 일본인 사회에서 '대참사'에 대한 극도의 분노와 끓어오르는 민심을 보도하는 한편, 폭살테러를 개인의 광폭한 행위로 간주하면서도 상해정전협정과 분리해서 대응하는 일본 정부의 태도를 비난했다.[330]

한편, 〈동아일보〉는 5월 1일 자 네 번째 호외에서 제네바 국제연맹총회에서 19개국 특별위원회가 제출한 상해정전협정 결의안을 만장일치로 통과시켰다고 보도했다.[331] 또한 안창호가 상해 교민단장 이유필의 집에서 일경에게 체포되었음을 보도했다. 〈조선일보〉 5월 1일 자는 "현행범 가운데 조선인이 있다는 것이 나로서는 유감 천만"[332]이라는 우가키[宇垣] 총독의 담화를 게재했다. 〈동아일보〉 5월 3일 및 5월 7일 자는 윤봉길의 가족사진과 함께 체포 당시 현장 사진, 가족들 근황을 다룬 취재 기사를 내보냈다. 5월 10일 김구가 「홍구공원 작탄사건의 진상」을 발표했지만, 조선에서 발행되는 신문은 이를 전혀 보도하지 않았다. 전체적으로 조선에서 발행되는 신문들은 사실관계 보도에 집중했고, 주관적 논평은 자제하는 분위기였다. 이는 폭살테러의 충격에 따른 조선인 사회의 불안과 재조일본인 사회의 들끓는 민심을 의식했기 때문이다.

둘째, 중국의 반응이다.

세계적인 도시 상해에서는 1870년을 전후해 많은 종류의 신문이 발행되고 있었다.[333] 1872년 창간된 〈신보(申報)〉를 비롯해서 〈시사신보(時事新報)〉, 〈시보(時報)〉, 〈상해일보(上海日報)〉, 〈상해보(上海報)〉, 〈대만보(大晚報)〉 등이 상해를 대표하는 중국어 신문이다. 1932년 4월 29일 폭살테러사건 발생을 맨 처음으로 보도한 것은 〈시사신보〉 등 석간이었다. 다음 날 30일부터 상해를 시작으로 남경, 천진, 북경 등 중국 각지로 확산되어갔다. 또한 상해 거주 서구인들을 독자층으로 삼았던 영자신문도 여기에 동참했다. 4월 29일 〈상해 이브닝 포스트 앤드 머큐리(Shanghai Evening Post & Mercury)〉의 첫 보도를 시작으로 〈차이나 프레스(china press)〉, 〈위클리 리뷰(weekly review)〉, 〈노스 차이나 데일리 뉴스(North China Daily News)〉 등이 뒤를 이었다.

중국어 신문기사는 주로 식장에 참석한 서양인들을 취재해 사건 발생 현장의 디테일을 담아 보도했다. 4월 29일 맨 처음 기사를 게재한 〈시사신보〉를 시작으로 당일 일장기와 욱일기가 휩싸인 기념식장, 폭살테러의 참상, 테러범의 체포 상황, 피해자들의 사망 및 부상 정도, 프랑스 조계 한인들에 대한 수색, 안창호 체포 및 석방운동, 상해 주재 일본총영사관의 대응, 중국인 사회와 각국 대표들의 반응, 폭살테러가 상해정전협정에 미칠 충격 등을 상세히 보도했다.[334] 앞서 〈시사신보〉는 첫 기사에서 테러범을 '고려인 윤봉천(尹奉天)'의 소행이라 보도했고, 4월 30일 자 〈시보〉는 '한인 흉수 피포(被捕)'라는 제하의 기사에서 '조선인 윤봉길'로 수정해서 보도했다.

5월 6일 상해 주재 일본총영사관이 보도 통제를 해제한 뒤로는 윤봉길의 이력과 심문 정황을 더 구체적으로 보도하기 시작했다.[335]

윤봉길 폭살테러에 대한 중국어 신문들의 논조는 1932년 1월 이봉창 폭살테러 당시의 분위기와는 달리 자극적 논평을 자제하고, 불행한 사건, 참극, 유감 등 절제된 용어를 사용하면서 사상자들에 대한 조의를 표명했다. 장개석과 왕정위(王精衛)를 비롯한 국민정부 유력자들도 일본 정부와 국제연맹 앞으로 유감을 표명했다.[336] 중국 측은 윤봉길 폭살테러에 따른 정전협정 파기와 중일전쟁의 재발·확산을 우려했고, 일본의 동향에 촉각을 곤두세우고 있다고 보도했다.[337] 4월 30일 자 〈신보〉는 주중 공사 시게미쓰가 심각한 중상에도 상해정전협정의 중요성을 강조했다는 사실을 보도했다. 5월 1일 자는 로이터통신을 인용해 일본이 자신들의 관할지에서 테러가 발생했고, 테러범도 일본 신민이라며, 상해정전협상과 폭살테러의 분리 원칙에 따라 정전협상을 속개할 것이라 보도했다.[338]

셋째, 서구 제국의 반응이다.

윤봉길의 폭살테러는 세계적으로도 충격적인 뉴스였다. 각국의 주요 언론들이 톱뉴스로 다루면서 세계적인 뉴스거리가 되었기 때문이다. 예를 들어 영국의 〈데일리 텔레그래프(The Daily Telegraph)〉 4월 30일 자는 테러 발생을 '반(反)평화적 범죄'로 규정하면서 "1914년 페르디난트(Franz Ferdinand) 대공 암살을 제외하고는 어제 상해에서 발생한 잔학행위만큼 참담한 정치적 폭력 행위는 없었다"[339]고 비난했다. 영국의 〈더 타임스(The Times)〉 4월 30일 자는 테러 발생이 상해정전협정에 미칠 정치적 충격을 거론하며, 일본 대표단이 중상을 입어 "임박했던 상해정전협정 체결이 가증스러운 만행으로 연기됐다"[340]고 분노했다. 그동안 상해 주재 영국공사 마일스 램프슨(Miles Lampson)이 심혈을 기울여온 상해정전협정이 무산될 위기에 처했기 때문이다.

미국 신문들도 4월 29일 톱뉴스로 상해 폭살테러를 보도했다. 〈뉴욕 타임스(The New York Times)〉는 4월 29일부터 총 5회에 걸쳐 윤봉길 테러 사건을 집중적으로 보도했다. 4월 29일 자는 피해자들의 면면과 부상 정도를 상세히 소개했고, 30일 자는 거류민단장 가와바타 사망 소식과 상해정전협정 연기 그리고 미국이 일본 외무성 앞으로 위로 전문을 타전한 일을 보도했다. 〈뉴욕 헤럴드 트리뷴(New York Herald Tribune)〉 5월 1일 자는 일본 정부가 테러 발생과 무관하게 상해정전협상 속개를 결정했고, 조속한 시일 내에 마무리할 것이라 보도했다.

프랑스 신문도 4일부터 사건을 보도했는데, 주로 영국 로이터통신과 미국 AP통신을 전재한 기사들이 대부분이었다. 하지만 〈르 프티 파리지앵(Le Petit Parisien)〉 신문의 조르주 모레스테 기자는 폭살테러 직후 곧바로 직접 현장을 취재한 독창적 기사를 4월 30일 자 1면에 실었다. 그는 폭탄이 터진 직후 기자증을 높이 올려 보이며 연단으로 뛰어갔다. "군인들이 한 젊은 남자를 데려가는 것을 보았다. 그는 키가 크고 말랐으며, 밝은 회색 옷을 입고 있었으며, 중국인보다는 일본인에 가까운 모습이었다. 그의 얼굴은 피로 물들어 있었고, 사건의 공범자 중 한 명으로 추정된다"[341]며, 연행되는 윤봉길의 모습을 실감 나게 묘사했다. 프랑스 〈루에스테 클레르(L'Ouest-Éclair)〉 5월 1일 자는 일본 정부가 정전협정과 테러 사건을 분리하기로 결정했고, 일본 군부도 한목소리로 상해정전협정 체결을 지지한다고 보도했다. 앞서 〈르 프티 파리지앵〉 5월 1일 자는 제네바에서 개최된 국제연맹회의가 상해정전협정에 대한 중일 합의를 승인했다고 보도했다.[342]

윤봉길 폭살테러 사건을 둘러싼 서구 언론의 일반적 시각은 미국의 경우, '상해 폭탄 투척 사건' 또는 '상해 폭탄 사건'이라 명명하고, 윤봉길을 '폭탄 투척자' 및 '폭탄 투척범', 그 배후 세력을 '테러단'이라 규정했다. 영국, 프랑스, 스위스 언론들은 '상해 폭탄 만행', '상해의 잔인한 폭거', '반평화적 범죄', '사악한 범죄', '테러'라 칭했다. 특히 프랑스 언론들은 상해 프랑스 조계의 상해 임정을 '테러집단'이라 비난했고, 윤봉길에 대해서는 이름조차 거론하지 않고 암살자 혹은 테러리스트라 호명했을 뿐이다. 서구 언론에서는 식민지 조선 혹은 조선인 윤봉길에 대한 관심이나 동정을 찾아볼 수 없었다.[343] 주요 관심은 테러의 잔혹성에 대한 규탄과 피살당한 일본인에 대한 동정 그리고 상해정전협상의 속개 여부였다.[344]

교민사회의 분열·상쟁·암투

상해 한인교민단은 1921년 교육과 위생, 직업 알선, 증명 사무, 생활 구호를 목적으로 창설되었다. 이후에는 거의 활동도 없이 유명무실한 존재였다가 1929년 8월 임정 재무장 김구가 민단장에 취임하면서 1930년 5월 교민들의 보호와 취체(取締)를 목적으로 '의경대'를 창설하면서 활동을 재개했다. 의경대의 임무는 교민사회의 경찰업무만이 아니라 호구조사, 자산조사, 민단세 징수, 풍기 취체 등이었다. 그 과정에서 의경대는 교민단에 대한 불평자 혹은 신규 이주자를 밀정으로 간주하기도 했고, 사적 제재를 주저하지 않았다. 더구나 김구는 임정 재무장과 교민단장 직무를 혼동하고 권한을 남용했다. 한인교민단이 교민들의 자치기구였는데도 장외에서 독립운동에 동원하는 등 월권을 행사했다. 그 때문에 한인교민들은 임정은 물론 한인교민단, 의경대, 김구를 사갈시(蛇蝎視)했다.[345]

1931년 만주사변 이래 임정과 독립운동 세력은 한중 연대의 항일 투쟁을 표방하면서 다양한 형식의 연대를 모색했다. 그 와중에 이 봉창의 일본 천황 폭살테러 미수와 윤봉길의 홍구공원 폭살테러는 중국 관민들의 동정과 환심을 사기에 충분했다. 테러 사건 직후 중국 항일단체의 관심과 동정은 일본총영사관 경찰에 피체된 저명한 혁명지도자 안창호를 향했다. 하지만 1932년 5월 10일 김구가 윤봉길 폭살테러의 기획자 겸 실행자는 바로 자신이라는 성명서를 발표함에 따라 동북의용군후원회, 동북수재난민구호위원회, 상해시상회, 제19로군, 국민당 정부 등 중국 측 항일단체의 관심과 후원은 김구와 임정으로 쏠리게 되었다.[346] 이 항일단체의 막대한 후원은 상해 임정, 흥사단, 한인교민단 사이에 분열과 항쟁, 암투를 촉발시켰다. 윤봉길 폭살테러는 상해 한인사회를 내우외환과 사분오열의 쑥대밭으로 만들었다. 그 실상을 다음에서 구체적으로 살펴보자.

첫째, 교민사회에 미친 충격과 파장이다.

윤봉길 폭살테러는 상해 교민사회에도 큰 충격과 파장을 일으켰다. 상해파견군 헌병대는 폭살테러 직후 윤봉길을 연행해서 곧바로 엄중한 취조와 심문을 거쳐 교민단장 이유필을 주모자로 지목했다. 당일 오후 2시경 상해 주재 일본총영사관 경찰은 프랑스 조계 공무국 경찰과 합세해서 하비로(霞飛路) 보강리(普康里) 27호 이유필의 거주지를 급습했다. 하지만 이유필은 아침 일찍 외출해서 부재중이었다. 그래서 이들은 이유필의 집을 둘러싸고 감시망을 펼쳤고, 오후 3시 30분경 이유필을 찾아온 50세가량의 한인을 체포했다. 프랑스 조계 경무국에 넘겨진 한인을 심문한 결과, 혁명지도자이자 상해 한인사회의 정신적 지도자 안창호였다.[347] 한인사회는 안창호 피체 소식에 큰 충격을 받았다.

다음 날 일본영사관은 프랑스 조계를 근거지로 삼아 암약하는 조선인 독립운동 세력의 일제 소탕 작전에 돌입했다.[348] 피검 대상자는 김구(57세), 이유필(48세), 이동녕(64세), 조소앙(46세), 김철(47세), 박창세(44세), 엄항섭(35세), 최석순(45세), 차이석(49세), 백기준(44세) 등 14명이었다. 오전 3~4시경 약 70명에 달하는 검거 인력(경찰 44명·사복헌병 22명·헌병장교 3명)을 동원했고, 프랑스 조계 공무국 경찰(경찰 12명·중국인 형사 48명)의 협력을 받았다.[349] 하지만 피검 대상자들은 윤봉길 폭살테러 직후 종적을 감춘 뒤여서 단 한 명도 검거할 수 없었다. 그 대신 피검 대상자 거주지를 수색하는 과정에서 박제건(17세), 김덕근(18세), 장현근(24세) 등 용의자 11명을 적발했다. 이들은 피검자들의 자제 혹은 인척이었고, 대부분 20세 전후의 청년 학생들이었다.

일본총영사관은 안창호를 포함한 12명의 피검자들에게 무신고 거주 위반으로 구류를 처분하고 취조했다. 이 가운데 박제건 등 5명은 무혐의 처분을 받고 5월 14일 석방되었다. 남은 7명도 추가 심문을 거쳐 최종적으로 혐의없음이 판명돼 5월 29일 박제도 등 4명은 구류 만기로 석방되었다. 하지만 윤봉길 폭살테러와 전혀 무관한 안창호, 장현근, 김덕근 3명은 치안유지법 위반으로 3년간 중국 체류 금지 처분을 받고 6월 2일 상해발 게이안마루[慶安丸]에 실려 인천항으로 압송되었다.[350] 일본총영사관의 전격적인 검거 작전은 상해 교민사회를 분열시켰다. 특히 교민사회의 정신적 지도자 도산 안창호의 피체와 압송은 큰 충격이었고, 이는 윤봉길 폭살테러를 뒤에서 사주한 김구와 그 일당에 대한 원망으로 이어지는 결정적 계기가 되었다.

둘째, 임시정부 및 교민사회의 분열이다.

1932년 5월 상해 임정은 항주(杭州)에 '한국임시정부변공처'를 개설하고, 윤봉길 폭살테러 사건의 선후책을 논의하고자 5월 15일 국무원회의를 개최했다. 하지만 논의에 앞서 국무원 김철과 조소앙은 중국군 제19로군이 임정 앞으로 후원한 5천 달러를 김구 측이 착복했다고 고소했다.[351] 그러자 김구 측은 김철, 조소앙, 김석이 상해시상회(上海市商會)가 윤봉길과 안창호 유가족 위로금 명목으로 후원한 7천 원을 횡령했다고 맞대응했다.[352] 이 때문에 이동녕과 김구가 국무원을 사직하면서 임정도 유명무실하게 되었다.[353] 5월 29일 김구파에서 박창세(朴昌世), 김동우, 안공근, 문일민(文逸民)을 파견해 김철, 조소앙, 김석을 구타하고 800원을 몰수하는 이른바 '항주사건(杭州事件)'이 발생했다.[354] 임정의 내홍(內訌)은 더 이상 수습이 곤란한 지경에까지 이르렀다.[355]

1932년 5월 21일 자 〈시사신보〉의 안창호 비방 기사는 상해 임정과 홍사단 사이의 대립과 항쟁을 촉발하는 결정적 단서가 되었다. "안창호는 이미 비혁명적 경지로 전락한 자이며, 미국에서 돌아온 후 그가 통솔하는 단체에는 많은 친일 주구배가 혼입해 있다. 4월 29일 폭탄 사건 당일 때도 안창호는 이 사실을 모르고 배회하다가 체포된 것"[356] 이라는 내용의 투서였다. 비방 투서 배경에는 윤봉길 폭살테러를 계기로 안창호가 체포되면서 중국 사회 일반에서 조선인 혁명지사 안창호를 칭송하고 동정하는 여론이 비등했고, 거액의 의연금 출연이 홍사단에 쇄도했기 때문이다. 그 때문에 5월 10일 김구는 사건의 전말을 밝히는 성명서를 발표했고, 김철을 사주해서 안창호 비방을 서슴지 않았다. 이는 중국 사회의 관심과 동정을 김구 자신과 일파의 신변보호와 물질적 원조로 돌리고자 하는 의도였다.[357]

1932년 5월 이래 상해 독립운동 세력은 중국 항일단체와 재미교포들의 후원을 둘러싸고 김구파, 김철파, 이유필파로 갈라져 분열하고 상쟁했다. 1932년 5월 10일 김구의 성명서 발표를 계기로 내외 관심과 후원이 김구파에 쏠렸고, 송병조의 한국독립당은 궁지에 내몰렸다.[358] 그러자 1국 1당을 표방하는 한국독립당은 "이른바 애국단이란 우리 독립당의 일부분적 단체이며, 애국단이란 명의를 내세워 성세(聲勢)를 허장(虛張)해서는 안 된다"[359]고 비난했다. 그러자 김구 일파는 "우리 애국단은 동경과 신공원 폭탄 사건 및 대련 사건 등 위대한 공적을 올렸고, 이 모두는 자발적 행동이다. 결코 그 위훈을 멸시해서는 안 된다"[360]고 반박했다. 1933년 10월 상해 교민사회는 한인애국단이 차이석, 김홍서, 옥성빈, 이성용, 최석순을 암살한다는 소문이 돌면서 불안과 공포에 떨었다.[361]

셋째는 강도 및 암살 사건의 빈발이다.

1933년 7월부터 11월에 걸쳐 상해 교민사회에서는 암살 및 강도 사건이 빈발했다.[362] (1) 7월 2일 프랑스 조계 김해산 자택에 권총을 휴대한 조선인 강도 3명이 침입해서 금품을 강탈하고 도주한 사건, (2) 7월 12일 프랑스 조계 대성공우(大成公寓)에 투숙한 금은 보석상 김창우 및 박 모 객실에 권총을 휴대한 조선인 강도 3명이 침입했다가 도주하고, 다음 날 13일 재침해서 이들을 납치해 은행예금을 인출하려다 실패하고 도주한 사건, (3) 7월 13일 의학박사 이성용(李星鎔)의 자택에 조선인 강도가 침입했다가 도주한 사건, (4) 7월 15일 조상섭 자택에 조선인 3인조 강도가 침습해 인삼 60~70근(가격 2천 원 상당)과 현

금을 강탈한 사건이었다. 이 사건의 피해자들은 모두 흥사단 단원이
자 교민단 후원자들이었다.

1932년 8월 이래 교민사회에서는 암살 사건이 빈발했다. (1) 8월 1일
오후 9시경 흥사단 자금줄이자 상해시 상무위원, 상해 한인 거상 옥관빈
(玉觀彬) 암살 사건, (2) 8월 17일 오전 6시경 프랑스 조계 임득산(林得山) 집
에 세 들어 사는 일본 헌병보 석현구(石鉉九, 본명 이진룡)가 정체불명의 한인
청년 2명에게 총격을 받고 중상을 입은 암살미수 사건, (3) 8월 31일 오
전 6시경 갑북(閘北) 지역 자택에서 취침 중에 조선인 청년의 총격을 받
고 중상을 입은 상해조선인친우회 회장 유인발(柳寅發) 암살미수 사건,
(4) 12월 18일 오후 6시경 프랑스 조계 김해산의 집 뒤편 노상에서 한
인 청년들로부터 총격을 받고 즉사한 프랑스 조계 경무국 소속 경찰
옥성빈 암살 사건이 있었다.

이들 암살 사건과 관련해서 교민단 지도부는 "김구 일파가 재상
해 무정부주의자 조선인을 사주해서 결행한 짓"[363]이라고 주장했
다. 그리고 혐의자를 프랑스공무국과 상해시 공안국에 제보하는 한
편, 의경대를 앞세워 무정부주의자와 김구의 수족으로 활동하는 안
공근과 엄항섭 처단을 모의했다. 1932년 4월 윤봉길 폭살테러 사건
이후 교민사회가 거주의 위협과 직장마저 잃고 유리분산(遊離分散)
의 상황인 가운데 "김구는 중국 측 항일단체로부터 다액의 보수를
받아 피신 후 일부 복심자(腹心者)와 함께 비교적 안일한 생활을 하
면서도 재정궁핍에 시달리는 교민단에 털끝만큼도 원조하지 않는
불합리한 상황"[364]이었다. 교민단 지도부는 김구 일파를 공공의 적
으로 간주하고 타도를 모의했다.[365] 하지만 첩보를 입수한 김구 일
파는 남화한인청년연맹을 앞세워 청부 암살이라는 선제적 테러 공

격을 자행했다.[366] 윤봉길 폭살테러는 백암(白巖) 박은식의 지적과 같이 파벌의식(派閥意識)과 합의무상(合意無常)의 민족적 고질(痼疾)만 드러냈을 뿐이다.[367]

진상과 쟁점

윤봉길은 건강한 정신과 빼어난 문재(文才)를 지닌 예산의 살가지로 성장했다. 10대 후반 광주학생운동을 계기로 이민족 일본의 식민통치를 받아야 한다는 현실에 분노했고, 1930년 3월 조국의 독립이라는 '마음의 폭탄'을 안고 항일혁명의 본거지 상해로 망명했다. 1932년 4월 상해사변 와중에 김구의 간계(奸計)에 넘어가 4월 29일 "하나를 던져 터지면 다음 것으로 네가 죽어라!"[368]는 무참한 당부를 뒤로하고 홍구공원으로 직행했다. 상해정전협정 조인을 하루 앞둔 날이었다. 11시 50분 천장절 기념식에서 기미가요를 제창하는 와중에 제1탄 물통 폭탄을 투척했고, 다수의 일본인을 살상했다.[369] 윤봉길은 '장부출가생불환(丈夫出家生不還)'의 글과 같이 '강의한 사랑의 독립전사'였다.

다음에 윤봉길 폭살테러를 둘러싼 몇 가지 쟁점을 검토해보자.

첫째, 윤봉길 폭살테러는 과연 성공한 테러였는가?

그동안 역사학계와 한국 사회 일반에서는 윤봉길 폭살테러를 두고 한민족의 독립정신을 온 세계에 과시한 민족적 의거, 한국인의 기개를 세계만방에 떨친 자랑스러운 순국선열, 독립운동사에 빛나는 영원불멸의 대전과, 의열투쟁의 쾌거 중의 쾌거라고 칭송해왔다.[370] 이런 역사인식은 윤봉길 폭살테러가 일본인 군관민 유력자를 폭살시키는 것 자체가 목적이었기 때문에 성공한 테러라는 인식이다. 하지만 테러리즘은 정치적 목적과 신념에 의해 동기화되는 특수한 폭력이며, 목적과 수단을 명확히 구별하고 목적이 수단을 정당화하는 독특한 문법을 지닌다. 따라서 일본 군관민을 폭살하는 것 그 자체가 과연 윤봉길 폭살테러의 목적이었는지 의문이다.

그런데 여기서 흥미로운 사실은 1932년 4월 26일 윤봉길이 서명한 한인애국단 선서문 가운데 "중국을 침략하는 적의 장교를 도륙하고"[371]라는 문구가 이봉창의 선서문과 크게 구별된다는 점이다. 같은 날 임정 국무회의에서 "윤봉길이란 자를 이용하여 폭탄을 투척케 하고 다시 중일전쟁을 발발케 할 계획"[372]이라는 김구의 발언, 그리고 앞서 심문조서에서 "현재 조선은 실력이 없기 때문 (…) 세계에 대규모 전쟁이라도 일어나서 강대국이 피폐하면 그때 각 국민이 독립할 수 있다"[373]는 윤봉길의 진술은 폭살테러 그 자체가 테러의 목적이 아니었음을 시사한다.

폭살테러의 정치적 목적성과 관련한 김홍일의 증언은 다음과 같다.[374]

단상을 향하여 제1탄을 내던진 후에 제2탄을 가지곤 자폭하기로 순서를 짰다. 자폭을 하되 폭탄은 얼굴 가까이에 대고 폭발시킴으로써 범인이 누구인지 그 인상을 알아보지 못하도록 하자는 데 의견을 모았다. 필경 일군(日軍)은 그 범인을 중국인으로 착각하든가 아니면 고의적으로라도 중국인이 한 짓이라고 억지를 부릴 것이 뻔하다고 여겨졌다. 일군들은 그 보복책으로 느닷없이 남경을 공격하게 될지도 모르며, 그리되면 제아무리 일본과의 전쟁을 피하려는 중국이라 하더라도 체면상 가만히 있지는 못할 것이니 필경 중·일전쟁이 터지고야 말 것이라는 것이 우리의 판단이었다. 우리는 무슨 방법을 써서라도 중일전쟁을 일으켜서 본격적으로 일군과 싸우는 것이 목적이었다.

김구와 윤봉길의 테러 목적은 폭탄테러를 상해정전협정 파기와 중일전쟁 재발·확전의 기폭제로 삼아 장기적으로 일본을 피폐시키고 조선 독립의 기회를 마련한다는 것이었다. 이는 제1차 세계대전 발발과 관련한 서구의 경험을 중·일 관계에 적용해 정치적 목적을 달성하겠다는 속셈이었다.[375] 그래서 폭살용과 자살용 폭탄 2개가 필요했고, 김구는 "윤봉길에게는 한인이라 발각될 우려가 있는 물건은 일절 소지하지 못하게 하고 결행과 동시에 자살할 것을 명령"[376]했다. 하지만 제1탄(물통 폭탄)의 폭살테러에 성공했지만, 제2탄(도시락 폭탄) 자폭테러에 실패하면서 중국인 소행으로 위장하려던 계획은 물거품이 되고 말았다.[377]

그 때문에 5월 30일 정오경 일본 정부는 테러범이 일본인이라며, 윤봉길 폭살테러와 상해정전협정의 분리·속개를 발표했던 것이다.[378] 바꿔 말하면 윤봉길의 폭살테러는 중일전쟁의 재발·확전이라는 정치적 목적 달성에 실패했고, 무고한 일본인 군관민 유력자에 대한 무도한 폭살에 그치고 말았다.[379] 그럼에도 그동안 학계와 사회는 테러의 수단과 목적을 동일시했고, 독립운동사에 빛나는 '쾌거 중의 쾌거' 또는 '숭고한 의열투쟁'이라 찬송해 마지않았다.[380] 윤봉길 폭살테러는 당초 의도했던 정치적 목적 달성에 '실패한 테러'였다.

둘째, 안창호 피체의 진상을 둘러싼 의혹이다.

임정 계열을 제외한 상해 한인사회에서 정신적 지도자였던 도산

안창호는 사건 당일 오후 3시경 하비로 보강리 27호 이유필 자택을 방문했다가 잠복해 있던 프랑스 조계 경찰에 피체되어 곧바로 일본총영사관 경찰에 인도되었다.[381] 이와 관련해서 김구는 『백범일지』에 아침 7시경 윤봉길을 환송하고 "그길로 조상섭 상점에 들어가 편지 한 통을 써서 점원 김영린(金永麟)에게 주어 급히 안창호 형에게 보냈다. (…) 나의 편지를 보고도 그날은 아무 일이 없으리라 짐작하고 이 씨(이유필) 집을 찾아갔던 안창호 선생이 체포된 것은 그의 불찰 때문"[382]이라고 주장했다.[383] 안창호 피체는 김구 자신과 무관한 안창호 자신의 '불찰'이라는 강변이다. 하지만 김구의 주장은 당대인들의 다양한 증언과 정황을 고려하면, 믿을 수 없다.

예를 들어 이회영의 3남 이규창(李圭昌)에 따르면, 당일 안창호는 흥사단 단우 조상섭 목사의 손자 돌잔치에 참석했다가 일경에 체포되면서 상해 교포사회로부터 '참으로 해괴한 일'이라는 말이 돌았고, "안창호는 임시정부 분들하고 사이가 서먹서먹하여 물과 기름 사이였다. 그러니 그런 비밀리에 일을 모의하는 데 참가는 고사하고 기미도 알리지 않았던 것"[384]이라고 증언했다.[385] 『장강일기』의 주인공 정정화도 "도산은 백범의 테러 투쟁에 대하여 사실은 그 효과를 의문시하여 별로 찬성하지 않았던 분으로, 윤 의사의 거사에 대하여 전혀 아는 바가 없었다"[386]고 증언했다. 1920년대 초반 춘원 이광수와 함께 흥사단 단원으로 활동했던 주요한도 사건 당일 "김구 이하 몇몇 요인들은 미리 알았으므로 사건 발생과 동시에 즉시 피신하였으나 도산에게는 연락이 없었다"[387]고 증언했다.

요컨대 사건 당일 평소와 다름없었던 안창호의 일상을 고려하면, 그는 4월 26일 임시정부 국무원 회의에서 결정된 사항은 물론이고 사건 당일 김구에게서도 아무런 연락을 받지 못했다. 안창호가 이유필의 집을 방문한 것은 이유필의 장남 상해한국소년동맹 위원장 이만영과 일전에 약정한 '어린이날' 기념행사를 위한 찬조금 기부 약속을 지키기 위해서였다.[388] 또한 안창호는 상해에서 활동하는 여러 거물급 한인 독립운동가들 가운데 유일하게 피체된 인사였다. 결과적으로 말하면 무력입국론자 김구는 자신과 정치적 입장을 달리하는 비폭력자강주의자 안창호의 제거와 흥사단 와해에 윤봉길 폭살테러의 후폭풍을 활용했다.

실제로 당시 이유필을 비롯한 흥사단 장년 단우들은 교민단의 지도자층을 형성했고, 단우 대부분은 젊은 청년들이었다. 이들은 정신적 지도자 도산 안창호를 중심으로 자아혁신과 무실역행(務實力行)을 수양하고 실천하며 한인사회의 주류를 형성했다. 흥사단의 활발한 활동과 비약적인 단세 확장은 정치적 이념이 아닌 지역 중심의 괴이한 교집합이자 골방에서 나 홀로 득도한 뒷방 노인네들의 놀이터였던 임정의 존립을 위협했다. 그 때문에 김구와 그 일파는 걸핏하면 흥사단 계열 청년들을 '일본 앞잡이'로 몰아서 폭행했다. 요컨대 "흥사단 일파의 실력양성 점진주의에 겸연(慊然)한 임시정부계는 임시정부 일파의 흉폭저돌주의를 혐오하는 흥사단계"[389]와는 결코 섞일 수 없는 물과 기름 같은 관계였다. 따라서 김구는 『백범일지』의 주장과는 달리 도산 안창호 피체에 분명 책임이 있다.

셋째, 윤봉길 폭살테러에 대한 장개석의 평가를 둘러싼 논점이다.

신용하는 중국 국민정부 주석 장개석이 윤봉길 폭살테러를 두고 "중국군 30만 명이 해내지 못한 일을 한 한국 청년이 해냈다"[390]며 격찬했다고 주장했다. 김준엽, 이광재, 장석홍도 장개석이 "중국의 100만 대군과 4억 중국인이 하지 못한 일을 한 사람의 한국 청년이 해냈다"[391]고 했다면서 한국독립운동을 전폭 지원해서 다 꺼져가는 독립운동의 불씨를 되살리는 기폭제가 되었다고 주장했다.[392] 종래 한국 역사학계는 장개석의 이름을 빌려 윤봉길 폭살테러를 독립운동사의 이정표 혹은 영원불멸의 업적이라 분식하고 미화했다. 하지만 『백범일지』어디에도 장개석의 이런 발언은 찾아볼 수 없다. 『장개석일기』1932년 4월 29일 자를 보면 윤봉길 폭살테러를 두고 "오늘 홍구 신화원(新花園)에서 왜놈 중요 관리들 모두 중상을 입음"[393]이라고 담담하고 짤막하게 기술했을 뿐이다. 더구나 상해정전협정 체결을 누구보다 서두르던 장개석의 입장에서 윤봉길 폭살테러 지지를 운운했다는 것은 한마디로 어불성설이다.[394]

실제로 『장개석일기』4월 30일 자에는 "옛날 사마천이 말하기를 다른 사람의 원한을 산 개인도 그렇지만, 한 나라의 원한을 산다면 같은 하늘 아래 살 수 없을 것이며, 무력을 남용해서 침략을 좋아하는 자들 또한 이번 일로 깨우치는 바가 있을까?"[395]라며, 일본의 자중과 반성을 촉구했을 뿐이다. 더구나 1933년 2월경 장개석은 김구와의 최초 면담에서 "100만 원을 제공하면 2년 이내에 일본, 조선, 만주에서 대폭동을 일으키겠다"는 김구의 제안에 대해 "특무공작으로 천황을 죽이면 또 다른 천황이 나오고, 대장을 죽이면 다시 대장이 나타날 것이다. 장래 독립하려면 군인을 양성해야 한다"[396]고 반박했다. 장개석은 진정한 항일 독립을 위해서는 특무공작(테러)이 아니라 군관 양성 등 좀 더 장기적이고 체계적인 항일 역량의 구축이 불가결하다고 지적했다.

1932년 1월 28일 상해사변 발발 이래 장개석은 안내양외(安內攘外,

공산당을 일소하고 일본 침략을 막는다는 국민당 정부의 정책 슬로건)의 장기 항전체제 구축을 위한 대일 항전전략을 추진했고, 이를 위해서는 일본과의 조속한 정전협정 체결이 불가결한 상황이었다.[397] 그 때문에 국제연맹과 남경 주재 영국대사의 중재를 받아 4월 30일 일본과 상해정전협정 조인을 앞두게 되었다. 그런데 바로 그 전날 윤봉길의 폭살테러가 발생했고, 상해정전협정 당사자인 일본 측의 유력자들이 중상을 입고 말았다. 이는 상해정전협정 파기와 함께 중일전쟁의 재발·확전으로 이어지면서 장개석이 구상하던 장기 항전체제의 구축을 파탄시키는 충격적이고 당혹스러운 돌발변수였다.

실제로 1944년 임정의 외교 고문, 1949~1951년 제2대 주한 중화민국 대사를 역임한 사오위린[邵毓麟]은 "한국 독립지사들이 중국 영토 내에서 공개적인 항일 행동을 벌이자 중일 관계에 막대한 지장이 초래되기도 했다. 중국 정부는 암암리에 대일 국방 준비(장기 항전체제)를 증강시키면서도 표면적으로는 이를 감추고 있을 때였으므로 한국 독립지사들의 이 같은 행동(테러 활동)을 적극적으로 장려하지 않았다"[398]고 증언했다. 그래서 중국 정부는 물질적·재정적 원조를 통해서 김구와 임정의 생활을 돌보는 방식을 취하게 되었다. 장개석 국민당 정부가 임정을 후원하게 된 것은 이들의 테러 활동을 지지해서가 아니라 오히려 무분별한 테러 활동을 제어·통제하기 위해서였다. 1932년 4월 윤봉길 폭살테러 이후 제2의 이봉창과 윤봉길이 등장할 수 없었던 것도 바로 그 때문이었다.[399] 장개석은 윤봉길 폭살테러를 두고 100만 대군과 4억 중국인을 운운할 만큼 충동적이고 비이성적인 인물이 아니었다.

갈무리

윤봉길은 오달진 성품에 빼어난 시재(詩才)를 타고난 문사였고, 누구보다 고향 마을과 향민들을 사랑했다. 어려서부터 위정척사사상에 심취했고, 10대 후반 농촌계몽운동에 앞장서서 척박한 현실을 갈아엎고자 몸부림쳤다. 1929년 광주학생운동을 계기로 일제의 식민통치에 분노했으며, 1930년 1월 사랑하는 부모 형제와 처자식을 남겨두고, 조국의 독립이라는 '마음의 폭탄'을 안고 피안(彼岸)의 압록강을 건넜다. 1932년 4월 29일 상해 홍구공원에서 거행된 일본 관민합동 천장절 기념식장에 물통 폭탄을 던지는 세기의 폭살테러를 감행했다. 그는 비록 '실패한 테러리스트'였지만, '강의한 사랑의 독립전사'였다.

다음에서 테러리즘 이론에 따라 윤봉길 폭살테러의 진상을 정리하는 것으로 갈무리한다.

첫째, 테러의 피해자는 민간인 혹은 비전투원이다.

1932년 4월 29일 윤봉길은 홍구공원에서 거행되는 천장절 관민합동 축하식장에서 일본 군관민 대표자 7명이 열립한 단상을 향해 폭탄을 투척했다. 폭탄은 단상 위의 시라카와 대장과 무라이 상해 총영사 사이에 떨어졌다. 그 때문에 가와바타 거류민단장, 상해파견군사령관 시라카와 대장이 사망했고, 우에다 제9사단장, 시게미쓰 주중 대리공사, 노무라 제3함대사령관은 각각 한쪽 다리를 절단하거나 한쪽 눈을 실명했다. 무라이 총영사와 도모노 거류민단 서기장도 중상을 입었다.[400] 이들 외에도 헌병 2명, 수병 2명, 사진사 2명, 부인 1명이 찰과상을 입었다.[401] 테러 공격의 피해자는 다수의 민간인과 전투원을 포함했다.

둘째, 테러의 목표는 정치 지도자들이다.

당초 테러 공격의 목표는 상해파견군사령관 시라카와 대장과 제9사단장 우에다 중장의 폭살이었다. 그래서 윤봉길은 폭살테러 하루 전날 이 두 명의 사진을 입수해서 얼굴을 익혔다. 하지만 결과는 이들 두 명만이 아니라 시게미쓰 주중 대리공사, 노무라 제3함대사령관, 무라이 총영사, 가와바타 거류민단장, 도모노 거류민단 서기장까지 총 5명에게 중상을 입히고 헌병, 수병, 사진사 등 7명에게 경상을 입혔다. 당초 의도와 달리 추가적인 피해자를 발생시킨 것이다. 바꿔 말하면 김구·윤봉길은 당초 시라카와 대장과 우에다 중장에 한정한 차별적 테러를 의도했지만, 결과적으로 민간인과 전투원을 포함한 12명의 추가적 피해자를 발생시키고 말았다.

셋째, 테러의 수단은 가장 극적인 공포 효과를 노린 폭력의 선택이다.

윤봉길은 고성능 세열폭탄을 사용해서 "단상을 향하여 제1탄을 내던진 후에 제2탄을 가지고 자폭하기로 순서를 짰다. 자폭하되 폭탄은 얼굴 가까이에 대고 폭발시킴으로써 범인이 누구인지 그 인상을 알아보지 못하도록 하자는 데 의견을 모았다"[402]는 증언과 같이 제1탄으로 일본군 수뇌부를 폭살시키고, 제2탄을 터뜨려 자폭한다는 계획이었다. 이는 테러 공격을 중국인 소행으로 가장하려 했기 때문이다. 하지만 제1탄(물통 폭탄) 폭살테러에는 성공했지만, 제2탄(도시락 폭탄) 자폭 테러에는 실패했으며, 윤봉길이 조선계 일본인임을 폭로하고 말았다. 윤봉길 폭살테러는 중일전쟁 재발·확전이라는 정치적 목적 달성에도 실패했다.

넷째, 테러의 동기는 일방적 폭력과 달리 민족, 이념, 종교 등 정치적 신념에 동기화된 폭력이다.

"중국을 침략하는 적의 장교를 도륙하고"[403]라는 윤봉길의 선서문, 임정 국무회의에서 "윤봉길이란 자를 이용하여 폭탄을 투척케하고 다시 중일전쟁을 발발케 할 계획"[404]이라는 김구의 발언, "현재 조선은 실력이 없기 때문 (…) 세계에 대규모 전쟁이라도 일어나서 강대국이 피폐하면 그때 각 국민이 독립할 수 있다"[405]는 윤봉길의 진술조서를 고려하면, 윤봉길 폭살테러는 상해정전협정 파기에 따른 중일전쟁 재발·확전으로 일본을 피폐시켜 조선 독립의 토대를 마련하기 위한 것이었다. 이는 1914년 서유럽에서 있었던 제1차 세계대전 발발의 역사적 경험을 중일 관계에 적용해 조선 독립의 기회로 활용하겠다는 정치적 계산이었다.

다섯째, 테러의 의도는 거대한 공포의 확산에 있다.

예산 촌뜨기 윤봉길은 상해 외곽에서 벌어진 제1차 상해사변을 경험하고 큰 충격을 받았다. 그는 조국을 위해 피 흘려 싸우는 중국군 제19로군의 용전분투와 중국 관민의 불타는 애국심에 감동했고, 조선의 독립을 더욱 열망하게 되었다. 반면, 천황을 노린 이봉창의 폭살테러에 대한 중국 사회의 뜨거운 반응을 경험한 김구는 제1차 상해사변을 자신의 정치적 야심에 활용하려 했다. 윤봉길의 강의한 사랑을 절호의 "먹잇감"[406]으로 삼아 폭살테러에 동원했고, "국민정부에 팔아넘겨 보기 좋게 시세"[407]를 얻었다. 테러의 의도는 거대한 공포의 확산이 아니라 김구와 윤봉길의 서로 다른 의도의 동상이몽이었다.[408]

2
부

밀정 테러

4

사회주의 항일혁명가,
김립

1922년 2월 10일 오후 1시경 상해 갑북(閘北) 보통로(寶通路)에서 40대 중년 남성이 13발의 총격을 받고 즉사하는 살인사건이 발생했다. 피살자는 임정 국무원 전 비서장·고려공산당 서기장 김립(金立, 44세)이었고, 암살자는 임정 경무국장 김구의 사주를 받은 황해도 안악 출신의 오면직(吳冕稙)과 노종균(盧鍾均)이었다. 그동안 김립 암살사건은 소비에트 혁명정부가 임정 앞으로 제공한 40만 루블의 모스크바 자금을 횡령한 파렴치범에 대한 '통쾌한 총살'이자 '정당한 응징'으로 간주되어왔다. 하지만 모스크바 자금은 과연 임정에게 제공된 혁명자금이었고, 김립은 정부자금을 횡령한 파렴치범이었을까? 김립 암살을 자행한 오면직과 노종균은 누구인가? 이 장에서는 김립 암살 테러의 동기, 심리, 행동을 실증 분석한다.

암살의 추억

1922년 김립 암살사건을 김구의 『백범일지』를 중심으로 재구성하면 다음과 같다.[409]

1919년 국내외 독립운동 세력이 연대해서 상해 임정을 조직했다. 하지만 수뇌부는 곧바로 사회주의와 민족주의 세력으로 분열했다. 국무총리 이동휘(李東輝)의 사회주의와 대통령 이승만(李承晩)의 민족주의 세력의 대립·갈등이었다. 그 때문에 임정 국무회의도 국시(國是)가 바로 서지 못하고 파행을 거듭했다. 실제로 국무회의는 여운형(呂運亨), 안공근(安恭根), 한형권(韓亨權)[410]의 러시아 특사 파견을 결정했지만, 여비 마련과 교통편이 여의찮은 상황에서 국무총리 이동휘가 심복 한형권만 비밀리에 파견함으로써 큰 물의를 빚었다.

한형권은 단신으로 시베리아를 거쳐 러시아에 입국했다. 러시아 정부에서 동원한 한인 동포들은 한형권이 도착하는 정거장마다 나와서 태극기를 흔들고 임정 대표의 러시아 방문을 환영했다. 한형권이 모스크바에 도착하자 최고 지도자 레닌이 친히 한형권을 맞아 독립자금은 얼마나 필요한지 물었다. 그는 입에서 나오는 대로 200만 루블을 요구했다. 그러자 레닌은 "일본을 대항하는 데 200만으로 될 수 있는가"[411] 하고 반문하면서도 외교부에 훈령해 200만 루블을 제공하겠다고 약속했다. 러시아 외교부는 금괴 운반이 곤란하다는 이유로 제1차분 40만 루블을 지급했다.

이동휘는 한형권이 40만 루블의 금괴를 소지하고 시베리아에 도착하는 시기에 맞춰 비서장 김립을 밀파해 중간에서 금괴를 인수하도록 조치했다. 금괴를 임정에 바치지 않고 중간에서 빼돌린 것이

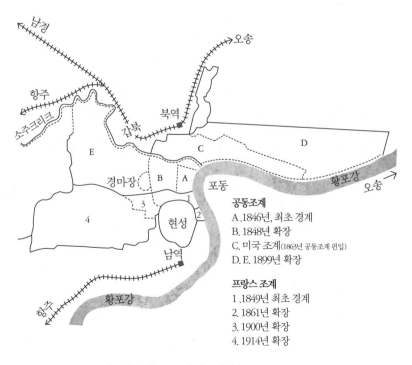

공동조계
A. 1846년, 최초 경계
B. 1848년 확장
C. 미국 조계(1863년 공동조계 편입)
D. E. 1899년 확장

프랑스 조계
1. 1849년 최초 경계
2. 1861년 확장
3. 1900년 확장
4. 1914년 확장

[4-1] 20세기 초반 상해 조계지 현황.

다. 김립은 금괴를 현금화해서 북간도에 토지를 매입했고, 한인·중국인·인도인 공산주의자들에게 얼마씩 지급했다. 또한 상해에 잠복하면서 광동 여자를 첩으로 삼는 등 개인적인 치부와 향락을 일삼았다. 임정은 이동휘에게 죄를 물으려 했지만, 그는 이미 총리직을 사직하고 러시아로 도주한 뒤였다. 이후 한형권은 러시아 외교부로부터 인출한 제2차 20만 루블을 상해로 운반했다. 그는 자금 일부를 고려공산당 이르쿠츠크파에 지급해서 임정 개조를 위한 '국민대표대회' 소집에 지출했다.[412] 당시 고려공산당은 이동휘의 상해파, 안병찬의 이르쿠츠크파, 김준연(金俊淵)의 ML파로 갈려 대립하고 갈등했다.

1923년 1월부터 6월까지 개최된 국민대표회의는 이른바 '잡종회(雜種會)'를 방불케 했다. 조선, 일본, 중국, 러시아 각지로부터 200여 명의 한인 단체 대표가 모여들었다. 이 가운데 가장 세력이 강했던 고려공산당 상해파와 이르쿠츠크파는 민족주의자 대표들을 포섭하고자 경쟁했다. 이르쿠츠크파는 임정의 '창조(創造)'를, 상해파는 임정의 '개조(改造)'를 주장했다.[413] '창조파'는 기존 임정을 해체하고 신정부를 조직하자고 주장한 반면, '개조파'는 임정을 개조하자고 주장했다. 그 때문에 회의는 파행을 거듭했고, 고려공산당 양파가 싸우면서 민족주의 세력까지 두 파로 갈리고 말았다.

임정의 공금을 횡령한 김립은 오면직과 노종균에게 암살되었다. 김립 암살을 두고 "사람들은 다들 통쾌하다"[414]고 생각했다. 임정은 한형권을 러시아 대표직에서 파면하고 그 대신 안공근을 러시아 주재 대표로 파송했다. 하지만 임정과 러시아 외교는 별다른 성과를 거둘 수 없었고, 1924년 외교관계마저 단절되었다. 국민대표회의 실패 후에도 공산주의 활동은 끊이지 않고 재상해 한인 청년들을 포섭해서 '독립운동의 공산주의화'를 획책했다. 레닌이 '식민지 운동은 복국운동(민족)이 사회운동(계급)보다 우선한다'고 선언하자, 이들은 민족주의자들과 합세해 '유일독립당촉성회(唯一獨立黨促成會)'를 결성했다. 하지만 이 또한 내부 분열과 권력투쟁으로 실패하고 말았다. 이후 민족주의자들과 공산주의자들은 물과 기름 같은 적대적 관계가 되고 말았다.

『백범일지』에서 김구는 김립 암살사건과 관련해서 (1) 레닌이 제공한 모스크바 자금 200만 루블은 임정 앞으로 제공된 독립운동 자금이었고, (2) 김립은 그 가운데 제1차분 40만 루블을 횡령해서 북간도에 토지를 매입하고 광동 여자를 첩으로 들이는 등 탕진했으며, (3) 오면직과 노종균이 임정 자금을 횡령한 파렴치범 김립을 단죄했다고 주장했다. 하지만 김구의 주장에 대해서는 몇 가지 의문이 남는다. (1) 모스크바 자금은 과연 임정 앞으로 제공된 독립운동 자금이었는가, (2) 김립은 과연 자금을 횡령해서 개인적인 치부와 향락에 탕진했는가, (3) 김립 암살은 과연 '정당한 응징'이었고, 김구 자신과 무관했는가 하는 의문이다.

김립은 누구인가?

김립(1880~1922)은 1880년 함북 명천 출신으로 본명은 김익용(金益瑢)이다. 어려서는 고향 서당에서 한학을 수학했고, 상경해서는 박영효의 식객 노릇을 하며 보성전문 법과를 다녔고, 법률학과 정치

[4-2] 앞줄 맨 오른쪽이 김립이고, 김립 옆에 앉은 사람이 박진순, 그 옆이 이동휘다.

학을 전공했다.[415] 1920년대 사회주의 독립운동가로 널리 알려진 윤해(尹海)와 동기 동창이다.[416] 김립은 보성전문 재학 당시 '배일당(排日堂)의 소굴'로도 회자된 서북학회(西北學會) 소속으로 청년운동에도 앞장섰다.[417] 서북학회 창립 멤버이자 동향 선배였던 이동휘(李東輝), 서북협성학교 교장 이용익(李容翊)의 손자 이종호(李鍾浩)와도 가까웠고, 일정기 저명한 변호사로 활동했던 허헌(許憲)과는 입헌군주국을 꿈꾼 정치적 동반자였다.

1910년 2월 김립은 보성전문 졸업 후 곧바로 블라디보스토크로 망명했다.[418] 이후 그는 연해주와 북간도를 무대로 본격적인 민족운동을 개시했다. 1910년 8월 유인석(柳麟錫)이 주도하는 성명회(聲明會)에 참여했고, 국권회복을 위해 의병지도자 장봉한(張鳳漢) 등 동지 5명과 '결사의(決死義)'라는 비밀결사를 결성했다.[419] 1911년 3월경 김립은 북간도 국자가(局子街) 인근 소영자(小營子)에 길동기독학당(吉洞基督學堂)을 설립했다. 학당 교장에는 북간도 간민교육회(墾民敎育會)[420] 회장 이동춘(李同春)이 취임했다. 김립은 학감으로 법률과 정치를 가르치는 교사를 겸했다. 김립 외에도 조선 역사와 지리를 담당하는 계봉우를 비롯해 윤해, 장기영, 오영선 등이 교사로 참여했다.

1911년 6월 김립은 블라디보스토크로 옮겨 이종호와 함께 권업회(勸業會) 창설에 착수했고, 11월 러시아 당국의 인가를 획득했다.[421]

테러리스트 김구

12월 19일 권업회의 실질적 업무를 총괄하는 도총무(都總務)에 취임했다. 하지만 김립은 사업자금의 전주였던 이종호와 불화했고,[422] 그 때문에 1912년 권업회 도총무직을 사직하고 상해 여행을 떠나게 되었다. 신해혁명 직후 중국의 정황을 탐문하는 한편, 신문 발행을 위한 활자 구입을 위해서였다. 1912년 2월 말 김립은 김하석(金河錫), 전의근(全義根) 등과 함께 혼춘을 거쳐 북간도로 이주했다. 침체에 빠진 간민교육회 활동을 지원하고 근대교육과 기독교를 전파하기 위해서였다.

당시 북간도에는 근대교육에 반발하는 유학자들과 보수적 농민들이 합세해서 결성한 사숙개량회(私塾改良會)와 토우계(土友契)가 있었다. 김립은 이에 대항하고자 1913년 2월 말 간민교육회 회원들과 합세해 간민회(墾民會)를 재창립하고 민적 조사과장에 취임했다. 간민회 창설 목적은 연길, 화룡, 왕청, 혼춘 4개 현에 거주하는 조선인들의 생명과 재산의 보호와 복리 증진이었다.[423] 간민회는 1914년 3월 해체되기까지 비록 짧은 기간이었지만 북간도 한인들에게 민족정신과 근대사상을 전파하는 데 기여했다.[424]

이후 김립은 다시 블라디보스토크로 이주했지만, 1914년 7월 제1차 세계대전 발발에 따른 정치적 불안과 러시아 정부의 퇴거 명령으로 9월에 다시 만주로 이주해야 했다.[425] 1915년 6월 김립은 이동휘와 함께 이종호의 자금을 지원받아 나자구(羅子溝)에 독립군 장교를 양성하는 대전(大甸)학교를 설립했다. 하지만 1916년 5월 연해주 우수리스크에서 '독일의 정탐(偵探)' 혐의를 받고 러시아 당국에 체포·구금되었다. 대전학교 교관으로 독일군 장교를 고용했다는 것이 이유였다. 이동휘도 1917년 4월 블라디보스토크에서 러시아 헌병대에 체포되었다.[426] 이들은 1917년 러시아 2월 혁명 이후 5월 23일에 석방되었다.

이후 러시아혁명의 원동 기지로 부상하던 하바롭스크로 이동했다. 1917년 9월 보문사 설립에 참여했고, 1918년 한인 지도자 10여 명과 함께 한족중앙회를 발기하는 등 정치활동을 재개했다. 1918년 4월 28일 이동휘, 이한영, 오성묵, 유동열, 박해, 오와실리, 김알렉산드라와 함께 러시아 혁명정부의 지원을 받아 동아시아 최초의 사회주의 정당 "한인사회당"[427]을 결성했다. 위원장에는 이동휘, 부위원장에는 오와실리, 군사부장에는 유동열이 취임했고, 김립은 선전부장과 기관지 『자유종』 주필을 겸했다. 1918년 6월 한인사회당은 우수리스크에서 개최된 제2회 전로(全露) 한족대표자회의에 참가해 러시아 사회혁명당 등 반(反)볼셰비키 세력의 정치적 자장권(磁場圈)에 있던 전로한족회의 중앙위원회와 갈등했다.[428]

1918년 8월 일본군이 시베리아 출병을 위해 블라디보스토크에 상륙했다. 한인사회당은 김알렉산드라 등 볼셰비키 세력과 연대하게 되었고, 볼셰비키 적위군 결성에 호응해 조선인 적위군 모집에 착수했다.[429] 이후 조선인 적위군 400여 명을 모집했지만, 일본군의 하바롭스크 점령에 앞서 사방으로 흩어지고 말았다.[430] 김립도 브라고웨시첸스크와 한인촌 요하현(饒河縣)을 거쳐 도피하게 되었다. 하지만 로잔카를도카에서 일본군에 체포돼 하바롭스크로 압송되었다. 이후 "(러시아) 과격파와 무관하다"[431]는 판정에 따라 석방되어 중국령 요하현 유순하(流順河) 산촌에 은신했다.

1919년 3·1운동을 계기로 블라디보스토크에서 대한국민의회(大韓國民議會)가 결성되었다. 3월 초순 이동휘가 대한국민의회 선전(宣

(傳)부장에 취임하자, 김립은 오주혁(吳周爀)과 함께 그의 비서가 되었다.[432] 1919년 5월 한인사회당은 제2차 당 대표회의를 개최해 성리교(聖理教)라는 종교단체 산하 대중단체였던 신민단(新民團)과 합동했다. 이로써 한인사회당은 신민단을 통해 대중정당의 면모를 갖추게 되었다. 이는 김립이 신민단 단장 김규면(金圭冕)을 설득한 결과였다. 제2차 당 대표대회에서 이동휘는 위원장, 김규면은 부위장 겸 군사위원장, 김립은 당 총서기에 선출되었다.[433] 이후 김립은 신민단을 통해 연해주 한인사회와 국민의회에서 발언권을 강화했다.

1919년 6월 한인사회당은 이동휘를 비롯해 김규면, 김립, 박진순(朴鎭順), 박애(朴愛), 이한영(李漢英) 등 수뇌부 회합을 통해 상해 임정의 승인과 참여를 결정하고, 이동휘와 김립의 상해 이주와 함께 박진순, 박애, 이한영의 모스크바 파견을 결정했다. 당시 이동휘는 임정 참여를 반대했지만, 김립은 "민족기관에 들어가서 힘써야 제국주의와 싸울 수 있다"[434]고 설득했다. 한인사회당의 임정 참여 소식은 신민단 기관지『신민단보』 1919년 7월 6일 자에 게재되었다.[435] 한편, 8월 30일 국민의회는 현순, 김성겸, 원세훈 등 35명이 참가하는 의원총회를 개최해 한성정부를 유일한 법통 정부로 봉대한다는 상해 임정의 제안을 만장일치로 통과시키고 해산했다.[436] 1919년 9월 김립은 블라디보스토크를 근거지로 하는 항일운동을 포기하고 임정 국무총리로 선임된 이동휘와 함께 상해로 이주했다.

한인사회당의 혁명 외교

1919년 9월 18일 상해에 도착한 이동휘는 임정과 국민의회 사이에 발생한 분쟁 때문에 국무총리 취임을 유보했다. 그 이유는 당시 국민의회 의장 문창범(文昌範)이 임정 개조를 주장해서 '임정 승인 및 개조' 논쟁이 발생했기 때문이다. 우여곡절 끝에 11월 3일 임정이 정식으로 국무위원을 조각하면서 이동휘도 국무총리에 취임했다.[437] 김립은 11월 7일 국무원 비서장, 11월 8일 서무국장, 임정 기관지 『공보(公報)』 편집장에 선임되었다.[438] 이는 한인사회당이 요구한 상해 임정의 참여 조건 가운데 하나였다. 국무원 비서장 김립이 국무총리 이동휘를 보좌해서 착수한 가장 중요한 결정은 한인사회당 소속 한형권을 임정 특사 자격으로 모스크바에 파송하는 일이었다.

1920년 1월 22일 이동휘는 국무회의를 개최해서 한인사회당이 추진해온 러시아 외교의 일환으로 한형권, 여운형, 안공근의 모스크바 특사 파송을 결정했다. 안중근의 동생 안공근의 경우 시베리아로부터 상해 도착이 지연되는 상황에서 국무원 비서장 김립은 한형권 및 여운형과 출발 일정을 논의했다. 한형권은 즉시 출발을 주장했던 반면, 여운형은 러시아 내전에 따른 교통 문제와 신변의 위험을 내세워 유보를 주장했다.[439] 이에 김립은 재무차장 윤현진(尹顯振), 내무차장 이규홍(李奎洪), 교통차장 김철(金徹)의 협조를 얻어 신임장과 밀서를 만들어서 한형권 단독 파견을 추진했다.[440] 김립은 한인사회당 대표 자격으로 1919년 6월 모스크바에 파견한 박진순과 한형권을 상해 임정 특사로 파견해서 협력하게 한다면 러시아로부터 차관 획득이 가능할 것이라고 3명의 차장을 설득했다.[441] 하지만 여비 마련 때문에 한형권의 출발은 지체되었다.[442]

1920년 4월 중순 한형권은 상해를 떠나 외몽골 수도 울란바토르,

테러리스트 김구

러시아령 트로이츠코삽스크, 베르흐네우딘스크(현재의 울란우데)를 거쳐 일루꾸스크시에 당도할 수 있었다. 여기서부터 러시아의 국빈 대우를 받으며, 시베리아 횡단열차를 타고 6월 초 모스크바에 도착했다. 상해에서 모스크바까지 한형권의 여정은 약 45일에 달했다. 모스크바 도착 이후 한인사회당 대표 박진순의 도움으로 레닌, 치페린, 카라한 등 볼셰비키 지도자들과 면담했고, 레닌으로부터 소비에트 정부의 임정 승인, 한국독립군 지원 및 사관학교 설치 지원, 독립자금 원조 약속을 얻어냈다.[443] 1920년 6월 한형권과 박진순은 러시아 정부 외교부로부터 총액 200만 루블의 지원을 약속받았다. 당시는 1920년 7월 19일 국제공산당이 모스크바에서 개최한 '극동피압박민족대회(極東被壓迫民族大會)' 개최를 눈앞에 둔 시점이었다.

모스크바 자금은 전액 금괴로 지급되었다. 왜냐하면 제1차 세계대전 및 러시아혁명의 충격에 따른 급격한 인플레이션으로 루블화 가치가 폭락했고, 서구 제국의 금융제재가 더해지면서 국제 결제 시스템이 붕괴했기 때문이다.[444] 하지만 일거에 200만 루블의 금괴를 운반하기는 곤란했다. 그래서 1920년 9월 소비에트 정부 외교부는 총액 200만 루블 가운데 30%에 상당하는 60만 루블을 지급하기로 결정했다. 하지만 이 또한 운반이 곤란해 그 가운데 20만 루블을 소비에트정부 외교부에 예치해두고, 제1차 40만 루블을 가져오기로 했다. 한형권과 박진순은 금괴 40만 루블을 시베리아 횡단철도를 거쳐 상해로 운반했다. 한형권에 따르면 40만 루블의 화폐가치는 1948년 당시 약 4억 원에 상당하는 거금이었다.[445]

한편, 1920년 2월 임정은 한형권, 여운형, 안공근의 러시아 특사 파견을 둘러싸고 분열과 반목을 거듭했다.[446] 급진적 무장투쟁 노선과 의원내각제 개헌을 주장하는 이동휘 계열, 실력양성 노선의 안창호 계열, 외교독립 노선의 이승만 계열이 대립하고 분열했다. 그 외에도 김규식 계열과 이동녕 계열 등도 각축했다. 실제로 고려공산당 상해파의 수장 이동휘는 미국과의 연대를 중시하는 이승만의 외교독립 노선만으로는 조선 독립이 곤란하며, 신생 러시아 소비에트와 연대한 무장독립 노선만이 임정이 나아갈 길이라 주장했다. 이동휘는 사회주의혁명에 앞서 민족모순을 극복하는 민족혁명을 우선해야 한다고 주장했고, 일거에 사회주의혁명으로 나아가야 한다는 고려공산당 이르쿠츠크파와도 대립했다.

1920년 5월 중순 이승만 대통령이 독단으로 현순을 워싱턴 주재원으로 발령하자 이동휘를 비롯한 비서장과 차장급 6명(김립·윤현진·이규홍·김철·김희선·정인과)은 대통령 불신임 운동을 일으켰다. 6월 7일에는 김립과 3명의 차장이 사직서를 냈고, 16일에는 이동휘가 국무총리 사직서를 제출했다.[447] 7월 16일에는 안창호와 이승만 계열의 "동심협력"[448]에 반발해 임정탈퇴를 선언했다.[449] 그러나 김립은 곧장 이동휘에게 임정탈퇴 일시 유보와 국무총리직 유지를 권고했다. 김립의 권고는 소비에트 정부로부터 모스크바 자금 200만 루블을 획득할 가능성과 원활한 자금 인출 때문이었다. 그 때문에 이동휘는 이른바 "밀서사건"[450]을 빌미로 8월 11일 국무총리에 복귀했다.

모스크바의 붉은 자금

1920년 11월 초 베르흐네우딘스크에 도착한 한형권과 박진순은

테러리스트 김구

먼저 와서 기다리던 김립을 만났다.[451] 이들은 40만 루블 가운데 6만 루블은 모스크바로 귀환하는 한형권의 활동비로 지급하고, 나머지는 박진순 22만 루블, 김립 12만 루블로 각각 나누어 운반하기로 결의했다. 자금의 운반 루트는 박진순은 만주리(滿洲里), 김립은 몽골과 북경을 거쳐 상해로 귀환했다. 외몽골 울란바토르에 도착한 김립은 몽골에서 활동하는 한인사회당 비밀연락원 이태준(李泰俊)에게 4만 루블의 자금 수송을 위임했고, 8만 루블은 환전해서 미풍양행(美豊洋行) 천진(天津) 지점에 송금했다. 그 때문에 2만 4천 루블의 환차손이 발생했다. 김립이 북경에 도착한 시점은 1920년 12월 초순이었다.

한편, 이태준은 북경을 향하던 도중에 백위파 운게른슈테른베르크 부대에 체포되어 4만 루블도 탈취당했다. 22만 루블의 운송책임을 맡은 박진순의 경우, 만주리를 거쳐 1921년 1월 카흐타를 지나 치타에 도착했으며, 한인사회당 동지 박애와 계봉우를 만나서 활동비 명목으로 3만 루블을 지급했다. 나머지 19만 루블은 북경을 거쳐 상해로 운반했다. 1921년 3월 상해에 도착한 박진순이 그 금액을 멕시코 달러로 환전해보니 19만 800달러였다. 제1차 40만 루블 가운데 김립과 박진순이 상해까지 운반한 자금 총액은 31만 루블이었고, 환전액은 25만 4,300달러였다.[452] 60만 루블 가운데 2차분 20만 루블은 1921년 11월 말 한형권이 고창일(高昌一)과 함께 독일 베를린에서 달러로 인출, 상해로 운반했다.[453]

1920년 6월 말 한형권이 레닌으로부터 200만 루블의 자금지원을 약속받은 시점에서 김립과 이동휘는 임정 앞으로 국무원 비서장과 국무총리 사직서를 제출했다. 김립의 사직서는 9월경 수리되었고, 이동휘도 12월 입국한 이승만 대통령과 임정 개혁을 두고 갈등을 빚어 1921년 1월 24일 국무총리직을 사직했다. 김립과 이동휘의 사직은 외교독립 노선을 추구하는 이승만 계열의 문치파(文治派)와 평행선을 달리기보다는 박용만, 노백린, 김가진 등 이른바 무단파(武斷派)와 제휴해 국제정치의 새로운 강자로 떠오른 소비에트 혁명정부와 연대해서 무장독립을 추구하겠다는 야심이었다.[454] 모스크바 자금을 활용하면 얼마든지 임정을 개조할 수 있으리라는 심산이었다.

이후 김립이 모스크바 자금을 활용해서 추진한 정치공작은 다음과 같다.

첫째, 극동공산당동맹(極東共産黨同盟) 결성이다.[455] 김립은 1920년 7월부터 조선, 중국, 러시아, 일본 4개국 대표가 참가하는 '극동공산당동맹' 결성을 추진했다. 1920년 12월 모스크바 자금 도착에 맞추어 조선 대표 이동휘와 여운형, 일본 대표 오스키 사가에[大杉榮], 중국 대표 진독수(陳獨秀), 러시아 대표 체렌이 참석하는 예비회담을 개최했으나 뚜렷한 성과는 없었다. 회담을 주도한 조선인 대표를 유심히 관찰했던 오스키는 "조선인 동지는 확실한 공산주의자가 아니었다. 단지 독립 불가능성과 부질없음을 느끼고, 사회주의도 좋고 공산주의도 좋다는 데 지나지 않았다"[456]고 밝혔다. 오스키의 언급은 조선 대표 이동휘와 여운형이 공산주의 이념과 사상에 제대로 물들지 않은 '어설픈 공산주의자'였음을 시사한다.

둘째, 고려공산당(高麗共産黨) 창당이다.[457] 창당 움직임은 서로 치열한 경쟁 관계에 있던 상해파의 거두 이동휘와 문창범(文昌範)이 이끄는 이르쿠츠크파에서 거의 동시에 추진되었다. 1921년 5월 4일 이르쿠츠크에서는 문창범을 비롯한 대한국민의회 출신들이 전로

(全露) 고려공산당대표대회를 개최해 고려공산당을 창당했다. 반면, 상해에서는 5월 20일 이동휘의 한인사회당과 허헌의 사회혁명당이 통합해서 고려공산당을 창당했다.[458] 위원장 이동휘, 부위원장 김규면, 재무부장 박진순, 연락부장 김하구가 취임했고 김립은 총서기에 선출되었다.[459]

셋째, 동아공산당연맹(東亞共産黨聯盟) 결성이다. 앞서 1921년 5월 국제공산당 원동 대표 박진순은 1920년 12월 흐지부지된 '극동공산당동맹'을 계승해 새로운 동맹체 결성을 추진했다. 당시 야마가와 히도시[山川均]와 사카이 도시히코[堺利彦]와 함께 "사회주의자동맹"[460]을 이끌던 일본 대표 곤도 에이죠[近藤榮造]를 상해로 초청했다. 김진순, 이동휘, 김립은 중국 대표 공계민(貢繼民), 일본 대표 곤도와 협의해 '동아공산당연맹'을 결성했다. 당시 김립은 귀국하는 곤도에게 활동비와 위로금 명목으로 6,500원을 지급했다.[461]

마지막으로, 제1차 모스크바 자금 40만 루블의 지출 내역이다. 1946년 이해환은 고려공산당만이 아니라 "중국공산당, 일본 사회주의자에게도 떼어주고 임시정부 재정에도, 만주 무력단체 군사비에도, 조선 국내 운동비에도 나누어 썼다"[462]고 증언했다. 더구나 1948년 10월 한형권의 회고에 따르면, 1921년 11월 말 제2차분 20만 루블을 인출해 상해로 운반한 이후 김립을 만났다. 그런데 제1차분 40만 루블은 "공산당 조직의 제 노름하기"[463]에 소비하고, 남은 자금은 15만 루블에 불과했다고 밝혔다.[464] 한형권의 증언은 제1차분 40만 루블이 횡령 또는 유용되지 않았음을 뜻한다. 그럼에도 1945년 12월 27일 저녁 김구는 「삼천만 동포에게 고함」이란 제하의 라디오 연설에서 "소련의 국부 레닌 선생은 제일 먼저 임시정부와 손을 잡고 거액의 차관을 주었습니다"[465]라고 주장했다.

마탄(魔彈)의 사수들

1922년 2월 10일 오후 2시경 상해 북쪽, 중국인 거주지 갑북(閘北) 보통로(寶通路)에서 살인사건이 발생했다. 상해에서 발행되는 영자신문 〈노스 차이나 헤럴드(The North-China Herald)〉 1922년 2월 11일 자는 "중국인 복장의 한인이 철도를 향해 걷고 있었는데 갑자기 여러 명(2명)이 그 사람의 앞을 가로막고 그의 머리와 몸 여러 군데에 여러 발을 발사했다. (…) 피살자는 양춘산(楊春山)이라는 한인이다. (…) 그는 조계지로 향하던 중에 치명적인 총탄 7발을 머리와 몸에 맞았다"[466]고 보도했다. 〈동아일보〉 1922년 2월 14일 자는 〈상해민보〉 기사를 인용해서 "조선인 양춘산(44세)이 권총 12발을 맞고 사망했고, 범인이 일본인인 듯싶다"[467]고 보도했다.

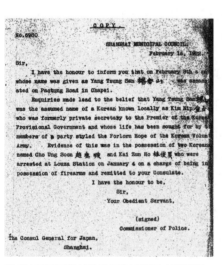

[4-3] 1922년 2월 16일 자 프랑스경무국 수사보고서.

1922년 2월 14일 상해 일본총영사 후나츠 신이치로[船津辰一郎]가 본국 정부 외무대신 앞으로 발송한 전문에는 다음과 같이 더 구체적인 사건 정보가 담겨 있다.[468]

(1) 상해 가정부(假政府)는 공산당과 반목·알력이 극심한 상황이다. (2) 지난달

26일 가정부 측이 배포한 포고문에서 고려공산당 수령 이동휘 및 김립을 배제하고 경계했다. (3) 이달 6일 밤 상해 갑북 보통로에서 김립이 정체 불명자로부터 13발의 총탄 세례를 받고 즉사했다. (4) 상해 조선인에 따르면, 작년 말 김립이 임정 명의를 빌려 국제공산당으로부터 40만 원의 선전자금을 받아 사복을 채운 '대악인(大惡人)'이기 때문에 죽임을 당한 것이라 한다. (5) 세평을 고려하면, 김립은 가정부 부원에게 살해된 것으로 짐작된다.

항주(杭州)에서 발행되는 〈항주보〉는 2월 18일 자에 원소절(元宵節) 전날 상해에서 한인 양춘산이 전신 12곳에 상처를 입고 죽었고, "일본인(3명)의 소행"[469]이라 보도했다. 사건 발생 12일이 지난 2월 20일 자 임정 기관지 〈독립신문〉은 "상해 중국조계 보통로 204호 중국인 거리에 우거(寓居)하던 양춘산이라 칭하는 40여 세의 우리 사람 하나가 지난 8일 어떤 청년 4명에게 피살되었다. 일설에는 그 피살자가 김립이라고 하더라. 향락을 일삼았다"[470]고 보도했다. 1922년 4월 1일 자 〈노스 차이나 헤럴드〉는 "김립과 그의 황금 (Kim Rip and Its Gold)"[471]이라는 기사에서 김립과 모스크바 자금의 관련성을 다음과 같이 보도했다.

러시아어를 구사하고, 시베리아와 관계가 있고, 수많은 가명을 쓰고 다니는 김립은 치타그룹(Chita Group)을 대표한다. 지난 초여름 40만 달러의 러시아 금괴를 소지하고 북경에 도착했다. 그는 웨스턴힐(Western Hill)에 머무르면서 금괴를 은화로 바꾸고자 노력했다. 이 풍부한 자금은 당파를 초월해서 한인들의 관심을 모았다. 볼셰비키와 타협을 완강하게 거부하는 한국혁명당(임정)은 김립에게 과오를 인정하고 혁명자금을 내놓으라고 요구했다. 이르쿠츠크파 사람들은 여행비와 생활비 100달러를 벌고자 포도밭 노동을 감수하는 와중에 행운아 김립과 합류해서 더 나은 생활을 기대했다. 하지만 김립은 모든 당파를 피하는 한편, 상해까지 따라온 이르쿠츠크파 사람들과의 자금 분배를 거부했다. 그래서 지난 2월 11일 김립은 자금을 유용했다는 비난을 받고 피살되었다.

이렇게 여러 신문과 자료에서 확인되는 김립 암살의 원인은 모스크바 자금이었다. 실제로 상해 한인사회에서 모스크바 자금을 둘러싼 소문이 돌기 시작한 것은 대략 1921년 1월경이었다. 예를 들어, 1921년 1월 8일 조선총독부 경무국장이 외무차관 앞으로 발송한 기밀문건에 따르면 임정 개조와 독립노선을 둘러싸고 치열한 암투와 함께 재정 궁핍마저 가중되는 상황에서 강경파 혹은 무단파를 대표하는 "김립이 시베리아로부터 3만 원을 갖고 돌아왔다"[472]는 소문이 파다하게 돌았다. 당시 임정 및 한인사회의 궁핍한 상황은 다음과 같았다.[473]

상해 가정부 및 그 여당인 각 불령선인의 자금 결핍은 이미 널리 알려진 사실이다. 그런데 근래 더욱 궁핍에 빠져 일상생활 곤란으로 일부 사람들은 공산당인 김립이 보관하는 선전비를 강탈하려고 밤낮으로 고심하고 있지만, 김립은 교묘하게 그 소재를 전전하며 도망쳐 숨고 당원 외에 임시정부는 물론이고 불령배에 대해서도 조금도 융통하는 바가 없다. 때문에 임시정부에서는 때때로 해송양행(海松洋行) 한송계(韓松溪)로부터 200~300불을 임시 차입해서 미주와 조선 방면으로부터 입금을 기다리며 돌려막기를 하고 있다는 설이 파다하다. 근래 일반 불령자들 사이에서도 다소 입금이 있더라도 비밀로 하기 때문에 빈곤자는 더욱 궁지에 몰리고 있다. (…) 이동휘파 공산당원 김립 등은 다른 불령선인에게 선전자금을 빼앗길 것을 우려하고 민심도 흉흉하고 불안해서 최근 어딘가로 모습을 감추었다.

1921년 7월 말 상해 한인사회의 인심 황폐화는 극에 달했다. "다들 약속이나 한 듯이 김립이 보관하는 공산당 선전비를 강탈하려 기도하거나 불령 간부 일원이면서도 겨우 5원의 지불에 궁(窮)하여 부도수표를 발행한다. 또 심한 경우에는 궁한 나머지 친아들을 중국인 가택에 유기하는 등 그 참상이 말로 표현할 수 없는 지경"[474]에 달했다. 이런 한인사회의 궁핍함이 김립과 모스크바 자금을 둘러싸고 유언비어가 쉽게 먹혀들 수 있게 했다. 1922년 1월 26일 상해 임정은 이동휘와 김립을 성토(聲討)하는 포격문 제1호를 발표했다.[475]

이동휘는 (국무총리) 중임을 맡았음에도 김립과 간작(奸作)해서 한형권을 이웃 나라에 밀파해서 이웃 나라 후의에 의해 거금을 정부에 증여케 하고 김립으로 하여금 중도에 횡령케 하고 도리어 죄를 전 각료에게 돌리어 정부를 파멸시키고자 꾀한 그 죄는 천인(千人)과 함께할 수 없다. 김립은 이동휘와 결탁해서 드디어 국금(國金)을 횡령해서 사복(私腹)을 채우고 같은 무리를 불러 모아 공산(共産)이란 미명하에 숨어서 간악한 음모를 꾸미고 있다. 그 죄는 극형에 처할 만하다.

이로부터 15일이 지난 2월 10일 오후 2시경 김립은 고려공산당 소속 김철수, 유진희, 김하구와 함께 상해 갑북 보통로 철로변을 걷다가 정체불명의 청년 2명에게 12~13발의 총격을 받고 즉사했다.

당시에는 누구도 흉수(兇手)의 정체를 알 수 없었다. 김구는 『백범일지』에서 처음으로 "정부의 공금횡령범 김립은 오면직(吳冕稙)과 노종균(盧鍾均) 등 청년들에게 총살을 당하니 인심이 잘했다고 칭찬하며 통쾌해했다"[476]고 밝혔다. 바꿔 말하면 김구는 소비에트 혁명정부가 임정 앞으로 제공한 모스크바 자금을 횡령한 김립 암살이 '통쾌한 일'이고 '정당한 응징'이라 주장했다. 흥미로운 점은 자신과는 전혀 무관한 사건으로 묘사했다는 사실이다.

모스크바 금괴의 비밀

그렇다면 레닌이 지급을 약속한 200만 루블의 금괴는 도대체 어떤 성격의 자금인가. 이것은 1922년 2월 김립 암살의 진상을 밝히는 핵심이다. 1920년 7월 소비에트 러시아의 최고지도자 레닌이 자금의 공여를 결정했고, 소비에트 정부는 지급을 실행했으며, 코민테른이 관리를 담당했다. 모스크바 자금은 지폐가 아니라 금괴였다. 그 이유는 1917년 이래 혁명과 내란으로 러시아 화폐제도가 극히 불안정했기 때문이다. 당시 러시아에서 통용되는 화폐는 로마노프 루블, 케렌스키 루블, 소비에트 루블, 세묘노프 루블 등이었다. 하지만 이 화폐는 제1차 세계대전에 따른 극심한 인플레이션으로 가치가 폭락하면서 통용력을 상실했고 국제결제도 불가능했다. 서구 열강이 소비에트 혁명정부를 적대시하고 경제봉쇄를 단행했기 때문이다. 국제결제를 위한 통용력을 갖는 것은 오직 순금뿐이었다.[477]

1920년 9월 제1차 인출액 40만 루블은 20푸드(1푸드는 16.38kg)의 금괴였고, 성인 5명의 몸무게에 상당하는 약 327.6kg에 달했다.[478] 그렇다면 금괴 40만 루블의 가치는 어느 정도였을까? 1920년 당시 런던 현물시장의 순금 거래가격은 1온스(28.349g)당 20.68달러였다. 순금 그램당 약 0.729달러로 환산하면 금화 40만 루블에 해당하는 순금 327.6kg은 23만 8,820달러였다. 1924년 1월 당시 달러의 엔화 가치는 2엔 17전이었다.[479] 금화 40만 루블은 달러로 환산하면 23만 8,820달러, 엔화로 환산하면 51만 5,852엔이었다. 40만 루블을 오늘날 화폐 구매력으로 평가하면 약 510억 원으로 거금이었다.

소비에트 정부가 자금 공여를 약속한 200만 루블은 무려 2,550억 원에 달했고, 이 가운데 5분의 1에 해당하는 510억 원이 제1차 지급분이었다. 당시 소비에트 러시아는 서구 열강에 의한 경제봉쇄와 격렬한 내전 그리고 흉작과 기근마저 겹쳐 무척 어려운 상황에도 거금을 쾌척했다. 그렇다면 모스크바 자금의 수령 주체는 과연 누구였을까. 소비에트 러시아에 대한 혁명 외교의 물꼬를 튼 것은 동아시아 최초의 사회주의 정당 한인사회당이었다. 박진순, 박애, 이한영 3명의 대표단은 1919년 7월 블라디보스토크에서 출발해 같은 해 11월 15일 모스크바에 도착했다. 여정이 120일에 달했던 것은 러시아 내전 때문이었다. 그들이 통과한 경유지는 마치 적색과 백색이 어우러진 모자이크와도 같았다.

대표단은 코민테른과 소비에트 정부를 상대로 적극적인 외교공작을 펼쳤다. 그 과정에서 청년 당원 박진순의 활약이 두드러졌고, 레닌에게 더없는 신임을 받았다.[480] 그는 코민테른 집행위원회 회의 석상에서 조선인들의 혁명운동을 소개하고 한인사회당의 코민테른 가입 의사를 밝혔다. 박진순의 연설은 국제공산당 기관지 『코민테른』 1919년 7~8호에 「한국의 사회주의운동」이라는 제목으로 게

[4-4] 1919년 레닌 왼쪽에 앉아 있는 박진순.

재되었다. 러시아에서 발행되는 정기 간행물에 실린 한국 독립운동
에 대한 최초의 기고문이었다. 박진순은 같은 해 12월 9일 제7차 전
러시아소비에트대회에 참석해 연설했고, 소비에트 정부로부터 국
빈 대접을 받았다.

　1920년 4월 박애와 이한영이 귀환한 뒤에도 박진순은 홀로 남아
대소 혁명 외교를 펼쳤다. 같은 해 7~8월 모스크바와 페트로그라드
에서 개최된 코민테른 제2차 대회에는 의결권을 지닌 정식 대표 자
격으로 참석했다. 그는 국제적으로 저명한 사회주의자들과 함께 민
족·식민지 분과위원으로 활동하며 식민지 해방운동의 이론과 정책
수립에 머리를 맞대었다. 그는 대회 종료와 함께 한국인 최초 코민
테른 집행위원회 위원으로 선출되었다. 박진순의 러시아 외교가 무
르익던 1920년 5월 임정이 파견한 전권대사 한형권이 모스크바에
도착했다. 한형권은 모스크바에 도착해 외무차관 카라한의 영접을
받았다.

　박진순과 한형권은 긴밀히 협력했다. 박진순은 당 차원에서 코민
테른과 러시아 공산당을 상대했고, 한형권은 정부 차원에서 러시아

　　　　　　　　　　　　　　　　　　　　　테러리스트 김구

외무성 관료들과 빈번히 접촉했다. 한인사회당 대표와 임정 대표의 대소공작은 1920년 9월경 거대한 외교적 성과를 거두었다. 소비에트 정부가 약속한 200만 루블 가운데 제1차분 40만 루블을 인출할 수 있었던 것이다. 두 사람은 궤짝 7개에 나눠 담은 327.6kg의 금괴를 갖고 시베리아 횡단열차에 올랐다. 소비에트 정부는 두 사람이 모스크바를 떠날 때 무장 호위병과 특별차량을 제공했다. 이들은 금괴를 안전하게 운반하고자 몽골과 북중국을 거쳐 상해로 향하는 귀환 길을 택했고, 몽골에서 금괴를 달러 등 국제금융 자산으로 환전했다.

그렇다면 김립을 죽음으로 내몰았던 제1차분 40만 루블의 지출권은 누구에게 있었을까. 먼저 「얀손보고서」를 살펴보자. 1922년 2월 김립 암살사건으로 모스크바 자금을 둘러싼 분규가 더할 나위 없이 격화되자 공여 자금의 관리권을 가지는 코민테른이 등장했다. 코민테른은 자금 지출을 조사하고 해결책을 제안하는 특별감사관을 지명했다. 1922년 5월 초순 특별감사관으로 극동공화국 외무장관 출신 "야코프 얀손"[481]을 지명했다. 얀손은 모스크바 자금에 대한 막강한 결정권을 위임받았다. 자금 지출을 집행하고 소비한 한인 사회주의 단체들에 대한 감찰권과 잔여금에 대한 몰수권이 주어졌다.

얀손은 폭넓은 조사에 착수했다. 자금의 수령 및 집행에 관련된 인사들에게 결산보고서 제출을 요구했고, 필요하면 직접 대면조사도 병행했다. 예를 들어, 얀손은 조사원을 상해에 파견해 당시 한인사회당 재정부장 김철수를 조사했다. 자금 지출에 의혹을 제기한 고려공산당 이르쿠츠크파 사람들도 면담했고, 그들을 불러들여 청문회를 개최하기도 했다. 임경석은 모스크바의 옛 코민테른 문서보관소가 당시 작성된 청문회 기록 5종을 소장하고 있으며, 그 가운데는 한인사회당 책임비서이자 임정 국무총리를 지낸 이동휘를 비롯해 러시아 외교대표단 일원이었던 박애의 진술도 확인할 수 있다고 밝혔다.

1922년 8월 18일 드디어 「얀손보고서」가 작성되었다. 3개월에 걸친 조사활동을 거쳐 작성된 보고서는 모스크바 자금 관리권에 대한 코민테른의 견해를 담고 있다. 1920년 9월 당시 40만 루블 수령자는 임정 대표 한형권이 아니라 한인사회당 대표 박진순이었다. 코민테른 제2차 대회에 출석한 한인사회당 대표이자 코민테른 중앙집행위원 박진순 앞으로 모스크바 자금의 인출권과 지출권이 주어졌다. 1920년 9월 박진순에게 40만 루블을 지급했다는 사실은 러시아 외무인민위원부 공문서 가운데 외무차관 카라한이 작성한 전보에서도 확인할 수 있다.[482] 모스크바 자금의 인출권과 관리권은 한인사회당과 고려공산당 상해파에 있었다. 「얀손보고서」는 모스크바 자금에 대한 사적 유용과 횡령은 없었다고 소명했다.

1922년 2월 10일 김립 피살 당시 현장에는 3명의 동료가 있었다.[483] 동료 김철수, 유진희, 김하구는 고려공산당 상해파 간부들이었다. 이 가운데 김철수는 피투성이가 된 김립의 사체 수습을 동료들에게 맡기고는 곧바로 모스크바 자금이 예치된 은행으로 달려가 남은 자금을 안전한 장소로 옮겼다. 당시 김철수는 고려공산당 재정부장 신분으로 모스크바 자금을 관리하는 위치에 있었다. 그 점에서 김철수는 다른 어느 누구보다 모스크바 자금의 내막을 정확히 아는 인물이었다. 그는 모스크바 자금이 임정이 아니라 한인사회당과 이를 계승한 고려공산당 상해파에게 제공된 자금이라고 증언했다. 김철수의 발언은 앞서 코민테른의 입장과도 정확히 일치한다.

진상과 쟁점

1910년 이래 김립은 북간도, 연해주, 흑룡강, 베이징, 상해를 떠돌며 항일투쟁의 근거지 구축에 매진했던 항일혁명가였다. 국제정치에도 탁월한 감각을 지녔고, 항일운동에서 손꼽히는 전략가였다. 조선총독부도 그런 김립을 두고 '공산당 수령' 혹은 '배일흥한(排日興韓)'의 대표적 인물이라 적시했다. 그럼에도 김립은 소비에트 정부가 제공한 임정 공금을 가로채서 탕진한 횡령범으로 몰려 피살되었다. 그동안 그의 죽음은 파렴치범에 대한 '통쾌한 보복'이자 '정당한 응징'으로 간주되어왔다. 이는 김구가 『백범일지』에서 '공금횡령범'이라는 붉은 낙인을 찍어놓았기 때문이다. 그는 오랫동안 불명예를 뒤집어써야 했고, 독립운동사에서도 얼굴 없는 항일혁명가 취급을 받아왔다. 다음에서는 김립 암살사건을 둘러싼 진상과 쟁점을 검토해보자.

첫째, 김립 암살 테러의 배후는 누구인가.

김구는 『백범일지』에서 임정의 공금을 횡령하고 유용한 파렴치범으로 김립의 죄악만을 강조했고, 구체적인 진상에 대해서는 침묵했다. 요컨대 "정부의 공금횡령범 김립은 오면직·노종균 등 청년들에게 총살을 당하니 사람들이 통쾌하게 생각했다"[484]는 지적에서 알 수 있듯 두 청년의 자발적 결정에 따른 '통쾌한 응징'이라 주장했다. 김구는 김립 암살과 자신의 관련성에 대해서는 입을 다물었다. 그렇다면 오면직과 노종균은 과연 누구이고, 김구와는 어떤 관계였으며, 김립 암살을 언제, 어떻게 모의하고 실행했는가를 검토해보자.

김립을 살해한 두 청년은 1894년 황해도 안악 출신의 스물여덟 동
갑내기 단짝이었다. 이들은 김구가 1908년 이래 3년여에 걸쳐 교사
로 재직했던 안악 양산(楊山)학교를 거쳐 평양 대성(大成)중학을 중퇴
하고 〈조선일보〉와 〈동아일보〉의 안악지국 기자로 활동했다. 그리
고 상해에서 보내온 〈독립신문〉을 탐독하며 항일의식을 키웠다.[485]
1919년 7월 중순, 이들은 상해 임정이 독립운동 자금을 마련하기 위
해 황해도 지역에 파견한 홍완기(洪完基)를 지원하게 되었다. 하지만
일제 관헌들이 홍완기의 입국을 탐지하고 수사망을 좁혀오자 신변
에 위협을 느껴 인천, 신의주, 안동, 봉천, 천진을 거쳐 1921년 11월
20일 상해로 망명해 옛 스승 김구를 찾았다.

1922년 1월 초순 오면직과 노종균은 "당시 대한임시정부 경무국
장이던 김구로부터 같은 정부 비서장 김립이 러시아로부터 입수한
임시정부 운동자금 40만 원을 자기 용도에 소비한 부덕한 자이므
로 임시정부 강화를 위하여 동인을 살해하라"[486]는 명령과 함께 사
진, 주소, 권총을 받았다.[487] 이후 이들은 수일간에 걸쳐 김립의 소재
를 탐문하고 추적했다. 2월 10일 오후 2시경 상해 갑북 보통로 인근
어느 가옥에서 나오는 김립을 발견하고 곧바로 미행했고, 부근 노
상에서 3.6m 떨어진 뒤쪽에서 총격을 가해 즉사시켰다.[488/489] 이후
이들은 김구의 알선으로 사천성으로 피신했다. 요컨대 김구는 자기
제자들을 김립 암살에 동원해 살인자로 만들었다. 당시 임정 경무
국장 김구야말로 김립 암살사건의 진범이었다.

2005년 반병률은 김립 암살과 관련해서 "임시정부가 공개 처형한
셈"[490]이라며 "상해 임정이 테러단을 조직하여 결국은 김립을 암살하

　　　　　　　　　　　　　　　　　　　테러리스트 김구

는 데 성공"했다고 주장했다. 요컨대 김립 암살은 임정의 공식 결정이었고, 김구는 임정의 결정을 따랐을 뿐이라는 것이다. 주장의 근거로 제시한 것이 1922년 1월 26일 자 임정의 포격문이었다. 하지만 포격문에서는 "그 죄는 극형에 처할 만하다"고만 밝혔을 뿐 "극형에 처한다"고 단정하지 않았다. 더구나 반병률의 주장과 같이 김립 암살이 "임정의 공개 처형"이었다면 테러 직후 암살범 오면직과 노종균을 굳이 사천성으로 피신시키거나 오랫동안 감출 이유도 없었을 것이다. 김립 암살은 반병률의 주장과는 달리 임정의 공식 결정이 아니었고, 김구가 독단적으로 결정한 암살사건으로 보는 것이 타당하다.

둘째, 김립은 과연 공금을 횡령한 파렴치범인가.

김구는 『백범일지』에서 소비에트 혁명정부가 임정에 제공한 금괴를 "임시정부에 바치지 않고 중간에 빼돌렸다. 김립은 이 금괴로 북간도 자기 식구들을 위하여 토지를 매입했고, (⋯) 상해에 비밀리에 잠복하여 광동 여자를 첩으로 삼아 향락을 일삼았다"[49]고 주장했다. 그러나 김구의 언설은 앞서 검토한 바와 같이 고려공산당 이르쿠츠크파의 중상모략과 유언비어를 복사한 것에 불과했다. 따라서 소비에트 혁명정부가 제공한 모스크바 자금이 과연 임정에게 제공한 독립자금이었고, 김립이 이를 횡령해서 개인적인 치부와 향락에 탕진했는지를 구체적으로 검증할 필요가 있다.

1922년 8월 「얀손보고서」는 1920년 9월 소비에트 혁명정부가 제공한 제1차분 40만 루블의 수령자는 임정 대표 한형권이 아니라 한인사회당 대표 겸 코민테른 중앙집행위원 박진순이라 밝히고 있다. 이는 러시아 외무인민위원부 공문서 가운데 당시 외무차관 카라한이 작성한 전보문에서도 확인되는 사실이다. 모스크바 자금은 임정이 아니라 한인사회당과 그 후신인 고려공산당 상해파에 제공된 사회주의혁명 자금이었다. 소비에트 혁명정부를 지지하는 정치세력의 확장과 공산주의 세계화를 위한 선전 활동 그리고 사회주의 민족해방운동을 지원하는 자금이었다. 사실 소비에트 혁명정부가 자신들을 적대시하는 미국과 이를 추종하는 이승만·안창호 세력이 장악한 임정 앞으로 거금을 공여한다는 것은 있을 수 없는 일이다.[492]

모스크바 자금의 횡령 및 유용 운운은 고려공산당 상해파를 적대시하는 이르쿠츠크파의 중상모략이었다. 그 요지는 김립이 북간도 부모에게 1만 원을 송금해서 토지를 매입했고, 5천 원에 광동 기생을 사서 첩으로 삼았으며, 첩에게 선물하고자 5천 원짜리 다이아몬드 반지 2개를 구입하는 등 공금을 탕진했다는 내용이다.[493] 하지만 「얀손보고서」는 자금 유용은 없었다고 분명히 밝히고 있다. 만약 김립이 모스크바 자금을 착복했다면 상해파는 물론 코민테른도 그냥 지나치지 않았을 것이다. 김립은 임정의 공금을 횡령한 적도 없을뿐더러 향락을 위해 탕진한 적도 없었다. 김구가 언급한 공금횡령은 고려공산당 이르쿠츠크파의 중상모략에 부화뇌동하는 황당무계한 주장일 뿐이다.[494]

셋째, 김립 암살의 동기이다.

앞서 김구는 임정의 공금횡령과 유용을 운운하며 김립 암살을 정당화했다. 하지만 김구도 모스크바 자금이 사회주의 민족해방을 위해 한인사회당과 고려공산당 상해파 앞으로 제공된 혁명자금임을 알았다.[495] 그럼에도 김구는 왜 김립 암살을 사주했는가에 대해 또 다른 설명이 필요하다. 이와 관련해서 김철수는 "돈을 갖다 놓고 김립이가 처음 일을 시작한 것이 상해 임시정부 개조운동이다. 임시정부를 기성 국가의 훌륭한 내각 모양이 아니라 실력적으로 혁명운동의 총지휘 본부로 만들자"[496]고 주장했다고 증언했다. 김립은 국제정치의 세력 강대국으로 부상한 소비에트 혁명정부와 연대하는 한편, 모스크바 거금을 활용해 임정을 개조하고 더 실질적인 독립 전쟁에 나설 것을 구상하고 실행했다.

실제로 1919년 4월 이래 임정은 체제와 노선을 두고 내분에 휩싸였다. 1920~1921년 '임정고수론'을 주장하는 임정 세력(김구·이시영·조소앙)은 '임정 개조론'을 주장하는 반(反)임정 세력인 노령의 대한국민의회(이르쿠츠크파의 고려공산당), 북경의 군사통일회, 이동휘의 한인사회당(상해파 고려공산당)과 반목했다. 당시 경무국장 김구는 임정의 유지·옹호를 주장하는 임정 고수파의 행동대장이었다. 임정과 자신을 동일시했던 김구는 임정 전 비서장이자 고려공산당 서기장 김립이 국제 공산주의 세력과 연대하고 거액의 모스크바 자금을 동원해서 반임정 세력을 결집시켜 임정의 분열·파괴를 일삼는 것을 좌시할 수 없었다. 김립은 눈엣가시 같은 존재였고, 그래서 양산학교 제자를 동원해서 김립을 암살했다.

지난 2022년 김립 서거 100주년을 맞았지만, 그는 파렴치한 공금횡령범이라는 불명예를 벗지 못했다. 김구가 『백범일지』에서 박아놓은 저주의 문자와 붉은 낙인 때문이다. 『백범일지』가 독립운동가에 대한 역사적 평가의 잣대가 되면서 김립은 한국독립운동사에서 싹싹 지워지고 깊이깊이 암장(暗葬)되고 말았다. 그 때문에 국가보훈처 독립유공자 심의에서도 김립의 서훈 상신은 번번이 기각되었다. 하지만 '공금횡령범 김립'은 앞서 검토한 바와 같이 김구의 기만에 찬 사설(邪說)일 뿐이다. 김립은 김구의 사주에 의해 생물학적 죽임을 당했을 뿐만 아니라 『백범일지』에 의해 '기록말살(Damnatio Memoriae)'형을 당해야 했다. 김립은 역사적 사실에 입각해 엄정한 재평가를 받아야 하는 억울한 인물이다.[497]

갈무리

사회주의 항일혁명가 김립은 1918년 동아시아 최초로 사회주의 정당 한인사회당을 창당했고, 이동휘와 함께 상해 임정에 참여했으며, 볼셰비키 정부와의 혁명 외교를 기획하고 실행한 인물이었다. 항일투쟁의 오랜 동지였던 김규면은 김립이야말로 1910년대 북간도와 연해주에서 활동한 항일운동의 선구자라고 규정했고, 춘원 이광수도 "김립은 책사요. (…) 기미운동에서는 상해 임시정부 이동휘 내각 비서장으로 소련 정부와 처음으로 연락을 지은 인물"[498]이라는 증언을 남겼다. 상해 일본총영사관도 김립을 두고 "배일선인(排日鮮人) 가운데 재주와 학식이 제일류의 인물"[499]이라고 평가했다. 그런데도 김구는 김립을 모스크바 자금을 횡령한 파렴치범 혹은 공공의 적으로 간주해 암살했다.

다음에서 테러리즘 이론에 따라 김립 암살 테러를 정리하는 것으로 갈무리한다.

첫째, 테러의 피해자는 민간인 혹은 비전투원이다.

피살자는 임정 국무원 전 비서장·고려공산당 총서기 김립이었다. 그는 1918년 동아시아 최초로 사회주의 정당 한인사회당을 창당했고, 1919년 상해 임정에 참여했으며, 볼셰비키 정부와의 혁명 외교를 기획하고 실행한 사회주의 항일혁명가였다. 김립은 1922년

2월 10일 상해 북갑 보통로에서 황해도 안악 출신 오면직과 노종균의 총격을 받고 즉사했다. 이들에게 암살 테러를 사주한 장본인은 바로 임정 경무국장 김구였다. 그럼에도 『백범일지』에서 김구는 "정부의 공금횡령범 김립은 오면직과 노종균 등 청년들에게 총살을 당하니 인심이 잘했다고 칭찬하며 통쾌해했다"[500]며, 마치 자신과 무관한 사건처럼 모르쇠 연극을 했다.

둘째, 테러의 목표는 정치 지도자들이다.

테러 공격의 목표가 되었던 김립은 1910년 보성전문 졸업 직후 블라디보스토크로 망명했고, 항일투쟁에 앞장섰다. 1919년 11월 이동휘가 임정 국무총리에 취임하면서 그 자신도 국무원 비서장이 되었다. 당시 임정은 독립노선과 체제 개혁을 둘러싸고 이동휘, 안창호, 이승만 계열이 대립하고 갈등했다. 김립은 국제정치의 새로운 강자로 떠오른 소비에트 혁명정부와 연대한 급진적 무장투쟁을 주장했다. 1921년 모스크바 자금을 활용해 고려공산당을 창당하고 서기장에 취임했다. 임정 고수파에 속했던 김구는 임정의 분열과 파괴를 획책하는 고려공산당 상해파의 실질적 수장이자 정치 브레인 김립을 그냥 두고 볼 수 없었다.

셋째, 테러의 수단은 가장 극적인 공포 효과를 노린 폭력의 선택이다.

김구는 1921년 말 상해에 도착한 지 얼마 안 된 양산학교 제자 오면직과 노종균을 김립 암살의 테러리스트로 동원했다. "그놈을 처치해서 징계해야 할 터인데 기회도 사람도 없어서 이럭저럭 오늘까지 끌어오는 중인 바, 그대들이 왔으니 어떻게 그놈을 처치해줄 수 없느냐"[501]고 상의했고, 이들도 스승의 말에 쾌히 동의했다. 김구는 이들에게 김립의 사진, 주소, 권총을 제공했다. 이들은 백주에 김립을 표적으로 삼아 12~13발의 무차별 총격을 가했다. 사건 직후 이들은 김구의 명령에 따라 사천성으로 피신했다. 김립 암살 테러의 배후는 임정 경무국장 김구였다. 그는 상해 사정에도 어두운 제자들을 꼬드겨 김립 암살 테러의 도구로 활용했다.

넷째, 테러의 동기는 일방적 폭력과 달리 민족, 이념, 종교 등 정치적 신념에 동기화된 폭력이다.

김구는 소비에트 혁명정부가 제공한 금괴를 "임시정부에 바치지 않고 중간에 빼돌렸다. 김립은 이 금괴로 북간도 자기 식구들을 위하여 토지를 매입했고 (…) 상해에 비밀리에 잠복하여 광동 여자를 첩으로 삼아 향락"[502]을 일삼았기 때문에 암살당했다고 주장했다. 하지만 모스크바 자금은 고려공산당 상해파 앞으로 제공된 일종의 혁명자금이었다. 공금횡령과 탕진 운운은 김립 암살을 정당화하기 위한 김구의 기만에 찬 사설(邪說)일 뿐이다. 임정과 자신을 동일시했던 김구의 입장에서 김립은 임정의 분열과 파괴를 획책하는 광의의 밀정과 크게 다르지 않았다. 김립 암살 테러는 정치적 신념을 결여한 범죄적 폭력이었다.

다섯째, 테러의 의도는 거대한 공포의 확산에 있다.

1921년 말 임정은 체제 개혁과 독립노선을 둘러싸고 치열한 암투를 벌이는 가운데 재정 궁핍마저 가중되는 와중에 김립이 모스크바로부터 40만 루블의 거금을 운반해 왔다는 소문이 돌았다. 그러자 임정은 "김립이 이동휘와 결탁해서 드디어 국금(國金)을 횡령해 사복(私腹)을 채우고 같은 무리를 불러 모아 공산(共産)이란 미명하에 숨어서 간악한 음모를 꾸미고 있다"[503]고 성토했다. 그래서 임정

테러리스트 김구

고수파 행동대장 김구는 하수인을 사주해서 김립을 암살했다. 테러 공격의 의도는 김립이 공금을 횡령해서가 아니라 거금을 동원한 임정의 분열과 파괴를 저지하는 한편, 반(反)임정주의자들에게 '죽음의 공포'를 전시하려는 데 있었다.

5

만들어진 밀정,
옥관빈

1933년 8월 1일 오후 10시경 상해 프랑스 조계지에서 조선인 중년 남성이 2발의 총격을 받고 사망하는 암살 테러가 발생했다. 피살자는 상해 한인 거상이자 국민당 상해시 대의원 옥관빈(玉觀彬, 43세)이었고, 암살범은 남화한인청년연맹(南華韓人靑年聯盟) 소속의 오면직과 엄형순이었다. 이들에게 암살을 청부한 배후는 한인애국단장 김구였다. 이들이 내세운 옥관빈 암살의 명목은 일제의 밀정 처단이었다. 그렇다면 옥관빈 청부 암살은 언제, 어디서, 어떻게 기획되고 실행되었는가? 상해 거상 옥관빈은 과연 일제의 밀정이었는가? 청부살인을 실행한 오면직과 엄형순은 누구인가? 옥관빈 청부살인의 충격과 파장은 어떠했는가? 이 장에서는 옥관빈 암살의 동기, 행동, 심리를 실증 분석한다.

청살(請殺)의 추억

옥관빈 암살을 실행한 인물은 정화암(鄭華岩, 본명 정현섭)이다. 그는 1896년 전북 김제 출신으로 1920년 상해로 망명했고, 무정부주의 자로 변신했다. 1931년 4월 우당 이회영을 중심으로 유자명, 유기석, 오면직, 박기성, 백정기, 김지강, 이용준, 이달, 이강훈 등과 함께 한인 아나키스트 결사체 남화한인청년연맹(이하 남화연맹)을 결성했다. 남화연맹은 모든 권력과 사적 소유를 부정하고 상호부조와 자유연합에 기초한 정치·경제적 평등사회 구현을 내걸었다. 1931년 11월 이들은 직접 행동론을 실천하고자 흑색공포단(黑色恐怖團)을 결성했다. 1933년 5월 일본공사 아리요시 아키라[有吉明] 암살미수 사건을 시작으로 8월 옥관빈과 12월 옥성빈, 1935년 3월 이용노(李容魯)와 11월 이태서(李泰瑞) 암살을 자행했다. 하지만 이 모든 것은 "독립투쟁도 좋지만, 우선 먹고살아야 했다"[504]는 정화암의 고백과 같이 '생계형 테러' 혹은 '청부살인'의 실상이었다.

그렇다면, 1933년 8월 옥관빈 암살에 대한 정화암의 회고를 살펴보자.

옥관빈은 상해에서 불자약창(佛慈藥廠)이라는 제약회사를 차려놓고 일제 관헌과 내통해 매국노적 비행을 서슴지 않았고 많은 돈을 벌었던 거부였다. 그는 105인 사건에 연루된 독립운동가였고, 타인의 추종을 불허하는 유명한 인물이며, 일제에 투항해 돈을 벌면서 우리 독립운동가를 비방하고 일제에 아부하여 안하무인의 횡포를 부렸다. 1932년 4월 29일 홍구공원 폭살테러 이후 중국 정부의 신임을 얻은 김구는 그런 옥관빈을 제거할 생각으로 안공근을 통해서 정화암에게 면담을 요청해 왔다. 김구는 옥관빈의 매국적 비행 18가지를 거론하며 "그의 세력이 일제의 비호하에 커지고 있다"[505]고 우려했다.

김구는 매일같이 정화암을 찾았다. 값비싼 금서패(金鼠牌)라는 담배를 사 들고 와서 정화암과 동지들에게 권하기도 했다. 매일같이 찾아오니 임정이나 교포사회에서 김구가 아나키스트가 되었다는 소문이 퍼져나갈 정도였다. 김구는 "나는 무정부주의자는 아니지만, 여러분은 다른 사람들과 달리 매사에 거짓이 없고 언제나 솔선수범하는 마음가짐이 좋아서 어떤 어려운 일이라도 허심탄회하게 상의할 수 있고, 그렇게 함으로써 좋은 결과를 얻을 수 있다고 생각되어 이곳을 찾아오는 겁니다"[506]라며, 옥관빈 처분을 놓고 의중을 떠보았다. 하지만 동지들은 하나같이 옥관빈 처단을 완강히 반대했다.

실제로 옥관빈의 안하무인격 행동에는 대항할 사람이 없었다. 그는 신문을 이용해 자기를 과대하게 선전하고 독립운동가들을 비방했다. 독립운동을 한다고 떠들고 다니는 사람들은 먹고살 길도 없고 무식해서 자신이 쌀가마를 나눠주고 돈 몇 푼 던져주면 모두 자기 밑에 와서 아부나 할 사람들이라 멸시했다. 당시 옥관빈은 상해에서 저명한 인사였다. 수백 명의 제약회사 노동자를 거느렸고, 많은 돈으로 신문사를 포섭해서 상해의 고급 관리는 물론 재계와 종교단체까지 휘어잡고 있었다. 호화스러운 저택, 고급 승용차, 거만한 언동 등 그의 위세는 너무나 당당했다. 이를 보다 못해 김구가 정화암을 찾았다. 정화암은 김구가 제시한 18가지 죄상은 고사하고 독립운동가를 모욕하는 언동만으로도 옥관빈을 용서할 수 없었다. "옥관빈을 그대로 놔두면 앞으로 어떤 일이 생길지 알 수 없는 상태"[507]였다.

정화암, 김구, 안공근 3명은 옥관빈 처단에 합의했다.[508] 임정은 윤봉길 폭살테러 이후 중국 정부의 후원을 받고 있었기 때문에 자금은 있었지만 일을 해낼 만한 사람이 없었다. 반면에 정화암 측은 사람은 있으나 자금이 없었다. 그래서 임정의 재력과 남화연맹의 인력이 합작하기로 했다. 그 자리에서 김구는 "이 일을 수행함에 있어서 임정과 공동보조를 취한다는 것은 우리 셋만 알고 있습시다"[509] 하며 극비 사항임을 강조했다. 이에 정화암은 '백범이 왜 당연한 소리를 강조하는 것일까? 만일 실패할 경우 임정의 개입을 회피하려는 자기방어책이구나' 하는 불쾌감이 없지 않았으나, 큰일을 앞두고 사소한 감정을 갖고 싶지 않아 꾹 참았다.[510]

백범이 건넨 자금으로 자전거 몇 대를 샀고, 옥관빈의 신변과 활동 범위 등 동정 조사에 착수했다. 그의 집은 북사천로 공동 조계에 있어서 조사 활동에 상당한 제약을 받았다. 하지만 약 2개월이 넘는 추적 끝에 구체적인 암살계획을 수립했다. 망지로 끝단의 북영길리와 남영길리의 교차점에 프랑스공무국 소속 옥관빈의 사촌 동생(사실은 사촌 형) 옥성빈이 살고 있었다. 그 집 뒤편에는 흥사단 소속 이 모가 셋방을 얻어 살고 있었다. 이 모는 한구(漢口)에서 자전거 공장을 경영하고 있었기 때문에 셋방에는 그의 처가 혼자 살고 있었다. 옥관빈은 그녀와 불륜 관계여서 매주 한두 번 남몰래 드나들었으므로 그를 처단하기에는 그 집이 아주 적합한 장소였다.

양여주(오면직)와 엄형순이 옥관빈 암살을 맡았다. 1933년 8월 1일 저녁 9시 옥관빈이 차에서 내려 그 집에 들어갔다. 얼마쯤 시간이 지나 그가 나올 만한 시각에 엄형순은 권총을 감추고 기다렸고, 양여주는 옥관빈이 들어간 집 뒷문을 지켰다. 12시가 넘어서 옥관빈이 뒷문을 열고 밖으로 나왔다. 엄형순은 권총을 들고 대문 쪽으로 바짝 붙었다. 옥관빈은 음흉한 미소를 지으며 사잇문을 닫고 발길을 옮겼다. 바로 그때 엄형순이 권총을 발사해 옥관빈의 가슴에 명중시켰다. 그는 짧은 비명을 지르며 앞으로 고꾸라졌다. 재차 총성이 울렸다. 엄형순은 구둣발로 몸뚱이를 제치고 옥관빈이 절명한 사실을 확인한 뒤 유유히 걸어서 인파에 섞여 들었다.

다음 날 옥관빈 암살사건은 신문에 대서특필되었다. 상해 사회에서 명성을 떨치던 옥관빈의 피살 보도는 우리 교포들은 물론 중국인들에게도 큰 충격을 주었다. 옥관빈이 흥사단 소속 거물이었기 때문에 흥사단은 피살 원인을 알아내려 동분서주했고, 장례위원회까지 조직해 호화로운 장례를 마련하는 등 부산을 떨었다. 중국 경찰은 피살 원인조차 밝히지 못한 채 방황했고, 각국 수사기관에 연락하고서야 수사에 나섰다. 정화암은 안공근에게 "이 기회에 아예 옥관빈의 죄상을 공개해 당연히 죽어야 할 사람이라는 것을 세상에 알릴 필요가 있다"[511]고 제안했다. 옥관빈의 죄상은 "서간단(鋤奸團)"[512] 명의로 발표하기로 합의했다.

발표문은 옥관빈의 죄목을 나열하고 중국과 한국 독립운동가 입장에서 그의 피살이 정당함을 기술하고, 만일 그의 비행을 비호 혹은 두둔하는 자가 있다면 그자 또한 같은 방법으로 처단한다는 협박까지 곁들였다. 발표문이 알려지자 사람들은 서간단이라는 한인 독립운동단체에 의해 한간(韓奸) 옥관빈이 살해되었다는 사실에 경악했다. 하지만 아무도 서간단이 임정 계열인지 남화연맹 계열인지 몰랐다. 그러다가 차츰 서간단이 남화연맹 계열이라는 사실이 알려지면서 임정의 입장이 난처하게 되었다. 상당한 재정적 후원을 하고도 아무런 공이 없게 되었기 때문이다.

당시 임정은 중국 정부로부터 상당액의 자금을 지원받고 있었기 때문에 한간 거물을 제거했다는 명분이라도 세워야 체면이 선다는 풍문도 나돌았다. 그래서 하루는 김구가 안공근을 시켜 "애국단과 공동명의로 성명서를 다시 발표하자"[513]고 정화암에게 제의했다. 하지만 정화암은 공동성명 발표에 따른 내부적 반발과 외부적 불신을 우려해 이를 거부했다. 더구나 김구는 사건을 실행했던 양여주와 엄형순을 한인애국단으로 빼가려고 획책했다. 실제로 양여주는 한인애국단으로 옮기고 말았다. 김구는 그 점이 미안했던지 곤궁한 생활에 보태 쓰라며 여러 차례에 걸쳐 정화암에게 돈을 보내기도 했다.

테러리스트 김구

옥관빈은 누구인가?

옥관빈은 1891년 8월 평남 중화군 동두면 무진장리에서 의령(宜寧) 옥씨 가문 4형제의 장남으로 출생했고, 일찍이 부친을 잃고 조부 옥윤철(玉潤喆)과 모친의 보살핌을 받으며 자랐다.[514] 호는 신도(新島)였고, 법명(法名)은 혜관(慧觀)이었다. 법명은 1926년 불교에 귀의한 이후 불교개혁운동을 주도했던 스승 태허(太虛) 법사(法師)가 지어주었다. 1928년 중국에 귀화한 이후 중국 사회에서 그는 옥혜관(玉慧觀)으로 통했다. 5세부터 12세까지 서당을 다녔고, 이후 평양에서 장로교 계열 소학교를 거쳐 숭실학교 1년과 대성학교 2년 과정을 거쳐 보성전문학교에서 법률학을 공부했다.[515] 보성전문 재학 시절에는 양기탁의 대한매일신보사 기자를 겸해서 중학교 교사로도 활동했다. 1913년 당시 약 100원 상당의 밭과 집 한 채가 있었고, 백부 옥윤수(玉潤水)가 후견인으로 가사(家事)를 감리했다.

1909년 8월 윤치호(尹致昊), 최남선(崔南善), 차이석(車利錫), 이승훈(李昇薰), 안태국(安泰國) 등이 '청년학우회(靑年學友會)'를 창립할 때 최남선과 함께 주요 회원으로 활동했다.[516] 청년학우회는 17세 이상 중학교 졸업 이상 학력자가 회원이었고, 인격훈련을 거쳐 국권회복운동의 핵심 요원으로 양성한다는 취지의 합법적인 비정치적 수양단체였다.[517] 중앙에 총회를, 지방에는 연회(聯會)를 두었다. 훈련강령은 무실, 역행, 자강, 충실, 근면, 정제(整齊), 용감 7개 덕목에 기초한 덕육(德育)·지육(智育)·체육(體育)의 실천이었다. 청년학우회는 각지를 돌면서 강연회와 토론회를 개최했고, 잡지 간행, 도서 간행, 도서관 설립, 박물관 설립, 순회 운동경기 등의 활동을 했다.

옥관빈은 평안도를 대표하는 애국지사 가운데 한 명이었고, 연설 솜씨는 대성학교 스승 도산 안창호마저 혀를 내두를 정도였다. 1911년 4월 안악사건으로 피체되어, 7월 경성지방법원에서 '보안법 위반'으로 1년 6개월을 복역하다가 1912년 9월 사면을 받았다.[518] 하지만 1912년 12월 재차 '105인 사건' 주모자로 피체되어 투옥당했다. 1913년 7월 대구 복심법원에서 윤치호, 양기탁, 이승훈 등과 함께 최고 4년 징역형 처분을 받았다.[519] 그는 최종적으로 유죄판결을 받았던 6명 가운데 최연소 피의자(23세)였다.[520] 1914년 2월 증거 불충분으로 면소(免訴) 처분을 받았다.[521] 하지만 출옥 과정에서 옥관빈을 비롯한 6명이 "향후 정치운동에 가담하지 않을 것"[522]이라고 맹세하는 전향서를 썼다는 소문이 돌면서 친일 시비에 휘말렸다. 친일 시비는 일생에 걸쳐 옥관빈을 옭아매는 올가미가 되었다.

1914년 2월 출옥 이후 옥관빈은 상업계에 투신했다. 조부 옥윤철도 대대로 내려온 농사가 아닌 상업에 투신하겠다는 손자의 희망에 따라 "자기도 후견인이 되어 잡화상이라도 경영할 결심"[523]이었다. 옥관빈은 1916년 10월 이후 진남포에서 새로 설립된 삼화은행(三和銀行)에 취업했다.[524] 삼화은행은 일본인 도미타 기사쿠[富田儀作] 일가 7명이 자본금 30만 원을 출자해 설립한 일반은행으로, 진남포에서 활동하는 상공업자 대부금융을 전문으로 했다. 1916년 10월 조선총독부 은행업 허인가를 받았다.[525] 영업 성적은 "절대 대인주의(對人主義)로 담보 없이 대부하는 신용대출이어서 빌리는 사람도 예금하는 사람도 상당히 많았다. 7만 5천 원을 불입한 은행이 2~3개월 사이에 40만 원 이상 예대부(預貸付)할 만큼 번창했다".[526]

1919년 8월 평양은행과 합병 문제로 삼화은행을 사직한 옥관빈은 진남포 실업계를 대표하는 이효건(李孝健), 김병순(金柄珣), 조기원

　　　　　　　　　　　　　　　　　테러리스트 김구

(魯基元) 등과 자본금 6만 원으로 서선(西鮮)지방 최초의 관서재목상회(關西材木商會)를 설립했다.[527] 당시 진남포 목재시장은 일본인 재목상회들이 독점했고, 역내 목재 수요자들의 불평이 심했다. 진남포 조선인 실업계는 고품질·저가격 압록강 목재를 매입·제재해서 다양한 목재 수요를 부응하고자 했다. 진남포에 본사를 신축하는 한편, 안동(安東), 정주, 강계, 박천 등 원목 산지에 출장소를 개설했다. 옥관빈은 이때 상회 설립 과정에서 삼화은행 투융자를 유치하는 등 타고난 수완을 발휘했고, 그의 직함은 실질적인 상회 운영 담당자인 전무집행(專務執行)이었다.[528]

1919년 3월 중순 영업 개시를 앞두고 3·1운동이 일어났을 때 옥관빈은 시위에 참여하지 않았다.[529] 하지만 5월경 상해 임정 교통부가 주도한 연통제 사건에 휘말리면서 검속 대상이 되었고, 9월 모친과 함께 상해로 망명했다.[530] 옥관빈의 상해 망명 과정에는 일찍부터 상해에 터를 잡고 있던 사촌 형 옥성빈의 도움이 있었다.[531] 상해의 다양한 독립운동 단체와 관련을 맺은 옥관빈은 독립신문 총무와 대한교육회, 대한적십자회, 시사책진회, 대한교민단의 간부로도 활동했다. 상해 임정이 주최하는 교민대회 혹은 시국강연회에는 "한국의 위대한 연설가"[532] 옥관빈이 단골 연사로 초청을 받았다.[533] 하지만 1919년 9월 이래 상해 망명 초기를 제외하면 독립운동은 뒷전이었고, 실업 활동에 관심을 기울였다. 그 이유는 다음과 같다.

첫째, 도산 안창호로부터 받은 사상적 영향이다.

옥관빈은 흥사단 원동지원부에 이름을 올리지는 않았지만, 흥사단 유력자 가운데 한 명이었다. 안창호는 단우들의 경제적 자립을 강조했고, 일정한 수입이 발생하는 제대로 된 직업을 가질 것을 권유했다. 바꿔 말하면 독립운동을 계속하기 위해서라도 경제력 확보가 선결돼야 한다고 역설했다.[534] 그래서 흥사단 계열 인사들은 임정 내부에서 무위도식(無爲徒食)으로 날을 보내며 신세 한탄만 하는 사람들과는 달리 자신들의 호구를 스스로 감당하는 일정한 직업이 있는 혁명가들이었다. 바로 옥관빈이 대표적인 인물이었다.[535]

둘째, 일제 밀정 취급이다.

옥관빈은 조선에서는 물론이고 상해 도착 후에도 일제 밀정 시비에 시달렸다. 1914년 2월 특별사면 당시 정치적 서약과 기자회견 그리고 1916년 이래 삼화은행 근무 경력이 빌미가 되었다. 그 때문에 스승 안창호를 찾아가서 억울함을 호소했다. 옥관빈의 사람됨을 누구보다 잘 알았던 안창호는 한인 청년들과 회합해서 오해를 풀라고 조언했다. 하지만 옥관빈은 "냉정한 사회에 회합의 뜻이 없노라"[536]며 거부했다. 그리고 1920년 2월 임정과 관계를 끊고 본격적인 실업가의 길로 들어서게 되었다.

셋째, 기업가적 자질이다.

옥관빈은 "상리(商理)에 밝고 계산이 분명한 평안도 상인 기질"[537]을 타고난 인물이었다. 1920년 이래 상해 〈독립신문〉을 비롯해서 국내의 〈동아일보〉와 〈조선일보〉 그리고 유력 월간지 『신천지』 등에 비즈니스 관련 논설을 다수 게재했다. 예를 들어, 1921년 3월 여덕양행(麗德洋行) 총경리(總經理) 옥관빈은 〈동아일보〉에 게재한 「해외무역을 권(勸)하노라」라는 논설에서 "권하노니, 세계시장은 광대하고 황금의 해파(海波)는 양양하다. 반도의 일우(一隅)가 크지 못함을 알면 분연히 일어서 시선을 세계무역 무대에 일주(一注)해야 할 것이다. (…) 돈 벌고자 하는 자와 장사의 일을 하고자 하는 자여, 해

외무역에 착수하라. 우리의 경제발전이 이로써 촉진될 것"[538]이라고 갈파했다. 그는 정교한 경제이론과 풍부한 실물경제 경험을 바탕으로 무역부국론을 펼치는 등 경제 전문가로서 명성을 쌓았다.[539]

상해의 한인 거상

임정에 대해 지독한 환멸을 느낀 옥관빈은 1920년 2월 남경으로 이주해서 금릉(金陵)소학교에 입학했다.[540] 그는 28세의 나이에 '노두아소학생(老頭兒小學生)' 신분으로 어린 아동들 틈에 끼여서 중국어 기초를 배웠다.[541] 오래지 않아 금릉소학교에서의 배움을 마치고 중국 남방 각지를 돌며 현지 물정을 두루 살폈다. 1920년 말 상해로 복귀한 옥관빈은 본격적으로 기업가 활동을 시작했고, 단기간에 굴지의 실업가로 우뚝 서서 여덕양행, 배달공사, 삼덕양행, 불자약창을 설립하는 거부를 일구었다. 1920년대 후반 타고난 비즈니스 마인드와 발군의 수완을 발휘해 상해 주류사회에 진입할 수 있었고, 당시 상해 한인사회를 대표하는 거상으로 거듭났다.

그 당시 옥관빈의 기업가 활동을 살펴보면 다음과 같다.

첫째, 1920년 말 독일인과 합작한 여덕양행(麗德洋行)의 설립이다.

독일산·영국산 의약품을 시작으로 염료, 원당, 잡화를 수입해 중국과 조선에 판매하는 한편, 중국·조선의 물품을 구매해서 서유럽에 수출하는 무역업이었다.[542] 당시 자본력이 부족했던 옥관빈의 사정을 고려하면 중국 사정에 어두운 독일인 자본가의 비즈니스를 대리하는 매판(買辦) 형식이었다.[543] 독일인은 서유럽으로부터 상품을 조달했고, 옥관빈은 중국·조선의 물산을 구매·조달하는 분업 체제였다. 여덕양행은 1921년 1월 중국 물산의 조선지역 수출을 전문으로 하는 자본금 30만 달러의 화려(華麗)무역공사와 통합했다.[544] 1921년 4월부터 〈동아일보〉에 약 73회의 제품 광고를 게재하기도 했다.[545]

둘째, 1922년 합명회사 배달공사(倍達公司)의 설립이다.[546]

1921년 말 여덕양행에서 사직한 옥관빈은 상해 몇몇 한인 실업가들과 합세해 중국과 조선의 수출입 무역과 위탁판매를 전문으로 하는 배달공사를 설립했다.[547] 주로 의약품, 비단, 염료, 미술품, 자동차, 잡화를 조선에 수출·판매했다.[548] 조선지역 총판으로는 옥전양행(玉田洋行)을 설립했고, 독일 베를린에도 지점을 개설했다.[549] 영업조직은 의약부·기계부·주단부·미술품부·염료부로 구분했고, 개성지역 삼업조합과도 연계해 중국에서 인삼 광고 및 판매업에도 진출했다. 1921년 10월부터 약 27회에 걸쳐 〈동아일보〉에 상품 광고를 게재했다.[550]

셋째, 삼덕양행(三德洋行)의 설립과 경영이다.

1923년경 배달공사를 해산하고, 1924년경 중국인과 미국인 자본가의 공동출자로 자본금 50만 달러의 대독 무역 전문 삼덕양행을 설립해 총경리에 취임했다.[551] 1923년경 옥관빈과 삼덕양행의 거래실적이 확인되는 점을 고려하면, 1924년경 삼덕양행은 공동출자를 통해 조선, 중국, 미국 3국 합작의 대규모 무역회사로 전환했다. 삼덕양행의 비즈니스는 이전 여덕양행과 배달공사처럼 독일산 각종 물산을 직수입해서 중국을 비롯한 동아시아 각지에 판매하는 한편, 동아시아 물산을 서유럽에 수출하는 중계 비즈니스였다.[552]

넷째, 상해고려상업회의소 창설이다.

1929년 상해에서 활동하던 조선인 상공업자들은 권익 옹호와 호혜 협력을 목적으로 상해고려상업회의소 설립을 추진했다. 4월 프랑스 조계 하비로(霞飛路) 임성공사(林盛公司)에서 발기인 회의를 개최했고, 5월에는 창립 선언 및 규약을 발표했다. 창립 목적은 "재상해 조선인 상업 동지는 단결하여 (…) 경제 학술을 상호 전수하며, 식산(殖産) 기술을 서로 교환하며, 신래(新來)하는 동포를 친절히 지도하여 그 영업의 안전을 도모하고, 공존공영해서 장래 세계 상전(商戰) 무대에 일대 웅비한다"[553]는 것이었다. 집행위원장에는 조상섭, 집행위원에는 옥관빈과 전용덕이 취임했다.[554] 옥관빈은 "세계 상인들과 어깨를 겨루는 데 실업적(實業的) 천재(天才)를 발휘함에 사명을 다할 것"[555]이라고 밝혔다.

다섯째, 불자약창(佛慈藥廠)의 설립과 경영이다.

1930년 국민당 정부 감찰원장 우우임(于右任)과 내정부장 추영건(鍾永建)과의 합작으로 자본금 10만 원의 불자약창을 설립했다. 한약의 세계화를 위해 과학적 공법으로 한약을 제조해 전 세계에 판매

[5-1] 포화에 파괴된 불자약창.

하는 사업이었다. 공장은 중국인 거주지 갑북(閘北)이었고, 40~50명의 종업원과 5~6명의 전문기사를 두었으며, 근대적 설비를 갖춘 현대식 생산체제였다. 제품은 액(液), 환(丸), 분(粉) 형태로 수십 종에 달했다.[556] 제품은 중국 관내는 물론 남양 각지로 판매되었고, 개설 지점과 특약점만 해도 72곳에 달했다. 하지만 불운하게도 1932년 1월 제1차 상해사변 격전지가 마침 갑북 지역이었고, 공장에 포탄이 떨어져 약 20만 원에 달하는 막대한 피해를 입고 말았다.[557]

여섯째, 불교개혁운동 동참이다.

1926년 11월 불교개혁운동의 기수였던 태허(太虛) 법사에게 감화를 받고 불교에 귀의해 수계(受戒)와 함께 혜관(慧觀)이라는 법명을 받았다. 항주(杭州)의 고려사 참배를 계기로 고려사 중건 주비운동(籌備運動)에 앞장섰다.[558] 태허 법사의 경제적 후원자가 되어 상해 불교계 거물들과 인연을 맺었다. 1926년 태허의 신승운동(新僧運動)에 약 2만 원을 출연했고, 불교개혁운동을 널리 알리고자 '해조음(海潮音)'이라는 잡지사를 설립하고 사장에 취임했다. 앞서 불자약창의 설립도 태허 법사와의 인연을 계기로 한 불교와 실업의 결합이었다. 또한 상해 중심가에 자비의원(慈悲醫院)을 개설해 빈민들에게 진료 서비스를 제공하는 등 자선사업에도 힘을 쏟았다.

1928년, 옥관빈은 중국적(中國籍)을 취득했다. 하지만 '입적(入籍)'이 아니라 중국적을 되찾는다는 '복적(復籍)' 형식이었다. 조부 때 중국 운남(雲南)에서 조선 평양으로 이주한 화교라는 주장을 인정받았기 때문이다. 중국적 취득은 생활과 실업활동에 유리해서였다. 운남동향회(雲南同鄉會)와 화교연합회(華僑聯合會)에도 가입했고, 정치 잡지를 발행하는 '국민공론사'를 설립했으며, 중국불교회 상무위원으

테러리스트 김구

로도 활동했다. 고향에 처자가 있었지만 항주 출신 여성 홍개란(鴻佩蘭)과 결혼했다. 중국 국민당에 입당해서 상해시 상무위원과 상해시민연합회 집행위원으로도 선출되었다.[559] 1931년 만주사변 발발 당시에는 시민의용군에 입대해 군사훈련을 받기도 했다. 옥관빈은 1920년대 후반 상해 주류사회에 진입해 중국 불교계 및 정관계 명사들과 인적 연망을 구축했다.[560]

도산 안창호 피체의 충격

1932년 4월 29일 조선 혁명지도자 도산 안창호 피체는 세계적인 뉴스거리였다. 5월 10일 교민단장 이유필은 프랑스 급진사회당 당수와 5월 15일 재상해 프랑스총영사 앞으로, 5월 17일 파리 주재 고려통신사는 프랑스 여러 일간지에, 5월 31일 재미한인협회장 백일규는 프랑스 외무장관 앞으로, 6월 1일 이승만 박사는 워싱턴 주재 프랑스 대사 앞으로 안창호 체포의 불법성과 부당성을 호소하며 조속한 석방을 촉구하는 탄원서를 제출했다.[561] 6월 28일 프랑스인권연맹도 프랑스 외무장관 앞으로 안창호 체포의 진상조사와 석방을 촉구하고 나섰다.[562] 중국에서는 상해시변호사협회, 구국연합회, 상해시상회, 상해시총공회가 안창호에 대한 동정 및 석방 여론을 일으켰다.[563]

1932년 5월 상해 교민사회가 큰 충격에 휩싸인 가운데 〈시사신보〉 5월 21일 자는 "홍구안(虹口案)은 한국 안창호가 주모"[564]라는 제하의 기사를 게재했다. "안창호는 이미 비혁명적 경지에 전락한 자"[565]라며 안창호를 모함하고 비방하는 내용이었다. 일본영사관은 해당 기사를 두고 "안창호를 독립운동자가 아니라고 풍자한 것으로 안창호에 대한 중국 및 기타 각 방면의 동정을 저지하고 그 명예를 훼손하고자 하는 것"[566]으로 평가했다. 흥사단은 해당 기사가 한인청년당 이사장 김석(金晳)의 소행이라는 사실을 인지하고, "실력이 수반되지 않는 임시정부계의 흉포한 행위는 추호도 우리들의 진정한 한국독립운동에 공헌하는 바 없다"[567]고 질타했다. 흥분한 청년 단우들은 김석을 사주한 "김철과 조소앙을 살해할 것을 맹세"[568]했다.

1932년 4월 29일 이래 중국인 사회에서 안창호를 칭송하고 동정하는 여론이 비등했고, 여러 중국인 단체로부터 거액의 의연금이 흥사단에 쇄도했다. 그러자 김구는 5월 10일 이봉창과 윤봉길 폭살 테러가 자신의 소행이란 성명서를 발표했고, 10여 일 후 김석은 안창호 비방 기사를 투서했다.[569] 안창호를 비방하고 모함하도록 교사한 것은 김철, 조소앙, 엄항섭이었다.[570] 흥사단에서는 이구동성으로 이들을 타도하겠다고 들고일어났다. 안창호 비방 투서는 흥사단·교민단과 김구파 사이에 항쟁과 암투를 촉발시키는 결정적 계기가 되었다. 6월 18일 교민단 정무위원장 송병조는 연석회의를 개최해 안창호 피체의 선후책을 논의했다.[571]

한편, 6월 20일 전후로 박창세 중심의 상해한인청년당이 안창호에 대한 중상모략이 김철, 조소앙, 김석의 소행이라는 성명서를 발표했다.[572] 이후 임시 전체회의를 개최해 "김석에 관한 풍평(風評) 등 진상조사의 건"[573]을 결의했다.[574] 진상을 철저히 조사해서 안창호비방 투서가 사실로 드러난다면 상해한인청년당 이름으로 처단할 것을 공언했다. 진상조사위원으로 한영려(韓英麗), 이규서(李圭瑞), 연충렬(延忠烈)을 선임하고, 6월 24일 김석이 김구의 괴뢰라는 요지의

'상해한인청년당 제1차 선언서'를 작성해 상해, 남경, 항주 방면 한인 사회에 배포했다.[575] 그러자 다음 날 김구 일파의 행동대원 이동우가 나서서 흥사단 단우이자 한인청년단 대표인 이규서와 접촉했고, 한국독립당과 협의해 진상조사를 실시할 것을 의논했다.

그런데 5개월이 지난 1932년 11월 17일 우당 이회영(66세)이 배를 타고 대련을 경유해 만주로 가던 중에 대련수상경찰에게 검속되었고, 허리띠로 목을 매어 자결하는 사건이 발생했다.[576] 그런데 출발에 앞서 이회영은 중형(仲兄) 이석영(李石榮)을 만나 작별 인사를 나누었고, 같은 자리에 마침 이규서와 연충렬이 합석했다. 안공근은 일본영사관을 드나드는 위혜림을 통해 이규서와 연충렬이 이회영의 대련 경유 만주행을 밀고했다는 사실을 알아냈다. 정화암은 안공근이 알아낸 정보는 "그들(이규서와 연충렬)이 백범이나 안공근의 동향까지도 탐색했고, 나까지도 체포 내지 암살하라는 지령을 받고 있었다"[577]고 밝혔다. 남화연맹은 안공근이 흘린 정보를 사실로 믿고 이규서와 연충렬을 살해하기로 결정했다.[578]

1933년 1월 안경근은 이규서와 연충렬을 상해 외곽 남상(南翔) 입달농업학원(立達農業學院)으로 유인해 거나하게 술판을 벌였다.[579] 어둠이 깔리자 오면직, 백정기, 엄순봉, 안경근은 남상역 부근 철교에서 이들을 목 졸라 죽이고, 사체를 철교 밑 강물에 투기했다.[580] 하지만 이규서와 연충렬이 과연 이회영의 만주행을 일본영사관에 밀고했는지는 의문이다. 왜냐하면 이규서는 이회영의 중형 이석영의 차남이자 이회영의 조카였고, 연충렬은 엄항섭의 처남이었기 때문이다. 근친관계였던 이들이 남화연맹의 수장 이회영의 만주행을 밀고한다는 것은 상상하기 곤란한 일이다.[581] 오히려 1932년 6월 안창호 비방 투서를 둘러싼 상해한인청년당의 반발과 공세를 제압하고자 김구파가 남화연맹에 거짓 정보를 흘려 이들을 암살하게 한 차도살인(借刀殺人)이었다. 실제로 상해 주재 일본총영사는 이규서와 연충렬이 "김구파에 의해 암살되었다"[582]고 밝히고 있다.

1933년 7월 15일 저녁 흥사단 단우 조상섭 목사가 조선인 무장 강도 3명에게 습격을 받아 백삼 60~70근(약 2천 원 상당)과 현금을 강탈당하는 사건이 발생했다.[583] 그러자 흥사단은 김구 일당이 상해 조선인 무정부주의자를 사주해 결행한 짓으로 파악했다. 실제로 사건의 공범 이회영의 차남 이규창은 "임시정부에서 여러 요직을 지낸 조상섭이 암암리에 친일 방향으로 전입해 국내와 밀거래하며 백삼을 상해로 가져다가 행상을 하여 막대한 금전을 거래했다"[584]고 밝히면서 오면직, 엄순봉과 함께 조상섭의 집을 습격했다고 자백했다.[585] 흥사단 측은 즉시 프랑스 조계 공무국과 상해시 공안국 앞으로 추정 범인을 지명하고 검속을 요청했다.[586] 한인교민단도 곧바로 규탄성명서를 발표했다. 7월 26~27일경 중국 국민당 상해시 제2구 당원인 옥관빈은 대한교민단 단장 대리 자격으로 상해 공안국장 웬홍헝(Wen Hung Heng) 장군을 방문해 용의자 체포를 탄원했다.[587]

옥관빈 암살의 진실

1933년 8월 1일 오후 10시경 프랑스 조계에서 옥관빈 암살사건이 발생했다. 프랑스 조계 공무국은 옥관빈이 일제의 밀정이라는 의심을 받는 상황에서 김구가 파견한 암살자에 의해 살해된 것으로 파악했다.[588] 윤봉길 폭살테러와 안창호 피체를 둘러싸고 임정 계열

　　　　　　　　　　　　　　　테러리스트 김구

의 김구 일파와 흥사단 계열 교민단 간에 상쟁·암투가 격화하면서 이규서와 연충렬에 이어 옥관빈 암살사건이 발생했기 때문이다. 암살자는 1922년 김립 암살의 공범자인 한인애국단 소속 오면직과 남화연맹 소속 엄형순이었다.[589] 1937년 7월 22일 평양복심법원 공판기록을 보면 진상은 다음과 같다.[590]

1933년 7월 22~23일경 정화암은 각 혁명단체에 대한 일본 관헌의 밀정이라 인정되는 옥관빈이 일본군을 위해 약 2만 원 상당의 목재를 제공한 사실 및 일본 관헌에 대해 혁명운동을 밀고한 사실이 판명되었다며, 엄형순과 협력하여 옥관빈을 살해하라는 지령에 찬성했다. 이에 3명이 공모하고 그 무렵 옥관빈이 자주 출입하는 그의 종형인 상해 프랑스 조계 망지로(望志路) 남영길리(南永吉里) 옥성빈의 집 반대쪽 중국인 집 2층으로 자리를 옮겨 옥관빈이 옥성빈의 집을 출입할 때 살해하기로 했다. 피고(오면직)는 정화암과 엄형순에게 연락하여 이들이 중국인 집에 이르자 함께 옥관빈이 나타나기를 기다리던 중에 동년 8월 1일 오후 9시경 옥관빈이 자동차로 옥성빈 집 앞에 도착하자 엄형순이 재빨리 자동차로 접근하여 소지했던 권총을 발사해서 그 자리에서 즉사시켰다.

다음으로 1933년 8월 2일 프랑스 조계 경무국이 생산한 "옥관빈 암살 조사 보고서"[591]에 따르면, 용길리 205호 사촌 형 옥성빈 집을 나서는 순간 리볼버 권총 2발이 옥관빈의 몸을 관통했다. 피살자 옥관빈은 오후 10시경 옥성빈 집에 도착했다. 자가용 운전사 팅킹당 (Ting King Dang)은 그 집 앞에서 옥관빈을 기다렸고, 옥성빈의 집을 나서는 것을 보고 자가용의 왼쪽 문을 열었다. 그 순간 3발의 총성이 울렸고, 한 괴한이 등 뒤에서 옥관빈에게 총격을 가하는 것을 목격했다. 암살자는 곧바로 도주했고, 그는 마침 지나가던 한인 형사에게 신고했다. 현장에서는 탄피 3개와 총알 1발을 습득했다.[592] 하지만 옥관빈 암살사건은 미궁에 빠지며 물의를 빚었다. 암살범을 두고 의논이 분분했고 여러 풍문이 나돌았다.[593]

그러던 차에 1932년 8월 8일 남화연맹이 한인제간단(韓人除奸團)의 이름으로 상해에 발행되는 〈신보〉에 이른바 「참간장(斬奸狀)」을 발표했다.[594] 그들은 중한 양국의 간역(奸逆) 옥관빈을 처단하게 된 9가지 가살(可殺)의 죄상을 다음과 같이 밝혔다.

(1) 일제의 밀정이 되어 상해에 왔다.

(2) 무역상을 개설하고 중한 양국을 정탐했다.

(3) 중국인들로부터 수만금을 편취했다.

(4) 신문과 전단으로 한국 혁명자들을 이간했다.

(5) 유림 대표 김창숙 등 혁명가를 체포하게 했다.

(6) 제1차 상해사변 당시 중국 군정을 정탐해서 일본군에 넘겼다.

(7) 일본군에 군용품(목재와 자동차)을 헌납했다.

(8) 폭력단을 동원해서 혁명운동가 암살을 기도했다.

(9) 신변보호를 위해 일본영사관이 지급한 권총을 휴대하고 다녔다.

그러나 옥관빈의 죄상은 직접적인 증거도 없고 확인도 곤란하다.[595] 옥관빈은 밀정이 될 만한 동기와 유인도 없었다.

한편, 1933년 8월 12일 중국 국민당 상해시는 「참간장」을 반박하고 옥관빈의 무고함을 변증하는 「위옥혜관선생변고(為玉慧觀先生辯誥)」라는 성명서를 발표했다.[596] 이 성명서는 "군은 천성이 쾌활하고 솔직해서 공(公)을 먼저 하고 의(義)를 좋아했으며, 타인의 불행을 자기의 병과 같이 보았다. 근면호학(勤勉好學)하여 동서의 사서에 잠심(潛心) 연구하지 않은 것이 없으며 교제에 민첩하고 어진 이를 존경하여 사람들이 이구동성으로 찬미하였으니 적과 내통했다는 말을 누가 믿을 것인가. 지난번 저격을 당한 것도 원통함이 아직 명백해지지 않았거늘 사후에 다시 불명예의 무멸(誣衊)을 안기니 매우 개탄스럽다. 그렇지만 범인은 언젠가는 체포될 날이 올 것이다. 장래 물이 빠지고 돌이 드러나면 스스로 천하에 명백하게 될 것"[597]이라고 추모했다.

국민당 상해시는 옥관빈이 (1) 한말 혁명당에 투신해 5년 동안 옥살이했고, (2) 1919년 상해에서 한국 혁명당과 연계해 광동의 손문과 중국혁명을 원조했으며, (3) 중국불교회 상무위원에 피선되고 중국 국민당에 입당해서 상해시 각종 당직을 역임했고, (4) 1931년 9·18사변 직후 시민의용군에 가입해 군사훈련을 받았으며, (5) 1932년 1·28사변 직후 일본군의 공격으로 약 2만 금의 손실을 입었다고 지적했다. 이 가운데 (2) 1919년 손문의 중국혁명 원조 주장은 사실관계가 불분명하다. 하지만 조선에서의 옥살이, 중국불교회 상무위원, 국민당 상해시 당직 역임, 시민의용군 훈련, 1932년 1·28사변 공장 피폭과 피해는 모두 사실이다.

다음에 옥관빈 암살의 동기를 둘러싼 논란을 살펴본다.

첫째, 프랑스 조계 공무국의 입장이다.

1932년 7월 조상섭 목사 무장습격 사건을 계기로 같은 날 26~27일경 옥관빈이 상해 공안국 앞으로 용의자 체포를 요청했다. 이 사실은 중국 공안과 상해시에 심어둔 끄나풀에 의해 김구에게 곧바로 전달되었다. 그 때문에 "옥관빈의 살인범은 김구 지지자 혹은 이들에게 매수당한 중국인들일 수밖에 없다"[598]는 풍문이 나돌았다. 당시 옥관빈은 불자약창과 삼덕양행을 경영하는 성공한 실업가였고, 국민당 정부 상해시 유력자였다.[599] 김구 타도를 작심한 옥관빈의 적극적 움직임은 김구파의 입장에서 절체절명의 위기였고, "옥관빈을 그대로 놔두면 앞으로 어떤 일이 생길지 알 수 없는 상태"[600]였다. 그래서 김구는 남화연맹 정화암에게 옥관빈 암살을 청부했다.

둘째, 안창호 비서 구익균의 증언이다.[601]

구익균은 "옥관빈은 다른 사람의 독립운동은 못 믿겠고 오직 도산 선생만 믿을 수 있다며 독립운동 자금을 댔고, (…) 딴 사람은 신용이 없고 일본 형사에 고발해 경을 치게 하는 경우가 많았기 때문에 아무에게나 자금을 줄 수 없었다. (…) 아! 무정부주의자들이 말이야, 가서 돈 달라고 그러니까 내가 목숨을 내더라도 (…) 못 주겠다 그리고 말이야, 야단하고 욕을 해서 보냈는데, 그걸 이제 무정부주의자들이 결국 총을 쏘아서 죽였지"[602] 하고 증언했다. 옥관빈은 안창호에게 정기적으로 자금을 후원했고, 교민 자녀들의 교육기관인 인성학교에도 2천 원을 기부했다.[603] 하지만 임정 및 무정부주의자들이 요청하는 자금제공 요구는 매몰차게 거절했다. 구익균은 옥관빈 암살이 한인 아나키스트들이 자행한 "함원피살(含怨被殺)"[604]이라고 주장했다.

셋째, 정화암의 주장이다.

정화암은 "옥관빈의 안하무인격 행동에는 대항할 사람이 없었다. (…) 수백 명의 제약회사와 노동자를 거느리고 있고, 많은 돈을 써서 신문사를 포섭해 상해의 고급 관리는 물론 재계와 종교단체까지 잡고 있기 때문이었다. 호화스러운 저택, 고급 승용차에 거만한 언동

테러리스트 김구

[5-2] 옥관빈 부고.

등 그의 위세는 너무나 당당했다. (…) 보다 못해 김구가 나를 찾아왔던 것이다. 김구가 보여주었던 그의 죄상 18가지는 고사하고 독립운동가를 모욕하는 언동만으로도 그를 용서할 수 없었다. 옥관빈을 그대로 놔두면 앞으로 어떤 일이 생길지 알 수 없는 상태였다. (…) 임정의 재력과 우리의 인력이 합작하기로 했다"[605]고 회고했다. 정화암은 옥관빈의 안하무인 태도와 독립운동가에 대한 모욕 때문에 김구의 청부살인에 응했다는 주장이다. 당시 정화암이 김구로부터 수취한 옥관빈 암살 청부 가액은 정확히 1천 원이었다.[606]

1932년 8월 옥관빈의 사체 인도를 둘러싸고 상해시와 일본영사관 사이에 외교적 분란이 발생했다. 이는 옥관빈이 일본과 중국 이중국적자였기 때문이다. 일본영사관은 사체를 인도받아 검증 및 감정을 거쳐 유가족에게 인도했다.[607] 한편, 중국인 부인 홍개란 일족과 옥관빈의 장남 옥인태 일족 사이에 유산을 둘러싼 분란이 일기도 했다. 8월 9일 장례를 예정했지만, 고향에서 친동생 옥승빈(玉升

彬)을 비롯한 친족 7명이 상해에 도착하면서 상해의 장례식은 무산되었다. 옥관빈의 시신은 8월 9일 대련항과 인천항을 거쳐 12일 평양 대성학교 동창들과 역내 유지들이 도열한 가운데 평양역에 당도했고, 8월 16일 옥승빈이 상주가 되어 장례를 치렀다.[608] 그의 유골은 고향 땅 중화군 동부면 무진장리 공동묘지에 안장되었다.

옥관빈은 과연 밀정인가?

1910년대 전반 옥관빈은 이른바 '105인 사건'에 연루되었던 독립운동가이자 서북학회 회원이었고, 뛰어난 연설가로도 이름을 떨친 젊은 명사였다. 그럼에도 그는 1914년 2월 석방 당시 정치적 서약과 1916년 이래 삼화은행 근무 경력으로 친일 시비에 휘말렸고, 1919년 11월 상해 망명 이후에는 임시정부 내무부로부터 '조선총독부 밀정'이라는 또 다른 의혹에 시달렸다.[609] 1920년 이래 활발히 기업가 활동을 하는 중에도 자금 출처를 두고 의심받았다.[610] 하지만 자금 출처와 관련해서는 근대 초기 중국에서 유행했던 서양인과 동양인이 합작하는 '매판'이라는 비즈니스 모델에 무지해서 생긴 어이없는 오해였을 뿐이다.[611] 옥관빈은 동아시아 사정에 어두운 서양인 자본가를 대신하는 전문 경영인이었다.

'매판'이라는 비즈니스 모델은 당시 상해에서 활동하는 조선인 실업가들이 직면해야 했던 특별한 경영환경의 산물이기도 했다. 당시 재상해 일본총영사관의 보고에 따르면 "상해 거주 일반 조선인의 생활 정도는 타국인과 비교해서 무척 열세이다. 겨우 20여 명의 실업가들이 상당한 생활을 하는 것을 제외하면, 대부분은 중국인

상점에 고용돼 겨우 생계를 유지하거나 여급, 댄서, 매소부(賣笑婦) 등 천업(賤業)에 종사한다. 20여 명의 실업가들은 상당액의 자본을 가지고 있다. 하지만 그런 사실이 불령 운동자들에게 감지되면 즉시 기부금 또는 의연금 명목의 출연을 강요받았고, 심한 경우 생명의 위험마저 각오해야 했다. 그 때문에 어쩔 수 없이 다액의 명의료를 지불하면서까지 표면적으로 외국인 혹은 중국인과의 공동경영을 가장(假裝)"[612]해야 했다.

밀정은 임정 내부적으로도 골칫거리였다. 자신과 정치적 입장을 달리하는 상대방을 밀정으로 몰아세우는 일이 빈발했고, 서로를 불신하고 의심하는 분위기가 팽배했기 때문이다. 실제로 임시정부 기관지 〈독립신문〉은 "임시정부가 상해에 설립된 이래 일인(日人)이 파견한 밀정도 많거니와 우리 당원이 제조한 밀정도 적지 않다. 무슨 감정만 있어도 '그놈 밀정이다' 해서 동지의 명예를 오손(汚損)하며, 조금 의견만 충돌해도 '그자가 의심스럽다' 해서 동지의 신용을 추락시킴을 능사로 삼는 자가 허다하여 동지 간의 신의가 심히 박약하니 이를 그냥 두면 우리 당원 간에 신의는 결국 영(零)이 되고 말지라"[613] 하고 한탄할 정도였다. 여기서 주목할 만한 사실은 '우리 당원이 제조한 밀정도 적지 않다'는 지적이다. 임정 내부에서 '만들어진 밀정'도 많았다는 사실이다.

1919년 상해 망명 이래 '밀정' 꼬리표는 옥관빈을 끈질기게 따라다니며 괴롭혔다. 옥관빈 밀정설은 미국은 물론 조선으로까지 퍼졌다. 윤치호는 1921년 4월 15일 자 일기에서 "옥관빈이 일본인들의 밀정으로 변신했다는 소문이 돌고 있다고 한다. 도저히 믿을 수 없는 이야기다. 옥 씨는 내가 본 조선인 청년들 가운데 가장 유능한 사람 중 한 명이다. 그는 1911년부터 1915년까지 음모 사건으로 극심한 고통을 겪었다. (…) 이런 인물이 반역자가 되었다는 것을 나는 도저히 믿을 수가 없다"[614]고 한탄했다. 1933년 8월 31일 일기에서도 "옥 씨는 약을 특허 내고 사람들에게 사기를 쳐 돈을 번 후, 다년간 원한을 품은 이들의 표적이 되어왔다고 한다. (…) 그는 일본인들에게 잘 보여 자기의 신변을 보호해 왔다고 한다"[615]는 풍설을 적어놓았다.

1920년 2월, 밀정설에 시달리다 못해 옥관빈이 스승 안창호를 찾아가 자신의 처지를 하소연했다. 안창호도 옥관빈 밀정설을 알고 있었지만, 중상모략에 불과한 것으로 치부했다.[616] 그는 사랑하는 제자 옥관빈에게 처세를 조언하고 격려했다. 안창호는 1920년 2월 18일자 일기에서 "옥관빈 군이 내방해서 말하기를 자기를 정탐이라 혐의함에 어떻게 행동함이 좋을지를 물어 현재 군에게 그러함은 사회 정도가 유치하고 무정한 것을 개탄한다. 그러나 군은 죄가 사회에 있다고 생각하지 말고 자신에게 있다고 생각해서 이 시기에 비상한 경성(警醒)으로 반성에 힘쓸지라. 군이 그런 오해를 받는 것은 군의 재(才)가 덕(德)을 승(勝)하기 때문이니 지금부터 순실하게 도덕 방면에 착의하라 하였다"[617]고 조언한 사실을 적었다. 밀정설의 근원은 바로 '재승덕(才勝德)'에 있으니, 도덕적 수양에 힘쓸 것을 권면(勸勉)한 것이다.

한편, 재상해 일본총영사관은 옥관빈을 "중요한 배일파 선인"[618]으로 분류하고 '체포해야 할 불령선인'이라 지목했다. 1924년 6월 조선우선(주)이 인천과 상해를 잇는 직항로를 개설하자 당시 삼덕양행 총경리 옥관빈은 이를 무역업에 활용하고자 '대화무역조선인

주호대표소(對華貿易朝鮮人駐滬代表所)'를 설치했다. 그러자 조선총독부 경무국장은 옥관빈이 과대광고로 소비자를 현혹하고 전대금(前貸金)이나 잘라먹는 간상(奸商)이라며, "상당한 주의를 요한다"[619]고 경고했다. 옥관빈은 임정과 한인 사회로부터는 '밀정', 일제로부터는 '불령선인' 취급을 받았다. 그 때문에 그는 중국 귀화를 선택해 주류사회에 진입하고자 몸부림쳤다.[620] 이런 그의 착잡하고 고독한 심정은 1931년 8월 잡지에 실린 글 「버드나무 그늘, 이역(異域)의 고경(孤影)」에서도 짐작할 수 있다.[621]

가난과 고생, 눈물과 비애 중에서 반생을 지내었고 받은 바 은혜도 없고 누린 바 복락도 없지마는 고향은 왜 이렇게 쿨쿨하게 그리운지 고향 생각이 날 때마다 가슴이 막히고 뜨거운 눈물이 흐른다. (…) 향수(鄕愁)! 고향 생각. 이것은 아마도 이 몸이 이역에서 표랑(漂浪)하는 동안 없어지지 못할 비애이며 또는 내 마음속에 사모(思慕)에 찬 유일한 연모(戀慕)다. 고향서 나온 도라지 한 뿌리에서도 고향의 흙냄새가 나고 고추장 한 숟갈에도 고향의 맑은 물 향기가 나는 것 같다. 눈을 감으면 고향의 산이 어릿어릿하고, 귀에는 소나무 가지에 부딪히는 바람 소리가 은연히 거문고 소리처럼 들리는 것 같다. 주머니 속을 툭툭 털어 단돈 1원밖에 없던 것을 밑천 삼아 지금까지 분투해오던 것을 회고해보면 눈물도 많았지만 꿈같기도 하다. (…) 독한 놈! 무정한 놈! 하고 사람들은 나를 비방(誹謗)한다. (…) 황포강(黃浦江)의 어스름한 달이 동편 하늘 구름 위에 비추고 진흙물을 헤치며 동쪽으로 향하는 기선의 그림자를 볼 때마다 나는 뻐꾹새와 함께 남모르는 한 구석에서 피눈물을 울고 있다. 그러나 언제든지 이 눈물이 변해서 광채 나는 성공의 구슬이 되어 고향 햇살에 휘황하게 빛날 때가 있으리라.

암살의 충격과 파장

1932년 4월 윤봉길 폭살테러 이래 암살사건이 빈발하는 와중에 1933년 8월 1일 옥관빈 암살에 이어 12월 18일 오후 6시 옥관빈의 사촌 형이자 프랑스 조계 경무국 경찰로 근무하는 옥성빈 암살사건이 발생했다. 피살자 옥성빈은 사건 당일 프랑스 조계지에서 마약 밀매상으로 유명한 김해산의 거처를 방문했다가 용무를 마치고 뒷문 노상으로 나서는 순간 중국옷을 걸친 괴한이 발사한 1발의 총격을 받고 즉사했다.[622] 김해산은 집 뒤에서 총소리가 나서 뛰쳐나와 보니 옥성빈이 이미 피투성이가 되어 있었다고 증언했다.[623] 살인범은 1922년 김립 암살을 공모했던 당시 한인애국단 소속 김동우였고, 다른 한 명은 옥관빈을 암살했던 남화연맹 소속 엄순봉이었다. 이들은 정화암을 통해서 김구와 안공근으로부터 암살 청부를 받았다.[624] 옥성빈은 모친과 부인 그리고 2남(인섭, 인찬) 1녀를 유가족으로 남겼다.[625]

옥성빈도 사촌 동생 옥관빈과 마찬가지로 김구 등 임정 계열로부터 밀정 혐의에 시달렸다. 그는 1886년 평남 평양부 출생으로 호는 만보(萬甫)다. 어려서부터 한문을 수학했고, 16세 때 일본어를 배웠으며, 은산(殷山)광산 광부로 일하며 미국인 동료에게서 영어를 습득했다. 숭실중학 입학 이후 감리교 선교사 노블(William Arthur Noble)의 서기와 대성중학 영어 교사 그리고 남산현교회 교역자로 활동했다. 1909년 옥관빈 소개로 '청년학우회'와 '신민회'에 가입했고, 1912년 콜브란(H. Collbran)이 경영하는 경성광산(주) 평양지점 근무중에 '105인 사건'에 연루돼 체포되었고, 서대문형무소에서 2년의 옥고를 치렀다.[626]

1919년 7월 상해로 망명해서 7월 이희경(李喜儆), 이광수, 손정도(孫貞道) 등과 함께 '대한적십자회'를 결성하고 이사에 취임했고, 1923년 10월 임시정부 의정원 의원으로 활동했다.[627] 그는 뛰어난 영어 실력과 성실함을 인정받아 프랑스 조계 공무국 경찰이 되었다. 1924년 1월 9일 옥성빈은 성명 불상자로부터 총기 구매 의뢰를 받았다. 다음 날 그는 무기 밀매상 조기천(趙基千)과 함께 구매 자금 100원을 준비해 약속 장소에 나갔다가 잠복해 있던 일본영사관 경찰에 체포되었다.[628] 1923년 3~4월경 이탈리아인에게서 폭탄 2개를 구입해 김구에게 제공한 혐의였다.[629]

1932년 2월 남동생 옥홍빈(玉洪彬) 앞으로 쓴 편지에서 옥성빈은 "김구에게 폭탄을 준 사실을 부인"[630]하면서 무기 밀매상 김창수(金昌洙), 정인증(田任增), 김홍서(金弘叙)를 경계하라고 당부했다. 바로 이들이 파놓은 함정에 빠져 자신이 피체되었기 때문이다. 1924년 2월 일본영사관으로부터 3년간 중국 체류 및 거주제한 처분을 받았고, 나가사키 형무소로 압송되었다.[631] 상해 프랑스영사관은 옥성빈이 프랑스 조계 치안유지에 힘쓴 공헌을 고려해서 복역 이후에도 공무국 경찰에 복귀시킬 것을 약속했다.[632] 옥성빈은 1924년 8월 나가사키 지방재판소에서 '폭발물 취체규칙 위반'으로 5년 징역형 처분을 받았고,[633] 1929년 수형생활을 마치고 프랑스 조계 경무국으로 복귀했다.[634] 같은 해 12월 한국독립당 창당 발기인으로 참가했다.[635]

그렇다면 옥성빈 암살 동기를 살펴보자.

1933년 10월 조선총독부 경무국은 김구 일파(안공근·안경근·김동우)의 동정을 소개하면서 "최근 옥성빈이 옥관빈 암살을 김동우의 소행이라며 복수할 기회를 엿보고 있다는 소문이 있다"[636]고 파악했다. 1933년 12월 재상해 일본영사관은 "옥성빈은 사촌 동생 옥관빈이 8월 1일 김구 일파에게 암살되었다며, 복수를 위해 자신의 프랑스 조계 공무국 형사 지위를 이용해 범인 수사에 분도(奔徒)하던 중에 암살되었다"[637]고 지적했다. 1933년 12월 재상해 프랑스 조계 경무국도 모사꾼 안공근을 거론하며, "옥성빈이 중국인 정부(情婦)와 협의해서 암살당한 사촌 동생에 대한 복수를 노리고 살인 청부업자를 고용했다는 사실을 알고 안공근이 자신의 안전을 위해 가능한 한 빨리 적수를 제거할 필요성을 느꼈을 것"[638]이라고 밝혔다.

다음은 옥성빈 암살에 대한 남화연맹의 주장이다.

앞서 '청살(請殺)의 추억'에서 확인한 바와 같이 정화암은 옥관빈 암살에 대해서는 장황하게 언급했지만, 옥성빈 암살에 대해서는 일절 언급이 없었다. 하지만 이회영의 차남 이규창은 "홍구 윤봉길 의사의 의거 후 엄항섭 씨는 프랑스 당국에 사표를 내고 가족과 더불어 항주로 가서 있게 되고 프랑스 당국에는 옥성빈 씨만 공무국에 있게 된 것이다. 안창호 씨가 조상섭 씨 집에서 프랑스와 왜놈에 의하여 피포된 것은 옥성빈 씨가 사전에 안창호 씨를 잡으러 온다는 것을 알면서도 엄항섭 씨같이 사전에 알리지 않아서 안창호 씨가 불행하게 된 것으로 보고 그를 빌미로 옥성빈 씨가 왜놈과 내통하고 있었다고 단언하고 사살한 것"[639]이라고 주장했다.[640] 바꿔 말하면 남화연맹은 안창호 피체의 책임을 물어 옥성빈을 사살했다는 것이다.

하지만 이규창의 주장은 안창호의 비서였던 구익균의 증언과 배치된다. 구익균은 "이(옥성빈)가 불란서 경찰에 속하였거든. 그러니까 자기 동생(옥관빈)을 위해 너희들(무정부주의자들)을 일망타진할 것이라 그랬어. 그래서 옥성빈이를 역시 암살했지. (…) 아이구, 참 아까운 사람들이야"[641]라고 증언했다. 바꿔 말하면 옥성빈은 김구와 남화연맹에 의해 피살된 사촌 동생 옥관빈의 죽음에 분노해서 암살단의 일망타진을 획책하다가 피살되었다. 구익균이 두 사람의 피살을 두고 '참 아까운 사람들'이라며 안타까워한 것도 바로 그 때문이었다. 요컨대 옥성빈은 사촌 동생 옥관빈의 복수혈전(復讐血戰)을 준비하던 와중에 김구로부터 살인 청부를 받은 암살자들에게 살해당하고 말았다. 김구가 남화연맹 정화암에게 지급한 청부살인 가액은 앞서 옥관빈의 경우와 마찬가지로 정확히 1천 원이었다.

마지막으로, 옥성빈 암살의 충격과 파장이다.

프랑스 조계 경무국 경찰은 동료 옥성빈 피살에 크게 분노했고, 살인범 체포에 수사력을 집중했다. "이번 범죄는 다른 것들과 조금 달랐다. 그것은 정치적 갈등으로 보이면서도 마약 밀매에 연루된 희생자들의 복수"[642]라고 파악했다. 재상해 일본영사관도 옥성빈 암살을 계기로 대대적인 혐의자 체포에 나섰다. 이들이 영장을 발부한 지명 수배자는 김구, 송병조, 차이석, 안경근, 문일민, 박창세, 안공근, 엄항섭, 박찬익, 전창근, 이운환, 공개평, 노종균, 이경산, 김영탁, 이수봉, 김석, 김해산, 공주선, 안창진, 김수산 총 21명이었다. 이 가운데 이수봉 등 6명만 프랑즈 조계 경찰에 체포되어 일본영사관 경찰에 넘겨졌다.[643]

진상과 쟁점

1933년 8월 1일 옥관빈을 살해한 암살자는 한인애국단 소속 오면직과 남화연맹 소속 엄순봉이었다. 이들에게 살인을 청부한 배후는 세계적인 테러리스트 김구였다. 이들이 내세운 옥관빈 처단의 죄목은 밀정이었다. 옥관빈 암살의 직접적 계기는 1933년 7월 15일 상해고려상업회의소 집행위원장 조상섭에 대한 남화연맹(오면직·엄형순·이규창)의 무장강도 사건이었다. 이를 묵과할 수 없었던 옥관빈은 1933년 7월 26~27일 김구와 그 일당의 타도를 결심했다. 그래서 김구와 그 일당은 선제공격의 일환으로 남화연맹을 앞세워 옥관빈을 암살했다. 옥관빈 암살의 기획과 실행에 소요된 시일은 대략 1주일 정도였다.

다음에서 옥관빈 암살을 둘러싼 몇 가지 쟁점을 검토해보자.

첫째, 옥관빈 암살의 진범은 누구인가를 둘러싼 논의이다.

윤경로는 정화암과 이규창의 회고를 인용해 옥관빈이 1915년 이래 밀정 혐의를 받았지만 흥사단 계열의 보호를 받았는데, 윤봉길 폭살테러를 계기로 안창호가 피체되면서 보호막이 사라졌고, 그 때문에 독립운동단체인 남화연맹에 의해 살해되었다고 주장했다.[644] 김광재는 김구가 옥관빈 처단을 부탁했다는 정화암의 주장과 관련해 "김구는 윤봉길 의거 이후 일본의 추적을 피해 절강성(浙江省) 가흥(嘉興)에 피신해 활동하고 있었기 때문에 상해에 있는 정화암을 만날 수 있는 형편이 못 되었다"[645]고 옥관빈 암살에 대한 김구의 무고를 주장했다. 요컨대 정화암은 옥관빈 암살의 진범을 김구라고 지목했던 반면, 윤경로와 김광재는 김구의 무고함을 주장했다.

하지만 1932년 윤봉길 테러 사건 이후 김구 체포에 혈안이 되었던 조선총독부 경무국이 생산한 기밀자료는 정화암의 주장을 뒷받침한다. 1935년 8월 당시 정화암과 일본영사관 첩자 임영창(林榮昌)

은 '김구 암살 특종 공작'을 모의했다. 임영창은 김구 일파의 냉혹함을 성토하면서 김구에 대한 정화암의 복수심을 자극했다. 그러자 정화암도 "옥관빈, 옥성빈 등 암살은 전부 자신들의 소위(所爲)지만, 그때마다 김구로부터 1천 원의 수당을 받았고, 더욱 심한 것은 안공근 처의 친척에 해당하는 청년 1명을 남경으로 호출해서 처분한 일도 있다"[646]며 자신의 테러 역량을 과시하고 몸값을 흥정했다. 이규창도 옥관빈 암살 청부 대금으로 김구가 "2천 원 정도의 금전을 정화암에게 주었다"[647]고 증언했다.

더구나 정화암은 "임정은 홍구 사건 이후 중국 정부의 후원을 받고 있었으므로 돈은 있었으나 일을 해낼 만한 사람이 없었고, 남화연맹은 사람은 있으나 돈이 없었다. 그래서 임정의 세력과 남화연맹의 인력이 합작하기로 했다"[648]고 밝혔다. 이 같은 진술은 앞서 조선총독부 기밀자료는 물론이고 이규창의 증언과도 상통한다. 김구가 정화암에게 옥관빈 암살 청부 대금으로 1천 원을 지급했다는 사실은 부정할 수 없는 사실이다. 옥관빈 암살의 주범이 누구인가를 둘러싸고 앞서 윤경로와 김광재는 김구의 관련성을 부정하고 남화연맹의 독자적 소행이라 치부했다. 하지만 남화연맹은 김구가 제공하는 금전적 유인에 이끌린 살인청부업자에 불과했다. 옥관빈 암살의 배후는 한인애국단 단장 김구였다.

둘째, 옥관빈 암살의 동기를 둘러싼 논의이다.

관련해서 윤경로는 '105인 사건' 이래 밀정 혐의를 받아왔던 옥관빈이 "상해사변(1932년) 전부터 상해에 불자약회사라는 제약회사를 차리고 일제 관헌과 내통하면서 매국노적 비행을 서슴지 않았고 (…) 왜놈이 준 자금으로 불자제약공사를 설립하여 사업을 진행"[649]

해서 부자가 되었고, 그 때문에 옥관빈의 안하무인격 행동, 호사스러운 저택, 고급스러운 자동차, 거만한 언동 등이 임정을 비롯한 독립운동 진영의 미움을 사게 돼 암살되었다는 '도덕적 단죄론'을 주장했다. 하지만 윤경로의 주장대로라면 옥관빈은 1915년 이래 밀정 혐의를 받아왔고, 1920년대 후반 상해의 한인 거상으로 눈부신 성공을 거두었다. 그런데 1932년 4월 안창호 체포 이후 보호막이 사라졌다고 한다면 왜 하필 1933년 8월 1일 암살되었는가에 대한 의문이 남는다.

옥관빈 암살의 전후 관계를 파악하면, 1932년 4월 윤봉길 폭살 테러 이후 한국독립당과 한인교민단을 장악한 흥사단과 임정의 대립·항쟁이 격화하는 와중에 1932년 7월 15일 흥사단의 유력자 겸 고려상업회의소 집행위원장 조상섭이 무장한 한인 괴한들에게 습격을 받았고, 적지 않은 재물을 강탈당했다. 이는 김구의 사주를 받은 남화연맹의 소행으로 흥사단 계열에서는 결코 좌시할 수 없는 일이었다. 그동안 침묵을 유지하고 사태를 관망해왔던 옥관빈은 1933년 7월 26~27일경 상해시 공안국을 방문해서 사건 용의자의 체포를 탄원했다. 이 사실은 곧바로 김구 일파에게 알려졌다. 옥관빈은 불자약창과 삼덕양행을 경영하는 한인 거상이었고, 국민당 정부 상해시 대의원으로 영향력을 행사하는 정치적 유력자였다.

옥관빈의 동태는 김구와 그 일당의 입장에서 보면 "옥관빈을 그대로 놔두면 앞으로 어떤 일이 생길지 알 수 없는 상태"[650]였다. 김구는 남화연맹과 공모해서 옥관빈 암살을 추진했다. 그럼에도 정화암은 김구가 몇 번이고 찾아와서 옥관빈 암살을 설득해 옥관빈에 대한 동

　　　　　　　　　　　　　　　　　　　　테러리스트 김구

정 조사에 착수해 약 2개월 만에 암살계획을 수립, 8월 1일 옥관빈을 처단했다고 장광설을 늘어놓았다. 하지만 정화암의 주장은 사실과 다르다. 옥관빈 암살은 겨우 1주일에 걸쳐 기획되고 실행되었을 뿐이다. 윤봉길 폭살테러 이후 홍사단과 임정의 대립·항쟁 그리고 프랑스 조계 공무국의 수사보고서를 고려하면, 암살의 직접적 동기는 임정과 남화연맹에 대한 옥관빈의 무시와 경멸이었고, 간접적 동기는 옥관빈의 반격을 예상한 김구파의 선제적 테러 공격이었다. 요컨대 윤경로의 주장은 사실성과 구체성을 결여한 논의이다.

셋째, 옥관빈 밀정설을 둘러싼 논의이다.

윤경로는 옥관빈을 '105인 사건' 연루자 가운데 친일파로 변신한 9명 가운데 한 명으로 파악했다. 1915년 2월 특별사면을 받아 출옥할 당시 향후 일본에 협력하겠다는 자술서를 작성했고, 기자회견을 열었으며, 1919년 상해 망명 이후 김구 계열이 지목한 '요주의 인물'이었다. 1920년대 사업 활동 과정에서 자금 등 일제의 도움을 받았다는 의혹과 함께 '왜놈과 내통했다'는 밀정 혐의를 받아 남화연맹에 의해 처단되었는 주장이다. 윤경로가 주장하는 옥관빈 밀정설은 그동안 별다른 의심 없이 학계와 사회 일반에서 널리 유통되어 왔으며, 손세일도 옥관빈 밀정설을 지지했다.[651]

하지만 윤경로의 주장은 옥관빈을 밀정으로 몰아 살해한 정화암과 이규창 등 가해자들의 일방적 주장 혹은 당시 세간에서 떠돌던 낭설을 되새김했을 뿐이다. 1915년 2월 증거 불충분으로 풀려난 옥관빈이 향후 일본에 협력하겠다며 작성했다는 자술서는 물론이고 기자회견 내용도 현재 확인되지 않는다. 더욱이 1920년대 초반 김구가 옥관빈을 두고 '요주의 인물'이라 지목했다지만, 그가 왜, 어떻게 요주의 인물인지에 대해 구체적인 설명이 없다. 더구나 남화연맹이 한인제간단 이름으로 발표한 「참간장」에서 9가지에 달하는 가살(可殺)의 죄상을 나열했지만, 어느 것 하나도 사실로 밝혀진 것이 없다. 그러나 중국 국민당 상해시가 옥관빈의 무고함을 밝힌 '변고(辯誥)'는 대부분 사실에 근거하고 있다.

옥관빈은 1919년 이래 재상해 일본영사관으로부터 지명수배를 받는 '요시찰 불령선인'이었다. 조선총독부는 과대광고로 소비자를 현혹하고 전대금이나 잘라먹는 간상(奸商)이라며 옥관빈을 음해했고, 순수한 비니지스 활동마저 방해했다. 이런 실상은 옥관빈이 일제의 밀정이자 불령선인이라는 지극히 역설적 존재였음을 시사한다. 바꿔 말하면, 옥관빈은 '밀정'도 아니지만 그렇다고 '불령선인'도 아니었음을 뜻한다. 그런 옥관빈의 신산한 처지와 착잡한 심정은 "나는 뻐꾹새와 함께 남모르는 한구석에서 피눈물을 흘렸다"[652]는 한탄에서도 생생히 묻어난다. 윤경로의 연구는 김구, 정화암, 이규창의 메가폰 혹은 앵무새를 자처했을 뿐이다. 옥관빈은 김구가 '만들어낸 밀정' 가운데 한 명이다.

갈무리

옥관빈은 1919년 상해로 망명한 이후 타고난 기업가적 수완을 발휘해 단기간에 상해 한인 거상으로 성장했고, 중국 사회의 유력자로 변신했다. 그럼에도 그는 김구와 임정으로부터 협잡꾼, 독한 놈, 무정한 놈이라는 지독한 중상과 모략, 비방에 시달렸다. 그럴 때마다 옥관빈은 자신의 길을 가겠다며 이를 갈고 몸부림쳤다. "언젠가 눈물이 변해서 광채 나는 성공의 구슬"[653]이 되어 금의환향(錦衣還鄉)할 것을 다짐했다. 하지만 그는 싸늘한 시체가 되어서야 꿈에 그리던 고향 땅을 밟았다. 사후 90년이 지난 오늘날에도 옥관빈은 여전히 김구와 임정이 '만들어낸 밀정'이다.[654]

다음에서 테러리즘 이론에 따라 옥관빈 암살의 진상을 정리하는 것으로 갈무리를 대신한다.

첫째, 테러의 피해자는 민간인 혹은 비전투원이다.

피살자 옥관빈은 1891년 평남 중화 출신으로 1912년 일제가 날조한 '105인 사건'에 연루되어 옥고를 치른 최연소 주모자였다. 그는 대성학교 스승 안창호의 가르침과 사상에 감화를 받아 비폭력 실력양성주의 독립노선을 실천했던 진정한 독립운동가였다. 1919년 상해 망명 이후 타고난 기업가적 수완을 발휘해 여덕양행, 배달공사, 삼덕양행, 불자약창 등 다수의 기업을 설립하고 자본축적에 성공해서 약 10년 만에 상해 한인사회의 거상이자 중국인 사회의 유력자로 변신했던 인물이다. 하지만 그는 김구와 임정으로부터 '밀정'이라는 중상모략에 시달렸고, 1933년 8월 1일 김구로부터 살인 청부를 받은 암살단의 총격을 받고 사망했다.

둘째, 테러의 목표는 정치 지도자들이다.

옥관빈은 1919년 9월 상해로 망명한 이후 서양인 자본가와 합작해 중국과 서구의 무역을 중계하는 여덕양행, 배달공사, 삼덕양행를 설립해서 자본축적에 성공했고, 1930년 한약(漢藥)의 세계화를 목표로 한 한중 합작의 불자약창(자본금 10만 원)의 총경리이자 상해 실업계의 거물이었다. 타고난 비즈니스 감각과 탁월한 수완을 발휘해 비즈니스에 성공하면서 중국 사회에 녹아들었고, 중국 불교계를 비롯한 정재계 명사들과 긴밀한 인적 연망을 형성했다. 옥관빈은 스승 안창호가 이끄는 흥사단을 경제적으로 지지한 든든한 후원자였던 것은 사실이지만, 거물 정치인은 아니었다. 오히려 김구 및 임정과 적대하는 반임정주의자 가운데 한 명이었다.

셋째, 테러의 수단은 가장 극적인 공포 효과를 노린 폭력의 선택이다.

옥관빈 암살 테러는 금전거래가 오가는 전형적인 청부살인이었다. "나와 김구, 안공근 세 사람이 앉은 자리에서 옥관빈을 처단하기로 합의했다. 임정은 홍구 사건 이후 중국 정부의 후원을 받고 있었으므로 돈은 있었으나 일을 해낼 만한 사람이 없었고, 남화연맹은 사람은 있으나 돈이 없었다. 그래서 임정의 세력과 남화연맹의 인력이 합작하기로 했다"[655]는 증언대로 정화암은 김구에게 살인 청부를 받고 조직원을 사주해서 옥관빈을 암살했다. 살인 청부 대금은 정확히 1천 원(미곡 약 100석 가액)이었다.[656] 요컨대 남화연맹은 청부살인업자에 불과했고, 암살의 배후는 한인애국단 단장 김구였다. 테러 공격의 수단 혹은 유인은 금전이었다.

넷째, 테러의 동기는 범죄적 폭력과 달리 민족, 이념, 종교 등 정치적 신념에 동기화된 폭력이다.

옥관빈은 독립운동 자금을 제공하라는 임정과 아나키스트들의 요구를 매몰차게 거절했고, 김구의 폭력지상주의 독립노선에 반대했다. 1933년 7월 15일 상해고려상업회의소 집행위원장이자 흥사단의 진성 단우 그리고 옥관빈의 절친이었던 조상섭 목사가 남화연맹의 무장 습격을 받고 재물을 강탈당하는 사건이 발생했다. 옥관빈은 상해시 공안국장에게 용의자 체포를 요청했다. 풍부한 자금력과 정치적 영향력을 갖춘 옥관빈의 움직임은 김구에게 치명적인 위협이었다. 그래서 김구는 남화연맹과 연대해 선제적 암살 테러를 자행했다. 테러의 동기는 정치적 신념이 아니라 잡지 『삼천리』의 지적대로 '함원피살(含怨被殺)'이었다.

다섯째, 테러의 의도는 거대한 공포의 확산에 있다.

1932년 8월 김구와 남화연맹은 한인제간단(韓人除奸團) 명의로 상해시 유력 일간지에 중한 양국의 간역(奸逆) 옥관빈을 처단했다는 이른바 「참간장(斬奸狀)」을 발표했다.[657] 하지만 이들이 나열한 9가지 죄상은 모두 꾸며낸 거짓말이었다. 1933년 8월 12일 국민당 상해시는 한인제간단의 「참간장」을 반박하고 옥관빈의 무고함을 변증하는 「위옥해관선생변고(爲玉慧觀先生辯誥)」를 발표하고, 그의 억울한 죽음을 추모했다.[658] 옥관빈 밀정설은 김구가 만들어 퍼뜨린 황당무계한 비방일 뿐이다. 그럼에도 김구와 남화연맹이 「참간장」을 발표했던 것은 자신들의 범죄 행위를 정당화하는 한편, 반(反)임정주의자의 최후를 전시하려 했기 때문이다.

6

안중근의 막냇동생,
안공근

1939년 5월 30일 중국 중경(重慶)에서 안중근의 막냇동생 안공근(安恭根, 50세)이 암살되었다. 안공근은 1920년대 임정 외교특사로 대소외교를 담당했고, 1930년대 전반 한인애국단 김구의 참모장으로 이봉창과 윤봉길의 폭살테러, 옥관빈과 옥성빈 암살 테러에도 깊이 관여했던 인물이다. 암살범은 청부살인자 남화연맹의 정화암이었고, 사체 처리는 당시 김구의 주치의 유진동이 담당했다. 정화암에게 청부살인을 의뢰한 배후는 한국국민당 집행위원장 김구와 비서 3인방(박남파·엄항섭·민필호)이었다. 김구는 왜 자신의 최측근 안공근을 처단했을까? 이 장에서는 안공근 암살의 동기, 심리, 행동을 실증 분석한다.

청계동의 추억

1895년 2월 동학 접주를 자칭했던 김구(20세)는 황해도 신천군 청계동을 찾았고, 안공근의 부친 안태훈 진사와 인연을 맺었다. 안 진사와의 인연은 같은 해 11월 단발령 봉기를 둘러싼 의견 차이로 끊겼지만, 안 진사 가문과의 인연은 여기서 끝난 것이 아니었다. 1930년대 셋째 아들 안공근에 이르러 '인연의 제2막'이 올랐지만, 이 또한 그리 오래가지 못했다. 그리고 1939년 5월 중경에서 안공근이 피살되면서 종을 치고 말았다. 안공근은 1930년대 김구가 기획하고 실행했던 테러 활동의 핵심 참모장이었다. 안공근과 김구의 연대·제휴는 부친 안 진사와 맺은 인연의 연장선 위에 있었다.

다음에서는 1895년 '선연(善緣)'으로 시작해서 '악연(惡緣)'으로 끝난 안 진사와 김구의 '인연의 제1막'을 검토해보자.

1892년 당시 김구(16세)에 따르면, 1893년 계사년(癸巳年) 정초 세간에 "곧 정도령이 계룡산에 도읍을 정하여 이조 국가는 없어질 것이니 밧흔목에 가서 살아야 다음 세상에 양반이 된다"[659]는 괴이한 소문이 돌았다. 이에 솔깃한 김구는 어느 날 통천관(通天冠)을 쓴 동학당 양반 청년에게 "말세의 사악한 인간들로 하여금 개과천선하여 새 백성이 되어 장래 참주인을 모시고 계룡산에

[6-1] 안태훈 진사.

신국가를 건설한다"[660]는 동학의 종지(宗旨)를 듣고 감격해서 동학당 입당을 작정했다. 상놈 됨의 원한이 골수에 사무친 김구에게 동학은 하늘에서 내려준 동아줄과 다름없었다.[661] 피의 청탁으로 귀천을 가리는 이조(李朝)를 무너뜨리고 새로운 나라가 선다면, 김구 자신도 옥잠(玉簪)과 옥영(玉纓)이 장식된 통천관을 쓰고 거드름 피우는 양반 됨을 몽상했다.[662]

김구는 『백범일지』에서 1893년 말 황해도와 평안도 일대에서 횡행하는 동학당 패거리 가운데 가장 나이가 어리면서도 가장 많은 연비(聯臂)를 거느린 '애기접주' 혹은 '팔봉접주(八峯接主)'라 자칭했고, 황해도 동학당을 대표하는 15명의 도유(道儒) 가운데 한 명이었다고 주장했다.[663] 1894년 12월 말 황해도 동학군은 재령, 신천, 문화, 장연, 옹진, 강령으로부터 모여든 약 3만 명에 달하는 농민군을 동원해 제2차 해주성 공격을 개시했다. 당시 김구는 해주성 인근 선녀산(仙女山)에 진을 치고 산포수 700명을 지휘하는 서문(西門) 공략의 선봉장이었다. 하지만 서문 돌격과 동시에 일본군이 쏘아대는 몇 발의 총소리에 놀란 농민군은 뿔뿔이 흩어지고 말았다.[664] 당시

해주성을 지키던 일본군은 겨우 40명에 불과했다. 재령군 나무리 벌에서 "일본군이 수매해서 쌓아놓은 야적미 2천 석을 약탈"[665]해서 구월산 패엽사로 옮기고 웅거(雄據)를 시작했다.

그러던 어느 날 황해도 일대의 동학당 토벌에 앞장서고 있던 신천 (信川) 의려장(義旅長) 안태훈(安泰勳) 진사로부터 밀서가 왔다.[666] 안 진사는 문무양전(文武兩全)을 겸비한 장쾌한 인물이었다.[667] 일발필중(一發必中)의 철궁지예(鐵弓至藝)는 물론이고 시문(詩文)에도 탁월한 문장가였다.[668] 그는 동학란이 일어나자 자신의 은거지 황해도 신천군 청계동에 의려소(義旅所)를 차리고 창의군(彰義軍)을 일으켰다.[669] 1894년 12월 초순 산포수 70명과 장정 100여 명을 이끌고 동학 접주 원용일(元容一)의 동학군 2만 명을 격파해서 명성을 떨쳤다.[670] 그 때문에 황해도 일대의 "동학 각 접은 안태훈 부대를 두려워했다".[671] 밀서의 요지는 "군이 만일 청계를 침범하다가 패멸당하게 되면 인재가 아깝다"[672]는 것이었다. 그러던 어느 날 "김구가 때늦은 홍역을 앓아 고열에 신음하고 영장 송종호는 평양으로 밀사로 떠난 사이"[673]에 동학접주 이동엽(李東燁)의 침습(侵襲)을 받아 어이없이 패산(敗散)하고 말았다. 이후 김구는 장연군 몽금포 일대를 떠돌며 잠복했다.

1895년 2월경 김구는 일전에 왔던 안 진사의 밀서를 기억해내고는 해주부 신천군 두라면 청계동을 찾게 되었다. 『백범일지』에 따르면, 안 진사는 본채 마루에서 "김 석사(碩士)가 패엽사에서 위험에 벗어난 후 심히 우려되어 애써 탐색하였으니 계신 곳을 모르던 터에 금일 이처럼 찾아주시니 감사합니다"[674]라며 김구를 극진히 예우했다.[675] 이후 김구는 청계동 생활 중에 안중근, 안정근, 안공근 등 안 진사의 후손들은 물론이고 화서(華西)학파를 대표하는 고능선(高能

善) 그리고 참빗장수 김형진(金亨鎭)과도 의기투합하는 등 여러 인연을 맺었다. 당시 안정근과 안공근은 "빨간 두루마기를 입고 머리를 땋아 늘어뜨린 8~9세"[676] 소년들이었다.

김구는 안 진사에게 소개받은 고능선으로부터 사상과 재질의 빈구석을 채우고 떨어진 곳을 기워주는 구전심수(口傳心授)를 받았다. 얼마 지나지 않아 위정척사사상에 심취한 고능선의 구국경륜에 감화를 받았고, 일사보국(一死報國)의 결심으로 5월경 김형진과 함께 중국 시찰 여행을 떠나게 되었다. 서금주에서 마 대인과 담판해서 한·청 연대를 약속하고, 7월 말경 제1차 청국행을 마치고 귀환했다. 1895년 9월경 '장연 산포수 역모사건'의 모의자 김재희(金在喜)와 최창조(崔昌祚)에게 후원을 받아 제2차 청국행을 시작했다. 다시 서금주에서 서경장(徐慶璋)이란 인물을 만나 한·청 연대 거병을 약속하고, '의병좌통령(義兵左統領)' 직첩을 받아 11월 초순 귀환했다.

제2차 청국행을 마치고 청계동으로 귀환한 지 얼마 안 된 11월 15일 단발령 공포를 계기로 전국적으로 의병들이 벌떼같이 일었다.[677] 김구는 고능선과 함께 안 진사를 찾아서 '단발령 창의(倡義)'를 제안했다. 하지만 안 진사는 9월 말 동학당이 진압되면서 의려소를 폐하고 약 600명에 달하는 휘하 병력도 해산시킨 직후였다.[678] 그래서 안 진사는 "아무 승산 없이 일어났다가는 실패할 수밖에 없으니 그럴 생각이 없고, 천주교를 믿다가 후일 기회를 보겠다"[679]고 김구의 제안을 거절했다. 그 직후 김구는 의리 없는 안 진사와 절교했다.[680] 이후 김구는 서경장이 파병을 약속한 청병과 황해도 장연 산포수를 동원한 '장연 산포수 사건'을 획책했다. 그런데 본의 아니게 안 진사도 이 역모에 휘말리고 말았다. 이와 관련해 1896년 당시 안 진사가 어느 유력자에게 보낸 서찰을 살펴보자.[681]

이놈이 취포(聚包, 산포수를 모으는 일)한다는 이야기는 참으로 가소로운 일입니다. 이놈이 취포하자면 단발할 때에 창의(倡義)하는 것이 마땅한 일이거늘 그때는 몸을 사리고 있다가 단발이 정지된 뒤에야 취포한단 말입니까. (…) 해주의 동학 김창수라는 자는 해주 묵방지(墨坊地)에 몰래 산포를 모아서 청계동을 습격하려고 소굴을 만들었는데, 우리는 그것을 모르고 있다가 다행히 순포(巡捕) 수십 명을 만나게 되자 김창수는 도망가고 산포도 역시 떠나버렸다 하므로 저도 또한 사방으로 김창수의 발자취를 쫓았으나, 아직 그의 그림자도 못 찾았습니다. 혹시 이들의 일(장연 산포수 역모사건)이 잘못 전해져서 도리어 참설(讒說)이 꾸며진 것일까요. (…) 본 군수(郡守)의 일은 더없이 가소로운 일로서 그가 어리석고 무지하여 사교(使校)의 참언(讒言)을 듣고 오직 나를 모함하기만 일삼고 있으며 (…) 그 계교(計較)가 참으로 가소롭습니다.

서찰의 요지는 안 진사가 '장연 산포수 역모사건'의 공모자이자 '불궤(不軌)의 이도(異圖)'를 획책한 역도(逆徒)라는 참설로 억울하게 곤경에 처하게 된 사연에 대한 하소연이다. 실제로 1895년 2월 이래 안 진사가 김구를 보호하고 호의를 베풀었던 것은 사실이지만, 11월 15일 김구가 제안한 단발령 창의(倡義)를 단호히 거절하고 인연마저 끊었다. 그런데도 신천 군수 염중모(廉仲謨)는 김구와의 관계와 사교들이 전하는 참언에 부화뇌동해 안 진사를 의심했다.[682]

그래서 안 진사는 '참설자의 혀를 잘라 쌓인 분을 말끔히 씻어버리고' 운운하며 격노했고, 절절한 심정으로 자신의 억울함을 토로했다.

앞서 제1장에서 검토한 '장연 산포수 사건'을 고려하면, 참소(讒訴) 이면에는 김구의 그림자가 어른거린다. 이는 청군을 끌어들이고 장연 산포수를 모집하는 과정에서 안 진사의 이름과 명성을 도용했기 때문에 일어난 일이었다.[683] 결국 안 진사는 김구와의 인연 때문에 자신과 전혀 무관한 역모사건에 휘말렸고, 그로 인해 동학당 토벌의 혁혁한 위훈에도 역도라는 누명을 쓴 채 궁지에 내몰리게 되었다. 김구는 벼랑 끝에 몰린 자신에게 구원의 손길을 내밀어 준 안 진사를 배신하고 절벽으로 내몰았다. 김구는 자신을 아끼고 동정했던 안 진사의 정리(情理)를 악의(惡意)로 되갚는 배은망덕을 서슴지 않았다. 1895년 선연(善緣)으로 시작해서 악연(惡緣)으로 끝난 김구와 안 진사의 관계를 두고 '아름다운 인연' 운운하는 것은 어불성설이다.

그런데 장석흥은 안 진사의 서찰이 1895년 1월 10일에 작성된 것이며, "동학농민전쟁 당시 김구의 행적을 쫓았지만 그림자도 못 찾았다는 안태훈의 주장이 의아하다. 자신이 참언으로 보호받지 못할 지경에 이르렀다고 하는 것으로 미루어 아마도 김구를 청계동에 머무르게 했던 것이 세상에 알려지면서 신천 군수에게 추궁받게 되자 백범에 대한 사실을 감추려 했던 것이 아닌가"[684] 하고 주장했다. 즉, 안 진사는 김구와의 관계를 부정하고자 거짓말을 했다는 것이다. 하지만 서찰 수취인은 안 진사보다 지위가 높은 인물이었고, 해주 일대에서 안 진사의 명성을 고려하면 김구의 청계동 피신 사실은 쉽게 드러날 일이었다. 더구나 앞서 지문에서 '이놈이 취포하자면 단발할 때에 창의(倡義)'를 운운한 구절을 고려하면, 1895년 전반 김구의 청계동 생활과는 무관하다. 1895년 11월 17일 단발령이 공포되었다가 1896년 2월 18일 철회된 사실을 고려하면 서찰은 1896년 1월 10일 작성되었다고 보는 것이 타당하다.

안공근은 누구인가?

안공근은 1889년 7월 황해도 신천군 두라면 청계동에서 안 진사와 모친 조소사(趙召史, 조마리아) 사이에 3남 1녀의 막내아들로 태어났고, 호는 신암(信庵)이다. 1897년 4월 부활절 미사에서 세례를 받았고, 천주교 서적을 탐독하고 프랑스 신부를 통해 서양 문물과 새로운 사상에 눈을 떴다.[685] 1905년 부친이 사망한 다음 해인 1906년 일족과 함께 청계동을 떠나 진남포로 이주했다.[686] 그는 어려서부터 청계동에 개설한 한문 사숙에서 둘째 형 안정근(安定根)[687]과 한학을 수학했고, 진남포 개항장으로 이주한 뒤에는 천주교 계통의 삼흥(三興)학교에서 영어 등 근대교육을 받았다.[688] 1899년 일본인 학교 수학 경력을 살려 일본어 실력도 갈고닦았다. 1907년 3월 경성사범학교에 입학했고, 같은 해 8월 진남포보통학교 부훈도(판임관 4등 7급)가 되었다.[689]

1909년 10월 26일 큰형 안중근의 하얼빈 저격 사건이 일어나자 진남포보통학교 부훈도를 사직해야만 했고, 둘째 형 안정근과 함께 진남포 경찰서에 끌려가 엄중한 취조를 받았다. 하지만 약 한 달 만에 무혐의 처분을 받고 석방되었다.[690] 11월 중순 안정근과 함께 여순감옥에 수감된 큰형 안중근을 면회하기 위해 여순에 도착했다.[691]

테러리스트 김구

두 형제는 관동도독부 지방법원에서 참고인 심문을 받았고, 공판 개시까지 안중근을 옥바라지했다.[692] 1910년 2월 7일부터 12일까지 열린 총 5회의 공판에 참석했다.[693] 1910년 3월 26일 교수형을 당한 안중근의 시신을 수습해 장사를 지내고 나서야 귀향길에 올랐다.[694] 큰형 안중근과 관계된 쓰라린 경험은 안공근의 인생 역정에 적잖은 영향을 미쳤다.

이후 안공근 일족은 일제의 삼엄한 감시를 피해 연해주로 망명했다. 연해주를 택한 첫째 이유는 1909년 여름 이래 안중근 가족들이 블라디보스토크에 거주하고 있었기 때문이다. 둘째는 안중근 저격 사건 이후 연해주 한인 사회에서 안중근추모회와 안응칠유족구제회가 결성되는 등 우호적 분위기가 조성되었기 때문이다.[695] 둘째형 안정근은 1910년 5월 북간도를 경유했던 반면, 안공근은 원산항에서 배편을 이용해 블라디보스토크로 가서 안중근 가족과 합류했다.[696] 당시 안공근 일족은 도산 안창호의 도움을 받아 동청철도(東淸鐵道) 동부선 목릉(穆稜)역 인근에 정착했다.[697] 목릉은 북만주 밀산과도 인접한 지역으로 이갑(李甲), 최재형, 유동열 등 서북 출신의 혁명가들이 항일집단촌을 형성하고 있었다.[698]

당시 안공근 일족은 안중근과 안정근의 가족까지 포함해서 약 20여 명에 달했다. 1912~1913년 잡화상을 운영해 일족의 생활비를 마련했다.[699] 안공근은 안정근이 대가족을 부양하느라 동분서주하는 와중에 러시아 유학길에 올랐다. 러시아 유학은 "일세(一世)의 광물(狂物)"[700]로 회자되었던 큰형 안중근의 '상급학교에 진학해서 나라의 동량이 되어달라'는 유지를 받들기 위해서였다. 안공근은 1912년 6월 상트페테르부르크, 1913년 10월 모스크바에서 러시아어를 공부했다. 애초에는 러시아어를 배워서 상급학교로 진학할 계획이었지만, 학비 부족과 가족부양 문제로 학업을 중단하고 1914년 4월 안정근이 있는 니콜리스크로 귀환했다.[701]

1914년 3월 안정근이 길림성 목릉에서 니콜리스크로 이주한 이유는 니콜리스크에 거주하는 이갑의 동생이 국수집 경영에 크게 성공하면서 이주를 권했기 때문이다. 안정근은 니콜리스크에서 자본금 4천 원을 들여 잡화점을 열었다.[702] 모스크바에서 귀환한 안공근도 잡화점 일을 도왔다. 1914년 당시 안공근은 큰형 안중근의 후광을 입어 "조국의 독립을 꿈꾸는 반일적 성향의 무리들"[703] 가운데 거물이었고, 연해주 항일 세력을 결속시키는 핵심 인물이었다. 1915년 9월 일제 기밀자료에 따르면, 안공근은 1914년 9월 조선인 김정국(金鼎國)을 일제의 밀정으로 몰아 살해한 혐의로 지명수배를 받고 있었다.[704] 그 때문인지 두 형제는 1915년경 러시아 국적을 취득했다.[705] 1918년 6월 니콜리스

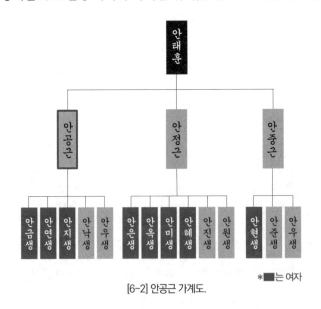

*■는 여자

[6-2] 안공근 가계도.

크 고려족중앙총회는 제2회 '전로(全露) 한족대표자회'라는 비밀회합을 개최했는데, 안공근도 그 자리에 참석했다.[706]

1919년 11월, 안정근은 권속들을 이끌고 상해로 이주했다.[707] 후손들의 교육 문제와 함께 안창호의 권유가 있었기 때문이다.[708] 더구나 중국인들은 안중근을 동정하고 안씨 가문 사람들을 크게 후대했다.[709] 1920년 1월 안창호는 러시아어에 능통하고 모스크바 사정에도 밝은 안공근을 러시아 외교의 특사로 추천했다. 하지만 안공근이 상해에 도착한 것은 1920년 5월이었다.[710] 1921년 4월 이승만 대통령은 임정의 내각을 구성하면서 안공근을 외무차장에 임명했다.[711] 1921년 7월 안공근은 임정 초대 러시아 대사 신분으로 상해를 출발, 독일 베를린을 거쳐 1922년 5월 모스크바에 도착했다.[712] 이후 볼셰비키 혁명정부를 상대로 차관교섭을 벌였지만, 별다른 성과를 거두지는 못했다.

1924년 10월 4년에 걸친 러시아 생활을 마치고 상해로 귀환한 안공근은 가족과 모친 그리고 안중근 일족의 생계를 꾸려야 했다.[713] 그 때문에 그는 수년간 상해 주재 구미 대사관의 통역을 전전했다. 일제 기밀자료에 따르면 "안공근은 6개 국어에 통달해서 상해의 미국 혹은 영국 영사관의 통역으로 고용되었다. 그 뒤 러시아영사관으로 옮겼다가 러시아영사관이 폐쇄되자 독일영사관을 출입하면서 러시아의 밀정으로 활동했고, 주로 상해 백계 러시아인들의 동향을 조사해서 보고하는 일"[714]에 종사했다. 1925년 7월 프랑스 조계 공무국은 안공근을 김구, 이시영, 김규식, 여운형, 이유필과 함께 조선인 유력자 가운데 한 명으로 지목했다.[715]

1926년 2월 안공근은 상해 한인교민단 단장에 취임했고, 교민사회의 통합을 위해 노력했다.[716] 조카 안원생(安原生)을 비롯한 청년들을 규합해 '팔인단(八人團)'이라는 테러 조직을 결성하고 스스로 단장에 취임했다.[717] 1927년 6월에는 여운형, 조상섭, 최창식, 이유필, 오영선을 주요 발기인으로 '한국독립운동촉진회'를 결성해 회장에 취임했다.[718] 안공근은 그동안 분열을 반복했던 독립운동 세력의 통합과 단결을 꾀했다. 1926년 7월 이후에는 안창호가 주도하는 독립단체 통합을 위한 '유일당운동'에 참여했고, 1927년 4월 결성된 '한국유일독립당상해촉성회' 집행위원으로 선출됐다.[719] 1928년 3월에는 '재중국 조선무정부주의자연맹' 결성에도 참가했다.

1930년 1월 25일 당시 서북파의 거두 안창호는 앞서 유일당운동이 실효를 거두지 못하자 기호파의 영수 이동녕과 함께 '민족주의 통일전선' 구축과 '일국일당주의' 실현을 목표로 기호파와 서북파 민족주의자 28명이 합세한 '한국독립당'을 창당했다.[720] 당시 안공근은 이동녕, 안창호, 김두봉, 이유필, 조소앙과 함께 "당의(黨議)와 당강(黨綱)을 기초하고 그것을 가결(可決)"[721]하는 기초위원에 선출되었다. 1920년대 후반 안공근은 둘째 형 안정근과는 달리 안창호의 서북파 혹은 흥사단과도 정치적 거리를 두고 있었고, 주로 이동녕의 기호파와 김구의 황해도파와 가깝게 지냈다. 그는 안창호의 '실력양성주의' 또는 이승만의 '외교독립노선'이 아니라 임정과 김구가 표방하는 '폭력지상주의'에 동조했다.

중상·모략의 달인

1931년 7월 만보산사건 직후 조선에서는 다수의 화교를 참살하는 일이 빈발했다. 이 때문에 중국에서는 한인들에 대한 감정이 크게 악화되었다. 실제로 상해 길거리에서 한·중 노동자들 사이에 충돌이 일어나기도 했다.[722] 이에 임정은 1920년대 중반 이래 유명무실한 정부 기능을 활성화하고자 테러 활동에 주목했다. 이동녕을 비롯한 임정 요인들은 "군사 공작을 못 한다면 테러 공작이라도 하는 것이 절대 필요하다"[723]는 입장이었다. 임정 국무회의는 재무장 겸 민단장 김구를 암살과 파괴 공작을 전담하는 특무대 조직과 운영 책임자로 임명했다. 김구는 특무공작의 자금 확보와 인물 선발 등 전권을 위임받고 성공과 실패에 대해서는 사후에 보고한다는 면책 특권까지 부여받았다.

1931년 11월 김구는 이봉창의 천황 폭살테러를 기획하는 과정에서 '한인애국단'을 결성했다. 주요 임무는 일제 요인 암살과 시설 파괴였다. 단원은 안공근, 엄항섭, 안경근 등이었다.[724] 한인애국단은 형식적으로 임정 예하 특무조직이었으나 김구의 사조직이나 다름없었다. 안공근은 김구의 참모장이 되어 단원 모집을 비롯한 인사 관리, 통신연락, 정보수집 등 특무활동 전반을 총괄했다.[725] 예를 들어 1935년 6월 엄창복은 한인애국단에 입단하면서 안공근 앞에서 "우리는 일심동체가 되어 김구 외 여러 선생의 지휘명령에 절대복종하며, 목적 달성을 위해 활동할 것을 맹약한다"[726]고 선서했다. 당시 일제는 "안공근이 김구의 참모로서 신임이 두텁고, 김구가 자행한 불령 행동은 그의 보좌에 의한 것"[727]이라 파악했다.

프랑스 조계 패늑로(貝勒路) 신천상리(新天祥里) 20호 안공근 거처가 바로 한인애국단 활동의 근거지였다. 1931년 12월 13일 한인애국단 제1호 단원 이봉창의 선서식은 물론이고 1932년 4월 26일 윤봉길의 선서식과 사진 촬영도 모두 안공근 집에서 집행되었다. 또한 단원들의 연락 거점도 안공근 자택이었다.[728] 1932년 4월 29일 윤봉길 폭살테러 사건을 계기로 김구가 일경의 추격을 받고 도피하자 안공근이 한인애국단을 좌지우지하게 되었다. 이는 안공근이 단순하고 무식한 김구와 달리 발군의 어학력과 거미줄 같은 인적 네트워크를 통해 다양한 정보를 수집하고 실시간으로 처리할 수 있었기 때문이다.[729] 윤봉길 폭살테러 이후 "안공근은 김구의 재상해 대표 격으로 그 거처를 성내에 정하고 때로는 항주와 남경"[730]을 왕래하며 한인애국단의 특무활동을 관장했다.

앞서 제5장에서 상해한인청년당 이규서와 연충렬 암살의 진상을 검토했다. 그 과정에서 정화암은 안공근의 처조카 이종홍(李鐘洪)이 '악질분자'임을 알았다. 안공근 역시 그의 비행을 알면서도 말하지 못하는 처지였다. 정화암은 "김구와 직접 의논했다. 그리하여 이 자를 제거하기로 합의했다. 물론 안공근도 동의했다. (…) 안경근을 중간에 넣어 그를 우선 남양 입달학원으로 유인하여 그의 모든 비행을 자백받고 처단해버렸다"[731]고 했다. 조선총독부 경무국 자료에 따르면, 이종홍(26세, 황해도 신주)은 1932년 8월 말 상해에 들어와 프랑스 조계 안공근 집에 기숙했고, "상해 일본총영사관 고토[後藤] 순사를 찾아 고등계를 출입했지만 1932년 12월 이후 행방불명되었고, 암살되었다는 풍설이 나돌았다"[732]고 적시했다. 이종홍 사례는 안공근의 간교함과 냉혹함을 시사한다.

안공근은 중국 육군중앙군관학교 낙양분교 한인특별반의 운영 책임자였다.[733] 이는 1934년 2월 김구가 장개석의 전폭적 지원을 받아 한인 군관을 양성하기 위해 설치한 프로그램이었다. 김구 계열이 자금과 운영권을 장악했고, 지청천 계열이 군사교육을 담당했다.[734] 한인특별반 운영에서 김구는 고문 자격이었고, 입교생의 모집과 관리는 안공근이 담당했다.[735] 1934년 6월부터 박남파를 대신해 국민당 정부의 외교교섭도 담당하게 되었다.[736] 하지만 1934년 12월 일본 측의 반발로 한인특별반 프로그램이 중지되면서 남경에 자체적으로 '한국특무대독립군' 혹은 '김구특무대'를 창설하고 약 80명의 한인 청년을 선발했다.[737] 목적은 군사적 무장 수련, 배신자와 친일파 처단, 일본제국주의 타도였다.[738] 안공근은 입회심사, 일상생활, 편의제공, 지시하달, 혁명학습 등 입교생의 모집, 관리, 교육 전반을 총괄했다. 1935년 2월에는 별도 조직으로서 군관학교 입교 예비교육을 명목으로 '학생훈련소'를 설치, 운영했다.

1935년 11월 김구와 그 일파는 '한국국민당'을 창당했고, 안공근도 당내 유력자로 부상했다.[739] 그런데 1936년 1월 김동우와 오면직(吳冕稙)이 "안공근의 인색함과 전횡"[740]에 반발해 김구파를 이탈해서 "한국맹혈단(韓國猛血團)"[741]을 결성했고, 조소앙의 '한국독립당' 재건파와 합세했다.[742] 그러자 안공근은 정보망을 가동해 이들의 동태를 파악해서 일본영사관 끄나풀 위혜림에게 흘렸다. 2~3월에 오면직을 비롯한 유형석, 김창근, 한도원, 김승은 등 한국혈맹단 핵심 단원들이 일본영사관 경찰에 검거되었다.[743] 요컨대 안공근은 일본영사관에 심어놓은 정보원과 경찰력을 동원해 배신자들을 처단하고 장래 위협 요인을 제거했다. 1937년 중일전쟁 발발 이래 "국민당 반동파 'CC단(국민당 산하 테러단체)'과 친형제 관계를 맺는 매국적 행위를 하는데도 안공근은 김구를 대신해서 모든 일을 꾸몄다."[744] 안공근의 간계는 일본영사관은 물론 남화연맹조차 혀를 내두를 지경이었다.

1934년 이래 안공근은 김구파와 한국국민당의 재정과 외교를 좌지우지했다. 1936년 7월 한국국민당 예하에 한국국민당청년단과 한국청년전위단을 조직해서 각종 정보공작 총책으로 세력 기반을 확대해나갔다.[745] 그 때문에 안공근은 일제로부터 지명수배를 받았고, 검속을 피하고자 서리로(西利路), 안신암(安信庵), 안삼재(安三才), 조한용(趙韓用) 등 다수의 가명을 사용했다.[746] 그는 김구의 두뇌이자 손발이었다. 팔면육비(八面六飛)를 방불케 하는 안공근의 간계는 김구를 세계적 테러리스트이자 임정의 헤게몬(hegemon)으로 만드는데 결정적으로 기여했다. 물론 안공근도 입지를 굳히고 정치적 영향력을 확대, 강화해나갔다.

골칫거리 모사꾼

1931년 11월 '한인애국단' 결성을 계기로 시작된 안공근과 김구의 협력관계는 1930년대 중반을 지나면서 흔들리기 시작했다. 1937~1938년경 그동안 한인애국단의 보스이자 정치적 후원자였던 김구는 안공근에 대한 신임을 철회했고, 한인애국단과 한국국민당의 모든 직책을 박탈했다. 그전까지 안공근은 김구의 참모장 겸 대리자로 행세하며 한인애국단과 한국특무대독립군 등 김구를 수령으로 하는 특무기관을 좌지우지했고, 중국 정부를 상대로 한국국민당의 대외교섭까지 담당하며 승승장구했다. 안공근은 생명의 위협을 감수하면서까지 김구를 혁명의 거두로 만드는 데 헌신했다. 하지만 안공근의 높아지는 위상에 비례해 김구와 주위 사람들의 의

혹, 질시, 비방도 고조되었다.

다음에서는 안공근을 둘러싼 의혹과 한계를 짚어보자.

첫째, 재승박덕(才勝薄德)이다.

안공근은 일본어, 러시아어, 영어, 중국어, 프랑스어 등 총 6개 국어를 구사할 수 있는 탁월한 어학 능력의 소유자였고, 상해 주재 미국·영국·러시아 영사관을 드나들면서 폭넓은 인적 네트워크를 구축했다.[747] 하지만 그를 둘러싼 잡음은 끊이지 않았다.『장강일기』의 주인공 정정화는 "상해에 있을 때 형 안중근의 일로 말썽을 일으키고 공금을 챙겨 홍콩으로 잠시 피한 일이 있었다. 재주가 많고 말을 잘하는 이라서 여기저기에 허튼소리를 하고 다녔던 모양"[748]이라고 증언했다. 구익균도 "이(안공근) 사람이 굉장히 협잡꾼이지만 수완이 능하고 국제정보에 능한 사람인데, 이가 김구 선생을 모시고 단상 위에 옮길 수 없는 곳에 가두어놓았어. 즉, 다른 사람은 김구 선생을 찾아가려고 해도 갈 수 없었어"[749] 하고 회고했다.[750]

둘째, 지도력 부족이다.

1936년 1월 특무대 소속 김동우, 오면직, 한도원(韓道源) 등 6~7명의 중견 단원이 "김구의 독재 전제적 행동과 안공근의 전횡불륜(專橫不倫) 행위"[751]에 불만을 품고 김구파를 이탈하는 일이 발생했다.[752] 더구나 낙양군관학교 졸업생 20여 명이 그 뒤를 따랐다. 김동우와 오면직은 김구와 동향 출신이자 양산학교 제자들이며, 1920년 11월 상해 망명 이래 김구의 손발이 되어 견마지로(犬馬之勞)를 다했다. 정화암도 "백범은 완전히 뒤에 앉아 있고 안공근이 앞에 나서서 좌지우지하는 통에 정말 총 들고 목숨 걸고 행동하는 우리의 존재가 없더라"753고 털어놓았다. 이들은 "애국단을 백범만 하는 거냐. 우리라고 왜 못하느냐"754며, "한국맹혈단(韓國猛血團)"755을 결성했다. 김동우와 오면직의 이탈은 안공근의 지도력에 심각한 문제가 있었음을 시사한다.

셋째, 호화생활이다.

한국특무대독립군 출신 백찬기는 "남경 정부로부터 김구파가 받는 대양전(大洋錢) 2,500원도 김구와 안공근 사이에 적당히 안배해서 처분되는 모양이다. 안공근은 출입할 때는 언제나 인력거를 쓰는데, 그 싼 곳에서도 한 달에 인력거 비용만 40원에 달한다는 소문으로 생활의 호화로움을 알 수 있다. 이렇게 김구파 간부들은 호화로운 생활을 하면서도 나와 같이 병으로 쓰러진 사람에 대해서는 의료원으로 가라고 여비 정도만 주어 쫓아버리는 식이니 자연스럽게 부하의 신망도 엷어지는 것으로, 이 점에서 의열단과는 정반대이며 의열단은 운동을 위해서는 상당히 돈을 쓴다고 한다. (…) 안공근은 상해의 프랑스 조계에 가족을 맡겨놓고 상당히 자산을 가지고 있다는 소문이 있다"756며 안공근을 질타했다. 그럼에도 안공근은 부하들 처우에 극히 인색했기 때문에 불만을 샀다.

넷째, 공금 관리 전횡이다.

정화암에 따르면, 안공근은 운동자금 명목으로 중국 정부로부터 수취하는 많은 액수의 자금을 마음대로 지출했고, 낭비도 많았다. 김구마저도 자금을 마음대로 쓸 수 없었다고 한다. 한번은 김구가 안공근에게 어떤 용도로 5원의 지출을 요구했다가 돈이 없다며 거절당하는 일이 있었다. 그래서 김구가 어디에 그 많은 돈을 썼느냐고 물으니 정화암과 위혜림에게 주었다고 둘러댔다. 김구가 의심을 품고 큰아들 김인과 김종수, 나월환 등을 정화암에게 보내서 사실관계를 확인했다. 정화암은 그동안 안공근을 만난 일도 없지만, 위혜림을 접촉한 일도 없다고 주장했다. 이를 계기로 김구는 공금 낭비와 관리 부실을 확인하게 되었다. 정화암은 이 때문에 김구가 안공근에 대한 신임을 철회하게 되었다고 주장했다.

다섯째, 부도덕함이다.

김구는 『백범일지』에서 중일전쟁 발발 직후 안중근 가족의 상해 탈출 문제를 거론하며, 2차례에 걸쳐 안공근의 부도덕함을 질타했다. 1937년 11월 남경 함락 직후 임정을 남경에서 장사로 옮기면서 상해에 거주하는 안중근 미망인 김아려와 가솔의 장사 이주를 지시했다. 하지만 안공근은 자기 가족만 거느리고 왔다.[757] 이를 두고 김구는 "혁명가가 살신성인한 의사의 부인을 왜구의 점령구에 버리고 오는 것은 안 군 가문의 도덕에는 물론이고 혁명가의 도덕으로도 용인할 수 없는 일"[758]이라고 비난했다. 1938년 7월 임정이 근거지를 광주로 다시 옮기게 되면서 안중근 가족의 상해 탈출과 합류를 지시했다. 하지만 안중근 가족들이 상해 거주를 고집하고 단체 편입을 원하지 않는다며 난색을 표했다. 그러자 김구는 재차 혁명가의 도덕을 운운하며 안공근을 비난했다.[759]

앞서 백정기의 증언과 같이 안공근은 "김구파의 제일 세력가이고, 가장 인기 있는 역할을 하는 사람으로 김구의 참모이자 또한 김구의 대리로서 일체를 처리한다"[760]는 지적대로 김구의 테러활동을 기획하고 집행하는 책사이자 대리인이었다. 더구나 중국 정부가 매달 지급하는 보조금의 인출권과 자금의 관리권을 좌우했다.[761] 그럼에도 김구가 이 모든 것을 안공근에게 내맡겨야만 했던 것은 1932년 4월 윤봉길 폭살테러 이후 거금 60만 원에 달하는 현상금이 걸린 지명수배자 신분으로, 일제가 파견한 수많은 밀정과 암살자들의 표적이 되어 쫓기는 신세였기 때문이다.[762] 안공근은 재승박덕, 지도력 부족, 부도덕함 등 골칫거리였던 것은 사실이지만, 그렇다고 해서 이것 때문에 김구가 최측근 안공근을 내쳤다고 보기는 곤란하다.

'남목청 사건'의 진상

안공근과 김구가 갈라서게 된 결정적 계기는 1938년 중국 장사(長沙)에서 발생한 이른바 '남목청(楠木廳) 사건'이었다. 1938년 5월 6일 오후 6시경 조선혁명당 당부가 있는 남목청에서 '한국광복운동단체연합회' 소속 한국국민당, 조선혁명당, (재건)한국독립당 영수들이 모여 3당 합당을 논의하는 연회를 가졌다.[763] 그 와중에 조선혁명당 당원 이운환(李雲煥)이 난입해 권총 4발을 발사했다.[764] 제1탄 김구, 제2탄 현익철, 제3탄 유동열, 제4탄 지청천 순으로 명중했다.[765] 현익철(조선혁명당)은 즉사했고, 김구(한국국민당)와 유동열(조선혁명당), 지청천(조선혁명당)도 중경상을 입었다. 김구는 가슴에 총알이 박혀 곧장 시내 상아의원(湘雅醫院)으로 옮겨져 큰 수술을 받았고, 장기 입원 치료를 받고 나서야 회복할 수 있었다.

이운환의 범행 동기와 관련해서는 당시 여러 말이 돌았다.[766] 우선 1938년 6월 15일 장사 임정 국무위원 6명(이동녕·이시영·조성환·송병조·조완구·차이석)이 연명으로 발표한 성명서는 "죄극악극(罪極惡極)의 반동분자 이운환"[767]이 자신을 출당시킨 조선혁명당에 앙심을 품고 극흉극악(極凶極惡)의 화변(禍變)을 일으켰다고 주장했다. 이렇게 임정이 이운환의 개인적 일탈로 간주했던 반면, 김구는 이운환이 혁명 본진을 이탈해 함부로 행동하는 혁명난류(革命亂類)이자, 일본영사관 밀정 강창제와 박창세의 "악선전에 이용된 나머지 정치적 감정에 충동되어 남목청 사건"[768]을 일으켰다고 주장했다. 다른 한편으로는 김구 및 임정 요인들과 불편한 관계였던 박찬익이 사주해 일으킨 저격 사건이라는 풍설이 나돌기도 했다.[769] 그런데 하필이면, 왜 김구가 제1탄의 표적이 되었을까.

일제는 한국국민당과 조선혁명당 간 '자금 분배를 둘러싼 내홍'에 따른 "김구 암살미수 사건"[770]으로 파악했다. 1937년 4월 지청천, 현익철, 유동열, 강창제, 박창세 등이 조선혁명당을 창당할 당시 김구는 한국광복운동단체연합회 합류를 조건으로 무차별 대우를 조선혁명당에 약속했다. 하지만 합류 이후 김구파는 그 약속을 지키지 않고 중국 정부 지원금 분배에서 조선혁명당을 차별했다. 당시 조선혁명당 중견간부였던 이운환이 불평·불만을 표출하자 "김구가 반대 분자 이운환 암살을 계획하고 있다"[771]는 소문이 나돌기도 했다. 그러자 조선혁명당 소속의 강창제, 박창세, 이운환이 극도로 분개했고, 김구를 비롯한 "3당 영수급을 몰살해야 한다"[772]고 주장했다는 풍설이 나돌았다.

그 와중에도 조선혁명당 유력자 지청천, 현익철, 유동열은 김구 및 한국국민당과 영합해서 그들의 신용을 확보하는 데 혼담(魂膽)을 팔았고, 도리어 강창제를 비롯한 자당의 중견간부들인 이들 3명을 제명하고 말았다.[773] 그래서 이들 3명은 복수혈전을 계획하게 되었다. 1937년 5월경 지청천을 비롯한 조선혁명당 지도부는 김구로부터 거액의 활동 자금을 받았고, 이에 대한 사례로 5월 6일 김구를 비롯한 3당 유력자를 초청한 주연 자리를 마련하게 되었다. 이를 감지한 이운환은 박창세의 권총을 빌려 잠입해 김구를 비롯한 4명을 저격했다. 이후 이운환, 박창세, 강창제는 중국 공안에 체포·구금되었고, 이운환은 사형에 처해졌다. 박창세와 강창제의 연루 혐의는 임정 내부의 단순한 내홍으로 간주돼 석방되었다.

그렇다면, 이운환은 누구인가. 그는 평북 의주 출생으로 용협(勇俠)이 과잉하고 모험심이 강한 인물이었다. 1933년 당시 임정 예하 병인의용대(대장 박창세) 소속으로, 8월 17일 프랑스 조계에서 이경산(李景山)과 모의해 일본영사관 밀정 석현구(石鉉九)를 암살했다. 그 뒤 재상해 일본영사관의 지명수배를 받게 되었다.[774] 조경환은 "틈이 나면 개별지도를 해보았지만, 열흘 얼었던 얼음을 하룻볕 쬐어 녹이려 드는 습성을 쉽게 뿌리 뽑기 어려웠다"[775]고 회고했다. 안병무도 "늙은이들이 밤낮 옥신각신 각기 자기편 견해만 고집하고 일은 별 진전이 없었을 뿐만이 아니라 조선혁명당 청년들에게 주는 생활비가 다른 청년들의 것에 비해 적어서 불평이 많았다고 하는데 특별히 배후는 없는 것으로 생각"[776]한다고 증언했다. 이운환의 남다른 품성을 고려하면, 누군가의 언설에 부화뇌동할 인물은 절대 아니었다.

일본영사관 보고서는 제1탄의 표적이 왜 김구였는가 혹은 조선혁명당 유력자들마저 표적이 되었는가에 대한 결정적 단서를 제공한다. 의협심이 강한 이운환이 강창제와 박창세의 사주를 받고 남목청 사건을 일으킨 것은 아니었다. 김구파와 한국국민당이 애초 조선혁명당의 한국광복운동단체연합회 합류를 조건으로 무차별

대우를 약속한 것과는 달리 조선혁명당 당원과 가족들에 대한 생활비 배분에서 차별했고, 조선혁명당 지도층 지청천, 현익철, 유동열이 김구와 한국국민당에 포섭돼 창당 주역이었던 자신들을 출당시켜서 일어난 일이었다. 요컨대 남목청 사건은 한국국민당과 조선혁명당 간의 '생활비 분배'를 둘러싼 불평불만으로 발생한 저격 테러 사건이었다.

실제로 1937년 9월 임정을 지지하는 한국국민당, 한국독립당, 조선혁명당이 합세해서 김원봉이 주도하는 '조선민족전선연맹(혹은 인민전선파)'에 대항하는 '한국광복운동연합회'를 결성했다. 1935년 11월 한국국민당을 결성한 김구파는 김원봉의 조선민족혁명당에 대항해 경쟁적으로 항일운동과 자파 세력의 선전·확장에 몰두했고, 1938년 2월 호남성 장사에 '임시정부변공처'를 설치했다. 당시 한국국민당은 1933년 2월 이래 매달 중국 정부가 후원하는 지원금 5천 원을 살포해서 당원 포섭과 결집(가족 포함 약 120명)을 꾀하는 한편 3당 합당을 추진했다. 남목청 사건의 후폭풍은 3당 합당을 무산시키는 정치적 결과를 초래했다.[777] 그 때문에 1938년 6월 15일 임정 수뇌부가 극히 이례적으로 남목청 사건의 진상 보고서를 발표할 수밖에 없었다.

김구파의 한국국민당으로서는 자금 배분 차별이라는 남목청 사건의 원인 제공자를 색출하는 것이 불가피했다. 그 장본인이 바로 안공근이었다. 그는 1934년 6월 이래 중국 정부의 매달 지원금 인출과 관리 등 대중 외교의 담당자였다. 1936년 1월 한국특무대독립군 운영과 관련해서는 '안공근의 전횡설'이 나돌았고, '한 달 인력거 비용만 40원'에 달했으며, "공금을 챙겨 홍콩으로 잠시 피한 일"[778]도 있었다는 지적을 고려할 필요가 있다. 1938년 7월 김구는 안공근의 직위와 권한을 모두 박탈했다.[779] 박찬익에 따르면, 1938년 7월 말경 김구가 자신을 찾아와 그동안의 잘못을 사과하면서 "안 모(안공근)가 일을 잘못 처리함으로써 생긴 문제들을 자세히 설명"[780]하고, 재차 대중 외교를 전담해줄 것을 간청했다고 밝혔다. 요컨대 1938년 5월 남목청 사건에 따른 안공근의 축출과 박남파의 임정 복귀가 시기적으로 일치한다.[781]

암살의 흔적과 증언

1939년 5월 30일 중경에서 안공근이 실종되었다. 당시 임정은 1939년 4월 중국 광서성 유주(柳州)로부터 전시 수도 중경 바로 아래 기강(綦江)으로 이주해 있었다. 이와 관련해 임정 내부 사정에도 밝았던 『장강일기』의 주인공 정정화는 안공근이 "공금을 챙겨 홍콩으로 잠시 피한 일이 있었다. (…) 임정 어른들께 야단맞게 생겼으니까 홍콩으로 도망갔던 것인데, 임정이 중경으로 옮겨갔을 때 홍콩이 일본의 손에 넘어가게 되자 용케 홍콩을 빠져나와 중경으로 왔다"[782]고 회고했다. 정정화에 따르면, 1938년 7월 한국국민당에서 내쳐진 안공근은 홍콩에 거주하는 작은형 안정근을 찾아가 얼마 동안 생활했고, 1939년 5월경 중경을 방문했다.[783] 1937년 11월경 중경으로 이주시킨 가족들을 만나기 위해서였다. 따라서 안공근의 실종은 중경 도착 후 얼마 지나지 않은 시점에 이루어졌다. 실종을 둘러싼 여러 정황과 증언을 소개하면, 다음과 같다.

첫째, 행방불명설이다.

정화암은 김구가 자금지출과 관련해 안공근을 의심하게 되었고,

이를 알아차린 "안공근은 나름대로 다른 공작을 하기 시작했다. 국민정부 정보기관 남의사(藍衣社)의 대립(戴立)이란 사람과 손잡고 김구를 몰아내고 자신의 형 안정근을 내세우려는 계략을 꾸민 것이다. (…) 그 내막까지 알게 된 김구는 즉시 안공근을 축출하고 그동안 안공근이 맡았던 중국 정부와의 모든 연락과 교섭업무 일체를 성암(醒菴) 이광(李光)에게 맡겼다. (…) 그 후 안공근은 중경에서 병원을 경영하던 교포 유 모 집에 자주 내왕했는데 그 뒤의 소식은 알 수 없다"[784]고 회고했다. 요컨대 공금횡령 의혹에 휩싸인 안공근이 남의사와 결탁해 김구를 축출하고 작은형 안정근을 옹립하려다 그 내막을 알게 된 김구의 반격을 받아 축출되었고, 중경에서 행방불명되었다는 주장이다.

둘째, 강도살인설이다.

김자동은 1939년 여름밤 유진동의 부인 강영파와 어머니가 나눈 대화를 이렇게 회고했다. "언젠가 일단의 한인 청년들이 밤에 유진동 선생 병원으로 안공근의 시신을 들고 왔는데, 유 선생이 중국인 내연녀와 함께 그 시신을 처리했다. (…) 유 선생은 백범의 주치의이자 백범과 각별한 사이였다. 변사체를 아무렇게나 처리해주는 병원은 그 어디에도 없다. 특수관계가 아니면 도저히 불가능한 일이었다."[785] 해방 후 어느 해에 김자동은 "6월 26일 백범 선생 기일에 참배하려 효창공원 안으로 올라가던 중 두 사람을 중간에서 만났는데, 나에게 '안공근 씨의 시신을 유진동 씨 병원에서 처리했다는 것을 아십니까'라고 물었다. 그래서 무척 놀라고 당황하지 않을 수 없었다. 나는 결국 '세상에 완전한 비밀은 없네요' 하고 답할 수밖에 없었다"[786]고 증언했다. 김자동은 살인의 동기를 금전 강탈이라 주장했다.

셋째, 청부살인설이다.

안창호의 비서를 역임한 구익균은 "김구 선생 비서 3인방(엄항섭·박남파·민필호)이 무정부주의자한테 넘겨서 안공근을 청부살인 했어. (…) 그(안공근)가 정화암을 굉장히 미워했어. (…) 정화암은 자기가 하지 않지만, 무정부주의자가 맡아 가지고 청부살인을 했다는 그런 얘기야. 이것은 비화인데 딴 사람은 몰라"[787]라고 증언했다. 구익균은 그 사실을 알게 된 경위와 관련해 노백린의 아들 노태준에게서 들었고, 노태준은 김구의 맏아들 김인에게 들었다고 증언했다. 암살 방법과 관련해서는 "그거야 상대방의 가장 가까운 사람을 이용해서 같이 저녁을 먹자고 그래 가지고 하는데 (…) 술 먹고 아주 좋게 즐겁게 지내는 것처럼 하다가, 마지막에는 너 좀 보자고 끌어내서 딴 걸로 목을 매달거나 죽이지"[788]라고 증언했다.[789]

넷째, 정적제거설이다.

안천에 따르면, 안공근은 키가 훤칠하고 미남인 데다 매우 유능한 인물이었고, 여러 외국어에도 능통해서 미국·영국·소련 영사관 통역을 맡아 외국인들과 지면(知面)도 매우 넓었다. 안중근의 후광 덕분에 장개석 총통 등 국민당 정부 고위층 사이에서도 인기가 높았다.[790] 그는 매우 뛰어난 지식인이었고, 무식한 김구를 가르치고 앞세워서 독립운동을 했다. 하지만 안공근의 드높은 인기와 위세에 위협을 느낀 야심가 김구는 그대로 두면 안 되겠다고 생각하게 되었고, 두 사람이 충돌하는 일도 빈발했다. 물론 안공근의 입장에서 보면 양반이 상놈을 상전으로 받들어야 하는 자괴감과 청계동 집에서 밥이나 빌어먹는 식객 노릇이나 했던 자에게 치이게 되는 분노와 깊은 환멸감도 작용했을 것이다. 그러던 어느 날 김구는 안공근이 빨갱이라며, 3명의 하수인(박창일·김돌수·이형수)을 시켜 "비밀리에 안공근을 살해하고 각을 떠서 상자에 넣고 무거운 돌덩이를 매달아 물속에 집어넣고 말았다. 상상도 못 한 범죄를 저질렀다"[791]고 안천은 주장했다.

다섯째, 권력투쟁설이다.

1946년 5월 북조선51기념공동준비위원회는 "김구가 윤봉길의 해골을 들고 다니며 팔아먹을 때의 그 전권대사요 그의 통역이요 그의 참모 노릇을 하던 안공근을 왜 죽였는가? 윤봉길 열사의 해골을 팔아서 그 몇 놈들이 배를 채우는 협잡질과 국민당 반동파 CC단과 친형제 관계를 맺는 매국적 행위를 하는데도 안공근은 김구를 대신해서 모든 일을 꾸몄다. (…) 그러나 김구와 안공근 사이에는 해결할 수 없는 모순이 있었으니, 누가 영수 노릇을 해 먹겠는가 하는 문제요, 또 안공근의 세력이 점점 커지고 (…) 자신의 지위와 돈과 권력을 빼앗기지 않기 위해서 안공근을 그 일파 안에서 몰아낼 것을 계획하였다. (…) 김구는 드디어 자기의 암살단을 시켜 중경에서 안공근을 감쪽같이 암살해버렸다"[792]고 지적했다. 김구가 안공근을 정적으로 간주해서 암살했다는 주장이다.[793]

여섯째, 살인멸구설(殺人滅口說)이다.

중국인 학자 옥병의(王炳毅)는 안공근이 중국인 국제간첩 라검북(羅劍北)에게 살해되었다고 주장했다.[794] 실종 당일 중경에 도착한 안공근은 군통(軍統)국장 대립(戴立) 휘하에서 비밀공작을 담당하는 조웅(趙雄) 등과 점심식사를 했다. 그런데 우연히 상해 시절 알고 지내던 라검북이 일제 밀정과 접선하는 장면을 목격했다. 라검북은 상해에서 항일잡지를 발간하다가 자금난 때문에 영국 스파이가 된 인물이다. 당시 안공근은 라검북이 자신을 알아보지 못했을 것으로 판단해 은밀히 자리를 떴으나, 라검북은 안공근을 알아봤다. 라검북은 안공근과 친밀한 관계였던 조웅 등과 결탁해 그를 살해하고 사체를 폐광에 버렸다. 장개석 정부는 영국인이라 처형할 수 없었던 라검북을 제외하고 조웅 등 3명을 체포해 처형했다.

1939년 5월 중경에서 발생한 안공근 실종을 둘러싸고 현재 이 6개 가설이 경합하는 상황이다. 그 가운데 김자동의 강도살인설과 구익균의 청부살인설은 구체적인 정황 등 사실성에 담보한다. 하지만 정적제거설, 권력투쟁설, 살인멸구설은 사실성을 결여한 가설적 추론에 불과하다. 반면 정화암이 주장하는 행방불명설은 정화암이 피살자 안공근과 극단적 불화 관계였고 청부살인설의 장본인이었다는 사실, 그리고 남의사 수장 대립과 연대해 김구를 몰아내고 작은형 안정근을 내세우려 계략을 꾸몄다는 주장은 김구가 장개석의 "숨겨둔 칼"[795]과도 같은 존재였다는 사실을 고려하면 설득력이 떨어진다. 살인청부를 전업으로 삼았던 정화암의 가설은 자신이 자행한 안공근 청부살인을 감추려고 분식(粉飾)했다는 의혹에서 결코 자유로울 수 없기 때문이다.

그렇다면 안공근 실종에 대한 김구의 기억은 무엇인가? 현재 출간본 『백범일지』에는 관련 사실에 대한 언급을 찾아볼 수 없다. 하지만 출간본의 저본(底本)인 육필본과 필사본의 경우, 안공근 기술 부분에 대한 절삭·삭제 흔적을 확인할 수 있다. 절삭·삭제의 미숙함 혹은 실수 때문에 판독이 가능한 몇 개 지문이 남아 있다. 육필본에는 (1) 청년들에게 분파적으로, (2) 용단(勇斷)으로 안공근의 죄상을 선포하고

6개월 정권(停權), (3) 대회를 선포하고 공근의 회(悔)라는 지문이 남아 있다. 필사본에는 (1) 경비를 작량 분배하든, (2) 분파(分派), 은(隱), 분란(紛亂), (3) 부득이 국민당 임시대회를 소집하여 등의 지문이 남아 있다.[796] 1947년 말『백범일지』출간을 준비하는 과정에서 육필본은 물론 필사본까지 안공근 기술 부분을 절삭·삭제했다는 것은 그만큼 민감한 사안이었음을 뜻한다. 안공근 서술 부분의 시계열과 시공간은 출간본『백범일지』와 대조하면 대략 1938년 7월경이다.[797]

진상과 쟁점

1932년 이래 안공근은 김구를 임정의 최고 실력자로 부상시키는 데 결정적으로 공헌했다. 하지만 그 과정에서 안공근이 전횡을 일삼는 등 주위 사람들의 질시와 비방의 표적이 되었던 것도 사실이다. 김구와 결별한 결정적 계기는 1938년 5월 생활비 분배를 둘러싸고 발생한 '남목청 사건'이었다. 1938년 7월 한국국민당은 임시 전당대회를 개최해 사건의 모든 책임을 안공근에게 뒤집어씌웠고, 모든 지위와 권한을 박탈했다. 안공근의 입장에서는 납득이 어려운 조치였다. 왜냐하면 자금 배분 문제는 한국국민당 수뇌부 의결을 거쳐야 하는 중대 사안이었기 때문이다. 이후 안공근은 홍콩과 중경을 전전하며 김구에 대한 모종의 반격을 획책했고, 사전에 낌새를 알아챈 김구와 그 일당이 남화연맹에 암살을 청부했던 것으로 짐작된다.

다음에는 안공근 암살을 둘러싼 진상과 쟁점을 살펴보자.

첫째, 김구와 안 진사의 인연을 둘러싼 논의다.

1895년 2월 자칭 동학 접주 김구가 청계동 안 진사를 찾아가면서 안씨 가문과 인연을 맺게 되었다. 관련해서 1894년 말 김구는 해주성 공략에 실패하면서 구월산 패엽사에 웅거할 당시 황해도 의려장(義旅長) 안 진사가 자신을 뒷조사한 뒤 "'군이 나이는 어리지만 대담한 인품을 지닌 것을 사랑하여 토벌하지 않을 터이지만, 군이 만일 청계를 침범하다가 패멸당하게 되면 인재가 아깝다'는 후의(厚意)에서 밀사를 보냈다"[798]고 했다. 이후 약 3개월이 지나서 청계동을 찾아온 김구를 보고 안 진사는 "김석사(金碩士)가 패엽사(貝葉寺)에서 위험을 벗어난 후 심히 우려되어 애써 탐색하였으나 계신 곳을 모르던 터에 금일 이처럼 찾아주시니 감사합니다"[799]라는 인사말과 함께 극진한 태도로 영접했다고 주장했다. 바로 김구가 주장하는 '초치설(招致說)'이다.

한편, 안천은 『백범일지』의 기술, 안중근 가문의 전언, 전태준의 미출간 『안명근 의사 전기』를 인용해 이른바 '생포설(生捕說)'을 주장했다.[800] 『백범일지』에서는 (1) "패군의 장수인 내가 포로 같은 대우를 받는다면", (2) "이제 패전한 장수의 신세가 되어 안 진사의 후의를 입어 생명만은 안전하게 지키게 되었지만", (3) "안 진사가 자리에 없으면 포꾼들이 나를 향하여 들리도록 큰 소리로 '저자는 진사님만 아니었으면 벌써 썩어졌을 것'"이라는 지문을 거론했다.[801] 『안명근 의사 전기』에서는 "첫닭이 울자 안씨 군단은 천봉산을 포위하고 일제히 공격하였다. 동문에 퇴로를 열고 완전히 탈환하고 보니 수십 명의 포로를 확보하였다. 골격이 우람하고 장수의 체격을 가진 자가 있었으니 바로 김창수(김구)였다"[802]는 지문을 근거로 삼았다. 안천은 동학 접주 김구가 안중근 가문으로 쳐들어가 참패당하고 사로잡힌 사실을 감추고 오히

　　　　　　　　　　　　　　　　　　　테러리스트 김구

려 안 진사가 자신을 초치한 것이라고 주장했다.[803]

안 진사와의 인연을 둘러싸고 김구의 '초치설'과 안천의 '생포설'이 경합하는 상황이다. 그 가운데 '초치설'은 '아침 모기떼'와 '저녁 굼벵이'로 희화화되었던 김구의 처지와 안천이 지적한 『백범일지』의 지문을 고려하면 납득하기 어렵다. 황해도 일대를 호령하던 안 진사가 동학당 패잔병 김구를 극진히 영접해야 할 이유가 없기 때문이다. 또한 안천의 생포설은 흥미로운 가설이지만, 사실 검증이 불가능하다는 문제점이 있다. 한편, 해주 안악 출신으로 양산학교 제자인 오면직은 "안태훈 진사가 자기를 지극히 아끼고 비호하고 있다는 소식을 접한 김구는 그 은혜에 감격함과 동시에 정부군에 반항하는 것이 신민(臣民)의 도리(道理)를 배신하는 것이라며, 즉시 도당(徒黨)을 해산하고 단독으로 안태훈에게 투신했다"[804]고 지적했다. 요컨대 오면직의 증언과 앞서 『백범일지』의 관련 기술을 고려하면 김구 스스로 살길을 찾아 안 진사에게 투항했다고 보는 것이 타당하다.

둘째, 안공근과 김구의 결별을 둘러싼 논의다.

한시준과 오영섭은 안공근이 김구와 결별하게 된 시점과 이유를 1937년 7월 중일전쟁 발발 이후 안중근 가족을 적지 상해에 방치하고 탈출시키지 못했기 때문이라고 주장했다. 이는 김구가 안공근의 부도덕성을 거론하며 노발대발했다는 『백범일지』의 주장을 지지하는 견해다. 하지만 안중근 가족의 상해 방치와 관련해 안공근에 대한 질타는 임정이 남경에서 장사로 이주하는 1937년 11월 시점과 다시 장사에서 광주로 이주하는 1938년 7월 시점 두 차례였다. 그렇다면 김구가 안공근에 대한 신임을 철회하고 한국국민당에서 축출한 시점이 1937년 7월 중일전쟁 발발 직후인가 아니면 1938년 7월 이후 전후인가, 그리고 안중근 가족의 상해 방치가 안공근 축출의 직접적인 사유였는가를 따져보아야 한다.[805]

한편, 정화암은 안공근이 "국민정부 정보기관 남의사(藍衣社)의 대립(戴立)이란 사람과 손잡고 김구를 몰아내고 자신의 형 안정근을 내세우려 계략을 꾸몄다. 그러나 그것이 제대로 될 리가 없었다. 그 내막까지 알게 된 김구는 즉시 안공근을 축출하고 그동안 안공근이 맡았던 중국 정부와의 모든 연락과 교섭업무 일체를 성암(醒菴) 이광(李光)에게 맡겼다. 그리고 안공근의 모든 활동을 봉쇄하고 정보업무에 필요한 공작기계(전신기계)와 그가 쓰던 집까지 몰수해버렸다"[806]고 증언했다. 김구가 자신의 오른팔 안공근이 남의사와 연대해 자신을 거세하려고 계략을 꾸민 사실을 알고 나서야 신임을 철회했다는 주장이다. 하지만 안공근에 대한 모략 및 암살 혐의를 받는 정화암의 주장이고 사실 검증도 불가능하다는 점에서 납득하기 곤란한 주장이다.

다음은 '남목청 사건'의 충격이다. 1938년 5월 6일 조선혁명당 당부가 있는 남목청에서 있었던 한국광복운동단체연합회 3당(한국국민당·조선혁명당·재건한국독립당) 영수의 저녁 식사 자리에 조선혁명당 출당자 이운환(李雲煥)이 돌입해 김구, 현익철, 유동열, 지청천을 차례로 저격했다. 김구는 가슴에 총상을 입고 대수술을 받은 뒤 회생할 수 있었으며, 김구 스스로 "이젠 산에 들어가 중노릇이나 해야겠다"[807]고 한탄했을 정도였다. 남목청 사건의 발생 원인은 생활비 배분을 둘러싼 조선혁명당의 불만이었다. 3당 합당을 목적하는 김구와 한국국민당은 어떻게든지 남목청 사건을 수습해야 했다. 그

테러리스트 김구

래서 희생양으로 삼은 사람이 바로 한국국민당 재무를 담당하는 안공근이었고, 1938년 7월 모든 직위를 박탈하고 출당 조치를 했다. 이는 『백범일지』의 원본과 필사본에서 확인되는 안공근 관련 서술 시점과 정확히 일치한다. 요컨대 김구와 안공근의 결별 원인과 시점은 1938년 7월 남목청 사건의 발생과 충격 때문으로 보는 것이 타당하다.

셋째, 안공근 실종을 둘러싼 논의다.

1939년 5월 중경에서 실종된 안공근의 행방과 관련해서는 정화암의 행방불명설, 김자동의 강도살인설, 구익균의 청부살인설, 안천의 정적제거설, 북조선51기념공동준비위원회의 권력투쟁설, 옥병의의 살인멸구설이 경합하고 있다. 더구나 한시준은 1937년 10월 안공근이 안중근 가족의 상해 탈출에 실패하면서 김구를 격노시켰고, "결국 안중근의 부인을 모셔오지 못한 채 그는 1940년경 중경에서 행방불명되었다"[808]는 '1940년 행방불명설'을 주장하기도 했다. 하지만 당사자인 김구는 자신을 위해 희생과 헌신을 마다하지 않았던 안공근의 실종에 대해 침묵했다. 그는 『백범일지』 육필본은 물론 필사본에서조차 안공근 서술 부분을 절삭하고 삭제했다.

하지만 안공근은 결코 실종된 것이 아니었다. 1938년 5월 6일 조선혁명당 출당자 이운환이 김구를 비롯한 3당 영수를 총격하는 남목청 사건이 발생했고, 3당 합당을 무산시키는 정치적 파장을 일으켰다. 그 때문에 임정도 국무위원 명의를 내걸고 진상조사보고서까지 발표해야만 했다. 남목청 사건은 김구가 주장하는 것처럼 박창세의 사주를 받은 것이 아니라 애초 약속과는 달리 차별적인 생활비 배분에 불만을 품은 이운환의 단독 범행이었다. 그랬기 때문에 김구와 한국국민당으로서는 사건 수습을 위한 정치적 희생양이 필요했고, 결국 1938년 7월 안공근의 지위를 박탈하고 출당 조치를 했던 것이다.

하지만 안공근의 입장에서는 김구와 한국국민당의 조치를 결코 수긍하기 어려웠다. 실제로 조선혁명당을 포함한 3당의 자금 분배는 한국국민당 수뇌부 승인 사안이었다. 따라서 안공근의 성품을 고려할 때 모든 수완과 인적 연망을 총동원해 김구와 한국국민당에 대한 반격을 준비했을 것으로 짐작된다. 하지만 안공근의 반격 낌새를 미리 알아챈 김구와 그 일당은 남화연맹 정화암을 사주해 1939년 5월 안공근을 살해했고, 주치의 유진동을 시켜 "시신의 각을 떠서 상자에 넣고 무거운 돌덩이를 매달아"[809] 강물에 유기했다. 안중근의 막냇동생 안공근은 김구를 임정 최고 실력자로 만드는 데 헌신했지만, 남목청 사건에 연루되면서 청부살인의 희생자가 되어 뼈와 살이 발리는 비참한 최후를 맞고 말았다.

갈무리

신암(信庵) 안공근은 1931년 이래 한인애국단장 김구의 최측근이자 일급 참모장이었다. 1932~1933년 그는 한인애국단 이름으로 자행했던 이봉창·윤봉길 폭살테러와 옥관빈·옥성빈 암살 테러를 실질적으로 기획하고 실행한 인물이다. 그는 김구의 정적을 제거하는 데 반간지계와 차도살인 등 놀라운 간지와 수완을 발휘했다.[810] 김구는 안공근의 치밀한 두뇌와 발군의 수완 덕분에 세계적인 테러리스트이자 임정의 헤게몬으로 부상할 수 있었다. 1935년 말 안공근은 김구를 집행위원장으로 하는 한국국민당 창당 및 당세 확장에도 앞장섰다.

다음에서 테러리즘 이론에 따라 안공근 암살의 진상을 정리하는 것으로 갈무리한다.

첫째, 테러의 피해자는 민간인 혹은 비전투원이다.

1939년 5월 30일 중경에서 암살된 안공근은 1889년 황해도 신천군 청계동 출생으로 안태훈 진사의 셋째 아들이자 안중근의 막냇동생이다. 경성사범학교, 진남포보통학교 교사, 모스크바 유학을 거쳐 1923~1924년 임정의 대소외교를 담당하는 외교 특사로도 활약했다. 키가 훤칠하고 미남인 데다 러시아어, 영어, 프랑스어 등 외국어에도 능통해서 미국, 영국, 소련 등 상해 주재 외교관들과도 폭넓게 교제했다. 더구나 장형 안중근의 후광을 입어 장개석 총통 등 국민당 정부 고위층 사이에서도 인기가 높았다. 그는 비상한 어학력과 폭넓은 인적 네트워크, 냉철한 판단력 등 지모(智謀)와 재간(才幹)이 걸출한 인물이었다.

둘째, 테러의 목표는 정치 지도자들이다.

1930년대 전반 안공근은 김구의 일급 참모장으로 이봉창·윤봉길 폭살테러와 옥관빈·옥성빈 등 암살 테러를 실질적으로 기획하고 실행한 장본인이었고, 김구에게 도전하는 정적을 처단하는 일에도 놀라운 수완을 발휘했다. 1932년 4월 윤봉길 폭살테러 이후 지명수배자 신분의 김구를 대신해 한인애국단을 실질적으로 이끌었다. "김구파의 제일 세력가이고, 가장 인기 있는 역할을 하는 사람으로 김구의 참모이자 또한 김구의 대리"[811]라는 지적과 같이 안공근은 김구를 대신해 테러를 기획하는 책사이자 집행자였다.[812] 더구나 중국 정부가 매달 지급하는 보조금 인출권과 자금 관리권까지 좌지우지했다.[813] 그런데 안공근이 김구의 일급 참모장이었던 것은 사실이지만, 그렇다고 거물 정치인은 아니었다.

셋째, 테러의 수단은 가장 극적인 공포 효과를 노린 폭력의 선택이다.

안중근의 막냇동생 안공근은 그동안 행방불명으로 간주되어왔지만, 결코 행방불명자가 아니었다. 1939년 5월 살인 청부업자 남화연맹 정화암에 의해 살해되었고, 그의 사체는 당시 김구의 주치의였던 유진동에 의해 처리되었다. 암살의 배후는 한국국민당 집행위원장 김구와 비서 3인방(박남파·엄항섭·민필호)이었다. 이들은 "시신의 각을 떠서 상자에 넣고 무거운 돌덩이를 매달아"[814] 물속에 유기했다. 안공근은 신명을 다 바쳐 김구를 세계적 테러리스트이자 임정 최고의 실력자로 만드는 데 공헌했지만, 결국 그의 정적으로 내몰려 살해당했다. 김구와 안 진사의 인연은 자식 대인 안공근에 이르러 끔찍한 참극으로 막을 내렸다.

넷째, 테러의 동기는 범죄적 폭력과 달리 민족, 이념, 종교 등 정치적 신념에 동기화된 폭력이다.

안공근은 한인애국단 운영 및 자금관리와 관련해 불신을 샀고, 동료들의 비방과 질시의 표적이 되었다. 1938년 5월 중국 장사(長沙)에서 조선혁명당 이운환이 생활비 차별 배분에 반발해 남목청 사건을 일으켰다. 안공근은 이에 대해 모든 책임을 뒤집어쓰고 1938년 7월 임정과 한국국민당에서 내쳐졌다. 그러나 이운환이 발사한 제1탄이 김구를 노렸다는 사실은 문제의 제1차적 책임이 김구에게 있었음을

테러리스트 김구

의미한다. 이제 안공근은 타고난 간지를 총동원해 반격과 복수를 준비했지만, 낌새를 눈치챈 김구와 그 일당에게 암살되었다. 안공근 암살 테러는 정치적 신념이 결여된 범죄적 폭력이었다.[815]

다섯째, 테러의 의도는 거대한 공포의 확산에 있다.

1946년 북조선51기념공동준비위원회는 안공근 암살과 관련해 "한때 그렇게도 친하든 그렇게 단짝이 되어 온갖 협잡을 같이해 먹던 안공근을 김구는 자기에게 복종하지 않는다고 자기의 지위를 빼앗을까 봐 조금도 서슴지 않고 죽여버렸다. 김구 앞에는 친구도 인정도 도덕도 없다. 그저 내게 유리하면 어떤 것이든 가릴 것 없이 해치우는 것이 김구의 사상이요, 주의인 것은 어제나 오늘이나, 중국에서나 오늘의 조선에 와서나 매한가지"[816]라고 질타했다. 김구는 자신의 지위를 넘보는 안공근을 잠재적 도전자로 간주해서 무참하게 살해했다. 이는 테러가 의도하는 거대한 공포 확산과 무관했고, 개인적인 이해가 얽힌 범죄적 살인에 불과했다.

3부

정적 테러

7

민주 건국의 원훈(元勳), 송진우

1945년 12월 30일 새벽 한국민주당 수석총무 고하(古下) 송진우(宋鎭禹, 56세)가 원서동 자택을 침습한 괴한들에게 6발의 흉탄을 맞고 순국했다. 암살범은 민족주의 광신자 한현우(韓賢宇, 29세) 등 6명이었고, 이들에게 총기와 자금, 정보를 제공하고 송진우 암살을 사주한 배후는 1930년대 전반 김구의 '한인애국단' 단원으로 활동했던 김영철(金永哲)과 임정 산하 대한보국의용단(大韓輔國義勇團) 소속 전백(全栢)이었다. 이들은 송진우를 찬탁의 수괴 혹은 민족 반역자로 몰아 암살했다. 그렇다면 송진우는 누구이며, 그는 과연 찬탁론자였는가? 암살범 한현우와 공범 전백은 누구인가? 이들은 언제, 어디서, 어떻게 송진우 암살을 모의하고 실행했는가? 이 장에서는 송진우 암살의 동기와 심리, 행동을 실증 분석한다.

암살의 추억

송진우 암살범 한현우는 1918년 11월 평북 중강진 출신으로 1929년 경성 제2고보를 중퇴하고 1930년 일본으로 건너갔다. 1937년 와세다대학 제2고등학원 문과에 입학, 1941년 3월 같은 대학 정경과를 졸업했다.[817] 재학 시절 국가사회주의자 나카노 세이고[重野正剛]의 훈도를 받았고, 1942년 1월 일본통신사에 입사해 동만주 일대 일본인 개척단을 취재했다. 1943년 6월 동경에서 '조선독립동맹'을 결성했고, 치안유지법 위반으로 법적 처분을 받았다.[818] 1944년 4월 국제평론사 편집장으로 활동했고, 1945년 4월 강원도 춘천에서 격몽의숙(擊蒙義塾)을 개설해 청년계몽운동을 시작했다.[819] 같은 해 8월 중순 상경해 국민대회준비회에서 송진우를 돕기도 했다.[820] 그러다가 독립지사 행세를 하는 전백(全柏)을 알게 되었고, 그의 사주를 받고 12월 30일 새벽 송진우를 암살했다. 체포 당시 한현우는 한원율(韓元律)이라는 가명을 사용했다.[821] 1975년 한현우는 「나의 반탁 투쟁기」라는

테러리스트 김구

송진우 암살 진상 수기를 잡지 『세대』에 게재했다.[822] 한현우의 회고 내용을 발췌해 소개하면 다음과 같다.[823]

　그동안 한현우는 송진우 암살이 비록 애국적 입장에서 부득이한 일이었다 해도 고인과 유족들에게 크게 미안한 일이라 생각해서 가능하면 여론(輿論)하지 않았다. 그런데 지난해 국내 몇몇 신문에서 송진우 암살의 진상을 조명한 기사가 등장했다. 폭로 기사들은 새로운 사실도 없었지만 내용도 극히 부실했다. 또한 사실관계를 왜곡해 한현우를 중상하고 사건 자체를 희화화시켰다. 송진우 암살은 민족의 진로와도 밀접한 관련이 있다. 1945년 8월 해방 직후 우리 민족은 독립을 희구했지만 연합국은 신탁통치를 결정했다. 그런데 국내 거물급 지도자가 연합국에 부화뇌동해 독립이 아닌 신탁통치를 찬성하고 나섰다. 그래서 한현우와 그의 동지들은 이 거물급 지도자를 어떻게 할 것인지 논의했고, 결국 민족 독립을 방해하는 인물은 제거할 수밖에 없다고 결의했다.

　1945년 12월 28일 오후 남산동 자택에서의 일이다. 김의현(金義賢)이 연합국 측이 신탁통치를 결정했다는 소식을 전했다. 한현우는 사실이냐고 반문하면서 '신탁통치라니, 이런 창피한 일이 있나' 하고 심한 굴욕감을 느꼈다. 그래서 거리에 나가보았다. 얼마 전까지만 해도 거리 곳곳에는 '해방의 은인' 연합국에 감사한다며 '연합국 승리 만세' 혹은 '연합국 환영'이라는 현수막이 내걸렸고, 집마다 벽과 울타리에 미국, 영국, 중국, 소련 국기를 그려놓았는데, 현수막과 연합국 국기는 어느새 뜯기고 찢겨 있었다. 신탁통치에 분개한 민중이 '신탁통치 결사반대' 혹은 '연합군 물러가라'를 외치며 반탁의 기세를 올리고 있었다. 거리에 나붙은 벽보 신문에는 모스크바 3국 외상이 5개년 동안 신탁통치를 결정했고, 4개국(미국·영국·중국·소련)이 공동 관리한다는 내용이 실려 있었다.

　신탁통치 소문은 일찍부터 나돌았다. 1945년 10월 20일 미국 국무성 극동국장 빈센트(John Carer Vincent)는 미국외교협의회 석상에서 '조선에서 신탁통치를 실시할 예정'이라는 구상을 공표했다.[824] 이에 한민당 수석총무 송진우가 찬성을 표명한 반면, 그 외 다른 정당 및 사회단체는 반대 의사를 피력했다. 신탁통치는 자립·자존할 능력이 없는 지역의 주민을 타국이 대신 통치하는 제도로서 실질적으로 제국주의 식민통치와 별반 다를 것이 없다. 우리 민족은 과거 수천년에 걸쳐 고유의 문화를 바탕으로 민족국가를 형성해 자립·자존해왔다. 하지만 일제 36년의 강압 밑에서 고난과 굴욕을 겪었다. 우리 민족이 근대국가로 발전하려는 와중에 일제의 침략을 받아 자립적 발전의 기회를 놓치고 말았다.

　그런데 민족진영을 대표하는 거물급 지도자 송진우는 우리 민족이 근대국가와 민주정치를 가져본 경험이 없기 때문에 선진국의 지도를 받아야 한다, 신탁통치는 선진국의 정치 지도를 받는 훈정 의미로 받아들여야 한다고 설파했다. 하지만 이는 약자의 사대주의적 근성, 매국적 망상에 불과한 것으로 결코 용납될 수 없었다. 당시 정치가를 참칭하는 자들은 민족의 독립에는 관심이 없고, 독립 이후 정치 상황을 염두에 두고 정치 세력화와 자파 세력의 부식·확장에 광분했다. 송진우도 자유민주주의를 표방하며 지주·자본가층을 기반으로 한민당을 창당했고, '국민대표자대회'를 결성했다. 하지만 그 역시 자파의 세력 확장과 정권 구상에 몰두했을 뿐 아니라 여운

테러리스트 김구

형, 박헌영과 함께 좌우로 갈려 민족 분열을 일삼았다.

정치적 분열과 혼란을 극복하고 민족의 자주독립을 획득하기 위해서는 대한민국 임시정부를 중심으로 전 민족적 독립체제를 구축하는 것이 불가결했다. 대한 임정은 거국적으로 들고일어난 3·1독립운동을 계기로 탄생했고, 중국에서 망명정권으로서 꾸준히 항일 독립운동을 지속해왔음은 누구나 다 아는 사실이었다. 비록 항일 독립의 성과를 거두지는 못했지만, 온갖 고난을 겪으면서도 대한민국 독립의 정신적 법통을 지켜왔다는 사실은 정당하게 평가해야 한다. 따라서 해방 이후에도 가열한 독립운동의 전통을 계승한 임정이 민족을 대표하는 지도적 역할을 담당해야 한다. 물론 송진우와 그 일당도 임정 추대론 혹은 임정봉대론을 거론한 적이 있지만, 이들의 임정 추대론은 여운형의 건국준비위원회와 조선인민공화국에 대항하는 정치적 궁여지책 혹은 임시방편에 불과했다. 이들은 미군정과 함께 뒤에서 '임정 요인들이 늙고 무식해서 정치 지도권을 맡길 수 없다'고 비방했다.

1945년 12월 28일 모스크바 3상회의(미국 국무장관 번스·영국 외무장관 베빈·소련 외무장관 몰로토프)에서는 우리 민족에 대한 신탁통치를 결정했다. 그러자 전 민족이 즉각적으로 반탁의 기치를 내걸고 즉시 독립을 요구하며 반탁 투쟁을 궐기했다. 그런데 한민당 수석총무 송진우는 온 겨레가 결사적으로 반대하는 굴욕적인 신탁통치 결정을 지지하고 받아들이는 데 적극적으로 협조했다. 실제로 한민당 관련자들은 1945년 12월 30일 송진우가 피살된 이후 그가 신탁통치에 찬성한 사실이 없다고 계속 부정해왔다. 그러나 이는 자파에게 불리한 오점을 감추려는 비열한 변명일 뿐이다. 송진우는 모스크바 3상회의의 결정이 정식으로 알려지기 전부터 우리 민족이 연합국의 신탁통치를 받는 것을 당연시했다. 이것은 세상이 다 아는 사실이다.

모든 정당 및 사회단체가 신탁통치를 반대한다고 절규하는데도 송진우만은 구태여 신탁통치를 반대할 것이 아니라 선진국이 약소국을 보호·지도해주는 정치적 훈정(訓正)으로 간주해서 수용해야 한다고 주장했다. 우리 민족이 정치 경제적으로 미숙해서 지금 즉시 자립하기 곤란하니 연합국의 보호 및 지도를 받아 자립할 힘을 길러야 한다고 역설했다. 12월 28일 밤 임정은 국무회의를 소집해 신탁통치 반대와 즉시 독립을 결의했다. 송진우의 주장이 용납될 리는 없었다. 임정 주석 김구는 '구한말 외세를 이용해 독립을 보전하려다가 망국의 비애를 맛보았는데, 이제 또다시 외세에 의존하려는 것은 어리석은 생각이다. 우리 민족이 자립·자존할 능력이 없다는 것도 큰 잘못'이라고 반박했다. 송진우는 민족적으로 결코 용납될 수 없는 신탁통치 지지라는 중대한 과오를 범했다.

1945년 12월 29일 오후 9시경 한현우와 그의 동지들은 송진우 문제를 의논했다. 그냥 두고만 볼 수 없다는 한현우의 의견에 동지들도 모두 찬성하고 즉시 실행을 결의했다. 유근배(柳根培)는 송진우 신변 경호원을 통해 그의 소재를 파악하고, 이창희(李昌希)는 암살에 사용할 무기를 구했다. 이들은 12월 30일 새벽 송진우의 원서동 자택을 습격하기로 결정했다. 한현우, 유근배, 백남석, 김의현, 김인성, 이창희 6명은 2인 1조로 3개 조를 편성했다. 이들 전원은 오전 5시 30분경 원서동에 도착, 뒤쪽 울타리를 넘어 침습했고, 각자 정한 위치에 자리를 잡았다. 한현우와 유근배는 침실 방문을 열고 송진우에게 몇 발을 발사했고, 뒤쪽 울타리를 넘어 그 길로 모두 남산동 근거지로 귀가했다.

1946년 5월 11일 서울형무소에 수감 중이던 한현우는 「조국 동포에 고함」이라는 장문의 옥중수기를 집필해 자신의 신념을 발표했다.[825] 이기주의와 사대사상을 청산하는 동시에 민족적 독립자존의 정신으로 삼천만이 자주독립의 한 덩어리로 단결하고 민족을 위해 자기희생의 마음을 가져야 한다며, '피와 땀과 눈물'을 흘리라고 호소했다. 그는 송진우 살인 행위를 두고 정치 테러의 본질을 따지면 "당연한 의거(義擧)"[826]라고 강변하는 한편, 독립 정부가 설 때까지 싸우지 못하는 것과 미군정 통치하에서 재판받아야 하는 자신의 처지가 원통하다고 하소연했다.

송진우는 누구인가?

송진우는 1890년 5월 8일 전남 담양군 고지면 선곡리에서 8남매의 다섯째로 출생했다. 아명은 옥윤(玉潤), 애칭은 태명에 따라 '금가지'였다.[827] 신장 5척 5촌에 각진 얼굴과 흰 피부를 가졌으며, 천성이 총명하고, 집념이 강하며, 범사에 정찰(精察)함이 비범했다.[828] 7~14세에 걸쳐 위정척사파의 거장 기삼연(奇參衍)을 스승으로 삼아 한학을 공부했다.[829] 1906년 4월 창평영학숙(昌平英學塾)에서 영어, 일어, 산술 등 신학문을 수학하면서 평생의 친우이자 정치적 동지 인촌 김성수와 금석지교(金石之交)를 맺었다.[830] 1908년 구국의 길을 신학문에서 찾고자 김성수와 함께 일본 유학을 떠나 동경 정칙(正則)영어학교와 금성(錦成)중학을 거쳐 1910년 와세다대학에 입학했다.

1910년 8월 한일 합방의 충격을 받고 귀국했지만, 부친의 위로

[7-1] 고하 송진우.

와 격려를 받아 재차 유학길에 올랐다. 메이지대학 법과에 진학한 이후 국권회복을 위한 민족자강론자로 변신했다.[831] '조선유학생친목회'를 결성하고 잡지『학지광(學之光)』의 발행을 주도하면서 육당 최남선, 설산 장덕수, 가인 김병로, 애산 이인, 무송 현준호, 해공 신익희, 고당 조만식, 민세 안재홍 등 재사(才士)들과 교제했다.[832] 그는 메이지대학 유학 중에 일본 사회를 휩쓸었던 신자유주의 사상 혹은 "다이쇼 데모크라시"[833] 세례를 받았다. 1915년 8월 메이지대학 법과를 졸업하고 귀국한 뒤 1916년 11월 김성수가 인수한 중앙학교 학감 겸 교장으로 취임했다.[834] 그는 수시로 학생들의 가정과 기숙사를 방문해서 사제(師弟)제일주의로 뭉치고, 민족제일주의로 단결하고자 갈파했다.[835]

송진우는 1919년 3·1만세운동 기획자 가운데 한 명으로 유학생 송계백(宋繼白)을 통해 2·8독립선언서를 입수해 천도교와 기독교 중심의 거족적인 만세운동을 구상했다.[836] 양대 종교 세력을 대표했던 천도교의 고우 최린과 기독교의 남강 이승훈을 설득해 2월 24일 "재동회담"[837]을 성공시켰다. 그는 비록 기미독립선언서 서명자는 아니었지만, 지도층 18인 가운데 한 명으로 3월 중순 체포·구금되어 1년 7개월 동안 옥살이를 했고, 1920년 10월 증거불충분으로 석방되었다.[838] 그는 1919년 3·1운동을 거치면서 경제적 토대 구축과 정치적 구심체 수립의 필요성을 절감했다.[839]

1919년 3·1운동 이후 일제는 문화통치를 표방했고, 언론·집회·출판의 통제를 완화했다. 인촌 김성수는 주위 유력자들과 '민족대변지'

테러리스트 김구

창간을 추진했다. 1920년 1월 〈동아일보〉 설립 인가를 받아 4월 1일 창간호를 발행했다. 〈동아일보〉는 "민족이 흘린 핏값으로 얻은 하나의 귀중한 과실"[840]이었고, 민족주의·민주주의·문화주의를 표방했다. 송진우는 1921년 9월 〈동아일보〉 제3대 사장에 취임해 1936년 11월 손기정 선수의 일장기 말소 사건으로 제6대 사장에서 물러나기까지 15년 동안 〈동아일보〉를 굴지의 민족 언론지로 키워냈다.[841] 그는 배짱과 뚝심 있는 언론인 겸 전문 경영인이었다.

다음에는 조선인의 민족정신을 일깨우고 정신적 근대화를 이루기 위한 송진우의 고군분투를 살펴보자.[842]

첫째, 정치 부문이다.

1925년 6월 송진우는 미국 하와이에서 만국기독교청년회가 주최하는 '범태평양회의'에 참가해서 조선 민족의 억울함을 호소했다.[843] 1926년 3월 모스크바에 본부를 둔 '국제농민본부'가 보내온 3·1운동 기념 메시지를 〈동아일보〉에 게재했다가 제2차 무기 정간 처분과 함께 6개월 징역형을 받았다. 1931년 7월 만보산사건이 발생해 서울, 진남포, 평양 등 각지에서 화교들에 대한 보복 폭행이 빈발했다.[844] 이때 송진우는 "재만(在滿) 동포는 무사하다. 무근한 유언비어에 속아 경거망동함은 폭도 난민의 짓"[845]이라며, 폭력행위 중지 캠페인을 주도했다. 1936년 8월 제11회 베를린 올림픽에서 마라톤 세계신기록을 세운 손기정 선수의 일장기 말소 사건으로 제4차 무기 정간 처분을 받고 사장직에서도 물러났다.

둘째, 경제 부문이다.

1921년 9월 조선총독부는 조선의 산업화를 모색하고자 '산업조사위원회'를 결성했다. 송진우도 '조선인사업대회' 중앙위원으로 참여하는 한편, 〈동아일보〉를 통해 조선 본위의 산업정책과 조선인 자본가에 대한 정부 지원을 역설했다. 하지만 산업조사위원회 결정은 조선이 아니라 제국 본위의 산업정책이었다.[846] 이는 조선인 사회의 반발을 불러일으켰고, 물산장려운동으로 발전했다. 1923년 1월 정치, 경제, 사회, 문화계의 유력자들이 참여하는 "조선물산장려회"[847]가 결성되었고, 전국적으로 광범한 지지를 받았다. 송진우는 경제적 실력양성주의운동의 일환으로 〈동아일보〉 지면을 할애해 '조선물산장려운동'을 지지하고 국산품 애용을 장려하는 데 앞장섰다.[848]

셋째, 사회 부문이다.

1922년 3월부터 송진우, 장덕수, 신구범, 김동성이 연사가 되어 6개월 동안 전국 주요 도시를 순회하는 강연회를 실시했다. 해외에서 고생하는 동포들을 위문하고, 그들을 위한 교육기관 설립을 위한 기금 모금운동이었다.[849] 1922년 12월에는 조선인 최초의 비행사 안창남(安昌男)의 '고국방문 비행'을 주최했고, 1931년 7월부터 4년 동안 농촌계몽과 문맹퇴치의 '브나로드운동(Vnarod movement)'을 전개했다.[850] 매년 여름방학이면 중학교 상급반과 전문학교 학생들을 전국 농촌에 파견해서 한글, 산술, 위생, 학술 등 강습회를 실시했다. 약 6천 명의 학생이 이 운동에 참여했고, 이렇게 해서 한글을 깨친 조선인들이 약 10만 명에 달했다.[851] 재만 조선인 동포의 권익 향상에도 노력을 기울였고, 독립운동가 부조에도 앞장섰다.

넷째, 문화 부문이다.

1924년 1월 〈동아일보〉는 춘원 이광수의 유명한 논설 「민족적 경륜」을 게재했다. 1922년 5월 「민족개조론」 필화사건으로 사회적 죽음에 직면한 이광수에게 재생의 길을 열어주기 위해서였다.[852] 하지만 이는 엄청난 사회적 반향을 불러일으켜 '동아일보 불매운동'으로까지 발전했다. 1929년 4월 인도의 대시인이자 독립운동가로 노벨문학상에 빛나는 라빈드라나트 타고르(Rabindranāth Tagore)의 '빛나는 아시아의 등불'이란 시를 게재했다. 이는 당시 일본을 방문한 타고르에게 인도와 같은 처지에서 신음하는 조선 민족을 격려해달라고 부탁해서 받은 헌시였다.[853] 1931년 5월 '충무공유적보존운동'을 시작해 1932년 7월 헌충사를 신축했고, 한산도의 세병관(洗兵館)을 개수했다. 1932년 춘원 이광수의 장편소설 『흙』, 1935년 심훈의 『상록수』를 연재해 사회적 반향을 일으켰다.[854]

다섯째, 교육 부문이다.

1922년 2월 「민립대학의 필요를 제창하노라」라는 사설을 게재해 민립대학 설립운동을 공론화시켰다.[855] 당시 조선에는 대학이 없었고, 고작해야 전문학교 몇 개뿐이었다. 1923년 3월 월남 이상재를 비롯한 조선인 유력자 30명이 '조선민립대학기성회'를 창설했고, 〈동아일보〉도 이에 앞장섰다. 비록 조선총독부 반대로 결실을 맺지 못했지만, 이는 1925년 경성제국대학 창설의 계기가 되었다. 1934년 4월 오늘날 한글 표기법의 원형이 되는 조선어학회의 '한글철자법통일안'을 채택하고, 전국적인 보급 운동에 앞장섰다. 이것은 상당한 시간과 막대한 비용을 수반하는 일이었기 때문에 사내외의 반발도 격렬했다. 하지만 이후 다른 신문사와 잡지사도 모두 '한글 신철자법'을 따르게 되었다.[856]

송진우는 1940년 8월 10일 〈동아일보〉가 폐간되자 대표 청산인과 동본사(東本社) 사장에 취임했다. 1940년대 일제는 조선인 청년을 학병, 징병, 징용에 동원하고자 "정치가로서 급제점 이상"[857]인 송진우에게 협력을 요청했다.[858] 그럴 때마다 송진우는 "나의 눈이요, 귀요, 입인 〈동아일보〉가 폐간되었으니 소경이요, 귀머거리요, 벙어리가 된 내가 무엇으로 어떻게 말을 하겠는가"[859]라며 단호하게 거절했다. 일제의 입장에서 보면 송진우는 "삶아 먹을 수도 없고 그렇다고 구워 먹을 수도 없는"[860] 고집불통의 애물단지였다. 그는 원서동 자택에서 칭병와석(稱病臥席), 두문불출(杜門不出)로 세월을 보내면서도 일제 필망론을 확신했고, 국제 정세와 전쟁 추이에 촉각을 곤두세우며 때가 오기만을 기다렸다.

임정봉대와 군정협력

해방직후기는 극우와 극좌의 이념적 자장이 밀고 당기는 열전의 시공간이었다. 1945년 8월 10일 새벽 송진우는 조선총독부 하라다[原田] 경무국장의 방문을 받았다. 하라다는 종전 사실을 말하고 헌병, 경찰, 검찰 등 통치권 인계를 조건으로 일본 거류민의 거주 인정과 사유재산 보호 등 종전 후 뒷수습을 부탁했다.[861] 하지만 송진우는 칭병(稱病)을 핑계로 거절했다. 이후에도 조선군참모장과 경기도지사 등이 총 4차에 걸쳐 통치권 인수를 거듭 요청했으나, "나는 중국의 왕조명이나 프랑스의 페탱(Philippe Pétain)이 될 수 없다"[862]며 거절했다. 긴박한 시국에 잘못 움직이면 일본의 손아귀에 끌려 들어갈 수밖에 없다고 판단한 것이다.[863] 그는 연합군의 동향과 임정의 존재를 의식하며, 일제의 통치권을 인수해 오히려 일제의 괴뢰로 내몰릴 수도 있는 정치적 위험을 우려했다.

1945년 8월 16일 여운형은 조선총독부로부터 치안권을 인수해서 '건국준비위원회(이하 건준)'를 결성했다. 안재홍, 김병로, 이인 등 민족주의자들과 다수의 사회주의자도 참여했다. 송진우는 여운형의 간곡한 요청에도 연합군의 입경을 기다려 임정을 봉대해야 한다며 건준 참여를 거부했다.[864] 이인의 회고에서 알 수 있듯 송진우의 민족주의는 여운형의 사이비 공산주의와 결코 타협할 수 없었고, 서로 배짱이 맞을 수도 없었다.[865] 더구나 9월 6일 여운형과 박헌영은 아직 귀국도 하지 않은 이승만과 김구 등의 명의를 도용해 '조선인민공화국'을 수립했다. 송진우는 박헌영 등 공산주의자들의 책동에 놀아나는 여운형의 어리석음을 질타했다.[866] 자주독립의 길은 오로지 자유민주주의 국가 건설이며, "적색정권 수립"[867]은 용납하지 않겠다는 것이 그의 단호한 입장이었다.[868]

송진우는 미군 진주를 확인된 뒤에야 비로소 정치 일선에 뛰어들었다. 1945년 9월 4일 '임시정부 및 연합국 환영준비회' 결성 때까지도 시기상조라며 주저했지만, 9월 6일 조선인민공화국이 수립되자 민중의 승인을 받지 않은 지도자는 괴뢰와 다를 바 없다며 민족 역량의 결집을 위한 국민대회 개최를 주장했다. 그 결과 9월 7일 "국민대회준비회"[869]를 발족하고, 위원장에 취임했다. 송진우의 건국 플랜은 (1) 서구식 민주주의 국가 건설, (2) 미국 중심의 연합국과 연대한 국가 건설, (3) 임정봉대론을 앞세운 우익세력의 확대·강화와 좌익세력의 견제와 타도에 의한 민주국가 건설, (4) 국민대회 개최를 통한 계급을 초월한 새로운 국가 건설이었다.[870] 9월 16일 한국국민당과 조선민족당 등 정당·사회단체를 규합해 '임정봉대'와 '인공타도'를 내걸고 "한국민주당(이하 한민당)"[871]을 창당하고 수석총무에 취임했다.[872] 송진우는 국민대회와 임정봉대를 내세우며 조선인민공화국에 대항하는 우파 세력을 결집하는 한편, 진주와 환국을 예정하는 미군과 임정과 연대한 정치적 토대의 구축에 박차를 가했다.[873]

1945년 9월 8일 미 제24군 사령관 하지(John Reed Hodge) 중장은 "남한에는 오직 군정부가 있을 뿐"[874]이라고 천명했다. 송진우는 미군정을 배척하고는 독립국가 건설이 불가능하다는 판단에 따라 군정 협력을 결정했고, 미군정의 고문이 되어 10월 5일 김성수를 위원장으로 한 한민당 계열 동지 11명을 미군정 고문위원회에 추천했다.[875] 미군정을 통해서 건국에 필요한 입법, 사법, 행정 등 민주주의 절차를 학습하고, 한민당의 정강을 미군정 정책에 반영시키자는 "현실적 파이프라인"[876] 부설이었다.[877] 10월 10일 송진우는 미군정 앞으로 조선인민공화국을 부인하는 성명서를 발표하고, 임정의 환국을 요청했다.[878] 미군정기에 경무국장을 역임한 조병옥은 한민당이 "당시 국제정세에 비추어 한국은 군정 단계의 훈정기(訓政期)를 거치지 않고서는 치안유지를 확보할 수 없고, 또 한반도 적화를 면치 못할 것이라는 결론"[879]에 따라 군정 협력을 결정했다고 증언했다.

1945년 10월 16일 이승만 박사가 귀국했고, 10월 23일 좌우 정치 세력의 통합을 위해 각 정당·사회단체를 포괄하는 '독립촉성중앙협의회'를 발기했다.[880] 11월 23일과 12월 2일 임정이 개인 자격으로 환국했고, "임정법통론"[881]에 입각한 독자 세력화를 추진했다. 10월 27일 송진우는 이른바 "김·송회담"[882]을 통해 (1) 연합국과의 협력 및 민주국가 건설, (2) 연합국 사절단 파견과 독립승인 촉성운동, (3) 국내외 유지들의 희사(喜捨)와 재정문제 해결, (4) 집무 계통 및 사무조직 완비,

테러리스트 김구

(5) 국군 창설의 시급성을 주장했다. 1948년 12월까지 송진우는 임정 봉대를 주장하며 임정 중심의 정계 통합을 구상했다.[883]

1945년 12월 6일 한민당은 (1) 임정 지지 국민운동과 내정기관의 인수, (2) 조선인민공화국 해산명령과 광복군의 신속한 강화, (3) 국제 승인을 위한 외교사절의 해외 파견을 결의했다.[884] 다음 날 송진우, 백관수, 원세훈은 경교장의 김구를 방문해 결의문을 전달하고 결단을 촉구했다.[885] 국민대회준비회는 임정 중심의 정부수립을 추진하고자 12월 16일 중앙집행위원회를 개최해 1946년 1월 10일 국민대회 개최를 결정했다. 1945년 12월 19일 경성운동장에서 개최된 '임시정부 개선 환영대회' 환영사에서 송진우는 "임시정부가 중핵이 되어서 모든 아류·지류를 구심력으로 응집함으로써 국내 통일에 절대적 영도를 발휘하는 동시에 우리의 자주독립 능력을 국외에 선시(宣示)하여 시급히 연합국의 승인을 요청해야 한다"[886]며 임정에 대한 절대적 지지를 표명했다.

12월 19일 임정도 그동안의 관망적 태도에서 탈피해 민족통일 최고기관으로 '특별정치위원회' 발족을 결정하고, 조소앙과 장건상 등 7명의 중앙위원을 선임해 좌우 정당·사회단체 통합을 촉구하고 나섰다.[887] 이는 임정이 이승만의 독립촉성중앙협의회와 별도로 정계 개편을 주도하겠다는 야심을 드러낸 것이었다. 한민당과 임정의 협력이 본격화되는 가운데 국민당의 안재홍도 '특별정치위원회'에 참가했다.[888] 바꿔 말하면, 1945년 12월 말 우파와 중도파는 임정의 특별정치위원회를 중심으로 통합되는 분위기였다. 따라서 12월 16일 국민대회준비회의 결정대로 1946년 1월 10일 예정된 국민대회가 성공리에 개최된다면 임정 중심의 정치통합이 성공할 수도 있었다. 하지만 그것은 1945년 12월 30일 송진우 암살로 물거품이 되고 말았다.

반탁투쟁의 후폭풍

1945년 12월 16~27일에 미국, 영국, 소련은 모스크바에서 전후처리를 협의하기 위해 3개국 외상회의를 개최했다. 여기서 거론된 한국 문제는 '적당한 시기와 절차'를 거쳐 독립을 결정했던 1943년 11월 카이로선언 및 1945년 7월 포츠담선언을 재확인하고 현실화하는 것이었다. 한국 문제는 12월 21일의 순조로운 협의를 거쳐 12월 27일에 매듭지어졌고, 12월 28일 모스크바 공동성명이 발표되었다. 한국 문제는 공동성명 제3항에서 거론되었다.[889] 그 요지는 한국의 독립과 재건을 위해 (1) 미소공동위원회 창설, (2) 임시정부 수립, (3) 임시정부와 미소공동위원회의 협의, 최장 5년의 신탁통치, 4개국(미국·영국·중국·소련)의 공동관리, (4) 미소공동위원회 창설을 위한 2주 이내 미국과 소련 군정 대표자회의 소집이었다.

1945년 12월 28일 정오에 모스크바 공동성명서를 접한 한국인들은 신탁통치 결정에 아연실색했다.[890] 당시에는 한반도 적화를 위해 소련이 결정했다는 등 언론의 오보와 풍설에 현혹되면서 신탁통치를 제국주의 식민통치와 동일시했고, 강대국이 재차 한국인을 노예로 만들려 한다고 분노했다.[891] 하지만 모스크바 공동성명서 제1항은 한국인과의 합의에 따른 임시정부 수립을 명기했고, 제3항에서는 최장 5년의 신탁통치를 명기했다. 즉, 한국인들의 통일된 의사를 반영해 임시정부를 수립하고, 그 임시정부가 미소공동위원회와 협의

테러리스트 김구

해 4대국에 의한 신탁통치를 심의·결정한다는 것이다. 따라서 성명서를 어떻게 해석하느냐에 따라 신탁통치를 거부할 수도 있었다.[892]

하지만 당시에는 '5년에 걸친 신탁'만 일방적으로 부각되었다. 이는 즉시 독립을 열망했던 한국인들에게는 청천벽력이었고, '독립이 아니면 죽음을 달라'는 자연발생적 반탁운동이 전국적으로 일어났다. 12월 28일 서울 시내는 섣달 대목에도 철시(撤市)에 들어갔고, 유흥가의 음주 가무도 자제되었다. 신탁통치 결사반대 물결은 강추위에도 전국으로 번져나갔다. 이에 놀란 하지 중장과 군정장관 아놀드 소장은 "신탁통치는 침략이 아니라 독립정부 수립을 위한 원조와 후견을 의미하는 것이니 한국인들은 냉정길 바란다"[893]는 성명을 발표해야만 했다.[894] 미국 국무성도 "신탁통치 원칙은 이미 한국 점령 이전에 결정된 사안이고, 이 원칙의 채택이야말로 38선 장벽을 확실히 제거하는 데 필요하다"[895]는 성명을 발표했다.

한국의 신탁통치 혹은 독립문제에 대한 미국의 입장은 미국 육군 소장 로이 하워드(Roy Howard)의 연설에서 가늠할 수 있다. 그는 "한국인들은 인내를 가져야 한다. 미국이 일본을 물리치기 위해 목숨과 비용을 들여 싸웠기 때문에 한국의 독립을 찾아올 수 있었다. 미국은 한국 문제에 대해 분명한 이해관계를 가지고 있으며, 세계 평화와 미국 안보라는 관점에서 힘쓸 것이다. (…) 한국인들은 즉시 독립을 쟁취하는 데만 관심이 있으나, 미국은 그 독립을 찾아왔을 때 영원히 지속될 수 있게 독립이 질서 있는 절차를 거쳐 이루어지기를 원한다"[896]고 말했다. 하워드 소장의 연설은 김구의 반미·반탁운동에 대한 비판과 함께 한국에 대한 미국의 정치적 이해를 분명히 밝히고 있다.

그럼에도 여론은 쉽게 수그러들지 않았다. 좌우를 불문하고 "우리는 탁치도 싫고 후견도 싫다! 우리가 바라는 것은 오직 독립이다! 자주독립을 달라! 카이로선언과 포츠담선언을 이행하라!"[897]고 주장했다. 반탁운동은 요원(燎原)의 불길처럼 번져나갔고, 전국은 분노의 도가니였다. 일본을 대신하는 여러 상전 밑에서 또다시 노예 생활을 할 수 없다는 것이 명분이었다. 모스크바 3상회의의 결정에 "가장 격렬한 반응을 보인 것은 김구 휘하의 임시정부 측으로 이들의 격분은 마치 하늘을 찌를 듯했으며, 충격은 형언할 수 없을 만큼 컸다."[898] 1945년 12월 28일 오후 한민당은 중앙집행위원회를 개최하고 "신탁통치 절대 배격"[899]을 주장하는 결의문을 채택했고, 29일에는 신탁통치 반대를 위해 "최후까지 투쟁하자"[900]는 성명도 발표했다.

12월 28일 오후 임정은 즉각 비상국무회의를 소집했고, 오후 8시 30분부터 각 정당·사회단체, 종교계와 언론계 등에서 약 200명의 대표가 참석하는 긴급 비상대책 연합회의를 개최하게 되었다. 사회를 맡은 김구는 "신탁통치에 반대하는 것이 곧 독립운동이오"[901]라며 개회 시작부터 울분을 터뜨렸다. 좌중에서도 "미군정을 엎어버리고 임정이 독립을 선포하고 통치권을 행사해야 한다"[902]는 등 분노와 흥분으로 들끓었다.[903] 하지만 송진우는 '즉시 독립 선포와 미군정 접수'를 주장하는 김구와 달리 민주적 방법으로 반탁 의사를 표시하는 것은 당연하지만 미군정과의 충돌은 절대 피해야 한다고 호소했다.[904] 그는 "만일 군정을 부인하고 임정의 이름으로 독립을 선포하면 반드시 큰 혼란이 일어날뿐더러 결국은 공산당이 어부지리(漁父之利)를 취할 우려가 있다"[905]고 설득했다. 1945년 말 좌파 천하의 정치 상황에서 미군정 철수는 곧바로 '적색정권' 수립을 의미

했기 때문이다.[906] 당시 송진우의 발언 요지는 다음과 같다.[907]

여러분의 생각이 모두 애국심에서 나온 것이란 걸 나도 알고 있지만, 나라를 이끄는 지도자들로서 경박해서는 안 되겠지요. 여기 누구라도 모스크바 3상회의에서 결정된 의정서 원본을 제대로 읽어본 분이 있습니까? 내가 알고 있기로는 그 내용이 미소공동위원회를 설치한 후 한국의 정당·사회단체들과 협의해 남북을 통일한 임시정부를 세우고, 5년 이내의 신탁통치를 하는 것으로 되어 있는데 (…) 어차피 우리가 우리 힘으로 정부를 세운다고 해도 현재 이렇게 분할 통치되고 있는 상황이고, 강대국 간에 전후(戰後) 문제가 아직 해결되지 않은 상태에서 우리가 그들과의 합의 없이 마음대로 할 수 있는 게 아니지 않습니까? 신탁통치가 길어야 5년이라고 하니 3년이 될 수도 있는 것인데, 그렇게 거국적으로 반대할 이유가 뭐 있습니까? 물론 나도 신탁통치는 반대합니다. 그러나 반대 방법은 다시 한번 여유를 가지고 냉정히 생각해봅시다.

송진우의 발언에 대해 거친 언사와 노골적인 야유가 빗발쳤다.[908] 김구도 "우리가 왜 서양 사람 구두를 신느냐. 짚신을 신자. 양복도 벗어버리자. 우리 민족은 다 죽는 한이 있더라도 신탁통치만은 받을 수 없다"[909]고 목소리를 높였다. 뜨거운 열기로 후끈 달아올랐던 제1차 경교장 회의는 다음 날 새벽 2시까지 이어졌다. 강원용 목사는 "지금 돌이켜 보면 당시 참석자들 대부분은 냉철하게 문제의 본질에 접근하지 못한 채 신탁통치 반대가 곧 독립 쟁취라는 단순한 생각에서 지사적 의분을 터뜨리는 데 그쳤다"[910]고 한탄했다. 임정봉대와 군정협력의 기치를 내걸었던 송진우의 입장에서 김구의 반탁·반미 노선

[7-2] 송진우의 원서동 자택 산정.

은 무척 당혹스러운 일이었다. 미군정과의 대립을 격화시키는 김구의 맹목적 반탁운동은 스스로 무덤을 파는 "어리석은 일"[911]이었다.

1945년 12월 29일 송진우는 김성수를 만나 지난밤 경교장 회의에서 김구와 임정 강경론자들이 자신을 찬탁론자로 몰아세운 사실에 분통을 터뜨렸다. 그 내용은 다음과 같다.[912]

물에 빠진 자 건져주니 내 보따리 내놓으라는 격이야. 인촌, 대체 그들이 상해에서 뭘 했나. 감투싸움이나 벌이고 앉아 있다가 그것도 남의 힘으로 해방을 맞으니 금의환향했어. 그래도 법통이 아깝다고 그들을 환영하려고 준비기구까지 만들었고, 돌아오자 땡전 한 닢 없어 우리가 기금을 모아서 주었네. 그 기금엔 친일파 돈이 있어 못 받는다고. 심지어 설산까지 친일파로 몰고 있네그려. 알고 보니 그게 다 주도권 싸움의 계략이여. 이제 나오는 수작 좀 보게. 국민 여론이 반탁이요, 각 정당도 반탁이니 마치 자기들을 지지하는 것으로 착각하고 이 판에 군정으로부터 정권을 인수받아 정부를 구성하자는 걸세.

12월 28일 제1차 경교장 회의에서는 거족적인 반탁운동을 위해 임정 산하에 '탁치반대국민총동원위원회(이하 총동원위원회)' 설치를 결정하고, 위원장 권동진을 비롯해 각계각층을 망라한 76명의 중앙위원을 선임했다. 29일 임정은 국무회의 명의로 반탁 성명을 발표하는 한편, 4대국(미국·영국·소련·중국) 앞으로 신탁통치 반대 결의문을 타전했다. '총동원위원회'는 30일 서울운동장에서 서울시민 반탁시위대회 개최를 결정했다.[913] 12월 29일 오전 4시경 송진우는 제1차 경교장 회의를 마치고 귀가해 아침 일찍 방문한 한민당 계통 손님들과 조반을 함께 들고 곧장 한민당사로 출근했다. 오후에 잠깐 제2차 경교장 회의에 들렀다가 오후 7시경 귀가해서 저녁을 들고, 오후 10시경 외종질 양중묵(梁仲默)과 산정(山亭) 별채에서 잠자리에 들었다.[914] 12월 29일 제2차 경교장 회의에서 총동원위원회는 신탁 순응자는 반역자로 처단하자, 대한임정을 절대 수호하자, 외국 군정의 철폐를 주장하자 등 9개 행동강령을 결정했다.[915]

12월 30일 오전 5시 송진우와 양중묵은 새벽잠에서 깨어 약 1시간 동안 흡연하며 담소를 나누고는 다시 잠자리에 들었다. 그런데 6시경 침실 미닫이를 거칠게 여는 소리와 함께 여러 발의 총성이 울렸다.[916] 산정 별채에 침습한 괴한들은 13발을 난사했다. 송진우는 안면, 심

[7-3] 서울 국립현충원 송진우 묘소.

장, 복부, 심장, 하관절에 6발의 총탄을 맞고 절명했다.[917] 양중묵도 오른쪽 발목과 대퇴부에 각각 1발을 맞았다. 송진우의 죽음은 한민당의 입장에서는 위대한 지도자의 상실이었고, 인촌 김성수에게는 문경지우(刎頸之友)를 잃은 슬픔이었으며, 설산 장덕수 등 후배들에게는 식견이 걸출한 외형(畏兄)의 상실이었다.[918]

1946년 1월 5일 송진우의 장례는 한민당, 국민대회준비회, 동아일보사 합동장으로 성대하고 엄숙하게 거행되었다. 그의 유해는 망우리에 마련된 유택에 묻혔다가 서울 국립현충원 임정묘역으로 이장되었다. 당시 동아일보사 주필이었던 설의식의 영결사(永訣辭)와 같이 '광복의 거역(巨役)'을 위해 고군분투했던 송진우의 죽음은 "민족의 비극이요, 국가의 불행"[919]이었다. 창랑 장택상은 송진우의 죽음을 두고 "대들보가 부러진 듯한 공허감"[920]을 메울 길이 없다고 한탄했다.

체포 · 심문 · 재판

1946년 1월 13일 송진우 암살을 계기로 큰 충격을 받은 장택상은 마음을 고쳐먹고 그동안 고사해온 경기도 경찰부장에 취임했다.[921] 그는 수사과장 노덕술(盧德述)[922]과 의논했고, 송진우 암살을 좌익들의 소행으로 판단해 미 CIC(육군특무대)와 서울지방법원 검사국에 협조를 요청하는 한편, 탐문수사에 착수했다. 하지만 증거는 현장에서 습득한 일본제 99식 권총용 탄환과 탄피 몇 개뿐이었다.[923] 노덕술 수사과장은 강력사건 수사를 전담하는 최난수를 비롯한 이른바 "6인조"[924] 민완 형사팀을 투입하기로 결정했다. 경기도 수사과 소속 최난수 주임은 서북청년단이 많이 모이는 한미호텔을 탐문했고, 동대문경찰서 사찰계 김임전 형사는 공산당 계열의 박헌영 일파를 추적했다.

그러던 어느 날 적십자병원 간호원 윤봉삼(21세)에게서 사건 제보를 접수했다. 혐의자는 1945년 11월 말 적십자병원에 2개월 동안 입원했던 백남석(白南錫)이었다.[925] 1946년 2월 13일경 또 다른 제보가 접수되었다. 송진우의 경호원을 했던 김일수(金日洙)가 해안경비대에 입대한다는 첩보에 따라 미군 등의 협조를 받아 체포했다. 그리고 백남석과 신동운을 체포했지만, 한결같이 범행을 부인해 일단 석방하고 미행을 붙였다. 한편, 한미호텔을 탐문하던 최난수 주임은 한현우(29세)를 주목했다. 그의 거주지는 성동구 신당동 304번지 적산가옥이었다. 약 1개월 반 동안 백남석과 신동운을 미행하고 보니 이들도 신당동 한현우 집을 드나들고 있었다.

1946년 4월 8일 노덕술 수사과장은 일망타진을 결단했다. 수사팀 제1조는 인천 화평동에서 유근배(劉根培, 20세)를 체포했고, 제2조는 신당동을 급습해서 한현우를 비롯한 김의현(金義賢, 21세)과 이창희(李昌熙, 19세)를 검거했다.[926] 주범 한현우는 1946년 1월 30일 반탁활동을 위해 월북했다가 3월 17일 귀가해서 은신했고, 김인성(金仁成, 22세)은 5월 23일 서대문에서 체포했다.[927] 이들은 모두 태연자약하게 송진우 암살이 자신들의 소행이라고 순순히 자백했다.

수사팀은 송진우 암살의 배후를 밝히는 데 총력을 기울였지만, 한현우 일당은 배후에 대해서는 진술을 거부했다. 그래서 한현우의 아내인 춘천여고 출신 이봉득(李鳳得, 22세)을 소환조사해 한현우가 1945년 8월 춘천에서 신당동으로 이사 온 이후 정체불명의 청년들과 자주 접촉했고, 거금의 생활비를 가져왔으며, 언제나 권총을 소지하고 다녔다는 진술을 확보했다. 하지만 배후 수사는 여전히 오리무중이었다. 그런데 흥미로운 사실은 수사 과정에서 범인들이 "하나같이 호연지기를 부리고 자신들은 민족주의자와 애국자라고 자부"[928]했으며, 공산주의자에 대해 강한 거부감을 드러냈다는 것이다.[929] 더구나 이들은 하나같이 명사수였고, 한현우를 제외하면 스무 살 안팎의 미혼 청년들이었다. 4월 23일, 장택상은 송진우 암살 사건 중간보고를 발표했다.[930]

노덕술 수사과장이 지휘하는 전속 수사팀은 끈질긴 취조와 심문을 통해서 새로운 용의자 전백(全栢, 42세)을 특정했다. 한현우의 진술에 따르면, 1945년 8월경 서울에 올라와 일본 유학 시절 동지였던 이용봉(李龍奉)의 소개로 전백이라는 인물을 알게 되었다. 이후 자주 어울렸고, 정치적 야심가를 제거해서 정치풍토를 바로잡자는 데 의기투합했다. 1945년 12월 29일 오후 5시 신당동 전백의 집에서 한현우, 김의현, 유근배, 김인성, 이창희, 백남석, 신동운이 회합을 가졌다. 그 자리에서 전백은 한현우에게 거사 자금 10만 원과 일제 99식 권총을 건넸다.[931] 수사대는 피의자들이 은닉해둔 권총 3정, 단도 4자루, 실탄 200발, 사제폭탄 2개를 압수하는 한편, 행방을 감춘 전백에 대한 지명 수배령을 전국에 내렸다.[932]

1946년 4월 29일 수도경찰청은 한현우 등 일당 5명을 주거침입, 살인, 살인미수, 살인모의 등 포고령 제3호와 제5호 위반으로 경성지방법원 검사국으로 송치했다.[933] 당시 전백은 여전히 체포되지 않은 상황이었다. 5월 9일 검찰은 이들을 기소해서 5월 10일 공판에 회부했다. 검찰은 범인들의 자백과 함께 증거는 뚜렷했지만, 암살

테러리스트 김구

의 배후와 동기에는 확신이 서지 않았다.[934] 그래서 죄목과 형량을 두고 내부적으로 의견이 엇갈렸다.[935] 7월 19일 제3회 결심공판에서 김점석(金占錫) 검사는 검찰총장 이인의 명령에 따라 한현우 사형, 유근배 무기징역, 이창희와 김의현 장단기 징역 5~10년, 김인성 징역 10년을 구형했다. 하지만 8월 2일 제4회 결심공판에서 주심 판사 이천상(李天祥)은 한현우와 유근배 무기징역, 김의현과 김인성 징역 10년, 이창희 단기 5년 장기 10년으로 검찰 구형보다 훨씬 가벼운 징역형을 선고했다.[936] 이 판결에 불만을 품은 검찰총장 이인은 즉시 항소를 지시했다.[937]

1946년 7월 5일 드디어 노덕술 수사팀이 전백을 체포했다. 그의 본명은 전병구(全秉龜)로 경남 양산 출신으로 중국 건국광동(建國廣東) 대학 철학과를 나와 국민당 정부 첩보기관 남의사(藍衣社) 요원으로 활동했다. 1945년 귀국 이후 해운업 전문의 영화(永和)기업사를 경영했고, 조철호(趙喆鎬)·방정환(方定煥)과 함께 소년운동에 참여했다. 9월 경 한현우와 의기투합해 정치적 야심가와 정치 브로커 처단을 결의했다.[938] 전백은 한현우의 송진우 살해를 두고 "용감한 처치였다. 그 애국 정열을 잊지 말라"[939]며 칭찬했고, 수차에 걸쳐 현금 10만 원을 지급했으며, 범행 직후 북조선 여행을 지시했다.[940] 8월 19일 전백은 살인 방조 및 불법무기 소지 혐의로 기소되었고, "한현우로부터 고하·몽양·박헌영 등에 대한 암살계획을 듣고 일본 99식 권총 한 자루를 내주었다"[941]고 자백했다.[942]

1946년 9월 3일 전백에 대한 제1회 공판이 이천상 판사 주심과 강석복(姜錫福) 검사 입회하에 경성대법원 법정에서 개정했다. 전백은 1945년 10월 상순 한현우에게 권총을 건넨 것은 고장이 나서 수리를 부탁한 것이었고, 범행 전후 10만 원을 지급한 것은 계몽의숙 운영자금 명목이었다고 허위로 진술했다.[943] 한민당은 한현우와 전 백의 인과관계와 이들이 경교장을 빈번히 들락거린 사실을 확인하 고 김구와 임정을 의심했다. 하지만 전백이 김구 및 임정과의 관련 성을 극구 부인했기 때문에 단순 살인방조혐의에 그쳤고, 한민당은 전백의 법적 처분에 대해 큰 불만을 드러냈다.[944]

그런데 놀라운 점은 송진우 암살의 또 다른 배후 김영철(金永哲)이 었다.[945] 그는 평북 강계 출신으로 청년 시절 독립운동에 투신했고, 1930년대 전반 김구의 '한인애국단' 단원으로 활동했으며, 장개석 측근들과도 교분이 두터웠다. 1945년 당시 그는 대략 60세였고, 당 시 염동진(廉東振)이 결성한 비밀결사 백의사(白衣社) 고문으로 활동 했다. 전백이 김영철과 의기투합한 것은 1945년 11월 말경이었다. 전백은 남의사 시절부터 김영철과 교분을 쌓고 그의 영향을 받아 테러리스트가 되었지만, 일본 헌병대에 체포된 이후 밀정으로 변신 했다. 그리고 해방직후 밀정 활동 와중에 벌어들인 적잖은 자금으 로 '영화기업사'를 설립했다. 그런 전백이 김영철의 지령을 받고 포 섭한 인물이 당시 회현동 적산가옥을 강점하고 계몽의숙이라는 간 판을 내걸고 열혈 청년들을 끌어모아 지도하던 한현우였다.[946] 김영 철은 "송진우와 여운형 암살 그리고 정부수립 후의 이승만 암살미 수 사건에도 깊숙이 관여한 불같은 성격의 소유자"[947]였다.

1946년 9월 3일 전백에 대한 제1회 공판은 이천상 부장판사와 강 석복(姜錫福) 검사 입회 아래 개최되었다.[948] 9월 13일 제2회 공판에서 검찰은 징역 7년을 구형했지만, 9월 24일 결심공판에서 징역 5년이 확정되었다.[949] 이는 송진우 살인 공범이 아니라 살인방조 혐의만을

테러리스트 김구

문제로 삼은 판결이었다.[950] 한편, 한현우 일당은 2심에서도 1심과 동일 형량을 선고받고 곧바로 대법원에 상고했다. 1947년 1월 31일 대법원 상고심에서 이병용 검찰관이 1월 11일 자 한현우의 수취인 불명옥중서한을 공개하면서 큰 파문이 일었다.[951] 한현우는 당초 여운형과 박헌영 처단을 모의했지만, 12월 29일 전백의 돌발적 제안에 따라 송진우 암살을 결행하게 되었다는 내용이었다. 1947년 2월 14일 이상기(李相基) 대법관은 제1심 판결을 파기하고 한현우 징역 15년, 김의현과 김인성 징역 7년, 유근배와 이창희 단기 4년과 장기 7년을 선고했다.[952] 전백에 대해서는 징역 5년 원심을 확정했다.

오랫동안 송진우를 친형처럼 따르며 "한국의 링컨"[953]으로 존경했던 당시 한민당 상무집행위원 김준연은 대법원 상고심 판결을 두고 세간의 실정을 모르는 '법률의 관념적 유희' 혹은 "극악졸렬(極惡拙劣)한 판결"[954]이라고 격노했다. 실제로 1947년 12월 장덕수 암살범의 군사재판 회부와 엄중한 처벌을 천명했던 하지 중장은 특정 세력이 정치적 압력을 행사해 "조선경찰, 조선인 검찰관 및 재판관의 생명까지 위협하며 정당한 판결을 내리지 못하도록 책동하고 있다"[955]며, "사법 당국의 정치 테러에 대한 처벌이 현 사회의 조리에 맞지 않게 관대하다"[956]고 지적했다. 이런 하지의 언급을 고려하면, 경량 판결에 대한 한민당의 불만과 김준연의 분노도 무리가 아니었다. 실제로 하지의 발언을 고려하면 송진우 암살을 둘러싼 사법 테러를 자행하는 정치세력이 암약했음을 시사한다. 바로 김구와 임정 세력이었다.

대법원 상고심은 "세간에 충격을 주었던 이 사건에 정치적 배후는 없다"[957]고 판결했다. 하지만 1948년 9월 마포형무소의 수감자이자 정치 테러의 선구자로 알려진 한현우는 〈국제신문〉과의 옥중 인터뷰에서 송진우 암살 사건과 대한민국 정부수립과 관련해 "국가적 견지에서 테러는 피할 수 없으며, 나는 국가적 입장에서 그른 자를 처치했을 뿐입니다. (…) 나는 원래부터 대한임정 지지자입니다"[958]라고 밝혔다. 더구나 1975년 「나의 반탁 투쟁기(3)」에서도 "김구 주석은 마포형무소 간부 직원들을 죽첨장(경교장)에 초대하여 나를 의열 청년이라 찬양하고, 법률상 죄인이라고 하나 그 정신은 알아줘야 한다고 말씀하시면서 잘 봐주라 부탁하셨다"[959]고 떠벌렸다.

1950년 7월 14일 한현우는 서울을 점령한 북한군의 도움을 받아 투옥 4년 3개월 만에 마포형무소에서 출옥했다. 그가 출옥과 동시에 가장 먼저 달려간 곳은 당시 '인민의용군초모소(人民義勇軍招募所)'라는 간판을 내걸고 있던 한국독립당 당사였다. 그는 한독당이 김일성 괴뢰도당의 인민의용군 모집에 협력하고 있다는 사실에 큰 충격을 받았다. 그래서 김학규, 조완구, 조소앙 등과 큰 말다툼을 벌이기도 했다. 1950년 12월 한현우는 한홍건(韓弘建)이라는 가명으로 일본 밀항에 성공했고, 이후 일본 신아(新亞)통신사에 입사해 생활을 꾸릴 수 있었다. 2004년 그는 파란의 삶을 마감하고 일본 땅에 뼈를 묻었다. 테러를 정치 수단으로 삼았던 "민족주의 광신자" 혹은 "정치적 방랑자"[960] 한현우의 어이없는 일생이다.

암살의 충격과 파장

1945년 12월 당시 한민당 수석총무이자 국민대회준비회 위원장 송진우는 일편단심 민주건국을 위해 고군분투하다가 정치 테러의 참혹한 희생양이 되고 만 해방정국의 위대한 정치지도자였다.[961] 백남훈의 회고와 같이 송진우의 순국은 "한민당의 손실일 뿐만이 아니라 국가 장래의 커다란 손실"[962]이었다. 송진우 암살의 배후와 관련해서 김준연은 「송진우 선생 서거 2주년을 맞아서」라는 논설에서 "고하 선생! 놀라지 마십시오. 선생이 운명하신 이틀 뒤에 나는 한국민주당 2층에서 모 씨에게서 이번 일은 임정 가까운 측에서 한 것"[963]이라고 주장하며, 임정 타도에 앞장서게 되었다.[964] 김준연의 증언은 송진우 암살 사건 직후부터 이미 김구와 임정의 소행이라는 소문이 세간에 널리 유포되어 있었음을 시사한다.

다음에는 송진우 암살의 충격과 파장을 검토해보자.

첫째, 한민당이 받은 충격이다.

1945년 11월 24일 김성수, 송진우, 허정, 조병옥, 김준연, 백관수, 장택상은 하루 전날 환국한 임정 요인들에 대한 인사를 겸해서 경교장을 방문했다. 영하의 날씨에도 오후 3시쯤 경교장에 다다르니 장총을 멘 5~6명의 경비원이 가로막고 나섰다. 용건을 말하고 면회를 신청했지만 감감무소식이었다. 일행은 무려 3시간 동안 혹한에 떨면서 면회를 기다렸고, 서로를 달래며 참았다. 그러다가 겨우 안내되어 김구를 만났다. 장택상은 당시를 이렇게 회고했다. "그분은 방 한가운데 보료 위에 불상처럼 앉은 채 요지부동이었다. 일행 6인이 차례로 돌아가며 큰절을 했지만, 역시 언사나 표정에 친근감 하나 표시하지 않았다. 그래서 총총히 물러 나와 임시정부 인사들을 역방하였으나 대동소이한 고자세들이었다."[965] 임정에 대한 한민당 지도층의 회의감이 싹튼 것은 이때부터였다.

두 번째 해프닝은 1945년 11월 말 환국지사 후원금을 둘러싼 '부정재(不淨財) 논쟁'이었다. 송진우와 국민대회준비회는 환국이 예정된 임정 요인들의 뒷바라지를 위해 '환국지사후원회'를 결성했고, 금융단과 실업계를 중심으로 900만 원에 달하는 거금을 모금했다. 11월 25일 송진우는 경교장을 예방해서 후원금을 전달했지만, 임정 내부에서 후원금을 둘러싸고 '정재(淨財) 논쟁'이 일면서 후원금을 되돌려주는 일이 발생했다. 이후 국민대회준비회 사무실에서 조완구 등 임정 요인들이 참석한 가운데 간담회를 개최했지만, 갑론을박 격론을 벌이고 주먹질과 폭언이 난무하는 수라장이 되고 말았다. 이를 보다 못해 송진우는 "정부가 받는 세금 속에는 양민의 돈도 들었고, 죄인의 돈도 들어 있는 것이오. 이런 큰일에 그런 것을 가지고 왈가왈부할 필요가 없을 줄 아오"[966]라고 쏘아붙였고, 어수선한 장내를 수습할 수 있었다. 1945년 11월 16일 경성방직도 임정 앞으로 건국 대업을 위해 써달라며 700만 원을 헌금했다.[967]

세 번째 해프닝은 12월 중순 관수동 국일관에서 발생한 이른바 '친일파 숙청론'이다. 송진우와 국민대회준비회는 12월 19일 서울운동장에서 '환국지사환영회'를 성황리에 마치고 그날 밤 국일관에서 만찬을 가졌다.[968] 그런데 술이 거나하게 들어간 신익희, 지청천, 조소앙이 친일파 숙청을 운운하며 장덕수 등 국민대회준비회 사람들을 자극했다. 그러자 송진우는 "여봐요! 중국에서 궁할 때 뭣들 해 먹고서 살았는지 여기서는 모르고 있는 줄 알아! (…) 하여간 환국했으면 모든 힘을 합해서 건국에 힘쓸 생각들이나 먼저 하도록 해요"[969] 하고 질타했다.

이렇게 해방직후 세 번에 걸쳐 한민당과 임정 사이에 벌어진 갈등은 그동안 임정봉대를 내세웠던 송진우와 한민당 간부들을 크게 실망시켰고, 우익진영을 해외파와 국내파로 갈라놓고 말았다.[970] 더

　　　　　　　　　　　　　　　　테러리스트 김구

구나 송진우 암살은 한민당과 임정의 거리를 더 넓히는 결정적 계기가 되었다.

둘째, 이승만이 받은 충격이다.

송진우는 1925년 6월 말 미국 하와이에서 열린 '제1회 범태평양회의'에서 이승만 박사를 만났다. 송진우는 〈동아일보〉 특파원 자격으로 하와이 호놀룰루에 도착해서 이승만 박사를 비롯한 교민들의 따뜻한 영접을 받았다. 이승만 박사는 인촌 김성수의 안부를 물으며 "두 분이 국내에서 얼마나 고초를 겪고 있소. 모든 고초 당하는 것을 들을 때마다 여러 동지와 같이 고초를 당하지 못함을 항상 유감으로 생각하고 있소"[971]라며 위로하고 격려했다. 하와이에 체류하는 동안 송진우는 국내외 정세와 독립문제에 대해 이승만과 의견을 나누었다. 실제로 송진우는 〈동아일보〉 1924년 4월 23일 자에 이승만의 「자유와 단결」이란 제하의 논설을 게재하는 등 연락을 이어온 사이였다.[972]

1945년 10월 16일 이승만 박사가 귀국했다. 40여 년에 걸쳐 검은 머리가 흰머리가 되도록 지도에서조차 지워져버린 조국의 광복을 위해 투쟁한 독립 영웅이자 소중하고 위대한 기록의 귀환이었다.[973] 이승만은 정치적 권위 때문에 여러 정치세력의 주목을 받았다. 좌파 세력은 이승만의 의사와는 무관하게 조선인민공화국 주석으로 추대할 정도였다. 송진우 역시 이승만이 한민당 당수로 취임해 민족주의 연합전선 구축과 정당 통합에 앞장서줄 것을 요청했다. 하지만 이승만은 좌우 정치세력 통합을 위해 10월 23일 '독립촉성중앙협의회'를 발기했고, 11월 4일 미·영·소·중 4대국에 보내는 결의서를 채택했다. 1945년 12월 15~16일 이승만은 독립촉성중앙협의회 중앙집행위원 제1차 회의 석상에서 미군정이 부정하는 임정까지 포함해 장래 독립정부 수립 구상을 발표했다.

1945년 11월 23일 임정 요인의 환국 전후에 송진우는 임정봉대의 기치를 내걸고 임정 중심의 정계 통합과 정부수립을 추진했다. 12월 중순 이승만이 주도한 독립촉성중앙협의회 중심의 정계 통합은 임정과의 협상이 결렬되면서 실패했다. 송진우는 임정봉대를 앞세워 좌파 정국의 주도권을 분쇄하고 임정 중심의 건국 플랜을 완성하려 했다. 당시 임정에 대한 사회 일반의 기대는 대단했고, 새로운 정치세력의 등장이어서 환호하는 상황이었다.[974] 하지만 해방정국에서 강력한 정치적 자장을 발휘했던 송진우가 반탁운동을 둘러싸고 김구와 대립하면서 정치 테러에 희생되고 말았다. 보수우익의 대들보 송진우의 흉보는 이승만에게도 더없는 충격과 아픔이어서 "방바닥을 치면서 엉엉 울었다"[975]고 한다. 이승만은 "그 뒤를 따라 분투하라"[976]는 애도사를 지어서 송진우의 영전에 바치고 명복을 빌었다. 송진우 암살은 해방정국의 구심력을 김구에게서 이승만으로 이동시키는 결정적 계기였다.

셋째, 미군정의 충격이다.

송진우는 미군 진주를 쌍수를 들어 환영했고, 미군정을 진정한 독립을 위한 정치적 훈정(訓政) 혹은 정치적 디딤돌로 간주했다.[977] 송진우는 장기간 식민 통치를 경험한 한국인은 일정 기간 정치훈련과 자치능력을 배양하고 나서야 진정한 독립을 이룰 수 있다고 확신했다.[978] 그는 10월 20일 서울시민 20만 명이 참가하는 대대적인 '연합군환영회'를 개최했고, 미군정 경무부장에 조병옥(趙炳玉), 대법원장에 김용무(金用茂), 검찰총장에 이인(李仁) 등 한민당 인재를 미

테러리스트 김구

군정 요직에 천거했다.[979] 한민당에 넘쳐나는 미국, 영국, 독일, 일본 등에서 유학한 인재들은 서구식 자유민주주의와 자본주의 시장경제를 신봉했다.[980] 한국에 대해 제대로 된 정보도 정치적 경험도 없었던 순수한 군인 집단인 미군정의 판단대로 이들은 "반공사상에 철저한 유능하고도 실천력이 강한 사람들"[981]이었다. 한민당의 적극적인 군정 협력은 공산세력을 분쇄하고 민주 건국으로 나아가는 직진 코스였다.

1945년 12월 29일 이래 한국 사회의 반탁운동은 미군정을 혼란의 도가니로 몰아넣었다. 아놀드 군정장관은 임정 선전부장 엄항섭을 초치해 자제를 요청했다. 그리고 하지는 "신뢰하는 자문위원 송진우를 불러 임시정부(임정)에 대한 설득을 당부하였다. 그러나 하지의 특사 격인 송진우는 그 이튿날 새벽 암살되었고 (…) 하지는 송진우 암살의 배후로 김구를 지목"[982]했다. 당시 하지는 김구와 임정을 남한에서 공산주의를 저지하고 분쇄하는 반공의 방파제로 삼고자 했다. 하지만 브루스 커밍스는 "(하지가) 김구와 그의 지지자들에게 경호원, 미제 차량 및 한국의 전통적 왕실법도(王室法道) 사용권을 주었으나 이제는 배반당한 것이다. 김구는 실패로 돌아간 쿠데타뿐만 아니라 귀국한 지 얼마 안 되어 하지의 신임을 받는 고문 송진우 암살을 조종했다"[983]고 주장했다.

1945년 12월 30일 벌어진 군정 협력의 파트너이자 보수우익의 거두 송진우 피살은 미군정에도 더없는 충격이었다. 하지 중장과 아놀드 군정장관은 경악을 금치 못했다. 송진우의 장례식에서 하지 중장은 "조선은 송진우 씨의 불행한 별세로 말미암아 큰 손실을 가져왔을 뿐만 아니라 조선 독립을 하루빨리 할 수 있는 기회를 잃었고, 오히려 독립하기 위하여 좀 더 많은 시련을 필요로 하게 될 것"[984]이라고 조문(弔文)했다. 군정 협력으로 공산세력을 분쇄·척결해서 민주 건국의 정치적 토대를 구축하려 했던 송진우의 죽음은 남한 공산화를 저지하고 민주 건국을 지지하는 미군정 측에도 치명적인 손실이었다. 하지 중장도 송진우 암살을 계기로 김구와 임정이 살인과 폭력을 정치 수단으로 삼는 비열한 "테러리스트 집단"[985]이라는 사실을 확인했다.[986]

진상과 쟁점

송진우의 일생은 투옥과 박해, 유혹과 모함의 가시밭길이었다. 그는 교육자, 언론인, 정치가로서 지용(智勇)을 겸전(兼全)했던 정치적으로 촉망받는 지도자급 인물이었다.[987] 정치적 독립을 위해 민족주의로 무장하고, 겨레의 자유와 권리를 신장하고자 민주주의를 신봉했으며, 백성들의 경제적 자립을 위한 민생주의를 추구했고, 민족의 문화적 독립을 위한 민문주의(民文主義)를 구국과 독립의 사상적 토대로 삼았다.[988] 일제도 송진우가 성품과 행실이 매우 교활한 인물이며, 〈동아일보〉에 배일 기사를 게재해서 조선인의 독립사상을 고취하고자 획책한다고 불평했을 정도였다. 어느 일본인 고관도 "송진우란 자는 참으로 상대하기 곤란한 자다. 간단히 다룰 수 없는 인간"[989]이라고 한탄했다.

다음에는 송진우 암살을 둘러싼 몇 가지 쟁점을 검토해보자.

첫째, 송진우 암살의 배후를 둘러싼 논의다.

박태균은 재판 결과와 정황 증거로 보더라도 "해방정국의 암살 사건

중 가장 미궁에 빠져 있는 사건은 송진우 암살 사건"990이라고 주장했다. 그러면서도 (1) 미군정의 이상한 침묵과 무관심, (2) 직감수사(直感搜査) 등 경찰의 이해할 수 없는 태도, (3) 지나치게 가벼운 형량을 선고한 재판부, (4) 송진우와 같은 입장의 이승만은 왜 무사했는지 등 여러 의혹을 제기했다.991 암살단 두목 한현우에게 총기와 자금을 제공하고 송진우 암살을 사주했던 전백에 대해서도 '베일에 싸인 인물'로 치부했다. 또 당시 세간에 널리 유포된 임정 배후설은 전혀 사실이 아니고, 한현우는 "김구를 중심으로 하는 임시정부 계열과는 어떤 연결고리도 갖고 있지 않았다"992며, 송진우 암살의 최대 수혜자 혹은 배후는 이승만이라고 주장했다.

하지만 한현우가 1948년 9월 〈국제신문〉과 나눈 옥중 인터뷰에서 '대한임정 지지자'라 밝혔다는 사실과 김구·한독당과 동일한 정치노선이었고, 1975년 12월 「나의 반탁 투쟁기(3)」에서 김구가 마포형무소 간부들에게 자신을 의열 청년이라 추켜세웠던 사실, 1950년 7월 출옥 직후 한국독립당 방문 및 핵심 간부들(김학규·조완구)과의 친밀한 관계를 고려할 필요가 있다. 더구나 김구 직계인 김영철과 그 하수인 전백은 한현우에게 총기와 자금을 제공하고 송진우 암살을 사주한 장본인이다. 1955년 서울특별시경찰국이 생산한 『한국정당사·사찰요람』에 따르면, "김구는 대한보국의용단(大韓輔國義勇團) 단원 전백(全伯)이란 자에게 지령하여 송진우를 암살하게 했다. 전백은 현장에서 한현우를 지휘하여 송(宋)을 살해했다"993고 적시했다. 박갑동은 당시 조선공산당은 "송진우를 암살한 배후 세력이 김구라고 단정했다"994고 증언했다. 요컨대 한현우는 직간접으로 김구 및 임정과 긴밀한 관계였고, 이들의 사주를 받고 송진우를 암살했던 것은 결코 부정할 수 없는 사실이다.995

더구나 1945년 12월 29일 제2차 경교장 회의에서 임정이 결성한 '신탁통치반대 국민총동원위원회'가 발표한 행동 강령 제1호는 '신탁 순응자는 반역자로 처단하자'는 것이었다. 이는 송진우 암살을 지령하는 살생부(殺生簿)나 다름없었다. 리차드 로빈슨은 조병옥이 "김구가 암살자를 고용하여 그를 죽였다"[996]고 고백했다고 주장했고, 브루스 커밍스도 1986년 저작에서 "송진우를 죽인 한현우는 후에 송진우가 미국의 후견을 지지한 것이 자신의 저격 동기였다고 말했다. 다른 증거는 한현우를 김구와 연결시켰다"[997]고 주장했다. 그는 2001년 저작에서도 "한국에 돌아왔을 때, 김구는 중국에서의 공적 때문에 여기저기서 '자객(刺客, killer)'이라 불렸다. (…) 김구의 첫 번째 주요한 행동은 한국민주당 당수 송진우 암살을 공작함으로써 '자객'이라는 칭호가 사실무근이 아님을 보여주었다"[998]고 언급했다. 송진우 암살의 배후는 늙은 테러리스트 김구였다.[999]

둘째, 암살 동기를 둘러싼 논의다.

1975년 10월 한현우는 송진우 암살 동기와 관련해서 "한국민주당 당수 송진우는 우리 민족이 근대국가와 민주정치를 가져본 경험이 없기 때문에 선진국의 지도를 받아야 한다고 주장했다. 신탁통치는 선진국의 정치적 지도를 받는 훈정의 의미에서 수용해야 한다고 역설했다. (…) 한민당과 그 관련자들은 피살된 후 오늘날까지도 그가 신탁통치에 찬성한 사실이 없다고 부정했다. 그러나 이는 자파에게 불리한 오점을 감추려는 비열한 변명에 지나지 않는다. 송진우는 모스크바 3상회의 결의가 정식으로 알려지기 이전부터 우리 민족이 연합국의 신탁통치를 받는 것을 당연시했다. 이것은 온 세상이 다 아는 사실이다"[1000]라고 주장했다. 요컨대 송진우가 신탁통치 결정에 찬성했기 때문에 암살했다는 주장이다.

하지만 1945년 12월 당시 송진우와도 막역한 사이였던 신도성(愼道晟)은 1993년 "고하를 암살한 한 씨는 테러리스트이며, 그가 고하를 찬탁주의자이자 매국노로 몰고 있는 것은 자신의 행동을 정당화하기 위한 새빨간 거짓말에 불과하다"[1001]며, 송진우는 반탁을 주장한 민족주의자라고 주장했다. 실제로 1945년 12월 29일 자 〈동아일보〉에 실린 국민대회준비위원장 송진우의 담화는 '최후까지 투쟁하자'는 것이었다. 송진우와 김구의 갈등은 반탁 혹은 찬탁 여부가 아니라 반탁의 방법을 둘러싼 의견 차이였다.[1002] 더구나 비상한 머리와 뛰어난 정치적 감각을 지닌 송진우가 당시 정황에서 찬탁을 운운한다는 것은 한마디로 어불성설이다. 한현우는 "방법론적 차이로 송진우가 신탁통치를 지지한다는 소문"[1003]에 부화뇌동했고, 전백의 사주를 받고 송진우를 암살했다.[1004]

당시 송진우만이 아니라 여운형과 박헌영도 과격한 반탁운동의 정치적 함의를 잘 알고 있었다. 이들은 일찍이 스탈린의 야심을 간파했고, 만약 한국인들이 모스크바 결정을 거부할 경우 소련이 북한을 위성국으로 만들어 남북분단이 불가피할 것임을 알았다. 박갑동은 "사실 신탁통치를 제안한 것은 미국인데도 불구하고 전국적 반탁운동의 불꽃 속에서 우익 보수진영에 이렇게도 송진우의 식견을 알아주는 사람이 없는가"[1005] 해서 무척 안타까웠다고 증언했다. 강원용 목사도 "돌이켜 보면 송진우 같은 사람이 오히려 합리적인 판단을 하고 있었던 것이 아닌가 한다. (…) 만약 그때 우리가 굴욕을 참고 인내심을 가지고 신탁통치에 대해 달리 대응했더라면 자주적인 독립정부를 세웠을 가능성이 있지 않았을까"[1006]라고 회고했다.

이는 신탁통치에 합리적으로 대응했다면 남북분단을 피할 수 있었을 것이라는 아쉬움이다.

셋째, 김구와 임정이 반탁투쟁에 앞장섰던 동기를 둘러싼 쟁점이다.

박태균은 "반탁운동을 가장 적극적으로 주도한 것이 바로 김구를 중심으로 한 임시정부의 요인들이었다. 나라가 독립된 마당에 다시 외국에 의한 신탁통치를 받아야 한다는 것은 심정적으로 용납될 수 없는 것"[1007]이었다고 주장했다. 또한 김학준도 임정 세력은 "모스크바 합의를 신탁통치의 하나로 보았고, 신탁통치를 받아들인다는 것은 자신들이 걸어온 독립투쟁의 길 자체를 부정하는 것으로 여겼다. 그리하여 탁치는 민족자결의 원칙과 민족적 자존심에 비추어 볼 때 받아들일 수 없으며, 한국의 실정에 대한 오해에서 비롯된 것으로, 국제협약에 어긋나는 조치"[1008]였다고 주장했다. 요컨대 김구의 반탁운동은 독립투쟁의 연장이자 임정 법통에 입각한 '사실상의 정부'에 의한 '정권수립'의 제1단계라는 주장이다.[1009]

하지만 김구가 "전 민족이 투쟁하자"[1010]며 반탁운동에 앞장섰던 경위와 관련해서는 전혀 다른 증언이 존재한다. 박갑동에 따르면, "경교장 2층 백범 방은 황금색 비단으로 도배한 방이었다. (…) 백범은 화제가 별로 없고 어찌하면 대한 임정의 법통을 이 나라에 확립할까 하는 생각밖에 없는 것 같았다. 그는 양복을 잘 안 입고 늘 한복을 입고 있었다"[1011]고 증언했다. 나아가 김구는 "임정의 법통을 미국과 소련이 인정해주지 않는 데 참을 수 없는 모욕을 느끼고 있었다. 그래서 철저한 반미·반소였다. 그래서 남한에서 신탁통치로 인해 법통을 상실하지 않겠다고 임정 주석 김구가 생사를 걸고 반

테러리스트 김구

탁의 선두에 서게 되었다"[1012]고 주장했다. 요컨대 모스크바 결정은 김구와 임정의 입장에서 자신들이 명줄로 삼았던 임정의 법통을 부정하는 것이었고, 결코 용인하거나 수용할 수 없는 일이었다. 그 때문에 반탁의 최선두에 서게 된 것이다.

한편, 김구와 임정을 '봉건적 팟쇼'로 간주했던 북조선51기념공동준비위원회는 "그들(임정)은 인민을 위하여 조선의 독립과 조선 문제의 국제적 승인을 얻으려는 것이 아니요, 그들 개인의 지위욕과 통치 야망을 만족시키려는 데 있다. 그 사실적 증명이 이번 3국 외상회의가 조선 인민을 위한 가장 유리한 결정을 했음에도 불구하고 소위 '반신탁' 운동을 선동한 것은 그 결정 가운데 민주적인 임시정부를 민주적으로 새로 건설한다는 조문이 있음을 보고 '임정'이라는 간판과 그 주석 자리가 없어지게 되는 것을 분개해서 그와 같이 발광적으로 반대한 것"[1013]이라고 질타했다. 바꿔 말하면, 만약 모스크바 결정이 김구 임정을 신탁통치를 위한 민주적 임시정부로 인정했다면 이들은 모스크바 결정을 쌍수를 들어 환영했을 것이라고 조롱했다. 즉, 김구가 반탁투쟁을 선동하고 나선 것은 신탁이 바로 임정 법통을 부정하는 것이었기 때문이라는 주장이다.

어쨌든 반탁운동을 둘러싼 김구와의 갈등으로 임정봉대와 군정 협력을 통해 우익세력을 결집시켜 민주 건국으로 나아가고자 했던 송진우의 정치적 계산은 틀어지고 말았다. 김구에게 송진우는 "미군정의 앞잡이"[1014]이자 감히 임정에 맞서려는 도전자 혹은 역도와 다름없는 존재였다. 김구가 반탁투쟁에 앞장선 것은 1940년대 초반 국제공동관리론[1015]에 반대했다는 명분과 환국 당시 이미 임정 법통에 기초한 건국 플랜을 결정한 상황에서 거국적인 반탁운동을 통해정국 주도권을 장악하겠다는 정치적 심산이었다.[1016] 하지만 김구와 임정의 과격한 반탁운동은 국제정치를 무시한 정치적 야욕에 사로잡힌 근시안적 결정이자 정치적 헛발질에 불과했다. 결국 김구의 반탁운동은 스탈린의 정치적 야심에 휘둘리며 남북분단의 정치적 빌미만 제공했을 뿐이다.

갈무리

일정기에 송진우는 민족불멸, 일제필망, 독립필치의 정치적 신념을 굽히지 않은 울퉁불퉁한 인물이었다. 그는 민족주의, 민주주의, 민생주의, 민문주의를 사상적 기반으로 삼아 동아일보사를 자유혼(自由魂) 충만한 언론사로 키워냈다. 교육, 언론, 산업 등 민력(民力)의 배양만이 독립의 지름길이라며 신문명과 신학문을 열심히 배우고 익혀야 한다고 설파했고, 산술적 평등의 인민주의를 배격하고, 소시민적 자유주의를 신봉했다.[1017] 해방 직후 조선총독부의 통치권 인수 권유를 거부하고 한국 최초의 보수우익 정당 한국민주당을 창당한 보수우익을 대표하는 해방정국의 거물 정치인이었다.

송진우 암살 테러의 진상을 테러리즘 이론에 따라 정리하면 다음과 같다.

첫째, 테러의 피해자는 민간인 혹은 비전투원이다.

송진우는 1945년 12월 30일 괴한들의 총격을 받고 순사(殉死)했다. 해방정국에 발생한 정치 테러의 첫 희생자였다. 그는 1890년 전남 담양 출신으로 동경 정칙영어학교, 금성중학, 와세다대학을 거쳐 메이지대학 법과를 졸업했다. 중앙학교 학감과 교장을 역임했고, 1919년 3·1운동 기획자 가운데 한 명이었다. 1921년부터 〈동아일보〉 사장으로 조선인의 민족정신을 일깨우는 정신적 근대화를 위해 고군분투했다. 그는 정치적 결단에 신중하면서도 일단 정한 원칙에는 무척 완고한 정치가였다. 해방 직후에는 임정봉대와 군정협력의 기치를 내걸고 한국 최초의 보수우익 정당인 한국민주당 창당을 주도했고, 우익 세력을 결집시켜 좌익세력 타도에 앞장섰다. 이러한 송진우의 죽음은 "민족의 비극이요, 국가의 불행"[1018]이었다.

둘째, 테러의 목표는 정치지도자들이다.

송진우는 철저한 민족주의자였고, 투철한 자유민주주의 신봉자였으며, 일정기 자생적 근대화 세력을 대표하는 인물이었다. 그는 1945년 12월 28일 모스크바 협정과 반탁운동을 둘러싸고 김구와 격돌했다. 반탁·반미의 이상론을 주장하는 김구와 달리 그는 반탁·친미의 현실론을 주장했다. 그는 김구의 과격한 반탁운동을 두고 "국민을 총동원해서 연합국을 모두 적으로 만드는 것은 어리석은 짓"[1019]이라며 반대했다. 그는 훈정기를 통해서 한국인의 자치능력을 배양·향상시켜 자유민주주의 정부를 수립하고자 노력했다. 송진우는 한국 최초로 친미·반공의 정치이념을 정립시키고 "극동에서 공산주의 민족해방투쟁에 대결"[1020]하는 미국의 극동 정책에 적극 호응하고 나섰던 해방정국의 걸출한 경세가였다.

셋째, 테러의 수단은 극적인 공포 효과를 달성하기 위한 폭력의 선택이다.

1945년 12월 30일 새벽 송진우는 민족주의 광신자 한현우와 그 일당이 난사한 총탄을 맞고 순사했다. 이들에게 총기, 자금, 정보를 제공하고 암살을 지령한 배후는 김구 직계 김영철과 그의 하수인이었던 임정 예하 대한보국의용단 소속 전백이었다. 본명이 전병구인 전백은 경남 양산 출신으로 중국 건국광동대학을 거쳐 국민당 정부 첩보기관 남의사 요원으로 활동한 인물이었다. 한현우는 전백의 지령을 받고 애초 여운형과 박헌영을 암살하려던 계획을 변경해 송진우를 암살했다. 그럼에도 전백은 살인 공모가 아닌 살인방조 죄목으로 5년 징역형을 선고받았을 뿐이다. 이런 경량 처분의 배경에는 김구와 그 일당이 사법 테러를 자행했고, 그 때문에 사법관들이 크게 움츠러들었기 때문이다.

넷째, 테러의 동기는 범죄적 폭력과 달리 민족, 이념, 종교 등 정치적 신념에 동기화된 폭력이다.

1945년 12월 29일 김구와 임정은 제2차 경교장 회의에서 찬탁론자는 반역자로 간주해서 처단할 것을 결의했다. 이는 반탁·친미를 주장하는 송진우를 겨냥한 결정이었다. 송진우 암살 테러의 동기는 반탁과 찬탁 여부가 아니라 법통 임정의 결정에 반대했다는 지극히 단순한 이유였다. 송남헌의 지적과 같이 송진우 암살은 "너무나도 허무맹랑한 동기에서 빚어진 것"[1021]이었다. 송진우 암살을 계기로 그동안 한민당이 내세운 임정봉대가 김구의 정치적 공덕심을 과대평가하고 비민주성을 과소평가한 한낱 정치적 환상에 불과했음이 드러났다. 송진우 암살 테러는 정치적 신념과 무관한 범죄적 폭력에 불과했다.

다섯째, 테러의 의도는 거대한 공포의 확산이다.

반탁은 애국이요, 찬탁은 매국이라 선동했던 김구는 '민주적 절차를 거쳐 임시정부를 새롭게 수립한다'는 모스크바 결정에 반대했다.

"신탁통치로 인해 임정 법통을 상실하지 않겠다"[1022]거나 건국의 주체는 임정이어야 한다고 강변했다. 송진우는 법통 임정을 무시하는 "김구와 맞선 김구의 적"[1023]으로 간주되었다. 그런 김구를 두고 북한에서도 "오늘까지 배운 것이 살인이요, 남은 것이 살인인데 (…) 무슨 염치로 애국과 민주를 말하는가"[1024]라고 질타했을 정도다. 요컨대 송진우 암살 테러는 임정의 권위를 부정한 반(反)임정주의자의 최후를 전시하는 일종의 정치적 협박이었다.

8

겉치레 공산주의자,
여운형

1947년 7월 19일 오후 1시경 '남조선민주주의민족전선' 의장 겸 '근로인민당' 당수 몽양(夢陽) 여운형(呂運亨, 62세)이 혜화동로터리에서 괴한의 총격을 받고 즉사하는 암살 테러가 발생했다. 이 사건은 당시 평북 영변 출신 미성년자 한지근(韓智根, 19세)의 단독범행으로 종결되며 많은 의혹을 남겼다. 하지만 1974년 공범자들이 자수하면서 사건의 진상이 백일하에 드러났다. '신당 2인조(한현우·신동운)'가 '영변 3인조(한지근·김훈·유예균)', '화성 2인조(김흥성·김영성)'와 공모해서 자행한 계획적이고 조직적인 암살 테러였다. 이들에게 무기, 정보, 자금을 제공한 일당은 김영철과 신일준 등 모두 김구·한독당 계열이었다. 그렇다면 여운형은 누구이며, 그는 왜 암살 테러의 표적이 되었는가? 암살자들은 언제, 어디서, 어떻게 암살을 모의하고 실행했는가? 이 장에서는 여운형 암살 테러의 동기, 심리, 행동을 실증 분석한다.

암살의 추억

먼저 여운형 암살 테러를 기획하고 사주했던 한현우(韓賢宇)의 회고를 살펴보자. 한현우는 1945년 12월 30일 여운형과 박헌영 암살 테러를 계획했다가 한독당 소속 김영철과 전백(全栢)의 사주를 받고 한민당 수석총무 고하 송진우를 암살한 민족주의 광신자였다. 그

[8-1] 몽양 여운형.

는 1947년 2월 대법원 최종심에서 15년 징역형을 받고 마포형무소에 수감되었다. 한독당 집행위원장 김구의 비호와 형무소 간부들의 특혜 덕분에 그의 수형 생활은 큰 불편이 없었다. 그런데 놀랍게도 그는 마포형무소 수형 생활 중에도 자신을 옥바라지하던 신동운을 사주, 공모

해서 여운형을 암살했다.

1976년 2월, 한현우는 여운형 암살 테러의 진상을 담은 수기를 『세대』라는 잡지에 실었다.[1025] 그 내용을 정리해서 소개하면 다음과 같다.

1947년 7월 여운형 피살사건은 1945년 12월 모스크바 3상회의에서 결정된 신탁통치 문제 때문에 발생했다. 여운형이 신탁통치를 지지·협력하지 않았다면 피살사건은 일어나지 않았을 것이다. 여운형은 왜 굴욕적인 신탁통치를 그렇게도 열광적으로 지지하게 되었을까? 여운형도 모스크바 결정이 발표될 당시에는 신탁통치를 반대했다. 그런데 1주일이 지난 1946년 1월 3일경 조선공산당 박헌영과 함께 신탁통치 지지 입장으로 돌아섰다. 알아보니 신탁통치는 후진국에 대한 선진국의 지도(指導)·후견(後見)과 같아서 마땅히 받아들여야 한다는 주장이었다.

하지만 자타가 공인하는 거물급 정치인 여운형이 당초 신탁통치를 잘 몰랐고, 그래서 신탁통치를 반대했다는 주장은 무의미한 변명에 불과했다. 신탁통치 문제는 이미 1945년 10월부터 미국 국무성 극동부장 빈센트가 한국에서 신탁통치를 실시할 예정이라고 발언하면서 조선 정계에서 문젯거리가 되고 있었기 때문이다. 그런데도 여운형이 신탁통치라는 중대한 정치적 사안을 모르고 있었다면 그는 정치 지도자로서는 실격이다. 더구나 신탁통치가 선진국의 지도·후견이어서 용인해야 한다는 주장이 진심이었다면, 이 또한 조국과 민족에 대한 중대한 모욕이다. 왜냐하면 신탁통치를 수용한다는 것은 우리 민족이 자립·자존 능력이 결여된 미개민족임을 인정하는 폭론(暴論)이기 때문이다.

여운형이 반탁에서 찬탁으로 전향했다면, 그것은 한마디로 남한 적화 세력의 전략적 요구 때문이었다. 당시 여운형 일당은 남한 사회를 부르주아 민주주의 혁명 단계로 파악했지만, 이는 공산주의 적화 혁명을 위한 정책과 주장을 의식적으로 분식한 것에 불과했다. 그 때문에 사회 일반에서 여운형은 중도주의자 혹은 애국적 민주주의 지도자로 인식되었다. 당시 북한의 김일성과 그 일당은 남한 사회에 적화 세력을 부식해서 사회경제적 혼란과 불안을 조성하면 혁명적 환경과 조건이 쉽게 성숙할 것이라 믿었다. 그 와중에 신탁통치 결정은 적화 혁명을 급진전시키는 정치적 기회였다. 김일성은 여운형에게 찬탁에 동조할 것을 요구하고 설득했다. 여운형은 적화 혁명을 위한 전략적 차원에서 김일성의 지시와 설득을 받아들였고, 반탁에서 찬탁으로 돌아섰다.

그런데 남한 좌익진영 가운데 가장 열심히 찬탁 운동을 주도한 인물이 바로 여운형이었다. 그는 본래 뛰어난 웅변가였고 풍채도 좋아서 청년 대중들의 인기를 한 몸에 받았다. 그의 영향력 때문인지 점차 신탁통치의 굴욕감과 반대의식도 희미해졌다. 1946년 5월 결렬되었던 제1차 미소공동위원회(US-Soviet Joint Commission, 이하 미소공위)가 1947년 5월 재개되었다. 제1차 미소공위를 결렬시켰던 소련 측이 반탁 진영의 정당·사회단체의 미소공위 참가 반대 주장을 철회했고, 찬탁을 표명한 정당·사회단체의 참가를 인정했기 때문이다. 그 때문에 한민당을 비롯한 약 425개 정당·사회단체가 찬탁으로 돌아섰고, 미소공위 참가 자격을 획득했다. 이제 남은 반탁 진영은 김구 주석의 한독당과 몇몇 극우 정당·사회단체에 불과했다.

테러리스트 김구

신탁통치가 실시될 기미를 보이자 모든 정당·사회단체가 찬탁으로 쏠렸다. 민족적으로도 인간적으로도 허무하고 부끄러운 일이 아닐 수 없었다. 한현우는 어떻게든 찬탁을 저지할 것을 결심했다. 1947년 5월 제2차 미소공위 개회 당시 그는 마포형무소 독방에 갇힌 신세였다. 그래서 6월 말부터 단식을 시작했고, 그 소식이 옥내외(獄內外)로 알려졌다. 형무소 측의 배려로 바로 그다음 날 옥바라지 신동운(申東雲)이 특별면회를 왔다. 한현우는 단식 이유를 설명하는 한편, 반탁 진영의 무위무책을 질타했다. 방책을 묻는 신동운에게 그는 찬탁 수괴 여운형을 처단해야 한다고 갈파했다. 사자(獅子)는 죽어도 싸우다가 죽어야 한다며 결사적인 반탁 투쟁을 강조했다. 몸이 쇠약해진 한현우는 7월 상순 병감으로 옮겨졌다.

　1947년 7월 19일 저녁 놀랍게도 여운형 피살 소식이 들려왔다. 처음에는 긴가민가했지만, 한현우는 신문 호외를 보고서야 사실임을 알았다. 당시 청년학도들 사이에서 여운형의 인기는 하늘을 찔렀기 때문에 소련 측은 신탁통치 임시정부 수반으로 여운형을 지지했고, 미국 측도 좌익진영 인사 가운데 여운형을 민주인사라며 신뢰했다. 신탁통치가 실시된다면 그는 틀림없이 임시정부 수반이 될 수 있었다. 그런데 여운형이 암살되자 소련 군정은 제2차 미소공위의 결말도 없이 서둘러 평양으로 철수하고 말았다. 좌파진영도 우두머리를 잃고 광란 상태에 빠져들면서 보복과 폭동을 획책하다가 자멸하고 말았다. 제2차 미소공위의 파탄으로 신탁통치 문제도 없던 일이 되고 말았다.

　한현우가 여운형 피살사건의 진상을 알게 된 것은 1950년 7월 출옥 이후였다. 그가 복역 중일 때 바깥일은 신동운이 맡아서 처리했다. 피살사건에서 적극적인 역할을 담당한 인물은 신동운과 한지근이었고, 그 바탕에는 여러 선배와 동지들의 후원과 협력이 있었다. 저격수를 자원했던 한지근은 한현우가 직접 지도하거나 훈련하지는 않았지만, 투옥 이후 한현우의 집을 제 발로 찾아와서 대열에 참가한 청년이었다. 한지근은 여운형 피살사건 공판정에서 한현우를 열렬한 민족주의자이자 애국자라고 치켜세우며, 자신도 한현우의 뒤를 따르겠다고 발언하기도 했다. 25세 전후의 한지근은 평안도 출신으로 본명은 이필홍(李弼弘)이며, 훌륭한 집안의 우수한 청년이었다.

한지근은 어떻게 여운형의 거처와 행로를 알아내고 노상에서 저격했을까? 배광호(裵光浩)에 따르면, 제2차 미소공위 와중에서 여운형은 거금이 필요했고, 명륜동에 거주하는 정무묵(鄭武默)에게 2천만 원의 정치자금을 요구했다. 7월 상순 정무묵은 관상가를 불러 여운형의 장래를 살피게 했다. 그 고명한 관상가는 예전부터 그들을 각별하게 후원해온 희당(希堂) 최일영(崔一永)이었다. 그는 여운형의 관상을 보더니 정권은커녕 조만간 죽어나갈 운수라며, 한 번 더 관상을 볼 것을 권했다. 동지들이 여운형을 노린다는 사실을 알게 된 희당은 여운형이 정무묵의 명륜동 집에 한 번 더 들를 때 노상에서 습격할 것을 제안했다.

신동운과 한지근은 희당의 연락을 기다리며 매일 종로, 을지로에서 명륜동 정무묵 집까지 도로와 길목 등 저격 장소를 물색했다. 결국 혜화동로터리를 최적지로 선정하고, 자동차로 왕래하는 여운형을 저격하기로 했다. 저격수로는 한지근이 발탁되었다. 7월 19일, 운명의 날이 밝았다. 정무묵이 여운형을 점심 식사에 초대한 날이었다. 여운형이 탄 자동차가 혜화동로터리에서 감속하자, 한지근은

테러리스트 김구

그때를 놓치지 않고 자동차 뒤편 범퍼에 올라타서 여운형을 저격했다. 그런데 공교롭게도 여운형이 탄 자동차 앞에 트럭 한 대가 길을 막아서면서 저격을 더 쉽게 만들었다. 트럭의 출현은 사전에 계획된 것이 아니라 순전히 우연이었다. 한현우는 '돌이켜 생각해보면 여운형 피살은 운명'이라고 했다.

여운형은 누구인가?

여운형은 1886년 4월 경기도 양평 묘곡(또는 묘골)에서 여씨 가문 경파(京派)의 종손으로 출생했다. 일가는 8대에 걸쳐 묘곡에 세거(世居)했고, 당시 20여 명의 가솔과 10여 명의 노복을 거느린 양반가였다.[1026] 조부와 부친 형제들 가운데 동학당에 가담해서 정부군에 대항한 사람이 있었으며, 그때마다 산간벽지로 피신했고, 가세도 기울게 되었다.[1027] 1891년 이래 한학을 수학했고, 1900년 신학문에 뜻을 두고 배재학당에 입학했다. 1901년 민영환이 설립한 흥화(興化)학교를 거쳐 1902년 관립 우체학교에 진학했다. 1905년 을사보호조약이 체결되자 우체학교를 자퇴하고 항일운동에 투신했다. 향리 양평에서 국채보상을 위한 단연운동(斷煙運動)을 일으켰다.

1905~1906년 모친, 조부, 부친을 연이어 잃었다. 1907년 기독교에 입교했고, 선교사 도움을 받아 향리 양평에 기독동광학교(基督東光學校)를 세우고 농촌계몽운동을 시작했다.[1028] 1908년 1월 원각사(圓覺寺)에서 「대한의 장래」를 주제로 한 도산 안창호의 연설을 듣고 큰 감명을 받았으며, "오늘날 조선인은 몽매파(蒙昧派), 절망파(絶望派), 회의파(懷疑派)가 있지만, 진정 애국을 위해 일하는 자는 없다"[1029]

는 주장에 감격했다. 안창호와의 운명적인 만남은 1919년 이후 상해로까지 이어졌다. 1908년 3월 부친 삼년상을 마치자 상투를 자르고 조상들의 신위를 땅속에 묻었고, 노비문서를 불태우고 노복들도 해방했다.[1030]

1910년 강릉 초당의숙(草堂義塾)과 평양 장로교신학교를 거쳐 1914년 9월 선교사 언더우드의 소개를 받아 남경 금릉대학(金陵大學) 영문과에 입학했다.[1031] 1917년 대학을 중퇴하고 상해에서 미국인 선교회가 운영하는 협화서국(協和書局)에 취업했다. 1918년 11월 미국 윌슨 대통령의 특사 찰스 크레인(Charles Crane)과의 만남을 계기로 파리강화회의에 「조선독립청원서」를 제출하게 되었다.[1032] 이 때문에 장덕수, 조동우, 신국권, 김규식 등과 이른바 "벼락정당"[1033] 신한청년당(新韓靑年黨)을 결성하고, 김규식(金奎植)을 단장으로 대표단 파견에 진력했다. 1919년 4월 대한민국임시정부(이하 임정) 수립에 참여해 의정원 의원과 외무부 차장이 되었지만, 수개월 만에 그만두었다. 1920년 7월 이후에는 상해 한인 거류민단 창설과 발전에 힘을 쏟았다.[1034]

1919년 11월 19일부터 27일까지 일본 정부 초청을 받고 동경을 방문했다.[1035] 일본은 상해 독립운동가들 가운데 폭넓은 인적 연망을 갖는 여운형과 접촉해서 조선 통치에 도움을 얻고자 했다.[1036] 당초 여운형의 동경행을 두고 임정 내부적으로 격론이 일었지만, 안창호와 춘원 이광수의 찬성과 지지를 받아 동경행을 결단하고 목포 하의도(荷衣島)에 유배 중이던 장덕수를 통역으로 동행했다.[1037] 동경에서는 육군대신 다나카 기이치[田中義一] 대장 등 거물들과 회견했다. 1919년 11월 27일 제국호텔에 내외신 기자 등 500여 명이 운집한 가운데 여운형은 조선의 독립은 "세계의 대세이자 신(神)의 의사이며 (…) 조선인도 일본 국민과 동일하게 생존을 위한 자유와 권리를 가진다"[1038]고 역설했다. 동경 방문은 여운형이 민족지도자의 반열에 올라서는 정치적 사다리였다.[1039]

1921년 1월 임정 국무총리 이동휘가 고려공산당을 결당하자 여운형은 김립, 이한영, 김만겸, 조동우와 함께 입당해 푸른 당증을 갖게 되었다. 당 중앙위원회 번역부 위원으로 조선어판 최초의『공산당선언』과『공산주의 ABC』등을 번역·출판했다.[1040] 1921년 11월 모스크바에서 열린 원동피압박민족대회에서 레닌(Vladimir Il'ich Lenin)과 회견했고, 중국 국민당 지도자 손문(孫文)과도 인적 연망을 맺었다.[1041] 그는 1921~1922년에 있었던 레닌과의 2차례 회견을 회상하며, "레닌은 지금 민도가 저도(低度)하기 때문에 공산주의를 실천하는 것은 잘못이다, 지금은 민족주의를 실천하는 것이 옳다고 하였다. 레닌의 주장은 내가 이전부터 가지고 있었던 주장과 완전히 부합되는 것이었다"[1042]고 밝혔다. 이후 여운형은 평생에 걸쳐 러시아혁명 영웅 레닌을 자신의 허접한 사상과 혁명 이력을 분식(粉飾)하는 극장정치의 미장센으로 적극 활용했다. 1921년 5월 이래 여운형은 안창호와 함께 임정 개혁을 위한 국민대표회 소집을 주도했다. 그 일로 김구 등 임정 옹호파는 "여운형을 일본 스파이로 간주해서 사람 취급을 하지 않았다".[1043] 1925년 말 김구는 여운형 부부를 폭행하기까지 했다.[1044]

1920년대 여운형은 러시아 관영 타스(TASS) 통신 상해 특파원 자격과 아울러 중국 국적을 취득해 여유롭고 안정적인 생활을 했다. 1926년 국민당 제2차 전국대표대회에 참석해서 국민당 우파의 장개석(蔣介石), 좌파의 왕정위(王精衛) 그리고 소련 고문 보르딘과 중국혁명을 논의하기도 했다.[1045] 1929년에는 상해 복단(復旦)대학 축구팀을 인솔하고 싱가포르와 마닐라 등 동남아 각지를 순회했다. 필리핀에서는 아시아의 피압박민족 지도자들과 교류하며 국제정치의 현황과 아시아 민족의 해방을 주장했다.[1046] 1929년 7월 여운형은 상해 공동 조계 공설운동장에서 일본영사관 경찰들에게 체포되어 나가사키를 거쳐 조선으로 압송되었으며, 1930년 5월 경성복심법원에서 치안유지법 위반으로 3년 징역형 처분을 받았다. 1931년 모범수 표창을 받은 그는 1932년 7월 가석방되어 대전형무소에서 출옥했다.

여운형은 1933년 2월 〈조선중앙일보〉 창간과 함께 초대 사장에 취임했다. 이는 "독립운동을 하지 않겠다"[1047]는 전향서를 써야만 가능한 일이었다. 이후 그는 우가키 가즈시게[宇垣一成] 총독과 친분을 맺었다. 신문사는 경영방침대로 자산가와 양반층의 비리에 단호하고 노동자, 농민, 학생운동을 변호하며 대중의 지지를 폭넓게 받았고, "적색신문"[1048]이라는 세평을 얻기도 했다. 하지만 임정을 지지하고 후원하는 장개석을 비난한 사설 때문에 사회적 물의를 빚기도 했다.[1049] 여운형은 1934년 '조선체육회' 회장과 '조선아세아협회' 고문으로 활동했으며, 1936년 8월 손기정 선수의 '일장기 말살사건'으로 사장직에서 물러났다.[1050] 여운형은 〈조선중앙일보〉 사장을 거치면서 수많은 청년, 학생을 이른바 '여운형 신자'로 거느리게 되었다.

그는 1938~1945년 8~14차례에 걸쳐 일본을 왕래하며 '아세아 협회'를 비롯한 특무기관 수뇌부와 빈번히 접촉했다.[1051] 그는 중국 사정에도 밝아서 중국 국민당 장개석과 왕정위는 물론 공산당과도 광폭의 인적 네트워크를 갖추는 등 이른바 "조선인 마당발"[1052]로 회자되었다.[1053] 일본 수뇌부는 그런 여운형을 중국과의 화평공작에 중개자로 활용하려 했다. 여운형은 당시 범아시아주의 사상가 오카와 슈메이[大川周明]와 "정견이 일치"[1054]하면서 친분을 쌓았고, 도조 히데키[東條英機]와 고노에 후미마로[近衛文麿] 등 거물급 정객들과도 화평공작을 의논했다.[1055] 1941년 말에는 동아회(東亞會) 고문으로 대화숙(大和塾)과도 긴밀한 관계를 맺었다. 그러던 중 1942년 11월 시모노세키에서 유언비어 유포 및 혹란죄(惑亂罪)로 검속되었다. 주위 동료들에게 일본의 패전과 조선 독립을 운운했기 때문이다.[1056]

1943년 7월, 여운형은 1심에서 징역 1년에 집행유예 3년의 유죄판결을 받았다. 전쟁 국면의 시국적 상황을 고려하면 중범죄인데도 집행유예 판결을 받은 것은 여운형이 (1) 현재 완전히 민족주의적 감정을 청산하고 금후 완전한 황국신민으로 적극적으로 국가에 봉공할 것을 맹세했고, (2) 시국이 중대한 상황에서 피고인이 대일 협력에 나선다면 조선 청년 학생층에게 무척 중대한 영향을 미칠 것이고, (3) 피고인이 제반 정황을 고려해 집행유예 은전을 탄원했기 때문이다.[1057] 1943년 2월 여운형은 재판부 앞으로 "조선 민족의 관념을 완전히 청산하고 적신(赤身)이 되어 총독의 명령에 복종하고 당국에 협력해서 국가를 위해 헌신할 것을 맹세한다"[1058]는 장문의 전향서와 '포연탄우 속에 문필로 보답하고(砲煙彈雨又勁筆), 나라 위해 일신을 바칠 것을 청한다(爲國請纓捨一身)'는 내용이 담긴 자작시를 지어 제출했다.

1943년 10월 이래 여운형은 학도지원병 권설운동(勸說運動)에도 앞장섰다. 그는 "일어나라 학도여, 우리들 이천오백만 동포가 참다운 황민(皇民)으로서 사느냐 죽느냐"[1059]의 문제라며 독려했다. 그러자 1946년 2월 10일 자 〈대동신문〉은 1943년 11월경 여운형이 〈경성일보〉에 게재했던 「학도여 전열(戰列)에 서라」[1060]는 기고문을 게재하고 '친일 제1호 여운형의 충성, 친일의 활증(活證)을 보라'는 기사를 실었다. 또 1946년 2월 17~18일 자에는 "반성하는 여운형의 고백"[1061]이라는 제하의 기사를 게재하기도 했다. 여운형은 1944년 6월에는 조선총독부 정무총감 엔도 류사쿠[遠藤柳作]에게서 중일 화평공작에 앞장서줄 것을 요청받았고, 1945년 6월엔 안재홍과 어용 정당 "조선대중당"[1062] 창당에 앞장서기도 했다.[1063] 하지만 마약밀매 사건에 연류되면서 모두 없던 일이 되고 말았다. 동생 여운홍도 오랫동안 임정으로부터 조선총독부 밀정 혐의를 받았다.[1064]

여운형의 친일 협력에 대해서는 미군정기 검찰총장과 대한민국 초대 법무장관을 역임한 이인(李仁)의 증언이 남아 있다. 해방 직후 여운형은 경성지방검사국 조선인 서기를 찾아와서 1943년 2월 재판부에 제출했던 전향서와 시문 그리고 조선대중당 및 마약밀매사건 관련 서류 일체를 찾아달라고 부탁했다. 그러자 서기는 "몽양이 그의 불명예스런 기록을 말살하려는 흉계(凶計)인 듯해 복잡해서 찾지 못하겠다며 거절했다"[1065]고 밝혔다. 요컨대 여운형은 1937년 중일전쟁 이래 친일 협력을 본격화했고, 일제와 천황에 대한 진충갈력(盡忠竭力)을 맹세했다. 그런 그가 해방 직후 치열한 정쟁의 여러 마당에서 한민당을 비롯한 우파 정당과 사회단체를 친일 매국노라고 삿대질했고, '친일파의 정계 퇴출'을 부르짖었으며, 원산지도 불분명한 자유와 진보를 입에 올렸던 것이다.

공산혁명에 매진하겠소!

8월 15일 해방의 감격은 혼란과 혼돈의 다른 말이었다. 해방 직후 민중 앞에 출현한 여운형은 당당하고 탁월한 풍채와 우렁찬 목소리로

테러리스트 김구

신비적 마력을 발휘했다. 그는 타고난 자질을 정치적 자산으로 삼아 수많은 청년 학도를 '여운형 신자'로 만들고 민족지도자의 반열에 올랐다. 해방직후기에 여운형의 굵직한 정치 행적은 (1) 1945년 8월 조선 건국준비위원회 위원장, (2) 1945년 9월 조선인민공화국 부주석, (3) 1945년 11월 조선인민당 당수, (4) 1946년 2월 민주주의민족전선 의장, (5) 1946년 7월 좌우합작위원회 좌익 수석대표, (6) 1947년 5월 근로인민당 당수로 구별된다. 이 가운데 해방직후기에 커다란 족적을 남긴 (1), (2), (5)를 중심으로 여운형의 정치 행적이 미친 파장과 결과를 살펴보자.

첫째, 여운형은 1945년 8월 조선건국준비위원회 위원장을 맡았다.

1945년 8월 15일 오전 8시경 여운형은 필동 소재의 조선총독부에서 엔도 정무총감을 만났다.[1066] 엔도는 "늦어도 17일 오후 2시경까지는 소련군이 경성에 들어올 것"[1067]이라며, 일본인의 생명과 재산을 보호하는 치안 협력을 요청했다.[1068] 그러자 여운형은 이를 즉시 수락하고 (1) 정치범과 경제범 석방, (2) 3개월분 식량 확보, (3) 정치활동 절대 불간섭, (4) 청년 학생의 훈련 및 조직의 절대 불간섭, (5) 건국사업에 노동자와 농민을 동원하는 데 대한 절대 불간섭을 요구하고 나섰다.[1069] 엔도 총감이 당시 조선인 유력자로 손꼽히는 송진우, 김성수, 윤치호 등이 있는데도 좌익 성향의 여운형을 낙점한 것은 "당시 조선 민중들 사이에 명성이 높고 (…) 나와의 깊은 우정 관계"[1070] 때문이었으며, 또한 소련군 진주와 민중 폭동이 예상되는 상황에서 여운형이야말로 적격자였기 때문이다.[1071]

'소련군 진주설'은 여운형에게 급격한 심경 변화를 일으키는 "중대한 계기"[1072]가 되었고, "모든 계획이 거기에 따라 변경"[1073]되었다.[1074] 곧바로 건국동맹의 사회주의 세력, 민족주의 좌파 세력, 장안파 조선공산당 세력, 재건파 조선공산당 세력이 연합한 조선건국준비위원회(이하 건준)가 결성되었다.[1075] 여운형의 급격한 좌향좌는 바로 "소련군 진주설"[1076] 때문이었다. 김준연에 따르면, 8월 15일 아침 10시쯤 창덕궁 앞길에서 여운형과 마주쳤는데, '일본 놈들한테서 정권을 물려받는 건 민족 반역의 어리석은 짓'이라 쏘아붙이자 여운형은 "그럼 좋소. 나는 공산혁명에 매진하겠소!"[1077]라며 결연한 태도를 보였다고 한다.[1078] 8월 16일 오후에는 소련군 진주설에 현혹된 약 10만 명의 환영 인파가 붉은 깃발을 펄럭이며 서울역으로 마중을 나갔다가 허탕 치고 돌아서는 어이없는 소동이 벌어지기도 했다.[1079] 한번 기울어버린 여운형의 사상과 이념의 저울추는 다시는 균형을 회복할 수 없게 되었다.[1080]

건준은 결성 사흘 만에 여운형이 폭행 테러를 당하면서 위원장 자리가 비고 말았다. 실권을 장악한 부위원장 안재홍은 민족주의 우파와 합작해서 민족통일전선 결성의 체제 재편에 착수했지만, 민족진영과 공산진영 사이에 형성된 불신의 벽을 넘지 못한 채 9월 4일 건준을 탈퇴하고 '국민당'을 창당했다. 건준 부위원장은 조선공산당 계열의 허헌(許憲)이 대신했다. 1945년 8월 30일 전국적으로 약 145개의 건준 지부가 조직되었고, 이는 당시 221개 군(郡)의 58.7%에 상당했다.[1081] 건준의 깃발은 전국 방방곡곡을 뒤덮었다.[1082] 건준 지부는 9월 6일 '조선인민공화국' 수립과 동시에 '인민위원회'로 재편되었고, 건준 중앙집행부는 8월 18일부터 9월 6일까지 총 3차례에 걸쳐 간부진을 교체했다. 이는 우파 세력 배제와 좌익 세력 약진을 특징으로 했다.[1083] 건준은 "공산주의 잡배들에게서 환골탈태하면서 인민공화국이라는 마(魔)의 협곡(峽谷)으로 전락"[1084]했고, 조선총독부의 통제를 벗어난 이른바 "프랑켄슈타인과 같은 괴물"[1085]이 되고 말았다.

둘째, 여운형은 1945년 9월 조선인민공화국 부주석 자리에 올랐다.

1945년 9월 6일 여운형은 경기여고 강당에서 '전국인민대표자대회'를 개최하고 (1) 자주독립국가 건설, (2) 일제와 봉건잔재 세력 일소, (3) 세계 민주주의 국가와의 제휴라는 3대 강령을 내걸고 '조선인민공화국(이하 인공)' 수립을 선포했다.[1086] 임시의장을 맡은 여운형은 득의만면한 어조로 "이 혁명자의 회합에서 혁명적 방법으로서 조선의 정통정부가 탄생한 것"[1087]이라고 선언했고, 민주정권 수립을 위해 "모든 봉건적 잔재 세력과 반동적 반민주주의 세력과도 과감한 투쟁을 전개하자"[1088]고 선동했다. 여기서 봉건적 잔재 세력은 중경 임정을, 반동적 반민주주의 세력은 당시 창당 작업에 착수했던 한민당을 가리킨다. 송진우는 그런 여운형을 가리켜 "피를 흘리지 않고 정권을 탈취하겠다는 야망을 지니고 나선 일본 제국주의의 주구"[1089]라고 거칠게 비난했다.

인공 수립은 건준위원장 여운형과 조선공산당 책임비서 박헌영의 합작품이었다. 이들이 인공 수립을 서두른 데는 "9월 8일 미군이 인천에 상륙한다는 정보를 입수한 그들이 '인민공화국'을 선포하고 그 정부를 수립해놓으면 미군이 입성한 후에 그것이 '기성사실'로 인정될 수 있을 것이고, 만일 인정되지 않을 경우에는 인민공화국이라는 국가적 조직을 이용해서 과감한 항쟁을 시도"[1090]하겠다는 정치적 계산이 깔려 있었다. 인공은 주석 이승만, 부주석 여운형, 국무총리 허헌, 내무부장 김구, 문교부장 김성수 등 조각 명단을 발표했는데, 이는 거국체제를 위장하기 위해 민족진영 인사들의 명의를 도용한 '사기내각'이자, 대중을 눈속임하는 "여운형의 기만책"[1091]이었다. 명단에 이름을 올린 52명 가운데 38명(72%)이 공산당 계열이었다.[1092] 실제로 인공의 실세는 박헌영이었고, 여운형은 허수아비에 불과했다.[1093]

1945년 10월 10일 미군정 아놀드 민정장관은 "38선 이남 조선 땅에는 미군정이 있을 따름이고 그 외에는 다른 정부가 존재할 수 없다. 만일 고관대작을 참칭하는 자들이 흥행 가치조차 없는 괴뢰극 배우라면, 그들은 즉시 괴뢰극을 집어치워야 마땅하다"[1094]고 비난했다. 하지 중장도 10월 16일 성명서에서 여운형을 "사기극을 조종하는 사기꾼이자 괴뢰정부의 수괴"[1095]라고 비난했다.[1096] 여운형 측근들조차도 인공 수립을 "자궁외임신"[1097] 혹은 "상상임신(想像姙娠)"[1098]이라고 자조(自嘲)했을 정도였다. 요컨대 인공은 해방정국의 주도권을 거머쥐려는 여운형이 꾸민 강렬한 권력욕의 흉계였고, "사상누각에 불과한 건준을 보수·중건하기 위해 꾸며낸 해방정국 최악의 괴물"[1099]이었다. 인촌 김성수도 "밥상은 몽양이 차려놓고 그걸 먹은 사람들은 공산당"[1100]이었다고 한탄했다.

셋째, 여운형은 좌우합작위원회 수석대표를 맡았다.

1946년 3월 20일 제1차 미소공동위원회의 공동회담이 열렸다. 하지만 양측은 정당·사회단체 참가 문제로 대립했고, 5월 21일 아무 성과도 없이 회담이 결렬되었다.[1101] 1946년 6월 초순 미군정은 여운형과 김규식을 앞세워 좌우합작을 추진했다. 기획자는 미국 국무성 극동국 소속 윌리엄 랭던(William Langdon)이었고, 실행자는 하지 중장의 정치보좌관 레너드 버치(Leonard M. Bertsch) 중위였다.[1102] 하지 중장은 여운형을 "대단한 가능성(Immense Possibilities)을 지닌 인물"[1103]로 간주했고, 두 차례에 걸쳐 700만 원의 정치자금을 제공했다.[1104]

당시 미군정 요원이었던 로버트 키니(Robert Kinney)는 좌우합작과 관련해 "만일 우리가 중도파를 제외하고 이승만과 김구 등 극우세력을 지지한다면 중도파들은 공산당과 합류해서 큰 세력이 되는지도 모른다. 하지만 우리가 중도파를 지지한다 해도 민족주의 우익 세력은 공산당과 합작할 리 없기 때문"[1105]이라고 주장했다.[1106]

여운형도 좌우합작을 지지하고 나섰다.[1107] 좌우합작의 동력은 김규식이 아니라 대중적 인기를 누리던 여운형이었다.[1108] 7월 말 좌익계 합작 5원칙과 우익계 합작 8원칙이 격돌했고, 양측이 절충해 '합작 7원칙'에 합의한 것은 1946년 10월 7일이었다.[1109] 하지만 합작 7원칙도 토지개혁과 친일파 척결 등 주요 쟁점에서 큰 차이를 보였다.[1110] 박헌영은 좌우합작이 좌파 세력의 고립·약화를 의도한 미국의 음모에 휘말리는 "관제적 합작"[1111]이라며 합작 7원칙까지 싸잡아 비난했다. 일찍부터 유상매수·유상분배 토지개혁을 정강으로 채택한 한민당도 제3조 유상몰수·무상분배 토지개혁에 반대했고, 좌우합작파를 정권욕에 사로잡힌 탄색(炭色) 분자, 기회주의적 존재, 남로당 대변인이라고 비난했다.[1112] 미군정도 합작 7원칙에 입각한 정부 수립은 공산화를 의미한다며 좌우합작위원회의 좌경화를 우려했다.[1113]

합작 7원칙은 좌우익 양측으로부터 거센 비난을 받았다.[1114] 극한 좌우 대립의 와중에서 중간파 주도의 좌우합작은 '정치적 협잡'에 불과했다. 1946년 9월 남로당이 주도한 전국 총파업과 10월 대구 폭동은 여운형을 궁지로 몰았고, 좌익 진영으로부터 '미제국주의의 앞잡이'라는 비난을 받았다. 11월 23일 좌익 3당 합당(조선공산당·조선인민당·남조선신민당)으로 남조선노동당(이하 남로당)이 탄생했지만, 여운형은 이에서 배제되는 정치적 파국을 맞았다. 김규식도 우익진영에서 좌익으로 몰리는 수모를 당했고, 10월 8일 한민당도 총무 겸 합작위원회 대표 원세훈이 중견 당원 270여 명과 탈당하는 직격탄을 맞았다.[1115] 좌우합작위원회는 1947년 7월 여운형 암살의 충격과 10월 김규식 중심의 '민족자주연맹' 결성으로 12월 16일 '정치적 자살'을 선언하고 물러섰다.

요컨대 여운형은 좌우합작 와중에도 38선을 넘나들었다. 하지만 애당초 좌우합작에 반대했던 소련 군정은 여운형을 두고 "좌경화한 우익 인사의 합작운동"[1116]이라고 폄훼했다. 여운형은 미군정의 좌우합작을 역이용해 김일성 및 소련 군정과 남북합작을 획책했다. 그 때문에 1947년 8월 하지는 조선을 방문한 웨드마이어 특사에게 "여운형은 죽을 때까지 공산주의자들과 협력했다. 그는 흰 백합이 아니라 대단히 음흉한 인물"[1117]이라고 혹평했다. 여운형은 "자신의 정치적 야망을 위해서 소련 군정만이 아닌 미군정을 활용하려다가 실패"[1118]했고, 그 때문에 미소 양측으로부터 '미운 오리 새끼' 취급을 받았다. 결국 여운형은 1946년 12월 4일 "좌우합작·합당을 단념하면서"[1119]라는 자기 비판문을 발표하고 정계 은퇴를 선언했다.[1120] 하지만 이 또한 여운형이 정치적 위기에 처할 때마다 즐겨 써먹은 정치적 꼼수였다.[1121] 실제로 1947년 5월 제2차 미소공위의 재개와 함께 여운형은 슬그머니 정계 복귀를 획책했다. 자연스럽게 정계에 발을 들여놓을 수 있는 절호의 기회였기 때문이다. 하지만 여운형이 김일성의 지령을 받고 근로인민당을 만들려 한다는 소문이 나돌기 시작했다. 이 소문을 퍼뜨린 장본인은 바로 박헌영의 남로당이었다. 여운형은 사로당과 남로당 합당을 결렬시키고도 마치 남로당이 명분도 없이 합당을 반대한 것처럼 호도한 적이 있었다. 남로당으로서는 여운형이 우익보다 더 미운 기회주의자로 여겨질 수밖에 없었다. 가뜩이나 좌우합작에 곱지 않은 시선을 보내던 박헌영은 1947년 1월 초순 여운형이 김일성을 만나고 돌아가 근로인민당 창당을 시도하자, 이 또한 남로당에 백해무익한 기회주의적 정치 집단이 될 것으로 판단해 "김일성의 지령으로 창당한다"[1122]는 소문을 내버렸다. 실제로 여운형은 1947년 5월 김일성과 그의 남한 총책 성시백(成始伯)의 도움을 받아 근로인민당을 창당하고 정치활동을 재개했다.[1123] '아니 땐 굴뚝에 연기 나랴'는 속담대로 소문은 사실이었다.

극장정치의 달인

여운형은 해방 직후 역사에 커다란 족적을 남긴 거물 정치인이다. 그럼에도 여운형만큼 극단의 평가와 훼예(毀譽)가 엇갈리는 인물도 없다. 친일 매국노, 정치적 사기꾼, 괴뢰정부의 수괴, 우유부단한 지도자, 민족 분열주의자, 정치적 기회주의자, 김일성의 앞잡이, 친소 공산주의자라는 부정적 평가와는 정반대로 민족의 잃어버린 거성, 절세의 애국자, 영원한 스승, 레닌에 버금가는 세기의 혁명가, 진보적 민족주의자, 진보적 민주주의자, 민족적 사회주의자라는 호의적 평가가 엇갈리는 극단의 스펙트럼을 보인다. 실제로 여운형의 정치사상은 뜬구름 같아서 최측근들조차 도대체 갈피를 잡을 수 없었다.[1124] 그 때문에 여운형은 오랫동안 진면목이 미스터리한 정치인이었고, 그의 정치사상도 의문투성이였다.

다음에는 여운형의 정치사상과 정치적 포지션을 살펴보자.

첫째, 인물됨과 정치 스타일이다.

여운형은 풍모가 비범하고 희대의 웅변가이며, 젊은 세대를 감화시키는 신비한 마력을 타고난 인물이었다.[1125] 주위 사람들의 평가를 종합하면, 그는 당당한 풍모와 세련된 매너에 "지식도 해박할 뿐만 아니라 영어 회화도 능통"[1126]했지만, 자기 자랑이 많고, 감정에 쉽게 이끌리고, 생각이 모호하고, 배짱이 없으며, 감동적인 연설에도 불구하고 알맹이를 남기지 못했다.[1127] 인촌 김성수의 지적대로 "몽양은 당당한 풍채에 능변이었고 인기 있는 지도자 중의 하나였지만, 정치적인 신념과 소신이 결여된 것이 흠"[1128]이었다. 1930년대 전반 〈조선중앙일보〉 시절 여운형은 매달 수십 건의 결혼식 주례를 비롯해 유명 학교의 입학식과 졸업식 축사를 도맡아 했고, 신문·잡지 광고모델로도 활동했다.[1129] 그 때문에 "여운형은 동서남북 네 바람에 다 춤을 춘다"[1130]는 조롱도 들었다. 어쨌든 그렇게 해서 수많은 청년과 학생을 "몽양교 신자"로 삼을 수 있었다.

여운형을 혁명가라기보다는 연극배우 자질을 타고난 인물이라 주장하는 이란에 따르면, "몽양은 공산주의라는 것을 배고프고 헐벗은 사람을 도와주는 것"[1131]이라고 관념했고, '소련 사회가 아니라 자본주의 사회에서 살면서 자본주의를 비난하고, 노동자와 농민을 위한다며 인기를 모으는 것에 만족을 느끼는 스타일'의 정치인이었다. 또 "몽양은 돈 쓰기를 좋아해서 돈이 생기면 호텔에 유(留)했죠. 식성이 좋으셔서 잘 자시고, 양식 자실 때 칼질도 잘하시고, 잘 입고, 잘 먹는 타입으로 공산당과는 무척 거리가 멀었다"[1132]고 증언했다. 더구나 음지가 아닌 양지의 마음을 지닌 배우 자질을 타고났기 때문에 "미소공위 때 스티코프의 손도 잡고, 미국 대표 브라운의 손도 잡을 수 있었다"[1133]고 꼬집었다. 여운형은 무산계급을 대표한

다면서도 마카오 신사 차림의 겉치레와 고급 승용차를 타고 다니며 정치무대의 슈퍼스타를 행세했다.[1134]

여운형은 연설을 앞두고 "그날의 양복과 넥타이 색깔부터 그렇고, 머리를 깎고, 하여튼 극적 효과를 노리는 사람"[1135]이었다. 연설에서는 "남들이 눈물을 흘리기 전에 자기 자신이 먼저 흘렸고"[1136] 퍼포먼스에도 무척이나 신경을 썼던지 "나의 제스처가 어떠냐고 묻곤 했어요"[1137]라고 이란은 증언한다. 또 "몽양은 문장가도 아니지만, 연설할 때 써먹을 어휘를 가지고 있어요. 좋은 단어를 발견하면 기억해두었다가 꺼내서 꼭 써먹었죠"[1138]라며, 그 천재적인 수완에 혀를 내둘렀다. 1980년대 소설 『노다지』의 작가 선우휘도 값싼 인기를 얻으려고 설쳐대는 여운형의 연극정치에 넌더리를 내며, "미친년 널 뛰듯 하는 걸 보고 이 사람 큰일 낼 사람"[1139]이었다고 지적했다. 요컨대 여운형은 대중의 심리를 파고드는 동물적 감각과 타고난 배우 자질을 활용해서 청년 학생층을 유혹하는 꼼수정치의 달인이었다.[1140] 이영신의 지적대로 여운형은 "국가나 민족을 위해서가 아니라 자신의 명예와 영달을 위해 대중 앞에 나서기를 즐기는 기회주의자"[1141]였다.

둘째, 정치 철학과 노선이다.

1947년 8월 3일 당수 여운형의 장례를 치른 근로인민당은 향후 당 노선을 둘러싸고 논쟁을 벌였다. 여운형의 노선을 계승하고 진로를 결정하기 위해서는 그의 정치노선을 올바로 규정해야 했기 때문이다. 정백(鄭栢)이 "여운형이 공산주의를 신봉했으니 근민당도 계속해서 공산당 노선을 추종해야 한다고 주장"[1142]하자 당원들은 우레와 같은 박수로 호응했다. 반면, 최근우(崔謹愚)는 정백의 주장을 정면으로 부정하고 여운형은 민족주의자라고 강변했고, 역시 당원들이 열렬한 박수로 동조했다. 한바탕 소극(笑劇)을 방불케 했던 이 장면은 추종자들조차 여운형의 정체를 제대로 파악하지 못했음을 시사한다. 근로인민당 좌파는 여운형을 공산주의자로, 우파는 민족주의자로, 중간파는 중도주의자라고 제멋대로 상상했다. 박갑동의 힐난처럼 여운형은 잔바람에도 쉽게 흔들리는 인물로 뿌리 깊은 거목이 결코 아니었다.[1143]

　여운형의 공산주의자 논란에 대해 살펴보자. 송진우는 "몽양은 내가 보기에는 공산주의자가 아니오. (…) 공산주의자도 못되면서 공산주의자 노릇"[1144]을 한다고 개탄했다. 더구나 자신의 정치사상을 드러낸 논문 한 편 없었고, 체계적 이론도 없이 그저 혁명을 들먹거리는 말꾼이었다. 공산화를 위해서는 높은 산업화 수준과 광범위한 노동 대중의 존재가 불가결하다며 그에 선행하는 부르주아 혁명만 운운했다.[1145] 이와는 달리 강직한 볼셰비키, 공산주의의 이론꾼이자 파쟁꾼인 박헌영은 산업화 수준이나 노동자의 수와 무관하게 이념적으로 잘 단련된 공산주의 정수분자를 동원한 권력 찬탈을 목표로 삼았다. 그는 앙시앵레짐(Ancien Régime)의 사회를 일거에 뒤엎고 곧바로 사회주의 혁명으로 직진해야 한다는 레닌주의자이자 또는 스탈린주의자였다.[1146] 그 때문에 여운형은 독자적 정치 세력화에 실패할 수밖에 없었고, 좌익의 헤게모니를 박헌영에게 넘겨주고 말았다. 이경남의 지적대로 죽 쑤어 뒤늦게 달려온 진짜 "붉은 개에게 몽땅 진상하는 꼴"[1147]이었다.

　당시 여운형이 구상하던 건국 플랜은 남한의 좌우합작(제1단계)을 남북합작(제2단계)으로 연계시켜 통일정부(제3단계)를 구성하는 것이

　　　　　　　　　　　　　　　　　　　　테러리스트 김구

었다.[1148] 소련 군정과 교섭력을 지렛대로 삼아 좌익의 헤게모니를 장악하는 한편, 이를 미군정에 대한 협상력 제고에 활용한다는 것이 그의 정치적 계산이었다.[1149] 1946년 9월 제4차 월북 당시 여운형은 "나는 좌익진영으로부터 이탈하고 싶지 않지만, 북조선과 박헌영이 나를 불신하는 것이 느껴진다. 반면에 미국인들은 나를 신임한다"[1150]는 발언을 서슴지 않았다.[1151] 그는 미군정의 판단대로 "좌우익에 양다리를 걸치고 곡예"[1152]을 부렸고, 정치적 기회주의로 일관했다.[1153]

박헌영은 김일성과의 대화에서 "김일성 동지는 여운형을 잘 모른다. 여운형은 대중 선동을 좋아하는 야심가이고, 철저한 친미주의자이며 부르주아 민주주의자이다. 여운형은 좌우합작을 끄집어내면서 3대 원칙을 제시했는데 첫 번째로 부르주아 민주주의 공화국을 세운다고 하지 않았느냐. 또 그는 출신 자체가 양반 지주 출신"[1154]이라고 비난했다. 바꿔 말하면, 박헌영은 여운형의 허접한 정치사상과 기회주의적 정치 행동을 경멸하고 불신했다. 박헌영과 여운형은 결코 서로 섞일 수 없는 물과 기름과도 같았다. 실제로 1946년 8월 여운형은 미군정 앞으로 좌우합작을 반대하고 나서는 박헌영을 체포하라고 요청했을 정도다.[1155] 박헌영은 10월 6일 서둘러 월북해야 했고, 평생 김일성의 식객 노릇을 감수해야 했다.

여운형은 1946년 2월부터 12월까지 5~7차례에 걸쳐 38선을 넘나들었고, 남한 정국과 임시정부 수립, 좌우합작, 좌익 3당 합당 등 굵직굵직한 정치적 현안을 숙의했다.[1156] 월북 횟수와 시기에 대해 1982년 한민성은 1946년 5월부터 1947년 봄까지 총 7차례, 1993년 중앙일보 특별취재반은 전 조선노동당 고위 간부를 지낸 서용규의 증언을 인용해 1946년 2·4·7·9·12월 총 5차례를 주장했고, 전 조선 노동당 고위 간부 박병엽은 제1차(1946년 2월 10~11일)·제2차(1946년 4월 17~25일)·제3차(1946년 7월 31일)·제4차(1946년 9월 23~30일)·제5차(1946년 12월 28일~1947년 1월 10일경)를 주장했다. 여운형은 평양 나들이 때는 김일성 사택에 머물렀고, 융숭한 대접을 받았다.[1157]

1946년 7월 초순 여운형은 김일성의 권유에 따라 1남 2녀(여연구·여원구·여붕구)를 월북시켰다.[1158] 차녀 여연구는 소련 군정과 김일성의 도움을 받아 모스크바 유학을 떠났다.[1159] 이를 두고 박갑동은 "나는 만주 마적 출신의 김일성에게 자기 자식들을 인질로 보낸 여운형에게 실망하였습니다. 이때부터 여운형의 정치노선은 김일성의 앞잡이가 될 것으로 느끼고 그의 언동을 주시하게 되었습니다"[1160]라고 하며, 김일성이 만주에서 주로 써먹던 일종의 '인질 전략'이라고 혹평했다. 김일성이 여운형의 아들딸들을 인질로 삼았다는 사실은 그를 인간적으로 신뢰하지 않았음을 의미하는 한편, 그를 정치적으로 활용하겠다는 속셈을 드러낸 것과 같다.

여운형의 차녀 연구는 1948년 4월 남북협상 때, 그의 부인과 장남 붕구는 1950년 9월 월북했다. 여연구에 따르면, 1945년 말 하지 중장이 여운형에게 자녀들의 미국 유학을 권했다고 한다. 하지만 자녀들을 인질로 삼으려는 하지의 속셈을 간파한 부친이 북한을 통해 자녀들의 소련 유학을 추진했다고 여연구는 주장했다. 여연구를 비롯한 형제들은 1978년 김일성의 호출을 받고 주석궁에서 재회했다. 1980~1990년대 조국통일민족전선 서기장과 최고인민회의 부의장을 역임한 여연구는 "나는 나와 우리 가족을 감히 김 주석과 한 식솔로 여기는 데 버릇이 들었다. 그런데 1994년에 갑자기 김 주석이 별세하였다. 내 머리에 흰 서리 내리도록 주석님 앞에서 응석을 부리며 살아온 지난날이 못 견디게 그리워지고 내가 오늘까지 곡절도 풍파도 모르고 행복하고 보람 있게 살아온 것이 누구의 덕이었는가를 날이 갈수록 더 깊이 깨닫게 된다"[1161]며, 김일성에 대한 절절한 그리움을 토로하기도 했다.

셋째, 친일 협력이다.

해방 직후 여운형은 조선 민중들 앞에 등장해 좌익진영 정치 지도자 행세를 했다. 여운형의 급격한 정치적 부상과 변신은 일제와 불가분의 관련이 있다. 일제는 총 3차에 걸쳐 여운형이 정치적으로 비약하는 기회를 제공했다. 첫째는 1919년 11월 일본 정부 초청의 동경 방문이었다.[1162] 그는 일본 정계 거물들과 자리를 나란히 할 수 있었고, 제국호텔 기자회견에서 조선 독립의 당위성을 설파함으로써 여운형이라는 이름 석 자를 세상에 알렸다. 둘째는 1933년 2월 우가키 [宇垣] 총독의 후원을 받아 〈조선중앙일보〉 사장에 취임한 일이다. 언론사 사장이라는 타이틀과 타고난 연극배우 기질을 살려 그는 거물 정치인으로 부상했다. 셋째는 1945년 8월 15일 해방 직후 일본인의 생명과 재산을 보호하는 치안 협력은 여운형을 민족의 거성으로 거듭나게 해주었다.[1163]

미군정은 찰스 오리오단(Charles O'Riordan) 소령을 일본에 파견해 1946년 9월부터 1947년 1월까지 여운형의 친일 경력을 조사했다. 보고서에 따르면, 1940년대 여운형은 약 8~13회에 걸쳐 동경을 방문했고, 내각총리대신 도조 히데키[東條英機], 우가키 가즈시게[宇垣一成], 고이소 구니아키[小磯國昭] 등 고위층과 친분을 맺었다.[1164] 이들이 자신을 정치적으로 이용하고자 한다는 사실을 간파한 여운형은 "영리한 속임수를 써서 총독부의 입맛에 맞게 행동"[1165]했고, '제국의 브로커'로 행세했다. 그는 감언이설과 교묘한 술수로 이들의 환심을 샀고, 관계를 신화화해서 정치적 추종자들을 홀렸다. "권력 장악을 위해서라면 북한이든 소련이든 아무 진영과도 같이할 거라 믿었다"[1166]는 조선총독부 고위 관료의 지적과 같이 여운형은 정치적 목적을 위해서는 언제든 조국과 민족을 팔아넘길 수 있는 "친일 협력의 전설"[1167]이었다.

여운형이 "한국민들에게 자유를 주고 일본인들과 동등하게 대해 준다면 독립을 위한 자신의 투쟁은 헛된 것"[1168]이라고 발언했다는 전 총무총감 엔도의 증언과 같이 일제에 대한 여운형의 협력은 상상을 넘어선다. 더욱이 정치자금 수수도 조사 대상의 주요 항목이었다. 경무국장 니시히로 다다오[西廣忠雄]는 공산주의자들과 급진적 젊은 이들의 무질서를 막기 위해 여운형이 필요했고, "여운형의 위원회가 필요하다고 생각했기 때문"[1169]에 100만 엔의 정치자금을 제공했다고 시인했다. 그는 하지만 여운형이 약속을 지키지 않았고, 건국준비위원회라는 정치조직을 결성해 오로지 자신의 정치적 목적을 위해 활용했다고 폭로했다.[1170] 요컨대 "그는 오히려 미군정 시대보다 일본 점령 시대의 경찰과 더 좋은 관계를 유지했고, 러치 장군보다 우가키나 고이소와 더 가까웠던 인물"[1171]이었다.[1172]

혜화동로터리의 오셀로

여운형은 1945년 8월부터 1947년 7월까지 총 10회에 걸쳐 납치 및 폭행을 당했고, 1947년 7월 19일 혜화동로터리에서는 11번

테러리스트 김구

째 총격 테러를 끝내 피하지 못했다. 여운형의 피습 일지에 따르면, 1945년 8월 17일 오전 1시경 계동 자택 근처에서 정체불명의 괴한들에게 당한 몽둥이세례를 시작으로 폭행 테러가 꼬리에 꼬리를 물고 발생했다.[1173] 1945년 9월 원서동에서 계동으로 넘어오다가 길거리에서 괴한들에게 밧줄로 묶임을 당했지만, 마침 지나가던 행인의 구조로 위기를 모면했다. 1945년 12월 상순에는 황해도 백천온천에 들렀다가 괴한 피습 소식을 듣고 여관을 옮기는 소동도 있었다. 1946년 1월에는 괴한들이 창신동 친구 집을 피습했지만 마침 부재중이어서 무사했다. 1946년 4월 18일에는 관수교 인근에서 괴한들에게 포위되었다가 행인의 도움을 받아 무사했다.

1946년 5월 하순에는 종로 대로변에서 괴한들에게 포위돼 격투 끝에 행인에게 구출되었다. 1946년 7월 17일 오후 9시 30분경 신당동 친구 집 앞에서 괴한 5~6명에게 납치되어 장충동 뒷산으로 끌려갔다가, 교살 직전 기지를 발휘해 100여 척의 낭떠러지 아래로 굴러떨어져 위기를 모면하기도 했다.[1174] 믿기 힘든 일이지만, 여운형은 청년 시절 단련한 인왕산 웃대 택견 기본 품세인 활갯짓으로 비탈길 경사면을 짚고 구르면서 충격을 완화할 수 있었고, 마침 산 아랫마을에 거주하는 주민과 동지의 구조를 받아 위기를 모면했다고 자랑했다. 1946년 10월 7일 저녁에는 계동 자택 문 앞에서 납치되었지만, 스스로 결박을 풀고 위기에서 벗어났다. 1947년 3월 17일에는 계동 자택의 구들장 폭파사건이 있었지만, 마침 부재중이어서 무사했다.[1175] 1947년 4월 혜화동로터리에서 괴한의 총격을 받았지만, 총탄이 빗나가 목숨을 부지할 수 있었다.[1176]

이른바 '몽양교 신도' 가운데 한 명인 이란은 여운형의 테러에 대해서도 흥미로운 증언을 남겼다. 그는 "이 양반은 어떻게 보면 큰 배우 같아. 오셀로(Othello)가 죽는 모양으로 죽으면서도 연극하고 죽을 양반이야. 이 양반은 혁명가라기보다는 스포츠맨에다가 연극배우 소질을 타고난 사람"[1177]이라고 주장했다. 수차례에 걸친 테러에도 여운형은 이를 "질투와 시기"[1178]로 간주해 대수롭게 않게 여겼다. "오히려 내가 인물이니까 당했지 하는 식으로 일종의 영광으로 생각했고, 우리한테 상처를 보이는 것을 좋아하실 정도여서 심지어 테러당하신 것이 거짓이 아니었나 의심날 정도로 유쾌하셨어요. 케네디와 같이 50만 명 앞에서 극적으로 맞아 죽는 것을 좋아하실 타입의 인간"[1179]이었다고 이란은 폭로했다. 여운형의 신변에는 항상 "죽음의 그림자"[1180]가 따라다녔다. 최측근 이만규도 빈발하는 여운형의 테러를 이렇게 논평했다.[1181]

> 혁명가에게 테러는 향기로운 꽃에 꾀어드는 해충과도 같다. 테러가 혁명가를 해치고 죽이는 일이 많다. 레닌이 테러를 당했고, 송교인(宋教仁)이 죽었다. 혁명가에게 흔히 테러가 따르는 것이다. 그러므로 혁명가는 목숨을 잃을 각오를 가져야 하고 동시에 할 수 있는 대로 이 테러를 피하여야 한다. 나비가 앉은 꽃에 시경(詩景)이 높아지는 것과 같이 테러로 오히려 혁명가의 인망이 높아지는 경우도 많다. 혁명가는 테러를 당할수록 뜻이 더 굳세지고 계획이 더욱 주밀해진다.

이만규의 언설은 여운형이 러시아혁명 영웅 레닌에 비견되는 위대한 혁명가이기 때문에 테러의 표적이 되었다는 주장일 뿐이다. 그의 동생 여운홍도 "몽양은 정치적 암살이 횡행하던 암흑의 계절에 숨겨간 민족의 태양이었다. (…) 그러한 형님이기에 잇따른 테러에도 불구하고 소신을 굽힐 줄 몰랐다"[1182]고 추켜세웠다. 하지만 작가 선우휘는 총 7회(좌익 소행 2회, 우익 소행 5회)에 걸친 테러는 정치색 비율과도 흡사해서 "중간에서 기울어 좌측으로 5도, 우측으로 2도, 그렇게 시계추처럼 좌우로 흔들리다가 결국 보다 더 거부적일 수밖에 없는 우익에 의하여 목숨을 잃고 말았다"[1183]고 밝혔다. 선우휘는 테러마저도 여운형의 어정쩡한 정치적 포지션에 비유했다. 박명제는 1946년 10월 7일 '합작 7원칙' 발표 당일 아침 납치되었던 여운형이 3일 만에 무사히 귀가했다는 사실을 두고 한 토막의 인소극(人笑劇)이자, "정치적 기교는 참으로 가관(可觀)"[1184]이라고 조롱했다.

1947년 7월 19일 토요일은 드디어 여운형 극장이 종막을 고하는 비극의 날이었다. 여운형은 전날 숙박했던 김인식(金仁植)의 집을 나와서 〈독립신문〉 주필 고경흠(高景欽)과 미국에서 한국사정소개협회 회장으로 활동하던 김용중(金龍中)과 작별 인사를 나누고자 성북동 김호(金平)의 집을 방문했다. 10시 30분경 임시 피신처 명륜동 정무묵 사랑채로 돌아왔고, 12시경 점심을 들었다.[1185] 오후 1시경 계동 자택에 들러 의복을 갈아입고 팔당(八堂)으로 가고자 '1938년형 스튜드베이커(Studebaker)' 검은색 리무진을 타고 나섰다. 오후 1시 15분경 혜화동로터리 우체국 앞에서 갑자기 트럭 한 대가 자동차의 진로를 가로막고 나섰다. 그러자 자동차는 감속했고, 곧바로 3발의 총성이 울렸다. 여운형은 그 자리에서 거꾸러지며 즉사했다. 한 발은 어깨 뒤쪽에서 심장을, 다른 한 발은 등 쪽에서 복부를 관통했다.[1186]

다음 날 여운형의 시체는 광화문 소재 근로인민당 당사에 안치되었다.[1187] 조문객이 끊이지 않았고, 각계각층 인사들로부터 조사(弔

詞), 조시(弔詩), 조가(弔歌)가 고인의 영전에 바쳐졌다.[1188] 7월 21일 북조선 민주주의민족전선과 북조선인민위원회 위원장 김일성도 대표를 파견해 조의를 표했다.[1189] 여운형의 장례식은 한국 최초의 인민장(人民葬)이었고, 장지도 북악산 기슭 우이동(牛耳洞) 태봉(胎峰)으로 정해졌다. 8월 3일 오전 당사 앞 광장에서 발인식이 거행되었고, 영구(靈柩)는 청년 당원 112명의 어깨에 들려 영결식장인 서울운동장으로 향했다.[1190] 민족의 태양, 인민의 사우(師友), 백세(百世)의 사표(師表), 세계평화의 위대한 헌신자 등이 적힌 깃발 부대가 뒤를 따랐고, 구경꾼들은 그의 영별(永別)에 조의를 표했다. "여운형 암살에 놀라운 정도로 냉담성"[1191]을 보였던 남로당 계열 민주주의민족전선과 서울시인민위원회 등은 여운형 장례식을 세력 과시에 적극 활용했다.[1192]

장례 행렬은 광화문과 종로 네거리 그리고 을지로를 거쳐 오전 11시 40분경 서울운동장에 도착했다. 최측근 이만규의 개식사에 따라 영결식을 거행했다. 하지 중장을 비롯해 미소공위 미국 측 수석대표 브라운 소장, 미소공위 소련 측 수석대표 스티코프 상장, 미군정장관 러치 소장, 주한 미국총영사 윌리엄 랭던, 주한 중국총영사 유어만(劉馭萬), 좌우합작위원회 수석대표 김규식, 정당·사회단체 대표 홍명희, 인민장의위원회 대표 장건상 등의 조사 낭독이 이어졌다. 유족 대표 여운홍의 답사와 함께 추도가를 합창하고 영결식은 끝났다. 장례는 남북통일이 되면 다시 치른다는 취지에 따른 가장(假葬) 형식이었다. 그래서 관(棺)도 목관이 아니라 철관(鐵棺)이었고, 시체 처리도 부패 방지를 위해 다량의 포르말린을 사용했다.

1990년 북한은 조국광복 40년을 기념해 조국의 자주적 통일에 이바지한 남과 북 그리고 해외 인사들을 표창하는 '조국통일상'을

테러리스트 김구

제정했고, 8월 15일 제1회 수여식에서 여운형을 수상자로 선정했다.[1193] 1990년 5월 최고인민회의 부의장으로 출세한 여운형의 차녀 여연구는 1991년 11월 '아시아의 평화와 여성의 역할'에 관한 남북한 여성토론회에 참석하기 위해 남한을 방문했고, 45년 만에 부친의 묘소에 참배했다.[1194] 당시 김일성 주석도 초대형 화환을 보내서 여운형을 추모했다.

대한민국 정부도 1965년부터 공식 추모식을 거행하기 시작했다.[1195] 2005년 건국훈장 2등급 대통령장, 2008년 1등급 건국훈장 대한민국장을 수여했고, 2011년 11월 경기도 양평군은 동향 출신의 위대한 정치가 여운형을 추모한다며 양서면 신원리에 생가를 복원하고 몽양기념관(夢陽記念館)을 세웠다.

체포·심문·재판

1947년 7월 23일 오후 2시경 여운형 살해범 한지근이 중구 저동 유풍기업사 2층에서 검속되었다.[1196] 7월 30일 오후 신동운(申東雲, 27세)도 공범 혐의를 받고 송진우 암살범 한현우의 신당동 집에서 체포되었다.[1197] 당시 한지근의 변호사로 활동했던 김섭이 편찬한 『여운형살해사건진상기』에 따르면, 한지근은 1929년 3월 평북 영변 출생으로 평양 기림(箕林)소학교를 거쳐 1946년 7월 영

[8-2] 강북구 우이동 여운형 묘소.

변 용문(龍門)중학을 졸업했다.[1198] 이후 가계의 농사일을 돕다가 임시인민위원회 폭압 정치에 반감을 품게 되어 1946년 10월 중학 동기 동창 김인천(金仁千)이 김일성 암살, 보안대 해체, 공산당 교란을 위해 결성한 비밀결사 '건국단(建國團)'에 가입했고, 송진우 암살 공범자 백남석(白南錫)을 소개받았다.

1947년 5월 한지근은 평양에서 김인천, 백남석과 함께 매국노·민족분열자·기회주의자 여운형 암살을 결의했다. 이들은 여운형을 두고 "건국준비위원회를 조직하였다가 소련을 조국이라고 하는 박헌영과 손을 잡았으니 매국노이고, 모스크바[莫府] 3상회의 결정을 결사반대로 반탁을 하더니 교묘한 선전으로 탁치를 지지하여 민족을 분열케 하였으니 민족분열자이고, 또 정치적 야욕을 위하여 때로는 반탁이오 때로는 찬탁이오 했으니 기회주의자"[1199]라고 규정하고 처단할 것을 맹세했다.

1947년 6월 26일 한지근은 권총 1정, 실탄 8발, 자금 3,500원, 약도, 여운형 사진을 지참하고 평양을 출발해 7월 1일 서울에 도착했다. 곧바로 신당동 한현우 집을 찾아가서 그의 아내 이봉득에게 백남석이 써준 소개장을 보였고, 신동운과 숙식을 함께하게 되었다.[1200] 다음 날부터 약도의 장소를 답사하고, 여운형과 그의 승용차를 확인했다. 7월 19일 오전 10시경 혜화동로터리에서 여운형이 탄 자동차가 우체국 앞 골목으로 들어가는 것을 확인하고 골목길 입구에서 대기했다. 오후 1시 15분경 약 시속 5마일(8m)로 서행하던 여운형이 탑승한 승용차를 추격했고, 우체국 앞 커브 길에서 권총 3발을 발사해 2발을 복부와 심장에 명중시켰다.[1201] 한지근과 신동운은 수차에 걸쳐 피의자 심문과 현장검증을 실시했으며, 8월 29일 수도경찰청장

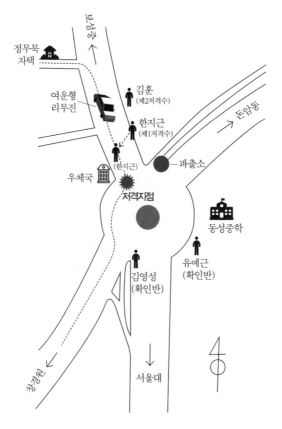

정무묵
자택

여운형
리무진

김훈
(제2저격수)

한지근
(제1저격수)

(한지근)

우체국

저격지점

파출소

동성중학

돈암동

보성중

김영성
(확인반)

유예근
(확인반)

창경원

서울대

[8-3] 혜화동로터리 여운형 테러 현장.

장택상은 여운형 피살사건의 진상을 발표했다.[1202]

9월 6일 한지근은 곧바로 기소되었지만, 신동우는 증거 불충분으로 석방되었다.[1203] 1947년 9월 27일부터 11월 4일까지 총 4차례에 걸쳐 공판이 열렸다. 그 과정에서 한현우 부인 이봉득과 중구 저동에 아지트를 제공한 김이홉, 수도경찰청 수사과장 노덕술(48세)을 포함한 10명이 증인으로 법정에 출두했다.[1204] 제3회 공판에서 검찰은 사형을 구형했지만, 제4회 선고 공판에서는 한지근 단독범행이라며 무기징역을 판결했다. 11월 7일 피의자 한지근은 판결에 불복해 상고했지만, 1948년 1월 14일 항소를 취하했다.[1205] 1948년 3월 29일 무기징역형이 최종 확정되었다. 한지근은 미성년자였기 때문에 개성소년형무소에 수감되었지만, 1950년 6·25전쟁 발발 직후 형무소를 점령한 북한군에게 끌려간 뒤 행방불명되었다.

거물 정치인 여운형의 암살이 홍안의 미성년이 자행한 단독범행이라는 사실에 장안은 발칵 뒤집혔다. 당시 담당 검사였던 조재천조차 "괴뢰의 지령을 받은 것이 확실하다"[1206]고 증언했고, 수도경찰청장 장택상도 도저히 19세로 믿기지 않는 굳센 신념, 조숙함, 비범함에 혀를 내둘렀다.[1207] 김섭 변호사도 "그렇게 순진하고 영특한 청년이 사람을 죽일 수 있다고 믿기지 않았다"[1208]고 증언했다. 1967년 여운홍도 "테러 직후 곧바로 여운형 테러를 알리는 모 단체의 벽보가 나붙었고, 범인의 외모와 공판의 태도는 도저히 미성년자라 믿기 어려웠다. 1948년 1월, 범인 성씨는 한이 아닌 김이고, 나이는 25세, 배후 조종자는 김영철(金永哲)이라는 투서를 받았다"[1209]고 회고했다.

그런데 놀랍게도 여운형 암살사건이 발생한 지 27년이 지난 1974년 2월, "저격범은 단독범이 아니고 우리 동지 다섯이 함께 계획하고 조직적으로 단행한 거사"[1210]라고 김흥성(金興成, 54세), 김영성(金永成, 49세), 김훈(金勳, 49세), 유용호(柳龍浩, 49세) 4명의 공범자가 주장하고 나섰다.[1211] 더구나 이들의 진술을 반박하고자 공범자 신동운도 모습을 드러냈다. 27년 만에 베일을 벗은 여운형 암살 공모자의 등장과 증언은 세간을 떠들썩하게 했다. 1947년 당시 한지근의 단독범행으로 종결되었던 사건이 공모자 4명과 신동운의 등장으로 새로운 국면을

테러리스트 김구

맞았다. 검찰은 공소시효 소멸로 형사소추 대상이 아님에도 사건의 진상을 가려 역사에 남긴다며 관련자 60여 명을 소환 조사했고, 최종적으로 조직적이고 계획적인 살인사건으로 결론지었다.

용문중학 출신의 한지근·김훈·유예근 '영변 3인조'가 신동운의 소개로 김홍성·김영성 '화성 2인조'를 처음 만난 것은 1947년 2월 14일 공판정에서였다.[1212] 이들은 경찰의 감시를 피하기 위해 1974년 5월경 유풍기업사 2층 아지트로 거처를 옮겼고, 6월경 "민족 분열을 막고 경거망동한 지도자를 각성"[1213]시키자며 여운형 처단을 결의했다. 결의 직후 임정 행동대원 김영철(57세)[1214]의 알선으로 혁신(革新)탐정사 양근환[1215]에게서 일제 99식 권총 1정을, 백의사 총사령 염동진에게서 미제 45구경 권총 1정을 입수했다. 1946년 3월 22일 자 소련 군정문서는 백의사가 "김구의 직접적인 지도하에 있다. 이 단체는 중국에서 돌아온 조선인들과 일부 청년단체 회원들을 포함한다"[1216]고 밝혔다. 실제로 김영철은 한현우와 그 일당이 체포된 직후부터 격몽의숙에 대한 사후 관리를 계속해왔다.[1217]

당시 한독당 계열의 '국민의회' 정무위원회 재정·훈련부장 신일준(辛一俊)은 "그날부터 한지근을 데리고 다니며 여운형이 나다닐 만한 장소를 익히도록 해주었고, 자객으로서 지켜야 할 몸가짐이나 접근 방법, 기타 범행에 필요한 제반 요령을 교육시켰다"[1218]고 했다. 한지근이 끝까지 흔들리지 않도록 격려하고 위로해준 사람도 신일준이었다.

이들은 신일준의 지휘를 받으며 약 1개월 동안 수차례 현장답사를 거치는 등 치밀하고 조직적인 암살계획을 수립했다. 한지근이 제1 저격수로 나선 것은 강한 의협심과 예민한 운동신경 그리고 남다른 침착성 때문이었다.

1947년 7월 18일 신동운은 "한독당 계열 인사가 자주 모이는 낙원동 경원여관"[1219]에서 여운형의 다음 날 일정을 확인했다. 7월 19일 (토) 오전 9시 30분경 유풍기업사 2층을 출발한 김홍성을 제외한 4명(한지근·김훈·유예근·김영성)은 혜화동로터리에 도착했고, 저격반(한지근·김훈)과 확인반(유예근·김영성)으로 나누어 각자 위치를 정하고 여운형의 자가용 차량 '수도2001'호 검은색 리무진을 노렸다. 오후 1시 15분경 정무묵 자택을 출발한 리무진이 170m 거리 혜화동로터리 우체국 정문 15m 지점에 이르러 감속했다. 그러자 미제 45구경 권총을 소지하고 잠복 중이던 제1 저격수 한지근이 제2 저격수 김훈의 신호를 받고 시속 5마일로 서행하는 리무진을 추격해 뒷좌석에 앉아 있던 여운형을 향해 권총 3발을 발사했다. 그 가운데 2발이 명중했다.

1945년 3월 '영변 3인조'는 1947년 1월 초순 남한에서 대학에 진학할 것을 꿈꾸며 월남했다. 1947년 초봄 중학 1년 후배 김기민을 통해서 한현우와 신동운을 소개받았다. 당시 신동운은 송진우 암살 사건 동지들의 옥바라지에 힘쓰고 있었다.[1220] 영변 3인조는 한현우의 집에서 기숙하며 신동운으로부터 사상적 감화를 받았다.[1221] 때로는 마포형무소에 수감된 한현우를 면회하고 그의 공판에도 참석했다.[1222] 그 와중에 "화성 2인조"[1223]를 비롯해 경원여관에서 한독당 계열의 김영철, 양근환, 염동진을 소개받았다.[1224] 사건 발생 직후 신동운은 수도경찰청을 드나들며 뒷수습을 맡았고, 조선신탁은행에 근무하는 김열(金說) 등 동지들로부터 자금을 마련해 한지근 재판을 지원했다.[1225]

공범자 4명의 증언에 따르면, 한지근은 본명을 비롯해 1929년 3월 출생, 평양 불당리 출신, 비밀결사 건국단, 용문중학 동창 김

테러리스트 김구

인천, 1947년 7월 서울 도착, 백남천의 소개장 등 용문중학 출신을 빼고는 전부 허위였다. 건국단과 김인천도 가공의 단체와 인물이었다. 한지근의 본명은 이필형(李弼炯)이고, 평북 영변군 북신현(北薪峴) 부잣집의 차남으로 1927년 3월생(당시 21세)이었다. 그는 신장 170cm의 건장한 체구에 얼굴이 거무스레하고 덧니가 난 전형적인 시골 청년이었다. 11세에 부친을 여의고 이복형과 형수 밑에서 눈칫밥을 먹고 자란 그는 공부를 더 하고 싶다는 욕망을 주체할 수 없어 스케치북과 미술도구를 챙겨 중학 동창 유순필과 38선을 넘은 꿈 많은 미술 지망생이었다.[1226] 김인성도 첫인상이 나이에 비해 성숙해서 "가벼운 형을 받기 위해 나이를 속인 것"[1227]으로 직감했다고 증언했다.

진상과 쟁점

여운형 암살범의 체포·심문·재판 과정은 한 편의 범죄스릴러를 방불케 한다. 실제로 서울 지리에도 익숙지 못한 평안도 영변 촌뜨기가 상경 20여 일 만에 단독으로 여운형이라는 거물 정치인을 암살한다는 것은 상상하기 어렵다. 여운형 암살을 한지근의 단독범행으로 꾸미고 연출한 장본인은 한현우의 지시를 받은 신동운이었다.[1228] 그는 1947년 3월경 인의예지(仁義禮智)와 대한민국을 조합해서 한(韓)을 성(性)으로, 안중근의 근(根) 자를 돌림자로 삼아 이필형은 한지근, 유용호는 유예근, 김훈은 김인근이란 가명을 지었다.[1229] 대동강 물을 마시고 자란 피 끓는 용문중학 출신 영변 3인조를 강의(剛毅)한 테러리스트로 단련시켰고, 임정 계열로부터 무기와 정보, 자금을 조달해서 여운형 암살을 기획했다. 사건 조작이 가능했던 것은 남북분단 상황에서 오로지 한지근의 진술에만 의존해야 했기 때문이다. 그렇다고 이 모든 것이 신동운의 소행은 아니었고, 마포형무소에 수감된 한현우의 지시와 알선이 있어 가능한 일이었다.[1230]

다음에는 여운형 암살을 둘러싼 몇 가지 쟁점을 살펴보자.

첫째, 암살 배후를 둘러싼 논의다.

이정식은 소련 측 문헌에서 확인되는 여운형과 남로당의 적대적 관계 그리고 '종파분자들' 소행이라 강변하는 여연구의 증언을 인용해 암살 배후로 박헌영과 남로당을 지목했다.[1231] 하지만 이 주장을 뒷받침하는 근거는 어디에서도 찾을 수 없다. 정병준은 오직 민족의 화합과 통일을 위해 사상을 초월했던 민족주의자 여운형을 "암살의 벼랑으로 몰고 간 음험한 배후 세력은 반민족·분단세력"[1232]이라고 주장했다. 하지만 한현우, 신동운, 한지근은 물론 한독당 계열의 김영철, 양근환, 염동진을 반민족·분단세력이라 단언할 수 있을지 의문이다. 박태균은 미소공위 실패와 단독정부 수립의 정치적 이해를 가지는 이승만과 한민당의 소행이라 주장했다.[1233] 하지만 이들의 주장은 사실적 근거를 결여한 선험적 주장일 뿐이다.[1234]

여운형 암살의 진상은 1974년 2월 공범 4명과 신동운이 등장하면서 백일하에 드러났다. 소영웅주의에 사로잡힌 신당 2인조가 영변 3인조 및 화성 2인조와 공모해 자행한 암살 테러였다. 이들에게 여운형 암살을 충동질하고 총기와 정보를 제공한 배후는 한독당 계열의 김영철, 양근환, 염동진, 신일준(申一俊)이었다.[1235] 당시 백의사 부사령 박경구(1898~1989)는 "과거 임시정부 시절은 이미 쓰레기이다. 지나갔다. 이제부터 우리나라는 사회주의 정부를 세워야 한다"[1236]는 여운형의 말을 듣고, 총사령 염동진에게 보고했다. 그러자 염동진이 "그렇다면 저놈을 없애야 되지 않겠냐"며, 집행부장 김영철에게 여운형 암살을 지령했다. 한독당 계열과 암살단의 연결고리는 "임시정부와 김구의 추종자"[1237]이자 송진우 암살에 앞서 여운형과 박헌영 암살을 계획했던 한현우였다. 더구나 한지근이 "몇 년도 안 돼서 석방될 뿐만 아니라 좋은 지위도 얻고 평생 연금도 받을 것"[1238]이라고 떠벌렸던 것도 김구와 한독당이라는 뒷배가 있어 가능한 일이었다.

여운형 암살의 진범은 한독당 집행위원장 김구였다. 1994년 박태균은 1947년 8월 6일 자 미군정 「주간보고서」 제99호를 거론하며, 하지 중장이 이승만에게 여운형 암살계획을 취소하라고 경고했다는 사실을 거론했고, 이승만을 여운형 암살의 배후로 지목했다.[1239] 하지만 1955년 서울특별시경찰국 사찰과에서는 "김구는 시종일관 테러리즘으로 반대파를 숙청하는 동시에 민족진영의 인기를 독점하기 위한 정략으로 1947년 7월 19일 당시 근로인민당 당수 여운형을 암살할 것을 대한보국의용단(大韓輔國義勇團)에 지령했고, 참모장 신일준은 시내 혜화동로터리에서 그의 핵심 한지근으로 하여금 이를 수행하게 했다"[1240]고 적시했다. 대한보국의용단은 임정 법통의 계승을 주장하며 민족진영을 폭력으로 붕괴시킬 정치적 의도에서 1946년 4월 결성된 테러단이었다.

더구나 1947년 9월 하지 중장도 미군정을 방문한 드레이퍼 미국 육군 차관에게 "우리는 누가 여운형을 죽였는지 알고 있다. (…) 우리는 김구가 북한에도 살인공장(殺人工場)을 가지고 있다는 것을 알고 있다"[1241]고 말했다. 요컨대 여운형 암살은 '한지근 단독범행설'이 아니라 '김구·한독당의 배후설'로 전면 재구성되어야 한다.[1242]

둘째, 암살 동기를 둘러싼 논의다.

1921년 5월 이래 여운형은 임정개조를 위한 국민대표회의 소집 운동을 주도했고, 임정 고수파(조완구·이시영·조소앙·김구 등)와 갈등했다. 1923년 6월 내무총장 김구는 국민대표회의를 '잡종회(雜種會)'로 규정하고 제1호 내무부령을 발령해 국민대표회의 해산을 명령했다.[1243] 그렇다고 김구가 반공주의자여서 국민대표회의와 여운형을 적대시했던 것은 아니다. "여운형을 전혀 신용하지 않았다. 여운형이 참가한 임시정부 회의 내용은 3일도 채 지나지 않아 일본 정보기관에 새어나가고 말았다"[1244]는 지적과 같이 김구는 여운형을 일제의 밀정으로 간주했다. 더구나 1945년 8~9월 건준 그리고 인공 창설은 법통 임정에 대한 명백한 도전이었다.[1245] 그 때문에 1945년 9월 말 개최된 중경 임정의 마지막 국무회의는 여운형에 대한 사형을 결정했다.[1246]

1945년 11월 임정 환국 이후 여운형은 경교장으로 김구를 찾아가 "임정뿐만 아니라 국내외 다른 독립운동 세력, 사회주의 세력과 함께 협력하여 통일된 조국을 건설하자"[1247]고 설득했지만, 김구는 대화를 거부했다. 여운형은 송진우가 주장하는 '임정봉대론'에 대해 (1) 임정은 지리멸렬한 조직이고, 연합국 승인도 받지 못했으며, (2) 임정은 미주, 연안, 시베리아, 만주에서 활동하는 여러 혁명단체 가운데 하나일 뿐이고, (3) 국내에서 투옥된 다수 혁명 지사의 존재에도 불구하고 임정만을 환영하는 것은 잘못이며, (4) 임정 환영자들은 혁명 공적도 없고 건준의 정권 수립을 방해할 뿐이고, (5) 임정은 국내외 혁명단체의

테러리스트 김구

합동을 방해하고 분열을 조장할 뿐이라며 반박했다.[1248] 김구는 임정을 폄훼하는 여운형의 발언을 도저히 묵과할 수 없었다.

1946년 5월 북조선51기념공동준비위원회는 "(중국 상해에서) 김구의 유일한 사업은 역시 테러단을 조직해서 진보적 인사들과 좌익 청년들을 암살하는 일이었다. (…) 임정을 반대하는 자면, 누구누구 할 것 없이 김구 테러단의 암살 대상이었다. (…) 또 배움을 목적으로 큰 뜻을 품고 상해에 갔던 진보적 청년 학생들이 김구 암살단의 손에 걸려 산 채로 하수도 구멍에 통김치로 담가졌다"[1249]고 고발했다. 김구는 대한보국의용단 참모장 신일준에게 여운형 암살을 지령했다. 신일준은 백의사 집행부장 김영철과 함께 한현우 및 신동운을 사주해 여운형 암살을 공모하고 실행했다. 요컨대 김구는 임정 법통과 반탁을 폄훼하고 찬탁을 선동하는 여운형을 그냥 둘 수 없었다. 여운형 암살의 동기는 법통 임정에 대한 부정과 도전이었다.

셋째, 일제로부터의 정치자금 수수를 둘러싼 논의다.

해방 직후 여운형을 둘러싼 주요 쟁점 가운데 하나는 정치자금 수수 문제였다. 이 문제는 1945년 10월 5일 〈조선주보〉 창간기념 간담회에서 최초로 공론화되었다. 당시 여운형은 "어저께 하지 중장을 만나니까 다른 말은 다 제쳐놓고 당신 일본 사람한테 돈을 얼마나 받았느냐고 묻습디다. 하도 어이가 없어서 얼른 대답도 못 했습니다. 아주 액수까지 말합디다. 300만 원이라고요"[1250]라고 발언했다. 이후 미군정의 추궁에 여운형은 물론이고 최측근 이만규와 동생 여운홍도 일제로부터의 정치자금 수수 여부에 손사래를 쳤다. 더욱이 1995년 『몽양 여운형 평전』을 출간했던 정병준도 "평생을 바쳐 지켜온 민족해방·인간해방에 대한 신뢰와 정열을 그리고 환갑에 도달한 헌신적인 삶"[1251]을 돈 몇 푼으로 매도하려는 미군정의 치졸한 정치공작이라고 목소리를 높였다.

1945년 8월 말 당시, 건준 중앙조직을 포함한 전국의 145개 지부 조직과 162개 건국청년치안대를 운영하려면 막대한 정치자금이 필요했다.[1252] 이런 거금의 제공자는 재조 일본인의 생명과 재산을 보호하기 위해 혈안이 된 조선총독부였다. 제공한 자금 규모는 미군정 추정 2천만 엔, 최하영 추정 450만 달러, 이원설 추정 45만 달러, 그레고리 헨더슨 추정 70만 달러 등이었다.[1253] 더구나 '몽양교 신도'를 자처했던 이란은 '일본 사람들은 여운형과 이임수에게 2,500만 원'을 제공했다고 증언했고, 송진우의 최측근 김준연도 "정무총감으로부터 2천만 원을 받은 것은 천하공지(天下公知)의 사실"[1254]이라고 주장했다. 이철승도 "여운형 씨는 일본 총독에게 막대한 자금을 받아서 건준을 만들어 위원장이 되었다"[1255]고 증언했다. 1945년 8월 당시 2천만 엔을 현재 가치로 환산하면 대략 119억 6천만 원에 달하는 거액이다.[1256]

그렇다고 정치자금의 원천이 조선총독부에 한정된 것도 아니었다. 재조 일본인 거류권을 인정해달라는 경성일본인세화회(京城日本人世話會)로부터도 70만 원을 수수했다.[1257] 일제가 여운형에게 정치자금을 제공한 의도와 관련해서 "두 명의 한국 민족주의 지도자인 여운형과 안재홍을 매수해 평화와 질서 유지에 도움을 줄 수 있는 친일 정당을 만들려고 했다"[1258]는 사실과, "일제의 잔존 세력이 여운형을 통해서 중국이나 필리핀에서처럼 친일파 정부를 세우려 하고 있다"[1259]는 지적을 고려하면, 여운형을 앞세워 치안유지뿐 아니라 친일 괴뢰정부를 수립하려 획책했던 것은 아닐까?[1260] 요컨대 일

테러리스트 김구

제가 제공한 거액의 정치자금은 여운형을 정치적 거물로 키워내는 금융 원천이었다.[1261]

갈무리

해방직후기(1945~1948년)는 자유민주주의와 인민민주주의 정치세력이 첨예하게 대립하고 갈등하는 격전의 시공간이었다. 여운형은 일제가 제공한 정치자금으로 건준과 인공을 수립했고, '소련군 진주설'에 부화뇌동해 공산혁명에 매진했다.[1262] 여운형은 "조선 노동계급의 완전한 해방을 위해 일생을 바치겠다"[1263]며 희대의 괴뢰극을 연출했고, 해방 4개월 만에 공산주의를 독립운동으로 착각하고 달콤한 환상과 진리의 환영에 사로잡힌 약 534만 명에 달하는 "환상적 공산주의자들"[1264] 혹은 "8·15 공산당원"[1265]으로 넘쳐나게 만들었다. 그 때문에 해방과 함께 남한 사회에서는 사이비 공산주의가 메마른 벌판의 들불처럼 빠르게 확산되었다.[1266] 여운형은 이영신의 지적과 같이 "민족의 암적 존재"[1267] 혹은 "이 땅에 태어나지 말았어야 할 인물"[1268]이었다.

다음에는 테러리즘 이론에 따라 여운형 암살 테러의 진상을 정리하는 것으로 갈무리한다.

첫째, 테러의 피해자는 민간인 혹은 비전투원이다.

1947년 7월 19일 남민전 의장 겸 근로인민당 당수 여운형은 혜화동로터리에서 괴한의 총격을 받고 즉사했다. 그는 1886년 경기도 양평 출신으로 배재학당, 흥화학교, 초당의숙, 장로신학교를 거쳐 1917년 남경 금릉대학 영문과를 중퇴했다. 1918년 신한

청년당을 창당했고, 1919년 임정에 참여했다. 1920년대 러시아혁명 영웅 레닌, 중국 국민당의 손문·장개석·왕정위와도 교류했다. 1933~1936년 〈조선중앙일보〉 사장을 역임하면서 좌파 민족주의자 행세를 했고, 1937~1945년 친일 협력에 매진했다. 1945년 8월 일제의 지지와 후원을 배경으로 건준과 인공을 수립했고, 1945년 11월 조선인민당과 1947년 5월 근로인민당을 창당했으며, 1946년 좌우합작을 주도했다.

둘째, 테러의 목표는 정치 지도자들이다.

해방 직후 여운형은 '정치적으로 독립적이고, 사회적으로 민주적이며, 경제적으로 풍요로운 공동체를 건설하자'는 거침없는 언변으로 대중을 사로잡았다. 그는 정치란 "춥고 배고픈 대중을 선동해서 권력을 잡는 것"[1269]이고, 공산주의는 "배고프고 헐벗은 사람 편에 서서 도와주는 것"[1270]이라고 주장했던 겉치레 공산주의자였다. 1946년 말 좌우합작과 좌익 3당 합당에 실패하면서 좌파 진영은 그를 친일 매국노, 기회주의자, 김일성의 앞잡이라 매도했고, 우파 진영 또한 소련 및 김일성과 내통했다며 등을 돌렸다. 좌파 민족주의자를 자처하며 거물 정치인 행세를 했던 여운형은 남북한 어디에서도 정치적 포지션을 찾을 수 없었고, 양측으로부터 끈질긴 테러 위협에 시달렸다.[1271]

셋째, 테러의 수단은 극적인 공포 효과를 달성하기 위한 폭력의 선택이다.

1947년 7월 여운형은 심장과 복부에 2발의 총격을 받고 즉사했다. 당시 여운형 암살사건은 평북 영변 출신의 미성년 한지근의 단독범행으로 종결되었다. 하지만 1974년 공범자들이 자수하면서 사건의 진상이 백일하에 드러났다. 그것은 신당 2인조가 영변 3인조 및 화성 2인조와 공모해서 자행한 계획적이고 조직적인 암살 테러였다. 이들은 하나같이 목적도 신념도 없이 휩쓸려 다니는 혈기방장한 값싼 소영웅주의자들이었다. 이들에게 무기, 정보, 자금을 제공한 암살의 배후는 김구·한독당 계열의 김영철, 양근환, 염동진, 신일준이었다. 당시 한지근이 "몇 년도 안 돼서 석방될 뿐만 아니라 좋은 지위도 얻고 평생 연금도 받을 것"[1272]이라고 떠벌렸던 것도 배후에 김구·한독당이 버티고 있어 가능한 언설이었다.

넷째, 테러의 동기는 범죄적 폭력과 달리 민족, 이념, 종교 등 정치적 신념에 동기화된 폭력이다.

임정기 김구는 여운형을 일제의 밀정으로 간주했다. 여운형은 1945년 8월 건준과 9월 인공 수립을 주도했다. 이는 임정의 화신을 자처하는 김구의 살의(殺意)를 자극하기에 충분했고, "죽어 마땅한 죄목"[1273]이었다. "여하한 정부가 조선에 수립되든 그것은 기미년 3·1독립운동의 결과로 수립된 상해 임시정부의 법통 위에 세워져야 한다"[1274]고 갈파했던 김구의 입장에서 여운형은 법통 임정을 부정하는 반역자와 다름없었다. 임정기 김구는 임정을 폄훼하는 수많은 진보적 청년 학생들을 살해해서 하수구와 우물에 통김치를 담갔던 특급 살인쟁이였다.[1275] 김구는 테러를 정치 수단으로 삼아 여운형을 암살했다.

다섯째, 테러의 의도는 거대한 공포의 확산이다.

여운형은 임정을 두고 (1) 지리멸렬하고 연합국 승인도 받지 못했고, (2) 임정은 미주, 연안, 시베리아, 만주에서 활동하는 여러 혁명단체 가운데 하나일 뿐이며, (3) 국내에서 투옥된 다수 혁명 지사의 존재에도 불구하고 임정만을 환영하는 것은 잘못이고, (4) 임정 환영자들은 혁명 공적도 없고 건준의 정권 수립을 방해할 뿐이며, (5) 임정은 국내외 혁명단체의 합동을 방해하고 분열을 조장할 뿐이라고 비난했다. 더구나 1945년 8월 건준과 9월 인공 수립은 임정의 정통성을 부정하는 명백한 정치적 도전이었다. 임정의 화신을 자처했던 김구의 입장에서 여운형 처단은 반(反)임정주의자의 최후를 전시하는 일종의 정치적 협박이었다.

9

얼굴 없는 국부(國父),
장덕수

1947년 12월 2일 저녁, 한민당 정치부장 설산(雪山) 장덕수(張德秀, 54세)가 동대문구 제기동 자택에서 경찰 제복을 입은 괴한의 총격을 받고 급서하는 암살 테러가 발생했다. 암살범은 대한혁명단(大韓革命團) 소속 박광옥(朴光玉, 24세)과 배희범(裵熙範, 22세)이었다. 이들에게 총기, 자금, 정보를 제공한 암살 공범은 한독당 중앙위원 겸 대한보국의용단장 김석황(金錫璜, 54세)이었고, 장덕수 암살을 부추기고 지령한 배후는 한독당 집행위원장 김구(73세)였다. 이 때문에 김구는 미국 트루먼 대통령의 소환장을 받고 미군정 군사법정에 서야 했다. 그렇다면 장덕수는 누구이며, 그는 왜 암살 테러의 표적이 되었는가? 장덕수 암살은 언제, 어디서, 어떻게 모의되고 실행되었는가? 이 장에서는 장덕수 암살 테러의 동기, 심리, 행동을 실증 분석한다.

회한(悔恨)의 눈물

먼저 장덕수의 절친 허정(許政)의 사무치는 회한(悔恨)을 소개한다. 허정은 1896년 부산 동래부에서 출생해 1915년 보성전문을 졸업하고 중국, 프랑스, 영국 유학을 거쳐 1920년 미국으로 건너갔다. 뉴욕재류 한인교민단 단장·북미재류 한인교민단 총단장을 지내고, 1923년 〈삼일신보(三一申報)〉 창간 등 재미교포들의 권리와 복리 향상에 힘썼으며, 이승만 박사의 측근으로 활동했다. 1945년 해방 직후에는 한국민주당 창당 발기인 겸 총무 그리고 독립촉성중앙회 회원으로 활동했다. 1948년 초대 총무처장과 제2대 교통부 장관, 1950년 제3대 사회부 장관, 1957년 제8대 서울시장, 1960년 과도 내각 국무총리를 역임했다. 허정은 자유민주주의와 자본주의 시장경제를 신봉했고, 대한민국 건국을 위해 헌신했던 인물이다.[1276]

장덕수의 암살을 둘러싼 허정의 회고를 발췌해 소개하면 다음과 같다.

장덕수가 암살되기 며칠 전 허정은 동아일보사 뒤편 중국집에서 5~6명의 친구와 점심을 함께하다가 용하다는 관상가를 불러 장덕수의 관상을 보게 되었다. 관상가는 거북이 관상이라며 아주 귀하게 될 분이라고 말했다. "장덕수 선생은 인품이 좋은 분이라 자객이 살의(殺意)를 품고 왔다가도 그 인품에 감화되어 살의를 버리고 장 선생을 위해 일을 하게 될 것"이라며, 암살은 염려도 말라고 손사래를 쳤다. 그런데 1947년 12월 2일 장덕수는 자택에서 현직 경찰관의 흉탄을 맞고 숨을 거두고 말았다. 그래서 허정은 당시 관상을 볼 것이 아니라 좀 더 세심하게 장덕수의 신변을 살피지 못한 것을 무척 후회하며 한탄했다. 장덕수를 잃는 일은 허정에게 큰 충격이고 슬픔이고 아픔이었다. 허정은 자신이 만난 인물 가운데 장덕수야말로 가장 출중한 인물이었고, 그래서 그를 가장 아꼈으며, 그의 활동에 큰 기대를 걸었다고 회상했다.

허정은 장덕수가 살아 있었다면 대한민국의 운명이 크게 달라졌을 것이라고 했다. 장덕수의 깊은 학식과 뛰어난 인격은 누구도 따라갈 수 없었다. 더구나 달변인 데다 설득의 명수였다. 흔히 재승박덕(才勝薄德)이라고 해서 재주 있는 사람은 덕이 없다고 말하지만, 그는 후덕하고 살신성인(殺身成仁)의 정신을 갖춘 인물이었다. 언제나 자기보다는 나라와 민족, 다른 사람을 앞세웠고, 영광과 명예보다는 정의(正義)와 정도(正道)를 추구했다. 해방 직후 정계에서 장덕수의 정치적 비중이 높았던 것도 어찌 보면 당연했다. 고집불통인 우남 이승만 박사조차도 장덕수를 신임하고 존중했으며, 김구와 임정 요인들도 그의 의견을 소홀히 하지 못했다. 김구도 장덕수를 통해 하지 중장에게 접근할 정도였다. 물론 하지 중장도 장덕수를 높이 평가하고 존경했다. 그는 이승만, 김구, 하지 중장을 연결 짓는 벼리와도 같은 인물이었다.

장덕수가 암살되지 않았다면 우남과 김구 그리고 우남과 하지 중장의 관계는 훨씬 원만하고 융통성이 있었을 것이다. 실제로 장덕수가 세상을 떠난 뒤 이승만·김구 합작에 대한 한민당의 노력은 활기를 잃었고, 오히려 우남과 김구, 한민당과 한독당 사이가 벌어졌다. 장덕수 암살의 배후에 대해서는 여러 억측이 난무했고, 김구가 미국 군사법정에 소환되기도 했다. 허정은 설산 암살사건 재판을 한 번도 거르지 않고 방청했고, 김구의 증언 장면도 목격했다. 미군 법무장교는 장덕수 암살을 김구가 직접 지시했는가를 추궁했다. 이는 한독당 중앙위원 김석황(金錫璜)이 암살사건의 배후로 지목되었기 때문이다. 그러나 김구는 관련 사실을 극구 부인했고, 법무장교가 집요하게 추궁하자 크게 호통을 치기도 했으며, 격렬한 논쟁을 벌이기도 했다.

결국 장덕수 암살의 배후는 김석황 선에서 마무리되었고, 그 이상을 밝혀내지 못했다. 김석황에 대해서는 허정은 물론 장덕수도 잘 아는 사이여서 그가 장덕수 암살의 주모자라 생각하기에는 석연치 않은 구석이 많았다. 실제로 장덕수 암살 당일 허정은 조소앙에게 달려가서 "왜 설산을 죽였소" 하고 격렬하게 항의했다. 조소앙은 너털웃음을 터뜨리며 말을 피했다. 허정은 "너털웃음으로 숨길 수 있을 줄 아십니까. 끝내 속이지는 못합니다" 하고 소리치고 뛰쳐나왔다. 그러나 허정이 아무리 몸부림쳐도 장덕수는 이미 살아 돌아올 수 없는 사람이었다. 허정의 초라한 뉴욕 하숙방에서 허교(許交)한 이후 한 번도 신의를 어긴 일 없고, 지극한 우정을 베풀어준 장덕수였다. 그래서 허정은 장덕수가 이루지 못한 뜻을 자신이 떠맡아 완수하지 못한 것을 지하에서 질책하는 듯해 송구하기 짝이 없는 마음으로 명복을 빌었다.

허정은 장덕수의 경우만 보더라도 정치적 암살이 얼마나 가증한 것인지를 절감했다. 정치적 암살은 한 생명을 빼앗는 데서 그치지 않고 그 나라의 운명마저 역전시킬 경우도 있기 때문이다. 허정은 생명을 빼앗는 것만이 정치적 암살은 아니라고 보았다. 조만식(曺晩植) 사례처럼 유능한 정치인의 활동을 제한하고 그의 언론 및 결사의 자유를 박탈한다면, 비록 살아 있어도 정치적으로는 죽은 것과 다름없는 잔인한 정치적 암살이기 때문이다. 정치가만이 아니라 일반 국민도 마찬가지다. 지척의 북한이 바로 그렇다. 국민의 말하고 일하는 자유와 권리를 제한하거나 구속하는 것도 국민에 대한 정치적 암살이다. 위대한 정치가란 국민의 어떤 자유도, 어떤 권리도, 어떤 발언도, 어떤 활동도 두려워하지 않는 사람이다. 허정은 바로 그런 인물이 장덕수였다고 갈파했다.

장덕수, 그는 누구인가?

장덕수는 1894년 12월 황해도 재령군 남율면 강교리에서 결성장씨(結成張氏) 장붕도(張鵬道)와 김현묘(金賢妙) 사이에서 4남(덕주·덕준·덕수·덕진) 1녀(덕희)의 셋째 아들로 태어났다.[1277] 세전지물(世傳之物)의 논밭을 붙이는 자작농이었고, 부친이 읍내 부농의 마름을 겸했기에 빈궁한 가계는 아니었다.[1278] 장덕수는 1901년 사립 연의(演義)학교에 입학해 신학문을 수학했지만, 1907년 열넷의 어린 나이에 아버지를 여의고 가세가 기울어져 생계를 걱정하게 되었다. 다행스럽게도 진남포이사청(鎭南浦理事廳)의 아키모토 토요노신[秋本豊之進]의 도움으로 급사(給使) 자리를 얻었다.[1279] 그는 급사 생활을 하면서도 중학 강의록을 탐독하는 주경야독(晝耕夜讀)과 형설지공(螢雪之功)으로 1911년 제1회 조선인 판임관 시험에 합격했다.[1280]

하지만 장덕수는 조선총독부 판임과 임용을 포기하고 1912년 현해탄을 건너서 와세다대학 고등예과에 편입했고, 다음 해에 정치경제학과에 진학했다. 재학 중에는 평생의 지우(知友)가 되는 인촌 김성수를 비롯해 현상윤, 송진우, 이광수, 조만식, 신익희, 최두선, 백남훈 등 재사(才士)들과 교류하며 우정을 쌓았다. 구두닦이, 창문닦이, 접시닦이, 우유배달, 신문배달, 인삼행상 등 고학(苦學)으로 학비와 숙식을 해결했다. 한 달에 7원에 불과한 최하급의 싸구려 하숙을 전전하며, 5전짜리 팥죽 한 그릇으로 끼니를 때우기도 했고, 너덜너덜하게 해진 남루한 교복을 입고 통학하는 등 고달픈 날들이었다.[1281] 그럼에도 좌절하지 않고 장덕수는 1915년 전 일본대학생 웅변대회에서 1등을 거머쥐었으며, 1916년 7월 와세다대학 정치경제과를 차석(次席)으로 졸업했다.

와세다대학을 졸업하고 귀국한 장덕수는 1917년 봄, 고향 마을 인근 농갓집 색시와 혼례를 올렸다. 1917년 가을경 미국 유학과 독립운동 방략을 모색하고자 상해로 건너가 여운형, 김규식, 선우혁과 교류했고, 1918년 11월 신한청년당을 결성했다. 1919년 2월 다시 일본으로 건너갔다가 귀국길에 인천항에서 체포돼 목포 앞바다 하의도(荷衣島)에 유배되었다. 천만다행으로 1919년 11월 일본 정부의 초청을 받은 여운형의 도쿄 방문을 수행(통역)하게 되어 유배에서

테러리스트 김구

풀려났다. "당대의 웅변가 두 사람 중 누가 연사이고 누가 통역인지 분간하기 어려웠다"[1282]는 지적대로 여운형의 도쿄 담판은 장덕수의 유창한 일본어 통역이 있었기에 가능했다.

1920년 4월 〈동아일보〉 창립 때 부사장 겸 초대 주필이 되어 「주지(主旨)를 선명(宣明)하노라」는 창간사를 집필했다.[1283] 민족주의, 민주주의, 문화주의에 입각해 국내 정치에서는 자유주의를, 국제정치에서는 연맹주의를, 사회생활에서는 평등주의를, 경제조직에서는 노동 본위의 협조주의를, 동아시아에서는 민족 간의 단결을, 세계적으로는 정의·인도·평화를 인정하는 민주주의를 지지한다고 선언했다.[1284] 창간사는 "각명(刻銘)한 논리, 웅혼(雄渾)한 필치, 유려(流麗)한 수사"[1285]로 독자들을 감동시켰다. 이 창간사는 1920년대 조선 사상계를 대표하는 최남선의 3·1 독립 「선언서」와 한용운의 「조선독립의 서」와 함께 3대 문장으로 회자되었다.[1286] 장덕수는 〈동아일보〉 지면을 활용해 자유주의와 민주주의 확산에 노력하는 한편 조선교육회, 조선노동공제회, 조선체육회, 전국청년회연합회, 물산장려운동, 조선민립대학기성회 등 각종 민족개량주의 청년운동의 선봉에 섰고, 당대 최고의 명사로 이름을 떨쳤다.[1287]

1921년 5월 이래 고려공산당 상해파로 활동했던 장덕수는 1922년 1월 김윤식의 장례 문제로 '붉은 고슴도치' 김사국(金思國)과 김한(金翰)의 이른바 '반장운동(反張運動)', 장덕수 반대운동의 역풍을 맞았다.[1288] 더구나 1921년 6월 상해에서 보내온 '레닌 자금' 5만 원을 착복·탕진했다는 이른바 "사기공산당 사건"[1289]에 휘말려 인신공격과 테러 위협에 시달리게 되었다. 그 때문에 청년운동도 민족주의 진영(조선청년연합회)과 사회주의 진영(서울청년회)으로 갈리고 말았다. 설상가상으로 1922년 말 부인마저 사망하면서 깊은 회의감과 좌절감에 빠졌다. 사면초가에 내몰린 장덕수는 인촌 김성수와 고하 송진우의 도움을 받아 〈동아일보〉 부사장 겸 해외 상주 특파원 자격으로 "당초 2년 예정"[1290]의 "반은 피곤, 반은 회피의 애수를 안고 다시 수학이라는 명목으로"[1291] 미국 유학길에 올랐다.[1292]

1923년 4월 포틀랜드 오리건대학교 신문학과를 거쳐 1924년 10월 컬럼비아대학교 정치학과에 입학했다. 이듬해 세계 사회학계의 거두 프랭클린 기딩스(Franklin Giddings)의 지도를 받게 되었고, 1925년 학계 최초로 국가를 지배계급의 수단이자 계급투쟁의 산물로 간주하는 마르크스 계급국가론의 오류와 허구성(경제결정론·계급투쟁론·국가만능론·국가소멸론·프롤레타리아 독재국가론)을 폭로한 「마르크스의 국가관 비판」[1293]이라는 주제의 석사논문을 썼다. 장덕수가 재구성한 마르크스 국가론의 본질은 국가란 경제적 토대에 의해 규정되는 상부구조이며, 경제적 이익을 다투는 계급투쟁의 산물이기 때문에 필연적으로 계급적 성격을 지닌다. 여기에서 국가는 계급적 지배와 착취의 수단이라는 '계급국가론'으로 정식화시켰다.

반면, 장덕수는 질서를 유지하고 외적으로부터 국민의 생명, 재산, 종교의 자유를 보호할 뿐만 아니라 집단의 이해관계를 조정해 사회적 공공선을 달성하고 인류 전체의 복지를 대변하는 존재로 국가를 파악했다. 따라서 국가는 국민 각자의 개성을 도야하고 공익을 실현해 인류의 행복과 복지를 추구해야 한다는 '신자유주의 국가론'을 지지하는 입장이었다. 국가는 사회통합 과정에서 생성되는 사회 진화의 자연적 산물이며, 임의로 구성하거나 재생산할 수 없는 사회제도의 일종으로 파악하는 컬럼비아대학의 사회학 전통을 반영한 '신자유주의 국가관'이었다.[1294] 그는 석사논문 집필을 통해서 '신자유주의 지성인'으로 변신했다.[1295]

1925년 이후 박사논문의 주제는 세계 최초로 의회민주주의가 발달하고 자본주의 시장경제가 뿌리내린 영국에서 '계급투쟁에 의한 노동해방'이 아닌 '사회적 혁신에 의한 노동해방'이 가능했던 사회경제적 조건과 산업민주주의 확립의 역사적 과정을 밝히는 것이었다. 여기서 '사회적 혁신'이란 과격한 투쟁이 아니라 천부인권에 기초한 봉건적 잔재의 일소와 계층 차별 철폐 등 시민혁명적 요소를 말한다. 장덕수는 1929년 6월 영국으로 건너가 런던대학에서 노동당 정부의 노동정책을 연구했다.[1296] 그는 영국에서 산업민주주의가 19세기 이래 노사분쟁의 자발적 조정·중재 시스템의 발전과 사회적 입법을 통한 국가 개입이 여러 시행착오를 거쳐 '합동산업협의회'와 '노동재판소'라는 산업평화기구를 통해 확립되었음을 확인했다. 또한 정부의 조정 및 중재가 유효성을 발휘하기 위해서는 정치적 자유와 평등이 보장되어야 한다고 결론지었다. 1932년 7월 미국으로 돌아왔고, 1936년 5월 세계 지성사에 빛나는 「산업평화의 영국적 방법(BRITISH METHODS OF INDUSTRIAL PEACE)」[1297]이란 제목의 학위논문을 완성했고, 철학박사 학위를 취득했다.[1298]

1936년 12월, 장덕수는 13년 6개월에 걸친 미국 유학을 마치고 귀국길에 올랐다. 당시 그의 나이 43세였다. 1937년 3월부터 보성전문 촉탁강사 자격으로 강단에 서게 되었고, 같은 해 4월에는 유학시절 약혼한 이화여전 교수 박은혜와 재혼했다. 1940년 8월 교수로 승진했고 담당 과목은 영어, 사회정책, 사회학, 상업정책이었다.[1299] 그는 1942년 이래 생도감 보직을 받고 학생지도, 근로동원, 시국문제를 담당했다. 1937년 9월 중일전쟁 발발 이후에는 대일협력에도 앞장섰다. 시국강연반 활동을 시작으로 1939년 사상보국연맹·국민총력연맹, 1941년 조선임전보국단, 1943년 학병권설대, 1944년 국민동원촉진회, 1945년 조선언론보국회 유력자로도 활동했다.[1300] '신자유주의 이론가' 장덕수에게 전시 협력은 조선인에 대한 정치적 차별을 철폐하고 근대국가 국민으로 재탄생하는 지름길이자, 진정한 자유와 권리를 신장시키는 다시없는 기회였다. 그는 병역의무 수행으로 참정권을 획득해 정치적 차별을 타파하는 "협력의 정략성"[1301]을 실천하고자 대일 협력에 앞장섰다.[1302]

건국을 향한 대질주

해방 직후 장덕수는 국제정세에 가장 밝은 정계 인사 가운데 한 사람이었다. 1945년 9월부터 1947년 12월에 걸쳐 한민당 외무부장과 정치부장으로 미군정과 튼튼한 정치적 유대관계를 구축했고, 이승만과 김구의 정치협력을 끌어내려고 가래톳이 생기도록 부지런히 뛰어다녔다.[1303] 실제로 한민당의 정강정책을 비롯해 고도의 정치적 판단이 필요한 대부분의 성명서에는 장덕수의 눈길과 손길이 닿지 않은 것이 없었고, 당의 주요 방침도 언제나 장덕수의 견해가 채택될 만큼 결정적 영향력을 미쳤다.[1304] 특히 그는 1945년 12월 말 수석총무 송진우가 피살된 이후 한민당의 명실상부한 실질적 지도자로 활동했다.[1305]

다음에서 한독당과의 합당, 좌우합작, 제2차 미소공위 참가 문제를 중심으로 건국을 향한 장덕수의 활약을 살펴보자.[1306]

첫째, 한독당과의 합당이다.

1946년 3월 제1차 미소공동위원회 개최를 앞두고 좌익계열에서 '민주주의민족전선'이라는 통일전선이 결성돼 강고한 조직력을 앞세워 정치공세를 강화하기 시작했다. 그러자 우익진영에서도 정당통합 논의가 급물살을 탔다. 송진우 암살 이후 제2대 한민당 수석총무가 된 김성수는 우익진영의 결속력을 강화하고자 여러 정당을 통합한 거대 보수우익 정당의 결성을 모색했다. 정치적 구심력이 작동하는 좌익진영과 달리 원심력이 작동하는 우익진영에서 연합체 형식의 공동전선은 단지 성냥갑의 집적·집중에 불과하다는 판단때문이었다. 이는 좌익진영의 통일전선에 대항하려면 정당통합만이 유일한 선택지라는 장덕수의 "정당생리론"[1307]에 기초한 정치적 결단이었다.

1946년 3월 당시 우익진영의 유력 정당으로는 한민당(김성수), 한독당(김구), 국민당(안재홍), 신한민족당(권태석)이 있었다.[1308] 1946년 3월 22일 한독당과 국민당이 무조건 합당을 선언하면서 합당 교섭은 급물살을 타게 되었다.[1309] 4월 7일 경교장 합동교섭위원회에 참석한 한민당 측 인사는 김성수, 장덕수, 백남훈이었다. 한독당은 법통 임정을 앞세워 일방적 흡수·통합을 주장한 반면, 한민당 등 나머지 3당은 이승만의 영수 추대, 당명과 강령을 개정한 신당 창당을 주장했다. 합당 교섭은 이승만 추대 문제, 정강정책 조정 문제, 부서 배분문제 등으로 난항을 거듭했다. 결국 당세가 약한 국민당과 신한민족당은 한독당의 횡포에 항복하고 말았다.[1310]

교섭 내용은 한독당의 당명과 당헌을 계승하고 이승만이 아닌 김구를 중앙집행위원장으로 추대하는 한편, 핵심부서는 한독당이 차지하고 나머지는 3당에 분배한다는 것이었다.[1311] 하지만 1946년 4월 9일 "한독당의 야욕"[1312]을 간파한 한민당 중앙집행위원회는 "한독당에 한민당을 바치는 헌당"[1313] 행위라며 '합당안'을 만장일치로 부결시켰다.[1314] 그러자 김구·한독당은 "합당을 깬 장본인"[1315]으로 장덕수를 지목했다. 이후 1947년 3월에도 미소공위 재개와 반탁운동 재연에 대응해 제2차 합당교섭이 추진되었다. 이는 이승만의 도미(渡美)를 틈타 우익진영의 헤게모니를 장악하려는 한독당의 획책이었다.[1316] 이를 간파한 장덕수는 미군정과 정치노선의 차이, 한독당 내부의 당론 분열을 거론하며 합당 불가를 선언했다.[1317] 이 선언은 한민당 측이 1945년 9월 이래 추구해온 임정봉대론의 전면적 철회를 의미했다.[1318] 김구·한독당은 장덕수의 식견과 경륜에 대적할 수 없음을 통감했다.

둘째, 좌우합작이다.

1946년 5월 제1차 미소공위가 결렬된 상황에서 6월 3일 이승만은 '남한단독정부론', 김구는 '남북통일정부론'을 주장했다.[1319] 반면, 미군정은 여운형과 김규식을 내세워 좌우합작을 추진했다. 좌우합작이야말로 공산화의 지름길이라고 간주한 장덕수는 (1) 좌우합작이 성공한다면 미소공위에서 소련의 발언권 약화와 함께 공산당도 소수파로 전락할 것이지만, 실패한다면 좌익진영의 분열도 수습이 곤란해질 것으로 보았다.[1320] (2) 그 과정에서 이승만과 김구의 권위가 실추된다면 한민당도 크게 정치적 타격을 받을 것이고, (3) 국민 여론이 좌우합작의 감상적 기대감에 부풀어 있는 상황에서 한민당이 좌우합작을 반대하면 국민의 지탄을 면할 수 없겠지만, 반대로 좌우합작을 지지했다가 실패하면 이미지 손상이 불가피할 것으로 판단했다.[1321] 이러한 판단하에서 한민당은 총무 겸 상무중앙집행위원 원세훈을 당적자가 아닌 개인 자격으로 좌우합작 대표로 내세웠다.[1322]

10월 7일 좌우합작위원회는 '합작 7원칙'을 발표했다. 한민당은 합작 7원칙을 중앙집행위원회에 회부하고 검토한 결과, 체제 선택과 관련해 심각한 문제점을 발견했다. 무상몰수·무상분배의 토지개혁과 중요산업 국유화, 사회노동법 규정은 사회주의 경제체제가 아니고서는 도저히 상상하기 곤란한 '무서운 독소조항'이었다. 장덕수는 합작위원으로 참가했던 원세훈을 두고 "사회주의 경제체제를 만들겠다고 문면에 나타나 있는데…"[1323]라며 분노했고, 참석했던 중앙집행위원 대부분도 장덕수의 견해에 동조해 결국 합작 7원칙을 부결시키고 말았다. 특히 무상몰수·분배의 토지개혁은 한민당을 와해시키는 독소조항과 다르지 않았다.[1324] '합작 7원칙'에는 인민민주주의 정부수립 의도가 담겨 있었다. 미군정도 합작 7원칙 발표에 당황하면서 합작위원회의 지나친 좌경화를 우려했다.[1325] 반면, 김구와 한독당은 합작 7원칙에 대한 찬성과 지지를 표명했다.[1326]

1946년 10월 합작 7원칙 부결을 둘러싸고 한민당은 분당 사태에 휘말렸다. 원세훈을 비롯한 박명환, 송남헌 등 16명이 제1차로 탈당했다.[1327] 그다음 한민당 좌파를 대표하는 김병로 계열과 김약수 계열 등 16명, 10월 11일 제3차로 중앙집행위원 김용국 등 17명이 뒤를 이었다. 이순택을 비롯한 이들은 대부분 사회민주주의 성향을 지닌 한민당 중진들이었다.[1328] 제3차에 걸친 집단 탈당 인원은 약 250명에 달했다.[1329] 한민당은 창당 이래 최대의 위기를 맞았고, 내분을 수습하고자 당정기구 개편에 착수해야 했다. 1945년 9월 창당 이래 유지해온 집단지도체제의 총무제를 폐지하고 단일지도체제로 전환해 김성수를 초대 위원장, 백관수를 초대 부위원장에 추대했다.[1330] 또한 종래 13부 직제 가운데 후생, 문교, 지방 3부를 폐지하고 기획부와 정치부를 신설해 12부로 개혁하는 한편, 부(部)·국(局)장을 개선했다. 탈당으로 공석이 된 중앙집행위원 30명을 보선(補選)하고 새로이 중앙상무집행위원제를 채택했다.[1331] 장덕수는 이렇게 당세 약화라는 정치적 위험을 감수하면서도 한민당의 정당 이념을 재확인했다.

셋째, 제2차 미소공위다.

1947년 3월 12일 '트루먼 독트린(Truman Doctrine)'과 4월 12일 모스크바협정 폐기도 고려한다는 마셜(George C. Marshall) 국무장관의 성명은 국제정치의 지각 변동을 예고했다.[1332] 그러자 장덕수는 "이것은 큰 불빛이다. 긴 터널의 출구가 보이기 시작했다"[1333]고 환호했다. 1947년 5월 21일 덕수궁 석조전에서 '모스크바 3상 협정'을 실행하기 위한 제2차 미소공위가 개막되었다.[1334] 1946년 제1차 때와 마찬가지로 우익진영은 참가 여부를 둘러싸고 우왕좌왕했다.[1335] 장덕수는 제2차 미소공위가 결렬되면 미국이 대소 강경책으로 돌아설 것이며, 남한 단독정부 수립이 불가피할 것이라 예견했다.[1336] 미소 양측은 제1차 때와 마찬가지로 임시정부 수립을 위한 정당·사회단체의 협의 대상 문제로 대립했다.

장덕수는 '모스크바 3상 협정'을 '선(先) 정부수립·후(後) 신탁반대'의 단계론적 기능주의 관점에서 보고 미소공위 참가를 결정했다.[1337] 곧바로 "임시정부 수립에 응한 다음 신탁 문제가 토의될 때 그것을 반대해도 늦지 않으니 우선 임시정부 수립에 참여해야 한다"[1338]며 우익진영의 미소공위 참가를 촉구하고 나섰고, 이승만을 간곡히 설득했지만 쉽지 않다.[1339] 6월 13일 한민당은 미소공위 참가를 결의했다.[1340] 이승만은 미소공위 참가가 유해무익한 것이라며 노발대발했고, 김구는 '반탁 진영의 배신'이라고 성토했다.[1341] 하지만 조병옥은 이승만과 김구의 참가 유보와 무분별한 반탁운동이 공안 질서를 훼손하는 무정견(無定見), 무계획(無計劃), 무질서(無秩序)에 불과했다고 증언했다.[1342] 1947년 6월 4일 우익 정당 및 사회단체 대표 합동회의가 돈화문 앞 '독립촉성국민회' 회의실에서 개최되었다.

이 자리에서 장덕수는 미소공위 참가는 신탁통치에 찬성하는 것이 아니라 자주독립 국가의 건설과 민주적 임시정부 수립에 대한 민족적 견해를 당당히 표명할 기회를 포착하기 위한 것이라고 주장했다.[1343] 그러자 미소공위 참가를 주저하던 많은 정당·사회단체들이 미소공위 참가로 돌아서는 정치적 이변이 발생했다. 6월 17일 한민당은 "임시정부수립대책협의회"[1344]를 결성해 우익진영의 미소공위 참가를 이끌었다.[1345] 이는 좌파계열과 중간파만을 협의 대상으로 삼아 임시정부를 세우려던 소련 측의 의표를 찌르는, 그야말로 '신의 한 수'였다.[1346] 이로 인해 1947년 7월 15일 미소공위는 무기 휴회에 들어갔고, 10월 28일 소련대표단은 평양으로 복귀하고 말았다.[1347]

제2차 미소공위 참가 문제로 한독당은 분열했다. 1947년 6월 안재홍(국민당)과 권태석(신한민족당) 등 59명이 한독당을 탈당해 임시정부수립대책협의회에 합류했다.[1348] 7월 1일 한독당은 '탁치 임정' 반대와 '법통 임정' 승인을 요구하는 성명을 발표했다.[1349] 7월 20일에는 신익희마저 한독당을 탈당해 미소공위 참가로 돌아섰다.[1350] 김구에게 장덕수는 "옆구리에 박힌 가시"[1351] 같은 존재였다. 아니나 다를까, 1947년 9월 17일 마셜 국무장관은 한국 문제의 유엔 이관을 결정했고, 10월 14일 유엔 총회에서 한국 문제 결의안이 가결되었다.[1352] 이 때문에 모스크바 3상 협정은 물론이고 제1·2차 미소공위도 없던 일이 되고 말았다.[1353] 고도의 정치적 결단이 필요한 미소공위 참가를 둘러싼 장덕수의 활약을 두고 국내 정계는 물론 미군정과 미국 국무성 내부에서조차 "한국민주당에 제대로 된 정치가가 있다"[1354]며 혀를 내둘렀다.[1355] 장덕수의 결단은 역사의 물굽이를 돌려세우는 문자 그대로 회천대업(回天大業)이었다.

무너진 신앙탑

1947년 11월 14일 유엔 총회에서 (1) 유엔특별위원단 구성과 파견, (2) 유엔특별위원단 감시하의 1948년 3월 말 총선거 실시, (3) 국민의회 소집과 정부수립이라는 한국 문제 결의안이 압도적 다수결로 통과되었다. 감격적 낭보를 접한 장덕수는 12월 2일 동대문구 제기동 자택에서 한민당 관계자들과 저녁 식사를 겸한 총선 대책을 논의했다.[1356]

[9-1] 망우리역사공원 장덕수 묘소.

그런데 오후 6시 50분경 자택 현관에서 경찰 제복을 입은 괴한과 작은 키에 외투를 걸친 괴한이 쏜 카빈총 2발을 맞고 급사하고 말았다.

영결식은 12월 8일 1만여 명의 조문객이 운집한 가운데 서울시청 앞에서 애국단체연합장으로 성대하고 엄숙하게 치러졌고, 유해는 고하 송진우가 잠들어 있던 망우리 유택 인근에 안장되었다.[1357] 인촌 김성수는 "고하의 죽음이 민족해방의 대가였다면, 설산의 죽음은 대한민국 독립을 가져오기 위한 희생이었다"[1358]고 통곡했으며, 이승만은 "우리의 위대한 애국자요 유력한 동지를 잃었다"[1359]고 추념했다.[1360]

다음에는 대한민국 건국사에 불멸의 족적을 남긴 장덕수의 진면목을 살펴보자.

첫째, 인물됨이다.

장덕수가 14세에 부친을 여의고 진남포이사청 급사로 일하게 되었을 때, 그에게 주어진 일은 지로[次郎]라는 이름으로 아침저녁 밥 짓고 물 긷는 일이었다. 겨울이 되면 살얼음이 버석거리는 물로 밥을 짓느라고 손등이 쩍쩍 갈라지곤 했다.[1361] 1910년대 동경 유학 시절에는 최소한의 생활비를 벌고자 구두닦이, 창문닦이, 접시닦이, 우유배달, 신문배달, 인력차꾼으로 동분서주했다.[1362] 한겨울에도 조선 옷에 등 터진 양복을 걸치고 나막신을 끌며 도쿄 중앙대로를 활보하는 등 장덕수는 주위 시선과 사생활에 무관심했다. 어느 날 등 터진 양복을 입고 일본인 친구 집을 방문했는데, 친구 여동생이 장덕수를 보고는 "무신경하기가 마치 쿠마[熊, 곰] 같은 사람"[1363]이라고 웃으며 정성껏 꿰매주기도 했다. 상해 시절 장덕수와 짧은 기간 함께 지냈던 김홍일은 "그의 인간적 면모는 한마디로 소박하고 진실해서 누구에게나 더할 수 없는 친밀감을 주는 것"[1364]이라고 회고했다.

일본 유학 시절의 장덕수는 로맨스와도 담을 쌓은 목석같은 사람이었다. 그는 1916년 말 와세다대학을 졸업하고 귀향해서 장가를 들게 되었다. 여러 곳에서 혼처가 나왔지만, 당시 청년들이 동경하는 쇠똥머리(신여성의 별칭)가 아니라 고향 마을 인근의 북률면 해창리 상민 출신의 농갓집 딸, 중등교육을 받지 못한 시골 색시로 결정되었다. 순전히 홀로되신 어머니의 뜻에 순종한 혼인이었다. 1917년 봄 혼례를 올린 김씨 부인은 비록 배운 것은 없지만 정숙하고, 근면하고, 시어머니에 대한 공경심이 지극한 전형적인 시골 농촌 며느리였다. 털털하고 대범한 성품의 장덕수도 김씨 부인의 순정과 부덕에 만족했다. 그런데 1922년경 김씨 부인이 "아이를 낳다가 산고(産苦)"[1365]로 죽고 말았다. 장덕수는 몹시 낙담하고 상심한 와중에 사기공산당 사건에 휘말리면서 어쩔 수 없이 미국 유학을 떠나게 되었다.

해방 직후 장덕수의 비서로 활동했던 황해도 연백 출신의 함동욱은 장덕수에 대해 "눈이 가늘고 뚱뚱하여 재화(才華)가 겉으로 나타나지 않아 오히려 무뚝뚝하며 붙임성이 없는 듯한 첫인상을 풍겼다. 그렇지만 함께 이야기를 해보면 그 구수하고 인정미까지 흐르며 강물처럼 전개되는 화술에 금시에 친숙감을 느끼게 하였다"[1366]고 회상했다. 더구나 무산대중을 대표한다는 여운형은 멋들어진 마카오 신사 차림에 고급 승용차를 타고 정치 무대의 슈퍼스타로 행세했지만, 부자들의 정당 한민당 정치부장 장덕수는 소매 끝이 닳은 꾀죄죄한 고물 양복에 후줄근한 와이셔츠를 걸치고 다녔고, 비가 오기라도 하면 진흙이 구두창 사이로 스며드는 낡아빠진 구두를 신고 미군사령부, 미군정청, 돈암장, 경교장 등 뚜벅뚜벅 걸어서 안가는 데가 없었다.[1367] 당시 한민당 선전부장 함상훈은 "경남 도당 간부들이 양복 한 벌 값을 보냈는데, 그것을 해 입어 보지도 못하고 황천(黃泉)으로 가는 수의(壽衣) 값으로 쓰고 말았다"[1368]고 한탄했다.

둘째, 정치이념이다.

영미 유학 과정에서 장덕수의 관심은 산업혁명의 발상지이자 선진 자본주의 영국에서 마르크스가 갈파했던 계급투쟁이 아니라 '사회적 혁신에 의한 노동해방'이 가능했던 역사적 조건에 대한 탐구였다. 세계 최초로 노동법 제정과 노사분규를 조정하는 다양한 사회제도 그리고 산업별 노동쟁의 양상과 조정 방식 등 각종 자료와 통계를 수집, 분석했다. 그는 영국이 노사분규를 극복하고 산업평화를 달성했던 역사적 조건은 민주주의였고, 인간의 본성은 결코 칼로 조형될 수 없다며 자유를 강조했다.[1369] 장덕수의 자유민주주의에 대한 확고한 신념은 이후 한민당의 정치이념에도 고스란히 녹아들었다.[1370] 그래서 한민당은 공산주의를 폭력, 기만, 독재, 매국 이론이라 규탄했고, 공산당과의 정면 대결을 선언했다.[1371] 또한 대공 타협을 절대 배격하고 북벌에 의한 남북통일을 주장했다.[1372] 한민당의 선명한 반공 노선은 대한민국 정부로 계승되면서 반공 이데올로기의 뼈대를 이루었다.

미국 유학을 통해 '신자유주의 이론가'로 세계적 명성을 쌓은 장덕수는 자신의 정치사상을 조국에서 펼쳐보고자 노력했다. 그는 북한을 위성국가로 만든 소련이 남한마저 소비에트화시키려는 야욕을 버리지 않는 한 좌우합작 혹은 미소공위를 통한 통일정부 수립은 불가능하다고 확신했다. 그래서 우선 남한만이라도 총선거를 실시해 자유민주주의 정부를 수립한다는 남한 단선단정론을 주장했다. 무산대중의 해방이라는 종교적 광신에 빠진 북한 공산주의자들과의 타협은 단지 통일정부 수립을 지연시킬 뿐이고, 공산주의 조국 소련의 농간에 놀아나는 일이라 단정했다. 그래서 장덕수는 일단 남한만이라도 철저한 반공주의에 입각한 자유민주주의 단독정부를 수립한 뒤, 국력을 길러 북한을 흡수 통합해서 통일국가를 수립하자는 '선 단정·후 통일'의 건국 플랜을 구상하고 실천했다.[1373]

　장덕수는 "약소민족이 강대국들의 국제협약을 무시하고 반대하면 아무것도 할 수 없다. 국제협약에 따르고 그 협약을 실행하는 과정에서 약소민족의 요구와 의사가 충분히 반영되도록 나가야 한다. 그렇지 않고 무조건 반대하고 무시해서는 독립을 생각할 수도 없다"[1374]고 주장했다. 그는 모스크바 결정은 카이로선언의 구체적 실천 방안이며, 카이로선언은 대서양헌장에서 밝힌 민족자결주의를 한민족에게 적용한 것으로 파악했다. 민족자결이야말로 세계평화를 재건하고 공산독재를 저지·분쇄하는 유일한 신조이며, 민족자결의 기본은 자유로운 의사 표명의 권리라고 확신했다.[1375] 요컨대 장덕수는 미소공위에 의한 한국 문제의 해결은 요원하기 때문에 오히려 이를 분쇄하고 유엔 총회에 회부해 세계 여론에 호소할 것을 주장했다.[1376] 그는 중앙당 및 지구당 당원 교육에서도 한민당이야말로 세계의 대세와 호흡하며 문명의 진운과 보조를 같이한다고 주장했다. 따라서 한민당원으로서 절대적인 자부심을 가지게 하고, 당원으로서의 사명 달성에 노력해줄 것을 호소하고 당부했다.[1377]

　셋째, 정치 활동이다.

　김성용(金星鏞)은 동경제국대학을 졸업한 호남 출신의 수재였고, 해방 직후 인촌 김성수의 부름을 받고 한민당 외무차장으로서 장덕수를 보좌했다. 그는 장덕수의 첫인상에 대해 이렇게 말했다. "과묵하면서도 후덕해 보이는 그 외모가 마음에 들었습니다. 그분의 명성은 익히 알고 있었지만, 몇 마디 이야기를 해보니 두뇌가 명석하고 회전이 빠르며 해박한 지식에 압도되더군요. 그러면서도 재사답지 않게 아량이 있고 그릇이 컸습니다."[1378] 이후 미군정 수뇌부와의 면담을 수행하면서 장덕수의 정확하고 격조 높은 영어 회화뿐만 아니라 국내외 정치정세에 대한 논리 정연한 설명과 함께 미국의 대한 정책에 대해 자신의 견해를 당당히 개진하는 것을 보고 "우리 한국 사람 가운데 이처럼 훌륭한 인물이 있었다니 정말 놀라운 일이구나"[1379] 하고 감탄했고, 자랑스럽게 생각했다고 증언했다.

장덕수의 정치 스타일은 "처음부터 문을 잠그지 말고 해볼 수 있는 것은 모두 시도해보고 그 결과를 평가하여 또 새로운 방안을 모색해본다"[1380]는 것이었다. 그의 정치 철학은 이승만과도 달라서 관계의 거리감을 조성했고, 서먹서먹한 국면을 연출하기도 했다. 장덕수는 카리스마형 혹은 조감도형(鳥瞰圖形)의 이승만과 구별되는 충감도형(蟲瞰圖形) 지도자였다. 이승만은 대세를 조감하고 목표가 설정되면 그것을 쟁취하기 위해 중간 과정을 무시하고 돌진하는 스타일이었다. 이와는 달리 장덕수는 목표에 도달하기까지 예상되는 모든 상황을 가정하고, 그것들을 하나둘 극복해 나가면서 착실하게 목표를 향해 전진했다. 장덕수는 문제를 바라보는 거시적인 안목과 과제 해결의 미시적 접근을 통해 수단과 방법을 선택하고 정치적 목적을 달성하는 이론가형 정치 스타일이었다. 그 때문에 하지 중장은 장덕수야말로 "이승만을 대체할 수 있는 유일한 한국인"[1381]이라고 평가했다.

김성용은 장덕수를 가까이에서 모시며 미지의 나라 미국에 대해 많은 것을 배웠다. 이 경험은 훗날 그의 식견과 경륜을 쌓는 정치적 자산이 되었다. 예를 들어 "김 군, 미국은 부자나라이고 인도주의 정신이 넘치는 나라니까 누구에게나 구호와 자선의 온정을 베풀 것 같지만, 절대로 그런 나라가 아니야. (…) 그들에게 원칙을 바탕으로 정당한 요구를 해야만 반응이 있는 법이야. (…) 당신들이 조금 부축을 해주면 우리는 힘차게 전진할 수 있고, 곧 미국의 이익과도 직결되는 것이오. 이렇게 주장한다면 미국은 가치 있는 원조라 생각하고 손길을 뻗쳐줄 것"[1382]이라고 조언했다. 장덕수는 미국의 실리주의를 잘 알았기 때문에 미군정이나 미국 국무성에 대해 실질적이면서 반대급부도 돌아간다는 요구·건의를 체계화해서 대미 교섭에 나섰다. 그래서 한민당 선전부장을 역임했던 김준연도 장덕수의 참

[9-2] 1947년경 장덕수 일가족.

변을 두고 "우리의 신앙탑이 무너졌다"[1383]고 통곡했다.[1384]

늦은 밤 광화문 당사에서 제기동 자택까지 걸어서 장덕수를 동행한 적이 많았던 김성용은 "집에 돌아가시면 소찬으로 저녁을 때우시고 밤늦도록까지 타이프라이터를 손수 두들기는 것이죠. 미군정은 물론 미국 국무성, 육군성, 유엔본부 등에 보내는 건의문을 영문 타자기로 곧바로 치는 겁니다. 물론 발신자는 한민당 당수 김성수 선생 명의로 말입니다"[1385] 하고 증언했다. 간혹 타자기가 고장나기라도 하면 장덕수는 새끼손가락 같은 연필을 손수 깎아가며 각종 계획서와 건의문을 기초했다. 참변 이후 미망인 박은혜는 밤마다 어린 4남매를 부둥켜안고 건넌방에서 들려오는 타이프라이터 환청(幻聽)에 시달렸다고 한다. 그래서 그녀는 자택을 '청설장(聽雪莊)'이라 명명했다.[1386] 김성용은 "설산처럼 이론이 뛰어나고 인간미와 실천력을 겸비한 인물은 따로 없을 것"[1387]이라며, 자신의 정치적 스승 장덕수와 함께했던 지난날을 그리워했다.[1388]

피에 목마른 자들

수도경찰청 수사대는 12월 2일 늦은 밤 공범 최중하를 시작으로 12월 4일 암살범 박광옥과 배희범 그리고 그 외 공범자를 검거했다. 최중하(1926~2020)는 강원도 원주 출생으로 장덕수 암살사건 당시 연희전문 문과 2학년이었고, 모친(홍명진)은 한독당 관계자들 다수가 기숙하던 경원여관 주인이었다.[1389] 그는 일찍부터 김구를 추종해서 한독당 산하 '대한학생연맹'을 결성하고 위원장에 추대되었다. 그는 법정에서 반탁을 주장하면서도 몰래 남한 단독정부 수립을 획책하는 반민족 행위에 분노해서 '대한혁명단'을 결성하고 장덕수를 암살했다고 진술했다. 1948년 2월 2일 공범 혐의로 검거되어 무기징역형을 받았고, 대전형무소에 투옥되었다. 1948년 감옥에서 최서면(崔書勉)으로 개명했으며, 1949년 10월 위장병으로 형집행정지 처분을 받고 풀려났다.

1948년 1월 16일에는 경기도 광주군 민병만의 집에서 사건의 유력 혐의자 김석황이 체포되었다.[1390] 그 뒤 피의자들은 수도경찰청 취조를 거쳐 미육군 제25군 CID에 이첩돼 심문을 받았고, 2월 21일 포고령 위반으로 기소되어, 3월 2일 미군정 특별 군사재판에 회부되었다.[1391] 이들이 송진우·여운형 암살사건과 달리 군사재판에 회부된 이유는 검찰관과 사법관을 위협해 정당한 판결을 방해하는 사법 테러를 저지하는 한편, 공정하고 신속한 재판을 진행하기 위해서였다. 군사재판 관계자는 혜론 대령을 재판장으로 판사 4명, 검찰관 2명(스틸 소령과 라만 대위), 법정 변호인 2명(빌스 대위와 라제스 대위), 사선 변호인 강거복(姜巨福)·정근영(鄭近永)·김용식(金溶植) 3명이었다.

다음에서는 기소 이유서와 피의자 및 증인심문 기록을 통해 장덕수 암살사건의 진상을 재구성한다.[1392]

1947년 12월 4일 박광옥과 배희범이 체포된 뒤 수도경찰청장 장택상은 "임시정부 측에서 노덕술에게 박광옥의 배후를 캐지 말라는 압력이 심하다"[1393]는 정보를 받았다. 화가 치민 장택상은 박광옥을 시흥 별장으로 연행해 직접 취조했다. 박광옥은 사건 배후에 백범 김구의 측근 김석황이 있다며, 김구로부터 "장덕수는 내 제자이지만 죽일 놈이다. 한민당이 미소공동위원회에 참석하게 된 것도 장덕수의 장난이고, 미군정을 연장하려고 음모를 꾸미는 것도 장덕수이다. 민족 반역자는 단호히 없애버려야 한다"[1394]는 말을 들었다고 실토했다. 김석황은 또 "장덕수를 해치우고 나면 다음은 이승만의 앞잡이 배은희, 윤치영, 조병옥, 장택상 등 정계 요인 28명을 제거해야 한다"[1395]고 말했다고 자백했다. 그는 김구·한독당이 "정계 요인은 모조리 제거해버리겠다"[1396]고 벼르고 있다며, 장 청장도 조심하라고까지 경고했다.

1947년 늦여름 김석황은 경원여관에서 신일준(46세)에게 민족 반역자 장덕수, 배은희, 안재홍을 처단해야 한다는 말을 들었다. 며칠 후 김구에게 그 발언을 보고하니 '이놈들은 나쁜 놈들이야'라고 말해서 김석황은 김구가 이들의 처단을 원하는 것으로 알아들었다. 1947년 8월 중순 김석황은 경원여관 제15호실에서 조상항, 신일준, 손정수와 회합해 김구가 장덕수 등의 처단을 원한다고 말했는데, 모두 반신반의했다. 그래서 이튿날 암살 지령 여부를 확인하고자 이들 3명을 대동하고 경교장을 찾았다. 김구는 그 자리에서 "장덕수, 배은희(裵恩希), 이종영(李鍾榮)은 나쁜 놈들이니까 숙청하라"[1397]고 지시했다. 김석황 일행은 그길로 경원여관에 돌아와 국민의회 대의원 김중목에게 김구의 지령을 전달했다. 사흘 뒤 김석황이 경교장을 찾아가 장덕수 살해계획을 보고하자, 김구는 '아 그런가' 하고 반응했다.

장덕수, 배은희, 안재홍이 이들의 표적이 된 것은 한독당과 국민의회의 정치적 입장과는 달리 미소공위에 협력하고, 민족대표자회의와 국민의회의 합동에 반대했기 때문이다. 김중목은 장덕수 등 '민족 반역자'의 처단을 자원하고 나섰다. 1947년 8월 26일 그는 한양병원에 입원해 있던 최중하와 협의해 민족 반역자 처단을 위해 '대한혁명단'을 결성했다.[1398] 조직원은 최중하, 박광옥, 조엽, 배희범, 박정덕, 김철 6명이었다. 단장은 최중하, 정치고문국의 훈련부장 신일준, 재정부장 김중목을 추대했다. 신일준과 김중목은 한독당 외곽단체 국의로부터 자금을 조달해 수차에 걸쳐서 최중하에게 적잖은 활동 자금을 제공했다.[1399]

1947년 8월 26일 제1차 회합에서 이들은 암살 명령을 수행하기 위한 정신적 결합을 목적으로 "조선 독립을 위해 목숨을 바칠 것을 맹세한다"[1400]는 혈서를 작성했다. 이어서 김중목이 제공한 수류탄과 권총을 들고 가슴에 혈서를 붙이고 태극기 앞에서 사진 촬영을 했다. 1932년 폭살테러를 준비할 당시 이봉창과 윤봉길의 서약식을 흉내 낸 것이다. 최중하와 조엽은 사진 사본을 송종옥 의원을 통해 경교장 김구에게 전달했다.[1401] 사본을 받아 든 김구는 "그 정신은 좋지만 조심하라. 그러한 청년은 많으나 성사를 못 하더라. 학생은 공부해야 한다. 그러나 나라를 위해서는 궐기해야 한다"[1402]고 격려했다.

박광옥의 셋집 책상 서랍에서 발견된 이 사진은 장덕수 암살사건 수사의 결정적 단서가 되었다.[1403] 1947년 9월 초순 제3차 회의에서 이들은 역할을 분담하기로 결정했다. 박광옥과 배희범은 안재홍을, 조엽과 박정덕은 배은희를, 김철과 최중하는 장덕수를 처단하기로 했다. 하지만 두려움을 느낀 조엽, 박정덕, 김철이 대한혁명단을 탈퇴했고, 최중하도 건강 문제로 계획 변경이 불가피했다. 1947년 10월 20일 이들은 당초 계획을 변경해 장덕수 처단에 한정할 것을 결정했고, 박광옥[1404]과 배희범이 실행 책임을 맡기로 했다.[1405]

1947년 10월 말 김중목은 대전에 거주하는 조기택으로부터 권총 1정을 구해 최중하에게 전달하고, 수류탄 1개를 구입해서 선서식 사진 촬영 때 사용했다. 또 다른 수류탄 한 개는 한독당 예하 대한보국의용단 참모장 신일준이 이덕원(金德源)에게서 받은 것이었다. 수류탄 2개는 경원여관에서 발견, 압수되었다. 더구나 김석황은 여행렬에게서 입수한 미국제 수류탄 20개를 숨겨두었다가 발각되기도 했다. 이 수류탄은 미 제25군 CID에 의해 압수되었고, 김중목이 성낙신에게 팔았던 수류탄 3개도 회수되었다. 박광옥과 배희범은 장덕수 암살을 위해 약 30일 전부터 정보 수집에 착수했다.[1406] 1947년 12월 2일 한민당 수위와 자가용 운전사에게서 당일 저녁 장덕수가 자택에 있을 것이라는 정보를 입수하고, 오후 5시경 경원여관을 찾아가 최중하에게 당일 거사 실행을 보고했다.[1407]

종로경찰서 소속 경사 박광옥은 경찰 제복을 착용하고 카빈총을, 배희범은 검은색 외투를 걸치고 권총을 휴대했다. 마침 신일준이 여관에 들어오자 최중하는 암살 계획을 설명하고 저녁 식사비로 700원을 받아 박광옥에게 전달했다. 박광옥과 배희범이 오후 6시경 제기동의 장덕수 자택에 도착했을 때는 어두워져 있었다. 두 사람은 마당에서 빨래를 걸고 있던 식모 박은희(12세)에게 장덕수가 집에 있다는 사실을 확인하고 면담을 청했다. 박은혜는 손님들과 저녁 식사를 하던 장덕수를 불러냈고, 약 2분가량 주고받는 이야기를 듣다가 집 안으로 들어갔다. 그리고 몇 분 뒤 2발의 총성이 울렸다. 먼저 배희범이 장덕수를 향해 연거푸 4~5발을 발사했지만, 모두 불발이었다. 그러자 박광옥이 메고 있던 카빈총을 풀어서 2발을 발사했다. 장덕수는 빈사 상태에서 백인제병원으로 이송되던 도중 절명했다. 오후 6시 50분경이었다.

오후 7시 30분경 택시를 타고 경원여관으로 돌아온 박광옥과 배희범은 최중하를 찾았지만, 그는 장덕수 암살이 실행된다는 사실을 김중목에게 알리기 위해 외출하고 없었다. 범인들은 최중하의 모친에게 장덕수 살해 사실을 고백했고, 모친은 도피자금으로 2천 원을 제공했다. 범인들은 최중하가 입원해 있던 한성병원을 거쳐 중구 필동 소재 유봉린의 집으로 도피했다. 12월 2일 사건 당일 오후 11시 30분경 최중하는 종로경찰서 형사대에 체포되었고, 박광옥과 배희범의 소재를 자백했다.[1408] 12월 3일 9시경 경찰이 한성병원을 수색해 박광옥의 경찰 정복과 카빈총을 압수했고, 12월 4일 오전 10시경 중부경찰서 형사대가 박광옥과 배희범을 체포했다.[1409] 1948년 1월 16일 김석황을 마지막으로 혐의자들은 전원 검거되었다. 김석황은 검거 당시 암살사건의 배후를 밝히는 결정적 단서가 될 서찰을 소지하고 있었다.

장덕수 암살의 배후를 살펴보면, 암살을 실행한 '대한혁명단'은 21~25세의 연희대·서울대·성균관대 재학생들로 대한학생총연맹 간부들이었다. '대한학생총연맹'은 1947년 6월 최중하, 박선규, 조엽, 김철, 박정덕이 건국학생연맹과 한국학생단을 모체로 한독당 당사 겸 국민의회 본부가 있던 운현궁에서 발족했다.[1410] 김구를 총재, 조소앙과 엄항섭을 명예위원장에 추대했기 때문에 한독당 외곽 단체와 다름없었다. 대한혁명단을 동원해 장덕수 암살을 지휘했던 김석황 등 장년층은 한독당 예하 '대한보국의용단' 단장과 참모장 그리고 국민의회 정무위원과 대의원의 면면이었다. 요컨대 장덕수 암살은 차고도 넘치는 물적 증거와 함께 피고인 진술 그리고 증인들의 생생한 법정 증언을 고려할 때 김구·한독당이 자행한 명백한 "음모·교사 범행"[1411]이었다. 장덕수 암살 테러는 한독당, 대한보국의용단, 국민의회, 대한학생총연맹, 대한혁명단의 피라미드 조직과

　　　　　　　　　　　　　　　　　테러리스트 김구

김구, 김석황, 김중목, 최중하, 박광옥으로 이어지는 지령 전달과 보고 체계로 이루어졌다.

법정에 선 김구

임정 주석 겸 한독당 집행위원장 김구는 1948년 3월 12일 제8회, 15일 제9회 두 번에 걸쳐 군사법정에 출두했다. 그의 법정 소환은 1948년 3월 8일 제5회 공판에서 관선변호인 빌스 대위의 요청으로 이루어졌다. 피의자 김석황, 조상항, 신일준, 손정수, 김중목이 한결같이 장덕수 암살의 배후로 당시 한독당 집행위원장 김구를 지목했기 때문이다. 실제로 1948년 3월 8일 제5회 군사재판 오전 공판 심문에서 조상항은 1947년 8월 중순 경원여관에서 김석황에게 "김구 선생의 지령이 있었다"[1412]는 말을 들었다고 진술했다. 같은 날 공판에서 신일준도 김석황과 함께 경교장 김구를 방문했고, 장덕수 암살 지령을 확인했다고 진술했다. 조상항은 또 김구가 '장덕수, 명제세, 배은희는 이승만 박사 밑에서 일을 하면서 소란케 하는 자이니까 죽이지 않으면 안 된다고 말했다'고 진술했다.

공범 손정수도 "우리가 그분에게 당신이 장덕수를 죽이라는 명령을 김석황이 우리에게 전해준 데 대해 물은즉 그분 말씀이 장덕수와 그 외 반역자를 죽이지 않으면 안 된다는 것을 말한 것이 사실"[1413]이라고 진술했다. 같은 날 심문에서 공범 김중목도 장덕수 암살 명령을 누구에게 받았는가 하는 질문에 "단지 그 명령은 위에서부터 내려왔다고 말했습니다. 그래서 나는 생각하기를 이것이 김구로부터 온 줄 알았습니다"[1414] 하고 진술했다. 같은 날 공판에서 박광옥도 김석황이 "장덕수는 조선 독립을 방해하는 반역자기 때문에 김구 씨가 그 사람을 살해하기를 원한다고 말했다"[1415]고 진술했다. 당시 공판 실황을 취재한 신문들은 김구가 장덕수 암살을 지령했다는 김석황, 신일준, 조상항의 진술에 수백 명의 방청객이 망연자실한 기색이 역력했다고 보도했다.

김구의 법정 소환은 3월 8일 이전 이미 기획되어 있었다. 당시 미군정 검찰총장을 역임했던 이인(李仁)에 따르면, 1948년 2월 말 미군 G2 소속 한국인 모 대위가 찾아와 김구에 대한 체포영장 발부를 요청했다고 한다. 하지만 이인은 "이 사건에 임정 주석을 체포해봐. 일반 민심의 격화를 누가 수습할 것인가. (…) 꼭 백범을 지목한다면 달리 증인으로 불러보면 몰라도"[1416]라고 돌려보냈다고 증언했다. 미국 군사위원회는 트루먼 대통령의 명의로 발부한 소환장에 "조선 서울시 중앙청 제1회의실에서 개정하는 미국 군율재판위원회에 귀하를 소환하오니 1948년 3월 12일 오전 9시에 출두할 것"[1417]을 명기했다. 소환장을 받아 든 김구와 한독당은 경악했다. 하지만 세간의 이목은 김구의 출정 여부에 집중되었다. 소환 하루 전날 김구는 미국 대통령에 대한 국제예양(國際禮讓)을 존중한다며 법정 출두를 발표했다.

1948년 3월 12일 군사법정이 개설된 군정청 제1회의실 복도는 방청객으로 혼잡을 이루었다. 군정청도 이를 예상했던지 다수의 헌병을 배치해 삼엄한 경계를 펼쳤다. 방청객들은 입실에 앞서 엄중한 신체 수색과 신분증 검사를 받아야 했다. 법정 정면에는 태극기와 성조기가 내걸렸다. 당시 〈조선통신사〉 기자였던 조덕송은 "재판을 시작하려면 아직 30분 가까이 남았는데 약 200명분 마련된 방청석은 벌써 가득 차 있었다"[1418]고 기록했다. 김구의 군사법정 소환은 그만큼 사회적 이목을 집중시키는 사건이었다. 방청석은 문 쪽과 중앙 통로를 두고 안쪽으로 100석씩 합계 약 200석이었다. 문 쪽은 한민당 계열, 안쪽은 한독당 계열이 차지하고 적의에 찬 눈빛으로 서로를 노려보는 살벌한 분위기가 연출되었다. 문 쪽 방청석 맨 앞자리에는 미망인 박은혜가 입을 꾹 다문 채 앉아 있었다. 그녀와 가까운 기자석에는 시인이자 당시 〈부인신문〉 편집국장이었던 모윤숙이 자리하고 있었다.

군사법정의 공기가 자못 침중한 가운데 공판이 개시되었다. 오전 9시 10분 개정해 피의자 최중하의 모친 홍명진에 대한 증인심문을 마친 9시 45분경 헌병의 호위를 받으며 김구가 입정했다. 검정 두루마기, 검정 구두, 검은 뿔테 안경, 자주색 토시를 착용하고, 검정색 중절모를 손에 든 김구는 천천히 걸어서 증인석에 앉았다. '백범 김구선생시해진상규명위원회' 간사로도 활동했던 김용희(金龍熙)는 "강거복 변호사의 안내를 받으며 법정 문을 들어서자 피고인 10명은 일제히 일어나 인사를 했다. 그때 박은혜와 방청석에 같이 앉아 있던 김준연이 백범 선생님한테 손가락질하며 '저놈이 설산을 죽인 장본인이다' 이렇게 외치는 것을 제 이 두 귀로 똑똑히 들었다"[1419]고 증언했다. 김구는 오른쪽 다리를 꼬아 왼쪽 무릎에 올린 오만방자한 태도로 자식뻘 되는 검사의 심문에 응했다.[1420]

제8회 공판의 심문 요지는 (1) 김석황 등 피의자들과의 관계, (2) 미소공위 참가 문제, (3) 임정과 국민의회의 관계, (4) 장덕수 암살 공모 및 교사 여부였다. 특히 (4)와 관련해서 검사는 김석황, 조상항, 손정수, 신일준의 진술서와 대한혁명단이 촬영한 6장의 사진을 보여주며 사실관계를 추궁했다.[1421] 하지만 김구는 '모른다', '그런 적이 없다', '사실이 아니다'는 답변만을 연발했다. "선생의 제자 격인 피고들이 진술한 것마다 왜 한결같이 선생과 관련한 내용으로 부합 일치될까요"[1422]라는 추궁에도 '알 수 없지요. 그러니까 모략이라 생각됩니다'라고 답했다. 피의자 진술이 고문과 모략 때문에 왜곡되었다는 김구의 답변에 재판부는 경악했다. 하지만 모략의 주체가 누구인가라는 검사의 추궁에 김구는 "그것을 이루 다 말하자면 모 단체 등의 나 개인에 관한 것이 나오겠지만, 나는 왜놈 이외에는 죽일 리가 없소"[1423]라며 호통을 치기도 했다.[1424] 오후 4시 30분경 제1차 김구의 증인심문이 끝났다.[1425]

제9회 공판 제2차 심문에서도 검사는 '모략의 실체'를 집중해서 추궁했지만 김구는 답변을 거부했다. 이를 보다 못해 재판장이 "검사 심문에 답변을 거절하는 것은 그 답변이 선생으로 하여금 죄가 될 듯싶어 그러는 것이오"[1426]라고 쏘아붙였다. 그러자 김구는 자못 흥분된 어조로 "미국 대통령의 요청이 있어 국제예양을 존중해서 증인으로 나왔는데, 마치 나를 죄인처럼 취급하는 듯하니 불만이오"[1427]라며, 자리를 박차고 일어나는 소동이 벌어졌다. 그러자 피고석에 앉아 있던 박광옥이 의자를 밀치고 벌떡 일어나 '성조기를 떼라'며 울부짖는 소란이 일었고, 방청석에서도 흥분한 모 방청객이 '이제 3천만은 다 죽었다'고 고함을 질러 헌병에게 끌려 나가기도 했다. 결국 재판부는 변호인의 요청으로 증인심문을 종결하고 말았다.[1428]

다음에는 2월 16일 체포 당시 김석황이 소지했던 서한(증거품 제31호)의 심문 내용을 살펴보자.[1429] 서한의 내용 일부를 보면 다음과 같다.[1430]

(1) 미군을 배경으로 임정 법통을 무시하는 도배(徒輩)들이 무죄한 사람을

다수 체포하여 죄를 구상(求償)하려 하니 이런 통탄할 일이 어디 있습니까. 소생이 숨어 다님은 죄가 있어서가 아니라 임정을 타도하고 선생을 모함하려는 화(禍)를 피하기 위해서입니다. (2) 오래지 않아 선생님께서 대권(大權)을 잡으실 때까지 소생은 유리개걸(流離丏乞, 유랑하며 동냥질함)하기로 하였습니다. 복원(伏願)컨대, 선생께서는 기어코 대권을 잡으십시오. 대권은 반드시 선생님께 돌아갈 것입니다. 선생님은 천명을 받으셨으니, 소생은 잡힐 리가 만무합니다. (3) 이 박사와 한민당 도배가 음모를 하고 있으니 선생님은 특별히 조심하십시오. 대권이 이 박사에게 가면 인민이 도탄에 빠지고 애국자의 살상이 많이 날 것입니다. 선생님은 이 대권을 추호도 사양치 마시고 기어코 대권을 잡으시오.

제16~17회 공판 심문의 핵심은 서한의 문구를 둘러싼 해석이었다.[143] 김석황은 (1) '선생을 모함하려는 화를 피하기 위해서'라는 뜻은 이승만 박사가 임정 법통을 인정하지 않고 평소에 임정 사람들을 미워했다는 것이고, (2) '대권을 잡으라'는 뜻은 김구가 대권을 잡아야 한다는 것이고, '오래지 않아'는 가까운 시일 내에 총선거가 실시되지만 김구와 국민의회는 남한 총선거를 찬성하지 않는다는 것이라고 답했다. 또 (3) '대권이 이 박사에게 가면 애국자의 살상이 많이 날 것'은 이 박사가 국내 사람들과 손잡고 일하기 때문에 만약 이 박사가 집권한다면 해외 애국자들이 많이 살상될 것이라는 의미라고 설명했다. 요컨대 김석황의 서한은 이승만과 추종 세력 한민당과 민족대표자대회(민대)의 남한 총선거를 저지하고, 임정을 봉대해서 권력을 장악하려는 김구와 그 일당의 야심을 폭로한 것이었다.

그런데 흥미로운 사실은 김구의 증인심문 이후 피의자들이 이구동성으로 고문에 의한 허위 자백을 주장했다는 점이다. 제14회 공판에서 신일준은 CID 조사관의 고문에 의한 허위 자백을 주장했다.[1432] 제15회 공판에서 손정수, 조상항, 김석황도 CID 조사관의 구타를 거론했다.[1433] 제18회 공판에서 김중묵도 쇠로 만든 재떨이와 대나무를 이용한 고문을 받았다고 진술했다.[1434] 그 때문에 재판부는 제19회 공판에서 고문 여부를 확인하고자 제25군 CID 조사관 마슐과 렐리, CID 통역관 김정학과 장석윤, 미육군 군의관 로이스 싱글과 리민스, CID 감방 간수 스미스, 헌병 매킨다와 죠니를 출두시키고 제20회 공판에서는 수도경찰청 조사과장 노덕술을 출두시켜 고문 여부를 심문했다.[1435] 그 결과 재판부는 취조와 심문 과정에서 고문 사실이 없었다고 결론지었다.

1948년 4월 1일 제21회 공판에서 판결이 내려졌다. 변호인은 "이번 사건에 관하여 범행을 감행한 박광옥과 배희범 외에는 물적 증거가 불충분하고 다만 진술서가 있을 뿐인데 이 진술서는 자발적 진술이라 볼 수 없다"[1436]고 변론했다. 반면, 검찰은 피의자들의 자백과 여러 물적 증거를 고려하면 '음모·교사 범행'이 명백하다며, "이번 사건에 대해서는 비애를 금치 못하는 바이며, 정치적 압력으로 말미암아 사법당국이 공정한 판결을 하지 못할 우려가 있어 군율재판을 하게 된 것"[1437]이라고 반론했다. 재판장 헤론 대령은 박광옥·배희범에게 교수형(나중에 집행 유보)을, 김석황·신일준·김중묵·최중하에게 교수형(나중에 종신형으로 감형)을, 조상항·손정수에게 교수형(나중에 10년형으로 감형)을, 조엽·박정덕에게 10년형(나중에 5년형으로 감형)을 선고했다.[1438] 특별 군사재판은 앞서 송진우와 여운형 암살사건 재판에서와는 달리 피의자들에게 법정 최고형을 판결했다.[1439]

그렇다면 법정 심문에서 피의자들이 한결같이 "김구 선생의 지령이 있었다"[1440]고 진술했는데도 김구는 왜 법률적 처분을 면했을까? 당시 수도경찰청장 장택상은 취조 과정에서 김구의 혐의를 포착하고 "경교장에 대한 수색 영장"[1441]을 발령하려 했지만, 하지의 저지를 받았다고 증언했다.[1442] 또 앞서 이인(李仁)의 회고와 같이 "이 사건에 임정 주석을 체포해봐. 일반 민심의 격화를 누가 수습할 것인가"[1443]라고 증언했다. 실제로 유엔한국임시위원단(UNTCOK)이 내한해 5·10총선을 결정했고, 김구·김규식의 남북협상 논의가 급물살을 타는 와중에 "우파의 문제아"[1444] 김구에 대한 법적 처분은 정치적 부담이 적지 않았다. 그래서 하지 중장이 정치적 처벌을 선택했던 것으로 짐작된다. 실제로 백범 김구가 법정에 섰다는 사실만으로도 이미 법적 처벌을 훨씬 능가하는 '정치적 죽음'의 엄벌 효과를 발휘했기 때문이다.

진상과 쟁점

　장덕수 암살의 진상은 범죄와의 전쟁을 다룬 한 편의 범죄 스릴러 또는 전형적인 누아르 영화를 방불케 한다. 증인심문에서 밀튼 로만 대위의 날카로운 질문에도 김구는 오만방자한 태도로 황당한 답변만을 늘어놓았고, 모르쇠로 일관했다. 그러다가 궁지에 내몰리자 고문과 모략을 거론하며 신성한 법정을 모독했다. 하지만 신앙의 탑이 무너지고 대들보가 꺾인 한민당은 장덕수 암살 직후부터 줄기차게 김구·한독당을 배후로 지목했고, "백백교(白白敎)적 살인마 조직과 명령계통을 근절"[1445]하라고 촉구했다. 〈동아일보〉를 비롯한 주요 일간지도 매일같이 공판에서 밝혀지는 충격적 사실을 생생하게 보도했다. 피의자 심문에서 치밀한 암살 계획과 김구의 암살 지령이 드러날 때마다 방청객들은 충격과 경악을 금치 못했다.[1446] 당시 군사재판에 참석했던 방청객과 일간지를 받아 본 독자들은 누구라도 김구가 암살 테러의 배후라고 확신했을 것이다.[1447]

다음에는 장덕수 암살을 둘러싼 쟁점을 살펴보자.

첫째, 장덕수 암살의 배후를 둘러싼 쟁점이다.

박태균은 암살사건을 전후해 장덕수와 갈등했던 이승만의 정치 행보, 김석황이 소지했던 서한, 경찰 수사의 생략, 피의자 고문을 거론하고 김구와 한국독립당이 배후로 지목된 것은 미군정과 이승만으로부터 누명을 뒤집어썼을 뿐이라며, 사건의 정황상 김구보다 이승만이 장덕수 암살의 배후였을 가능성이 크다고 주장했다. 실제로 "장덕수 암살사건으로 인해 가장 큰 이익을 받는 지도자는 이승만이었으며, 가장 큰 피해를 입는 지도자는 김구였다"[1448]며, 장덕수 암살의 배후는 김구가 아니라 이승만이라고 주장했다. 하지만 한민당과 장덕수는 1945년 12월 송진우 암살 직후부터 이미 김구가 아닌 이승만을 지지했기 때문에 장덕수 암살의 배후가 이승만이라는 박태균의 주장은 논리적 모순이자 일종의 음모론이다.

관련해서 도진순도 "경찰과 미군의 대대적인 강압수사로 인해 김석황을 비롯한 피고들의 진술서는 김구가 사건에 직접 관여한 것으로 작성되었다. (⋯) 진술서의 이러한 내용은 후일 재판 과정에서 강압에 의한 것으로 모두 부인되었다"[1449]고 주장했다. 하지만 앞서 검토한 바와 같이 재판부는 제19~20회 공판에서 수도경찰청 수사과장 노덕술, CID 수사관, 미군 군의관 등이 다수의 증인을 취조·심문하는 과정에서 고문은 없었다고 결론지었다. 그래서 피의자 전원이 법정 최고형 처분을 받은 것이다. 실제로 제5~6회 공판에서 김석황 등 피의자들은 거리낌 없이 사건의 진상을 디테일하게 진술한 확신범들이었다. 그랬기 때문에 굳이 강압이 없이도 얼마든지 자백받아 진상을 밝힐 수 있었다.

앞서 검토한 바와 같이 피의자들은 한독당 중진 당원이자 김구와 한독당을 추종하는 청년들이었다. 더구나 피의자 심문조서와 다양한 물적 증거 그리고 법정 심문에서 한결같이 '김구 선생의 지령이 있었다'고 진술했다. 김구가 법정에 선 것도 바로 그 때문이었다. 더구나 박태균과 도진순도 "이 서한은 어쩌면 김구와 한국독립당이 장덕수 암살사건에 배후로 누명을 뒤집어쓴 것이라는 결론에 도달할 수 있는 증거"[145]라고 김석황의 서한을 거론했다. 하지만 이들은 서한의 (1)과 (3)만을 짜깁기해서 부분적으로 거론했고, (2) '선생께서는 기어코 대권(大權)을 잡으십시오'라는 구절은 중략(中略)했다. 이들은 서한의 맥락을 조작·왜곡해 장덕수 암살 혐의를 이승만에게 덮어씌우고자 획책했지만, 이 서한은 암살의 배후가 이승만이 아니라 대권을 욕망하는 김구라는 사실의 명백한 증거일 뿐이다.

더구나 장덕수 암살의 사주범이 김구라는 증언은 여러 자료에서도 확인된다. 허정은 장덕수 암살사건 직후 한독당 중앙집행위원회 부위원장 조소앙을 찾아가서 '왜 설산을 죽였소'라며 격분해서 항의했고, 한민당 상무집행위원 김준연도 법정에 들어서는 김구를 삿대질하며 '저놈이 설산을 죽인 장본인'이라며 치를 떨었다. 나영균도 "미소공동위원회가 결렬되자 장덕수는 단독정부 수립이 불가피하다고 보고 이승만의 단독정부 노선을 따라 당의 전략을 세웠다.

그 때문에 한독당과 한민당의 대립은 더욱 첨예해졌고, 장덕수는 끝내 한독당 인사들 손에 암살당하고 말았다. 1947년 12월 2일의 일이었다"[1451]고 회고했다. 하지 중장도 수도경찰청장 장택상의 진술을 거론하며 "김구가 장덕수 암살의 배후에 있다"[1452]고 증언했다. 1955년 서울특별시경찰국이 작성한 『한국정당사·사찰요람』도 "김구의 수단과 방법을 가리지 않는 당리(黨利)적 의욕은 그칠 바를 모르고 1947년 12월 2일 (대한보국)의용단에게 지령하여 당시 한민당 정치부장 장덕수를 살해했다"[1453]고 적시했다.

둘째, 장덕수 암살 동기를 둘러싼 쟁점이다.

박태균은 장덕수 암살 동기를 이승만과의 정치적 갈등으로 파악했다. "장덕수와 이승만이 싸운 후, 장덕수 암살을 지시했다는 혐의로 김구가 지목되고 있다. 여론에 의해 김구는 방패막이가 되어 줄 것을 요구하면서 이승만 진영에 굴복했다. (…) 조사와 재판도 김구 진영의 성원들에게 덮어씌워지도록 급히 무마되었다"[1454]며, 암살 직전 장덕수와 이승만의 갈등을 강조했다. 실제로 암살사건 발생 사흘 전 이승만은 한민당 간부들과의 회합에서 장덕수와 정견을 둘러싸고 대립이 있었다. 제2차 미소공위 결렬 직후 이승만이 유엔을 배제한 즉시 남한 총선을 고집했던 반면, 장덕수는 유엔 감시하의 남한 총선거를 주장하며 물러서지 않아 갈등이 있었다.

1948년 3월 2일 제1회 공판에서 증인으로 출석한 박은혜는 민족대표자대회와 국민의회의 합동설이 있었을 때 장덕수는 합동 운동에 노력했지만 김구와 의견이 충돌하면서 알력이 생겼고, 김구가 "임정을 조선 정부로 한다고 해서 물의를 자아낸 모양"[1455]이라고 증언했다. 최중하도 "처음 반탁을 지지했던 한민당이 미군정의 눈치를 살피며 미소공동위원회에 참가하겠다고 돌아서는 바람에 반탁 전선에 분열이 일어났다. 이에 반탁진영의 김석황 등이 이 사실을 알고 분개한 나머지 장덕수를 제거하게 되었다"[1456]고 자백했다. 3월 15일 제9회 공판에서 배희범은 "정권을 잡기 위하여 신탁을 시인하는 미소공위에 참가"[1457]했기 때문에 살해했다고 진술했다. 1955년 서울특별시경찰국의 『한국정당사·사찰요람』도 "장 씨는 한민당 세력을 동원하여 이승만 박사를 장차 대통령에 추대할 공작을 추진한다는 단순한 동기"[1458] 때문이라 적시했다. 이상의 증언들은 박태균의 주장과 정면으로 배치된다.

한민당의 실세 장덕수는 (1) 1946년 3월과 1947년 4월 한독당과 한민당의 합당 무산, (2) 한독당이 지지하는 1946년 11월 좌우합작 7원칙 부결, (3) 1947년 6월 우익 정당·사회단체를 설득해 미소공위 참가를 이끌면서 일으킨 한독당의 분란과 탈당 사태가 일어난 가운데 (4) 1947년 7~10월 미소공위 결렬 이후 임정봉대를 일축하고 남한 총선거를 주장하고 '민족대표자대회'와 '국민의회'의 합동을 무산시켰다. 그 때문에 김구와 장덕수는 '친일 추종파', '멍텅구리'를 운운하며 서로를 비하하고 조롱했다.[1459] 김구·한독당의 입장에서 장덕수는 '우익 헤게모니 장악'의 최대 걸림돌이었다. 박태균의 주장은 사실을 조작·왜곡한 명백한 거짓말이다.

셋째, 장덕수 암살사건의 군사재판 회부를 둘러싼 쟁점이다.

박태균은 미군정기에 암살된 정치지도자 세 명(송진우·여운형·장덕수) 가운데 장덕수는 정치적으로 명망이나 대중성이 가장 떨어지는 지도자였는데도 미군정이 이전의 암살사건과 달리 장덕수 암살사건에 가장 예민하게 반응했다고 지적했다.[1460] 그러고는 "장덕수 암살

사건 공판은 이전 암살사건과는 달리 미군정의 주도하에 특별재판소에서 미국인 판사, 검사, 변호사에 의해 진행되었다. 미군정은 어떤 식으로든지 재판에서 자신들의 의지를 관철시킬 수 있는 수단이 마련되어 있었던 것[1461]이라고 주장했다. 요컨대 이승만과 한통속이었던 미군정이 남한 단독선거를 반대하고 남북협상을 획책하는 김구를 정치적으로 암장(暗葬)하고자 장덕수 암살사건을 군사재판에 회부했다는 주장이다. 그렇다면 과연 박태균이 주장한 대로 미군정이 김구에게 장덕수 암살 혐의를 덮어씌우고자 조선인 민간 재판이 아닌 군사재판에 회부했는지를 살펴보자.[1462]

1947년 12월 10일 한민당은 조선민주당 등 40여 개 정당·사회단체와 연합해 장덕수 암살사건 진상규명을 위해 유진산(柳珍山)을 위원장으로 한 "테러배후규명대책협의회"[1463]를 결성했고, 12월 12일에는 "송진우 선생의 살해범을 엄벌에 처하지 못한 사법당국의 형사 정책상의 과오가 이번 사건을 야기한 중요한 원인"[1464]이라는 성명서를 발표했다. 이후 신속한 진상규명을 촉구하는 성명과 담화가 빗발쳤다. 그 와중에 12월 27일 하지 중장은 "장덕수 씨가 잔인하고 냉혹하게 암살당한 것으로 말미암아 대단한 충격을 받았다. (…) 이러한 경우에 정치적 압력과 조선 경찰 및 조선인 검찰관, 재판관의 생명까지 위협하면서 정당한 판결을 내리지 못하도록 책동하고 있다는 것도 본관은 잘 알고 있다"[1465]며, 소속 정당과 사회적 지위를 불문하고 사건 관련자들을 군사재판에 회부해서 신속하고 완전한 재판을 받게 할 것이며, 범죄 정도에 따라 극형에 처할 것이라 성명했다.[1466]

1948년 4월 1일 제21회 종결 공판에서 주임검사 스틸 소령도 "정치적 압력으로 말미암아 사법당국이 공정한 판결을 하지 못할 우려가 있어 군율재판을 하게 된 것"[1467]이라고 밝혔다. 앞서 송진우 암살사건 공판 결과를 두고 나온 "극악졸렬(極惡拙劣)한 판결"[1468]이라는 거친 비난, 여운형 암살사건 발생 직후 한독당 계열 김두한이 "한(韓) 군 선에서 더 수사선을 확장하면 당신 신상의 위험은 물론 아이들과 친족까지 사살하겠다"[1469]며 조재천(曺在千) 부장검사를 위협했던 사실, 1947년 12월 4일 장덕수 암살사건 주범 박광옥과 배희범 체포 직후 임정 측에서 "박광옥의 배후를 캐지 말라"[1470]는 압력을 행사했던 사실을 고려할 필요가 있다. 요컨대 미군정이 장덕수 암살사건을 군사재판에 회부한 것은 박태균의 주장과 달리 검찰과 사법부에 대한 사법 테러를 저지하고 재판의 공정성과 신속성을 확보하기 위해서였다. 물론 사법 테러를 자행한 것은 장덕수 암살사건의 배후 김구·한독당이었다. 그렇게 해서 김구는 '사법 흑역사'의 첫 페이지를 장식했다.

갈무리

장덕수는 한국 근현대사에서 석전경우(石田耕牛)라 일컫는, 황해도가 배출한 걸출한 인물이다. 춘원 이광수의 인물평대로 휜칠하게 툭 트인 인격자였고, 털보 혹은 쿠마라는 애칭에서 보듯 허위와 가식이 없는 시원시원한 성격의 소유자였다. 그는 정직과 무욕에 학식, 열성, 웅변까지 국사(國士)의 조건을 두루 갖춘 위인이었다.[1471] 일제 말기에는 보성전문학교 교수로 후진 양성에 매진했고, 해방 직후에는 한민당 브레인으로서 국제정세에 가장 밝은 정계 인사였다.

신앙심도 남달랐고, 학구적인 노력도 게을리하지 않았으며, 그릇이 큰 정치가의 풍모를 지닌 인물이었다. 그는 이 땅에 자유의 물결을 인도하고 자유의지의 소중함을 일깨운 진정한 자유의 전도사이자 그 자유혼을 불어넣어 나라 만들기의 대하드라마를 연출한 장본인이고, 대한민국 건국과 번영의 정치적 주춧돌을 깔았던 '얼굴 없는 국부' 가운데 한 명이다.

테러리즘 이론에 따라 장덕수 암살 테러의 진상을 정리하는 것으로 이 장을 갈무리한다.

첫째, 테러의 피해자는 민간인 혹은 비전투원이다.

테러 공격의 피해자 설산 장덕수는 1894년 황해도 재령 출신으로 연의학교를 거쳐 1916년 와세다대학 정치경제과를 차석으로 졸업했고, 1920년부터 〈동아일보〉 부사장 겸 초대 주필로 활동했다. 1924년 미국 컬럼비아대학 대학원 정치과에 진학했고, 1936년 「산업평화의 영국적 방법」이라는 제목의 논문으로 철학박사 학위를 취득했다. 1937년부터 1945년까지 보성전문학교 교수로 재직했고, 1945~1947년에는 한국 최초의 보수우익 정당 한민당의 외교부장 및 정치부장으로 정당통합, 좌우합작, 반탁운동을 이끌었다. 하지 중장을 비롯한 미군정 관계자들과 매일 접촉해서 내외 정세를 의논했다. 김성수와 이승만이 제시한 정책들은 장덕수의 눈길과 손질을 거치지 않은 것이 없었다.[1472]

둘째, 테러의 목표는 정치지도자들이다.

1947년 당시 한민당 정치부장 장덕수는 임시정부 수립과 신탁통치를 분리해서 파악하는 단계론적·기능주의적 관점에서 '선(先) 임정수립·후(後) 신탁반대'의 반탁운동을 이끌었다. 미소공위에 참가해 임시정부를 수립한 이후 신탁통치를 반대하자는 주장을 펼쳤다. 이는 임시정부 수립과 신탁통치를 한 쌍으로 간주했던 김구·이승만과는 차원이 다른 반탁 논리였고, 이들의 반대에도 우익진영을 설득해서 미소공위 참가를 이끌었다. 장덕수는 국제정치의 본질을 꿰뚫어 보는 천부적 재능과 발군의 리더십을 발휘해 미소공위를 결렬시키고 한국 문제를 유엔으로 이관시켜 '가능한 지역에서 총선거'라는 국제정치의 기적을 일구어낸 대한민국 건국의 위인이다.

셋째, 테러의 수단은 극적인 공포 효과를 달성하기 위한 폭력의 선택이다.

장덕수는 1947년 12월 2일 저녁 제기동 자택을 불쑥 찾아온 경찰 제복을 입은 괴한이 발사한 카빈총 2발을 맞고 급서했다. 암살자들은 대한혁명단(大韓革命團) 소속 박광옥과 배희범이었다. 이들에게 총기, 자금, 정보를 제공하고 암살을 지령한 배후는 한독당 중앙위원 겸 대한보국의용단장 김석황, 신일준, 김중목이었다. 이들은 취조와 심문에서 한결같이 김구에게 암살 지령을 받았다고 자백했다. 이 때문에 김구는 법정에 서야만 했고, 이는 정치적 사형선고나 다름없었다. 그래서 김구는 정치적 활로를 찾고자 1948년 4월 남북협상에 앞장섰고, 5·10총선을 보이콧했으며, 대한민국 전복을 획책했다.[1473]

넷째, 테러의 동기는 범죄적 폭력과 달리 민족, 이념, 종교 등 정치적 신념에 동기화된 폭력이다.

장덕수 암살의 동기는 체포 당시 김석황이 소지했던 서한의 서두에서 보듯 "미군을 배경으로 임정 법통을 무시하는 도배(徒輩)들"[1474]에 대한 증오심이었다. 한민당의 실질적 리더였던 장덕수는 (1) 한독당과의 합당 거부, (2) 한독당이 지지하는 좌우합작 7원칙 부결, (3) 미소공위 참가 주도, (4) 유엔 감시하의 남한 총선을 주장하고 실천했다. 그 때문에 김구는 임정 법통을 부정하고 '우익 헤게모니 장악'을 가로막는 장덕수를 증오했고, 그를 두고 '모사꾼', '죽일 놈'이라는 욕설을 입에 달고 살았다. 결국 김구는 하수인을 동원해 장덕수를 무참하게 참살(慘殺)했다.1475 장덕수 암살 테러는 정치적 신념과 무관한 범죄적 폭력이었다.

다섯째, 테러의 의도는 거대한 공포의 확산이다.

장덕수는 자유민주주의와 의회 정치의 본고장인 미국·영국 유학을 통해 국제정치의 오리엔테이션을 받았고, 동서양의 정치와 문화를 온몸으로 체화했다. 그는 탁월한 정치적 감각을 지닌 빈틈없는 이론가였고, 뛰어난 설득력을 갖춘 웅변가였다. 국제정치의 속성을 훤히 꿰뚫었던 장덕수는 자유민주주의에 대한 확고한 신념과 독창적인 반탁 논리로 미소공위를 분쇄하고 대한민국 건국의 토대를 마련했다. 김구의 입장에서 장덕수는 임정의 법통을 부정하고 권력 장악을 가로막고 나서는 더없는 장애물이었다. 그래서 장덕수가 제거되고 나면 권력이 저절로 굴러들어올 것이라고 망상(妄想)했다. 하지만 장덕수 암살은 거대한 공포의 확산 대신 김구·한독당의 정치적 자멸을 초래했을 뿐이다.

테러리스트 김구

에필로그

　테러리즘은 '정치적 목적을 위해 특정 비무장 민간인을 대상으로 계획적이고 조직적인 폭력을 행사하는 주의 혹은 정책'으로 정의된다. 바꾸어 말하면 테러리즘은 정치적 목적성이 행위와 수단에 정당성을 부여하는 독특한 정치학 개념이다. 이 연구는 테러리즘 이론과 김구의 테러 활동을 그가 내세웠던 테러의 명분과 의지를 반영해서 항일·밀정·정적 테러 세 가지로 구분하고, 테러의 피해자, 목표, 수단, 동기, 의도를 실증 분석했다. 테러는 민족, 이념, 종교 등 정치적 목적과 신념에 따라 동기화되는 특수한 폭력이다. 그렇지 않은 폭력은 범죄적 폭력에 불과하다. '테러리즘 있는 테러'와 '테러리즘 없는 테러'를 구분하는 기준은 정치적 목적성의 유무다.

　다음에서 김구 테러·테러리즘의 구조, 특질, 논리를 정리하는 것으로 에필로그에 대신한다.

테러리즘의 구조

1. 치하포의 약장수, 쓰치다 조스케

1896년 3월 8일 자행된 치하포 사건은 재물탐심(財物貪心)에 의한 살인강도 사건이었다. 그럼에도 그동안 한국 사회에서는 '김구의 비상한 충성심' 혹은 '국모보수는 신화가 아니라 사실'이라며 '치하포 의거'라고까지 치켜세웠다. 김구도 사건의 '의거성'을 강조하고자 '국모보수'를 주장했다. 하지만 1천 냥에 달하는 재물을 강탈하고자 일본인 매약상을 살해하고도 '일본인 장교'와 '국모보수'를 강변했던 것은 바로 치하포 사건을 뜨거운 애국심에 동기화된 항일 테러이자 우국지심(憂國之心)의 화신으로 둔갑시키기 위해 지어낸 명백한 거짓말이다. 요컨대 치하포 사건의 진상은 어떤 정치적 목적성이 아니라 재물탐심이 범행의 동기였던 엽기적 살인 만행이었다.

2. 난봉꾼 테러리스트, 이봉창

1932년 1월 쇼와 천황의 폭살테러를 자행한 이봉창은 감투정신 및 희생정신과는 거리가 먼 인물이다. 일본인으로 행세하며 오사카, 도쿄, 상해를 떠돌았던 그의 동기와 심리는 민족의 독립이 아니라 현실 도피와 향락 추구였다. 그는 원초적 욕망을 채우기 위해 사기, 횡령, 절도를 가리지 않는 난봉꾼이자 협잡꾼이었다. 천황 폭살 테러는 이봉창이 비범한 항일혁명가여서가 아니라 무력감과 절망감에 휩싸인 자포자기 신세의 쾌락주의자였기 때문에 가능한 일이었다. 더구나 살상력을 결여한 마미탄을 사용했다는 사실은 애당초 '실패하도록 설계된 폭살테러'였음을 의미한다. 그는 '천황 폭살만이 독립의 지름길'이라는 김구의 꾐에 넘어가 어설픈 테러를 자행한 난봉꾼 테러리스트였다.

테러리스트 김구

3. 강의(剛毅)한 사랑의 독립전사, 윤봉길

윤봉길은 사랑하는 부모 형제와 처자식을 두고 조국의 독립이라는 '마음의 폭탄'을 안고 피안(彼岸)의 압록강을 건넜고, "하나를 던져 터지면 다음 것으로 네가 죽어라"[1476]는 김구의 당부를 뒤로하고 홍구공원으로 직행했고, 세기의 폭살테러를 감행했다. 윤봉길 폭살테러는 '상해정전협정' 파기를 중일전쟁의 재발·확전으로 연계시켜 독립의 토대를 마련하겠다는 정치적 이간(離間)의 분명한 정치적 목적성이 있었다. 하지만 제1탄(물통 폭탄) 폭살테러에는 성공했지만, 제2탄(도시락 폭탄) 자폭 테러에 실패하면서 조선계 일본인의 정체를 폭로하고 말았다. 윤봉길 폭살테러는 당초의 정치적 목적성 달성에 '실패한 테러'였다. 하지만 그는 조국과 민족에 대한 강의(剛毅)한 사랑을 실천했던 철석의 심장을 지닌 진정한 의미의 테러리스트였다.

4. 사회주의 항일혁명가, 김립

사회주의 항일혁명가 김립은 1918년 동아시아 최초로 사회주의 정당 한인사회당을 창당, 이동휘와 함께 상해 임정에 참여했고, 혁명외교의 최전선에서 활약했던 인물이다. 김구는 레닌이 상해 임정 앞으로 제공한 모스크바 자금을 횡령한 파렴치범으로 몰아서 김립을 암살했다. 하지만 자금의 성격은 레닌이 공산주의 세계화를 위해 한인사회당 혹은 고려공산당에게 제공한 사회주의 혁명자금이었다. 더구나 코민테른조차도 자금의 횡령과 유용은 없었다고 결론지었다. 공금, 횡령, 탕진 운운은 김구의 기만에 찬 사설일 뿐이다. 김구는 모스크바 자금이 고려공산당 상해파에 넘어가 임정의 분열과 파괴의 원천이 될 것을 우려했다. 그래서 사회주의 항일혁명가 김립을 암살했다.

5. 만들어진 밀정, 옥관빈

옥관빈은 타고난 기업가적 마인드와 발군의 수완을 갖춘 젊은 인재였고, 대성학교 스승 도산 안창호에게 사상적 감화를 받아 비폭력 자강주의와 실력양성주의 독립운동을 실천했던 진정한 독립운동가였다. 김구는 옥관빈을 밀정으로 몰아 남화연맹에 암살 테러를 청부했다. 평소 임정과 요인들을 경멸하는 옥관빈이 김구에게는 눈엣가시와 같았다. 그 와중에 흥사단 유력자 조상섭 목사에 대한 무장강도 사건에 분노한 옥관빈이 반격의 움직임을 보이자 김구는 자기방어적 암살 테러를 자행했다. 실제로 김구의 입장에서 국민당 상해시 당부 유력자이자 한인 거상인 옥관빈의 보복 의지는 결코 간과할 수 없는 위협이었다. 옥관빈 밀정 운운은 김구가 만들어낸 악의적인 프레임일 뿐이다.

6. 안중근의 막냇동생, 안공근

안공근은 키가 훤칠하고 잘생긴 외모에다 비상한 어학력, 광폭의 인적 네트워크, 냉철한 판단력을 갖춘 지모와 간계가 뛰어난 인물이었다. 김구는 안공근의 치밀한 두뇌와 발군의 수완을 빌려 상해 뒷골목을 어슬렁거리는 이름 없는 조선인 유토피안(utopian)에서 일약 세계적인 테러리스트이자 임정의 헤게몬(hegemon)으로 등장했다. 하지만 1938년 5월 '남목청 사건'이 발생했고, 안공근은 그 모든 책임을 뒤집어쓰고 내쳐졌다. 이는 그동안 김구를 위해 견마지로(犬馬之勞)를 다했던 안공근의 처지에서는 참기 힘든 배신이었고, 그래서 타고난 간지(奸智)를 총동원해서 모종의 반격을 획책했다. 하지만 낌새를 미리 알아챈 김구와 그 일당은 안공근에게 공세적 암살 테러를 자행했다. 이는 임정과 김구 자신에 대한 안공근의 도전을 무력화하기 위한 살인 범죄였다.

7. 민주 건국의 원훈(元勳), 송진우

일정기 송진우는 민족불멸, 일제필망, 독립필치의 정치적 신념을 굽히지 않았던 자생적 자유주의자를 대표했다. 그는 문화, 교육, 언론, 산업에 걸친 민력(民力)의 배양만이 독립의 지름길이라 설파했고, 산술적 평등의 인민민주주의를 배격하고 소시민적 자유주의를 신봉했다. 해방 직후에는 조선총독부가 권하는 치안권 인수를 거부했고, 임정봉대와 군정협력을 앞세워 한국 최초의 보수우익 정당 한국민주당을 창당했다. 반탁 문제를 둘러싸고 반탁·친미의 송진우는 반탁·반미의 김구와 격돌했다. 김구는 '반탁은 애국, 찬탁은 매국'이라는 정치 프레임을 송진우에게 덮어씌웠고, 찬탁론자로 내몰았으며, 민족주의 광신자 한현우를 사주해서 암살했다.

8. 겉치레 공산주의자, 여운형

여운형은 착하고 반듯한 인상, 말쑥하고 세련된 옷차림, 과감하고 화려한 언변, 치밀하게 계산된 제스처 등 타고난 정치적 재능의 소유자였다. 그는 조국과 민족을 신탁통치와 좌우합작에 끌어들여 적화통일의 희생양으로 삼고자 공산혁명에 매진했다. 일제가 제공한 막대한 자금으로 건준과 인공을 창설한 여운형은 극우와 극좌의 이념적 자장(磁場)이 길항하는 혼란과 혼돈의 밑자락을 깔았던 장본인이다. 하지만 신정부는 임정의 법통 위에 세워져야 한다고 몽상하는 김구의 입장에서 공산주의자와 손잡고 건준과 인공을 수립하고 나선 여운형을 용인할 수는 없었다. 임정의 법통과 자신의 권위에 대한 도전이자 일종의 반역으로 간주했기 때문이다.

9. 얼굴 없는 국부(國父), 장덕수

장덕수는 정직, 무욕, 학식, 열성, 웅변까지 국사(國士)의 자질을 두루 갖춘 그릇이 큰 정치가였다. 그는 이 땅에 자유의 물결을 인도하고 자유의지의 소중함을 일깨운 진정한 자유의 전도사이자, 나라 만들기의 대하드라마를 연출했던 '얼굴 없는 국부'다. 그는 한국 최초의 보수우익 정당 한민당의 외교부장과 정치부장을 역임했다. 1946년 이래 한독당과의 합당, 좌우합작, 미소공위 참가, 단독정부 수립을 주도했다. 그 과정에서 김구·한독당과 불화했다. 김구는 법통 임정을 앞세워 우파 헤게모니 장악을 획책했지만 장덕수가 번번이 이를 가로막고 나섰기 때문이다. 김구는 장덕수를 제거하고 나면 정권이 자신의 수중으로 굴러들어 올 것이라 망상(妄想)했다.[1477]

이상 김구가 자행한 테러 사건 가운데 정치적 목적성을 지닌 '테러리즘 있는 테러'는 윤봉길 폭살테러 단 1건에 불과했다. 나머지는 모두 "시종일관 테러리즘으로 반대파를 숙청했다"[1478]는 지적대로 테러를 개인적인 재물탐심, 개인적인 보복, 정적 제거의 수단으로 삼았던 '테러리즘 없는 테러'였다. 김구에게 테러는 일제의 부정의에 맞서는 신성한 수단이 아니라 '야만의 정의(Wild Justice)'를 구현

하는 비열한 수단이었을 뿐이다. 그는 오늘날 한국인들이 환상하는 것과 달리 자타가 공인하는 '테러리즘 없는 테러리스트'였다. 그렇다고 9·11테러와 같이 불특정 다수에게 무차별 폭력을 자행하는 '뉴테러리스트'는 아니었고, 차별적 폭력을 행사하는 '전통적인 테러리스트'였다.

테러 활동의 특질

김구는 1911~1914년 서대문형무소에서 수형생활을 했다. 그 와중에 그는 삼남 일대를 무대로 강도 행각을 벌이다가 붙잡혀 5년 징역형을 받고 투옥된 불한당(不汗黨) 괴수 김 진사를 알게 되었다. 그를 통해서 추설, 목단설, 북대라는 화적떼의 존재와 함께 이들의 결사와 훈련 방법을 배웠다. 1920년대 경무국장 시절 김구는 김 진사에게 배운 배신자 처단법을 경무국 소속 경호원들에게 연습시켰고, 밀정 처단에 응용했다.[1479] 김구는 "상해 일본영사관의 주구 노릇을 하는 한인 밀정이 프랑스 조계 근처에 오기만 하면 비밀리에 체포하여 미리 준비한 장소로 끌고 가서 처치해버렸다"[1480]는 민필호의 증언과 같이 김구의 테러 활동은 화적떼 전법의 복사판이었다.

다음에는 도덕적 가치판단을 포함해서 테러 활동의 특질을 살펴보자.

첫째, 야만의 폭력성이다.

치하포 사건에서 밝힌 바와 같이 청년 김구는 거금을 강탈하고자 일본인 약장수 쓰치다를 맨주먹으로 쓰러뜨리고 머리에서 발끝까지 점점이 난도를 치고, 낭자한 선혈(鮮血)을 움켜 마시고, 얼굴에 처바르고, 핏물이 뚝뚝 흘러 떨어지는 장칼을 휘두르며 좌중을 향해 호통을 쳤다. 그야말로 피에 굶주려 미쳐 날뛰는 한 마리의 광수(狂獸)를 방불케 했다. 인간에 대한 존중이라고는 전혀 찾아볼 수 없었다. 이는 그의 사체 처리에서도 잘 드러난다. 표독한 칼질에 토막이 난 쓰치다의 사체는 차가운 강물에 내다 버렸다. 쓰치다는 죽어서도 고향 땅에 돌아가지 못하고 머나먼 조선의 대동강 물길 따라 떠도는 억울한 생령(生靈)이 되고 말았다. 김구는 유족들이 적절한 장례 절차를 거쳐 원혼(冤魂)을 달랠 기회조차 박탈했다. 그의 야만적 폭력성은 온몸에 피 칠갑을 하고도 대주발 고봉밥 일곱 그릇의 밥상을 받았다는 사실에서도 극적으로 드러난다.

그의 폭력은 자신의 조력자에게도 가차 없었다. 안중근의 막냇동생 안공근마저 살해했다. 안공근은 1931년 이래 한인애국단장 김구의 참모장으로 활동했고, 1932년 이래 한인애국단이 자행한 모든 테러 활동을 기획하고 실질적으로 지휘한 인물이다. 하지만 1938년 5월 김구를 저격한 '남목청 사건'의 모든 책임을 뒤집어쓰고 한국국민당에서의 지위와 권리를 박탈당한 채 내쳐지고 말았다. 안공근의 간계와 반격을 우려한 김구와 그 일당은 살인 청부업자 정화암을 사주해 그를 살해했다. 쓸모를 다한 안공근은 뼈와 살이 발린 채 사체는 돌덩이를 매단 상자에 담겨 강물에 내던져졌다.

1946년 5월 '북조선51기념공동준비위원회'는 김구가 "소위 정치 활동을 시작한 날부터 오늘까지 그가 주로 해놓은 공적이라면, 첫째도 살인 방화 매국이요, 둘째도 살인 방화 매국이요, 셋째도 살인 방화 매국이다. (…) 사리사욕을 채우기 위해서는 민족의 체면도 민족의 이익도 없다. 지위와 '돈'을 얻기 위해서는 어떤 비인간적 행위

테러리스트 김구

도 사양할 것이 없다는 것의 김구의 사상이요, 주의 주장이다. (…) 이따위 살인쟁이가 어떻게 오늘 조선의 지도자가 될 수 있으며, 또 된다 해도 사람 죽이는 것밖에 모르는 김구가 정치를 어떻게 할 것인가? 중경에 다시 돌아가 그 '살인단' 노릇이나 해 먹는 것이 김구의 본직업이 아닐까? 오늘까지 배운 것이 살인이요, 또 남은 것이 살인인데, 이제 또 무슨 새삼스럽게 정치가가 된다고? (…) 무슨 염치로 '애국'을 말하고 '민주'를 말하고 떠드는가"[148]라고 질타했다. 요컨대 김구는 초특급 살인쟁이였고, 살인단의 괴수였다.

둘째, 모략과 협잡이다.

김구는 감언이설로 이봉창을 꾀어서 성공 가능성 없는 일본 천황의 폭살테러에 동원했다. 그는 이봉창과의 첫 대면부터 신분과 이름마저 숨기고 정체불명의 백정선을 참칭했다. 이봉창 자신이 김구의 감언이설에 넘어간 것을 알게 된 것은 폭살테러 당일 일본경시청 취조실에서였다. 더구나 김구는 이봉창에게 파열강도가 극히 낮은 마미탄을 제공했다. 이봉창은 '대단한 위력의 폭탄'이라는 김구의 말만 믿고 폭살테러를 감행했지만, 폭탄의 위력은 소리만 요란한 폭음탄 수준이었다. 나중에야 이봉창은 김구의 거짓말과 부추김에 놀아난 자신의 어리석음을 원망했지만, 이미 엎질러진 물이었다. 그는 김구가 애당초 실패하도록 설계한 테러 놀음에 놀아난 꼭두각시에 불과했다.

옥관빈의 사례에서 보듯 김구는 비방과 무고를 물리적 테러(살인과 폭력)와 결합한 암살 테러를 자행했다. 1932년 6월 도산 안창호 비방 투서를 계기로 한인청년당 소속 이규서와 연충렬이 김구와 그 일당에 대한 피의 복수를 다짐하고 나섰다. 그러자 김구와 안공근은 1932년 11월 남화한인청년연맹 고문 우당 이회영의 죽음이 이들의 밀고 때문이었다는 거짓 정보를 유포시켰다. 그러자 김구·안공근의 가짜 정보에 제대로 속아 넘어간 남화한인청년연맹은 이규서와 연충렬을 상해 외곽 외딴 지역으로 유인해 교살하고 사체를 강물에 투기해 고기밥으로 만들었다. 이는 반간지계(反間之計)와 차도살인(借刀殺人)을 배합한 고강도 암살 테러를 자행했음을 시사한다.

김구의 테러 활동은 하수인을 앞세운 사주 및 청부 테러였다. 그 하수인 대부분은 연고자(緣故者), 청소년(靑少年), 문맹자(文盲者), 신래자(新來者)들이었다.[1482] 실제로 해방 직후 송진우, 여운형, 장덕수를 암살했던 "범인들은 이구동성으로 조국 광복을 위하여 독립을 해치는 존재를 제거하였다고 취조관에게 말할 뿐 아니라 심지어 자기는 '의사(義士)'가 되기 위하여 '의사'의 할 일을 하였을 뿐"[1483]이라고 주장했다. 김구는 지각도 없고 분별력을 결여한 청년들에게 그릇된 의사(義士) 관념을 주입시켜 테러의 하수인으로 동원했다. 이들 또한 금전욕과 명예욕에 이끌려 몇 해만 감옥생활을 감내하고 나면 '의사'가 될 것이라 타산(打算)했고, 그래서 '킬러'를 자원하고 나섰다.[1484]

셋째, 거짓과 위선이다.

치하포 사건에서와 같이 김구는 일본인 약장수에 대한 구타살해, 사체훼손, 사체유기, 금품강탈을 자행했다. 그럼에도 그는 『백범일지』에서 치하포 사건의 동기를 '국모보수'의 의살이라 강변했다. 자신을 마치 쌍도끼를 휘두르며 잔악한 악당을 장쾌하게 물리치는 흑선풍(黑旋風) 이규(李逵)와도 같이 『수호지(水滸誌)』에 등장하는 영웅호걸이요, 우국지심(憂國之心)으로 충만한 충절(忠節)의 화신으로 묘사했다. 하지만 사건의 진상은 재물탐심(財物貪心)에 이끌린 살인강도 사건이었다. 치하포 사건에 대한 『백범일지』의 기록은 김구의 복잡하고 어두운 내면과 광기 어린 궤변으로 가득 차 있다. 약장수를 일본군 장교로 둔갑시켜 절대 악으로 규정하고, 대척자인 김구 자신을 악과 맞서 싸우는 용감한 영웅으로 분식했다. 그러한 선과 악의 대결이라는 서사 구도는 옥관빈 암살에 대한 김구의 항변에서도 관찰된다.

1933년 8월 김구는 남화연맹 정화암을 매수해 당시 상해의 한인 거상 옥관빈을 암살하는 청부살인을 자행했고, 한인제간단(韓人除奸團) 이름으로 상해시 유력 일간지 〈신보〉에 이른바 「참간장(斬奸狀)」이라는 제하의 성명서를 발표했다. 다년간 일제의 밀정 노릇을 해온 간역(奸逆) 옥관빈을 처단했다고 강변했지만, 옥관빈은 비폭력 자강주의 독립운동을 실천했던 상해의 한인 거상이었다. 그에게는 일제 밀정 노릇을 해야 할 경제적 또는 사상적 동기가 없었다. 옥관빈 암살은 그가 독립자금을 출연하라는 터무니없는 요구를 매몰차게 거절하고 김구의 흉폭저돌주의 독립운동 노선을 경멸했기 때문에 일어났다. 그럼에도 김구는 옥관빈을 두고 밀정, 가살(可殺), 죄상을 운운하는 거짓말을 서슴지 않았다.

장덕수 암살 테러에서 보듯 박광옥 등의 암살자들에게 총기, 자금, 정보를 제공한 한독당 중앙위원 김석황을 비롯한 공범들은 한결같이 임정 주석이자 한독당 집행위원장인 김구로부터 지령을 받고 테러를 자행했다고 진술했다. 그 때문에 김구는 트루먼 대통령의 소환장을 받고 미군정 군사법정에 소환되었다. 그럼에도 그는 다리를 꼬고 앉는 등 오만방자(傲慢放恣)한 태도로 자식뻘 되는 젊은 검사의 심문에 궤변으로 응수했고, 불리한 심문에는 모르쇠로 일관했다. 더욱 황당한 것은 '동족과 조국을 사랑해서 왜놈 이외에는 죽이라 한 적이 없다'는 거짓말이었다.[1485] 민족의 지도자 행세를 했던 김구는 뻔뻔함이 묻어나는 위증에 거침이 없었고, 법정의 신성을 심하게 모독했다.

테러 활동의 논리

김구의 테러 활동 가운데 가장 많은 건수와 피해자를 기록한 것은 역시 밀정 테러였다. 실제로 민필호의 증언대로 경무국장 시절 김구가 밀정이라며 끌고 가서 처단한 한인이 약 30명에 달했다.[1486] 하지만 민필호의 지적만이 아니라『백범일지』의 기록, 1926년 4월 "악마의 우물"[1487], 1932년 4월 윤봉길 폭살테러 이후 꼬리에 꼬리를 문 연쇄적 암살 테러까지 포함하면 겉으로 드러난 밀정 테러의 건수와 피해자는 빙산의 일각에 불과할 것이다.[1488] 그렇다면, 김구가 그토록 많은 한인을 밀정이란 불도장을 찍어 살해했던 동기 혹은 논리를 살펴보자. 종래 김구의 테러 활동을 반공 논리로 설명하는 경우가 있었다.

1985년 김일성은 잡지『세카이[世界]』와의 인터뷰에서 "김구는 해방 전 상해 임시정부 자리를 차지하고 다수의 공산주의자를 살해했던 유명한 반공 분자였다. 당시 공산주의자들은 김구라면 치를 떨었을 정도였다"[1489]고 증언했다. 김구가 지독한 반공주의자였기 때문에 다수의 공산주의자를 살해했다는 주장이다. 반면, 김학준은 김구가 반공주의자였던 것은 사실이지만, 그는 이념이 아닌 민족이란 대의를 중시했고, 공산주의 이념이 민족 단결을 저해한다고 관념했기 때문에 반대했다고 주장했다.[1490] 또한 김구가 동족을 살해한다는 것은 상상할 수 없는 일이고, 한인 공산주의자를 살해한 사례는 단 한 건도 없었으며, '한국인은 한국인을 죽이지 않는다(韓人不殺韓人)'는 신념을 견지했다고 반박했다.

그렇다면 김일성과 김학준의 논쟁은 김구의 정체와 테러 논리를 둘러싸고 다음과 같은 질문을 불가피하게 한다.

첫째, 김구는 과연 반공주의자였는가?

김구는 『백범일지』에서 1919년 4월 임정 수립 이래 독립노선을 둘러싸고 이동휘의 공산주의와 이승만의 민주주의가 대립하는 와중에 한민족 독자성과 자존성을 지키고자 공산주의에 반대했다고 주장했다.[1491] 그런데 백찬기는 당시 김구파도 조선의 독립과 공산주의 운동을 병행했다고 정반대의 사실을 증언했다. 단지 김구파가 추구하는 공산주의 운동의 특징은 조선에 소비에트를 건설해서 사회주의 조국 '소비에트 사회주의 공화국 연방'에 가맹하는 것이 아니라 독자적인 조선 공산주의 사회를 건설하는 것이었다고 밝혔다.[1492] 김구의 최측근 엄항섭은 1936년 3월 한국국민당 기관지 『한민(韓民)』 창간호에 게재한 「우리 독립운동의 동향」이란 논설에서 김구를 무솔리니, 히틀러, 케말 파샤, 장개석, 스탈린과 같은 정명강간(精明强幹)하고 유일무이(唯一無二)한 조선의 영수(領袖)라며, 그의 영도에 절대복종하고 단결하는 것이 바로 독립의 지름길이라고 갈파했다.[1493]

그런데 김구는 투철한 반공주의자를 자처했으면서도 "1926년, 1942년, 1944년 적어도 세 번에 걸쳐 이념을 달리하는 공산주의자들과 연합"[1494]했다. 더구나 1945년 11월 환국 직후 한민당과 이승만이 대한독립촉성중앙협의회 참여를 거듭 촉구할 때도 좌우합작이 자신의 기본노선이라며 거들떠보지도 않았다.[1495] 오히려 1945년 12월 25일 임정 산하에 "특별정치위원회"[1496]를 별치(別置)해서 인공과 합작 혹은 좌우익을 망라한 정당통합을 추진했다. 김구와 한독당은 1947년 10월 '좌우합작 7원칙'에 대해서도 "8·15 이후 최대의 수확"[1497]이라며, "좌우합작을 지지하는 담화"[1498]를 발표했다. 1948년 4월 남북협상에도 앞장섰고, 북한을 민주기지로 삼아 남한을 소비에트화시켜 인민공화국 통일정부를 수립하자는 연공(聯共)합작에도 합의했다.[1499] 김구는 1948년 5·10총선을 보이콧했고, 1949년 6월 안두희의 총격을 받아 즉사하는 날까지도 대한민국을 과도정부쯤으로 간주하고 무너뜨리고자 획책했다.

김구의 학력은 "밥 빌어먹기는 장타령이 제일"[1500]이라는 '상놈서당' 3년에 근대교육 총량이 완전 제로였다. 양산학교 제자이자 테러의 하수인으로 활동했던 오면직의 증언대로 "물사(物事)의 통찰력이 아둔했기 때문에"[1501] 정치적 야심가들에게 휘둘리기 쉬웠다. 그는 장기간의 중국 체류에도 기초 중국어조차 체화하지 못한 평균 이하의 지력자(知力者)였다.[1502] 그런 김구가 공산주의 이념과 철학을 독해하고 반공주의자를 자처한다는 것은 그야말로 어불성설이다. 앞서 김일성이 김구를 두고 지독한 공산주의자를 운운했던 것은 1948년 4월 남북협상에서 김일성의 감화를 받은 김구가 반공에서 연공으로 돌아서게 되었던 '전향(轉向)의 획기성'을 강조하는 한낱 수사(修辭)에 불과했다. 김구는 반공주의자가 아니라 친공주의자 혹은 전체주의자에 가까운 인물이었다.[1503]

둘째, 김구는 과연 한인 공산주의자를 한 명도 살해하지 않았을까?

테러리스트 김구

앞서 제2장에서 살펴본 바와 같이 김구는 사회주의 독립운동가 김립뿐만 아니라 노령(露嶺) 대한국민의회 대표 윤해에 대해서는 암살 테러를 자행했다. 1922년 9월 28일 오후 6시 10분경 상해 프랑스 조계 숭산로에서 인력거를 타고 귀가하던 윤해가 불의의 총격을 받아 중태에 빠지는 암살미수 사건이 발생했다.[1504] 정체불명의 괴한이 후방에서 권총을 난사했고, 그 가운데 한 발이 윤해의 오른쪽 어깨를 관통해 오른쪽 허파에 박혔다. 그는 프랑스 경찰의 도움을 받아 곧바로 천주교 성마리아 병원으로 옮겨졌고, 프랑스인 의사에게 탄환 적출 수술을 받았다. 수술로 가슴에 박힌 총탄을 빼내고 목숨을 구할 수 있었다.

윤해(尹海)는 1883년 함남 영흥 출생으로 1910년 2월 보성전문학교 법과를 졸업했다. 그는 1907년 보성전문학교 법률학 전문과에 입학한 이후 대한협회 회원, 황성신문 신진부, 서북학회 간부, 함남 친목회 회장 및 비밀결사 신민회 회원으로 활동했다. 윤해는 신교육과 계몽운동을 통해 나라를 되찾고 유지·발전시킬 수 있다고 보는 실력양성주의자였다. 당대 유력한 재야단체였던 서북학회는 윤해를 두고 지략을 겸비한 청년 논객이라 높이 평가했다.[1505] 윤해는 1910년 이래 북간도, 블라디보스토크, 프랑스, 상해를 떠돌며 간민교육회 부회장, 권업회와 권업신문 총무, 청구신문 주필, 전노(全露) 한족중앙회 부회장을 역임했다. 1919년 3·1운동 직후에는 대한국민의회를 대표해 파리 강화회의에도 참석한, 제대로 된 독립운동가였다.

1922년 9월 암살 테러 당시 윤해는 고려공산당 이르쿠츠크파와 대한국민의회를 대표하는 정치가 겸 언론인이었다. 당시 임정의 기관지 〈독립신문〉 주필 신분이기도 했다. 그는 1921년 11월 한형권이 운반해 온 모스크바 자금 제2차분 20만 루블 가운데 6만 루블을 지출해 임정의 창조 혹은 개조를 위한 국민대표회의 소집 주비(籌備)위원회 부위원장으로 활동했고, 1923년 1~6월 국민대표회의 개회 당시에는 '창조파' 수장으로 활약했다. 김구는 국민대표회의를 "잡종회"[1506]라 폄훼했으며, 남선(南鮮)파 열혈 청년 김상옥을 사주해 반임정 세력의 거두 윤해를 암살하고자 획책했다.[1507] 김구의 입장에서 윤해는 임정의 분열과 파괴를 자행하는 '광의의 밀정'과 다름없는 존재였다. 요컨대 김학준의 주장과 달리 김구는 공산주의자 김립과 윤해를 암살했다.[1508] 이는 결코 부정할 수 없는 역사적 사실이다.

셋째, 그렇다면 김일성의 주장과는 달리 반공주의자도 아닌 김구가 왜 그토록 많은 공산주의자를 살해했을까?

1946년 북조선51기념공동준비위원회는 경무국장 시절 "김구의 유일한 사업은 역시 테러단을 조직해서 진보적 인사들과 좌익 청년들을 암살하는 일이었다. (…) 해외의 진정한 애국주의자들은 그 누구누구 할 것 없이 전체가 임정의 존재를 반대하였다. 임정을 반대하는 자면 누구랄 것 없이 김구 테러단의 암살 대상이었고, 또 직접 그들의 마수에 걸려 쥐도 새도 모르게 황포강 물속에 매장당한 애국지사들의 수가 그 얼마이던가. 또 배움을 목적으로 큰 뜻을 품고 상해에 갔던 진보적 청년·학생들이 김구 암살단의 손에 걸려들어 산 채로 하수도 구멍에 통김치 담가진 자, 그 수는 얼마이던가. 김구의 손에 걸려 상해의 네거리에서 진리와 진보를 찾아 헤매던 사람들이 온데간데없이 행방불명된 자의 수는 아마 김구 자신도 헤아리기 어려울 것"[1509]이라고 폭로했다.[1510]

그렇다면 진보적인 인사와 청년·학생들이 임정을 반대한 이유는 무엇인가? 1920년대 상해에 유학했던 김명수는 "한국 교포 사람들은 오나가나 싸움이다. 상해에서도 한 천여 명 되는 교포들 가운데에서 파벌싸움과 지방 싸움은 지독했다. (…) 소위 기호파가 '애인리'를 중심으로 집거(集居)하면 '흥사단'계의 이북 친구들은 '종선로' 일대에서 흥성(興城)을 이루었다. 일본과 싸운다는 사람들이 적을 제쳐놓고 동족 간에 암투를 계속하고 있었다"[1511]고 폭로했다.[1512] 이들의 생활도 "임시정부계는 이동녕, 김구, 조소앙, 이시영 등 무직부랑(無職浮浪)도(徒)에 의해 대표되고, 그의 의식(衣食)의 자(資) 같은 것도 교민들의 원조에 의존하는 상태이다. 반면, 흥사단은 상당한 자산과 함께 각자 생업에 종사했다. (흥사단) 원동위원부는 미국 은행에 약 2만 불의 적립금을 갖고 있었다"[1513]고 한다. 요컨대 임정 내부의 치열한 지방열과 감정 대립은 수많은 밀정을 만들어냈고, "적지 않은 무고한 희생자"[1514]를 발생시켰다.[1515]

1940년대 작가 김사량(金史良)은 "임정은 간판을 떠지고 국민당 정부를 따라다니며 구걸하고 반동 두목들의 앞잡이질을 하며 푼전을 비라리했다. (…) 앞날의 영화를 기하는 정권욕에서 팔짱을 깊이 지르고 앉아 서로 으르렁거리며 남인, 북인, 노론, 소론 등의 당쟁 알력에만 눈이 벌게 영일(寧日)이 없었다. 온갖 음모와 술책, 모해, 이간, 테러가 임정의 유일한 사업이었다. 이 당파 싸움에 가담치 않거나 혹은 반대한 연유로 얼마나 많은 애국 열사와 혁명 청년들이 길가에 피를 흘리고, 지하실에 썩어나고, 자루를 쓴 채 양자강의 물귀신이 되었는지 모른다"[1516]고 폭로했다. 북한 사회과학원도 "임정은 허구한 날 파벌싸움이나 벌이고 애국 동포들로부터 금품이나 빼앗아 자신들의 배를 채우는 부패하고 타락한 반인민적 성격의 봉건 통치배들 집단"[1517]이었다고 질타했다. 진보적인 인사 및 청년·학생들이 이념이 아닌 지역 중심의 괴이한 교집합 임정에 똬리를 틀고 앉은 노인네들의 시대착오적 작태에 분개하고 험담을 하는 것은 당연했다. 하지만 김구는 이들의 언동을 그냥 지나치지 않았다. 왜 그랬을까?

김구는 황해도 해주 백운방 텃골에서 "완전히 패를 찬 상놈"[1518]으로 태어나 잔뼈가 굵었다. 그의 일가는 대대로 빈천(貧賤)해서 호구를 위해 토반(土班)들의 무리한 부림과 횡포 그리고 갖은 멸시와 천대를 받았다.[1519] 하지만 1919년 임정에 참여한 이래 경무국장, 내무총장, 국무령 등 고관대작의 벼슬자리를 꿰차게 되었다. 유년기 이래 "평생의 한이던 상놈의 껍질을 벗고, 평등하기보다는 월등한 양반이 되어 평범한 양반에게 당해온 오랜 원한을 갚고자 하는 생각이 가슴속에 가득했다"[1520]는 표현대로 상놈됨의 원망·저주(ressentiment)와 자격지심(自激之心)에 시달려온 김구로서는 언감생심(焉敢生心)의 벼락감투이자 신분 세탁이었다. 그런 김구에게 임정은 수단과 방법을 가리지 않고 기필코 지켜내야만 하는 자신의 모든 것이었다. 요컨대 김구는 지독한 반공주의자여서가 아니라 거대한 존재론적 열등감에 휩싸인 '임정극단주의자'였기 때문에 수많은 공산주의자를 마구잡이로 참살(慘殺)했다고 보는 것이 타당하다.

1946년 7월 7일 김구는 「동포에게 고함」이라는 성명에서 "나를 테러의 수괴라 하였으니, 나 자신이 이를 부정치 않는다. (…) 나는 조국 광복을 위해서는 이 이상의 방법이라도 취했을 것"[1521]이라고 강변했다. 하지만 김구에게 테러는 조국의 광복이라는 고귀한 이상이 아니라 항일의 기치를 내걸고 거대한 권력욕을 채우는 비열한 수단에 불과했다. 임정 주석 겸 한독당 집행위원장 직함의 벼락출세는 임정 간판을 앞세운 강렬한 권력의지, 이를 뒷받침하는 광폭한 테러 활동, 그의 쓰임새를 제대로 알아본 장개석의 후원 덕분이었다.[1522] 임정의 화신을 자처하며 전체주의 충동에 사로잡힌 김구는 썩은 동아줄에 불과한 법통 임정이야말로 건국의 주체 세력이라 억지를 부렸다. 또한 그래서 김구는 임정을 부정하고 폄훼하는 정적들을 가차 없이 제거했다.[1523] 한민당 당수 인촌 김성수는 물론이고 대한민국 건국 대통령 이승만도 발치 대상에서 예외가 아니었다.[1524]

김구는 한국 근현대사에서 살인비·죽음비를 몰고 다니는 짙은 먹구름이자 조작된 허구가 장엄한 역사로 둔갑한 역사인(歷史人)을 대표한다. 오늘날 한국인들이 환상하는 김구는 종북 주사파가 만들어낸 역사적 허상이다. 1980년대 중반 종북 주사파는 사회악의 모든 근원은 친일 미청산에 있다는 '해전사' 인식에 기초해서 "이승만 깎아내리기를 위한 대항마로 김구를 띄우기 시작했다. (…) 북한의 정통성을 강조하기 위해 김구의 '삼팔선을 베고 쓰러질지언정 단독정부는 안 된다'는 말을 이용했다."[1525] 종북 주사파 역사상 가장 성공한 프로젝트로 회자되는 '김구 띄우기와 이승만 깎아내리기'의 역사 공작은 '통일의 화신 김구, 분단의 원흉 이승만'이라는 거짓 프레임으로 재구성되며 한국인들을 세뇌시켰다.

그런 세계적인 테러리스트 김구를 두고 '대한민국 국부' 혹은 '자유와 통일의 메시아'라 환상하고 성인화(聖人化)하는 것은 지독한 정신분열이자 끔찍한 위선이다. 요컨대 김구는 한 손에 임정 간판을,

다른 한 손에 장칼을 휘두르며 동족을 협박하고 무자비한 폭력을 자행했던 '테러리즘 없는 테러리스트'이자 '임정극단주의'를 가장 권력적으로 완성해 영세불망(永世不忘)의 지위에 오른 루갈(lugal)이다. 이것이 바로 김구의 민낯이자, 이른바 '독립운동'이라는 미명의 잔인한 진실이다. 김구는 종북 주사파가 만들어낸 역사적 허구이자 한국인들의 무지함과 천박함을 조롱하는 우상에 불과하다. 한국인들은 김구라는 시대착오적 우상숭배와 터무니없는 환망공상(幻妄空想)에서 하루빨리 깨어나야 한다. 더 이상 '김구의 전성시대'를 외면하고 방치할 수 없다.

주석

프롤로그

1   김태영·문영기(2022), 『테러리즘의 스펙트럼』, 박영사, 13쪽.

2   조너선 바커 지음, 이광수 옮김(2007), 『테러리즘, 폭력인가 저항인가?』, 이후, 22쪽.

3   새뮤얼 헌팅턴 지음, 이희재 옮김(1997), 『문명의 충돌』, 김영사, 249쪽.

4   김태영·문영기(2022), 『테러리즘의 스펙트럼』, 박영사, 12쪽.

5   조너선 바커 지음, 이광수 옮김(2007), 『테러리즘, 폭력인가 저항인가?』, 이후, 43쪽.

6   찰스 타운센드 지음, 심승우 옮김(2010), 『테러리즘, 누군가의 해방투쟁』, 한겨레출판, 14쪽.

7   거스 마틴 지음, 김계동 외 옮김(2008), 『테러리즘 개념과 쟁점』, 명인문화사, 14쪽.

8   테리 이글턴 지음, 서정은 옮김(2007), 『성스러운 테러』, 생각의나무.

9   찰스 타운센드 지음, 심승우 옮김(2010), 『테러리즘, 누군가의 해방투쟁』, 한겨레출판, 9쪽.

10   공진성은 "테러리즘은 단순한 범죄가 아니라 박제가 된 법체계와 현실의 모순 그 자체를 문제로 삼는 이른바 '숭고한 폭력'이다. 법이 담아낼 수 없는 도덕적 판단이 법 바깥에 있으므로 모든 것을 법의 테두리 안에 담으려고 하는 현상유지적 힘에 맞서서 폭력은 불가피하게 '테러리즘'이라는 오명을 뒤집어쓰고서라도 행사될 수밖에 없다"고 갈파했다. 공진성(2010), 『테러』, 책세상, 118쪽.

11   김태영·문영기(2022), 『테러리즘의 스펙트럼』, 박영사, 21쪽.

12   테러리즘의 5가지 구성 요소 가운데 (1) 테러 공격의 피해자(victim)는 민간인 혹은 비전투원이다. (2) 테러 공격의 목표물(object)은 민간인이지만, 이는 공포와 위협의 메시지를 전달하는 매개물에 불과하고, 궁극적인 목표물

은 정치 지도자들이다. (3) 테러의 수단(mean)은 가장 극적인 공포 효과를 달성하기 위한 암살, 자폭, 독가스 등 다양한 폭력적 방법이다. (4) 테러의 동기(motivation)는 범죄적 폭력과 달리 민족, 이념, 종교 등 분명한 동기를 갖는다. (5) 테러의 의도(intention)는 직접적으로 일반 시민들을 협박하거나 위협해서 거대한 공포를 확산시키는 것이다. 김태영·문영기(2022), 『테러리즘의 스펙트럼』, 박영사, 28~29쪽.

13 거스 마틴 지음, 김계동 외 옮김(2008), 『테러리즘 개념과 쟁점』, 명인문화사, 47쪽.

14 김태영·문영기(2022), 『테러리즘의 스펙트럼』, 박영사, 52쪽.

15 거스 마틴 지음, 김계동 외 옮김(2008), 『테러리즘 개념과 쟁점』, 명인문화사, 319쪽.

16 공진성(2015), 「테러와 테러리즘」, 『현대정치연구』, 제8권 제1호.

17 에릭 홉스봄 지음, 이원기 옮김(2008), 『폭력의 시대』, 민음사, 158쪽.

18 에릭 홉스봄 지음, 이원기 옮김(2008), 『폭력의 시대』, 민음사, 160쪽.

19 〈중앙일보〉가 이를 기사화하자, 강의를 담당했던 칼슨 교수를 비난하는 수많은 댓글이 달렸다. 네티즌들은 세계적인 명성을 자랑하는 런던대학 친한파 교수를 두고 "서양인 교수의 뒤틀린 역사 인식"이라 조롱했고, "사이비 교수"라고 몰아세웠다. 〈중앙일보〉 2007년 8월 10일 자; 〈오마이뉴스〉 2007년 8월 13일 자; 〈뉴시스〉 2007년 8월 20일 자.

20 칼슨 교수는 2006년부터 고려대학 초청으로 국제하계대학에서 교포 학생을 비롯한 외국인, 유학생, 재학생을 대상으로 한국 근현대사를 강의해왔다. 그는 스웨덴 출신으로 1987년 이래 스웨덴 스톡홀름대학에서 20여 년 동안 한국학을 연구했다. 1992년부터 2년 동안 한국외국어대 초청으로 내한해서 스웨덴어를 가르친 적도 있다. 1994년부터 모교에서 조선 후기 사회사를 전공했고, '홍경래의 난(1811년)'을 주제로 박사학위를 받았다. 그 때문에 칼슨 교수는 한국사 연구자들 사이에서 무척 특이한 존재로 알려져왔다. 특히 세계 최초로 황석영의 『한씨 연대기』를 시작으로 이문열의 『젊은 날의 초상』 등 한국문학의 거작들을 스웨덴어로 번역했다. 2000년부터 세계적인 명성을 자랑하는 런던대학교 동양·아프리카대학(SOAS)에서 한국학을 강의해왔고, 한국학연구소 소

테러리스트 김구

장도 겸했다. 〈오마이뉴스〉가 칼슨 교수에게 "심정이 어떤가"라고 질의하자, 그는 "'외국인이 한국학을 가르쳐봤자'라고 생각하는 사람들이 있는 것 같다. (…) 그 학생과 〈중앙일보〉에 실망했다. 왜곡 기사로 인해 억울하게 논란에 휩싸여 좌절감과 분노감이 든다. 많은 네티즌들의 댓글이 달렸지만, 기사가 잘못이지 네티즌들의 잘못은 아니라고 생각한다"고 답했다. 〈오마이뉴스〉, 2007년 8월 13일 자.

21   같은 주장을 펼친 장본인은 바로 이화여대 사학과 정병준 교수다. 〈중앙일보〉는 정 교수의 견해를 같은 기사에 덧입혔다. 〈중앙일보〉 2007년 8월 10일 자.

22   국가보훈처·국사편찬위원회 편(2016), 『(프랑스 외무부 문서보관소 소장) 한국독립운동 자료(3)』, 국가보훈처·국사편찬위원회, 321~323쪽.

23   한국독립당(1932. 1. 10.) 「한국독립당 선언문」, 〈북평신보(北平晨報)〉 1932년 1월 19일 자.

24   조지 애쉬모어 피치(2018), 『조치 피치와 대한민국』, 김구재단, 9쪽/168쪽.

25   매헌윤봉길전집편찬위원회(2012), 『매헌 윤봉길 전집(2) 상해의거와 순국』, 매헌윤봉의사기념사업회, 62~73쪽.

26   조지 애쉬모어 피치(2018), 『조치 피치와 대한민국』, 김구재단, 171~172쪽.

27   호러스 G. 언더우드(1890~1951)도 "김구 씨는 이승만 씨에 비해서 훨씬 거칠고 접근하기 어렵고 무자비하며 비민주적인 인물이었다. 아버님은 김구 씨를 한 번도 높이 평가하신 적이 없었다"고 지적했다. 호러스 G. 언더우드 지음, 주장돈 옮김(2002), 『한국전쟁, 혁명 그리고 평화』, 연세대학교출판부, 156쪽.

28   중앙일보 현대사연구팀(1979), 「〈아리랑〉의 주인공 김산(金山) 재조명」, 『발굴자료로 쓴 한국 현대사』, 중앙일보사, 112~127쪽.

29   님 웨일즈·김산 지음, 송영인 옮김(1984), 『아리랑』, 동녘, 159쪽.

30   신채호(1923), 「조선혁명선언」, 의열단, 5쪽.

31   조관자(2000), 「반제국주의의 폭력과 멸죄의 힘」, 『문화과학』, 제24집.

32   김구 지음, 도진순 주해(1997), 『백범일지』, 돌베개, 296쪽.

33   독립기념관·한국독립운동사연구소 편(1998), 『김구선생혈투사』, 국학자료원, 14쪽.

34   김구 지음, 도진순 엮고보탬(2007), 『백범어록』, 돌베개, 87~88쪽; 〈동아일

보〉1946년 7월 7일 자.

35 〈조선인민보〉 1946년 7월 1일 자.

36 정병준(2006), 「미국 자료를 통해 본 백범 김구 암살의 배경과 미국의 평가」, 『역사와현실』, 제61호.

37 John J. Muccio to the Secretary of State, no.492 (August 9, 1949) Subject : "After math of the Assassination of Kim Koo ; the Trial and Sentence of An Too Hi" RG 263, Records of the Central Intelligence Agency, The Murphy Collection on International Communism 1917~1958, Korea, Box no.69. 정병준(2006), 「미국 자료를 통해 본 백범 김구 암살의 배경과 미국의 평가」, 『역사와현실』, 제61호.

38 존 무초(John J. Muccio, 1900~1989)는 1949~1952년 초대 주한 미국 대사를 역임한 인물이고, 백범 김구와도 악연을 맺었던 미국인 가운데 한 명이다. 그는 이탈리아 출생으로 21세 때인 1921년 미국으로 귀화해서 브라운대학에서 철학을 전공했다. 1924년 독일 함부르크에서 외교관 생활을 시작했고, 1926년 영국령 홍콩을 거쳐 1931년 상해 미국 영사관에 파견되었다. 1932년 4월 29일 상해 홍구공원 천장절 기념식 외국 귀빈으로 참석했다가 윤봉길 폭살테러를 몸소 체험했다. 당시 그의 나이 31세였다. 존 무초(1986), 「무초 대사가 털어놓는 건국 비화」, 『정경문화』, 제254호.

39 당시 미군정 사람들 사이에서 김구는 '블랙 타이거'로 통용되었다. 백범(화이트 타이거)을 상대화하는 '블랙 타이거'는 김구를 지칭하는 은어였다. 백범(白凡)의 발음이 백범(白犯)과 같았기 때문에 이를 멸칭하는 이른바 '흑범(黑犯, 블랙 타이거)'이란 용어를 조어한 것이다. 이는 김구에 대한 미군정의 지극히 부정적인 시각을 반영한다. 한시준(2015), 『김구』, 한국독립운동사연구소, 191쪽.

40 1942년 미국 국무성은 중경 임정을 두고 "일부 극소수의 망명 인사들 사이에서 한정된 멤버십을 지닌 보잘것없는 자유 클럽"으로 간주했다. 1945년 말 미군정 하지 중장도 "나는 임시정부가 무엇인지 잘 모르겠다. 다만, 중국 땅에 테러리스트의 한 집단이 있다는 것을 알고 있을 뿐"이라고 말했다. 오인환(2013), 『이승만의 삶과 국가』, 나남, 138쪽; 이경남(1981), 『설산 장덕수』, 동

아일보사, 323쪽.

41 1920년 3월 재상해 일본총영사는 김구가 "가정부(假政府) 경무국장이라 칭하며 상해 조선인으로서 비밀을 누설하는 의혹이 있는 자에 대해서 흉폭한 수단을 써서 위협한다. (…) 그 때문에 일부 조선인들은 그의 경력과 실제 행위를 보고서는 공포에 떨고 있다"고 지적했다. 上海總領事 山崎馨一(1920. 3. 15.), 「중요한 배일파 선인의 약력 송부의 건」, 국사편찬위원회 한국사데이터베이스; 국회도서관(1976), 『한국민족운동사료(중국편)』, 국회도서관, 739쪽.

42 〈중앙일보〉 2007년 8월 10일 자.

43 한국 역사학계에서 '공포(테러)투쟁'을 대체하고 '의열투쟁'이란 용어를 처음 사용한 것은 1975년 독립운동사편찬위원회가 편찬한 『독립운동사』 제7권이다. 이후 '의열투쟁'은 학계와 사회 일반에서 널리 쓰이게 되었고, 1990년대 여러 유사 용어를 흡수하면서 시민권을 갖게 되었다. 김기승(2012 가을), 「의열투쟁과 테러의 차이점」, 『백범회보』, 제37호; 김영범(2013), 「의열투쟁과 테러 및 테러리즘의 의미연관 문제」, 『사회와 역사』, 제100집.

44 신용하(2003), 『백범 김구의 사상과 독립운동』, 서울대학교출판부, 81~82쪽.

45 〈동아일보〉 2002년 4월 27일 자.

46 이봉창의사장학회(2002), 『이봉창 의사와 한국 독립 운동』, 단국대학출판부, 62~72쪽.

47 한시준(2015), 『김구』, 한국독립운동사연구소, 84~86쪽.

48 김용달(2014. 6.), 「한국독립운동의 특징, 의열투쟁과 자기희생성」, 『독립기념관』, 제316호.

49 2010년 뉴라이트전국연합 상임대표 강인한이 "김구는 지금의 알카에다와 다름없는 악랄한 테러조직인 한인애국단을 결성하고 민간인의 희생도 불사하는 잔인한 테러를 자행한 사람"이라 질타했고, 박노자도 김구의 폭력 행위를 두고 "서구적인 정치용어를 쓰자면 테러리즘이다. 안중근의 하얼빈 의거도 요즘의 미국에서라면 테러리즘으로 불릴 행동"이라 주장했다. 그러자 김영범은 "2001년 9·11사건을 계기로 전면화한 반(反)테러리즘 정책 담론에 편승하여 안중근과 김구를 '흉포한 테러리스트'로 매도하며 사뭇 비난하는 것인데, 모종의 정치적 의도를 깔고 있는 것임이 어렵지 않게 간파된다"고 반박했

다. 하지만 김영범이야말로 9·11테러의 공포 분위기에 휩쓸려 테러는 나쁜 것이고 의열은 좋은 것이라는 극단적 가치편향을 드러냈다. 그는 "안중근의 '의살'에 대한 기억을 공유하는 우리로서는, 팔레스타인이나 이라크의 수많은 안중근들에 대한 동병상련의 마음을 가지고 이해하려는 노력부터 하는 것이 당연한 일이다. (…) 약자의 폭력을 규탄하기에 앞서 이 세계를 끝이 안 보이는 폭력의 도가니로 만들어버린 제국주의의 폭력 영구화 기제부터 제대로 파악하고 비판하는 것이 순리일 것"이라는 박노자의 질타를 되새길 필요가 있다. 「의열투쟁은 테러가 아니다 … '백범 김구의 증언'」, 〈K스피릿〉 2012년 10월 29일 자; 김치관(2010), 「뉴라이트 민족과 비판」, 『21세기 민족주의』, 통일뉴스, 257쪽; 박노자(2005), 『나는 폭력의 세기를 고발한다』, 인물과사상사, 187쪽; 김영범(2013), 「의열투쟁과 테러 및 테러리즘의 의미연관 문제」, 『사회와 역사』, 제100집.

50   「의열투쟁은 테러가 아니다 … '백범 김구의 증언'」, 〈K스피릿〉 2012년 10월 29일 자.

51   독립기념관 한국독립운동사연구소 편(1998), 『김구선생혈투사』, 국학자료원, 52쪽.

52   정약용 지음, 박석무·정해염 옮김(1999), 『(역주) 흠흠신서(1)』, 현대실학사, 35~41쪽.

53   정약용은 "근세의 복수 사건에 있어 본 사건은 묻지 아니하고 오직 절의를 지킴이 강렬함만을 인정하여 대개는 불문에 붙이고 있으니 이는 큰 폐단이다. 심한 경우에는 죽음을 당한 것이 밝혀지지 않았는데도 사사로이 원수라 지목하여 공공연히 복수하는 자도 있으니, 어찌 작은 걱정이겠는가"라고 탄식했다. 정약용 지음, 박석무·정해염 옮김(1999), 『(역주) 흠흠신서(1)』, 현대실학사, 36쪽.

54   황현 지음, 허경진 옮김(2006), 『매천야록』, 서해문집, 436쪽; 황현(1955), 『매천야록』, 국사편찬위원회, 512쪽.

55   최혜주(1996), 『창강 김택영의 한국사론』, 한울아카데미, 51쪽.

56   박노자(2005), 『나는 폭력의 세기를 고발한다』, 인물과사상사, 177쪽.

57   국사편찬위원회(1993), 「(11)본방인 피해에 관한 件」, 『주한일본공사관기록

(8)』, 국사편찬위원회, 213~313쪽; 辨理公使 小村壽太郎(1896. 5. 30.), 「(13) 아국 인민 피해에 관한 건」, 『주한일본공사관기록(9)』, 18~22쪽/38쪽.

58 辨理公使 小村壽太郎(1896. 3. 28.), 「일본인 살해사건에 관한 한국 외부대신 과의 면담 내용 개요」, 『주한일본공사관기록(9)』, 국사편찬위원회, 14쪽.

59 그 때문에 임경석도 "이봉창의 일본 천황 저격 사건과 윤봉길의 상해 폭탄 사 건은 너무나 유명하다. 한국인들은 이 테러 행위를 독립운동의 한 방편으로 이해한다. 그를 '의거'라고 칭하며, 그에 헌신한 사람을 '의사'라고 부른다. 그 의 행동을 가리켜 '의열투쟁'이라고 명명한다. 독립운동상의 테러를 보는 한 국인의 시각은 피억압 민족의 편에 서 있다. 그러나 많은 한국인들은 오늘날 지구 건너편에서 벌어지고 있는 테러에 대해서는 다른 각도의 시선을 준다. 이라크 저항 세력의 테러 행위를 반문명적이며, 배척해야 할 것으로 이해하 는 사람들이 많다. (…) 한국인들은 이라크 저항세력의 테러에 대해서는 테러 를 응징하는 편에 서서 바라본다. 일제하 한국인들의 테러와 이라크 저항세 력들의 테러는 과연 어떤 차이가 있길래 그 평가가 다른 것인가? 우리는 여기 서 테러에 대한 한국인들의 일견 모순된 태도를 점검할 필요를 느낀다"고 지 적했다. 임경석(2004), 「식민지시대 반일 테러운동과 사회주의」, 『역사와현 실』, 제54호.

60 한홍구는 그동안 한국 사회 일반에서 이름도 생소한 아랍 무장 세력의 테러 행위가 발생하기만 하면 예외 없이 신문이나 방송에서 테러리즘을 비난해왔 다는 사실을 거론하며, "그러나 안중근 '의사'는 어떻습니까? 기차에서 내리 는 비무장 정치인을 권총으로 암살한 행위, 바로 전형적인 개인 테러 행위가 아닐까요? 그런데 테러리즘 일반이 나쁜 것이라면, 유독 안중근 '의사'의 '의 거'는 훌륭한 행위일 수 있을까요? 안중근 의사의 행위가 옳은 일이었다면, 어 떤 테러 행위도 정당화될 수 없다는 명제가 잘못된 것이고, 테러리즘 일반이 나쁜 것이라면, 안중근 의사의 행위는 어떤 이유로도 정당화될 수 없습니다" 라고 갈파했다. 한홍구(2008), 『대한민국사』, 한겨레출판, 8~9쪽.

61 독립기념관·한국독립운동사연구소 편(1998), 『김구선생혈투사』, 국학자료 원, 91쪽.

62 재상해 프랑스총영사(1933. 8. 10.), 「안공근이 불(佛)공무국에 제출한 진성서

의 건 보고」, 국사편찬위원회 한국사데이터베이스.

63 독립기념관·한국독립운동사연구소 편(1998), 『김구선생혈투사』 국학자료원, 14쪽.

64 荻野富士夫 編·解題(1993), 『特高警察관계資料集成(第3卷)』 高麗書林, 280쪽; 북조선51기념공동준비위원회(1946), 『팟쇼·반민주분자의 정체』, 41쪽; 김사량(2002), 『노마만리』, 실천문학사, 40쪽.

65 협의의 밀정이 일제의 앞잡이가 되어 임정을 정탐하고 위해(危害)를 가하는 한인사회 내부의 친일(親日) 세력이라면, 광의의 밀정이란 임정의 분열·파괴를 획책하는 임정 내외에 걸친 반임정(反臨政) 세력을 가리킨다. 실제로 1925년 11월 1일 자 임정 기관지 〈독립신문〉은 "임시정부가 상해에 설립된 이래 일인(日人)이 파견한 밀정도 많거니와 우리 당원이 제조한 밀정도 적지 않다"는 지적은 임정 내부의 파벌 싸움과 감정 대립의 와중에서 발생한 이른바 '만들어진 밀정'의 존재를 시사한다. 바꾸어 말하면, 밀정은 이현령비현령(耳懸鈴鼻懸鈴)의 지극히 주관적이고 편향성을 갖는 용어다. 따라서 김구가 『백범일지』 등 문건에서 어떤 한인을 두고 밀정이라 규정했다고 하더라도 '사실상의 밀정'인가 여부는 별개의 문제라고 할 수 있다. 〈독립신문〉 1925년 11월 1일 자.

66 관련해서 1948년 3월 12일 장덕수 암살 제8회 공판 증인으로 출석한 김구는 "나는 동족과 조국을 사랑한다. 나는 왜놈 이외에는 죽이라 한 적이 없다"고 진술했다. 3월 16일 제9회 공판에서는 "내가 일인을 죽였을망정 동족을 죽이라고 한 일은 없다"고 강변하기도 했다. 〈조선일보〉 1948년 3월 14일 자; 〈동아일보〉 1948년 3월 16일 자.

67 박노섭 외(2016), 『범죄수사학』, 경찰공제회, 22쪽.

68 이수정(2010), 『최신 범죄심리학』 학지사, 351~352쪽; 박노섭 외(2016), 『범죄수사학』, 경찰공제회, 15~25쪽.

69 정화암(1992), 『정화암 회고록』, 자유문고, 155~156쪽.

70 유기석 지음, 임원빈 옮김(2010), 『30년 방랑기』, 국가보훈처, 234쪽/331~332쪽/333쪽.

71 1920~1930년대 중국 상해에 유학했던 김명수에 따르면, 1930년대 상해 거

주 인구는 500만 명 이상으로 세계적으로 둘째가는 대도시였다. 국제도시, 교육도시, 상업도시, 정치도시였고, 한편으로 도박, 매춘, 마약, 살인 등 환락의 도시로도 악명을 떨쳤다고 지적했다. 김명수(1985), 『명수산문록』, 삼형문화, 24쪽/242쪽.

72　예를 들어 2002년 10월 말 체첸 독립주의자 약 50명이 러시아 모스크바 어느 극장에서 공연을 관람하던 러시아인 약 750명을 인질로 억류하는 사건이 발생했다. 진압 과정에서 테러리스트 전원과 인질을 포함한 129명이 사망하면서 전 세계를 놀라게 했다. 인질극을 벌인 테러리스트 대부분은 몸에 폭탄을 두르고 검은 차도르로 얼굴을 가린 20대 초반 여성들이었다. 그 때문에 이 여성 테러리스트들은 '검은 미망인(Black Widow)'으로 회자되었다. 이들은 계속되는 전쟁 와중에 부모, 남편, 자식을 잃고 살인, 강간, 고문, 신체 훼손 등 비참한 삶을 강요당한 여인들이었다. 이들의 가혹한 운명과 처지를 고려하면, 자살 테러야말로 오히려 더 나은 선택 혹은 구원일 수도 있었다. 그 점에서 체첸의 '검은 미망인'과 '한인 테러리스트'는 크게 다를 것이 없었다. 공진성(2010), 『테러』, 책세상, 110~111쪽.

1부 항일 테러

▌치하포의 약장수, 쓰치다 조스케

73　김구 지음, 도진순 주해(1997), 『백범일지』, 돌베개, 90~100쪽; 김구 지음, 도진순 탈초·교감(2016), 『백범일지 정본』, 돌베개, 172~180쪽.

74　김구는 『백범일지』에서 출항지를 용강(龍江)에서 나룻배를 탔다고만 기술했다. 하지만 해방 전후 김구의 비서였던 선우진은 "용강을 거쳐 진남포로 왔다. 안악을 거쳐 신천으로 갈 생각이었다. 그는 진남포에서 나룻배에 올랐다. 대동강의 하류인 안악 치하포로 가는 나룻배였다"고 주장했다. 선우진(1972), 『위대한 한국인(9) 백범 김구』, 태극출판사, 69쪽.

75　안악군은 황해도 북서쪽에 위치한다. 동쪽은 재령강을 사이에 두고 황주군과 봉산군, 동남쪽은 재령군, 남쪽은 신주군, 서쪽은 은율군에 접했다. 북쪽으로

는 대동강 하류 너머 평안남도 용강군 및 진남포와 마주했다. 안악읍에서 치하포까지는 동북쪽으로 직선거리 16km, 평양까지는 55km, 해주까지 52km, 재령 및 신주읍까지는 19~20km 지점에 위치했다. 안악군민회(1976), 『안악군지』, 안악군민회, 52~53쪽/529쪽.

76 대동강 뱃길은 강구 자매도(姉妹島) 부근으로부터 진남포까지 11리(浬), 겸이포까지 28리, 보산까지 40리, 평양까지 58리였다. 3월 상순 해빙기 이래 대동강 뱃길은 조수간만(潮水干滿)을 고려하더라도 평양에서 진남포까지 하루가 채 걸리지 않는 거리였다. 鎭南浦商業會議所(1930), 『鎭南浦を中心とせる冬期の大同江』, 鎭南浦商業會議所, 37쪽.

77 대동강 유빙기는 12월 하순부터 3월 상순까지였다. 빙괴의 크기는 45척에서 600척, 두께는 약 9척에 달했다. 前田力編(1926), 『鎭南浦府史』, 鎭南浦府史發行所, 18쪽.

78 선우진은 "2월 하순이라 하지만 해서 지방의 날씨는 아직도 겨울 그대로여서 치하포 나루에는 산더미 같은 얼음산이 둥둥 떠내려오고 있었다. 그런데 진남포에서 치하포로 가는 이 뱃길에는 산더미 같은 얼음산이 앞뒤로 가로막혀 파선 직전의 아슬아슬한 위기를 겪게 되었다. 나룻배는 얼음산에 싸여서 행동의 자유를 잃고 진남포 아래까지 밀려 내려갔다가 조수를 따라서 다시 상류로 오르락내리락하게 되었다. 선객들은 물론 뱃군들까지 울고 불고 하여 배 안은 일대 수라장이 되었다. (…) 마침내 십오륙 명을 태운 배는 치하포에서 5리쯤 떨어진 강 언덕에 내리니, 지는 날이 아직 빛을 남기고 있었다"고 밝혔다. 선우진(1972), 『위대한 한국인(9) 백범 김구』, 태극출판사, 69쪽.

79 김구 지음, 도진순 주해(1997), 『백범일지』, 돌베개, 93쪽.

80 김구 지음, 도진순 주해(1997), 『백범일지』, 돌베개, 96쪽.

81 김구 지음, 도진순 주해(1997), 『백범일지』, 돌베개, 99쪽.

82 김구 지음, 도진순 주해(1997), 『백범일지』, 돌베개, 99쪽.

83 김구 지음, 도진순 주해(1997), 『백범일지』, 돌베개, 100쪽.

84 김구 지음, 도진순 주해(1997), 『백범일지』, 돌베개, 100쪽.

85 仁川荻原事務代理(1896. 4. 6.), 「仁川荻原事務代理發信原外務次官宛公信要旨」, 『백범김구전집(3)』, 대한매일신보사, 199~201쪽; 在京城一等領事 內田

定槌(1896.4.2), 「平原警部平壤出張始末報告ノ件」, 『한국근대사자료집성(제 8권)』, 국사편찬위원회, 35~38쪽.

86 관련해서 도진순은 "쓰치다를 수행하였던 조선인 통역 임학길(林學吉)은 사 건이 일어난 날(3월 9일) 저녁 평양으로 도피하여, 마침 출장 나와 있던 일본 경성영사관의 경부 平原篤武에게 신고했다"고 주장했다. 하지만 이는 사실 과 다르다. 3월 9일 당시에는 대동강이 채 풀리지 않아 뱃길도 완전히 열리 지 않았기 때문에 사건 당일 임학길이 평양에 도착하는 것은 불가능한 일이 었다. 도진순(1999), 「해제; 동학·의병운동」, 『백범김구전집(3)』, 대한매일 신보사, 14쪽.

87 辨理公使 小村壽太郎(1896. 3. 31.), 「(5)일본인 토전양량의 피살사건과 범인 체포 요구 건」, 『주한일본공사기록(제9권)』, 국사편찬위원회, 4쪽.

88 辨理公使 小村壽太郎(1896. 4. 28.), 「(37)거류민 살해범 조치에 관한 件」, 『주 한일본공사기록(제8권)』, 국사편찬위원회, 266쪽.

89 앞서 사건 당일 김구는 여점 주인 이화보에게 안악군수에게 치하포 사건의 진상을 통보하라 일렀다고 주장했다. 하지만 안악군수 류기대가 사건의 진상 을 조사해서 해주부에 보고한 시점은 4월 19일이었다. 이는 사건 발생 약 40 여 일이 지난 시점이었고, 고무라 영사가 외부대신 이완용 앞으로 범인 체포 와 의법 처단을 요구한 지 약 19일이 지난 시점이었다. 따라서 앞서 사건의 진 상을 안악군수에게 알리라 일렀다는 김구의 주장은 거짓말이다. 해주부 관찰 사서리 참서관 김효익(1896. 4. 19), 「보고 제2호」, 『백범김구전집(3)』, 대한매 일신보사, 202쪽.

90 '팔봉접주'의 팔봉은 김구의 고향이 "해주 백운방 텃골 팔봉산 아랫마을"이라 밝힌 점을 고려하면, 고향마을 뒷산 이름을 차용한 것으로 짐작된다. 김구 지 음, 도진순 주해(1997), 『백범일지』, 돌베개, 21쪽.

91 외부대신 이완용(1896. 5. 1.), 「지령 제1호」, 『백범김구전집(3)』, 대한매일신보 사, 205쪽.

92 해주부 관찰사서리 참서관 김효익(1896. 6. 18.), 「보고 제2호」, 『백범김구전 집(3)』, 대한매일신보사, 211쪽.

93 손세일(2015), 『이승만과 김구(1)』, 조선뉴스프레스, 350쪽.

94   김구 지음, 도진순 주해(1997), 『백범일지』, 돌베개, 101쪽.

95   해주부 관찰사서리 참서관 김효익(1896. 6. 30.), 「건양원년육월이칠일해주백
        운면거김창수연이십일공안」, 『백범김구전집(3)』, 대한매일신보사, 235쪽.

96   국사편찬위원회 편(1959), 『동학란기록(下)』 국사편찬위원회, 563~567쪽.

97   외부대신 이완용(1896. 7. 9.), 「지령; 해주부 관찰사서리 참서관 김효익에게」,
        『백범김구전집(3)』, 대한매일신보사, 237쪽.

98   법부대신 한규설(1896. 7. 9.), 「훈령 해주재판소건, 안 제23호」, 『백범김구전
        집(3)』, 대한매일신보사, 239쪽.

99   해주부 관찰사서리 참서관 김효익(1896. 4. 19.), 「보고 제2호」, 『백범김구전
        집(3)』, 대한매일신보사, 202쪽.

100   김구 지음, 도진순 주해(1997), 『백범일지』, 돌베개, 58쪽.

101   嗚冕稙(1936. 12.), 「余か觀た金九及其の一黨」, 『思想彙報』, 제9호.

102   국사편찬위원회 편(1959), 『동학란기록(下)』, 국사편찬위원회, 563~569쪽.

103   김형진(1898), 「路程略記」, 『백범김구전집(3)』, 대한매일신보사, 162쪽.

104   1896년 9월 5일 인천항 경무서 제2차 심문에서 경무관 김순근은 "그대는 자
        칭 중국에서 출첩(出帖)한 좌통령이라 하였다는데 진실로 중국이 출첩한 것
        인가. 그렇지 않으면 스스로 자칭했는가"라고 심문했다. 그러자 김구는 "그것
        은 가칭(假稱)이 아니라 중원(中原) 사람 서경장의 하첩을 받았으며, 이밖에
        할 말이 없다"고 진술했다. 인천항경무관 김순근(1896. 9. 5.), 「김창수 재초」,
        『백범김구전집(3)』, 대한매일신보사, 256~261쪽.

105   김상기(1997), 『한말의병연구』, 일조각.

106   김구 지음, 도진순 주해(1997), 『백범일지』 돌베개, 87쪽; 이전(1992), 『안중근
        혈투기』, 나라문화사, 26쪽.

107   김구 지음, 도진순 주해(1997), 『백범일지』, 돌베개, 88쪽.

108   국사편찬위원회 편(1959), 「중범공초」, 『동학란기록(하)』, 국사편찬위원회,
        565쪽.

109   국사편찬위원회 편(1959), 「중범공초」, 『동학란기록(하)』, 국사편찬위원회,
        567쪽.

110   『백범일지』에 따르면, 1893년 당시 황해도 일대에서는 "곧 정도령이 계룡산

에 도읍을 정하여 이조 국가는 없어질 것이니 밧흔목에 가서 살아야 다음 세상에 양반이 된다며 아무개는 계룡산으로 이사했다"는 괴이한 소문이 나돌았다고 한다. 김구 지음, 도진순 주해(1997), 『백범일지』, 돌베개, 40쪽.

111   국사편찬위원회 편(1959), 「중범공초」, 『동학란기록(하)』, 국사편찬위원회, 569쪽.

112   국사편찬위원회(1971), 「해설」, 『동학란기록(하)』, 12쪽.

113   해주부장연군수 염중모(1896. 4. 6.), 「보고」, 『사법품보(갑)』 제8권, 규17278-v.1-128, 029a-0131b쪽.

114   해주부 관찰사서리 참서관 김효익(1986. 4. 24.), 「보고」, 『사법품보(갑)』, 제8권, 규17278-v.1-128, 014a-014a쪽.

115   해주부 관찰사서리 참서관 김효익(1896. 6. 28.), 「보고 제3호; 외부대신께」, 『백범김구전집(3)』, 대한매일신보사, 216쪽; 해주부 관찰사서리 참서관 김효익(1896. 6. 30.), 「법부대신께」, 『백범김구전집(3)』, 대한매일신보사, 226쪽; 내무대신 박정양(1896. 7. 12.), 「외부대신 이완용께」, 『백범김구전집(3)』, 대한매일신보사, 244쪽.

116   외부대신 이완용(1896. 7. 9.), 「지령 제 호; 해주부 관찰사서리 참서관 김효익에게」, 『백범김구전집(3)』, 대한매일신보사, 237쪽.

117   외부대신 이완용(1896. 7. 9.), 「지령 제25호; 인천부 관찰사서리 참서관 임오준에게」, 『백범김구전집(3)』, 대한매일신보사, 241쪽.

118   법부대신 한규설(1896. 7. 9.), 「훈령 해주재판소건, 안 제23호 : 해주부 관찰사서리 참서관 해주재판소 검사 김효익에게」, 『백범김구전집(3)』, 대한매일신보사, 239쪽.

119   仁川荻原事務代理(1896. 7. 18.), 「仁川荻原事務代理發信小村外務次官宛公信要旨」, 『백범김구전집(3)』, 대한매일신보사, 249쪽.

120   김구는 『백범일지』에서 해주부 심문 일자로부터 대략 2개월이 지난 7월 초 인천감리서로 이송되었다고 기술했지만, 이는 명백한 착오다. 김구 지음, 도진순 주해(1997), 『백범일지』, 돌베개, 102쪽; 在仁川 領事館事務代理領事官補 萩原守一(1896. 8. 25.), 「(22)인천항 정황 보고」, 『주한일본공사관기록(10)』, 265쪽.

121 인천항경무관 김순근(1896. 8. 31.),「해주거 김창수 년21 초초」,『백범김구전집(3)』, 대한매일신보사, 250~252쪽.

122 인천항재판소 판사 이재정 외(1896. 9. 10.),「김창수 삼초」,『백범김구전집(3)』, 대한매일신보사, 264~267쪽.

123 이 진술과 관련해서 김구가 1대 독자였던 것은 사실이다. 하지만 부친 세대는 4남(백영·순영·필영·준영) 1녀의 형제자매였기 때문에 7대 독자는 새빨간 거짓말이다. 김구가 7대 독자를 운운했던 것은 아마도 판사의 측은을 자극해서 극형을 면해보려는 꼼수였던 것으로 추정된다. 김구는 취조 및 심문을 통해서 외국인에 대한 살인강도는 국사범으로 분류되어 극형을 피할 수 없을 것을 알았다. 그래서 지푸라기라도 잡는 심정에서 7대 독자를 운운하고 선처를 바랐던 것은 아닐까. 김구의 '7대 독자설'은 1898년 2월 부친 김순영(金淳永, 51세)이 김하진(金夏眞)의 이름으로, 모친(40세) 곽낙원이 김소사(金召史)의 이름으로 법부대신 앞으로 제출한 탄원서에도 등장한다. 그의 모친은 "김창수는 7대 독자이며, 강도죄인이 아니라 복수를 위한 시국범"이라며 선처를 탄원했다. 요컨대 김구는 부모들과 작당해서 법부를 상대로 허무맹랑한 '7대 독자설'을 주장했다. 김하진(1898. 2.),「청원서」,『백범김구전집(3)』, 대한매일신보사, 286쪽; 김소사(1898. 2.),「청원서」,『백범김구전집(3)』, 대한매일신보사, 290쪽.

124 在仁川 領事館事務代理 領事官補 萩原守一(1896. 7. 10.),「(22)인천항 정황 추가 보고」,『주한일본공사관기록(10)』, 212쪽/468쪽.

125 인천항경무관 김순근(1896. 8. 31.),「안악군 치하포 점주 이화보 년48 초초」,『백범김구전집(3)』, 대한매일신보사, 253~255쪽; 기초서기 박영래(1896.9.5),「이화보 재초」,『백범김구전집(3)』, 대한매일신보사, 262~263쪽.

126 관련해서 1890년대 중반 조선을 여행했던 이사벨라 버드 비숍은 당시 1달러는 3,200냥에 상당했고, 이 동전들은 새끼줄로 몇 개씩 묶여 그것을 계산하고 운반하는 것도 귀찮았고, 100엔이나 10파운드 현금으로 운반하는 데 6명의 인부와 한 필의 조랑말이 필요했다고 기술했다. 오두환(1991),『한국근대화폐사』, 한국연구원, 104~105쪽; 이사벨라 버드 비숍 지음, 신복룡 옮김(200),『조선과 그 이웃 나라들』, 집문당, 74쪽.

테러리스트 김구

127 도진순(1999), 「해제; 동학·의병운동」, 『백범김구전집(3)』, 대한매일신보사, 16~17쪽.

128 領事代理 荻原守一(1896. 9. 12.), 「인부 제150호」, 『백범김구전집(3)』, 대한매일신보사, 268~269쪽.

129 인천항감리 이재정(1896. 9. 12.), 「보고서 제10호」, 『백범김구전집(3)』, 대한매일신보사, 270~272쪽; 인천항감리 이재정(1896. 9. 13.), 「보고 제1호」, 『백범김구전집(3)』, 대한매일신보사, 273~275쪽.

130 인천항감리 이재정(1896. 10. 2.), 「인감전보」, 『백범김구전집(3)』, 대한매일신보사, 276쪽; 法部大臣(1896. 10. 2.), 「답전」, 『백범김구전집(3)』, 대한매일신보사, 276쪽.

131 인천항감리 이재정(1896. 10. 3.), 「보고서 제3호」, 『백범김구전집(3)』, 대한매일신보사, 277쪽.

132 김구 지음, 도진순 주해(1997), 『백범일지』, 돌베개, 114쪽.

133 법부대신 한규설(1896. 10. 22.), 「상주안건, 제7호」, 『백범김구전집(3)』, 대한매일신보사, 279~284쪽.

134 〈독립신문〉 1896년 9월 22일 자

135 〈독립신문〉 1896년 11월 7일 자,

136 인천항재판소 판사 서상교(1898. 4. 3.), 「보고서 제5호」, 『백범김구전집(3)』, 대한매일신보사, 295쪽; 의정부찬정 법부대신(1898. 8. 23.), 「훈령 제17호」, 『백범김구전집(3)』 대한매일신보사, 296쪽.

137 조덕근은 인천항 화개동 출생의 상민으로 당시 31세였다. 그는 1896년 12월 '부녀를 유인하여 재물을 받고 중국에 팔아넘긴 죄목'으로 체포되었고, 10년 징역형 판결을 받고 복역하다가 탈옥했다. 체포 이후 조덕근은 태형(笞刑) 100대와 징역 10년형에 처해졌다. 양윤모(2008), 「백범 김구의 '치하포사건' 과 관련기록 검토」, 『고문서학』, 제22집.

138 김소사(1899. 3.), 「소장」, 『백범김구전집(3)』, 대한매일신보사, 299~301쪽.

139 1893년 당시 경성을 제외하고 주로 개항장에서 활동하는 일본인 상인은 8,048명이었고, 1899년에 이르러 1만 3,473명으로 증가했다. 〈독립신문〉 1899년 10월 30일 자.

140 고무라[小村] 공사는 당시까지 조선인에게 살해당한 일본인 18명의 신분과 피해 상황을 상세히 조사한 명부를 첨부해서 살해자의 조속한 체포와 처벌을 요구했고, "귀 정부는 이들 중대 안건에 대해 우리 영사의 요구가 있었음에도 오늘에 이르기까지 아직 한 명의 흉행자도 처벌을 받은 자가 없다"며 강한 유감의 뜻을 표명했다. 辨理公使 小村壽太郞(1896. 3. 24.), 「(2)日本人 殺傷者의 逮捕處罰要求 件」, 『주한일본공사관기록(9)』, 국사편찬위원회, 269~270쪽.

141 1896년 4월 6일 고무라 공사는 니시원지[西園寺] 앞으로 "각 지방에서 조선인에 의해 우리 양민들 가운데 흉해를 입는 자가 속출하고 있는 것에 참으로 비통함을 금할 수 없습니다. 본관은 우리 인민을 가능한 한 이 불행한 일들로부터 피하게 하고, 또 조선 정부에게 이런 일의 책임을 지도록 여러 가지로 조치를 하였습니다. (…) 본 공사는 3월 11일 자로 우리 인민의 피해에 대해 첫째, 가해자의 처벌, 둘째, 보호 태만의 관리 처벌, 셋째, 손해 배상, 넷째, 황제의 조칙 반포 4개 조항을 항의할 생각"이라고 밝혔다. 辨理公使 小村壽太郞(1896. 4. 6.), 「(11)조선국에서 일본인민 피해에 관한 건」, 『주한일본공사관기록(9)』, 국사편찬위원회, 213~313쪽.

142 내각총리대신 서리 내무대신 박정양(1896. 4. 11.), 「(별지)외국인 살상금지에 대한 효유칙어(曉諭勅語)」, 『주한일본공사관기록(9)』, 국사편찬위원회, 12~13쪽.

143 辨理公使 小村壽太郞(1896. 5. 30.), 「(13)아국 인민 피해에 관한 건」, 『주한일본공사관기록(9)』, 국사편찬위원회, 18~22쪽.

144 辨理公使 小村壽太郞(1896. 4. 4.), 「(7)울진지방에서 일본인 15명 피살사건에 대한 진상규명과 가해자 엄벌 요구」, 『주한일본공사관기록(9)』, 국사편찬위원회, 6~7쪽; 辨理公使 小村壽太郞(1896. 4. 9.), 「(9)고성지방에서의 일본인 살해사건에 대한 진상규명과 가해자 엄벌 요구」, 『주한일본공사관기록(8)』, 국사편찬위원회, 273~274쪽.

145 손세일(2015), 『이승만과 김구(1)』, 조선뉴스프레스, 375~376쪽; 김상구(2014), 『김구 청문회(1)』, 마법의책공장, 74쪽.

146 日本公使 林權助(1905. 1. 25.), 「(37)손해 배상금 감액 재가에 대한 진사(陳謝) 및 본국 정부 통보 건」, 『주한일본공사관기록(9)』, 국사편찬위원회,

42~43쪽.

147 日本外務省(1905. 3. 15.), 「外務省告示 第1號」, 『外務省記錄』.

148 1946년 한글판 『도왜실기』에서는 "바로 우리나라 명성황후를 시해한 일본군 대위 쓰치다[土田]란 자였다. 선생은 이 자를 보자 분함을 참지 못하고 쓰치다의 칼을 빼앗아 그를 찔러 죽이고 그놈을 죽이게 된 이유를 여러 사람에게 알리기 위해 담에 벽보를 붙이고 이름, 주소까지 명백히 기입했다"고 주장했다. 김구 지음, 엄항섭 엮음(1989), 『도왜실기』, 범우문고, 27쪽; 김구 지음, 도진순 주해(1997), 『백범일지』, 돌베개, 98쪽.

149 在上海總領事 山崎馨一(1920. 3. 15.), 「重要ナル排日派鮮人ノ略歷送附ノ件」, 국사편찬위원회 한국사데이터베이스.

150 도진순(1997), 「1895~96년 김구의 聯中 의병 활동과 치하포사건」, 『한국사론』, 제38집.

151 해주부 관찰사서리 해수부 참서관 김효익(1896. 6. 18.), 「보고안 제2호」.

152 독립기념관 관장을 지낸 한시준은 KBS 다큐멘터리 프로그램에서 김구의 치하포 사건을 두고 테러가 아닌 의열투쟁이라 강변했다. 한시준(2020. 3. 15.), 「백범 김구(1)」, 〈KBS 명작 다큐〉.

153 손세일(2015), 『이승만과 김구(1)』, 조선뉴스프레스, 376쪽.

154 김구 지음, 도진순 주해(1997), 『백범일지』, 돌베개, 104쪽.

155 안중근은 "동학당이 외국인을 배격한다는 핑계로 군현을 횡행하면서 관리를 살해하고 백성의 재산을 약탈하고 있었다. 관군은 이들을 진압할 수 없었기 때문에 청군 군사를 불러들이고, 다른 한편으로 일본 병사들을 불러들여서 일본과 청국은 서로 충돌하여 마침내 큰 전쟁을 일으키고야 말았다. 이때 아버님께서는 동학당의 폭행을 견디다 못해서 동지를 모으고 격문을 띄워 의거를 일으켜 포수들을 불러 모으고 (…) 청계산에 진을 치고 동학당에 대항하셨다"고 언급했다. 안중근은 동학당의 창궐이야말로 조선왕조 멸망의 원인으로 간주했다. 그 가운데 김구에 대한 언급은 일절 없었다. 안중근기념사업회편(1909), 『안응칠역사』, 24쪽.

156 김구 지음, 도진순 주해(1997), 『백범일지』, 돌베개, 98쪽.

157 도진순(1999), 「해제; 동학·의병운동」, 『백범김구전집(3)』, 대한매일신보사,

16~17쪽.

158 손세일은 자신의 저작에서 '치하포 사건'의 신화성을 문제로 삼아 사실성을 강조했다고 주장했지만, 필자가 보기에 오히려 '사건의 신화성'을 더욱 강조하고 말았던 것으로 판단된다. 손세일(2015), 『이승만과 김구(1)』, 조선뉴스프레스, 376쪽.

159 도진순(1999), 「해제; 동학·의병운동」, 『백범김구전집(3)』, 대한매일신보사, 16~17쪽.

160 외부대신 이완용(1896. 7. 9.), 「지령; 해주부 관찰사서리 참서관 김효익에게」, 『백범김구전집(3)』, 대한매일신보사, 237쪽.

161 양윤모는 인천감리서 심문기록이 사건의 본질을 일본인 상인의 재물 약탈을 위한 계획적인 강도·살인 사건으로 몰아가려는 의도를 드러낸다며, 22개의 질문과 내용만으로는 치하포 사건의 유발 동기를 유추해내기가 매우 어렵다고 주장했다. 이는 명백한 역사적 사실의 왜곡이다. 양윤모(2008), 「백범 김구의 '치하포 사건'과 관련기록 검토」, 『고문서학』, 제22집.

162 배경식은 "사건 당시 쓰치다가 가진 돈은 엽전 열 섬, 즉, 천 냥가량 되는 엄청난 액수였다. (…) 이화보에게 맡긴 돈은 나중에 현장 조사를 나온 일본 순사가 수거하여 인천 주재 일본영사관으로 옮겼다. 이런 점에서 치하포 사건은 돈을 노린 여타 강도사건과는 분명 그 성격이 다르다"고 주장했다. 하지만 사건의 본질이 일본인 매약상 쓰치다를 살해하고 그의 재물을 약탈했다는 점에서 통상적인 살인강도 사건과 무엇이 어떻게, 그렇게도 다르다는 것인가. 쉽게 납득할 수 없는 주장이다. 배경식(2008), 『올바르게 풀어 쓴 백범일지』, 너머북스, 155쪽.

163 김구 지음, 도진순 주해(1997), 『백범일지』, 돌베개, 100쪽.

164 북한에서는 김구의 치하포 사건에 대해 "그는 1895년 왜놈들이 명성황후를 암살하자 20살 때인 1896년 의분을 금치 못하고 안악의 치하포 나루 주막집에서 왜군 헌병장교 쯔찌따 료스께라는 중위 놈을 쳐죽이였다"고 알려져 있다. 김혜련·정신혁(2018), 『민족대회합의 위대한 경륜』, 평양출판사, 127쪽.

165 김구 지음, 도진순 주해(1997), 『백범일지』, 돌베개, 98쪽.

166 在上海總領事 山崎馨一(1920. 3. 15.), 「重要ナル排日派鮮人ノ略歷送附ノ

테러리스트 김구

件」, 국사편찬위원회 한국사데이터베이스.

167 김구 지음, 엄항섭 엮음(1989), 『도왜실기』, 범우문고, 27쪽.

168 인천항경무관 김순근(1896. 9. 5.), 「김창수 재초」, 『백범김구전집(3)』, 대한매
     일신보사, 258~259쪽.

169 인천항재판소 판사 이재정 외(1896. 9. 10.), 「김창수 삼초」, 『백범김구전집
     (3)』, 대한매일신보사, 265쪽.

170 김구 지음, 도진순 주해(1997), 『백범일지』, 돌베개, 96쪽.

2 난봉꾼 테러리스트, 이봉창

171 김구 지음, 도진순 주해(1997), 『백범일지』, 돌베개, 323쪽.

172 김구 지음, 도진순 주해(1997), 『백범일지』, 돌베개, 324쪽.

173 김구 지음, 도진순 주해(1997), 『백범일지』, 돌베개, 325~326쪽.

174 1937년 조선총독부 고등법원 검사 무라다[村田]는 한인애국단을 두고 "본 단
     은 재지(在支) 불령인의 거두 김구를 맹주(盟主)로 하고 있지만, 강령과 규약
     은 명시한 것이 없고, 단지 김구가 테러 행위를 감행할 때 또는 이를 선전하는
     데 사용한 명칭에 불과하다. 김구 일파는 중국 측과 모든 교섭에서 애국단의
     명칭을 참칭했고, 중국 측에 대해서 애국단으로서 명성을 유지해왔던 관계로
     현재도 김구 일파 즉 애국단이다. 그 명칭이 외부에 발표된 것은 1932년 10월
     애국단장 김구 명의로 동경 사쿠라다몬[櫻田門] 외곽에서 발생한 이봉창 반
     역사건 발표 이후였다. 김구는 이미 60세를 넘어서 완고하고 편협해서 김원
     봉과 같은 학문과 교양을 볼만한 것이 없고, 그 인물됨과 수완에서도 크게 미
     치지 못한다. 그럼에도 김구가 김원봉과 나란히 재지 불령선인 가운데 백미
     (白眉)라 칭함을 받는 것은 김구가 임시정부 특무기관 책임자로서 다수의 테
     러를 감행했기 때문이다"라고 지적했다. 바꿔 말하면, '한인애국단'이란 이봉
     창 폭살테러를 위해 급조한 테러조직에 불과했다. 朝鮮總督府高等法院檢事
     村田左文(1937), 「上海及南京方ニ於ケル朝鮮人ノ思想狀況」, 707쪽; 김정주
     편(1972), 『조선통치사료(10)』, 한국사료연구소, 707쪽.

175 1930년대 상해에서 무정부주의자로 활동했던 이강훈에 따르면, 한인애국
     단이란 조직명을 사용하게 된 것은 이봉창 폭탄테러를 기획할 당시 "임시

정부의 이름으로 테러했다고 하면 체통상에도 문제가 있으므로 한인애국
단이라는 명칭으로 했던 것"이었다. 이강훈(1994), 『민족해방운동과 나』,
제삼기획, 169쪽.

176 豫審判事 秋山高彦(1932. 2. 9.), 「第5回訊問調書」, 『이봉창의사재판관련자료
집』, 단국대학교출판부, 422쪽.

177 손세일은 이봉창이 평범한 청년에서 반일 청년으로 바뀌게 된 것은 선조로부
터 물려받은 땅을 일본의 철도 건설 때문에 빼앗기면서 생활이 어려워졌고,
그래서 용산으로 이주했다고 주장했다. 손세일(2015), 『이승만과 김구(4)』,
조선뉴스프레스, 258쪽.

178 1932년 2월 13일 도요타마[豊多摩] 형무소에 수감되었던 이봉창이 작성한
상신서에 따르면, "몇 년이 지난 후에도 나는 여전히 옛날 그대로의 나였고 연
결수였다. 변한 것은 세월과 주위뿐이었다. 몇 년 전 나와 함께 일했던 ○○군
은 지금 고원이 되어 조차계를 맡고 있다. 또 나보다 1년 또는 1년 반 뒤에 채
용돼 내가 일을 가르쳤고 내 밑에서 일했던 일본인들도 지금은 전철수가 되
고, 조차계 견습이 되어 거꾸로 내가 그들 밑에서 일하는 처지가 됐다"고 진술
했다. 李奉昌(1932. 2. 13.), 「上申書」, 『이봉창의사재판관련자료집』, 단국대학
교출판부, 544쪽.

179 警保局保安課(1932. 5.), 「議會資料」, 10쪽.

180 豫審判事 秋山高彦(1932. 2. 9.), 「第5回訊問調書」, 『이봉창의사재판관련자료
집』, 단국대학교출판부, 424쪽.

181 이봉창(1932. 2. 13.), 「上申書」, 『이봉창의사재판관련자료집』, 단국대학교출판부,
548쪽.

182 조선의 친구로부터 온 편지에는 "착실하게 일해서 빨리 출세하라"는 문구가
있었다. 구금이 해제되는 날 즈음해서 고등계 형사에게 자신이 왜 검속되었
느냐고 묻자 형사는 "편지의 해석에 시일이 걸렸다"고 답했다고 이봉창은 진
술했다. 豫審判事 秋山高彦(1932. 1. 28.), 「第4回訊問調書」, 『이봉창의사재판
관련자료집』, 단국대학교출판부, 415~416쪽.

183 당시 천황 즉위식 날을 앞두고 고죠경찰서가 검속·구금한 인원은 대략
82~83명이었다. 이봉창을 제외한 사람들은 검속 당일 밤 혹은 다음 날 대부

테러리스트 김구

분 석방되었지만, 어찌 된 일인지 이봉창 자신만은 11일 동안이나 구금되었다고 한다. 이봉창은 민족적 편견에 따라 조선인이라는 이유 때문에 부당한 취급을 받았고 그 사건을 계기로 조선 독립의 필요성을 자각하게 되었다고 주장했다. 豫審判事 秋山高彦(1932. 2. 9.), 「第5回訊問調書」, 『이봉창의사재판관련자료집』, 단국대학교출판부, 431쪽.

184 豫審判事 秋山高彦(1932. 2. 12.), 「第6回訊問調書」, 『이봉창의사재판관련자료집』, 단국대학교출판부, 432쪽.

185 1932년 2월 12일 예심에서 고쪼경찰서 구금 사건 이후 독립운동을 결심했음에도 조선인임을 감추거나 품행이 나쁜 짓을 한 것은 무슨 까닭인가라는 판사의 질문에 대해 이봉창은 "검속된 뒤부터 사람들이 나를 불량분자로 보는 것같이 생각되었고 (…) 자포자기 심정으로 마시고 (여자를) 사고 때리는 등 나쁜 짓을 했습니다. 그러나 다른 한편으로는 약간 고급스러운 생활도 해보고 싶은 기분도 있었고, 이를 위해서는 일본인 행세를 하는 것이 편리할 것이라 생각하고 조선인이라는 것을 절대 감추었던 것입니다. 그러나 조선 독립을 위해 진력하겠다는 기분에는 조금도 변함이 없었습니다"라고 답했다. 豫審判事 秋山高彦(1932. 2. 12.), 「第6回訊問調書」, 『이봉창의사재판관련자료집』, 단국대학교출판부, 433~434쪽.

186 豫審判事 秋山高彦(1932. 2. 12.), 「第6回訊問調書」, 『이봉창의사재판관련자료집』, 단국대학교출판부, 431쪽.

187 豫審判事 秋山高彦(1932. 2. 12.), 「第6回訊問調書」, 『이봉창의사재판관련자료집』, 단국대학교출판부, 439쪽.

188 1932년 당시 상해 주재 일본영사관은 김동우를 두고 "1922년 2월 김립과 김형권이 소련연방으로부터 자금 40만원을 가지고 돌아왔을 때 이를 협박한 '자성(資性)'이 지극히 광폭(狂暴)한 인물"이라 평했다. 在上海村井總領事(1932. 3. 17.), 「不逞鮮人ノ櫻田門外大逆事件」.

189 김구 지음, 도진순 주해(1997), 『백범일지』 돌베개, 323쪽.

190 일본 경시청이 백정선이 바로 김구라는 사실을 확인한 것은 1932년 1월 8일 사건 당일 저녁이었다. 경시청 형사부장이 사실관계 확인을 위해 상해 주재 일본영사관 앞으로 보낸 전보와 회신을 통해서였다. 그 내용은 백정선은 백

범 김구이며, 당년 57세, 얼굴은 둥글고, 키는 약 5척 5촌, 짧은 머리, 보통 중
국옷을 착용하는 상해가정부 총무라는 자라고 회신했다. 동양학연구소 편
(2004.), 『이봉창의사재판관련자료집』, 단국대학교출판부, 555~557쪽.

191 豫審判事 秋山高彦(1932. 2. 12.), 「第6回訊問調書」, 『이봉창의사재판관련자
료집』, 단국대학교출판부, 445쪽.

192 豫審判事 秋山高彦(1932. 2. 12.), 「第6回訊問調書」, 『이봉창의사재판관련자
료집』, 단국대학교출판부, 449쪽.

193 안낙생은 1913년 황해도 진남포 출생으로 1921년 11세에 상해로 이주해서
상해 한인교민단이 운영하는 인성학교에 입학하고 1927년(17세)에 졸업했
다. 이후 상해 동제(同濟)대학 기계과와 31공학원, 항주항공학교 기계과를 거
쳐 1935년(25세) 복단(復旦)대학 정치과를 졸업했다. 1930년 12월 김구와 부
친 안공근의 의뢰를 받아 자택에서 이봉창의 선서식 사진을 촬영했다. 1938
년 10월 9일 상해 공동조계 일여도(一麗都)라는 댄스홀 인근을 서성이다가
상해 주재 일본영사관 경찰에 체포되었고, 10월 23일 조선으로 압송되었다.
1940년 5월 24일 해주지방법원에서 치안유지법 위반으로 3년 징역형을 선고
받았다. 이후 행적은 묘연하다. 김정주 편(1967), 『조선통치사료(2)』, 한국사
료연구소, 628~629쪽.

194 豫審判事 秋山高彦(1932. 2. 12.), 「第6回訊問調書」, 『이봉창의사재판관련자
료집』, 단국대학교출판부, 453쪽.

195 豫審判事 秋山高彦(1932. 2. 13.), 「第7回訊問調書」, 『이봉창의사재판관련자
료집』, 단국대학교출판부, 450쪽.

196 재상해총영사 村井倉松(1932. 2. 25.), 「앵전문외 불상사건 범인에 관한 당지
의 수사상황 속보의 건」.

197 1932년 2월 13일 제7회 예비심문에서 이봉창은 1931년 12월 15일 백정선과
의 만남을 회고하며 "나는 천황 폐하를 죽이는 일을 결코 이봉창 한 사람이
멋대로 벌이는 난폭이 아니라 조선 민족이 전체적으로 독립을 희망하고 있
기 때문에 그 민족을 대표하여 제일선의 희생자로서 결행이라는 것을 알리고
싶었습니다. (…) 나는 12월 15일 밤 중국인 여관에서 백정선을 향해 나도 목
숨을 걸고 하는 것이므로 가정부 사람들로부터 송별을 받고 싶다고 말했습

니다. 그러나 백정선은 그런 일을 하면 시끄러워져 안 되니 이 일은 단지 나와 군과 두 사람만의 문제로 하고 회(會)라든가 단(團)이라든가 가정부(假政府) 등과는 전혀 관계없는 것이라며, 나를 가정부 사람과 만나게 하는 것을 피했습니다"라고 진술했다. 豫審判事 秋山高彦(1932. 2. 13.), 「第7回訊問調書」, 『이봉창의사재판관련자료집』, 단국대학교출판부, 455쪽.

198 1932년 9월 9일 공판준비 심문에서 판사가 폭탄 2개를 사타구니 사이에 묶었기 때문에 걸을 때 흔들리지 않았는가 하고 질문하자 이봉창은 "흰 비단 주머니에 싼 폭탄을 사타구니 사이로 늘어뜨리고 그 위에 훈도시로 묶었지만 걷기가 무척 불편했다"고 진술했다. 大審院第2特別刑事部受命判事 泉二新熊(1932. 9. 9.), 「公判準備調書」, 『이봉창의사재판관련자료집』, 단국대학교출판부, 497쪽.

199 이화림은 이봉창을 두고 "그의 외모와 말과 행동거지가 일본인과 매우 닮아서 임시정부 사람들은 그에 대해 의심하고 경계했다. 더욱이 그는 일본 이름도 가지고 있었다. 이봉창이 막 상해에 왔을 때, 그는 인쇄공장에서 일을 했고 이후 다시 일본인 악기점에 들어갔다. 그는 음악 방면에 천부적인 재능이 있어 각종 악기에 어느 정도 통달해 손님이 만족스러운 악기를 고를 수 있도록 도왔다. 가끔씩 일본노래를 몇 곡 연주해 고객들에게 인기가 있었다. 그래서 악기점 주인은 그를 더욱 아꼈다. 이봉창은 인물도 잘생기고 키도 컸으며 얼굴은 붉은 오동색을 띠며 길고 넓었고 눈썹은 진했고 눈은 빛났고 일본어는 유창한 도쿄 표준어를 구사해 누구도 그를 조선인으로 생각하지 않았다. 그가 연주한 일본 연가는 많은 일본 여인을 사로잡았다"고 증언했다. 이화림 구술, 장찬제·순징리 엮음, 박경철·이선경 옮김(2015), 『이화림 회고록』, 차이나하우스, 128~129쪽/134~135쪽.

200 豫審判事 秋山高彦(1932. 2. 12.), 「第3回訊問調書」, 『이봉창의사재판관련자료집』, 단국대학교출판부, 400/402쪽.

201 이봉창은 백정선 앞으로 1932년 1월 1일 자 전보에서 "상품은 1월 8일에 팔 것이니 안심하기 바란다"고 타전했다. 재상해총영사 石射猪太郎(1932. 10. 29.), 「이봉장 사건에 관한 김구 성명서 송부의 건」.

202 이봉창이 백정선에게 수수한 액수는 상해에서 받은 300불(엔화 환산 약 150

엔)과 도쿄에 와서 송금해서 받은 2차분 100엔으로 합계 약 250엔이었다. 자금의 용처는 (1) 배 운임 23엔, (2) 상해에서 유흥비와 선물 구입비 약 50엔, (3) 오사카에서 숙박비와 유흥비 약 50엔, (4) 오사카-도쿄 여비 약 10엔, (5) 도쿄에서 숙박비 약 40엔, (6) 도쿄에서 음식 및 유흥비 약 70엔이었다. 豫審判事 秋山高彦(1932. 3. 11.),「第8回訊問調書」,『이봉창의사재판관련자료집』, 단국대학교출판부, 463쪽.

203 거사 일자를 1월 8일로 정한 이유를 묻는 예심판사의 질문에 이봉창은 "특별한 이유는 없습니다. 그날 폐하가 나들이를 하므로 그 기회를 노리는 것이 좋을 것이라고 생각했습니다"라고 진술했다. 이어서 예심판사가 "12월 22일 상경했으니 국회 개원식 때도 충분히 시간을 맞출 수 있었을 터인데 왜 그날 결행하지 않았는가"라고 묻자 "물론 그때를 맞추려고 했으면 맞출 수 있었으나 돈도 없었고 또 그날 결행하려는 기분도 나지 않았기 때문입니다"라고 진술했다. 豫審判事 秋山高彦(1932. 2. 12.),「第3回訊問調書」,『이봉창의사재판관련자료집』, 단국대학교출판부, 410쪽.

204 豫審判事 秋山高彦(1932. 2. 12.),「第3回訊問調書」,『이봉창의사재판관련자료집』, 단국대학교출판부, 410쪽.

205 森川哲郎(1976),『朝鮮獨立運動暗殺史』, 三一書房, 248쪽.

206 "왜 천황이 두 번째 마차에 타고 있다고 생각했는가?"라는 예심판사의 질문에 이봉창은 "당시 흥분해 있었기 때문에 그만 잘못 보아 착각한 것입니다. 나는 의장병이 선도하고 있어서 첫 번째 마차를 천황 폐하가 타고 있는 마차라고 생각해봤더니, 그 마차에는 한 사람이 타고 있었는데 그분은 천황 폐하와는 다른 분이라고 생각되었습니다. 그다음 두 번째 마차 뒤에 의장병이 뒤따르고 있었는데, 그때 나는 첫 번째가 아니라면 두 번째 마차야말로 확실하게 천황 폐하가 타고 있는 마차가 틀림이 없다고 순간적으로 확신했습니다. 그렇게 생각하게 된 순간 나는 폭탄을 끄집어내어 두 번째 마차를 겨냥하고 던졌습니다"라고 답변했다. 豫審判事 秋山高彦(1932. 1. 11.),「第2回訊問調書」,『이봉창의사재판관련자료집』, 단국대학교출판부, 411쪽.

207 1932년 1월 18일 예심판사는 폭탄 전문가들에게 이봉창이 던진 폭탄의 감정을 의뢰했다. 감정서에 따르면, "(1) 군용품을 모방해서 제작한 것으로 추정

된다. (2) 탄체와 신관 제작의 교묘함과 폭약의 사용 정도를 고려하면, 개인이 아닌 유력 단체가 대량 제작한 것으로 추정된다. (3) 폭탄의 탄체, 재질, 외양을 보면 중국산으로 추정된다. (4) 현재 중국군이 사용하는 구식 수류탄과 비슷해서 민간에서 모방해 제작하기는 곤란하다. (5) 수류탄 외관을 보면 문명국 군대에서 사용하는 것과 유사하지만, 구조가 유치하고 내부에 충전(充塡)하는 폭약은 폭발력이 약한 흑연화약인 반면, 탄체의 강도는 지나치게 강하기 때문에 폭렬(爆裂)에 따른 파편이 너무 큼직큼직해서 살상위력(殺傷威力)이 크지 않을 것으로 판단된다"고 했다. 警保局保安課(1932. 5.), 「議會資料」, 16~17쪽.

208 김홍일(1972), 『대륙의 분노』, 문조사, 273쪽.

209 豫審判事 秋山高彦(1932. 1. 8.), 「檢證調書」, 『이봉창의사재판관련자료집』, 단국대학교출판부, 483쪽; 豫審判事 秋山高彦(1932. 6. 30.), 「意見書」, 『이봉창의사재판관련자료집』, 단국대학교출판부, 489쪽; 大審院第1特別刑事部裁判長 島田鐵吉(1932. 7. 19.), 「公判開始決定」, 『이봉창의사재판관련자료집』, 단국대학교출판부, 494쪽.

210 豫審判事 秋山高彦(1932. 2. 12.), 「第3回訊問調書」, 『이봉창의사재판관련자료집』, 단국대학교출판부, 414쪽.

211 1932년 2월 13일 제7회 예비심문에서 판사는 증거물 폭탄의 파편을 제시했다. 그러자 이봉창은 "이 가운데 가장 큰 파편을 경시청에서 보여주어 백정선이 엄청난 효력이 있다고 한 것이 형편없는 엉터리였다는 사실을 알았습니다. 이것 때문에 부아가 나 사진에 관한 것까지만 말하고 백정선에 관한 것 등은 말하지 않으려 했던 결심을 번복하고 모든 사실을 그대로 진술하게 되었습니다"라고 밝혔다. 豫審判事 秋山高彦(1932. 2. 13.), 「第7回訊問調書」, 『이봉창의사재판관련자료집』, 단국대학교출판부, 458쪽.

212 김구는 1932년 10월 성명서에서 이봉창이 체포 당시 품속에서 태극기를 꺼내 바람에 휘날리며 "대한독립 만세"를 삼창한 후에 조용히 포박을 받았다고 주장했다. 『도왜실기』에서도 "이 의사는 일본 임금의 가슴을 서늘케 하고 적의 군중이 놀라 아우성칠 때 그 자리에서 가슴속으로부터 태극기를 꺼내 들고 바람에 맞추어 뒤흔들며, 소리 높이 '대한민국 만세'를 세 번 불렀다"고 주장했다.

하지만 김구의 주장은 거짓말이다. 당시 재판자료 어디에서도 이봉창이 투탄 직후 '대한독립 만세'를 삼창했다는 기록은 찾을 수 없다. 독립기념관 한국독립운동사연구소 편(1998), 『김구 선생 혈투사』, 국학자료원, 42쪽; 재상해총영사 石射猪太郎(1932. 10. 29.), 「이봉창 사건에 관한 김구 성명서 송부의 건」.

213 형법 제73조는 천황, 황후, 황태자에 대해 위해를 가한 대역죄를 제재할 것을 명기하고 있다. 1908년 제정된 죄목으로 '천황은 신성하여 침해할 수 없다'는 메이지[明治] 헌법에 기초한 것으로 1947년 10월 형법 개정에 따라 삭제되었다. 같은 형법 조항은 천황제 국가 일본을 표상하는 대표적인 형벌 규정이다. 대역죄 재판은 최고재판소 대심원 특별법정(비공개)뿐으로 제1심이 최종심이었다. 그래서 항소도 허락되지 않았고, 변호사 선임도 관선뿐이었다. 동양학연구소 편(2004), 『이봉창의사재판관련자료집』, 단국대학교출판부, 5~6쪽.

214 〈동아일보〉 1932년 10월 11일 자.

215 제1회 심문조서는 경시청 경찰이 작성했고, 제2회에서 제9회까지는 대심원 예심판사가 작성했다. 동양학연구소 편(2004.), 『이봉창의사재판관련자료집』, 단국대학교출판부.

216 豫審判事 秋山高彦(1932. 6. 27.), 「第9回訊問調書」, 『이봉창의사재판관련자료집』, 단국대학교출판부, 473~474쪽.

217 森川哲郎(1976), 『朝鮮獨立運動暗殺史』, 三一書房, 248쪽.

218 〈동경조일신문〉』 1932년 1월 8일 자 호외; 〈大阪朝日新聞〉, 1932년 1월 9일 자.

219 〈동아일보〉 1932년 1월 10일 자.

220 〈시사신보〉 1932년 1월 10일 자.

221 〈동아일보〉 1932년 3월 24일 자.

222 〈동아일보〉 1932년 1월 10일 자.

223 〈동아일보〉 1932년 2월 16일 자.

224 이봉창 대역사건에 관한 신문 기사는 1932년 3월 25일부터 9월 10일까지 게재 금지되었다. 불가피하게 언급할 경우에는 '앵전문외 대역사건'이 아니라 'ㅇㅇㅇ사건'으로 표기해야 했다. 〈동아일보〉 1932년 9월 11일 자.

225 〈동아일보〉 1932년 1월 10일 자.

226 〈동아일보〉 1932년 1월 10일 자.

테러리스트 김구

227 정안기(2020),『충성과 반역』, 조갑제닷컴, 188~191쪽.

228 〈동경조일신문〉 1932년 2월 10일 자.

229 〈매일신보〉 1932년 1월 10일 자.

230 동민회 본부는 "지난 불상사는 한 사람의 광인(狂人)이 저지른 광태(狂態)이며, 우리는 이를 타기(唾棄)하고 배척하는 동시에 스스로 깊이 경계해서 다시는 이런 광인이 나오지 않도록 노력함은 물론 더욱 내선융화와 일가입국(一家入國) 정신을 향해 백척간두의 일보를 전진할 필요가 있다"는 성명을 발표했다. 〈매일신보〉 1932년 1월 14일 자.

231 亞細亞局(1932),「第4章 支那各地ニ於ケル新聞紙及雜誌ノ不敬記事々件」, 『(第64議會用) 最近支那關係第問題摘要(下卷)』, 133~134쪽.

232 亞細亞局(1932),「第4章 支那各地ニ於ケル新聞紙及雜誌ノ不敬記事々件」, 『(第64議會用) 最近支那關係第問題摘要(下卷)』, 153쪽.

233 김용달(2002),「이봉창 의거에 대한 한·중·일의 반향」,『이봉창 의사와 한국독립운동』, 단국대학교출판부.

234 亞細亞局(1932),「第4章 支那各地ニ於ケル新聞紙及雜誌ノ不敬記事々件」, 『(第64議會用) 最近支那關係第問題摘要(下卷)』, 135~136쪽.

235 한시준(2006),「이봉창 의거에 대한 중국신문의 보도」,『한국근현대사연구』, 제36집.

236 亞細亞局(1932),「第4章 支那各地ニ於ケル新聞紙及雜誌ノ不敬記事々件」, 『(第64議會用) 最近支那關係第問題摘要(下卷)』, 154~155쪽.

237 〈국문통신〉 1932년 1월 11일 자.

238 〈상해한문〉 1932년 1월 11일 자.

239 〈신강일보〉 1932년 10월 15일 자. 같은 기사는 1946년 3월 한국어판 『도왜실기』에 「동경작탄사건의 진상」이란 제목으로 재수록되었다.

240 大審院第1特別刑事部裁判長 和仁貞吉(1932. 9. 16.),「公判調書」,『이봉창의 사재판관련자료집』, 단국대학교출판부, 510쪽.

241 亞細亞局(1932),「第3章 不逞鮮人ノ櫻田門外大逆事件及上海虹口公園爆彈投擲事件」,『(第64議會用) 最近支那關係第問題摘要(下卷)』, 607쪽; 在上海村井總領事(1932. 3. 17.),「不逞鮮人의 櫻田門外大逆事件」.

242 1934년 상해 주재 일본총영사에 따르면, 1931년 12월 6일 임시정부 변공처에서 비밀리에 국무원 회의를 개최했다. 같은 자리에서 김구는 이봉창을 도쿄에 파견해서 폭탄을 투척하도록 준비 일체(자금, 폭탄, 사진)를 완료했으니 승낙해주기 바란다고 제의했다. 그러자 김철(金澈)과 조소앙(趙素昂)은 "공연히 경비만 요할 뿐 성공할 가망이 없다"며 반대했다. 하지만 이미 자금을 지출했고, 기념사진도 촬영하는 등 모든 준비도 완료한 뒤였기 때문에 국무원 회의는 이봉창을 파견한 천황 폭살테러를 승인했다. 在上海石射總領事(1934. 1. 14.), 「不逞鮮人 金晳의 檢擧」.

243 豫審判事 秋山高彦(1932. 6. 27.), 「第9回訊問調書」, 『이봉창의사재판관련자료집』, 단국대학교출판부, 473쪽.

244 재상해 일본총영사관 자료에는 1932년 10월 15일 김구가 이봉창 테러사건의 진상을 발표한 의도는 중국 사회에 대해 (1) 신변보호 요청, (2) 물질적 원조 요청, (3) 소영웅주의 자랑이라고 지적되어 있다. 대한민국국회(1976), 『한국민족운동사사료(중국편)』, 대한민국국회도서관, 752쪽.

245 김구 지음, 도진순 주해(1997), 『백범일지』, 돌베개, 323쪽.

246 한시준은 이봉창 의거를 두고 한국독립운동사에서 '쾌거 중의 쾌거'라고 주장했다. 교토에서 천황 즉위식 참관 당시 고죠경찰서의 검속과 억류 사건이 평범하게 살아가던 이봉창의 삶을 크게 변화시켰고, 이봉창이 후일 일왕 처단을 결행하게 된 것도 바로 여기에서 연유되었다고 주장했다. 한시준(2001), 「이봉창 의사의 일왕 저격 의거」, 『한국근현대사연구』, 제17집.

247 豫審判事 秋山高彦(1932. 2. 12.), 「第6回訊問調書」, 『이봉창의사재판관련자료집』, 단국대학교출판부, 439쪽.

248 豫審判事 秋山高彦(1932. 3. 11.), 「第8回訊問調書」, 『이봉창의사재판관련자료집』, 단국대학교출판부, 460쪽.

249 한시준(2001), 「이봉창 의사의 일왕 저격 의거」, 『한국근현대사연구』, 제17집.

250 豫審判事 秋山高彦(1932. 2. 13.), 「第7回訊問調書」, 『이봉창의사재판관련자료집』, 단국대학교출판부, 458쪽.

251 김구는 1932년 10월 15일 자 〈신강일보〉에 게재한 「동경작안의 진상」이란 기고문에서 이봉창을 두고 "매우 온화하며 마치 봄바람 같았지만, 그의 기개는

화염과 같이 강하였다. 그러므로 사람들과 담론에는 극히 인자하고 호쾌하되 일단 진노하면 비수로 사람 찌르기는 다반사였다. 술은 한량이 없고, 색은 제한이 없었다. 더구나 일본 가곡에는 통하지 않는 것이 없었다"고 밝혔다. 그런데 1946년 『도왜실기』에서는 "술을 마심이 호걸이었으나 여자를 가까이 하지 않고 또 교제에 능하여 일인의 창가도 잘 불렀다"고 전혀 다르게 서술했다. 가장 큰 차이점은 문란한 여성 편력이었다. 이봉창은 폭살테러 당시 일본인과 중국인 매춘부 사진 5매를 소지하고 있었다. 이봉창의사장학회 엮음(2002), 「동경작안의 진상」, 『이봉창 의사와 한국 독립 운동』, 단국대학교출판부, 192쪽; 엄항섭 엮음(1989), 『도왜실기』, 범우사, 45쪽; 豫審判事 秋山高彦(1932. 3. 11.), 「第8回訊問調書」, 『이봉창의사재판관련자료집』, 단국대학교출판부, 465~466쪽.

252   김구 지음, 도진순 주해(1997), 『백범일지』, 돌베개, 325~326쪽.

253   김구 지음, 도진순 주해(1997), 『백범일지』, 돌베개, 327쪽.

254   豫審判事 秋山高彦(1932. 2. 12.), 「第6回訊問調書」, 『이봉창의사재판관련자료집』, 단국대학교출판부, 446쪽.

255   警保局保安課(1932. 5.), 「議會資料」, 16~17쪽.

256   김홍일(1972), 『대륙의 분노』, 문조사, 273쪽.

257   1932년 3월 11일 제8회 심문에서 예심판사가 "백정선이 말한 공판 때의 주의 사항이란 무엇인가"라고 묻자 이봉창은 "백정선은 자신도 한 번 경험했다면서 군이 공판에 서게 되면 관선 변호사를 붙여줄 것이다, 그러나 군은 변호사 같은 것은 필요 없다고 주장하고 군 자신이 생각한 것만을 진술하는 것이 좋다고 말했습니다"라고 답했다. 제2탄 자폭테러가 계획된 상황에서 공판, 변호사, 주의 사항을 운운했다는 것은 앞뒤가 맞지 않는다. 김구가 이봉창 테러의 성공을 확신했다면 결코 할 수 없는 언설이다. 豫審判事 秋山高彦(1932. 3. 11.), 「第8回訊問調書」, 『이봉창의사재판관련자료집』, 단국대학교출판부, 461쪽.

258   1932년 6월 27일 제9회 심문조서에서 예심판사의 "무엇이든 진술할 것은 더 없는가?"라는 질문에 이봉창은 "나는 상해에 간 뒤 얼마 안 되어 상해에서 자전거 1대를 들치기한 적이 있습니다. (…) 민단 총무인가 무엇인가라는 조선

인이 자전거를 들치기해 오면 팔아주겠다고 해 마침 돈에도 곤란하던 때라 자전거 1대를 들치기해서 민단사무소에 갖고 갔더니 중국인 보이에게 그것을 팔아 오게 해서 나에게 중국 화폐로 12~13원을 주었습니다. 후에 이 일을 생각해보니 나를 일본 스파이라 의심해서 시험해본 것이 아닌가 여겨집니다"라고 답했다. 그러자 판사는 "자전거 들치기를 해오라고 한 사람의 성명" 하고 재차 물었다. 그러자 이봉창은 "민단 사람들은 그 사람을 백 선생이라 부르고 있었습니다만, 실제 이름은 알지 못합니다"라고 답했다. 여기서 백 선생은 백정선, 바로 김구를 말한다. 이봉창은 김구는 물론이고 민단 사람들에게 결코 신뢰받지 못하는 인물이었다. 豫審判事 秋山高彦(1932. 6. 27.), 「第9回訊問調書」, 『이봉창의사재판관련자료집』, 단국대학교출판부, 474쪽.

259　1946년 7월 효창공원에 조성된 이봉창의 비문에는 "조국 독립의 대지를 품고 적지(敵地) 일본에 입국 7년여 일본 각지를 정탐(偵探) 후 중국으로 망명 한인애국단에 입단 큰 사명을 안고 재차 일본에 잠입 대한독립의 정의로움에서 일황(日皇) 히로히토[裕仁]에게 폭탄을 투척하여 전 세계만방에 독립의 강렬한 의지를 재천명하시니 의거(義擧)는 대한남아의 기개(氣槪)와 조국 독립의 촉진을 이루는 결정적 계기가 되고 일본 내각이 붕괴되는 쾌거(快擧)였다. 약관(若冠) 32세의 일기(一期)로 교수형으로 순국하시니"라고 새겨놓았다. 하지만 비문은 거짓말과 함께 쾌거(快擧)를 결거(決擧), 약관(弱冠)을 약관(若冠)으로 잘못 표기했다. 이봉창은 살아서는 물론이고 죽어서도 김구에게 심하게 농락당했다.

260　豫審判事 秋山高彦(1932. 2. 12.), 「第6回訊問調書」, 『이봉창의사재판관련자료집』, 단국대학교출판부, 446쪽.

261　警保局保安課(1932. 5.), 「議會資料」, 16~17쪽.

262　김홍일(1972), 『대륙의 분노』, 문조사, 273쪽.

263　〈국문통신〉 1932년 1월 11일 자.

3　강의(剛毅)한 사랑의 독립전사, 윤봉길

264　김구 지음, 도진순 주해(1997), 『백범일지』, 돌베개, 331쪽.

265　김구 지음, 도진순 주해(1997), 『백범일지』, 돌베개, 331~332쪽.

266 김해산의 본명은 김문희(金文熙)이며, 1893년 충남 서산 출신으로 1919년 상해로 건너왔다. 1924년 6월 북경에서 중국적(中國籍 8653번)을 취득했고, 1924년 7월 설산 장덕수의 동생 장덕진과 함께 프랑스 조계 중국인 도박장을 털다가 검속되어 5년 징역형을 살았다. 이후 천진, 남경, 상해 등 대도시를 떠돌며 인삼 장수를 가장해서 아편을 밀매했다. 1933년 12월 19일 공주선(孔周宣)과 함께 옥성빈(玉成彬) 암살 사건에 연루되어 프랑스 조계 경찰에 체포되었다. 당시 상해 프랑스영사관 따르면, 김해산은 '잘 알려진 마약 밀매상'이었다. 이들은 마약 밀매 혐의를 자백했고, 상해 일본영사관에 넘겨졌다가, 12월 31일 조선으로 압송되었다. 1934년 6월 23일 "대한민국 정부는 아마도 가장 명확한 소득으로 보이는 마약, 특히 모르핀 밀매에서 막대한 기여금을 받고 있다"는 프랑스 외무부의 지적을 고려하면, 1932년 4월 당시 김해산은 김구를 비롯한 임정의 보호를 받으며 마약 밀매업에 종사했으며, 수익의 상당액을 임정에 헌납했던 것으로 짐작된다. 국가보훈처·국사편찬위원회 편(2016), 『(프랑스 외무부 문서보관소 소장) 한국독립운동 자료(3)』, 국가보훈처·국사편찬위원회, 195쪽/208~211쪽/225~227쪽/312쪽.

267 김구 지음, 도진순 주해(1997), 『백범일지』, 돌베개, 336쪽.

268 김구 지음, 도진순 주해(1997), 『백범일지』, 돌베개, 337쪽.

269 김구 지음, 도진순 주해(1997), 『백범일지』, 돌베개, 339쪽.

270 김구 지음, 도진순 주해(1997), 『백범일지』, 돌베개, 339쪽.

271 1931년 7월 2일 중국 길림성(吉林省) 장춘현(長春縣) 만보산 지역에서 한인 농민과 중국 농민 사이에 수로(水路) 문제를 둘러싸고 일어났던 유혈 충돌사건이다. 그 때문에 조선 국내에서는 화교에 대한 보복폭행이, 중국에서는 한인들에 대한 보복폭행이 일어났다. 박영석(1981), 『만보산사건연구』, 아세아출판.

272 김광 지음, 이민원·양수지 역주(2017), 『나의 친구 윤봉길』, 선인, 74쪽.

273 京城憲兵大將 竹田時太郎(1932. 6. 4.), 「상해폭탄범인 윤봉길 공소제기에 관한 건의 통첩 윤봉길 신문조서」, 『매헌 윤봉길 전집(2) 상해의거와 순국』, 매헌윤봉길의사기념사업회, 126쪽.

274 김상기(2013), 『윤봉길』, 역사공간, 16쪽.

275 김광 지음, 이민원·양수지 역주(2017), 『나의 친구 윤봉길』, 선인, 74쪽.

276 이 가운데 '시량리가' 혹은 '월진회가'로도 알려진 자작시를 3절의 노래로 지었다. 노래는 윤극영이 작사·작곡한 '반달'이란 곡조에 맞추어 학생들에게 부르게 했다. 매헌 윤봉길 의사 의거 제60주년 기념사업추진위원회(1992), 『도록 윤봉길 의사』, 윤봉길 의사 의거 제60주년 기념사업추진위원회, 66쪽.

277 윤봉길은 배용순 사이에 2남 1녀를 두었다. 장녀 안순(安淳), 장남 종(淙), 차남 담(淡)이다. 안순은 1929년 6월 사망했고, 차남 담은 1930년 9월 윤봉길이 중국 청도(靑島)에 체류할 당시 출생했다. 김광 지음, 이민원·양수지 역주(2017), 『나의 친구 윤봉길』, 선인, 8쪽.

278 재상해 총영사(1932. 10. 19.), 「폭탄범인 윤봉길의 이력과 유언 등에 관해」, 『한국민족운동사료(중국편)』, 대한민국국회도서관, 721쪽.

279 1932년 5월 18일 상해파견군사령부 군법회의 예심에서 윤봉길은 "고향 서당에서 『천자문』, 『동몽선습』, 『자치통감』, 『대학』, 『중용』, 『논어』, 『맹자』 등을 읽었다. 위인의 전기 같은 것도 읽고 싶었지만, 조선 문학 중에는 없어서 읽은 적이 없다"고 진술했다. 상해파견군 군법회의 예심관 육군법무관 原憲治(1932. 5. 18.), 「피고인 심문조서」, 『매헌 윤봉길 전집(2)』, 매헌윤봉길의사기념사업회, 127쪽.

280 『농민독본』 제2권 「계몽편」 제6과 '농민과 공동정신'에 나오는 구절이다. 또한 『농민독본』 제2권 「계몽편」 제3과 '자유'에서는 "인생은 자유의 세상을 찾는다. 사람에게는 천부의 자유가 있다. 머리에 돌이 눌리우고 목에 쇠사슬이 걸리인 사람은 자유를 잃은 사람이다. 자유의 세상은 우리를 찾는다. 자유의 생각은 귀하다. 나에 대한 생각, 민중에 대한 생각, 개인의 자유는 민중의 자유에서 나아진다"고 갈파했다. 매헌 윤봉길 의사 의거 제60주년 기념사업추진위원회(1992), 『도록 윤봉길 의사』, 윤봉길 의사 의거 제60주년 기념사업추진위원회, 52쪽/55쪽.

281 월진회의 목표는 (1) 야학을 통한 문맹퇴치운동, (2) 강연회를 통한 일반 국민들의 애국사상 및 정치의식 고취, (3) 공동경작 및 공동식수를 통한 공동정신 함양, (4) 축산 등 농가부업을 통한 경제생활 향상, (5) 소비조합 운동, (6) 위생 보건 및 청소년의 체력단련 등이었다. 윤봉길, 「월진회약사」, 『매헌윤봉길

의사유고」.

282 윤봉길, 「기사일기」, 『매헌윤봉길의사유고』.

283 윤봉길(1931. 10. 18.), 「중국 청도에서 고향 어머니에게 보낸 편지(제2신)」, 『매헌충의록』. 한편, 윤봉길은 1932년 10월 11일 일본군 상해파견헌병대 육군사법경찰관 육군헌병 군조(軍曹) 스도 데이치로(須藤貞一郎)에게 밝힌 출가 동기에서 "23세를 헤아리게 되고 나이를 거듭할수록 우리들의 압박과 고통은 점점 더할 뿐이었다. 나는 여기에 한 가지 각오가 섰다. 솔직히 말하면, 뻣뻣이 말라 시들어가는 삼천리강산을 응시하고만 있을 수 없었다. 수화(水火)에 빠진 사람을 보고 그대로 태연히 좌시하고 있을 수 없었다. 각오란 나의 철권으로 적을 즉시 타괴(打壞)하려 한 것이다. 철권은 관(棺)에 들어간 뒤에 또는 늙어서는 아무 소용이 없다. 내 귀에 쟁쟁한 것은 상해임시정부였다. 많은 말이 필요 없었다. 이런 각오로 상해를 목적하고 사랑하는 부모형제와 처자 그리고 정든 고향 산천을 버리고 답답한 가슴을 움켜잡고 압록강을 건넜다"고 진술했다. 상해 주재 일본총영사(1932. 10. 19.), 「폭탄범인 윤봉길의 이력과 유언 등에 관해」, 『한국민족운동사료(중국편)』, 대한민국국회도서관, 722쪽.

284 윤봉길의 대표작 '이향시'의 제1절은 "슬프다 내 고향아! 자유는 백성 몰아 지옥 보내고 푸른 풀 붉은 흙엔 백골만 남네. 내 고향아! 네 운명이 내가 어렸을 때는 쾌락한 봄 동산이었고 자유의 노래터였네", 제5절은 "떠나는 기구한 길 산 넘고 바다 건너 구렁을 넘어 뛰고 가시밭 밟아 가네. 잘 있거라! 정들인 고국 강산아"다. 임민영(1951), 『애국지(윤봉길 선생편)』, 애국정신선양회, 45~47쪽.

285 내무성 보안과(1932. 7.), 「상해에서의 윤봉길 폭탄사건의 전말」, 『매헌 윤봉길 전집(2)』, 매헌윤봉길의사기념사업회, 138쪽.

286 京城憲兵大將 竹田時太郎(1932. 6. 4.), 「상해폭탄범인 윤봉길 공소제기에 관한 건의 통첩 윤봉길 신문조서」, 『매헌 윤봉길 전집(2)』 매헌윤봉길의사기념사업회, 120쪽.

287 이유필(李裕弼)은 1886년 11월 평북 의주 출생으로 어려서 서당을 다녔고, 1906년 보광학교에 입학했다. 1915년 경성전수학교(나중에 경성법학전문

학교)를 졸업하고 1917년 제1회 보통문관시험에 합격해 관공리가 되었다. 1919년 상해로 망명, 임시정부 국무원 위원, 내무부 비서국장, 1920년 의정원 의원, 1923년 교민단장 및 인성학교 교장, 1924년 임시정부 내무총장, 1925년 임시정부 국무원, 1926년 한국노병회 이사장, 상해교민단 정무위원장을 역임했다. 1924년 4월 20일 흥사단에 입단(단번은 제175번)했다. 도산안창호선생전집편찬위원회 편(2000), 『도산안창호전집 제10권』, 735쪽; 이현희(1994), 『춘산 이유필 연구』, 동방도서.

288 김상기(2013), 『윤봉길』, 역사공간, 81쪽.

289 매헌 윤봉길 의사 의거 제60주년 기념사업추진위원회(1992), 『도록 윤봉길 의사』, 윤봉길 의사 의거 제60주년 기념사업추진위원회, 76쪽.

290 손과지(2000), 『상해한인사회사(1910~1945)』, 한울, 139쪽.

291 김광 지음, 이민원·양수지 역주(2017), 『나의 친구 윤봉길』, 선인, 142~145쪽.

292 손과지(2000), 『상해한인사회사(1910~1945)』, 한울, 139쪽.

293 매헌 윤봉길 의사 의거 제60주년 기념사업추진위원회(1992), 『도록 윤봉길 의사』, 윤봉길 의사 의거 제60주년 기념사업추진위원회, 77쪽.

294 京城憲兵大將 竹田時太郎(1932. 6. 4.), 「상해폭탄범인 윤봉길 공소제기에 관한 건의 통첩 윤봉길 신문조서」, 『매헌 윤봉길 전집(2)』, 매헌윤봉길의사기념사업회, 120쪽.

295 『백범일지』에 1932년 3월을 전후한 상해파견군 군수창고 폭파계획에 대한 언급은 없다. 하지만 김홍일 회고록에서 중요한 지적은 4월 29일 홍구공원 폭살테러를 위해 윤봉길이 휴대했던 도시락과 물통 폭탄이 상해파견군 군수창고 폭파공작 과정에서 설계·제작의 와중이었다는 사실이다. 김홍일(1972), 『대륙의 분노』, 문조사, 283~285쪽.

296 김광 지음, 이민원·양수지 역주(2017), 『나의 친구 윤봉길』, 선인, 48쪽.

297 김광 지음, 이민원·양수지 역주(2017), 『나의 친구 윤봉길』, 선인, 141쪽.

298 京城憲兵大將 竹田時太郎(1932. 6. 4.), 「상해폭탄범인 윤봉길 공소제기에 관한 건의 통첩 윤봉길 신문조서」, 『매헌 윤봉길 전집(2)』, 매헌윤봉길의사기념사업회, 123쪽.

299 4월 20일에 앞서 4월 중순 김구와 김동우가 프랑스 조계 마랑로 보경리 23호

윤봉길이 거처하는 계춘방의 집으로 찾아왔다. 이들 세 명은 마랑로와 망지로 교차점 부근 사해다관(四海茶館)으로 자리를 옮겼다. 김구는 윤봉길에게 진실로 독립운동의 의지가 있는지를 물었고, 윤봉길은 독립운동에 가담하고 싶다는 뜻을 밝혔다. 관련해서 윤봉길은 군법회의 예심에서 "나의 대답을 기다리던 김구가 사실은 독립당 안에 암살단이라는 것이 있는데, 암살단은 고위층 인물을 암살하는 것이 목적이다. 암살단에 들어가기 위해서는 사진 3장이 필요하니 다음에 찍자고 말한 뒤 헤어졌다"고 진술했다. 상해파견군 군법회의 예심관 육군법무관 原憲治(1932. 5. 18.), 「피고인 심문조서」, 『매헌 윤봉길 전집(2)』, 매헌윤봉길의사기념사업회, 123쪽.

300 상해파견군헌병대 육군사법경찰과 육군헌병 대위 大石正幸(1932. 4. 29.), 「제1회 피고인 심문조서」, 『매헌 윤봉길 전집(2)』, 매헌윤봉길의사기념사업회, 123쪽.

301 윤봉길의 선서문 내용은 "나는 적성으로써 조국의 독립과 자유를 회복하기 위하여 한인애국단의 일원이 되어 중국을 침략하는 적의 장교를 도륙(屠戮)하기로 맹서하나이다. 대한민국 14년 4월 26일 선서인 윤봉길 한인애국단 앞"이었다. 매헌 윤봉길 의사 의거 제60주년 기념사업추진위원회(1992), 『도록 윤봉길 의사』, 윤봉길 의사 의거 제60주년 기념사업추진위원회, 77쪽.

302 대한민국국회(1976), 『한국민족운동사사료(중국편)』, 대한민국국회도서관, 799쪽.

303 대한민국국회(1976), 『한국민족운동사사료(중국편)』, 대한민국국회도서관, 799쪽.

304 1932년 4월 26일 임정 국무원은 홍구공원 폭살계획 승인과 동시에 국무위원 5명(이동녕, 조완구, 조소앙, 김철, 김구)에게 각 60불, 비서들에게는 각 30불의 도피자금을 배분했다. 대한민국국회(1976), 『한국민족운동사사료(중국편)』, 대한민국국회도서관, 743쪽.

305 안낙생은 1932년 3월 김구로부터 200달러를 받아 사진기 일식을 구입했다. 김구의 지시에 따라 재만 일본인 고관과 국제연맹 조사위원 암살을 계획하는 유상근과 최흥식(崔興植)의 선서식 기념사진 그리고 1932년 4월 26일 윤봉길의 선서식 기념사진을 촬영했다. 윤봉길 선서식 사진은 총 6매였다. 김정주

편(1967), 『조선통치사료(2)』, 한국사료연구소, 628~629쪽; 朝鮮總督府高等法院檢事局思想部(1943. 6.), 「在支不逞鮮人の軍艦出雲爆枕計劃事件」, 『思想彙報』, 제23호.

306 매헌윤봉길전집편찬위원회(2012), 『매헌 윤봉길 전집(2)』, 매헌윤봉길의사기념사업회, 1쪽.

307 이화림(2015), 『이화림 회고록』, 차이나하우스, 145쪽.

308 매헌 윤봉길 의사 의거 제60주년 기념사업추진위원회(1992), 『도록 윤봉길 의사』 윤봉길 의사 의거 제60주년 기념사업추진위원회, 86~77쪽.

309 내무성 보안과(1932. 7.), 「상해에서의 윤봉길 폭탄사건의 전말」, 『매헌 윤봉길 전집(2)』, 매헌윤봉길의사기념사업회, 145~146쪽; 〈대판조일신문〉, 1932년 4월 30일 자.

310 〈대판조일신문〉 1932년 5월 1일 자.

311 내무성 보안과(1932. 7.), 「상해에서의 윤봉길 폭탄사건의 전말」, 『매헌 윤봉길 전집(2)』 매헌윤봉길의사기념사업회, 137쪽.

312 〈르 프티 파리지앵(Le Petit Parisien)〉 1932년 4월 30일 자 조르주 모레스테 기자의 취재 기사에 따르면, 관중은 오전 8시부터 홍구공원에 모여들기 시작했다. 이들 대부분은 일본인이었다. 일본인 여성들은 밝은색 예쁜 봄 원피스를 입었고, 사랑스러운 미소를 군대와 외국인 관료들에게 아낌없이 보여주었다. 일본 어린이들은 100여 개의 작은 국기를 흔들었다. 행사는 완벽하게 진행되었다. 기병, 포병, 보병, 기관총사수, 탱크, 자동차, 해군이 시라카와 대장과 그의 손님들 앞을 행진했다. 천장절 기념행사가 시작되자 군중은 잔디 위에 가로 6m, 높이 2m로 세워진 연단 주위로 모여들었다. 연단은 흰색과 빨간색 비단 깃발과 대형 일본 국기 두 개로 장식되어 있었다. 매헌윤봉길전집편찬위원회(2012), 『매헌 윤봉길 전집(5)』, 매헌윤봉길의사기념사업회, 455쪽.

313 내무성 보안과(1932. 7.), 「상해에서의 윤봉길 폭탄사건의 전말」, 『매헌 윤봉길 전집(2)』, 매헌윤봉길의사기념사업회, 134~136쪽.

314 일본외무성(1989), 『일본외무성특수조사문서(26)』, 고려서림, 362쪽.

315 내무성 보안과(1932. 7.), 「상해에서의 윤봉길 폭탄사건의 전말」, 『매헌 윤봉길 전집(2) 상해의거와 순국』, 매헌윤봉길의사기념사업회, 144쪽.

316 매헌윤봉길전집편찬위원회(2012),『매헌 윤봉길 전집(2)』매헌윤봉길의사기념사업회, 90~95쪽/118~130쪽/149~151쪽.

317 윤봉길이 배후를 김구가 아닌 이춘산이라 진술한 경위이다. 관련해서 1932년 4월 당시 도산 안창호의 비서였던 구익균은 "의거 사건 현장에서 일본 경찰에게 체포된 윤봉길 의사는 배후를 묻는 그들에게 이름을 대지 않고 거류민단장이라는 대답만 했던 것이다. 고문을 당하고 있던 윤 의사는 백범이 며칠 전에 민단장 자리를 물러난 사실을 모르고 민단장이 시켰다고 진술한 것"이라 증언했다. 흥미로운 사실은 일본군 상해헌병대에 끌려간 윤봉길이 첫 번째 심문에서 이유필 혹은 김구를 거명하지 않고 그저 민단장이라 진술했다는 점이다. 상해헌병대는 윤봉길의 진술을 그대로 상해 주재 일본총영사관에게 통보했다. 그러자 일본총영사관은 1932년 4월 당시 민단장이 이유필이었기 때문에 그를 테러의 배후로 간주하고 체포에 나섰다. 구익균의 증언을 고려하면 이는 윤봉길이 1932년 1월경 민단장이 김구에서 이유필로 교체된 사실을 폭살테러 직후까지도 인지하지 못했음을 의미한다. 참고로 상해 교민단 제1대 단장은 여운형, 제9대 김구(1931년), 제10대 이유필(1932년), 제11대 송병조였다. 구익균(1994),『새역사의 여명에 서서』, 일월서각, 125쪽; 고등법원검사국사상부(1936),『사상휘보』, 제7호, 167~168쪽.

318 김구의 인상은 이유필과 전혀 달랐다. 1932년 당시 이유필은 48세였고, 머리는 대머리였으며, 보살님을 연상시키는 온화한 인상에 잘생긴 생김새의 인물이었다. 이현희(1994),『춘산 이유필 연구』, 동방도서.

319 이 지문에 앞서 "피고인은 김구로부터 독립당에 암살단 조직이 있다는 말을 들었다고 했는데, 애국단이라는 말은 듣지 못했는가"라는 군법회의 예심관의 질문에 윤봉길은 "애국단과 암살단은 같은 것이라 생각한다. 애국단 단원이 암살을 실행하기 때문에 애국단은 즉 암살단이라고 생각해도 좋다. 김구는 나에게 애국단으로 말했다고 생각한다"고 답변했다. 상해파견군 군법회의 예심관 육군법무관 原憲治(1932. 5. 18.),「피고인 심문조서」,『매헌 윤봉길 전집(2)』, 매헌윤봉길의사기념사업회, 125쪽.

320 재상해 총영사(1932. 5. 3.),「상해 홍구공원에서의 폭탄투척사건에 관해서」,『한국민족운동사사료(중국편)』, 대한민국국회도서관, 711쪽.

321 상해파견군 군법회의 예심관 육군법무관 原憲治(1932. 5. 18.), 「피고인 심문 조서」, 『매헌 윤봉길 전집(2)』, 매헌윤봉길의사기념사업회, 122쪽.

322 대한민국국회도서관(1976), 『한국민족운동사사료(중국편)』, 대한민국국 회도서관, 726쪽.

323 「홍구공원 진상」은 (1) 기이한 두 사람, (2) 홍구공원은 수라장, (3) 문제의 청 년, (4) 빈한한 윤 의사, (5) 애국단의 일원, (6) 애국단은 어떠한 것인가, (7) 애국단 수령은 누구냐의 목차였다. 매헌윤봉길전집편찬위원회(2012), 『매헌 윤봉길 전집(2)』, 매헌윤봉길의사기념사업회, 62~73쪽.

324 影山好一郎(2019), 『第一次上海事変の研究』, 錦正社, 11쪽.

325 臼井勝美(1974), 『滿洲事變: 戰爭と外交と』, 中央公論社, 195쪽.

326 매헌윤봉길전집편찬위원회(2012), 『매헌 윤봉길 전집(4)』, 매헌윤봉길의사 기념사업회, 4~5쪽.

327 〈대판조일신문〉 1932년 4월 30일 자; 〈시보〉 1932년 4월 30일 자.

328 매헌윤봉길전집편찬위원회(2012), 『매헌 윤봉길 전집(5)』, 매헌윤봉길의사기 념사업회.

329 홍선표(2018), 「윤봉길 의거에 대한 국내외 언론의 반응」, 『한국민족운동사 연구』, 제97집.

330 〈경성일보〉 1932년 5월 11일 자.

331 〈동아일보〉 1932년 5월 1일 자.

332 〈조선일보〉 1932년 5월 1일 자.

333 매헌윤봉길전집편찬위원회(2012), 『매헌 윤봉길 전집(3)』, 매헌윤봉길의사 기념사업회, 3~4쪽.

334 한시준(2009), 「윤봉길의사의 홍구공원의거에 대한 중국신문의 보도」, 『한국 독립운동사연구』, 제32집.

335 〈대공보(大公報)〉 1932년 5월 7일 자.

336 〈상해일보〉 1932년 5월 2일 자.

337 상해정전협정을 위해 스위스 제네바의 국제연맹에 파견된 중국 대표단은 테 러 발생에 유감을 표했다. 그러고는 천장절 기념식장에 중국인 출입이 원천 봉쇄되었던 사실을 거론하며, 중국과는 무관하다는 성명서를 발표했다. 각국

테러리스트 김구

의 참석자들도 윤봉길 폭살테러가 상해정전협상에 악영향을 미칠까 봐 우려를 표명했다. 〈시사신보〉 1932년 4월 30일 자/5월 1일 자.

338 석원화 외 엮음, 김승일 외 옮김(2001), 『신보(申報) 대한민국 임시정부 관계기사 선집(1910~1946)』, 범우사, 232~233쪽.

339 "A Crime Against Peace", The Daily Telegraph, April 30, 1932.

340 홍선표(2018), 「윤봉길 의거에 대한 국내외 언론의 반응」, 『한국민족운동사연구』, 제97집.

341 매헌윤봉길전집편찬위원회(2012), 『매헌 윤봉길 전집(5)』, 매헌윤봉길의사기념사업회, 456쪽.

342 매헌윤봉길전집편찬위원회(2012), 『매헌 윤봉길 전집(5)』, 매헌윤봉길의사기념사업회, 457쪽.

343 홍선표는 윤봉길의 폭살테러를 두고 1919년 3·1운동에 버금가는 전 세계적으로 영향을 미칠 만큼 '국제성'을 지닌 독립운동이었다고 주장했다. 하지만 서구 세계의 반응은 윤봉길의 폭살테러를 제1차 세계대전 이후 세기의 테러 사건으로 간주하면서도 상해 공동조계를 중심으로 자국의 이해가 걸린 '상해정전협정'이 주요 관심사였을 뿐이다. 사실 지도에서도 지워진 지 오래인 조선이라는 나라에 관심과 동정을 보일 리 없었다. 그럼에도 이를 두고 세계적인 독립운동을 운운하는 것은 명백한 사실 왜곡이다. 홍선표(2018), 「윤봉길 의거에 대한 국내외 언론의 반응」, 『한국민족운동사연구』, 제97집.

344 김광재는 "이 의거로 타격을 받은 상해 주둔 일본군 총사령부는 관내로의 확전을 단념하고 긴급히 정전협정을 체결했다"고 주장했다. 하지만 일본군 상해파견군사령부가 확전을 단념한 것은 4월 29일 윤봉길 폭탄테러 훨씬 이전이었다. 실제로 1월 29일부터 3월 2일까지 5차례 정전교섭을 거쳐 4월 30일 최종적으로 '상해정전협정' 체결을 예정했다. 하지만 윤봉길 폭살테러의 영향으로 정전협정이 1주일 정도 지연되면서 5월 5일에 체결되었고, 5월 12일부터 일본군이 철군을 시작했다. 김광재(2002), 「윤봉길의 상해의거와 '중국 측' 역할」, 『한국민족운동사연구』, 제33집.

345 김정주 편(1967), 『조선통치사료(2)』, 한국사료연구소, 512~513쪽.

346 1931년 1월 이래 중국 측의 항일단체 후원은 총 10건, 약 4만 원에 달했다. 이

내역은 상해전신국 사무원으로 근무하던 민필호가 상해헌병대에 밀보한 문건을 정리한 것이다. 1932년 10월 13일 민필호는 상해 주재 일본헌병대에 체포되었다. 그는 김구파의 통신연락을 밀고한다는 조건으로 10월 19일 석방되었다. 이후 그는 몇 차례에 걸쳐 김구파의 전신정보를 상해헌병대에 제보했다. 그러다가 10월 말 가족을 데리고 야반도주해서 행방을 감추었다. 대한민국국회(1976), 『한국민족운동사사료(중국편)』, 대한민국국회도서관, 747~749쪽; 국사편찬위원회 편(1991), 『한국독립운동사 자료(20)』, 국사편찬위원회, 154쪽; 〈상해신문〉1932년 12월 5일 자.

347 석원화 외 엮음, 김승일 외 옮김(2001), 『신보(申報) 대한민국 임시정부 관계 기사 선집(1910~1946)』, 범우사, 237쪽.

348 대한민국국회(1976), 『한국민족운동사사료(중국편)』, 대한민국국회도서관, 712쪽.

349 대한민국국회(1976), 『한국민족운동사사료(중국편)』, 대한민국국회도서관, 728~731쪽.

350 1932년 6월 7일 안창호는 인천항에 도착했다, "간다 간다 나는 간다 너를 두고 나는 간다"는 거국가를 남기고 망명길에 나선 지 23년 만에 피체의 몸이 되어 조국 땅을 밟게 된 것이다. 이때 안창호의 나이는 53세였다. 주요한(1990), 『안도산전서(상)』, 범양사, 425쪽.

351 남파박찬익전기간행위원회는 윤봉길 폭살테러 이후 "임시정부의 선후책을 논의하는 가운데 외부로부터 받은 경제적 후원금을 둘러싸고 의혹의 암류(暗流)가 흘렀다. 즉, 중국 조야로부터 임시정부에 보내진 성금의 행방, 대한 교민단 정무 위원장인 이유필이 교민단에 보낸 돈의 행방, 상해시의 상회(商會)로부터 윤봉길·안창호 가족에게 보낸 생활 보조비의 행방 등 금전과 관련되는 잡음이 있었다"고 지적했다. 남파박찬익전기간행위원회(1989), 『남파 박찬익 전기』, 을유문화사, 220쪽.

352 김정명 편(1967), 『조선독립운동(2)』, 원서방, 499쪽.

353 대한민국국회(1976), 『한국민족운동사사료(중국편)』, 대한민국국회도서관, 801쪽.

354 김정주 편(1967), 『조선통치사료(2)』, 한국사료연구소, 787~800쪽.

355 김정주 편(1967), 『조선통치사료(2)』, 한국사료연구소, 74쪽.

356 이 기사와 관련해서 일본 측은 "해당 기사는 암암리에 안창호를 독립운동자가 아닌 것같이 풍자한 것으로, 안창호에 대한 중국 기타 각 방면의 동정을 저지하고 그의 명예를 훼손하여 추호도 그가 체포된 데 대한 동정도 없고 오히려 흥사단의 궤멸에 기뻐하는 것" 같았다고 논평했다. 대한민국국회(1976), 『한국민족운동사사료(중국편)』, 대한민국국회도서관, 739쪽.

357 김정주 편(1967), 『조선통치사료(2)』, 한국사료연구소, 753~754쪽.

358 1932년 말 상해 주재 일본총영사의 보고에 따르면, 김구는 중국인 유력자 저보성의 자택에서 비호를 받았고, 9월 상순 가흥(嘉興)에 소재하는 저보성의 직포공장 가륜(嘉輪) 사창 부속 사택으로 이동해서 이동녕, 엄항섭 및 가족 3명, 김의한 및 가족 2명과 동거했다. 김구파에 대한 후원금은 남양화교연합회 의연금을 비롯해 주경란 및 저보성 등 후원금을 합해 거금 약 6만 원에 달했다. 재상해 총영사(1932. 11. 10.), 「폭탄사건 후 김구 일파의 기타 동정 보고」, 『매헌 윤봉길 전집(2)』, 매헌윤봉길의사기념사업회, 162쪽.

359 김정주 편(1971), 『조선통치사료(8)』, 한국사료연구소, 457쪽.

360 김정주 편(1971), 『조선통치사료(8)』, 한국사료연구소, 457쪽.

361 김정명 편(1967), 『조선독립운동(2)』, 원서방, 499쪽.

362 김정명 편(1967), 『조선독립운동(2)』, 원서방, 503~504쪽.

363 김정명 편(1967), 『조선독립운동(2)』, 원서방, 503쪽.

364 김구 일파는 1933년 3월 상해 주재 일본영사관 경찰에 체포당한 교민단의 지도자 이유필과 관련해서 "이(李)는 적국 일본에 귀순했다는 것은 의혹할 여지가 없다. 원래 이는 상해 거주 당시부터 일본의 괴뢰였고, 현재 교민단 간부 대부분은 이와 동일하게 일본과 연락한다"며, 한인교민단은 친일단체이자 간부들도 모두 밀정이라 비방했다. 김정명 편(1967), 『조선독립운동(2)』, 원서방, 503쪽.

365 대한민국국회(1976), 『한국민족운동사사료(중국편)』, 대한민국국회도서관, 781~784쪽; 김정명 편(1967), 『조선독립운동(2)』, 원서방, 503쪽.

366 엄항섭은 임정 경무국장 시절 이래 "선생은 오랫동안 감옥에 있었던 관계로 적정(敵情)을 샅샅이 알고 언제나 노련한 방법으로 상대방을 먼저 제지해버려 놈

들의 간담을 서늘케 했다. 이리하여 왜적이 파견한 밀정 가운데 왔다가 다시 돌아가지 못한 놈들의 수효가 셀 수 없을 만큼 많았다"고 지적했다. 엄항섭의 증언은 김구가 선제적 공격의 달인이었음을 시사한다. 김구 지음, 엄항섭 엮음(1989),『도왜실기』, 범우문고, 31쪽.

367 우승규(1978),『나절로 만필』, 탐구당, 71쪽.

368 김홍일(1954. 6.),「애국의 화신 윤봉길 의사」,『신천지』, 제9권 제6호.

369 김구는 윤봉길 폭살테러 사건 발생 시간을 오전 11시 40분이라 주장했다. 김구 지음, 엄항섭 엮음(1989),『도왜실기』 범우사, 56쪽.

370 한시준(2001),「이봉창 의사의 일왕 저격 의거」,『한국근현대사연구』, 제17집; 김광재(2002),「윤봉길의 상해의거와 '중국 측' 역할」,『한국민족운동사연구』, 제33집; 신용하(2006),『한국 항일 운동사 연구』, 경인문화사, 394쪽; 김학준(2008),『항일의 불꽃으로 산화한 매헌 윤봉길』, 동아일보사, 4쪽; 김상기(2013),『윤봉길』, 역사공간, 196쪽.

371 매헌 윤봉길 의사 의거 제60주년 기념사업추진위원회(1992),『도록 윤봉길 의사』, 윤봉길 의사 의거 제60주년 기념사업추진위원회, 77쪽.

372 대한민국국회(1976),『한국민족운동사사료(중국편)』, 대한민국국회도서관, 799쪽.

373 매헌윤봉길전집편찬위원회(2012),『매헌 윤봉길 전집(2)』, 매헌윤봉길의사기념사업회, 120쪽.

374 김홍일(1972),『대륙의 분노』, 문조사, 287쪽.

375 제1차 세계대전 발발의 도화선은 1914년 6월 28일 오스트리아 사라예보에서 세르비아계 보스니아인 민족주의자 가브릴로 프린치프(18세)에 의한 오스트리아·헝가리 제국의 황위 계승자 프란츠 페르디난트 대공 부부 암살 테러였다. 찰스 타운센드 지음, 심승우 옮김(2010),『테러리즘, 누군가의 해방 투쟁』, 한겨레출판, 131쪽; 존 코넬리 지음, 허승철 옮김(2023),『동유럽사』, 책과함께.

376 대한민국국회(1976),『한국민족운동사사료(중국편)』, 대한민국국회도서관, 799쪽.

377 김광재는 김구가 "윤봉길에게 적당한 기회를 포착하여 가능하면 폭탄 2개를

모두 투척할 것을 권고하였다"고 주장했지만, 이는 사실관계를 오인한 것이다. 김광재(2002), 「윤봉길의 상해의거와 '중국 측' 역할」, 『한국민족운동사연구』, 제33집.

378   1932년 5월 5일 중일 양측은 '상해정전협정'에 조인했고, 일본은 상해파견군의 즉시 철군을 결정했다. 〈동경조일신문〉, 1932년 5월 12일 자.

379   1932년 4월 당시 주중 프랑스 전권공사 앙리 A. 월든은 본국 정부 앞으로 "테러의 주범이 즉각 체포되고 그 원인이 명확히 밝혀지지 않았더라면, 이번 테러는 중국과 일본 관계에 심각한 영향을 초래했을 것"이라 보고했다. 월든의 보고는 윤봉길의 폭탄테러가 성공했더라면, 당초 의도했던 상해정전협정의 파기와 함께 중일전쟁의 재발·확전도 가능했음을 시사한다. 월든 중국 주재 프랑스 전권공사(1932. 5. 1.), 「홍구사건 요지」, 『매헌 윤봉길 전집(2)』, 매헌 윤봉길의사기념사업회, 208쪽.

380   윤봉길 폭살테러와 관련해서 김광재는 "윤봉길의 이 의거는 상해 파견 일본군 총사령부의 총사령관 이하 단상에 앉아 있던 군정 수뇌 7명을 섬멸시키는 대성공을 거두었던 것"이라고 주장했다. 하지만 김광재의 주장과 달리 윤봉길 폭살테러는 일본 군정 수뇌 7명을 살해하는 것 자체가 목적이 아니라 중일전쟁 재발·확전을 위한 정치적 수단에 불과했다. 김광재(2002), 「윤봉길의 상해의거와 '중국측' 역할」, 『한국민족운동사연구』, 제33집.

381   〈동아일보〉 1932년 5월 1일 자.

382   김구 지음, 도진순 주해(1997), 『백범일지』, 돌베개, 336쪽/339쪽.

383   대한민국국회(1976), 『한국민족운동사사료(중국편)』, 대한민국국회도서관, 739쪽.

384   이규창(1992), 『운명의 여신(餘燼)』, 보련각, 172~173쪽.

385   임정과 흥사단의 대립 갈등과 관련해서 상해 주재 일본총영사관은 "흥사단계가 김구 등과 반목하게 된 것은 상해에서 생활했던 이광수, 정인과 등이 조선으로 귀국해서 무사하게 생활하는 한편, 안창호와도 종전과 같이 교제를 지속했기 때문에 황해도와 김구는 안창호에게 이들과의 교제 두절을 요청했다. 하지만 안창호는 조선인이 조선에 돌아가서 생활하는 것은 당연하다면서 이에 수긍하지 않았다. 그 때문에 김구 등은 흥사단파를 자치파 혹은 민원식(閔元

植)의 아류(亞流)라고 비난했다. 그 때문에 김구의 황해도파는 이동녕과 조완구 등 기호파와 합류해서 평안도파와 분립하게 되었다"고 파악했다. 在上海事務官 一杉藤平(1935. 8. 29.), 「對金九特種工作ニ關スル件」.

386 정정화(1998), 『장강일기』, 학민사, 111쪽.

387 주요한(1990), 『안도산전서(상)』, 범양사, 424~425쪽.

388 강영훈(1999), 『도산 안창호의 생애』, 도산안창호선생기념사업회, 174쪽.

389 도산안창호선생전집편찬위원회(2000), 『도산안창호전집(6)』, 도산안창호선생기념사업회, 927쪽; 주요한(1990), 『안도산전서(상)』, 범양사, 478쪽.

390 신용하(1995), 「윤봉길 농민운동과 민족독립운동」, 『한국학보』, 제21권 제4호.

391 김준엽(1988), 『장정』, 나남, 321쪽; 김광재(2002), 「윤봉길의 상해의거와 '중국 측' 역할」, 『한국민족운동사연구』, 제33집; 한철호(2002), 「1930년대 전반 한중연대와 항일운동」, 『한국근현대사연구』, 제22집; 황묘희(2008), 「윤봉길의 상해의거와 대한민국임시정부」, 『민족사상』, 제2권 제1호; 김영범(2010), 『혁명과 의열』, 경인문화사, 424~425쪽; 김상기(2013), 『윤봉길』, 역사공간, 196쪽; 장석흥(2016), 『안창호』, 한국독립운동사연구소, 181쪽.

392 윤봉길의 홍구사건을 거론하며, '4억 중국인'을 최초로 운운한 것은 임민영이라 짐작된다. 그는 1951년 저작에서 "중국 장개석 주석은 4억이 못하는 것을 삼천만 되는 한국에서 의사 같은 위대한 인물이 났다고 칭찬하며 그 후 물심양면으로 우리 혁명운동을 적극 협력하였다"고 주장했다. 임민영(1951), 『애국지』, 애국정신함양회, 75쪽.

393 이상철(2010. 11.), 「《장개석일기》에 나타난 한국독립운동 관계 사료」, 『월간조선』.

394 배경한(2010), 「윤봉길의거 이후 장개석」, 『역사학보』, 제236호.

395 원문은 "昔者 司馬子長有言怨毒之於人甚矣哉 而國家之怨讐古人尤謂爲不共戴天 窮兵黷武好行侵略者 其亦有所悟否". 『장개석일기』 1932년 4월 30일 자.

396 김구 지음, 도진순 주해(1997), 『백범일지』, 돌베개, 356쪽.

397 배경한(2010), 「윤봉길의거 이후 장개석」, 『역사학보』, 제236호.

398 사오위린(邵毓麟) 지음, 이용빈 외 옮김(2017), 『한국 외교 회고록』, 한울, 81~82쪽.

399 송건호는 "이 박사가 이봉창, 윤봉길 투탄 사건 이후 '어리석은 투쟁을 중지하라'는 비밀 사절을 임정에 보냈고, 백범은 마침내 그의 요구를 수락해 이후 다시는 윤봉길과 같은 의사가 나타나지 않았고, 32년 후 해방될 때까지 해외의 독립운동은 거의 주목을 못 받았으며, 이 때문에 연합국 측에서 한국 민족 사이에 과연 독립운동이 있는지도 모른 채 종전을 맞게 됐다"고 주장했다. 하지만 1932년 윤봉길 폭살테러 이후 제2의 윤봉길이 등장하지 않았던 것은 매월 경상비 지급과 한인 군관 양성 지원을 약속한 장개석의 제안을 김구와 임정이 수용했기 때문이다. 또한 1945년 11월 중경 임정과 요인들이 연합국의 승인을 받지 못하고 개인 자격으로 귀국한 것은 임정이 가정부(假政府)에 불과하며, 윤봉길 폭살테러를 통해 테러단체라는 세계적 낙인이 찍혔기 때문이다. 송건호(2002), 「윤봉길의 민족사상」, 『송건호전집(12)』, 한길사, 94쪽.

400 내무성 보안과(1932. 7.), 「상해에서의 윤봉길 폭탄사건의 전말」, 『매헌 윤봉길 전집(2)』, 매헌윤봉길의사기념사업회, 134~136쪽.

401 일본외무성(1989), 『일본외무성특수조사문서(26)』, 고려서림, 362쪽.

402 김홍일(1972), 『대륙의 분노』, 문조사, 287쪽.

403 매헌 윤봉길 의사 의거 제60주년 기념사업추진위원회(1992), 『도록 윤봉길 의사』, 윤봉길 의사 의거 제60주년 기념사업추진위원회, 77쪽.

404 대한민국국회(1976), 『한국민족운동사사료(중국편)』, 대한민국국회도서관, 799쪽.

405 매헌윤봉길전집편찬위원회(2012), 『매헌 윤봉길 전집(2)』, 매헌윤봉길의사기념사업회, 120쪽.

406 이규채(2000), 「심문조서」, 『한민족독립운동사 자료집(43)』, 국사편찬위원회, 83~84쪽.

407 김사량(2002), 『노마만리』, 실천문학사, 229쪽.

408 1946년 5월 북조선51기념공동준비위원회는 다음과 같이 질타했다. "김구가 경무국장 테러단 두목으로 일약 명물이 되는 데는 한 가지 숨은 피에 맺힌 비사가 있는 것이다. 그는 윤봉길의 애국열을 이용하고 온갖 수단(돈·술·유혹)

을 써서 그로 하여금 폭탄을 던지게 했다. 이렇게 윤봉길을 희생시켜 놓고는 장개석에게 그 대가를 요구하여 매년 수백만씩을 얻어 쓰게 되었다. 이리하야 김구와 그 일당은 땀에 절고 낡고 삭은 헌 옷 입는 생활로부터 양털 옷을 걸치고 다니는 신사로, 호떡 먹는 처지가 일약 양식을 잡수시는 팔자(八字)로 거드러지게 되었다. 뿐만이 아니라 윤봉길의 폭탄 한 개로 말미암아 김구는 일약 '영웅'이 되었다. 그 자신도 '영웅'인 척했다. 식은 죽 먹기! 이 얼마나 쉬운 일이냐. 그 뒤부터 김구는 서울 양반 끄나풀들 몇 개를 끌고 다니면서 그 이름은 아름다워 임시정부요, 그 주요하고 유일한 사업은 윤봉길의 피와 백골을 판 돈을 논나 먹는 일이었다. 그리하여 당시(1935~1936년경) 해외 혁명단체가 민족 대동단결을 부르짖고 통일전선을 결정할 때, 김구 일파만은 혼자 소위 애국단이니 국민당이니 하고 분열 행동을 했던 것이다." 북조선51기념공동준비위원회(1946. 5.), 『팟쇼·반민주분자의 정체』, 41쪽.

2부 밀정 테러

4 사회주의 항일혁명가, 김립

409   김구 지음, 도진순 주해(1997), 『백범일지』, 돌베개, 309~313쪽.

410   한형권은 1885년 함북 은성 출생으로 1911년경 블라디보스토크에서 이상설, 김학만, 정재관 등과 권업회(勸業會) 창설에 참여했고, 〈권업신문(勸業新聞)〉 사장을 역임했다. 1918년 하바롭스크에서 조직된 한인사회당 당수 이동휘 비서 가운데 한 명으로 박진순과 함께 당내 이론가로 활동했다. 1919년 말 한인사회당이 상해 임정에 참여하면서, 한형권도 상해로 이주해서 〈신대한일보(新大韓日報)〉 간부를 거쳐 장춘에서 〈동북한보(東北韓報)〉 사장을 역임했다. 1919~1923년 상해 임정에 참여해 러시아 특사로 활약했다. 1923년 6월 국민대표회의가 결렬되자 창조파 일원으로 블라디보스토크에 조선공화국을 수립하고 국민위원회 위원으로 피선되었다. 한형권(1948. 10.), 「혁명가의 회상록」, 『삼천리』, 제6호; 권희영(1990), 「한인사회당연구」, 『한국사학』, 제11호.

411   김구 지음, 도진순 주해(1997), 『백범일지』, 돌베개, 311쪽.

412 1919년 12월 한형권이 상해로 운반해 온 제2차 모스크바 자금 20만 루블은 대양은(大洋銀) 환산 26만 원(元)이었다. 지출 내역은 여비 5만 5,355원, 통신 기타 잡비 1만 1,944원, 국민대표회의 지출 6만 4,975원, 임정에 준다면서 분실한 금액 3만 원, 임정 유지운동비 6,335원, 의열단 4만 6,700원, 신의단 4,758원, 십인단(十人團) 2,350원, 인성학교 135원, 상해민단 500원, 활자 매입비 1,010원, 폭탄 구입비 600원, 잔여금 421원이었다. 배달공론사(1923), 『배달공론』, 제2호.

413 1923년 1월 개최된 국민대표대회 참석자는 60여 개 그룹 대표 113명이었다. 의장에는 김동삼, 부의장에는 안창호와 윤해가 선임되었고, 6개월 동안 92회의 회의를 개최했지만 의견의 일치를 볼 수 없었다. 대회 개최 자금은 한형권이 반입한 제2차 모스크바 자금 20만 루블 가운데 일부였다. 이 때문에 한형권은 임정 고수파의 협박과 암살 시도에 시달려야 했다. 실제로 1922년 9월 상해 프랑스 조계에서 부의장 윤해가 김구의 사주를 받은 김상옥으로부터 총격을 받아 중상을 입기도 했다. 국민대표회의는 임정 개혁에 대한 입장에 따라 (1) 노령·만주계의 창조파, (2) 국내·미주계의 개조파, (3) 김구·이동녕의 고수파로 구분된다. 김영진(2007), 「윤해 저격 사건으로 본 상해지역 민족운동 내부의 갈등」, 『사림』, 제29호; 한형권(1948. 10.), 「혁명가의 회상록」, 『삼천리』, 제6호.

414 김구 지음, 도진순 주해(1997), 『백범일지』, 돌베개, 313쪽.

415 在琿春副領事 秋洲郁三郎(1919. 10. 18.), 「排日鮮人金立ノ演説ニ関スル件」.

416 보성전문학교(1942), 『보성전문학교일람』, 67쪽.

417 김립(1908), 「今日 吾人의 國家에 대한 義務 及 權利」, 『西北學會月報』, 제1권 제1호.

418 〈대동공보〉, 1910년 4월 24일 자.

419 반병률(2005), 「김립과 항일민족운동」, 『한국근현대사연구』, 제32집.

420 在間島 吉田憲兵大尉所報(1911. 2. 13.), 「局子街墾民教育會에 關한 件」.

421 〈권업신문〉, 1912년 12월 19일 자.

422 블라디보스토크 파견 통역관(1912. 2. 12.), 「1월 하순 浦潮地方 在留鮮人 정보」.

423 局子街分館主任 岩永覺重(1913. 6. 5.),「朝鮮人墾民會ニ関スル件報告」.

424 〈독립신문〉, 1920년 1월 1일 자.

425 조선헌병대(1914. 9. 9.),「露國 관헌의 排日단체에 대한 태도의 진보」.

426 반병률(1998),『성재 이동휘 일대기』, 범우사, 130쪽.

427 朝鮮總督府 警務總長(1920. 4. 8.),「한인사회당 약법에 관한 건」.

428 반병률(1998),『성재 이동휘 일대기』, 범우사, 152~155쪽.

429 블라디보스토크 주재 일본총영사 菊池義郎(1918. 12. 13.),「이동휘 유동열에 관한 건」.

430 반병률은 菊池義郎 문건을 인용해서 한인 적위군 400명을 모병해 우수리 전투 참전했다고 주장했다. 하지만 이는 사실과 다르다. 한인 적위군 400명을 모집한 것은 사실이지만, 우수리 전투에 참전한 적은 없었다. 일본군의 하바롭스크 점령에 앞서 다들 사산(四散)하고 말았기 때문이다. 조선헌병대(1918. 10. 9.),「이동휘 및 김립 등에 관한 건」.

431 블라디보스토크 주재 일본총영사 菊池義郎(1918. 12. 13.),「이동휘 유동열에 관한 건」.

432 반병률은 국민의회에서 이동휘의 직위가 선전(善戰)부장이라 주장했지만, 이는 사실과 다르다. 블라디보스토크 주재 일본총영사 菊池義郎(1919. 4. 30.),「이동휘에 관한 건」.

433 반병률(2005),「김립과 항일민족운동」,『한국근현대사연구』, 제32집.

434 반병률(1998),『성재 이동휘 일대기』, 범우사, 203~204쪽.

435   姜德相(1967),『現代史資料(26)』, みすず書房, 235쪽/251쪽.

436 반병률(1998),『성재 이동휘 일대기』, 범우사, 207~209쪽.

437 당시 임정 내각은 내무총장 이동녕, 법무총장 신규식, 재무총장 이시영, 노동총판 안창호가 취임했다. 〈독립신문〉 1919년 11월 4일 자.

438 내무차장에는 안중근 동생 안정근, 학무차장에는 이규홍, 외무차장에는 장건상이 취임했다. 국무원(1919. 12. 20.),「제(ㄱ) 258호 국무회의 경과 상황에 관한 보고」.

439 한형권(1948. 10.),「혁명가의 회상록」,『삼천리』, 제6호.

440 박종효가 러시아 대외정책연반문서보관소에서 확인한 한형권의 신임장 발

테러리스트 김구

행 일자는 1920년 1월 27일이었다. 박종효(2019. 5.), 「레닌이 임시정부에 준 자금의 행방」, 『월간조선』; 한형권(1948. 8~9.), 「임시정부의 대아외교(對俄 外交)와 국민대표회의의 전말」, 『카톨릭청년』. 제8~9 합병호.

441 한국정신문화연구원 편집부(1999), 『지운 김철수』, 한국정신문화연구원, 10쪽.

442 당시 임정 재무총장 이시영이 모스크바 차관교섭을 반대했기 때문이다. 반병 률(2005), 「김립과 항일민족운동」, 『한국근현대사연구』, 제32집.

443 한형권은 모스크바에서 만난 레닌의 첫인상과 관련해서 "그렇게 큰 두개골을 가진 머리는 레닌에게서 처음 보았다. 키는 작고 몸집은 뚱뚱하고 앉거나 연설할 때 말씨를 보면 도끼로 무언가를 쩍쩍 쪼개듯이 선이 굵고 어조가 힘차고 분명했다. 그는 중학을 다닐 때 그의 형 울리아노프가 제정(帝政)을 들어 엎는 혁명당에 가입하여 활동하다가 체포되었고, 사형을 받고 죽었다. 그는 형의 복수를 겸한 혁명운동에 몸을 바쳤고, 오늘날 모스크바를 점령하고 전국을 호령하는 큰 인물이 되었다"고 회상했다. 한형권(1948. 10.), 「혁명가의 회상록」, 『삼천리』, 제6호; 박종효(2019. 5.), 「레닌이 임시정부에 준 자금의 행방」, 『월간조선』.

444 여운홍(1967), 『몽양 여운형』, 청하각, 70쪽.

445 한형권(1948. 10.), 「혁명가의 회상록」, 『삼천리』, 제6호.

446 윤대원(2008), 『상해시기 대한민국임시정부 연구』, 서울대학교출판부, 113~114쪽.

447 안창호의 6월 7일 일기에 따르면, 이들의 요구는 (1) 워싱턴위원부 해산, (2) 구미외교위원부 설치, (3) 주미재정관 별치, (3) 국무원 미승인의 대통령 교령 남발 금지였다. 『안창호일기』, 1920년 5월 11일/5월 13일/5월 14일/5월 16일/6월 7일.

448 반병률(2005), 「김립과 항일민족운동」, 『한국근현대사연구』, 제32집.

449 윤대원(2008), 『상해시기 대한민국임시정부 연구』, 서울대학교출판부, 109쪽.

450 1920년 8월 초순 안창호 계열의 국무원 서무국장 이원익은 김립이 이동휘 앞으로 보내는 2통의 밀서를 국무원 비서 오인석을 시켜 중간에서 빼돌려 〈독

립신문〉사장 이광수에게 전달했고 이로 인해 분란이 일었다. 밀서는 모스크바 차관운동, 이동휘의 상해 임정 탈퇴 문제, 안창호를 비판하는 내용이었다. 반병률(2005), 「김립과 항일민족운동」, 『한국근현대사연구』, 제32집.

451　在魯高麗革命軍隊文明部(1922. 2.), 「在魯高麗革命軍隊沿革」, 浦潮斯德總領事代理領事 渡邊理惠(1923. 7. 5.), 『在露反日鮮人團體機密文書送付ニ関スル件』, 9~10쪽.

452　반병률(2005), 「김립과 항일민족운동」, 『한국근현대사연구』, 제32집.

453　1920년 11월 초 베르흐네우딘스크에서 모스크바로 돌아간 한형권은 한국 독립운동에 관한 다양한 정보를 접할 수 있었다. 당시 항일운동 세력은 민족진영과 공산진영으로 분열했고, 공산진영도 다시 상해파와 이르쿠츠크파로 갈라져서 서로 중상, 모략, 비방을 일삼았다. 특히 모스크바 자금을 둘러싸고 상해파에 대한 이르쿠츠크파의 악담과 참소에 시달리면서 일을 꾸미기도 전에 주도권 다툼부터 하는 '뼛속에 숨어든 이 족속의 파쟁'이라며 '파쟁망국(派爭亡國)'을 한탄했다고 한다. 더욱이 이르쿠츠크파의 획책 때문에 코민테른이 소비에트 정부를 간섭하면서 자금의 추가 지급이 크게 지체되어 한형권은 최종적으로 레닌을 면담하고 사실관계를 읍소했다. 이후 치체린 외상과 상의해서 나머지 20만 루블을 인출했다. 제2차 자금 인출 협상에 약 4개월이 걸렸다. 당시 치체린 외상은 "아직 그대들은 돈을 받을 그릇이 확실하지 않으니, 160만 루블 전액을 지급할 수 없다. 우선 20만 루블을 더 지급할 터이니 이걸 가지고 가서 원상회복하라. 자기는 전액 지급하려고 했으나, 코민테른의 간섭으로 그렇게 할 수 없음을 양해하라"고 말했다고 증언했다. 한형권(1948. 10.), 「혁명가의 회상록」, 『삼천리』, 제6호.

454　모스크바대학 역사학부 교수를 역임한 박종효는 "당시 이승만과 안창호는 우드로 윌슨 미국 대통령이 1918년 1월 8일 발표한 민족자결주의(民族自決主義)에 바탕을 둔 독립운동을 주장했다. 반면에 이동휘와 한인사회당 계열은 소비에트 혁명정부와의 정치적 동맹을 주장했다. 이동휘 측은 러시아 적위군(赤衛軍)과 연대하여 연해주와 간도에서 일본군에 대항해 적극적으로 항일전쟁을 시작해야 한다고 주장했다"고 밝혔다. 박종효(2019. 5.), 「레닌이 임시정부에 준 자금의 행방」, 『월간조선』.

455 이동휘의 첫인상과 관련해서 일본 대표 오스키 사가에[大杉榮]의 회고에 따르
면, "5~6명이 나를 기다리고 있었다. 그 가운데 가장 나이가 많고, 몸집이 큰 동
양인이라기보다 차라리 프랑스 고급 군인풍으로 윗수염을 꼬아 올리고 아랫수
염을 짤막하게 기른 이동휘라는 남자를 소개받았다. 그가 바로 일본에서도 유
명한 이른바 조선 대통령 이동휘였다. 이동휘가 일본인과 이렇게 무릎을 맞대
고 이야기하는 것은 십수 년 만이었다. 어쩌면 일생에 이런 일은 없을 줄 알았
다"고 인사말을 건넸다고 증언했다. 이해환(1946), 『조선독립혈사』, 국로사, 18
쪽; 大杉榮(1996), 『日本脫出記』, 岩波書店, 291쪽.

456 『개조』, 1923년 7월호, 111쪽; 이해환(1946), 『조선독립혈사』, 국로사, 17~19
쪽; 반병률(2005), 「김립과 항일민족운동」, 『한국근현대사연구』, 제32집; 大杉
榮(1996), 『日本脫出記』, 岩波書店, 293쪽.

457 한형권(1948), 「임시정부의 대아외교(對俄外交)와 국민대표회의의 전말」,
『카톨릭청년』, 제8·9 합병호.

458 당시 김립은 대회 개최 준비 실무를 주관했고, 박진순이 재무, 김하구가 교통
을 담당했다. 김정명 편(1967), 『조선독립운동(5)』 원서방, 278쪽.

459 조선 현지 사회혁명당 계열에서는 김철수, 이봉수, 장덕수 등 17명을 중앙위원
으로 선출했다. 한국정신문화연구원 편집부(1999), 『지운 김철수』, 한국정신문
화연구원, 59쪽.

460 大杉榮(1996), 『日本脫出記』, 岩波書店, 19쪽.

461 이해환은 김립이 곤도에게 지급한 활동비를 2만 원이라 주장했지만, 오스끼
는 약 6천 원이었다고 회고했다. 近藤榮造(1949), 『コミンテルンの密使』, 文
化評論社, 132쪽; 이해환(1946), 『조선독립혈사』, 국로사, 20쪽; 大杉榮(1996),
『日本脫出記』, 岩波書店, 297쪽.

462 이해환(1946), 『조선독립혈사』, 국로사, 20~21쪽.

463 한형권(1948. 10.), 「혁명가의 회상록」, 『삼천리』, 제6호.

464 한형권(1948. 8~9.), 「임시정부의 대아외교(對俄外交)와 국민대표회의의 전
말」, 『카톨릭청년』 제8·9 합병호.

465 〈동아일보〉 1945년 12월 30일 자. ,

466 〈노스 차이나 헤럴드〉 1922년 2월 11일 자.

467 〈동아일보〉 1922년 2월 14일 자.

468 在上海總領事 船津辰一郎(1922. 2. 14.), 「共産黨首領金立殺害ニ関スル件(1)」.

469 〈항주보〉 1922년 2월 18일 자.

470 〈독립신문〉 1922년 2월 20일 자.

471 〈노스 차이나 헤럴드〉 1922년 4월 1일 자.

472 朝鮮總督府 警務局長(1921. 2. 8.), 「在上海不逞鮮人ノ內訌ニ関スル件」.

473 朝鮮總督府 警務局長(1921. 7. 19.), 「上海情報」.

474 朝鮮總督府 警務局長(1921. 8. 1.), 「上海情報」.

475 포격문 제1호 공포 당시 임정은 국무총리 대리 및 외무차장 겸 법무총장 신규식, 내무총장 이동녕, 군무총장 노백린, 학무총장 대리 차장 김인전, 재무총장 겸 노동총판 이시영, 교통총장 손정도였다. 朝鮮總督府 警務局長(1922. 2. 25.), 「上海情報」.

476 김구 지음, 도진순 주해(1997), 『백범일지』, 돌베개, 311~312쪽

477 https://blog.naver.com/hanik1008/221931659567.

478 한형권(1948. 10.), 「혁명가의 회상록」, 『삼천리』, 제6호.

479 〈동아일보〉 1924년 1월 22일 자.

480 1921~1922년 당시 고려공산당 재무부장이었던 김철수에 따르면, 박진순은 두 살 때 양친의 손에 이끌려 시베리아로 이주했다. 러시아어도 능통하고 임기응변에도 뛰어난 한인학교 교사 출신으로 시베리아 한인 3대 재사(才士) 가운데 한 명으로 손꼽히는 인물이었다. 그는 한글만이 아니라 한문에도 조예가 깊어서 가끔 〈동아일보〉에 논설을 기고했고, 민족운동에도 역량을 발휘했다. 박진순은 훌륭한 애국자였고, 공산주의자이면서도 어디까지나 반일제국주의 민족투쟁의 기치 아래 결집해야 한다고 주장했다. 1919년 코민테른 창립 당시 박진순은 21세였고, 유일한 유색 인종이었으며, 레닌의 높은 신임을 받았다. 한국정신문화연구원 편집부(1999), 『지운 김철수』, 한국정신문화연구원, 12쪽.

481 https://blog.naver.com/hanik1008/221931659567.

482 모스크바 소재 구(舊) 코민테른 문서보관소에는 1922년 5월 11일 자 국제공

테러리스트 김구

산당 중앙집행위원회 비서 쿠시넨이 작성한 훈령이 소장되어 있다. 같은 문서에는 제1차분 40만 루블과 제2차분 20만 루블이 모두 고려공산당 상해파에게 지급된 것으로 기록되어 있다. 물론 자금 결산과 보고 의무도 고려공산당 상해파에 있었다. 〈서울신문〉 2012년 11월 19일 자.

483 한국정신문화연구원 편집부(1999), 『지운 김철수』, 한국정신문화연구원, 17쪽; 〈서울신문〉 2012년 11월 19일 자.

484 김구 지음, 도진순 주해(1997), 『백범일지』, 돌베개, 313쪽.

485 독립기념관학예실(2014. 2.), 「오면직, 의열투쟁으로 친일세력을 응징하다」, 『독립기념관』, 제322호; 이호룡(2014. 12.), 「오면직, 의열투쟁으로 친일세력을 응징하다」, 『통일로』, 제316호.

486 이 지문은 1937년 4월 16일 자 해주지방법원 판결 기록에서 발취한 내용이다. 독립운동사편찬위원회 편(1976), 『독립운동사 자료집(11)』, 독립운동사편찬위원회, 825쪽.

487 1970년 최명식은 김립 암살사건과 관련해서 "때마침 안악인 오면직·노종균 두 사람이 상해로 왔다. 김구는 김립의 죄상을 그들에게 말하는 한편, '그놈을 처치해서 징계해야 할 터인데 기회도 사람도 없어서 이럭저럭 오늘까지 끌어오는 중인 바, 그대들이 왔으니 어떻게 그놈을 처치해줄 수 없느냐'고 상의하자, 그들은 쾌히 승낙하기에 이르렀다. 김구는 김립의 사진과 비밀주소를 그들에게 가르쳐주고 김립의 행지를 확인하게 한 다음 권총 두 자루를 그들에게 주었다. 이리하여 그들은 권총 한 자루씩 가지고 백주 노상에서 김립에게 각각 한 발씩 쏴서 즉사시켰다. 그때 김립은 중국 여인과 동거하면서 중국 구시가의 복잡한 거리에서 향락적인 생활을 하고 있었다"고 증언했다. 최명식(1970), 『안악사건과 3·1운동과 나』, 긍허전기편찬위원회, 103~104쪽; 이정식 편(1988), 「소해(宵海) 장건상」, 『혁명가들의 항일회상』, 민음사, 229쪽.

488 오면직은 1894년 황해도 안악군 은흥면 상홍리 출신으로 본명은 양여주(楊汝舟)다. 양산학교 중학부를 졸업하고 경성측량강습소를 거쳐 평양 대성학교에서 수학했다. 1911년 6월 평양 사동광업소 고방출장소 측량기사로 1년 정도 재직하다가 귀향했고, 〈동아일보〉와 〈조선일보〉 기자로 활동했다. 노종균

과는 양산학교 동창이다. 1919년 3·1운동에 참여했고, 1920년 5월 진남포경찰서 투탄사건의 공모자 가운데 한 명이다. 1921년 군자금 모금을 위해 임정이 특파한 홍완기를 돕다가 지명 수배를 받았고, 1921년 11월 상해로 도망했다. 1922년 1월 김립 암살사건 이후 사천성으로 피신했고, 같은 해 10월 한국노병회에 가입했으며, 1925년 하남성 개봉에서 군벌 판옥상이 운영하는 군관학교를 수료했다. 1929년 정화암 등 한인 아나키스트들과 어울렸고, 1930년 4월 남화한인청년연맹에 가입했다. 1932년 7월 이규서와 연충렬 암살, 1933년 5월 아리요시 아키라[有吉明] 공사 암살미수 사건, 1933년 5월 이종홍 암살, 1933년 8월 옥관빈 암살, 1935년 이태서 암살, 1935년 상해 주재 일본총영사관 경부 후지이[藤井] 폭살미수 사건을 자행했다. 1934년 12월 한국독립군 특무대 비서로 활동했고, 1935년 말 김구와 안공근의 횡포에 불만을 품고 이탈해서 김동우, 한도원, 유영석과 함께 '한국맹혈단'을 결성했다. 1936년 2월 상해에서 체포되어 조선으로 압송되었고, 1938년 4월 해주형무소에서 사형에 처해졌다. 조선총독부는 오면직을 두고 '사상에 광분한 살인마'라 멸칭했다. 〈매일신보〉 1937년 11월 9일 자; 이강훈(1994), 『민족해방운동과 나』, 제삼기획, 190~191쪽; 최갑룡(1996), 『황야의 검은 깃발』, 이문출판, 59쪽; 오장환(1998), 『한국 아나키즘운동사 연구』, 국학자료원, 216쪽; 무정부주의운동사편찬위원회(1978), 『한국아나키즘운동사(전편·민족해방투쟁)』, 형설출판사, 363~365쪽.

489   노종균(가명 김동우)은 1894년 7월 18일 황해도 안악군 출생으로 1909년 양산학교를 졸업했다. 1921년 5월 〈동아일보〉 안악지국 판매부장 재직 중에 악산주비단(岳山籌備團)에 입단했다. 같은 해 11월 오면직과 상해로 망명해서 김구의 수하가 되었다. 1926년 상해 한인교민단 의경대장을 역임했고, 병인의용대 소속으로 활동했다. 1932년 1월 이봉창 폭살테러와 관련해서 김구와 공모했고, 같은 해 2월 군자금 확보를 위해 조선에 파견하는 이덕주와 유진만에게 자금과 권총을 교부했다. 1932년 4월 윤봉길 폭살테러를 지원했고, 1933년 12월 옥성빈 암살을 자행했다. 1935년 12월 한국국민당 창당 과정에서 김구 및 안공근과 의견을 달리하면서 결별했다. 1936년 3월 오면직과 한도원 그리고 남경군관학교 졸업생 20명과 함께 '한국맹혈단'을 결성하고 독자

적인 테러 활동을 전개했다. 1936년 7월 상해 조선인민회 고문 이갑녕에게 총
격을 가해서 중상을 입혔다. 1937년 12월 상해에서 체포되어 조선으로 압송
되었고, 1939년 6월 해주형무소에서 미결수로 옥사했다. 조선총독부경무국
보안과(1936),「고등경찰보」, 제1호, 304~305쪽; 김정명 편(1967),『조선독립
운동(2)』, 원서방, 611쪽.

490　반병률(2005),「김립과 항일민족운동」,『한국근현대사연구』, 제32집.

491　김구 지음, 도진순 주해(1997),『백범일지』, 돌베개, 311쪽.

492　1920년 전후 임정 국무총리이자 고려공산당 상해파 당수 이동휘가 김구에
　　게 공산혁명을 같이 하자고 제안했다. 그러자 김구는 "우리가 공산혁명을 하
　　는 데 제3국 제당(코민테른)의 지휘·명령을 받지 않고 우리가 독자적으로 공
　　산혁명을 할 수 있습니까?"라고 반문했다. 이동휘는 고개를 저으며 "불가능하
　　오"라고 답했다. 그러자 김구는 강경한 어조로 "우리 독립운동은 우리 대민족
　　독자성을 떠나서 어느 제3자의 지도·명령의 지배를 받는 것은 자존성을 상실
　　한 의존성 운동입니다. 선생은 우리 임시정부 헌정에 위배되는 말을 하심이
　　크게 옳지 못하니, 제(弟)는 선생의 지도를 따를 수 없으며 선생의 자중을 권
　　고합니다"라고 말했다. 요컨대 김구는 반공주의자를 자처하면서도 모스크바
　　자금이 임정에 대한 독립자금이라 강변했다. 이는 명백한 모순이다. 김구 지
　　음, 도진순 주해(1997),『백범일지』, 돌베개, 310쪽.

493　김립에 대한 중상과 모략의 발단은 고려공산당 이르쿠츠크파와 연대하는
　　대한국민회의 기관지『자유보』주필 최의수(崔義洙)의 기사였다. 반병률
　　(2005),「김립과 항일민족운동」,『한국근현대사연구』, 제32집.

494　1932년 9월 8일 자 안창호 심문조서에 따르면, 당시 국무총리 이동휘는 다른
　　총장들과 상의하지 않고 독단으로 비서장 김립과 협의해서 한형권의 러시아
　　특사 파견을 결정했고, 파견 당시에는 러시아어 통역 고창일을 대동하게 했
　　다고 진술했다. 제1차분 모스크바 자금 40만 원은 고려공산당 창당과 당세 확
　　장에 지출했고, 제2차분 20만 원은 국민대표자대회 소집을 위해 지출되었다
　　고 진술했다. 도산안창호선생전집편찬위원회 편(2000),『도산안창호자료집
　　(9)』, 도산안창호기념사업회, 141~142쪽.

495　1940년 당시 김구는 광복군 창설 및 예속 문제를 둘러싸고 중국군사위원회와

갈등을 빚었다. 그 과정에서 광복군 창설이 지연되자 김구는 "소련은 이미 레닌 시대에 우리나라 공산당에게 200만 원을 원조해주었다. 체면 관계로 다시 (중국 측에) 원조를 요구하지 않겠다"고 반발했다. 모스크바 자금을 임정에 대한 원조자금으로 간주해서 이를 횡령하고 유용했다는 죄목으로 김립을 암살했던 김구가 오히려 '우리나라 공산당' 혹은 '고려공산당에 지급한 자금'이라며 중국 정부의 처사를 비난했다. 이런 김구의 언설은 애초부터 모스크바 자금의 성격을 잘 알고 있었음을 시사한다. 한시준(2015), 『김구』, 한국독립운동사연구소, 121~122쪽.

496 한인사회당은 임정의 최고 지도부가 각자 자기 힘이 미칠 지역으로 흩어져서 다들 독립운동에 매진할 것을 주장했다. 예를 들어, 김규식은 모스크바, 이동녕 및 이시영은 만주, 이동휘는 시베리아, 안창호는 북미, 이승만은 하와이, 신채호는 북경, 신규식은 광동에서 각자 역량을 발휘하는 한편, 상해에는 장년층 연락원만 남겨 각지의 독립운동을 총괄하고 지도해서 실질적인 독립전쟁을 수행하자고 주장했다. 하지만 임정 개조와 실질적인 독립운동을 주장하는 한인사회당의 주장은 이시영, 신익희, 김구 등 임정 고수파의 반발 때문에 먹혀들지 않았다. 그래서 김립은 모스크바 자금을 활용해서 고려공산당을 창당하고 나섰다. 한국정신문화연구원 편집부(1999), 『지운 김철수』, 한국정신문화연구원, 10쪽/47쪽.

497 반병률(2006), 「잊혀진 비극적 민족 혁명가, 김립」, 『내일을 여는 역사』, 제26집.

498 이광수(1964), 「나의 고백」, 『이광수전집(13)』, 삼중당, 214~216쪽.

499 반병률(2005), 「김립과 항일민족운동」, 『한국근현대사연구』, 제32집.

500 김구 지음, 도진순 주해(1997), 『백범일지』, 돌베개, 311~312쪽.

501 최명식(1970), 『안악사건과 3·1운동과 나』, 긍허전기편찬위원회, 103~104쪽.

502 김구 지음, 도진순 주해(1997), 『백범일지』, 돌베개, 311쪽.

503 朝鮮總督府 警務局長(1922. 2. 25.), 「上海情報」.

5 만들어진 밀정, 옥관빈

504 정화암(1992), 『정화암 회고록』, 자유문고, 92쪽

505 정화암(1992), 『정화암 회고록』, 자유문고, 154쪽.

506 정화암(1992), 『정화암 회고록』, 자유문고, 155쪽.

507 정화암(1992), 『정화암 회고록』, 자유문고, 156쪽.

508 당시 김구는 1932년 4월 윤봉길 폭살테러 이후 일경의 추적을 피하고자 상해를 탈출해 절강성 항주에 잠복하고 있었기 때문에 상해를 들락거리며 옥관빈 암살을 모의했다는 기술은 신뢰하기 곤란하다. 아마도 당시 김구의 오른팔 안공근과 모의했던 것으로 추정된다.

509 정화암(1992), 『정화암 회고록』, 자유문고, 156쪽.

510 다른 자료에 따르면, "그것은 옥관빈의 세력이 너무 비대했기 때문에 일이 실패로 돌아가는 경우라도 (한인)애국단 관련 사실을 은폐하고자 한 백범의 수법이었다"며, 정화암은 백범 김구의 시커먼 속셈이 무척 못마땅했다고 지적했다. 무정부주의운동사편찬위원회(1978), 『한국 아나키즘운동사(전편·민족해방투쟁)』, 형설출판사, 349쪽.

511 정화암(1992), 『정화암 회고록』, 자유문고, 158쪽.

512 당시 중국 〈신보〉에 게재된 단체 명칭은 '서간단(鋤奸團)'이 아니라 '제간단(除奸團)'이었다.

513 정화암(1992), 『정화암 회고록』, 자유문고, 159쪽.

514 김광재는 옥관빈 부친의 성명과 관련해서 옥윤(玉潤)이라 주장했지만, 조부 옥윤철(玉潤喆)과 착각한 것으로 짐작된다. 1915년 2월 당시 조부 옥윤철은 77세였고, 성명불상의 모친은 44세였다. 동생은 옥승빈(玉昇彬), 옥풍빈(玉豊彬), 옥유빈(玉有彬)이 있었다. 〈매일신보〉 1915년 2월 18일 자; 〈조선일보〉 1933년 8월 14일 자; 〈매일신보〉 1915년 2월 18일 자.

515 국사편찬위원회(1986), 『한민족독립운동사 자료집(1) 105인사건공판시말서(1)』, 294쪽.

516 국사편찬위원회(1986), 『한민족독립운동사 자료집(1) 105인사건공판시말서(1)』, 295쪽.

517 곽임대(1973), 『못 잊어 화려강산』, 대성문화사, 42~43쪽.

518 〈신한민보〉 1912년 6월 17일 자/7월 1일 자.

519 이른바 '105인 사건'이란 1911년 서북지역을 중심으로 '총독암살 미수사건'

가담 혐의를 받은 기독교 신자 700명이 구속되고, 제1심에서 123명이 기소되어 유죄판결을 받은 피의자가 105명이었기 때문에 붙인 이름이다. 제2심에서는 99명이 무죄 석방되었고, 유죄판결 피의자는 6명에 불과했고, 제3심에서 최종 확정되었다. 그런데 흥미로운 사실은 최종 유죄판결 피의자 6명(윤치호·양기탁·이승훈·안태국·임치정·옥관빈) 가운데 윤치호를 제외한 나머지 5명은 이른바 '105인 사건' 이전인 1910년 '안악사건'에 연루돼 유죄판결을 받았던 인물들이었고, 1911년 재차 '총독암살 미수사건' 가담 혐의로 재차 체포·기소되었다는 점이다. 안악사건이란 형이 무거운 '안명근 강도·살인 미수사건'과 형이 가벼운 '양기탁 보안법 위반사건'으로 구분되었다. '105인 사건'에 한정한 유죄판결 피의자는 윤치호 단 한 명에 불과했다. 기노시타 다카오[木下隆男]는 종래 윤경로가 주장하는 '105인 사건'과 달리 '1+5인사건'으로, 모의 단체도 '신민회'가 아닌 '청년학우회'로 새롭게 파악돼야 한다는 파격적 논점을 제기했다. 윤경로(1990), 『105인 사건과 신민회 연구』, 일지사; 木下隆男(2011), 「105인 사건과 청년학우회 연구」, 숭실대학교대학원, 박사학위 논문, 119~183쪽.

520 105인 사건 당시 피의자의 연령은 윤치호 48세, 양기탁 43세, 임치정 33세, 이인환 50세, 안태국 39세, 옥관빈 23세였다. 김정주 편(1970), 「寺內조선총독암살음모사건」, 『조선통치사료』, 한국자료연구소, 597~598쪽.

521 김정주 편(1970), 「寺內조선총독암살음모사건」, 『조선통치사료』, 한국자료연구소, 271쪽; 上海總領事 山崎馨一(1920. 7. 2.), 「重要ナル不逞鮮人ノ略歴送付ノ件」.

522 윤경로(1990), 『105인 사건과 신민회 연구』, 일지사, 171~172쪽.

523 〈매일신보〉 1915년 2월 18일 자.

524 上海總領事 山崎馨一(1920. 7. 2.), 「重要ナル不逞鮮人ノ略歴送付ノ件」.

525 1921년 당시 삼화은행은 중소상공업자에게 상업자금을 융통해주고 저축예금을 취급하는 일반은행업이었고, 자본금은 30만 원이었다. 주식 총수 6,000주의 주주구성은 富田儀作 4,200주, 富田精一 300주, 富田徹三·富田角三·富田高助 각 250주, 이외 8명 각 100주였다. 1920년 3월 삼화은행은 평양은행과 합병해 대동은행으로 재편되었다. 〈매일신보〉 1916년 10월 31일 자; 동아경

테러리스트 김구

제시보사(1921), 『조선은행회사요록(1921년판)』, 국사편찬위원회데이터베이스; 홍성찬(1996), 「일제하 평양지역 일본인의 은행설립과 연구」, 『연세경영연구』, 제3권 제2호.

526 도미타 세이이치 엮음, 우정미 옮김(2013), 『식민지 조선의 이주일본인과 지역사회』, 국학자료원, 265쪽.

527 〈매일신보〉 1919년 8월 2일 자/8월 10일 자.

528 〈매일신보〉 1919년 2월 26일 자/1924년 1월 3일 자.

529 윤치호 지음, 박미정 옮김(2015), 『(국역) 윤치호 영문일기(6)』 국사편찬위원회, 290쪽.

530 기독교대백과사전편찬위원회(1984), 『기독교대백과사전(제11권)』, 기독교문사, 1239쪽; 〈독립신문〉 1919년 9월 30일 자.

531 김광재(2011), 「옥관빈의 상해 망명과 활동」, 『한국근현대사연구』, 제59집.

532 이미륵 지음, 정규화 옮김(1989), 『그래도 압록강은 흐른다』, 범우사, 30쪽.

533 〈독립신문〉 1919년 11월 4일 자.

534 "우리의 주의와 정신이 아무리 좋다 하더라도 물질과 금력이 없으면 그 좋은 주의와 좋은 정신을 실현할 것이 불가능할 것이요, 그 주의와 정신은 실질상 실현이 없으면 공상과 허론이 되고 말지니 좋은 주의와 정신이라 하는 것이 무슨 의미 있는 것이 되겠소"라는 안창호의 발언에서 독창적인 경제자립 사상을 확인할 수 있다. 이명화(2002), 『도산 안창호의 독립운동과 통일노선』, 경인문화사, 323쪽.

535 1920년대 전반 도산 안창호를 모셨던 홍사단 단우 장성심은 "상해에 계실 때 소년 애국자요 대성학교 제자인 옥관빈 씨가 약국을 경영하면서 돈이 좀 있어서 선생님을 도와드리려면 그냥 드리지 못하고 만나뵙고 이야기하다가 앉은 자리 밑에 슬며시 끼워 넣고 나오면서 이야기하곤 하였다. 그러면 선생님은 그것을 남들에게 다 주시곤 하였다"고 회고했다. 도산안창호선생전집편찬위원회(2000), 『도산안창호전집(13)』, 도산안창호선생기념사업회, 640쪽.

536 도산안창호선생전집편찬위원회(2000), 『도산안창호전집(4)』, 866쪽.

537 장규식(2001), 『일제하 한국 기독교 민족주의 연구』, 혜안, 268쪽.

538 1923년 7월호 월간지 『신천지』에 게재한 「실업 청년 구직책 연구에 대하야」

라는 논설에서는 조선 청년들의 실업 구제책으로 중국 장강 유역 대도시를 비롯해 상해, 광동, 홍콩, 남양 방면 등 수년에 걸친 상업 시찰의 성과와 견문에 기초해서 영어, 산술, 타자, 영문 부기, 영문 속기술 등 전문적인 상업 인재 양성을 통한 청년 실업의 구조적 해소책을 제안했다. 필요하다면 조선 청년들의 상업교육을 위한 교사를 추천·소개하는 데 견마지로(犬馬之勞)를 다하겠노라 약속다. 〈동아일보〉 1921년 3월 22일 자; 『신천지』, 제3권 제7호.

539   김광재(2011), 「옥관빈의 상해 망명과 활동」, 『한국근현대사연구』, 제59집.

540   上海總領事 山崎馨一(1920. 7. 2.), 「重要ナル不逞鮮人ノ略歷送付ノ件」.

541   옥관빈(1931. 8. 4.), 「버드나무 그늘, 이역(異域)의 고영(孤影)」, 『동광』, 제24호.

542   〈조선일보〉 1921년 1월 10일 자.

543   김광재(2012), 『어느 상인 독립군 이야기』, 선인.

544   〈동아일보〉 1921년 1월 24일 자.

545   武井義和(2009), 「1920年代初頭の上海における朝鮮人<実業家>」, 『愛知大学国際問題研究所紀要』, 第134号.

546   〈배달상보〉 1922년 3월 1일 자.

547   〈동아일보〉 1921년 12월 11일 자.

548   〈동아일보〉 1923년 1월 23일 자.

549   〈동아일보〉 1921년 12월 2일 자.

550   武井義和(2009), 「1920年代初頭の上海における朝鮮人<実業家>」, 『愛知大学国際問題研究所紀要』, 第134号.

551   朝鮮總督府警務局長(1924. 6. 9.), 「在上海朝鮮人玉觀彬ノ言動ニ關スル件」.

552   〈조선일보〉 1933년 6월 8일 자.

553   김광재(2011), 「옥관빈의 상해 망명과 활동」, 『한국근현대사연구』, 제59집.

554   대한민국국회도서관 편(1976), 『한국민족운동사사료(중국편)』, 766쪽; 손과지(2000), 『상해한인사회사(1910~1945)』, 한울, 79쪽.

555   〈동아일보〉 1929년 7월 4일 자.

556   〈조선일보〉 1933년 6월 8일 자.

557   〈동아일보〉 1932년 3월 9일 자.

558 조영록(2010), 「일제강점기 항주 고려사의 재발견과 중건주비회」, 『한국근현대사연구』, 제53호.

559 〈신보(申報)〉 1933년 8월 12일 자.

560 김광재(2011), 「옥관빈의 상해 망명과 활동」, 『한국근현대사연구』, 제59집.

561 도산안창호선생전집편찬위원회 편(2000), 『도산안창호전집(6)』, 850쪽.

562 매헌윤봉길전집편찬위원회(2012), 『매헌 윤봉길 전집(2)』, 매헌윤봉길의사기념사업회, 248~258쪽; 『태평양주보』 1932년 6월 1일 자; 〈차이나 타임스〉 1932년 5월 18일 자.

563 도산안창호선생전집편찬위원회 편(2000), 『도산안창호전집(6)』, 851쪽.

564 도산안창호선생전집편찬위원회 편(2000), 『도산안창호전집(6)』, 851쪽.

565 대한민국국회도서관 편(1976), 『한국민족운동사사료(중국편)』, 대한민국국회도서관, 739쪽.

566 대한민국국회도서관 편(1976), 『한국민족운동사사료(중국편)』, 대한민국국회도서관, 739쪽.

567 대한민국국회도서관 편(1976), 『한국민족운동사사료(중국편)』, 대한민국국회도서관, 739쪽.

568 국가보훈처·국사편찬위원회 편(2016), 『(프랑스 외무부 문서보관소 소장) 한국독립운동 자료(3)』, 국가보훈처·국사편찬위원회, 32쪽.

569 국가보훈처·국사편찬위원회 편(2016), 『(프랑스 외무부 문서보관소 소장) 한국독립운동 자료(3)』, 국가보훈처·국사편찬위원회, 32쪽.

570 최병수(1998), 「대한민국 임시정부와 일파 엄항섭 지사」, 『충북사학』, 제10집; 김윤미(2021), 「일파 엄항섭의 독립운동과 대한민국 임시정부 활동」, 『한국독립운동사연구』, 제75집.

571 송병조(宋秉祚)는 1867년 평북 용천 출생으로 어려서 한문을 수학했고, 1901년 신학교를 졸업했으며, 1907년부터 목사로 친목했다. 1919년 3·1운동을 거쳐 상해로 망명해서 신한청년당 소속으로 활동했다. 1924년 5월 2일 흥사단에 입단(단번 제177번)했고, 1932년에는 한인교민단 정무위원장, 한국독립당 임시위원장, 임시정부 대리주석을 역임했다. 흥사단 계열을 대표하는 거물 정치인이었다. 1924년 4월 18일 중국적을 취득했고, 등록번호는

제617호였다. 도산안창호선생전집편찬위원회 편(2000), 『도산안창호전집 (10)』, 737쪽.

572 1932년 1월 30일 상해한인청년당은 1931년 7월 창설한 상해한인독립운동 자동맹의 변신이다. 1932년 말 간부는 이사장 한영려, 이사 이규서·연충렬· 서재현·김석이었다. 이 단체는 과격파 청년조직으로 1932년 2월 이래 김 구의 사주를 받아 테러 활동을 벌였다. 1933년 1월 이규서와 연충렬이 암살 되고, 1933년 11월 22일 김석마저 일본영사관 경찰에 체포되면서 유명무 실하게 되었다. 국사편찬위원회(1968), 『한국독립운동사 자료(임정편 3)』, 559~560쪽; 김정명 편(1967), 『조선독립운동(2)』, 원서방, 495쪽.

573 대한민국국회도서관 편(1976), 『한국민족운동사사료(중국편)』, 대한민국국 회도서관, 740쪽.

574 김철은 전남 함평 출신으로 본명은 김영탁(金永鐸)이다. 1932년 당시 그의 나 이는 39세였다. 김석은 김철의 조카였지만 상해에서는 김철의 장남 행세를 했 다. 김철의 중국적 취득은 1929년 10월이었다. 국가보훈처·국사편찬위원회 편 (2016), 『(프랑스 외무부 문서보관소 소장) 한국독립운동 자료(3)』, 국가보훈 처·국사편찬위원회, 57~58쪽.

575 이규서(李圭瑞)는 1912년 평북 용천에서 부친 이석영(1855~1934)과 모친 정 씨 사이에 2남 중 둘째로 태어났다. 그의 형은 이규준(李圭駿)이다. 정화암 (1992), 『정화암 회고록』, 자유문고, 136~137쪽; 이은숙(2017), 『서간도시종 기』, 일조각, 385쪽.

576 〈동아일보〉 1932년 11월 22일 자.

577 정화암(1992), 『정화암 회고록』, 자유문고, 136~137쪽.

578 이규창(1992), 『운명의 여신(餘燼)』, 보연각, 180~187쪽.

579 한상도(2014), 「안경근이 걸어간 한국근현대사」, 『한국민족운동사연구』, 제 78집.

580 독립운동사편찬위원회 편(1976), 『독립운동사 자료집(11)』, 독립운동사편찬위 원회, 825쪽; 〈매일신보〉 1937년 11월 9일 자; 정화암(1992), 『정화암 회고록』, 자유문고, 138쪽.

581 이덕일은 이규서가 이회영의 중형 이석영의 차남이자 이규창의 사촌 형이란

테러리스트 김구

사실을 의식했는지 그를 '임정 요인의 친척'이라고 둘러댔다. 하지만 이회영의 일가 가운데 임정에 참여한 인물은 없었다. 이덕일(2001), 『아나키스트 이회영과 젊은 그들』, 웅진닷컴, 251쪽.

582 국사편찬위원회(1968), 『한국독립운동사 자료(20)』, 580~581쪽.

583 조상섭(趙尙燮)은 1885년 평북 의주 출생으로 1912년 예수교 신학교를 졸업한 이후 장로교 친목을 거쳐 1917년 목사가 되었다. 1919년 3·1운동에 참여한 이후 상해로 망명해서 임시정부 의정원장과 인성학교 교장 등을 역임했다. 신한청년당과 대한노병회에서 활동했고, 1924년 중국적 취득과 함께 원창(元昌)이란 이름으로 활동했다. 1920년대 후반 임정와 거리를 두고 원창공사(元昌公司)를 설립해 조선산 백삼을 수입·판매해서 상당한 재산을 모았다. 그는 상해 한인 실업계를 대표하는 인물 가운데 한 명이었고, 옥관빈과도 절친이었다. 1924년 6월 흥사단에 입단(단번 제176번)했다. 1932년 당시 41세였다. 1932년 4월 윤봉길 폭살테러 당시 원창공사 점원은 장운기(張雲起)와 김영린(金英麟) 2명이었다. 도산안창호선생전집편찬위원회편(2000), 『도산안창호전집(10)』, 736쪽.

584 이규창(1992), 『운명의 여신(餘燼)』, 보연각, 197~198쪽.

585 독립기념관학예실(2014. 2.), 「오면직, 의열투쟁으로 친일세력을 응징하다」, 『독립기념관』, 제322호; 이호룡(2014. 12.), 「오면직, 의열투쟁으로 친일세력을 응징하다」, 『통일로』, 제316호.

586 김정명 편(1967), 『조선독립운동(2)』 원서방, 503쪽.

587 국가보훈처·국사편찬위원회 편(2016), 『(프랑스 외무부 문서보관소 소장) 한국독립운동 자료(2)』, 117쪽; 국가보훈처·국사편찬위원회 편(2016), 『(프랑스 외무부 문서보관소 소장) 한국독립운동 자료(3)』, 324쪽.

588 국가보훈처·국사편찬위원회 편(2016), 『(프랑스 외무부 문서보관소 소장) 한국독립운동 자료(2)』, 국가보훈처·국사편찬위원회, 117쪽.

589 엄형순(嚴亨淳)은 1906년 경북 영양 출생으로 본명은 엄순봉(嚴舜奉)이다. 가세가 빈곤해서 배움이 없었고 어려서부터 날품팔이 생활을 했다. 1922년 12월 만주로 건너가서 동변도(東邊道) 소재 화흥공사(華興公司)의 농업 노동에 종사했다. 1931년 10월 북평을 거쳐 1932년 1월 상해 외곽 남상(南翔)의

농업학교 입달학원에서 농사일을 했다. 1932년 12월 유자명의 소개로 '남화연맹'에 가입했다. 1933년 3월 아리요시[有吉] 일본공사 암살미수 사건(이른바 63정 사건)을 공모했고, 1933년 5월 이달(李達), 주열(朱烈), 안경근(安敬根)과 함께 안공근의 처남 이종홍(李鐘洪, 25세, 황해도 신주 출생)을 밀정으로 몰아 교살했고, 8월에는 옥관빈, 12월에는 옥관빈의 사촌 형 옥성빈을 암살했다. 1935년 1월 조상섭의 집을 습격하는 무장강도를 자행했고, 3월 25일 이규호와 함께 상해 거류민단 고문 이용노 암살을 시도했다가 미수에 그치면서 체포되었다. 1936년 4월 살인강도 죄목으로 사형판결을 받았고, 1938년 4월 서대문형무소에서 처형되었다. 정화암에 따르면, 엄형순은 성품이 곧고 부정을 보면 참지 못하는 성격으로 몸이 건강하고 힘이 좋아서 두 사람 몫의 품삯을 받을 만큼 우직한 인물이었다. 독립운동사편찬위원회 편(1976), 『독립운동사 자료집(11)』, 독립운동사편찬위원회, 837~844쪽; 정화암(1992), 『정화암 회고록』, 자유문고, 164쪽; 이강훈(1994), 『민족해방운동과 나』, 제삼기획, 189~190쪽; 朝鮮總督府警務局長(1936. 3. 23.), 「玉觀彬暗殺犯人ニ關スル件」; 무정부주의운동사편찬위원회(1978), 『한국하나키즘운동사(전편·민족해방투쟁)』, 형설출판사, 354~362쪽.

590 독립운동사편찬위원회 편(1976), 『독립운동사 자료집(11)』 독립운동사편찬위원회, 834쪽.

591 국가보훈처·국사편찬위원회 편(2016), 『(프랑스 외무부 문서보관소 소장) 한국독립운동 자료(3)』, 국가보훈처·국사편찬위원회, 78~79쪽.

592 사건 현장에서 발견된 탄피 3개는 무기소지허가증 지참자들이 소지하는 리볼버 탄창에 부과하는 프랑스 조계 경찰이 발행한 특수 식별 표식이 있었다. 그래서 프랑스 조계 경무국은 즉시 탄피를 무기관리국에 인계해서 총기소지허가자를 식별하도록 조치했다. 당시 조사보고서 작성자는 수사반장 마르모라와 형사 옥성빈이었다. 국가보훈처·국사편찬위원회 편(2016), 『(프랑스 외무부 문서보관소 소장) 한국독립운동 자료(3)』, 국가보훈처·국사편찬위원회, 79쪽.

593 〈동아일보〉 1933년 8월 15일 자.

594 〈신보〉 1933년 8월 9일 자.

테러리스트 김구

595 김광재는 한인제간단과 관련해서 "(남화한인) 청년연맹은 산하에 한인제간단이라는 단체를 두고 친일파 처단을 수행하고 있었던 것으로 보인다. 그러므로 이전부터 친일파, 밀정 혐의를 받아온 옥관빈이 이들의 주목을 받게 된 것은 당연하였다"고 주장했다. 하지만 정화암이 "나는 안공근에게 이 기회에 아예 옥관빈의 죄상을 공개하여 당연히 죽어야 할 사람이라는 것을 세상에 알릴 필요가 있다고 제안했고, 그래서 옥관빈의 죄상을 '서간단(鋤奸團)' 명의로 발표하기로 합의했다"고 회고했던 사실을 고려하면, 한인제간단은 애당초 존재했던 단체가 아니라 옥관빈 암살 직후 성명서 발표를 위해 급조한 유명무실한 단체로 보는 것이 타당하다. 김광재(2012), 「상해시기 옥관빈 밀정설에 대한 비판적 검토」, 『한국근현대사연구』, 제63집.

596 〈신보〉 1933년 8월 12일 자.

597 김광재(2012), 「상해시기 옥관빈 밀정설에 대한 비판적 검토」, 『한국근현대사연구』, 제63집.

598 국가보훈처·국사편찬위원회 편(2016), 『(프랑스 외무부 문서보관소 소장) 한국독립운동 자료(3)』, 국가보훈처·국사편찬위원회, 82쪽.

599 〈조선중앙일보〉 1933년 8월 4일 자.

600 정화암(1992), 『정화암 회고록』, 자유문고, 156쪽.

601 구익균은 1908년 평북 용천 출생으로 어려서 서당에서 수학했고, 15세에 소학교 5학년에 편입학했다. 1924년 신의주 고등보통학교에 진학했다. 1929년 신의주학생 사건 당시 주도적인 역할을 했고, 일제 감시를 피해서 상해로 망명했다. 1929년 상해 중국공학대학 정경학부에 입학해 경제학을 전공했다. 1930년 말 홍사단에 입단(단번 제241번)해서 안창호의 비서로 활동했다. 도산안창호선생전집편찬위원회 편(2000), 『도산안창호전집(10)』, 797쪽; 구익균(1994), 『새역사의 여명에 서서』, 일월서각.

602 김광재(2012), 「상해시기 옥관빈 밀정설에 대한 비판적 검토」, 『한국근현대사연구』, 제63집.

603 옥관빈의 인성학교 기부와 관련해서 〈동아일보〉는 "중국 상해 동포 자녀의 교육기관인 인성학교는 최근 경비 곤란으로 거의 폐교할 지경에 이르렀다. 하지만 상해에서 상업에 크게 성공한 삼덕양행 총경리 옥관빈 씨가 전후 두 번 걸

처 2천 원을 기부해서 다시금 계속해서 개교하게 되었다"고 보도했다. 〈동아일보〉 1928년 12월 12일 자; 김광주(1965. 12.), 「상해시절 회상기(상)」, 『세대』.

604 1933년 9월 1일 자 잡지 『삼천리』도 "상해 옥관빈 씨가 피살당하였다. 그는 안창호의 부하로 있었고 일도 많이 하다가, 정계에 발을 끊고 실업에 종사하여 벌써 10년 독일산 화학약품 동양전매특허를 맡아서 삼덕양행을 경영하여 100여 만 원의 거부를 이루었다. 가끔 운동자금을 달라고 가면 '너 이만 일하겠느냐. 나도 돈 버는 목적이 있다'며 모두 거절하였다. 이것이 '함원피살(含怨被殺)'의 주인(主因)이라 한다"고 밝혔다. 『삼천리』, 1933년 9월 1일 자.

605 정화암(1992), 『정화암 회고록』, 자유문고, 155~156쪽.

606 1935년 8월 당시 在上海事務官 一杉藤平의 보고에 따르면, 정화암은 일본영사관 첩자 임영창(林榮昌)에게 "옥관빈, 옥성빈 기타 암살은 자신들의 소위(所爲)지만 그때마다 김구로부터 1천 원씩 수당을 받았다"고 밝혔다. 在上海事務官 一杉藤平(1935. 8. 12.), 「對金九特種工作ニ關スル件」; 이규창(1992), 『운명의 여신(餘燼)』, 보연각, 197쪽.

607 대한민국국회도서관 편(1976), 『한국민족운동사사료(중국편)』, 766쪽.

608 유가족은 친동생 옥승빈(玉昇彬)을 비롯해 옥풍빈(玉豐彬), 옥유빈(玉有彬) 그리고 옥관빈의 장남 옥인태(玉仁泰)와 옥인환(玉仁桓), 손자 옥보형(玉寶衡)과 옥정형(玉政衡)이었다. 친척 총대는 옥윤수(玉潤水)였다. 〈조선중앙일보〉 1933년 8월 14일 자.

609 在上海總領事 山崎馨一(1920. 7. 2.), 「重要ナル不逞鮮人ノ略歷送付ノ件」.

610 손과지(2000), 『상해한인사회사(1910~1945)』, 한울, 97쪽; 이규창(1992), 『운명의 여신(餘燼)』, 보연각, 193쪽.

611 김정명 편(1967), 『조선독립운동(2)』 원서방, 146쪽.

612 김정주 편(1972), 『조선통치사료(10)』, 한국사료연구소, 689쪽; 고등법원검사국사상부(1936), 『사상휘보』, 제7호, 14쪽.

613 〈독립신문〉 1925년 11월 1일 자.

614 윤치호 지음, 박미경 옮김(2015), 『(국역) 윤치호 영문일기(7)』(1921년 4월 15일 자).

615 윤치호 지음, 박정신 옮김(2016), 『(국역) 윤치호 영문일기(9)』(1933년 8월

21일 자).

616 도산안창호선생전집편찬위원회(2000), 『도산안창호전집(4)』, 859~860쪽 (1920년 2월 24일 자).

617 도산안창호선생전집편찬위원회(2000), 『도산안창호전집(4)』, 862쪽(1920년 2월 18일 자).

618 在上海總領事 山崎馨一(1920. 7. 2.), 「重要ナル不逞鮮人ノ略歷送付ノ件」.

619 朝鮮總督府警務局長(1924. 6. 9.), 「在上海朝鮮人玉觀彬ノ言動ニ關スル件」.

620 김광재(2012), 「상해시기 옥관빈의 밀정설에 대한 비판적 검토」, 『한국근현대 사연구』, 제63집.

621 『동광』, 제24호, 1931년 8월 4일 자.

622 〈동아일보〉 1933년 12월 26일 자.

623 1933년 12월 20일 재상해 일본영사관이 재상해 프랑스영사관으로 앞으로 발 송한 '김해산(金海山)의 진술서'에 따르면, 그는 충남 서산 출생으로 본명은 김 문희(金文熙)이고 1933년 당시 40세였다. 1919년경 상해로 이주했고, 1924년 7월 설산 장덕수의 동생 장덕진과 함께 프랑스 조계 도박장을 습격했다. 그때 장덕진은 도박장 경호원의 총격을 받았고, 김해산은 프랑스 조계 공무국 경찰 에 체포되었다. 그 때문에 1924년 8월 프랑스 공동법정에서 5년 징역형을 언도 받았다. 1925년 7월 14일 5천 원의 보석금을 내고 석방되었다. 이후 천진과 북 경을 전전하며 아편 밀매상을 했고, 1930년 다시 상해로 이주해 아편과 인삼 을 거래했다. 동거하는 부인과 별도로 고향 서산에는 2명의 아들과 첩이 있었 다. 재산은 상해에 3천 달러, 고향에 1천 원 상당이 있었다. 1924년 6월 23일 중 국적을 취득했다. 1932년 4월 29일 윤봉길 폭살테러 당일 김구와 윤봉길에게 아침 식사를 제공한 장본인이다. 프랑스 조계 공무국에 따르면, 그는 '잘 알려 진 마약 밀매상'이었고, 임정 앞으로 마약 밀매 수익금의 상당액을 상납했다. 1933년 12월 19일 김해산은 옥성빈 암살 혐의를 받고 재상해 일본영사관 경 찰에 체포되어 조선으로 압송되었다. 국가보훈처·국사편찬위원회 편(2016), 『(프랑스 외무부 문서보관소 소장) 한국독립운동 자료(3)』, 국가보훈처·국사 편찬위원회, 203~207쪽.

624 1933년 12월 22일 자 재상해 프랑스영사관 경무국 정무과장은 "일본인들에

따르면, 안공근은 옥관빈(1933년 8월 1일) 암살 사건의 조직자들 중 한 명"이
라 밝히고 있다. 국가보훈처·국사편찬위원회 편(2016), 『(프랑스 외무부 문
서보관소 소장) 한국독립운동 자료(3)』, 국가보훈처·국사편찬위원회, 210쪽.

625 〈동아일보〉1933년 12월 26일 자.

626 기독교대백과사전편찬위원회(1984), 『기독교대백과사전(제11권)』, 기독
교문사, 1239쪽; 국사편찬위원회(1987), 『한민족독립운동사 자료집(4)』,
201~202쪽.

627 在上海日本總領事館警察部第二課(1946), 『朝鮮民族運動年鑑』, 43쪽.

628 당시 상해 각 신문은 중국 거주지에서 벌어진 일본영사관의 옥성빈 체포는
중국의 주권을 침해한 국제법 위반이라 성토했고, 재상해 프랑스영사관도
그의 방면(放免)을 위해 노력했다. 이후 조기천은 21일의 구류처분을 받고
만기가 차서 방면되었지만, 옥성빈은 구속 기소되었다. 〈조선일보〉1924년
1월 23일/2월 8일 자.

629 在上海總領事 失田七太郎(1924. 2. 13.), 「爆彈供給犯人玉觀彬移送ニ關ス
ル件」.

630 국사편찬위원회(1991), 『한국독립운동사 자료(20)』, 28쪽.

631 〈동아일보〉1924년 2월 20일 자.

632 〈조선일보〉1924년 2월 18일 자.

633 1924년 8월 6일 나가사키 지방재판소 예심결정서에 따르면, 옥성빈은 치안유
지법에 저촉되는 것을 알면서도 1923년 3~4월경 김창수 집에서 만난 성명불
상의 일본인 2명에게 폭탄 2개, 1924년 1월 7일 전임증(田任增)에게 폭탄 2개
를 팔았으며, 1월 8일 김홍서(金弘瑞)에게 40개의 폭탄을 주문받은 것으로 파
악되었다. 검사는 '폭발물취체규칙위반'으로 7년 형을 구형했고, 옥성빈과 변
호사는 끝까지 무죄를 주장했다. 1924년 8월 8일 재판장은 증거 불충분을 고
려해서 5년 징역형을 처분했다. 〈조선일보〉1929년 8월 19일 자.

634 그럼에도 '105인 사건' 전문 연구자로 널리 알려진 윤경로는 1923년 임정 경
무국장 김구가 옥성빈을 '요주의 인물'로 지목했다는 일제의 보고서를 거론
하며 옥성빈을 '이중첩자'와 '밀정'으로 간주했다. 참으로 황당한 주장이 아
닐 수 없다. 윤경로(2012), 「105인 사건 피의자들의 사건 이후 행적에 관한 소

테러리스트 김구

고」,『한국기독교와 역사』, 제36집.

635 1932년 9월 12일 제6회 안창호 심문조서. 조선총독부 경무국(1997),『도산안
      창호자료집(1)』, 국회도서관, 249쪽.

636 김정주 편(1971),『조선통치사료(8)』, 한국사료연구소, 455쪽.

637 김정명 편(1967),『조선독립운동(2)』, 원서방, 504쪽.

638 국가보훈처·국사편찬위원회 편(2016),『(프랑스 외무부 문서보관소 소장) 한
      국독립운동 자료(3)』, 국가보훈처·국사편찬위원회, 208쪽.

639 이규창(1992),『운명의 여신(餘燼)』, 보연각, 174~175쪽.

640 1932년 2월까지 프랑스 조계 공무국에는 엄항섭과 옥성빈 두 명의 조선인이
      근무했다. 엄항섭은 조선인 독립운동가에 대한 일경의 수사가 있을 경우 사
      전에 연락해서 모두 도피하게 했다. 그런데 엄항섭이 프랑스 조계 경무국을
      사직한 이후 도산 안창호를 비롯한 독립운동가들이 일경에 체포되는 일이 속
      출했다. 1978년 무정부주의운동사편찬위원회는 이 점을 지적하며, "이로 인
      해 옥성빈은 독립운동에 대한 비협력 혹은 배반의 혐의를 받고 있었는데, 그
      것이 그의 피살원인이 아닌가 추측되기도 했다"고 지적했다. 무정부주의운동
      사편찬위원회(1978),『한국하나키즘운동사(전편·민족해방투쟁)』, 형설출판
      사, 351쪽.

641 김광재(2012),「상해시기 옥관빈의 밀정설에 대한 비판적 검토」,『한국근현대
      사연구』, 제63집.

642 국가보훈처·국사편찬위원회 편(2016),『(프랑스 외무부 문서보관소 소장) 한
      국독립운동 자료(3)』, 국가보훈처·국사편찬위원회, 324쪽.

643 국가보훈처·국사편찬위원회 편(2016),『(프랑스 외무부 문서보관소 소장) 한
      국독립운동 자료(3)』, 국가보훈처·국사편찬위원회, 325쪽.

644 윤경로(2012),「105인 사건 피의자들의 사건 이후 행적에 관한 소고」,『한국
      기독교와 역사』, 제36집.

645 김광재(2012),「상해시기 옥관빈 밀정설에 대한 비판적 검토」,『한국근현대사
      연구』, 제63집.

646 당시 임영창은 김구 암살 공작을 담당하는 조선총독부 상해 파견 사무관 一
      杉藤平의 밀정으로 활동했고, 남화연맹 정화암을 사주해서 김구 암살을 모의

하는 이른바 '김구 특종 공작'에 참여했다. 여기서 안공근의 처조카는 황해도 신천 출신의 이종홍(李鐘洪)을 말한다. 그는 1932년 8월 말 매부 안공근의 집에 기숙하면서 일본영사관 고등계 순사 고토[後藤]와 알고 지내는 사이였지만, 1932년 12월 말 행방불명되었다. 그 때문에 상해 한인 사회에서는 이종홍이 암살되었다는 풍설이 나돌기도 했다. 무정부주의운동사편찬위원회의 편찬 자료에 따르면, 김구와 정화암은 이종홍을 일제 밀정으로 간주해서 처단할 것을 합의했다. 1933년 5월 '김구의 그림자'로 알려진 안경근은 오면직, 엄순봉, 이달, 주열 등 남화연맹 단원들과 협력해서 이종홍을 남상(南翔) 입달학원 부근으로 유인해 일본영사관 밀정 노릇을 했다는 자백을 받고 목 졸라 죽였다고 밝혔다. 在上海事務官 一杉藤平(1935. 8. 12.), 「對金九特種工作ニ關スル件」; 무정부주의운동사편찬위원회 편(1978), 『한국아나키즘운동사』, 형설출판사, 343쪽.

647 이규창(1992), 『운명의 여신(餘燼)』, 보연각, 197쪽.

648 정화암(1992), 『정화암 회고록』, 자유문고, 156쪽.

649 이규창(1992), 『운명의 여신(餘燼)』, 보연각, 192~193쪽.

650 정화암(1992), 『정화암 회고록』, 자유문고, 156쪽.

651 손세일도 1933년 1월 프랑스 조계 음식점에서 옥관빈이 주최한 신년회를 거론하며, "이 무렵 옥관빈은 친일파로 변신해 있었다"고 주장했다. 손세일(2015), 『이승만과 김구(4)』, 조선뉴스프레스, 473쪽.

652 『동광』 제24호, 1931년 8월 4일 자.

653 『동광』 제24호, 1931년 8월 4일 자.

654 2021년 12월 옥관빈의 손자 옥수남의 증언.

655 정화암(1992), 『정화암 회고록』, 자유문고, 156쪽.

656 그럼에도 정화암은 "내가 살인 청부업자가 아닌 다음에야 어떻게 백범이 누구를 죽이라고 시켰다고 해서 그런 행동을 하겠소"라며, 청부살인 여부에 손사래를 쳤다. 이정식 편(1988), 「화암 정현섭」, 『혁명가들의 항일 회상』, 민음사, 404~405쪽/414쪽.

657 김신도 2013년 발간한 회고록에서 "옥관빈은 변절한 뒤 일본 측과 내통하며 임시정부의 정보를 제공했고, 사업을 크게 하면서 일본군에 재물을 헌납하고

독립운동가들을 비방했다. 그러면서 상해 실업계와 교민사회에서 유지 행세를 했다"고 주장했다. 전혀 근거 없는 거짓말이다. 김신(2013), 『조국의 하늘을 날다』, 돌베개, 25쪽.

658 김광재(2012), 「상해시기 옥관빈 밀정설에 대한 비판적 검토」, 『한국근현대사연구』, 제63집.

6 안중근의 막냇동생, 안공근

659 김구 지음, 도진순 주해(1997), 『백범일지』, 돌베개, 40쪽.

660 김구 지음, 도진순 주해(1997), 『백범일지』, 돌베개, 41~42쪽.

661 김구의 제자이자 테러 활동의 하수인이었던 오면직은 옥중수기에서 "김구의 출생지는 황해도 해주의 모 부락이었고, 이른바 양반 계급에 속하는 강씨와 이씨 가문의 세거지(世居地)였다. 김구 부친은 빈천해서 일가의 호구(糊口)를 위해 강씨와 이씨의 부림을 당했고, 이들의 압박에 시달려 내심 분노했지만 입으로 드러낼 수는 없었다. 이런 비참한 환경에서 생장한 김구는 7~8세 유년기부터 특수계급 양반 또는 자산가에 대한 불만과 반항심을 키웠다. 그래서 식칼을 들고 이씨와 강씨 집에 돌진하는 등 항상 양반들의 압박에 반항했다. (⋯) 갑오년 이른바 동학란이 일어나자 근동 동학당의 추천을 받아 수괴가 되었다"고 밝혔다. 오면직(1936. 12.), 「余か觀た金九及其の一黨」, 『思想彙報』, 제9호.

662 조일문은 김구가 독립운동을 위해 태어나고, 독립운동을 위해 살다가, 독립운동을 위해 죽었다며, '독립운동의 화신'이라 주장했다. 특히 동학 입도는 자유와 평등에 대한 김구의 강렬한 열망을 시사하는 것으로, 그의 정치 이념의 원형이 되었고, 나중에 '독립투쟁의 잠재력'으로 작용했다고 주장했다. 하지만 『백범일지』에서 확인되는 김구의 동학 입도 동기는 '동학에 입도만 하면 양반이 될 수 있다'는 낭설에 현혹되었기 때문이다. 김구의 동학군 활동은 화적떼와 크게 다를 바 없었다. 따라서 조일문의 주장은 사실과 다르다. 조일문(1992), 「김구의 추억」, 『한민족독립운동사논총』, 논총간행위원회, 1511~1515쪽.

663 김구 지음, 도진순 주해(1997), 『백범일지』, 돌베개, 43쪽.

664 일본군 보병 소위 스즈키 아키라[鈴木彰]는 "40명의 병력을 둘로 나누어 20명
     은 성에 남아 남문의 적을 맡게 하고, 나머지 20명을 이끌고 성 밖으로 나가서
     2~3회 사격을 가하자, 갑자기 도주를 시작하여 마침내 한 사람도 남아 있지
     않게 되었다"고 밝혔다. 大日本陸軍步兵少尉 鈴木彰(1895. 3. 7.),『黃海道東
     學黨征討略記』.

665 이경남(1981),『설산 장덕수』, 동아일보사, 32쪽.

666 안씨 가문은 해주 일대에서 누대(累代)에 걸쳐 무반호족(武班豪族)으로 명
     망과 세력을 떨쳤다. 1909년 內部警務局長 松井茂에 따르면, 안태훈 진사의
     부친 안인수(安仁壽)는 황해도 해주에서 미곡상을 하며 항상 미곡 매입 대금
     을 제대로 지불하지 않는 등 간악했기 때문에 세상 사람들은 그의 본명을 부
     르지 않고 안억핍(安億乏)으로 부르기도 하고, 차함(借銜) 진해군수에 임명
     되면서 안진해(安鎭海)라 부르기도 했다. 해주, 봉산, 연안 일대에 약 400석의
     토지를 소유하고 황해도 일대에서 2~3위를 다투는 부자였다. 內部警務局長
     松井茂(1909. 11. 12.),「安重根ノ家系調査報告」,『高秘收第六四八八號의 一』.

667 안중근은 동학당이 곳곳에서 창궐해 외국인을 배척한다는 핑계로 군현을 횡
     행해서 관리들을 죽이고 백성들의 재산을 약탈한 것이 나라를 위태롭게 한
     요인이며, 일본과 청국과 러시아가 조선에서 전쟁을 일으킨 원인이 되었다
     고 갈파했다. 그는 "이때 아버님께서 동학당의 폭행에 견디다 못해 동지를 모
     으는 격문을 띄워 의거를 일으켜 포수를 불러 모으고 처자까지도 행오(行伍)
     에 들게 하시니 정예 병정이 무릇 칠십여 명이나 되었다. 아버님께서는 청계
     산에 진을 치고 동학당에 대항하였다"고 증언했다. 안중근은 저작『동양평화
     론』에서는 1894년 청일전쟁 발발이 서절배(鼠竊輩) 동학당의 소요 때문이라
     고 주장했다. 안중근의사기념사업회 편(2009),『안응칠역사』, 24쪽.

668 오영섭(2007),「개화기 안태훈(1862~1905)의 생애와 활동」,『한국근현대사
     연구』, 제40집.

669 『갑오군공록(甲吾軍功錄)』에 따르면, 안태훈 진사의 군공(軍功)을 "신천 의려
     장 진사 안태훈은 의를 떨치고자 죽음을 불사했고, 가산을 풀어서 장정을 모았
     다(信川義旅長進士安泰勳 冒死奮義, 散財募丁)"고 기록하고 있으며,『갑오해
     영비요전말(甲吾海營匪擾顚末)』에 따르면, "신천 군수 첩보에 따르면, 감영이

임명한 본군 의려장 진사 안태훈이 포군 70명과 촌정(村丁) 100여 명을 모집하여 적진의 영장 3명을 포살하고, 조총, 환도, 갑옷 등을 습득해서 올려보냈다고 합니다. 안태훈의 유능한 일 처리와 기묘한 공훈은 지극히 가상함으로 그에게 격려와 포상을 내려야 마땅할 것입니다"라고 기록하고 있다. 국사편찬위원회(1971),「갑오공군록」,『동학란기록(下)』, 715쪽/734쪽.

670 일본군 보병 소위 스즈키 아키라[鈴木彰]는 "신천 남쪽으로 약 3리 떨어진 어떤 읍에 안태훈이라 자가 있는데, 그는 의용병을 모집하여 스스로 의병부대 대장이 되어 그들을 통솔하여 산속에서 농성하면서 누차 동학도와 싸웠다는 이야기를 들었다. 그렇지만 그 안태훈이란 사람은 단지 자기 읍을 지키기만 하였고, 다른 지방의 적을 치는 일은 없었다고 한다. 아울러 안태훈 한 사람에 그치지 않고 부사, 군수, 현감 등이 모두 이처럼 1군 1읍의 안전만을 도모했다. 소관은 글을 써서 안태훈에게 보내어 한 번 만날 예정이었지만, 그가 병석에 있어서 만날 수 없었다. 그렇지만 부호이면서 또한 명성이 자못 높은 인물이었다"고 기술했다. 大日本陸軍步兵少尉 鈴木彰(1895. 3. 7.),『黃海道東學黨征討略記』.

671 김구 지음, 도진순 주해(1997),『백범일지』, 돌베개, 50쪽.

672 김구 지음, 도진순 주해(1997),『백범일지』, 돌베개, 51쪽.

673 이경남(1981),『설산 장덕수』, 동아일보사, 33쪽.

674 김구 지음, 도진순 주해(1997),『백범일지』, 돌베개, 55~56쪽.

675 청계동 생활 및 안 진사와 관련해서 김구는『백범일지』에 안 진사가 밀사를 파견한 진의는 군사적인 원조나 계략이라기보다는 나이 어린 형의 담대한 기개를 아낀 것이고, 날마다 사랑에 와서 내가 없을 때라도 내 동생들과 놀고 친구들과 담화하든지 서적을 보든지 마음대로 안심하여 지내라고 했으며, 이제 패전한 장수의 신세가 되어 안 진사의 후의를 입어 생명만은 안전하게 지키게 되었고, 술로나 글로나 나이로나 겉모양으로나 자리에는 전혀 어울리지 않는 나를 초청하곤 하였다고 기술했다. 안 진사는 김구의 부모에게도 큰 호의를 베풀었다. 1894년 말 절체절명의 궁지에 내몰린 김구에게 안 진사는 구세주와 다름없는 존재였다. 김구 지음, 도진순 주해(1997),『백범일지』, 돌베개, 55~56쪽/61쪽/64쪽.

676 김구 지음, 도진순 주해 (1997), 『백범일지』, 돌베개, 57쪽.

677 김상기 (1997), 『한말의병연구』, 일조각.

678 이전 (1949), 『안중근혈투기』, 연천중학교기성회, 26쪽.

679 김구 지음, 도진순 주해 (1997), 『백범일지』, 돌베개, 87쪽; 이전 (1992), 『안중 근혈투기』, 나라문화사, 26쪽.

680 안 진사와의 절교 경위와 관련해 김구는 『백범일지』에서 "우리나라에서 일어 난 동학은 토벌하고 서양 오랑캐가 하는 서학(西學)을 한다는 말이 매우 괴이 하였다. 모름지기 의리 있는 선비라면 '목을 자를지언정 머리카락은 자를 수 없다', '저승에서 머리 없는 귀신이 될지언정 이승에서 머리 깎는 사람은 되지 않겠다'고 생각할 때였다. 그런데 안 진사가 단발할 의향까지 보였다는 것은 그에게 의리가 없다는 말이 아니고 무엇이겠는가"라고 주장했다. 김구 지음, 도진순 주해 (1997), 『백범일지』, 돌베개, 88쪽.

681 장석흥 (2004), 「19세기 말 안태훈 서한의 자료적 성격」, 『한국학논총』, 제 26집.

682 국사편찬위원회 편 (1959), 「중범공초」, 『동학란기록(下)』, 국사편찬위원회, 564쪽.

683 장석흥 (2004), 「19세기 말 안태훈 서한의 자료적 성격」, 『한국학논총』, 제26 집; 손세일 (2015), 『이승만과 김구(1)』, 조선뉴스프레스, 327쪽.

684 장석흥 (2004), 「19세기 말 안태훈 서한의 자료적 성격」, 『한국학논총』, 제 26집.

685 최석우 (2000), 「안중근의 의거와 교회의 반응」, 『한국교회사의 탐구(3)』, 한국 교회사연구소, 242~243쪽.

686 곽임대는 1905년경 안중근이 안 진사와 함께 중국 여행을 위해 행장을 꾸리 고 신주를 떠나 배편으로 진남포에 가서 중국으로 항해할 계획이었다고 증언 했다. 그는 그러나 "안 진사가 선창에서 그만 병사하고 말았다. 술을 즐겨 마 신 안 진사는 60세 일기로 객사하고 말았다. 부친상을 당한 안중근은 중국으 로 떠나는 길을 포기하고 진남포에 정착했다. 석탄 중개상을 하며 가족의 생 계를 꾸려나갔다"고 증언했다. 곽임대 (1973), 『못 잊어 화려강산』, 대성문화 사, 54~55쪽.

687 안공근의 둘째 형 안정근은 1884년 11월 황해도 해주읍에서 출생해 1892~1900년 한학을 사숙했고, 1906~1907년 영어, 1907~1908년 경성법학교, 1909~1911년 러시아어를 수학했다. 1911~1912년 러시아 보병대 근무를 거쳐 1912~1915년 잡화상, 1916~1919년 병원 사무관리인을 거쳐 1919~1922년 상해로 이주해 대한적십자회 부회장을 역임했다. 한문, 법률, 러시아어에도 능통했으며 독실한 천주교 신자였다. 중국식 이름은 안조영(安趙英)이고, 부인 이정서(李貞瑞) 사이에 4남(안원생·안왕생·안진생·안은생) 2녀(안혜생·안미생)를 두었다. 그는 1922년 안창호에게 감화해 흥사단에 입단했다. 도산안창호선생전집편찬위원회 편(2000), 『도산안창호전집 제10권』, 804쪽/919쪽.

688 국사편찬위원회(1978), 『한국독립운동사 자료(7)』, 293쪽.

689 朝鮮總督府警務局保安課(1936), 「高等警察報」 제1호.

690 국사편찬위원회(1978), 『한국독립운동사 자료(7)』, 168쪽.

691 〈대한매일신보〉 1919년 12월 17일 자.

692 국사편찬위원회(1978), 『한국독립운동사 자료(7)』, 229~231쪽.

693 정교 지음, 조광 엮음(2004), 『대한계년사(9)』, 소명출판, 126쪽.

694 정교 지음, 조광 엮음(2004), 『대한계년사(9)』, 소명출판, 163~164쪽.

695 박환(1995), 『러시아한인민족운동사』, 탐구당, 98쪽; 『대동공보』, 1910년 4월 24일.

696 국사편찬위원회(2002), 『요시찰한국인거동(3)』, 526~527쪽.

697 이명화(2002), 『도산 안창호의 독립운동과 통일노선』, 경인문화사, 197~204쪽; 〈(상해판)독립신문〉 1920년 1월 31일 자.

698 국사편찬위원회(2004), 『한국독립운동사 자료(40)』, 289쪽.

699 이정희(1981), 『아버님 추정 이갑』, 인물연구소, 197~216쪽.

700 1909년 4월 3일 안중근은 막냇동생 안공근 앞으로 발송한 서신에서 안공근이 경성사범학교를 졸업하고 진남포공립보통학교에서 청년들을 가르치고 있다는 사실을 크게 축하했다. 하지만 아직 나이도 있으니 지금 더 배우지 않으면 국가의 전도와 일신상의 영업도 진취할 가망이 없다며, 왜 도중에 진학을 포기했는가를 묻는 한편, 가능하다면 다시 고등학교에 들어가 속히 동량

의 재목이 되어달라고 간곡히 부탁했다. 국사편찬위원회(1978),『한국독립운동사 자료(7)』, 289쪽.

701 한국독립운동사연구소(1990),『도산안창호자료집(1)』, 313~314쪽.

702 한국독립운동사연구소(1990),『도산안창호자료집(1)』, 317~318쪽.

703 국사편찬위원회(1997),『한국독립운동사 자료(34)』, 113~115쪽.

704 국사편찬위원회(2004),『한국독립운동사 자료(40)』, 8~9쪽.

705 오영섭(2015),「안공근의 생애와 항일독립운동」,『숭실사학』, 제35집.

706 반병률(1998),『성재 이동휘 일대기』, 범우사, 152~155쪽: 국사편찬위원회(2004),『한국독립운동사 자료(40)』, 411~412쪽.

707 〈독립신문〉 1920년 1월 31일 자.

708 오영섭(2008),「일제시기 안정근의 항일독립운동」,『남북문화예술연구』, 제2집.

709 곽임대는 "안 의사의 거사가 있고 나서 중국인은 그에 대한 흠모의 정을 품게 되었다. 이또의 죽음은 곧 뻗치기로 된 침략의 마수를 그 당장은 제어했기 때문이다. 그래서 그 동생 안정근에 대한 대우를 융숭하게 했다. 형님을 대신하는 뜻에서 중국 사회에서는 안정근의 글씨를 받고 후한 대접을 하기도 했다"고 증언했다. 곽임대(1973),『못 잊어 화려강산』, 대성문화사, 56쪽.

710 한국독립운동사연구소(1990),『도산안창호자료집(4)』, 841쪽/902쪽.

711 연세대학교 현대한국학연구소(1998),『우남이승만문서(6)』, 38쪽.

712 국사편찬위원회(1971),『일제침략하 한국36년사(5)』, 649쪽.

713 〈조선일보〉 1924년 10월 10일 자.

714 朝鮮總督府警務局保安課(1936),「高等警察報」 제1호, 303쪽.

715 국사편찬위원회(1991),『한국독립운동사 자료(20)』, 57쪽.

716 〈동아일보〉, 1926년 2월 20일 자.

717 朝鮮總督府警務局保安課(1936),「高等警察報」 제1호, 303쪽.

718 京城地方法院檢事局編(1930),「呂運亨訊問調書判決書」,『한국공산주의운동사(자료편1)』, 고려대학교 아세아문제연구소, 237쪽/255쪽.

719 1927년 7월 안공근의 모친 조마리아 여사가 파란의 삶을 마감했다. 향년 70세였다. 국사편찬위원회(1991),『한국독립운동사 자료(20)』, 70쪽: 〈조선일보〉

1927년 7월 20일 자.

720　김정주 편(1972), 『조선통치사료(10)』, 한국사료연구소, 697쪽.

721　한국독립당 정강은 (1) 대중에 대해 혁명의식을 환기하고 민족적 혁명역량
　　　을 총집중할 것, (2) 엄밀한 조직하에 민족적 반항과 무력적 파괴를 적극적
　　　으로 진행할 것, (3) 세계 피압박 민족의 혁명단체와 연락할 것, (4) 독립 후
　　　보통선거제를 실시하고 국민의 참정권을 평등하게 보장할 것 등이었다. 그
　　　런데 흥미로운 점은 한국독립당 정강 정책 가운데 '무력적 파괴'를 적시했다
　　　는 사실이다. 대한민국국회도서관(1976), 『한국민족운동사사료(중국편)』,
　　　645~646쪽.

722　김구 지음, 도진순 주해(1997), 『백범일지』, 돌베개, 327쪽.

723　김구 지음, 도진순 주해(1997), 『백범일지』, 돌베개, 326쪽.

724　김창수(1988), 「한인애국단의 성립과 활동」, 『한국독립운동사연구』, 제2집.

725　한시준(2000), 「안공근의 생애와 독립운동」, 『교회사연구』, 제15집.

726　백범김구선생전집편찬위원회(1999), 『백범김구전집(4)』, 매일신보사, 659쪽.

727　朝鮮總督府警務局保安課(1936), 「高等警察報」 제1호, 303쪽.

728　실제로 "만주 방면의 대관(大官) 암살을 위해 파견한 이덕주, 유진만, 김극호,
　　　최흥식, 유상근 등과의 통신연락은 오로지 신천상리 20호 안공근의 주택"이
　　　었다고 밝히고 있다. 대한민국국회도서관(1976), 『한국민족운동사사료(중국
　　　편)』, 대한민국국회도서관, 747쪽.

729　오영섭(2015), 「안공근의 생애와 항일독립운동」, 『숭실사학』, 제35집.

730　국사편찬위원회(1971), 『한국독립운동사 자료(1)』, 268쪽.

731　이종홍의 사체 처리와 관련해서 정화암은 "연과 이와 달리 밤까지 기다릴 수
　　　가 없어 대낮에 그를 처단하게 되니 시체 처리가 곤란하여 벽돌 속에 묻고 그
　　　위에 다시 벽돌을 쌓아두었는데 그 후 벽돌이 무너져 시체가 나뒹굴자 중국
　　　경찰에서는 이를 공산당 소행으로 단정짓고 공동묘지로 옮겨 묻었다"고 증언
　　　했다. 정화암(1992), 『정화암 회고록』, 자유문고, 138~139쪽.

732　在上海事務官 一杉藤平(1935. 8. 12.), 「對金九特種工作ニ關スル件」,
　　　11~12쪽.

733　김구 지음, 도진순 주해(1997), 『백범일지』, 돌베개, 356쪽.

734 한상도(1994),『한국독립운동과 중국군관학교』, 문학과지성사, 313~314쪽.

735 한시준(2000),「안공근의 생애와 독립운동」,『교회사연구』, 제15집.

736 남파박찬익전기간행위원회(1989),『남파 박찬익 전기』, 을유문화사, 221~222쪽.

737 조선총독부 고등법원 검사 村田左文은 "김구는 민족주의자 일반의 반감을 받고 신변의 위험을 감지하기에 이르렀다. 신변보호의 필요 때문에 1934년 12월 하순 육군군관학교 재학생을 중심으로 '한국특무대독립군'을 조직해 본부를 남경에 두었다. 본부는 이른바 '김구구락부'라 별칭했고, 대원수는 약 80명에 달했다. 조직 결성의 목적은 (1) 조직의 목적 또는 수령의 명령을 배신하거나 타당과 통교해서 우리 동지를 적에게 팔아먹는 자는 혁명반역자로 처분한다. (2) 우리들은 한국혁명을 위해 전원 무장하고 일본제국주의와 그 정책을 파괴할 것을 목적으로 하는 군사조직이다. 조직 간부는 대장 김구, 참모 안공근, 비서 주○○, 중대장 겸 조사부장 양동호, 조사부장 안경근, 제1소대장 왕종호, 제2소대장 이근혁, 학생부 노태영"이라 밝혔다. 高等法院檢事 村田左文(1937),「上海及南京方面ニ於ケル朝鮮人狀況」.

738 한상도(1994),『한국독립운동과 중국군관학교』, 문학과지성사, 333~334쪽.

739 한시준(2000),「안공근의 생애와 독립운동」,『교회사연구』, 제15집; 朝鮮總督府警務局保安課(1936),「高等警察報」제1호, 303쪽.

740 김정명 편(1967),『조선독립운동(2)』, 원서방, 569쪽.

741 김정명 편(1967),『조선독립운동(2)』, 원서방, 561~569쪽.

742 평안남도 지사(1936. 8. 17.),「김구 일파 특무대원 검거에 관한 건」,『평남고비』, 제13168호.

743 대한민국국회도서관(1976),『한국민족운동사사료(중국편)』, 874~875쪽.

744 북조선51기념공동준비위원회(1946),『팟쇼·반민주분자의 정체』, 42쪽.

745 호춘혜(胡春惠) 지음, 신승하 옮김(1978),『중국 안의 한국독립운동』, 단국대학교출판부.

746 대한민국국회도서관(1976),『한국민족운동사사료(중국편)』, 886쪽.

747 朝鮮總督府警務局保安課(1936),「高等警察報」제1호, 303쪽.

748 정정화(1998),『장강일기』, 학민사, 97쪽.

749 국사편찬위원회(2013), 『독립운동과 징병, 식민 경험의 두 갈래 길』, 국사편
     찬위원회, 46~47쪽.

750 정화암은 안공근의 전횡과 관련해 "백범 밑에서 누가 춤을 추었는가 하면 안
     공근이 추었어요. 백범하고 그렇게 사이가 가까운 임정의 박남파와 백범 사
     이를 이간시키려고 했던 것도 안공근입니다. 백범을 둘러메고 모든 것을 하
     겠다는 이런 야심을 갖고 나오지 않았습니까. 배타적이었지요. 그렇게 하니
     거기서 불만이 생기지 않겠소"라고 반문했다. 이정식 편(1988), 「화암 정현
     섭」, 『혁명가들의 항일 회상』, 민음사, 411쪽.

751 백범김구선생전집편찬위원회(1999), 『백범김구전집(12)』, 대한매일신보사,
     753쪽; 대한민국국회도서관(1976), 『한국민족운동사사료(중국편)』, 874쪽;
     이호룡(2003), 「일제강점기 재중국 한국인 아나키스트들의 민족해방운동」,
     『한국민족운동사연구』, 제35집.

752 백범김구선생전집편찬위원회(1999), 『백범김구전집(12)』, 대한매일신보사,
     753쪽.

753 이정식 편(1988), 『혁명가들의 항일 회상』, 민음사, 417쪽.

754 이정식 편(1988), 『혁명가들의 항일 회상』, 민음사, 417쪽.

755 김정명 편(1967), 『조선독립운동(2)』, 원서방, 561~569쪽.

756 국사편찬위원회(2000), 『한민족독립운동사 자료집(43)』, 208쪽.

757 관련해서 김구의 차남 김신은 "나는 안공근 선생이 김아려 여사를 일부러 데
     려오지 않았으리라고는 생각하지 않았다. 상해 현지에서 어떤 사정이 있지
     않았을까 짐작한다. 이후로 안공근 선생 집안과 조금씩 틀어지기 시작해, 창
     사와 광주로 옮겨 갈 때 결국 함께하지 않았다"고 증언했다. 김신(2013), 『조
     국의 하늘을 날다』, 돌베개, 51쪽.

758 김구 지음, 도진순 주해(1997), 『백범일지』, 돌베개, 361~362쪽.

759 이런 김구의 언동은 무척 뜬금없다. 안중근 가문의 가족사에 개입해서 혁명
     가의 도덕을 운운하며 비난하는 것은 아무래도 지나친 일이기 때문이다. 그
     래서 안천은 이런 김구를 두고 안공근 암살과 연관시켜 저지른 범죄를 무언
     가로 꾸미고 변명하기 위한 김구의 범죄 심리 특성을 역력히 드러낸 것이라
     갈파했다. 안천(1999), 『김구 재평가와 안중근』, 교육과학사, 254쪽.

760 국사편찬위원회(2000), 『한민족독립운동사 자료집(43)』, 208쪽.

761 한시준(2000), 「안공근의 생애와 독립운동」, 『교회사연구』, 제15집.

762 1936년 오면직에 따르면, "김구는 자성이 실직(實直)한 반면, 물사(物事)에 대한 통찰력이 아둔해서 야심가 정객에게 이용당하기 쉽고, 사람을 보는 안목이 없어서 사람을 제대로 활용하지 못하기 때문에 결국에는 계획과 결과가 상반되면서 사업이 실패로 끝나고 만다. 또한 그는 수양이 부족하기 때문에 시대에 대한 인식이 철저하지 못하다. 따라서 운동에 대한 확고한 방략을 파악하지 못했기 때문에 대중 훈련의 근본방침을 확립할 수도 없었다. (…) 김구를 간단히 평한다면, 실직용한(實直勇悍)이지만, 수양이 부족하고 지모(智謀)가 결핍해서 대중을 통솔하는 역량이 없고, 타인의 지휘를 받아서 일부 책임을 다하는 데 적당한 인물"이었다. 오면직(1936. 12.), 「余が觀た金九及其の一黨」, 『思想彙報』, 제9호.

763 '한국광복운동단체연합회'는 1937년 8월 17일 중일전쟁 발발에 따른 중한 협력의 항일투쟁을 목적으로 한국국민당(김구), (재건)한국독립당(조소앙), 조선혁명당(지청천), 선인애국단, 재미단체 등 총 9개 단체가 연합해서 결성한 민족주의 통일전선이었다. 이는 김구파의 한국국민당이 조선민족혁명당(김원봉)을 탈당한 조선혁명당과 (재건)한국독립당을 포섭·합당해서 김원봉의 조선민족혁명당에 대항하고자 했다. 김정명 편(1967), 『조선독립운동(2)』, 원서방, 598~599쪽.

764 참석자들의 면면은 조선혁명당 3명(지청천·조경한·현익철), 재건한국독립당 2명(조소앙·홍진), 한국국민당 2명(김구·조완구) 그리고 옵저버 3명(유동열·이복원·임의택)으로 총 10명이었다. 한국종교협의회(1979), 『백강회고록』, 한국종교협의회, 264~266쪽.

765 김구 지음, 도진순 주해(1997), 『백범일지』, 돌베개, 369쪽.

766 한국종교협의회(1979), 『백강회고록』, 한국종교협의회, 269쪽.

767 백범김구선생전집편찬위원회(1999), 『백범김구전집(12)』, 대한매일신보사, 498~499쪽.

768 김구 지음, 도진순 주해(1997), 『백범일지』, 돌베개, 370쪽.

769 남파박찬익전기간행위원회(1989), 『남파 박찬익 전기』, 을유문화사,

233~237쪽.

770 김정명 편(1967), 『조선독립운동(2)』, 원서방, 613쪽.

771 김구는 한국국민당 당원 및 가족에 대해서는 대인 1인당 월 10원과 소인 5원을 지급했던 반면, 지청천의 조선혁명당 당원 및 가족에 대해서는 대인 1인당 월 7원과 소인 1인당 3.5원으로 차별해서 지급했다. 김정명 편(1967), 『조선독립운동(2)』, 원서방, 613쪽.

772 한국종교협의회(1979), 『백강회고록』 한국종교협의회, 265쪽.

773 1937년 4월 조선혁명당 창당 당시 이운환은 유동열, 현익철, 양기탁과 함께 중앙위원 가운데 한 명이었다. 김정명 편(1967), 『조선독립운동(2)』, 원서방, 646쪽.

774 김정명 편(1967), 『조선독립운동(2)』, 원서방, 504쪽; 재상해 프랑스총영사 메리에(1934. 3. 10.), 「광둥 프랑스 조계 감옥의 한국인에 대한 일본측의 이송 요청」, 『(프랑스 외무부 문서보관소 소장)한국독립운동 자료(2)』, 국가보훈처·국사편찬위원회, 99~101쪽; 국가보훈처·국사편찬위원회 편(2016), 『(프랑스 외무부 문서보관소 소장) 한국독립운동 자료(3)』, 145쪽/333쪽.

775 한국종교협의회(1979), 『백강회고록』, 한국종교협의회, 265쪽.

776 안병무는 이운환의 의협심과 관련해서 "남경에서 한구로 피난할 때 배를 함께 탔는데 무호를 지나 노항에서 바람이 없어 3일 동안 묵다가 바람이 일어 떠났는데, 우리 일행의 취사를 도맡아 하는, 남기가에서부터 함께 오던 노장이라는 중국 소년이 밥을 짓기 위해 양철 초롱으로 물을 긷다가 세찬 물살 때문에 그만 양자강 물에 빠져 떠내려가면서 허우적거리는 것을 보고 배를 멈추고 야단이 났다. 이때 이 이운환이란 사람이 용감하게도 매생이를 내려 타고 그것을 저어서 그 소년을 구하려고 했지만, 빠르고 거센 물살에 흘러 내려가서 모습을 볼 수 없게 돼서야 다시 우리가 탄 배로 돌아왔던 그런 의협심이 강한 사람이었다"고 증언했다. 한국정신문화연구원(1986), 「안병무 지사」, 『한국독립운동증언자료집』, 박영사, 184쪽.

777 안병무(1988), 『칠봉사 따오기』, 범우사, 137쪽.

778 정정화(1998), 『장강일기』, 학민사, 97쪽.

779 정화암(1992), 『정화암 회고록』, 자유문고, 177쪽.

780   남파박찬익전기간행위원회(1989), 『남파 박찬익 전기』, 을유문화사, 241~242쪽.

781   '남목청 사건'을 두고 김구의 차남 김신은 "단순히 처우 불만이 이유였다는 말도 있지만, 통합 논의를 막기 위한 정치적 테러였다"고 주장했다. 김신(2013), 『조국의 하늘을 날다』, 돌베개, 52쪽.

782   정정화(1998), 『장강일기』, 학민사, 97쪽.

783   『백범일지』에 따르면, 임시정부 당원과 가족들이 전부 남경에서 장사로 이주하는 시점에서 안공근은 "자기 식구만 중경으로 이주케 하고, 단체 편입을 원하지 않으므로 본인의 뜻에 맡겼다"고 밝혔다. 안공근은 1937년 중일전쟁 발발과 동시에 직계 가족을 중경으로 이주시켰다. 김구 지음, 도진순 주해(1997), 『백범일지』, 돌베개, 362쪽.

784   정화암(1992), 『정화암 회고록』, 자유문고, 177쪽.

785   김자동은 안공근 살해 동기와 관련해서 "강 여사의 전언이 사실이라면 일단의 한인 청년들이 누구이며, 또 안공근을 왜 죽였을까. 구체적으로 누구누구인지 대략 짐작이 간다. (…) 아마도 돈 문제가 아니었을까 싶다. 안공근이 돈을 많이 가지고 있다고 생각해서 처음에는 돈을 좀 내놓으라고 협박했을 것이다. 그런데 안공근이 순순히 응하지 않자 두들겨 패고 어쩌고 하는 과정에서 덜컥 죽어버린 게 아닌가 싶다"고 증언했다. 특히 "일단의 한인 청년들이 구체적으로 누구누구인지 대략 짐작이 간다"는 주장과 관련해서는 〈조선일보〉 유석재 기자의 취재록에 따르면, 김자동은 "네, 그렇습니다. 임정 계열의 청년들이었습니다. 하지만 그 사건에 대해 백범 김구 선생은 알지 못했고, 살해를 지시한 것도 아니었습니다"라고 답했다. 김자동(2018), 『영원한 임시정부 소년』, 푸른역사, 106~107쪽; "안중근 동생 안공근 실종사건… 80년 만에 드러난 피살 윤곽, 한인 청년들에게 피살됐다?", 〈조선일보〉 2022년 8월 29일 자.

786   김자동(2012), 『상해 일기』, 두꺼비, 216쪽.

787   국사편찬위원회(2013), 『독립운동과 징병, 식민 경험의 두 갈래 길』, 46~47쪽.

788   국사편찬위원회(2013), 『독립운동과 징병, 식민 경험의 두 갈래 길』, 48쪽.

789   이규창에 따르면, 당시 상해에서 안공근은 높은 인격자로 존경받았으며, 중국만이 아니라 국내에서도 그를 존경하는 인물이 많았다고 한다. 그는 속이 넓

고 훌륭한 사람이었는데, 안중근 의사의 친동생이라 더 유명하기도 했다. 그런데 "임시정부가 중경으로 옮겨 가서 안공근이 김구와 아주 사이가 멀어졌고, 김구가 제거했다는 것이다. 그래서 내가 작은아버지 이시영 선생에게 물었더니, '소문이 안 좋았다'는 말만 짧게 하고는 더는 얘기를 하지 않았다"고 증언했다. 안천(1999), 『김구 재평가와 안중근』, 교육과학사, 174쪽.

790 안천(1999), 『김구 재평가와 안중근』, 교육과학사, 173쪽.

791 안천은 이들 하수인 3명 가운데 김돌수와 이형수가 학병 출신이라고 주장했다. 하지만 조선인 학병들이 일본군을 탈영하기 시작한 것은 1944년 초반부터였고, 이들이 중경 임정에 도착한 것은 1945년 2월경이었다. 안천의 주장은 무언가를 크게 착각한 것으로 짐작된다. 안천(1999), 『김구 재평가와 안중근』, 교육과학사, 170~171쪽/175쪽.

792 북조선51기념공동준비위원회(1946. 5.), 『팟쇼·반민주분자의 정체』, 42~43쪽.

793 1947년 강원도로동당강원도당부 선전선동강연과에서 생산한 『남조선 반동파들의 정체와 그들의 정책』라는 자료의 「반동 테로의 괴수 김구의 정체」라는 항목에 따르면, "김구의 짝패로서 일찍부터 살인업을 공동 경영하여 오던 안공근이를 저보다 권리가 좀 높아간다고 중경에서 암살해버린 것도 천하공지(天下公知)의 사실이다"라고 폭로했다. 국사편찬위원회(1991), 『북한관계 사료집(11)』, 483쪽.

794 王炳毅(2003. 11.), 「韓國抗日鬪士安恭根重慶失踪案內幕」, 『文史春秋』.

795 荻野富士夫 編·解題(1993), 『特高警察關係資料集成(第3卷)』, 高麗書林, 280쪽; 북조선51기념공동준비위원회(1946. 5.), 『팟쇼·반민주분자의 정체』, 41쪽.

796 김구 지음, 도진순 탈초·교감(2016), 『정본 백범일지』, 돌베개, 92~96쪽.

797 김구 지음, 도진순 주해(1997), 『백범일지』, 돌베개, 373쪽.

798 김구 지음, 도진순 주해(1997), 『백범일지』, 돌베개, 51쪽.

799 김구 지음, 도진순 주해(1997), 『백범일지』, 돌베개, 55~56쪽.

800 안천에 따르면, 현재도 안 진사 가문 후손들이 '김구 생포설'을 주장하고 있다며, 그래서 김구는 포로(捕虜)라는 끈질긴 열등의식의 강박관념을 갖게 되었고, 결정적인 상황에서 안중근 가문에 대한 반발성 행동 혹은 보복의식을 드

러냈다고 주장했다. "백범일지를 면밀하게 읽으면 김구는 끊임없이 안중근 가문에 대해 보이지 않는 보복을 해 나갔다고밖에 생각되지 않는다"며, 안공근 암살을 거론했다. 그 때문에 안중근 가문 사람들은 김구를 몹시 싫어했고, 김구 관련 기념행사에도 참석하지 않는다고 지적했다. 안천(1999),『김구 재평가와 안중근』, 교육과학사, 79쪽/170쪽.

801   김구 지음, 도진순 주해(1997),『백범일지』, 돌베개, 55쪽/61쪽/75쪽.

802   안천(1999),『김구 재평가와 안중근』, 교육과학사, 75쪽.

803   안천(1999),『김구 재평가와 안중근』, 교육과학사, 74쪽.

804   오면직(1936. 12.),「余カ觀た金九及其の一黨」,『思想彙報』, 제9호.

805   한시준(2000),「안공근의 생애와 독립운동」,『교회사연구』제15집; 오영섭 (2015),「안공근의 생애와 항일독립운동」,『숭실사학』, 제35집; 김구 지음, 도진순 주해(1997),『백범일지』, 돌베개, 361~362쪽/373~374쪽.

806   정화암(1992),『정화암 회고록』, 자유문고, 177쪽.

807   북조선51기념공동준비위원회(1946. 5.),『팟쇼·반민주분자의 정체』, 45쪽.

808   한시준(2000),「안공근의 생애와 독립운동」,『교회사연구』, 제15집.

809   안천(1999),『김구 재평가와 안중근』, 교육과학사, 170~171쪽.

810   1935년 8월 조선총독부 경무국 소속으로 상해 일본총영사관에 파견된 一杉 藤平은 김구 암살 특종공작을 구상하고 실행했다. 그는 8월 5일 자 보고서에서 김구파의 '상당한 책사'인 안공근을 우선 제거하지 않고서는 김구를 제거하기 곤란하다고 지적했다. 같은 보고서에서 '정화암에 따르면, 김구를 처치하면 안공근은 도주할 것이며, 김동우와 오면직도 남화연맹에 흡수될 것'이라 주장했다. 8월 22일 一杉藤平은 첩자 임영창의 언설을 인용해 일본 당국이 별로 중시하지 않는 안공근을 먼저 '피의 축제'의 제물로 삼는다면, 안경근이 공포를 느껴 오지(娛地)로 도망칠 것이고, 김구는 날개 꺾인 신세가 되어 신당(新黨) 합류를 애원하게 될 것이며, 그러면 이를 기회 삼아 김구의 생신(生身)을 일본 측에 인도하기로 약속했다고 밝혔다. 一杉藤平(1935. 8. 5./8. 29.),「對金九特種工作에 관한 件」,『山口縣文書館所藏 林家(朝鮮總督府關係)史料』, 11쪽/32쪽.

811   국사편찬위원회(2000),『한민족독립운동사 자료집(43)』, 208쪽.

812　오면직(1936. 12.), 「余が觀た金九及其の一黨」, 『思想彙報』, 제9호.

813　한시준(2000), 「안공근의 생애와 독립운동」, 『교회사연구』, 제15집.

814　안천(1999), 『김구 재평가와 안중근』, 교육과학사, 170~171쪽.

815　안정근의 장녀이자 김구의 큰며느리 안미생은 1946년 4월 어느 잡지사 기자
　　　와의 인터뷰에서 "공근 씨는 지금 어디 계십니까"라는 기자의 질문에 "그때
　　　그 일(안중근 하얼빈 테러사건)이 있고 나서 타국으로 나가서 독립운동에 진
　　　력하시다가 1939년 중경에서 돌아가셨습니다. 특히, 임정 초기에 많이 힘쓰
　　　셨습니다"라고 답했다. 바꾸어 말하면, 안미생도 안공근이 1939년 중경에서
　　　해방불명된 것이 아니라 사망한 것으로 알고 있었다. 박성강(1946. 4.), 「안미
　　　생 여사와 일문일답」, 〈경향잡지〉, 경향잡지사.

816　북조선51기념공동준비위원회(1946. 5.), 『팟쇼·반민주분자의 정체』, 43쪽.

3부 정적 테러

7　민주 건국의 원훈(元勳), 송진우

817　김병화(1980), 『한국사법사(현세편)』, 일조각, 367쪽.

818　김교식(1984), 『송진우』, 계성출판사, 407~408쪽.

819　세간에는 계몽의숙(啓蒙義塾)으로 알려져왔지만, 1976년 7월 한현우는 격몽
　　　의숙(擊蒙義塾)이라 정정했다. 한현우(1976. 7.), 「무엇이 진상인가」, 『세대』,
　　　제156호.

820　〈서울신문〉 1946년 4월 10일 자.

821　〈서울신문〉 1946년 4월 11일 자.

822　월간지 『세대』는 한현우의 송진우 암살 진상 수기를 게재하는 것과 관련해
　　　"광복 직후 폐허가 된 정치 풍토 위에 반탁투쟁이 물결치던 무렵 고하 송진
　　　우·여운형이 저격당했다. 수많은 진상 기사가 폭주했지만, 그 진상을 밝히는
　　　암살 당사자의 기록은 없었다"며, 이 글은 송진우 암살 사건 당사자로 체포당
　　　해 복역한 한현우의 암살 동기부터 복역했던 옥중기 그리고 일본 탈출에 이
　　　르는 과정에 대한 적나라한 고백이라 소개했다. 한현우(1975. 10.), 「나의 반

탁 투쟁기(1)」,『세대』, 제147호.

823 한현우(1975. 10.),「나의 반탁 투쟁기(1)」,『세대』, 제147호.

824 도널드 스턴 맥도널드 지음, 한국역사연구회 옮김(2001),『한미관계 20년사 (1945~1965)』, 한울아카데미, 24쪽.

825 〈조선일보〉 1946년 5월 12일 자.

826 〈조선일보〉 1946년 5월 12일 자.

827 고하선생전기편찬위원회(1990),『독립을 향한 집념』, 동아일보사, 30쪽.

828 1899년 전북 금산 출생으로 일본과 미국에 유학했던 인텔리였고, 초대 상공부 장관을 지낸 여성 정치인의 대모 임영신은 "송진우는 정신적으로나 육체적으로 강하였다. 그는 키가 5척하고 8인치나 되었으며, 광대뼈가 높고 살결이 흰 아주 매력적인 남자였다. 일본에서 대학을 졸업한 그는 친구 김성수와 더불어 많은 학교를 설립했으며, 그리고 동아일보를 창설했다. 그는 지위와 명성과 돈 으로써 우리들의 지도자들을 매수하려고 하는 일본인들에게는 제일 첫 번째 목표물이었다. 그러나 그는 한눈팔지 않고 무서운 끈기로 일본인들에게 저항 했으므로, 그들은 그를 한국의 호랑이라고 불렀다. 많은 한국인 지도자들과 애 국자들이 결국에 가서는 그들의 요구에 굴복하고 말았으나 송 씨는 예외였다" 고 증언했다. 임영신(2008),『나의 40년 투쟁사』, 민지사, 221쪽.

829 송진우는 스승 기삼연에 대해 "가슴에 굵다란 장작을 넣어주고 거기다 불을 붙여 놓아주었다"며, 자신에게 고하(古下)라는 아호를 지어주었다고 회상했 다. 김학준(1990),『고하 송진우 평전』, 동아일보사, 26쪽.

830 고하선생전기편찬위원회(1990),『독립을 향한 집념』, 동아일보사, 13쪽.

831 1915년 5월 송진우는 '공교타파론(孔敎打破論)'으로도 널리 알려진 '사상개 혁론'을 주장했다. 메이지대학 졸업을 앞두고 집필한 것으로 알려진 이 장문 의 논설은 (1) 공교타파론과 국수(國粹)발휘, (2) 가족제 타파와 개인 자립, (3) 강제 연애 타파와 자유연애 고취, (4) 허영 교육 타파와 실리 교육 주장, (5) 상식 실업 타파와 과학교육 환여(喚與)를 주장했다. 그는 지난날 조선인 이 지나치게 공자와 맹자만을 찾다 보니 문약해졌다며, 구미의 근대문명과 문화를 수용하기 위해서는 하루빨리 묵은 껍질을 벗어야 한다고 갈파했다. 송진우(1915),「사상개혁론」,『학지광』, 제3권 제1호.

832   고하선생전기편찬위원회(1990), 『독립을 향한 집념』, 동아일보사, 78쪽.

833   신자유주의란 자본주의를 수용하면서도 그 문제점을 인식하고 사회 전체와의 유기체적 관계 속에서 개인의 자유를 신장시키려는, 20세기 초 영국을 중심으로 하는 서구 민주주의 사상이다. 신자유주의는 일본에서 이른바 "다이쇼[大正] 데모크라시"로 널리 회자되었다. 일본에 유학했던 송진우를 비롯한 대부분의 민족주의자들은 이 같은 정치사상의 세례를 받았다. 신자유주의 이념은 1920년대 후반 마르크시즘과 격렬한 논쟁을 거치면서 민족주의 진영의 사상적 기초가 되었다. 바로 이 점이 중국에서 공산주의를 배운 여운형과 일본에서 서구 민주주의를 배운 송진우의 차이라고 할 수 있다. 박명수(2015), 『건국투쟁』, 백년동안, 86쪽.

834   중앙학교 교장 송진우는 1919년 1월 22일 대한제국 황제 고종의 별세를 두고 "이퇴(李退)가 사망한 것은 이웃집 노인이 사망한 것과 별반 다를 것이 없다. 그는 50년 동안 백성들에게 어떤 은혜도 없었고 고통을 주기만 했다"는 발언으로 일본 관헌의 주목을 받기도 했다. 국사편찬위원회 데이터베이스(2022. 3. 10.), 「송진우」, 『한국근현대사인물자료』.

835   유홍(1976), 『유홍』, 의당유홍선생자서전출판동지회, 165쪽.

836   유홍(1979. 4.), 「민족의 거목 고하 송진우 선생」, 『신동아』, 제176권.

837   김학준(1990), 『고하 송진우 평전』, 동아일보사, 119쪽.

838   윤덕영(1999), 「고하 송진우의 생애와 활동」, 『한국현대사인물연구(2)』, 백산서당, 117쪽.

839   송진우(1924. 4.), 「무엇보다 힘」, 『개벽』, 제5권 제4호.

840   동아일보사사편찬위원회 편(1975), 『동아일보 사사(제1권)』, 동아일보사, 63~69쪽.

841   1921년 9월 동아일보 사장 송진우는 미국 하와이에서 열리는 '만국기자대회'에 조사부장 김동성을 파견했다. 당시 5~6천 원에 불과했던 동아일보의 재정 사정을 고려하면, 해외 특파원 파견을 위해 3천 원의 경비를 지출한다는 것은 결코 쉬운 일이 아니었다. 그는 사원들의 반대에도 칼을 물고 뜀을 뛰는 심산으로 특파원 파견을 고집했다. 그런데 특파원 김동성이 만국기자대회 부회장에 당선됐다는 소식을 접한 송진우는 곧바로 축하 광고를 모집해서 일거

에 4~5만 원의 거금을 마련하는 수완을 발휘했다. 그는 언론사 경영과 이재(理財)에도 밝은 전문 경영자의 자질과 과감한 결단력을 겸비한 인물이었다. 유홍(1979. 4.), 「민족의 거목 고하 송진우 선생」, 『신동아』, 제176권; 유광열(1932. 9.), 「신문 독재자 송진우론」, 『삼천리』, 제4권 제9호.

842　김준연(1957. 12.), 「고하 송진우」, 『신태양』, 제6권 제12호.

843　1925년 8월 귀국한 송진우는 「세계 대세와 조선의 장래」라는 논설을 발표했다. 국내외 정세 변동과 조선의 현실 그리고 민족이 나아갈 길을 모색한 일제 필망(日帝必亡)의 선견지명이 빛나는 글이었다. 이 논설은 1925년 8월 28일부터 9월 6일까지 총 10회에 걸쳐 〈동아일보〉에 게재되었다. 동아일보사 신동아편집실 편(1979), 『근대한국 명논설집』, 동아일보사, 126~133쪽; 손세일(1980), 「송진우의 생애와 사상」, 『인권과 민족주의』, 홍성사, 64쪽.

844　강영수(1964. 9.), 「흥탄에 쓰러진 반탁의지」, 『세대』, 제16호.

845　유홍(1979. 4.), 「민족의 거목 고하 송진우 선생」, 『신동아』. 제176권.

846　「산업조사회의 결의안」, 〈동아일보〉 1921년 9월 23일 자.

847　방기중(1996), 「1920~30년대 조선물산장려회 연구」, 『국사관논총』, 제67집.

848　동아일보사사편찬위원회 편(1975), 『동아일보 사사(제1권)』, 동아일보사, 210~215쪽.

849　유홍(1979. 4.), 「민족의 거목 고하 송진우 선생」, 『신동아』, 제176권.

850　〈동아일보〉 1931년 7월 16일 자.

851　유홍(1979. 4.), 「민족의 거목 고하 송진우 선생」, 『신동아』, 제176권.

852　관련해서 춘원 이광수는 "이것은 아마 고하가 나를 세상에 다시 끌어내어주려는 호의에서 오래 생각한 끝에 나온 것"이라 밝혔다. 김윤식(1986), 『이광수와 그의 시대(제2권)』, 한길사, 610쪽.

853　고하선생전기편찬위원회(1990), 『독립을 향한 집념』, 동아일보사, 235~237쪽.

854　김윤식(1986), 『이광수와 그의 시대(제3권)』, 한길사, 871쪽.

855　〈동아일보〉 1922년 2월 6일 자.

856　유홍(1979. 4.), 「민족의 거목 고하 송진우 선생」, 『신동아』, 제176권.

857　황석우(1932. 4.), 「나의 8인 관(觀)」, 『삼천리』, 제5권 제10호.

858　1943년 7월경 민세 안재홍이 송진우를 찾아와 "우리 청년들이 학병으로 나가

서 죽는 그 핏값을 받자!"며, 조선 청년들의 학병지원 권유 강연을 설득했다. 그러자 송진우는 "피는 다른 사람이 흘리고 값은 네가 받는단 말인가"라고 반박하며 거절했다. 김준연(1957. 12.), 「고하 송진우」, 『신태양』, 제6권 제12호.

859 유홍(1976), 『유홍』, 의당유홍선생자서전출판동지회, 169쪽; 고하선생전기편찬위원회(1990), 『독립을 향한 집념』, 동아일보사, 417~418쪽.

860 고하선생전기편찬위원회(1990), 『독립을 향한 집념』, 동아일보사, 427쪽.

861 강영수(1964. 9.), 「흉탄에 쓰러진 반탁의지」, 『세대』, 제16호: 이인(1974), 『반세기의 증언』, 명지대학교출판부, 144~145쪽.

862 유홍(1976), 『유홍』, 의당유홍선생자서전출판동지회, 169쪽.

863 고하선생전기편찬위원회(1990), 『독립을 향한 집념』, 동아일보사, 418쪽.

864 8월 17일 원서동 자택에서 송진우와 여운형은 비밀 회합을 가졌고, 그 자리에서 송진우는 여운형에게 "정권은 국내에 있던 우리가 받을 것이 아니라 연합군이 들어와서 일본군이 물러나고 해외에 있던 선배들과 손을 잡은 뒤에 절차를 밟아서 받는 것이 옳다고 생각하오. (…) 내가 보기에 몽양은 공산주의자가 아니오. 자칫하면 그들에게 휘감기어 공산주의자도 못 되면서 공산주의자 노릇을 하게 될 위험성이 없지 않소. 내 말 들으시오" 하고 간곡하게 설득했다. 고하선생전기편찬위원회(1990), 『독립을 향한 집념』, 동아일보사, 447쪽.

865 이인(1967. 8.), 「해방전후 편편록」, 『신동아』.

866 〈매일신보〉 1945년 10월 19일 자.

867 고하선생전기편찬위원회(1990), 『독립을 향한 집념』, 동아일보사, 459쪽.

868 〈서울신문〉 1945년 12월 9일 자.

869 국민대회준비회 강령은 (1) 연합국에 감사드린다, (2) 국민대회를 열어서 국내외의 민족 총역량을 집결한다, (3) 중경 임정의 법통을 지지한다, (4) 보수와 진보 두 갈래 정당을 만들어 민주주의 방식에 의한 정당정치를 실현한다는 것이었다. 여기서 '중경 임정의 법통'이란 1919년 3·1운동 때 전국 대표가 상해에 모여 대표자대회를 열어 성립된 유일한 정부가 바로 상해 임정 혹은 중경 정부라는 의미다. 바꿔 말하면 3·1운동으로 표출된 전 민족적 독립 주권의 열망에 기반해 상해에서 수립된 대한민국임시정부야말로 민족 주권의 정

통성을 계승한 유일한 민족 대표기관이자 법통 정부라는 주장이다. 고하선생
전기편찬위원회(1990), 『독립을 향한 집념』, 동아일보사, 451~452쪽; 이용기
(1997), 「1945~48년 임정세력의 정부수립 구상과 임정법통론」, 『한국사론』,
제38호; 윤대원(2009), 「임시정부법통론의 역사적 연원과 의미」, 『역사교육』,
제110호.

870   박명수(2015), 『건국투쟁』, 백년동안, 195~197쪽.

871   한국민주당 정강은 (1) 민주주의 국가 건설, (2) 토지제도 개혁, (3) 경제생
      활의 균등화, (4) 자유주의 경제정책 채택, (5) 언론·집회·결사·종교의 자유,
      (6) 중소기업 육성, (7) 의무교육 확립 등이었다. 고하선생전기편찬위원회
      (1990), 『독립을 향한 집념』, 동아일보사, 459쪽; 심지연(1982), 『한국민주당
      연구(1)』, 풀빛; 이환의(1965. 9.), 「송진우론」, 『세대』, 제1권 통권 제8호.

872   1945년 9월 22일 한민당 중앙집행위원회는 총무사무국(나용균) 외 11개 부
      서를 결정하고 김병로 등 중앙감찰위원 30명을 선임했다. 11개 부서는 상무
      부(이인), 조직부(김약수), 외무부(장덕수), 재무부(박용희), 선전부(함상훈),
      정보부(박찬희), 노농부(홍성하), 문교부(김용무), 후생부(이운), 조사부(유
      진희), 연락부(최윤동)로 이 부서의 총원은 약 123명을 기록했다. 〈매일신보〉
      1945년 9월 24일 자; 조병옥(1959), 『나의 회고록』, 민교사, 140~142쪽.

873   이경남에 따르면, 고하 송진우가 제창한 임정봉대의 논리적 준거는 세 가지
      였다. (1) 임정은 민족해방운동의 구심체이고 장차 수립될 독립 정부의 원천
      적 법통이며, (2) 여운형의 건준과 박헌영의 조선공산당의 정치적 장난을 제
      어하기 위해서는 임정을 중심으로 결집해야 하고, (3) 이승만 박사도 임정의
      구미위원부 책임자이므로 이승만과 임정도 별개의 존재가 아닌 '한통속'이라
      는 인식이었다. 이경남(1984. 9.), 「독불장군 김준연의 정치곡예」, 『정경문화』,
      제235호.

874   고하선생전기편찬위원회(1990), 『독립을 향한 집념』, 동아일보사, 464쪽.

875   1945년 9월 15일 자 미군정 보고서에 따르면, "가장 고무적인 일은 나이 많
      고 교육받은 수백 명의 보수주의자가 서울에 있다는 점"이라 평가했다. 실제
      로 정치 경험이 전무한 하지 중장에게 한민당의 존재는 미군정의 성공을 위
      한 더없는 인적 풀이었다. 김학준(1990), 『고하 송진우 평전』, 동아일보사,

328쪽.

876 이경남(1981), 『설산 장덕수』, 동아일보사, 316쪽.

877 김인식(2003), 「송진우 한국민주당의 중경 임시정부 절대 지지론」, 『한국근현대사연구』, 제24집.

878 1945년 당시 임정 국무위원 백강 조경한에 따르면, 1945년 9월 10일경 중국 〈대공보(大公報)〉 특파원 증은파(曾銀波) 편으로 송진우가 보내온 서신을 받았다. 서신의 요지는 '조선인민공화국'을 반대하고 임정을 절대 지지한다 등 국내 사정을 정확하고 치밀하게 묘사했다. 이어서 조병옥과 원세훈이 미군을 통하여 김구, 김규식, 신익희 앞으로 보낸 9월 14일 자 편지는 "여운형 등이 인민공화국을 수립하여 국민을 기만하고 있고 (…) 지금의 상황은 심각합니다, 그러므로 임시정부는 조속히 귀국하여 국민의 여망에 부응하시기 바랍니다"라며 환국을 재촉하는 내용이었다. 조경한(1979), 『백강회고록』, 한국종교협의회, 367쪽; 손세일(2015), 『이승만과 김구(6)』, 조선뉴스프레스, 273쪽.

879 조병옥(1959), 『나의 회고록』, 민교사, 142쪽.

880 도진순(1997), 『한국민족주의와 남북관계』, 서울대학교출판부.

881 1945년 9월 3일 임정이 발표한 '임시정부의 당면 정책'에 따르면, 임정 법통론이란 (1) 임정의 정권 접수, (2) 임정 주도의 각계각층 민족 영수회의 개최와 과도정부 수립, (3) 과도정부 주도의 전국적인 보통선거와 정상적인 정부수립 3단계였다. 임정 법통론은 바로 임정 주도의 정부수립론이다. 국사편찬위원회 편(1968), 『자료대한민국사(1)』, 46~48쪽; 도진순(1995), 「해방 직후 김구·김규식의 국가건설론과 정치적 의미」, 『근대 국민국가와 민족문제』, 지식산업사, 374쪽.

882 당시 김구의 비서 자격으로 '김·송회담'에 참석했던 장준하에 따르면, 송진우는 "벌겋게 화기가 도는 안면에 열이 오르는 듯이 자기주장에 힘을 주어 말할 때마다 박력이 일던 모습이 아직도 내 눈에 선하다. 그의 구국일념의 정열은 부러울 정도였다. 듣고 있는 나의 심중까지 그것은 전도되는 듯했다. 인민공화국 타도를 외쳤던 기개가 살아 있음을 목격했다"고 증언했다. 장준하(1966. 10.), 「백범 김구 선생을 모시고 6개월(3)」, 『사상계』.

883 윤덕영(1999), 「고하 송진우의 생애와 활동」, 『한국현대사인물연구(2)』, 백산

서당, 149쪽.

884 〈동아일보〉 1945년 12월 7일 자.

885 〈동아일보〉 1945년 12월 9일 자.

886 〈서울신문〉 1945년 12월 19일 자.

887 〈서울신문〉 1945년 12월 25일 자.

888 〈서울신문〉 1945년 12월 26일 자.

889 유치송(1984), 『해공 신익희 일대기』, 해공신익희선생기념회, 446~447쪽.

890 박갑동(1983), 『박헌영』, 인간사, 133쪽.

891 1945년 12월 27일 〈동아일보〉는 12월 25일 자 워싱턴발 기사를 인용해서 모스크바 3상회의는 조선의 독립 문제와 관련해서 소련이 38선의 분할점령을 위해 신탁통치를 주장했던 반면, 미국은 즉시 독립을 주장했다고 보도했다. 하지만 이는 허무맹랑한 낭설을 기사화한 것에 불과했다. 〈동아일보〉는 사실을 정반대로 보도했다. 심지연(1985), 「신탁통치문제와 해방정국」, 『한국정치학회보』, 제19집; 〈동아일보〉 1945년 12월 27일 자.

892 김학준(1990), 『고하 송진우 평전』, 동아일보사, 342~343쪽.

893 김교식(1984), 『송진우』, 계성출판사, 382쪽.

894 김도연의 회고에 따르면, 하지 중장은 "막부 3상회의 결정문 가운데 조선 문제에 관한 결정문은 신탁통치가 아니라 고문 또는 후견의 뜻이며 신탁을 결정한 것이 아니다. 새로 수립되는 임정과 협의하여 실시 여부를 결정하는 것이니 임정이 반대하면 피할 수 있다"고 설명하며 민심 수습에 노력했다고 증언했다. 김도연(1967), 『나의 인생백서』, 강우출판사, 164쪽.

895 심지연(1985), 「신탁통치문제와 해방정국」, 『한국정치학회보』, 제19집.

896 서울역사편찬원(2019), 『미군방첩대 서울 문서』, 서울역사편찬원, 96~97쪽.

897 김교식(1984), 『송진우』, 계성출판사, 382쪽.

898 박갑동(1983), 『박헌영』, 인간사, 133쪽.

899 〈동아일보〉 1945년 12월 28일 자.

900 〈동아일보〉 1945년 12월 29일 자.

901 유치송(1984), 『해공 신익희 일대기』, 해공신익희선생기념회, 448쪽.

902 〈동아일보〉 1972년 2월 17일 자.

903 강원용(2003), 『나의 현대사(1)』, 한길사, 232쪽.

904 관련해서 12월 28일 경교장 회의에 참여했던 장준하는 "12시쯤 송진우 선생이 김준연 씨와 장택상 씨를 대동하고 경교장 회의실에 들어오셨습니다. 특유의 망토를 입고 단장을 짚으면서 회의장에 들어온 송진우 선생은 흥분한 대표들에게 '내가 지금 하지를 만나고 오는 길인데, 신탁통치라는 것이 여러분이 흥분해서 생각하는 것만큼 그렇게 우려할 만한 것이 아니다. 반탁을 하되 미군정을 적으로 돌려서는 안 된다. 다시 여유를 가지고 냉정하게 생각해 보자'고 말하자 여기저기서 '집어치우라'고 하면서 세찬 반발이 일기도 했습니다"라고 증언했다. 같은 자리에 참석했던 강원용도 "그 역시 반탁의 입장을 취했으며, 다만 그 방법에 있어서 견해의 차이를 드러냈을 뿐이었다. 그는 임정이 미군정을 배격하고 직접 통치권을 행사하려는 것에 대해서 현실 정세를 고려해 우려를 표시했던 것"이라고 회고했다. 〈동아일보〉 1972년 2월 17일자; 강원용(1993. 10.), 「이승만 김구 여운형과 나」, 『신동아』.

905 고하선생전기편찬위원회(1990), 『독립을 향한 집념』, 동아일보사, 483쪽.

906 박갑동에 따르면, 1945년 12월 하순 조선공산당 진성 당원은 전국노동조합평의회(전평) 50만 명, 전국농민조합연맹(전농) 330만 명, 전국부녀총동맹(부맹) 80만 명, 전국청년단체총동맹(청총) 72만 명으로 합계 532만 명에 달했다. 김교식(1984), 『한국의 인물, 장덕수』, 계성출판사, 137쪽; 박갑동(1991), 『통곡의 언덕에서』, 서당, 173~174쪽.

907 제1차 경교장 회의에 참석했던 이철승은 송진우가 "임정 측의 반탁 강경 대응에 맞서, 탄력적이고 융통성 있게 대처해야 한다고 주장하면서 아무런 자체적인 힘과 준비도 없이 미군정까지 적으로 돌리면 소련이나 공산 계열이 미군정을 역이용해서 일시적 합작으로 통일전선 전략에 말려들어 공산화가 필연적일 수밖에 없다"고 발언했다고 증언했다. 이철승·박갑동 편(1998), 『대한민국, 이렇게 세웠다』, 계명사, 168쪽.

908 한국언론인회는 송진우가 "4개국 신탁통치를 받을 바에는 차라리 미군정을 연기하는 것이 낫겠다는 이른바 '훈정론'을 주장했고, 그 때문에 장안 곳곳에 '송진우 타도' 운운의 벽보와 삐라가 발견되었다"고 주장했다. 한국언론인회(1985), 『기자의 증언』, 청송, 42쪽.

909 강원용(2003), 『나의 현대사(1)』, 한길사, 232쪽.

910 강원용(2003), 『나의 현대사(1)』, 한길사, 233쪽.

911 강영수(1964. 9.), 「홍탄에 쓰러진 반탁의지」, 『세대』, 제16호.

912 권오기(1985), 『인촌 김성수』, 동아일보사, 270쪽.

913 〈동아일보〉 1945년 12월 31일 자.

914 고하선생전기편찬위원회(1990), 『독립을 향한 집념』, 동아일보사, 484~485
쪽; 윤치영(1991), 『윤치영의 20세기』, 삼성출판사, 144쪽.

915 유치송(1984), 『해공 신익희 일대기』, 해공신익희선생기념회, 451쪽.

916 그동안 송진우의 피살 일시에 대해서는 부정확한 정보가 떠돌았다. 손세일은
"12월 29일 회의를 마치고 자정이 훨씬 넘어 귀가한 송진우는 30일 아침 6시
16분에 원서동 자택에서 테러리스트 한현우 일당 6명의 흉탄을 맞고 쓰러졌
다"고 주장했다. 한편, 브루스 커밍스는 "회담은 새벽 4시에 끝났으며, 두 시간
후 송진우는 저격을 받았다"고 주장했다. 하지만 송진우는 12월 28일 오후 12
시경 제1차 경교장 회의에 참석해서 다음 날 새벽 4시에 귀가했다. 12월 29일
제2차 경교장 회의에는 오후에 잠시 참석했을 뿐 7시경 귀가해서 저녁 식사
를 했고, 10시경 외종질 양충묵과 잠자리에 들었다가 12월 30일 오전 6시경
한현우 일당의 침습을 받았다. 브루스 커밍스 지음, 김자동 옮김(1986), 『한국
전쟁의 기원』, 일월서각, 286~287쪽; 손세일(2001), 『이승만과 김구(6)』, 조선
뉴스프레스, 408쪽; 장택상(1947), 『해방 이후 수도경찰발달사』, 수도경찰청,
273쪽.

917 해방20년사편찬위원회(1965), 「고하 송진우 암살」, 『해방20년』, 세문사, 283쪽.

918 김교식(1984), 『한국의 인물, 장덕수』, 계성출판사, 318쪽.

919 오소백 편(1962), 「첫 흉탄에 쓰러진 송진우 씨」, 『우리는 이렇게 살아왔다』,
광화문출판사, 47쪽.

920 장택상(1993), 『대한민국과 나』, 창랑장택상기념사업회, 69쪽.

921 장택상(1970. 10.), 「나의 교우 반생기」, 『신동아』, 제74호.

922 1946년 1월 수도경찰청장에 취임한 장택상의 첫 번째 업무는 강력사건 수사
진의 확대·강화였다. 그렇게 해서 영입한 인물이 바로 노덕술 수사과장이었
다. 노덕술은 20여 년 동안 경찰계에 봉직했고, 오로지 범죄수사에 전 생애를

바친 자타가 공인하는 수사계의 전설이었다. 그는 1945년 8월 평남 보안과장으로 재임하다가 해방을 맞았다. 해방 직후 진주한 소련군에 체포되어 2개월 동안 혹독한 심문과 재판을 받았지만, 결백한 조선인 경찰관이라는 판결을 받고 석방되었다. 1946년 1월 수도경찰청 수사과장에 특채된 노덕술은 "목적 여하를 불문하고 테러를 감행하여 같은 동족끼리 피를 흘리다니 한심하기 짝이 없다. 나는 상사의 지휘와 명령을 받아 남은 목숨을 내걸고 이러한 행동은 제지하겠노라"고 언명했다. 해방 전후 노덕술의 공적을 고려하면, 그는 친일 경찰이 아니라 오늘날 대한민국 건국의 토대를 닦아낸 애국 경찰로 재평가되어야 한다. 장택상(1947), 『해방 이후 수도경찰발달사』, 수도경찰청, 133~134쪽; 박갑동(1991), 『통곡의 언덕에서』, 서당, 83쪽/144쪽.

923 김교식(1984), 『송진우』, 계성출판사, 396쪽.

924 1946년 4월 노덕술 수사과장은 직속 6인조 수사팀을 지휘해서 송진우 암살범을 일망타진하는 성과를 올렸다. 1947년 수도경찰서에서는 "과학적 수사의 개가(凱歌)를 올려 조선 경찰의 수사사(搜査史)에 일항(一項)을 장식했다"며 그 공적을 높이 평가했다. 그 때문에 해방 직후 최초로 경찰관에 대한 범죄검거 표창식이 경성지방경찰청에서 거행되었다. 그 자리에서 제1관구 경찰청 수사과장 노덕술을을 비롯한 4명(이만종 경감·노훈경 경위·조응선 경사)은 송진우 살해범 체포 훈공으로 서울지방법원 검사장에게 표창장을 받았다. 장택상(1947), 『해방 이후 수도경찰발달사』, 수도경찰청, 155쪽; 〈조선일보〉 1946년 5월 11일 자.

925 〈동아일보〉 1946년 4월 10일 자.

926 공범 백남석(白南錫, 23세)은 사건 직후 월북했기 때문에 검거할 수 없었다. 〈동아일보〉 1946년 5월 11일 자.

927 김병화(1980), 『한국사법사(현세편)』, 일조각, 366~370쪽.

928 김교식(1984), 『송진우』, 계성출판사, 404쪽.

929 〈동아일보〉 1946년 5월 11일 자.

930 〈중외신보〉 1946년 4월 24일 자.

931 〈동아일보〉 1946년 9월 3일 자.

932 김병화(1980), 『한국사법사(현세편)』, 일조각, 370쪽.

933 〈서울신문〉 1946년 4월 30일 자.

934 최영희 편(1989), 『애산 이인』, 애산학회, 223쪽.

935 송진우와 친분이 두터웠던 이인에 따르면, "암살범은 엄벌해야 한다는 생각으로 나는 범인 한현우에게 사형을 구형하도록 담당검사 김점석에게 지휘했다"고 회고했다. 이인(1974), 『반세기의 증언』, 명지대학교출판부, 177쪽.

936 〈동아일보〉 1946년 8월 6일 자.

937 김교식(1984), 『송진우』, 계성출판사, 409쪽; 이인(1974), 『반세기의 증언』, 명지대학교출판부, 359쪽.

938 장택상(1947), 『해방 이후 수도경찰발달사』 수도경찰청.

939 〈동아일보〉 1946년 9월 3일 자.

940 〈동아일보〉 1946년 8월 21일 자.

941 조덕송(1991), 『증언(2)』 다다미디어, 61쪽.

942 12월 29일 전백은 한현우에게 "송진우와 같이 우익에 있는 사람들까지 미군정의 훈정론을 주장하고 있으니 그게 신탁통치와 다를 것이 무엇인가. 제 주장만 옳다고 고집을 부리니 단결이 되겠소. 통일에 방해가 되는 자는 모두 민족의 이름으로 처단해야 한다"고 충동질했다. 검찰총장 이인에 따르면, 전백은 범행 직후 한현우를 불러 범행 경위를 듣고 "용감하게 처치했다. 그 애국 정열을 끝까지 잊지 말라"고 칭찬했다고 증언했다. 이영석(2018), 『건국전쟁』, 조갑제닷컴, 396쪽; 이인(1974), 『반세기의 증언』, 명지대학교출판부, 359쪽.

943 〈동아일보〉 1946년 9월 4일 자.

944 조덕송(1989), 『머나먼 여로(2)』, 다다, 61쪽.

945 광범위한 인터뷰와 취재를 바탕으로 '비밀결사 백의사'의 실체를 최초로 파헤친 이영신은 "김영철을 직접 만나 송진우 암살 지령을 받은 사람은 전백과 한현우뿐이었는데, 그들은 재판 과정에서는 물론이려니와 출옥한 뒤에도 비밀을 굳게 지켰다. (…) 오늘날까지 송진우 암살 지령자가 김영철이었다는 사실이 밝혀진 적은 한 번도 없었다"는 주장했다. 이영신(1994), 『비밀결사 백의사(하)』, 알림문, 322쪽.

946 해방 직후 사회상과 관련해서 이영신은 "골목골목에 널려 기다리고 있는 게 열혈 청년들이었다. 그들 중 대부분이 중학교 재학 이상의 학생들이었다. 나라는

해방되었고, 할 일은 없고, 피 끓는 청년들이 할 수 있는 유일한 일은 여기저기 몰려다니며 화끈한 건수를 기다리는 일이었다. 그들은 하나같이 소영웅주의에 사로잡혀 있었다. 목적도 신념도 없이 휩쓸려 다니는 값싼 소영웅주의자들이었다. 그들에게는 나라도 안중에 없고 백성도 눈에 띄지 않았다. 혈기 방장한 소영웅주의만 충족되면 가족도 나라도 영혼도 팔아먹을 풍조가 해방된 이 나라 젊은이들을 지배하고 있었다. (…) 전백은 물심양면으로 한현우의 뒤를 밀어주었다. 춘천여고 출신의 이봉득과 열애에 빠져 있던 한현우는 전백이 신당동의 2층 왜식집을 그의 살림집으로 사주자 완전무결하게 전백의 하수인이 되었다. 한현우의 문하생 전원도 전백의 손아귀에 장악되었음은 불문가지"였다고 지적했다. 앞서 한현우의 회고를 고려하면, 전백이 신당동 일식집을 한현우에게 사준 것은 송진우 암살 이후였다. 이영신(1994), 『비밀결사 백의사(하)』, 알림문, 270~272쪽.

947   이영신(1994), 『비밀결사 백의사(하)』, 알림문, 85쪽.

948   김태호(1982), 「송진우 암살사건」, 『끝나지 않는 심판』, 삼민사, 12~13쪽.

949   제2회 공판에서 밝혀진 새로운 사실은 전백이 한현우에게 수리를 부탁했던 권총을 반환받아 경찰부에 신고한 날짜는 한현우의 송진우 범죄행위 이후인 1946년 2월 13일이라는 것이다. 〈동아일보〉 1946년 9월 15일 자.

950   이인(1974), 『반세기의 증언』, 명지대학교출판부, 360쪽.

951   〈동아일보〉 1947년 2월 5일 자.

952   김병화(1980), 『한국사법사(현세편)』, 일조각, 366쪽.

953   김준연(1947), 『독립노선』, 시사시보사, 21쪽.

954   〈동아일보〉 1947년 3월 11일 자.

955   〈동아일보〉 1947년 12월 28일 자.

956   김교식(1983. 2.), 「정치 테러리스트 김지웅」, 『월간조선』, 제4권 2호.

957   송남헌(1982), 「정치암살」, 『전환기의 내막』, 조선일보사, 269쪽.

958   〈국제신문〉 1948년 9월 5일 자.

959   한현우(1975), 「나의 반탁투쟁기(3)」, 『세대』, 제13권 제12호.

960   〈동아일보〉 1946년 8월 6일 자.

961   〈동아일보〉 1990년 5월 4일 자.

962 백남훈(1968), 『나의 일생』, 신현실사, 228쪽.

963 〈동아일보〉1947년 12월 30일 자.

964 윤덕영(1999), 「고하 송진우의 생애와 활동」, 『한국현대사인물연구(2)』, 백산서당, 158쪽.

965 장택상(1993), 『대한민국과 나』, 창랑장택상기념사업회, 120~121쪽; 허정(1979), 『내일을 위한 증언』, 샘터사, 123~124쪽.

966 고하선생전기편찬위원회(1990), 『독립을 향한 집념』, 동아일보사, 475~476쪽.

967 〈동아일보〉1945년 12월 20일 자.

968 신영길(2004), 『신영길이 밝히는 역사현장』, 선지당, 463쪽.

969 고하선생전기편찬위원회(1990), 『독립을 향한 집념』, 동아일보사, 477쪽.

970 김인식(2003), 「송진우 한국민주당의 '중경임시정부 절대 지지론'」, 『한국근현대사연구』, 제24집.

971 고하선생전기편찬위원회(1990), 『독립을 향한 집념』, 동아일보사, 260쪽.

972 〈동아일보〉1924년 4월 23일 자.

973 조병옥(1959), 『나의 회고록』, 민교사, 144쪽.

974 1945년 8월 당시 조선총독부 총독관방(官房) 조사과장이었던 최하영에 따르면, 1945년 12월 당시 "임정이라면 거의 전권(全權)의 힘을 갖고 있었다. (…) 전 민족은 임정을 신(神)으로 모셔야 할 상태"였다. 최하영(1968. 8.), 「정무총감 한인 과장 호출하라」, 『월간중앙』, 제1권 제5호.

975 조규하 외(1972), 『남북의 대화』, 한얼문고, 202쪽.

976 〈동아일보〉1945년 12월 30일 자.

977 송진우가 주장하는 훈정은 중화민국 국부 손문이 주장하는 민주주의 3단계론 가운데 2단계를 말한다. 정치적 혼란을 수습하기 위한 제1단계 '군정'을 거쳐 일종의 교도민주주의인 제2단계 '훈정'을 거치고 나서야 비로소 완전한 민주주의 체제인 '민정'으로 이행할 수 있다는 이론이다.

978 심지연(1985. 8.), 「송진우와 한민당」, 『월간조선』, 제65호.

979 브루스 커밍스에 따르면, 한민당 소속으로 미군정 요직에 참여한 인사는 수도경찰청장 장택상, 대법원 검사장 김찬영, 사법부 형정국장 최병석, 사법부 수사국장 구자관, 농림부장 윤보선, 문교부장 유억겸, 경성제대 총장 백낙준,

기획처 통계국장 이순택 등 20여 명에 달했다. 심지연은 "중앙의 행정기구뿐 아니라 지방의 행정조직에도 한민당원이나 그 관련자들의 진출은 괄목할 만한 실정이었다. 전라남도만을 예로 들더라도 1946년 21명의 군수 가운데 17명이 한민당 출신이었으며, 일설에 의하면 미군정청의 한국인 직원 중 8할이 한민당 관련자였다는 것이다. 이로 인해 군정기 한민당의 위세는 '나는 새도 떨어뜨린다'는 평을 들을 정도로 광범위한 영향력을 행사했다"고 주장했다. 심지연(1985. 8.), 「송진우와 한민당」, 『월간조선』, 제65호; 브루스 커밍스 지음, 김자동 옮김(1986), 『한국전쟁의 기원』, 일월서각, 209쪽.

980　고하선생전기편찬위원회(1990), 『독립을 향한 집념』, 동아일보사, 465쪽.

981　심지연(1985. 8.), 「송진우와 한민당」, 『월간조선』, 제65호.

982　도진순(1977), 『한국민족주의와 남북관계』, 서울대학교출판부, 64쪽.

983　브루스 커밍스 지음, 김자동 옮김(1986), 『한국전쟁의 기원』, 일월서각, 301쪽.

984　고하선생전기편찬위원회(1990), 『독립을 향한 집념』, 동아일보사, 7쪽.

985　이경남(1981), 『설산 장덕수』, 동아일보사, 323쪽.

986　1945년 12월 당시 좌익계열의 〈해방일보〉 기자로 활동했던 박갑동은 "기자들은 송진우 암살 사건 후 한민당과 백범의 관계가 나빠지는 것을 직감할 수 있었다. (…) 경교장을 찾아오는 사람들로 언제나 붐볐다. 그러나 1946년 5~6월이 되니 방문객이 줄었고, 설사 찾아온다 해도 서울의 돈 많은 사람들이 아니고 북한에서 월남해 온 사람들이 대부분이었다. 임정 요인들은 어려운 처지가 되었고, 신익희도 처가 신세를, 조소앙은 친척 신세를 지게 되었다"고 증언했다. 요컨대 김구와 임정은 공공연히 송진우 암살의 배후라는 의혹 때문에 도덕적으로 치명적인 타격을 입었고, 정치적 권위도 추락했다. 그전까지 우파 정치세력에서 광범위하게 받아들여졌던 임정에 대한 절대 지지와 임정봉대도 송진우 암살 이후 급속히 시들해졌다. 박갑동(1991), 『통곡의 언덕에서』, 서당, 213쪽; 윤덕영(1999), 「고하 송진우의 생애와 활동」, 『한국현대사 인물연구(2)』, 백산서당, 158쪽.

987　남로당 당원 출신 고준석에 따르면, "송진우는 우익진영의 '지장(智將)'이라는 말을 들을 만큼 치밀한 두뇌의 소유자로 판단력에 능한 야심가였으며, 권모술수에는 '삼국지'를 능가하는 발군의 지략가라고 알려졌다. 또한 그는 동

아일보사의 사장을 지냈으므로, 근대 민족주의가 어떠한 것인지를 대체적으로 알고 있었고, 한국 문제의 전망에 관해서도 그 나름대로 판단을 갖고 있었다". 고준석(1989), 『해방 1945~1950』, 한겨레, 66쪽.

988   고하선생전기편찬위원회(1990), 『독립을 향한 집념』, 동아일보사, 25쪽.

989   이상돈(1977. 8.), 「눈부신 정치공작, 쓰러진 거목」, 『신동아』, 제156호.

990   박태균(1994), 『현대사를 베고 쓰러진 거인들』, 지성사, 43쪽.

991   의혹 (4)와 관련해서 반탁운동이 한창 기세를 올리던 1946년 1월 2일 이승만은 "미국 정부에 대하여 결코 오해가 없어야 할 것이니 이는 우리가 군력(軍力)을 두려워하거나 또 친미주의를 위함이 아니라 다만 미군 정부가 우리를 해방한 은인이요, 군정부 당국은 절대 독립을 찬성하는 고로 신탁 문제 발생 이후 자기 정부에 대하여 반박과 공격의 공문을 보낸 것이 한두 번이 아니었다. 그런데 우리는 독립의 친우를 모르고 원수로 대우하면 독립을 저해하는 것"이라는 요지의 담화를 발표했다. 이 담화를 두고 박태균은 이승만도 송진우와 같이 신탁통치를 지지했다고 주장했다. 하지만 이승만은 이 담화에 앞서 〈동아일보〉 1945년 12월 29일 자 「전국(全國)이 결의 표명」이란 담화에서 "신탁통치는 최악의 국제적 과오이며, 우리 3천만 대중은 도저히 승인할 수 없는 바이다"라고 밝혔다. 따라서 1월 2일 자 이승만 담화는 미군정 접수와 반미를 주장하는 임정 주도의 과격한 반탁운동의 자숙을 촉구하는 한편, 온전한 독립을 위해서는 '친우'와 '원수'를 구별하자고 호소했다. 이승만이 송진우와 같은 취지에서 신탁통치에 대한 지지 혹은 반탁운동에 불명확한 태도를 보였다는 박태균의 주장은 터무니없는 사실 왜곡이다. 〈동아일보〉 1946년 1월 2일 자.

992   박태균(1994), 『현대사를 베고 쓰러진 거인들』, 지성사, 38~39쪽.

993   『한국정당사·사찰요람』은 송진우 암살사건 발생 일자를 1945년 12월 30일이 아니라 1946년 12월 29일, 전백(全柏)의 한자 성명을 전백(全伯)으로 오기했다. 서울특별시경찰국사찰과(1955), 한국정당사·사찰요람』, 서울대학교 한국교육사고, 20쪽.

994   박갑동(1991), 『통곡의 언덕에서』, 서당, 178쪽.

995   피치 목사는 "나는 물론 버치 중위가 우리에게 말했던 것을 기억하고 있습니다. 엄항섭을 취하게 해서 말을 시켰더니, 임정 사람 몇몇이 만나 암살된 세

인사들 중 첫 번째 인사의 죽음에 관해 결정한 일이 있다고 인정했다는 것입니다. 그런데 나는 완전히 믿지는 못했으며 버치에 대해 의구심을 가졌습니다. 나는 지금 그를 만나 이 문제 전체에 대해 논의하고 싶습니다"라고 증언했다. 김구의 최측근 엄항섭과 관련해서 초대 대법원장 김병로는 "하루는 수도청장 장택상 씨가 돌연히 한민당에 나타나 수석총무 김성수와 나를 만나자 하여 별실에서 회담했습니다. 그 내용인즉 한현우 외 2명의 피의자를 취조하는 중 사진 한 장이 증거물로 압수되었는데 그 사진은 피의자들이 범행을 결의하고 최종으로 찍은 것으로 측면에 엄항섭 씨의 얼굴이 나타나 있었습니다. 최조하던 장택상 씨는 이에 경악하여 가볍게 처리해서는 안 된다고 생각하고 우리와 같이 논의하기 위하여 온 것이었습니다"라고 증언했다. 하지만 김병로는 임정으로 수사를 확대하면 국내외 정치에 파장이 클 것을 우려해 '문제의 사진'을 덮어두기로 세 사람이 뜻을 모았다고 밝혔다. 강준식에 따르면 주범 한현우는 당초 임정 선전부장 엄항섭의 지령을 받았다는 이야기를 함대훈에게 흘린 것으로 알려졌다. 그러나 법정에서 이를 부인하는 등 횡설수설하면서 이 부분을 더 이상 거론되지 않은 채 재판이 끝나고 말았다고 한다. 〈조선일보〉 1958년 1월 7일 자; 조지 애쉬모어 피치 지음, 권기돈 옮김 (2018), 『조지 피치와 대한민국』, 김구재단, 189쪽; 강준식(1989. 2.), 「하지와 이승만, 김구, 여운형의 암투」, 『신동아』, 제353호.

996   미군정은 당초 송진우가 공산당의 음모에 희생되었을 것으로 간주했다. 하지만 나중에 그의 비명횡사는 임정 세력권에서 송진우의 온건한 영향력이 증대되는 것을 두려워한 나머지 사실상 김구가 그 암살을 기도했을 확률이 아주 높은 것으로 판명되었다고 주장했다. 1947년 1월 13일 자 버치문서는 "일찍이 송진우를 암살한 것은 이승만에 대한 김구의 측면 공격이었다"고 밝히고 있다. 미24군단군사과(1948), 『주한미군사(제2부 제2장)』, 58쪽; 박태균 (2021), 『버치문서와 해방정국』, 역사비평사, 327쪽.

997   브루스 커밍스 지음, 김자동 옮김(1986), 『한국전쟁의 기원』, 일월서각, 286~287쪽.

998   브루스 커밍스 지음, 김동노 외 옮김(2001), 『한국현대사』, 창작과비평사, 278쪽.

999 이화여대 교수를 역임했던 나영균도 "송진우는 미국을 적으로 돌리면 공산
당이 어부지리를 얻는다는 생각에서 김구와 맞섰다. 송진우의 이러한 주장이
신탁통치를 찬성하는 것이라고 착각한 김구의 추종자들은 1945년 12월 30일
그를 자택에서 저격·사살했다"고 증언했다. 나영균(2004), 『일제시대, 우리
가족은』, 황소자리, 224쪽.

1000 한현우(1975. 10.), 「나의 반탁투쟁기(암살전야)」, 『세대』, 제13권 제10호.

1001 〈동아일보〉 1993년 2월 24일 자.

1002 윤덕영(1999), 「고하 송진우의 생애와 활동」, 『한국현대사인물연구(2)』, 백산
서당, 117쪽.

1003 박태균(1994), 『현대사를 베고 쓰러진 거인들』, 지성사, 38쪽.

1004 강준식은 어느 사석에서 "미국 위스키를 거나하게 마신 국립경찰국장 조(병
옥) 박사는 우파 내에서 송진우의 영향력이 증대되어가는 것을 두려워한 나머
지 김구가 그 암살을 교묘히 기도했음을 알고 있노라고 털어놓았다"고 지적했
다. 강준식(1989. 2), 「하지와 이승만, 김구, 여운형의 암투」, 『신동아』, 제353호.

1005 박갑동(1991), 『통곡의 언덕에서』, 서당, 176쪽.

1006 강원용(2003), 『나의 현대사(1)』, 한길사, 236쪽.

1007 박태균(1994), 『현대사를 베고 쓰러진 거인들』, 지성사, 36쪽.

1008 김학준(1990), 『고하 송진우 평전』, 동아일보사, 344~345쪽.

1009 도진순(1995), 「해방 직후 김구·김규식의 국가건설론과 정치적 의미」, 『근대
국민국가와 민족문제』, 지식산업사, 374쪽.

1010 〈동아일보〉 1945년 12월 29일 자.

1011 박갑동(1991), 『통곡의 언덕에서』, 서당, 164~165쪽.

1012 박갑동(1991), 『통곡의 언덕에서』, 서당, 196쪽/214쪽.

1013 임정에 대해 북조선51기념공동준비위원회의는 "소위 '임정'이라는 간판을
조상의 신위(神位)같이 모시고 다니던 그들(임정)의 숙망(宿望)과 목적은
봉건 정치를 사상으로 계승하는 유일한 간판이었고, 이 간판을 가지고 유명
무실한 관직과 지위에 만족한 것이다. (…) 그들이 한 일은 윤봉길의 백골
을 팔아서 그의 명예와 생활을 유지하는 일이요, 그들의 봉건적 팟쇼 정치의
환몽(幻夢)을 실현시키기 위하여 '임정'을 국제적이고 합법적인 승인을 얻

으려고 백방으로 노력했으나 다 실패하고 말았다. (…) 가령 그자들이 임정이 국제적인 합법 승인을 얻는다면, 그것을 자본(資本) 삼아 조선에 와서 정부를 행세하고 주석과 대통령의 지위를 유지하려는 영웅주의와 지위 관념의 구체적인 표현인 것이다. (…) 한마디로, 김구와 '임정'은 조선 봉건세력의 복벽(復辟)운동을 위한 하나의 집체이다. 인민과는 하등 관계도 없는 반인민·반민주의 집체이며, 그들의 권력욕을 만족시키는 도구에 불과하다"고 비난했다. 북조선5·1기념공동준비위원회(1946. 5.),『팟쇼·반민주분자의 정체』, 12~14쪽.

1014   심지연(1985. 8.),「송진우와 한민당」,『월간조선』, 제65호.

1015   노경채(1996),『한국독립당 연구』, 신서원, 151~156쪽; 브루스 커밍스 지음, 김자동 옮김(1986),『한국전쟁의 기원』, 일월서각, 145~166쪽; 독립운동사편찬위원회(1974),『독립운동사 자료집(8)』, 37~44쪽;〈매일신보〉 1945년 10월 23일 자.

1016   김구와 임정은 반탁운동을 주권 회복의 계기로 삼아, 이를 발판으로 신정부를 수립한다는 구상이었다. 반면, 송진우와 한민당은 이를 두고 "몰지각한 처사"라며 반발했다. 미국이 임정을 한국민의 정식 정부로 결코 인정하지 않을 것이라는 사실을 잘 알고 있었기 때문에 미군정을 부정하고 주권을 행사하려는 김구와 임정의 처사에 경악했다. 이기하 외 편(1987),『한국의 정당』, 한국일보사, 179쪽; 노경채(1996),『한국독립당 연구』, 신서원, 190~191쪽.

1017   김준연(1957. 12.),「송진우」,『신태양』, 제6권 제12호.

1018   오소백 편(1962),「첫 흉탄에 쓰러진 송진우 씨」,『우리는 이렇게 살아왔다』, 광화문출판사, 47쪽.

1019   강영수(1964. 9.),「흉탄에 쓰러진 반탁의지」,『세대』, 제16호.

1020   심지연(1985),「신탁통치문제와 해방정국」,『한국정치학회보』, 제19집.

1021   송남헌(1990),『시베리아의 투사』, 천산산맥, 202쪽.

1022   박갑동(1991),『통곡의 언덕에서』, 서당, 196쪽.

1023   이영석(2018),『건국전쟁』, 조갑제닷컴, 398쪽.

1024   북조선5·1기념공동준비위원회(1946. 5.),『팟쇼·반민주분자의 정체』, 43쪽.

8 걸치례 공산주의자, 여운형

1025 1976년 2월 한현우가 30여 년의 침묵을 깨고 여운형 피살사건의 진상을 밝히
게 된 것은 1974년 2월 4명(김홍성·김훈·김영성·유용호)의 공범자가 언론에
등장해 사실과 다른 증언을 했기 때문이다. 이들 4명은 신동운과 한현우 자신
그리고 여러 선배와 동지들을 무시하고 한지근을 포함한 일당 5명이 모의해
서 여운형을 암살했다고 밝혔다. 그래서 한현우는 "나는 우리들이 한 일을 구
태여 애국적 행동이라 주장할 생각은 없다. 그러나 한지근처럼 목숨까지 바
쳐가면서 애국적 견지에서 한 일을 희극화하거나 어떤 이용물로 삼으려 하면
마침내 국가와 민족의 도의적 정신조차 부정하는 폐풍을 일으키게 될 것이
다. 인간적으로 삼가야 할 일"이라고 분개하며 수기 집필 동기를 밝혔다. 한현
우(1976. 2.), 「여운형 피살사건」, 『세대』, 제151권 제2호.

1026 李景珉(2003), 『朝鮮現代史の岐路』, 平凡社, 66쪽.

1027 이만규(1946), 『여운형선생투쟁사』, 총문각, 2~3쪽.

1028 이동화(1986. 8.), 「여운형 격동기 진보적 지도자」, 『민족지성』, 제6호.

1029 李景珉(2003), 『朝鮮現代史の岐路』, 平凡社, 66~67쪽.

1030 여운홍(1967), 『몽양 여운형』, 청하각, 15~16쪽.

1031 〈경향신문〉 1974년 2월 8일 자.

1032 李景珉(2003), 『朝鮮現代史の岐路』, 平凡社, 68쪽.

1033 이경남(1981), 『설산 장덕수』, 동아일보사, 100쪽.

1034 편집실(1936. 1.), 「天下大小人物論評會」, 『삼천리』, 제8권 제1호.

1035 몽양여운형선생전집발간위원회(1993), 『몽양 여운형 전집(2)』, 한울, 229쪽.

1036 이동화(1986. 8.), 「여운형 격동기 진보적 지도자」, 『민족지성』, 제6호.

1037 1932년 9월 8일 도산 안창호는 제4회 심문조서에서 여운형의 동경행을 둘러
싼 상해 임정 내부의 갈등을 밝히고 있다. 조선총독부 경무국(1997), 『도산안
창호자료집(1)(2)』, 국회도서관, 219~210쪽.

1038 李景珉(2003), 『朝鮮現代史の岐路』, 平凡社, 69쪽.

1039 이정식(2002. 8.), 「여운형」, 『한국사시민강좌』, 제31집.

1040 당초에는 고려공산당 상해파로 활동하다가 1922년 김립 암살사건을 전후해
고려공산당 이르쿠츠크파로 옮겨갔다. 여연구 지음, 신준영 편집(2001), 『나

의 아버지 여운형』, 김영사, 69쪽.

1041   구익균(1994), 『새역사의 여명에 서서』, 일월서각, 100쪽; 김대중 엮음(2007), 『여운형을 말한다』, 아름다운책, 67쪽.

1042   京城地方法院檢事局編(1930), 『呂運亨訊問調書判決書』, 朝鮮總督府, 581~582쪽.

1043   김창숙 지음, 심산사상연구회 엮음(2001), 『김창숙 문존』, 성균관대학교출판부, 348~349쪽; 〈중앙일보〉 1989년 11월 16일 자.

1044   1925년 12월 새벽 임정 예하 정위단(正衛團) 소속 박희곤, 박영호, 김필열 등 7명이 몽양의 자택에 난입해 여운형과 그의 부인을 폭행해서 중경상을 입히는 이른바 '7인단 사건'이 발생했다. 폭행의 동기는 1923년 국민대표회의 개최 당시 여운형이 개조파 일원으로 모스크바 자금 20만 원을 대회 개최 비용으로 낭비했고, 1925년 7월 아주민족협회 초청 간담회에 참석해서 러시아 정부로부터 다액의 선전비를 받았음에도 용도를 밝히지 않았다는 이유였다. 대한민국국회도서관(1976), 『한국민족운동사사료(중국편)』, 대한민국국회도서관, 575~576쪽; 이만규(1946), 『여운형선생투쟁사』, 총문각, 88~89쪽.

1045   이정식(2001), 「일제 말기의 여운형과 일본」, 『계간 사상』, 가을호.

1046   김을한(1930. 5.), 「열차 중의 여운형」, 『삼천리』, 제6호.

1047   이철승·박갑동 편(1998), 『대한민국, 이렇게 세웠다』, 계명사, 86쪽.

1048   이만규(1946), 『여운형선생투쟁사』, 총문각, 127쪽.

1049   여운홍(1967), 『몽양 여운형』, 청하각, 76쪽.

1050   김대중 엮음(2007), 『여운형을 말한다』, 아름다운책, 72쪽

1051   이정식(2001), 「일제 말기의 여운형과 일본」, 『계간 사상』, 가을호.

1052   박갑동(1991), 『통곡의 언덕에서』, 서당, 85쪽.

1053   삼천리(1934), 「세계 일류 정치가, 사상가 논평회」, 『삼천리』, 8월호.

1054   여기서 정견이란 일본이 서구 제국주의 지배하의 아세아 민족을 해방시킨다는 사명의 범아세아주의 혹은 대일본주의를 말한다. 이정식(2001), 「일제 말기의 여운형과 일본」, 『계간 사상』, 가을호.

1055   姜德相(1992), 「對中國和平工作·'アジア聯盟'構想と呂運亨」, 『한민족독립운동사논총』, 탐구당.

1056　김동화(1978),「몽양 여운형의 정치활동(상)」,『창작과비평』 통권 제48호, 322~323쪽; 高等法院檢事局思想部(1935. 12.),「呂運亨ノ朝鮮獨立運動事件」, 『思想彙報』, 제5호.

1057　高等法院檢事局思想部(1935. 12.),「呂運亨ノ朝鮮獨立運動事件」,『思想彙報』, 제5호.

1058　〈대동신문〉 1946년 2월 17일 자; 진명행(2022),『조선 레지스탕스의 두 얼굴』, 양문, 198~209쪽.

1059　한민성은 "참으로 가증가공할 언문입니다. 이 수기에서 여운형 자신이 극렬 친일 분자요, 일급 매국노임을 실토했으니 민족적 양심과 지조의 유무를 판단하는 데 아주 좋은 사례"라고 질타했다. 京城日報社編(1944),「半島二千伍百萬同胞에게 呼訴한다」,『半島學徒出陣譜』, 78~85쪽; 한민성(1982), 『추적 여운형』, 갑자문화사, 147~153쪽.

1060　1946년 2월 우익 계열의 〈대동신문〉은 당시 조선공산당과 조선인민당 등 좌익 계열이 한국민주당 등 우익진영에 대해 친일 공세에 나서자, 좌익 진영을 대표했던 여운형이 일제와 천황에게 강의(剛毅)한 충절(忠節)을 맹세한 사실을 폭로하고 나섰다. 〈대동신문〉 1946년 2월 10일 자; 한민성(1982),『추적 여운형』, 갑자문화사, 162~163쪽.

1061　기사는 1943년 2월 6일 검사의 여운형 심문 내용을 그대로 실었다. 2월 17일 자에서는 대중 화평공작에 적극적으로 협력할 것을 맹세했고, 18일 자에서는 불령선인으로 살았던 지난날을 반성하고 금후 완전한 황국신민이 되는 것을 생(生)의 최고 이상으로 삼겠다는 결심을 피력했다. 〈대동신문〉 1946년 2월 17~18일 자.

1062　레너드 호그 지음, 신복룡 외 옮김(1992),『한국분단보고서(상)』, 풀빛, 114쪽.

1063　여운홍(1967),『몽양 여운형』, 청하각, 129쪽; 중앙일보사특별취재반(1992), 『비록 조선민주주의인민공화국』, 중앙일보사, 249쪽.

1064　한림대학교 아시아문화연구소(1993),『조선공산당문건자료집(1945~46)』, 한림대학교출판부, 228쪽.

1065　이인(1967. 8.),「해방전후 편편록」,『신동아』.

1066　송남헌에 따르면, 여운형은 경성서비스 공장주인 정무묵의 리무진을 타고 엔

도 총감 관저를 방문했다. 엔도와 면담하는 자리에는 경성지방법원 판사 백윤화, 사상범보호관찰소장 나가사키, 경무국장 니시히로가 동석했다고 한다. 송남헌(1990), 『시베리아의 투사』, 천산산맥, 239쪽.

1067 森田芳夫(1969), 『朝鮮終戰の記錄』, 巖南堂書店, 69~70쪽; 김학준(2013), 『북한의 역사(1) 강대국 원력정치 아래서 한반도 분할과 소련의 북한군정 개시』, 서울대학교출판문화원, 679쪽.

1068 당시 한국에 거류하는 일본인 총수는 71만 2천 명이었고, 일본군은 32만 7천 명을 기록했다. 조선총독부의 입장에서는 이들의 생명과 재산의 안전 문제가 최대의 관심사인 것이 당연했다. 송남헌(1990), 『시베리아의 투사』, 천산산맥, 239쪽.

1069 森田芳夫(1969), 『朝鮮終戰の記錄』, 巖南堂書店, 75~76쪽; 김대중 엮음(2007), 『여운형을 말한다』, 아름다운책, 75쪽.

1070 〈國際タイムス〉, 1957년 8월 16일 자.

1071 1946년 제1차 미소공위 당시 소련 측 수석대표 스티코프 대장이 소련공산당 중앙위원회 및 소련 국방부 앞으로 보낸 자료에 따르면, 조선임시정부 내각은 수상 1명, 부수상 2명, 내무상 등 각료 11명을 추천했다. 수상은 여운형, 부수상은 박헌영/김규식, 내무상은 김일성을 추천했다. 스티코프는 여운형을 임시정부 수상으로 추천한 이유에 대해 "1922년에 모스크바에서 레닌을 만나기도 했던 여는 자신을 공산주의자로 생각하며, 조선은 소련의 지배 아래 있어야 한다고 말하는 친소주의자이기 때문"이라 밝혔다. 1946년 3월 15일 소련군 정치사령부 제7국장 M. 부르체프는 당 중앙위원회 빠뉴쉬킨 앞으로 보낸 조선임시정부 수상 후보로 추천한 여운형을 두고 "소련에 충성스러운 태도를 취한다"고 논평했다. 하지만 1947년 제2차 미소공위 당시에 이르러서는 조선임시정부 수상이 여운형이 아니라 김일성으로 바뀌었다. 김학준(2013), 『북한의 역사(2) 미소냉전과 소련군정 아래서의 조선민주주의인민공화국 건국』, 서울대학교출판문화원, 266쪽; M. 부르체프(1946. 3. 15.), 「조선임시정부 각료 후보들에 대하여」, 『역사비평』, 제26호; 김국후(2008), 『평양의 소련 군정』, 한울, 167쪽; 李景珉(2003), 『朝鮮現代史の岐路』, 平凡社, 69쪽.

1072 조덕송(1991), 『증언(1)』, 다다미디어, 269쪽.

1073 여운홍(1967), 『몽양 여운형』, 청하각, 137쪽.

1074 여운형의 비서 이동화는 여운형의 공산 계열 합작 경위와 관련해서 "무엇보다도 몽양 선생과 그 측근 동지들이 스탈린적 공산주의의 본질적 성격을 올바로 파악하고 있지 못하였으며, 따라서 이들 공산주의자와의 합작이 새 조국의 건설을 위하여 필요하고 또 가능하리라고 생각하였다"고 증언했다. 이정식(2002. 8.), 「여운형」, 『한국사시민강좌』, 제31집; 여운홍(1967), 『몽양 여운형』, 청하각, 358쪽.

1075 그동안 여운형과 측근자들은 1944년 불명(不明)·불거(不居)·불문(不文)의 삼불(三不)을 철칙으로 삼아 용문산에서 건국동맹을 결성했다고 주장했다. 하지만 건국동맹 계열의 면면은 1920년대 이래 측근들이 대부분이었다. 더욱 이 1944년 엄혹한 시국과 감시망을 고려할 때 건국동맹을 결성한다는 것은 여운형의 측근으로 활동했던 이란의 증언과 같이 "꿈같은 얘기"였다. 건국동맹은 1945년 8월 16일 건준 결성 당시 급조한 유령단체로 보는 것이 타당하다. 이정식(2008), 「(부록3), 해방 전후 여운형(이란 씨의 회고)」, 『여운형』, 서울대학교출판부, 770쪽; 몽양여운형선생전집발간위원회(1993), 『몽양 여운형 전집(2)』, 한울, 149쪽; 조덕송(1991), 『증언(1)』, 다다미디어, 122쪽; 이란(1990), 「몽양 여운형 선생을 추억함」, 『월간다리』, 3월호.

1076 조선총독부가 미군의 남한 진주를 인지한 것은 8월 22일이었고, 38선 이남 진주라는 확정적 통지를 받은 것은 8월 29일이었다. 따라서 약 2주일에 걸쳐 유포된 소련군 진주설은 남한 사회를 좌익 천하로 만들었고, 이후 좌우 대립과 혼란의 도화선이 되었다. 이정식(1991. 8.), 「8·15 미스테리 소련군 진주설의 진원」, 『신동아』, 제34권 제8호; 이경남(1978. 6.), 「남북분단, 피할 수 있었다」, 『월간중앙』, 제123호.

1077 그래서 김준연은 속으로 "저 양반이 인물은 괜찮은데 영웅주의가 걱정이야"라고 탄식했다고 증언했다. 김준연(1947), 『독립노선』, 시사시보사, 265쪽; 이경남(1978. 6.), 「남북분단, 피할 수 있었다」, 『월간중앙』, 제123호.

1078 1945년 8월 16일 전후 건준 수립과 관련해서 임영신은 "여운형 씨를 둘러싸고 있는 사람들은 점점 커가는 공산주의자들뿐이었다. 나는 그가 한 일에 대

해서 수치스럽게 생각한다는 것을 알았다. 그는 하루 종일 나를 피하려 애썼다. 나는 송진우를 찾아서 여운형이 올바른 일을 하도록 도울 것을 요청했다. 그러자 송진우는 '여 씨는 조직된 정부의 장이 되기를 원하며, 일들을 자신의 마음대로 하겠다고 말하고 있소. 그는 견해를 바꾸지 않을 것이오. 그는 누구의 말도 듣지 아니할 것이오'라고 밝혔다"고 증언했다. 임영신(2008), 『나의 40년 투쟁사』, 민지사, 276~277쪽.

1079 홍원길(1978), 『청곡회고록』, 태양출판사, 93쪽; 조덕송(1991), 『증언(1)』, 다다미디어, 269쪽; 김준연(1947), 『독립노선』, 시사시보사, 6쪽.

1080 이경남은 "여운형 천하의 속성(速成)은 그의 영웅주의적 기질과 기민성의 산물이었고, 그의 경거성(輕擧性)이 우발적으로 안겨다준 정치적 영화"에 불과했다고 논평했다. 이경남(1978. 6.), 「남북분단, 피할 수 있었다」, 『월간중앙』, 제123호.

1081 李景珉(2003), 『朝鮮現代史の岐路』, 平凡社, 95쪽.

1082 홍원길(1978), 『청곡회고록』, 태양출판사, 104쪽.

1083 1945년 9월 6일 제3차 개조 당시 건준 집행부의 정치적 성향은 보수우파 9.1%, 민족주의 우파 12.1%, 민족주의 좌파 42.4%, 사회주의자 33.4%, 불명 3.0%를 기록했다. 李景珉(2003), 『朝鮮現代史の岐路』, 平凡社, 95쪽/101~110쪽.

1084 이경남(1978. 6.), 「남북분단, 피할 수 있었다」, 『월간중앙』, 제123호.

1085 주한미24군단 정보참모부 군사실(연도 미상), 『주한미군사(HUSAFIK)』, 제2부 제1장; 정병준(2023), 『1945년 해방 직후사』, 돌베개, 36쪽.

1086 김대중 엮음(2007), 『여운형을 말한다』, 아름다운책, 147쪽.

1087 김동화(1978), 「몽양 여운형의 정치활동(상/하)」, 『창작과비평』, 제48호/49호

1088 송남헌(1976), 『해방30년사(1)』, 성문각, 77쪽.

1089 이기하 편(1987), 『한국의 정당』, 한국일보사, 81쪽.

1090 여운홍(1967), 『몽양 여운형』, 청하각, 153쪽; 김영택(2007), 「8·15 해방 당시 조선총독부가 여운형을 선택한 배경과 담판 내용」, 『한국학논총』, 제29호; 김동화(1978), 「몽양 여운형의 정치활동(상/하)」, 『창작과비평』, 제48호/49호.

1091 이인(1967. 8.), 「해방전후 편편록」, 『신동아』.

1092 한민성(1982), 『추적 여운형』, 갑자문화사, 294쪽.

1093 김대중 엮음(2007), 『여운형을 말한다』, 아름다운책, 75쪽.

1094 이만규(1946), 『여운형선생투쟁사』, 총문각, 243쪽.

1095 이기형(1984), 『여운형 평전』, 실천문학사, 526쪽.

1096 여운형을 도와서 인공 수립에 동분서주했던 여운홍에 따르면, "형님의 정치 생활 중 가장 큰 실책이었던 인민공화국이 수립되었거니와 이때부터 형님은 극좌 극렬분자들의 음모에 완전히 휩쓸리고 말았다. (…) 소아병적인 극렬 공산당원들이 꾸며낸 하나의 연극이었다"고 주장했다. 여운형의 비서 이동화도 "인공을 수립함에 있어서 몽양은 능동적이 아니고 수동적이었다. (…) 이것은 박헌영을 중심으로 하는 일부 공산주의자들이 꾸며낸 일종의 정치극이었다"며, 모든 책임을 조선공산당과 박헌영에게 떠넘겼다. 하지만 1945년 9월 6일 여운형은 '전국인민대표자대회'에서 임시의장 자격으로 개회사와 격려사 그리고 대회 진행을 맡았고, 인공 부주석에 취임했던 점을 고려하면 여운홍과 이동화의 언설은 궁색한 변명에 불과할 뿐이다. 여운홍(1967), 『몽양 여운형』, 청하각, 153쪽/159쪽; 김학준(1987), 『이동화평전』, 민음사, 137쪽; 이만규(1946), 『여운형선생투쟁사』, 총문각, 221쪽; 〈매일신보〉 1945년 10월 1일 자.

1097 이정식(2002. 8.), 「여운형」, 『한국사시민강좌』, 제31집.

1098 오기영(1994), 『민족의 비원』, 모시는사람들, 205쪽.

1099 이경남(1978. 6.), 「남북분단, 피할 수 있었다」, 『월간중앙』, 제123호.

1100 권오기(1985), 『인촌 김성수』, 동아일보사, 263쪽.

1101 오소백 편(1962), 『우리는 이렇게 살아왔다』, 광화문출판사, 48~52쪽.

1102 좌우합작을 위한 첫 번째 모임을 개최한 일시는 1946년 5월 25일 버치 중위의 숙소였다. 송남헌에 따르면, 우파를 대표해서 김규식과 원세훈, 좌파를 대표해서 여운형과 황진남, 모임 개최자 버치 중위, 회의 통역으로 배재학교 교장 겸 선교사 아펜젤러가 참석했다. 송남헌(1990), 『시베리아의 투사』, 천산산맥, 220쪽.

1103 신복룡(2015. 5. 29.), 「여운형의 공명심 비극적 죽음 자초, 허약한 김규식은 스스로 무너져」, 『주간조선』, 제2359호.

1104 한국정신문화연구원 한민족문화연구소 편(2001), 「송남헌」, 『내가 겪은 해방과 분단』, 선인, 99쪽.

1105 이기형(1984), 『여운형 평전』, 실천문학사, 525~526쪽.

1106 1946년 좌우합작은 좌우익 진영의 주변부 인사들이 미군정의 사주와 지원을 받아 전개한 정치공작이었다. 미국 국무성은 한국 문제는 모스크바협정의 틀 속에서 미소 합의에 따라 해결되어야 한다는 입장이었다. 신탁통치 반대를 결렬하게 주장하는 이승만과 김구 세력은 그러한 '올바른 해결'에 대한 장애물이며, 남한 민중이 '진보적 강령'을 지지하기 때문에 이승만과 김구가 이끄는 우익진영은 대중의 지지를 받지 못한 것으로 판단했다. 그래서 미국 국무성은 미군정에 이승만과 김구 집단을 멀리할 것과 이들은 물론이고 공산당과도 연결되지 않으면서 '진보적 강령'으로 민중의 지지를 획득할 수 있는 새로운 정치세력인 중도파를 육성·지원해서 그들을 미군정의 협력자로 삼을 것을 지시했다. 그 때문에 미군정은 좌우합작을 주선하고 기획·연출했으며, 정치자금도 제공했다. 송남헌의 연구에 따르면, 미군정은 좌우합작위원회에 1946년과 1947년 각각 300만 원을 제공했다. 이와 같이 1946년 좌우합작은 종래 연구와 같이 김규식과 여운형의 자주적 각성과 주체적 노력으로 이루어진 것이 결코 아니었다. 양동안(2001), 「1945~1948년 기간 중도제파의 정치활동에 관한 연구」, 『정신문화연구』, 제24권 제3호; 송남헌(1985), 『해방3년사』, 까치, 389쪽.

1107 미군정의 입장에서 여운형은 '늙은 망명 정치가들(김구와 이승만)'에 비해 '대단한 가능성'을 지닌 인물이었지만, 한국을 반공의 보루로 삼아야 한다는 정치적 명제 앞에서는 고민스러운 선택지였다. 당시 미군정의 고민은 "우리가 보기에 여운형은 도덕적 용기가 결여돼 있고, 공산주의자들과 너무 은밀히 연루되어 있기 때문에 박헌영과 대적할 수 없어서 미국이 박헌영을 거세해주기를 바라고 있는 것처럼 보였다"고 평했다. 신복룡(2001), 『한국분단사연구』, 한울, 481쪽.

1108 좌우합작위원회 우측 대표는 김규식·김붕준·최동오·원세훈·안재홍이었고, 좌측 대표는 여운형·허헌·정노제·이강국·성주연이었다. 강준식(1989. 2.), 「하지와 이승만, 김구, 여운형의 암투(중)」, 『신동아』, 제353호; 정시우(1946), 『독립과 좌우합작』, 삼의사, 40~41쪽.

1109 합작 7원칙은 모스크바협정 지지, 남북합작의 임시정부 수립, 토지문제, 친일

파 문제, 정치범 석방 문제, 테러방지 문제, 과도입법의원 설치, 언론·집회·결사 등 자유 보장 문제였다. 이 가운데 실제로 실행된 것은 과도입법의원 설치뿐이었다. 강원용(2003), 『나의 현대사(1)』, 한길사, 283쪽; 이철승·박갑동 편(1998), 『대한민국, 이렇게 세웠다』, 계명사, 221쪽; 이상돈(1969), 『회상 반세기』, 통문각, 73~81쪽.

1110   1946년 10월 7일 '좌우합작 7원칙' 가운데 토지개혁(몰수·유조건 몰수·제감매상)을 입안한 경제전문가는 최호진(구주대학), 김영휘(교토대학), 강정택(도교대학) 3명이었다. 한국정신문화연구원 한민족문화연구소 편(2001), 「송남헌」, 『내가 겪은 해방과 분단』, 선인, 97쪽.

1111   이기형(1984), 『여운형 평전』, 실천문학사, 525~526쪽.

1112   합작 7원칙 제3조에서 규정한 토지의 유상몰수·무상분배는 국가 재정 파탄과 농민에 대한 중세를 불가피하게 하는 것이었고, 분배한 토지는 농민의 경작권만 인정하고 소유권을 부정하는 것이었다. 1946년 10월 8일 한민당은 유상몰수·무상분배는 농민 기만책이자, 농민의 환심을 사기 위해 농민에게 토지를 무상으로 분배한다면 노동자와 소시민에게는 무엇을 줄 것이냐고 반문하며, 합작 7원칙에 반대 입장을 발표했다. 〈동아일보〉 1946년 10월 12일 자; 정시우(1946), 『독립과 좌우합작』, 삼의사, 63쪽; 김준연(1948. 9.), 『한국민주당소사』, 한국민주당선전부, 35~37쪽; 심지연(2000), 『송남헌 회고록』, 한울, 81쪽.

1113   신복룡(2001), 『한국분단사연구』, 한울, 493쪽.

1114   1946년 7월 2일 한독당은 좌우합작에 대해서 "이 일이 실패가 없이 꼭 성립되기를 간망하면서 이 일을 전적으로 지지한다"는 담화를 발표했고, 백범 김구는 1946년 10월 '합작 7원칙'에 대해서도 "좌우합작의 목적은 민족통일에 있고, 민족통일의 목적은 자주독립의 정권을 수립함에 있는 것"이라며 적극 지지 입장을 밝혔다. 송남헌(1985), 『해방3년사(2)』, 까치, 370쪽; 유기홍(2017), 『38선 위의 김구』, 미래엔, 27쪽.

1115   〈동아일보〉 1946년 10월 12일 자; 심지연(2000), 『송남헌 회고록』, 한울, 81쪽; 이기하(1969), 『한국정당발달사』, 의회정치사, 128~129쪽.

1116   김학준(2013), 『북한의 역사(2) 미소냉전과 소련군정 아래서의 조선민주주의 인민공화국 건국』, 서울대학교출판문화원, 557쪽.

                     테러리스트 김구

1117 김대중 엮음(2007), 『여운형을 말한다』, 아름다운책, 89쪽.

1118 김대중 엮음(2007), 『여운형을 말한다』, 아름다운책, 410쪽.

1119 〈서울신문〉 1946년 12월 5일 자.

1120 1946년 12월 5일 자 신문들은 1면 기사로 여운형의 정계 은퇴를 다루었다. 그런데 대부분의 기사가 "이것이 종래와 같이 정치적 제스처인지 혹은 금후 실제 행동으로 옮길 것인지 감히 주목되는 바이다"라는 부제를 달았다. 이는 여운형이 정계를 은퇴한다는 사실이 일종의 정치적 연극은 아닌가 하는 세간의 의심을 반영한다. 실제로 여운형은 자신이 발표한 성명서에 추호도 책임을 느끼지 않았을뿐더러 은퇴를 선언한 지 불과 수일이 못 되어 또다시 정계에 얼굴을 내미는 일이 다반사였기 때문이다. 여운형은 조선공산당 박헌영에게 추파를 보내면서도 미군정에 영합할 듯 기세를 올렸다. 그는 조선 천지가 공산당 천하가 되거나 우익 천하가 되거나 언제든지 정부에 참여할 기회를 놓치지 않겠다는 노선이었다. 이는 그에게 회색적이며 사행(蛇行)적인 중간 노선을 불가피하게 만들었다. 그래서 박명제는 여운형의 기회주의적 정치 행위가 8·15 이후 말할 수 없는 정치적 혼란과 분열만을 초래했다고 비난하는 한편, 여운형이 좀 더 확고한 신념과 책임감으로 충만한 책임 정치가, 철인(哲人) 정치가가 될 것을 촉구했다. 박명제(1947), 「여운형 씨의 정치노선을 비판함」, 『재건』, 2월호.

1121 여운형의 정계 은퇴 선언에 대한 북로당의 반응이다. "몽양은 당시 서울을 들락거리던 정치연락원 성시백으로부터 평양 방문 요청을 받자 곧바로 수락했다. 성시백이 찾아와 김두봉, 김일성 친서를 전하고 '지금은 은퇴해야 할 때가 아니다'라고 북로당 중앙의 생각을 알려왔다. (…) 김일성은 '그래서는 안 된다. 선생이 전면에 나서주어야 한다'며 집요하게 몽양을 설득했다. 결국 몽양은 김일성의 요청을 받아들여 '정치활동을 재개하고 신당 창당을 위해 노력하겠다'는 언질을 주었다. 몽양은 정계 은퇴 선언을 한 지 한 달도 채 안 돼 마음을 돌린 셈이었다. (…) 몽양은 10여 일간 평양 방문을 마치고 북로당 정치연락원 성시백과 함께 서울로 돌아왔다." 중앙일보사 특별취재반(1993), 『비록 조선민주주의인민공화국(하)』, 중앙일보사, 171쪽/174쪽; 유영구(1992. 6.), 「거물간첩 성시백 프로젝트(상)」, 『월간중앙』, 644쪽; 정병준(1995), 『몽

양 여운형 평전』, 한울, 399~401쪽.

1122 이영신(1994), 『비밀결사 백의사(하)』 알림문, 262~263쪽.

1123 1947년 5월 24일 근로인민당 창당 배경과 관련해 "제2차 미소공위 재개 당
      시 협의 대상의 세력에 좌우익 간 백중(伯仲)한 것을 타개키 위하여 '크레물
      린'의 극비 지령에 의하여 여운형이 제3당을 구성한 것이 근로인민당인 것이
      다. 그 지령문은 김두봉을 거쳐 당시 강원도 철원인민위원회 위원장 한 모가
      휴대하고 월남하여 여운형에게 직접 전달하는 동시에 300만 원의 활동 자금
      을 공급할 것을 약속하였다"는 내용이 있다. 창당 당시 근로인민당의 위원장
      은 여운형, 부위원장은 장건상·이영·백남운, 위원은 장건상·이영·백남운·김
      성숙·문갑송·이상백·정백·최익한·조한용이었다. 서울특별시경찰국사찰과
      (1955), 『한국정당사·사찰요람』, 서울대학교 한국교육사고, 59~60쪽.

1124 강영수(1965. 9.), 「여운형론」, 『정경연구』, 제1권 제8호.

1125 대한민국 건국기 여성 정치인을 대표했던 임영신은 "여운형 씨는 외국인과
      구별하기 어려울 정도로 이국적이었다. 그는 6척에 가까운 큰 키를 하고 있었
      으며 굉장한 미남이었다. 알맞게 그을린 둥그런 얼굴과 단단한 체구에 날씬
      한 몸매를 지니고 있었다. 그는 대학교수였을 뿐만 아니라 훌륭한 운동가였
      으며, 한국 아마추어 운동 연맹의 회장이기도 하였다. 그는 스포츠에 능했고,
      수영, 스케이팅, 야구, 그리고 축구에 이름이 있었다. 나이가 거의 60이 다 되
      어갔지만 훨씬 젊어 보였다"고 회고했다. 임영신(2008), 『나의 40년 투쟁사』,
      민지사, 222쪽; 강영수(1965. 9.), 「여운형론」, 『정경연구』, 제1권 제8호.

1126 이경남(1981), 『설산 장덕수』, 동아일보사, 94쪽.

1127 이정식(2006), 『대한민국의 기원』, 일조각, 235~236쪽.

1128 권오기(1985), 『인촌 김성수』, 동아일보사, 264쪽.

1129 심지연(2000), 『송남헌 회고록』, 한울, 49쪽; 편집실(1936. 1.), 「결혼주례 50쌍
      을 한 여운형 씨」, 『삼천리』, 제8권 제1호.

1130 편집실(1936. 1.), 「天下大小人物論評會」, 『삼천리』, 제8권 제1호.

1131 1925년 강원도 춘천 출신 이란은 여운형을 만나 '인생의 몽양화'로 인해 패가
      망신한 춘천 관동의원 개업의사 이임수의 장남이다. 그는 1941년 춘천고보
      재학 당시 여운형에게 들었던 유언비어를 친구들에게 퍼뜨렸다가 피체되어

3년 징역형을 살았던 '춘천고보 이란 사건'의 주인공이기도 하다. 그는 출옥 이후에도 부친을 따라 여운형을 가까이서 모시고 잔심부름을 도맡아 했다. 이란은 1989년 이정식 교수와의 인터뷰에서 여운형과 그 주변 인물에 대해 상세한 관찰을 증언했다. 이정식(2008), 「(부록3), 해방 전후 여운형(이란 씨의 회고)」, 『여운형』, 서울대학교출판부, 749쪽.

1132 이정식(2008), 「(부록3), 해방 전후 여운형(이란 씨의 회고)」, 『여운형』, 서울대학교출판부, 759쪽.

1133 이정식(2008), 「(부록3), 해방 전후 여운형(이란 씨의 회고)」, 『여운형』, 서울대학교출판부, 749쪽

1134 김교식(1984), 『한국의 인물, 장덕수』, 계성출판사, 336쪽.

1135 이정식(2008), 「(부록3), 해방 전후 여운형(이란 씨의 회고)」, 『여운형』, 서울대학교출판부, 778쪽.

1136 이정식(2008), 「(부록3), 해방 전후 여운형(이란 씨의 회고)」, 『여운형』, 서울대학교출판부, 770쪽.

1137 이정식(2008), 「(부록3), 해방 전후 여운형(이란 씨의 회고)」, 『여운형』, 서울대학교출판부, 752쪽.

1138 이정식(2008), 「(부록3), 해방 전후 여운형(이란 씨의 회고)」, 『여운형』, 서울대학교출판부, 776쪽.

1139 선우휘에 따르면, 여운형은 처음 만난 말석의 취재기자라도 이름을 기억해 두었다가 다시 만나면 당사자를 호출해서 크게 감동시키고 쩔쩔매게 했다. 1930년대 전반 〈조선일보〉, 〈동아일보〉, 〈조선중앙일보〉가 합동운동회를 개최했다. 그런데 〈조선일보〉와 〈동아일보〉 사장은 점잖게 앉아 있는데, 유독 〈조선중앙일보〉 사장 여운형만이 웃통을 벗어젖히고 운동장에 뛰어나와 젊은 기자들의 등을 두드리고 같이 달리기도 하며 야단법석을 떨었다. 그는 젊은 기자들의 인기를 독차지하려고 기를 쓰는 여운형이 보기도 안쓰럽고 우스웠다고 썼다. 선우휘(1980. 6. 8.), 「노다지」, 『주간조선』.

1140 해방 직후 조선통신사 사회부 기자로 활동했던 조덕송에 따르면, 여운형은 "노동자 앞에 나설 때는 노동복 차림으로, 청년들 앞에서는 운동복 차림으로, 여성들 앞에 나설 때는 단정한 한복 차림으로" 나섰다. 조덕송(1991), 『증언

(2)』, 다다미디어, 68쪽.

1141 이영신(1993),『비밀결사 백의사(상)』, 알림문, 121쪽.

1142 강영수(1965. 9.),「여운형론」,『정경연구』, 제1권 제8호.

1143 이철승·박갑동 편(1998),『대한민국, 이렇게 세웠다』, 계명사, 343쪽.

1144 고하선생전기편찬위원회(1990),『독립을 향한 집념』, 동아일보사, 305쪽.

1145 한민성(1982),『추적 여운형』, 갑자문화사, 60쪽.

1146 1948년 12월 당시 소련 군정 정치고문(소련군 제25군) 니콜라이 레베데프
     소장은 김일성을 비롯한 총 43명에 달하는 북조선 유력자의 이력, 투쟁 경
     력, 활동 상황에 대한 사찰 보고서를 작성했다. 그 가운데 조선민주주의인
     민공화국 부수상 및 외상 박헌영은 공산주의 이론 능력에서 "기본적으로 사
     전 교육이 충실한 조선 최고의 공산주의 이론가 가운데 한 사람이며, 마르크
     스-레닌주의에 대한 지식수준을 높이고자 체계적인 노력을 기울이고 있다"
     고 평했다. 〈경향신문〉 1995년 7월 8일 자.

1147 이경남(1978. 6.),「남북분단, 피할 수 있었다」,『월간중앙』, 제123호.

1148 양동안(2006),「1948년 남북협상의 허와 실」,『한국사시민강좌』, 제38집.

1149 이정식(2008),『여운형』, 서울대학교출판부, 768쪽.

1150 전현수(2004),『쉬띄꼬프 일기』, 국사편찬위원회, 174쪽.

1151 1946년 3월 7일 미소공위 소련 측 수석대표 스티코프 대장이 소련공산당 중
     앙위원회에 제출한 "남북 임시정부 내각안"에 따르면, 여운형(인민당)은 수
     상, 김규식과 박헌영은 부수상, 김일성은 내무상에 이름이 올라 있었다. 스티
     코프에 따르면 내각 명단은 "박헌영과 김일성의 제안을 감안해 작성한 것"이
     었다. 바꿔 말하면 1946년 제1차 미소공위에 임하는 소련 군정은 좌익이 주도
     하는 내각책임제 형태의 남북 임시정부를 세워 한반도 전체를 소비에트화하
     겠다는 속셈이었다. 김국후(2008),『평양의 소련 군정』, 한울, 167쪽.

1152 신복룡(2001),『한국분단사연구』, 한울, 481쪽.

1153 국사편찬위원회 편(2003),『소련군정문서, 남조선정세보고서(1946~1947)』,
     44쪽/47~48쪽.

1154 김대중 엮음(2007),『여운형을 말한다』, 아름다운책, 29~30쪽; 이정식(2007.
     9.),「여운형은 박헌영파에 암살」,『신동아』, 제50권 제9호; 김학준(2013),『북

한의 역사(2) 미소냉전과 소련군정 아래서의 조선민주주의인민공화국 건국』, 서울대학교출판문화원, 538쪽.

1155   1946년 9월 7일 경기도경찰부는 조선공산당 책임비서 박헌영을 비롯한 남민전 서기장 이강국과 조선공산당 고급 간부 이주하에 대한 체포령을 발령했다. 〈조선일보〉 1946년 9월 8일 자.

1156   한민성(1982), 『추적 여운형』, 갑자문화사, 440~448쪽; 중앙일보사특별취재반(1993), 『비록 조선민주주의인민공화국(하)』, 중앙일보사, 90~184쪽; 박병엽 구술, 유영구 외 엮음(2010), 『김일성과 박헌영 그리고 여운형』, 선인, 109~235쪽.

1157   여연구 지음, 신준영 편집(2001), 『나의 아버지 여운형』, 김영사, 206~207쪽.

1158   려연구(1983), 「30여 년의 세월이 흘렀어도」, 『인민들 속에서(32)』, 조선로동당출판사, 138쪽.

1159   여연구 지음, 신준영 편집(2001), 『나의 아버지 여운형』, 김영사, 6~7쪽/ 210~211쪽.

1160   이철승·박갑동 편(1998), 『대한민국, 이렇게 세웠다』, 계명사, 205쪽/340쪽.

1161   여연구 지음, 신준영 편집(2001), 『나의 아버지 여운형』, 김영사, 6~7쪽/ 210~211쪽; 중앙일보사 특별취재반(1993), 『비록 조선민주주의인민공화국(하)』, 중앙일보사, 184쪽.

1162   몽양여운형선생전집발간위원회(1993), 『몽양 여운형 전집(2)』, 한울, 229쪽.

1163   이정식(2002. 8.), 「여운형」, 『한국사시민강좌』, 제31집.

1164   박태균(2021), 『버치문서와 해방정국』, 역사비평사, 32쪽.

1165   박태균(2021), 『버치문서와 해방정국』, 역사비평사, 312쪽.

1166   박태균(2021), 『버치문서와 해방정국』, 역사비평사, 339쪽.

1167   박태균(2021), 『버치문서와 해방정국』, 역사비평사, 45쪽.

1168   박태균(2021), 『버치문서와 해방정국』, 역사비평사, 289쪽.

1169   "총독부는 여운형에게 건국 자금을 제공했나?", 〈조선일보〉 2023년 6월 10일 자.

1170   박태균은 니시히로 다다오[西廣忠雄]가 여운형에게 100만 엔의 정치자금을 제공했다고 번역했다. 하지만 치안 협력을 부탁하면서 제공한 100만 엔의 정치자금은 지나치게 약소한 금액이다. 혹시 1천만 엔의 오기이거나 착각한

것이 아닐까 짐작된다. 박태균(2021), 『버치문서와 해방정국』, 역사비평사, 305쪽.

1171 박태균(2021), 『버치문서와 해방정국』, 역사비평사, 314쪽.

1172 여운형은 건준 결성 과정에서 조선총독부뿐만 아니라 조선인 자본가에게도 정치자금을 헌납받았다. 김두한은 여운형이 태창재벌 총수 백낙승에게 3천만 원의 거금을 수취했다고 폭로했다. 김두한(1963), 『피로 물들인 건국 전야』, 연우출판사, 125~126쪽.

1173 박갑동(1983), 『박헌영』, 인간사, 138쪽.

1174 〈서울신문〉 1946년 7월 19일 자.

1175 김두한은 여운형의 신당동 납치 사건과 계동집 구들장 폭파 사건이 자신의 소행이라고 주장했다. 김두한(1963), 『피로 물들인 건국 전야』, 연우출판사, 132~134쪽.

1176 이기형(1984), 『여운형 평전』, 실천문학사, 475쪽.

1177 이정식(2008), 「(부록3), 해방 전후 여운형(이란 씨의 회고)」, 『여운형』, 서울대학교출판부, 749쪽.

1178 이만규(1946), 『여운형선생투쟁사』, 총문각, 235쪽.

1179 이정식(2008), 「(부록3), 해방 전후 여운형(이란 씨의 회고)」, 『여운형』, 서울대학교출판부, 752쪽.

1180 〈경향신문〉 1974년 2월 12일 자.

1181 이만규(1946), 『여운형선생투쟁사』, 총문각, 87쪽.

1182 여운홍(1971. 7.), 「몽양 암살사건의 진상」, 『세대』, 제9권 제96호.

1183 선우휘(1986), 『노다지(2) 해방』, 동서문화사, 186~187쪽.

1184 박명제(1947), 「여운형 씨의 정치노선을 비판함」, 『재건』, 2월호.

1185 여운형이 명륜동 정무묵의 집에 거처하기 시작한 것은 1947년 3월 17일 계동 자택 폭파사건 직후였다. 여운형은 주위 사람들의 권고를 받아 '경성서비스' 라는 자동차 수리공장을 운영하는 정무묵의 명륜동 집 사랑채를 임시숙소로 썼다. 오경환(1976. 3.), 「몽양 암살사건의 새 진상을 밝힌다(상)」, 『세대』, 제14권 제3호.

1186 〈경향신문〉 1974년 2월 7일 자.

1187 여운홍(1967), 『몽양 여운형』, 청하각, 231~234쪽.

1188 고준석은 여운형의 죽음에 대한 남로당의 반응과 관련해 "박헌영 일파는 여운형 암살에 놀라울 정도로 냉담성을 보였다. 그들은 혁명운동의 오랜 투사가 적에게 쓰러진 것에 대해서 당연히 있어야 할 분노도 보이지 않고 슬픈 빛도 없었다. 그들은 암살이라는 증오할 적의 행위에 대해서도 무감각한 것 같았다. (…) 권력투쟁이 인간의 피를 냉각시키는 것이라 하더라도 이때 박헌영 일파의 행위는 냉혹 바로 그것인 것처럼 보였다"고 회고했다. 고준석 지음, 정범구 옮김(1989), 『해방 1945~1950』, 한겨레, 187쪽.

1189 중앙일보사 특별취재반(1993), 『비록 조선민주주의인민공화국(하)』, 중앙일보사, 181쪽; 여연구 지음, 신준영 편집(2001), 『나의 아버지 여운형』, 김영사, 246쪽; 정병준(1995), 『몽양 여운형 평전』, 한울, 492~493쪽.

1190 〈동아일보〉 1947년 8월 3일 자.

1191 고준석(1989), 『해방 1945~1950』, 한겨레, 187쪽.

1192 김대중 엮음(2007), 『여운형을 말한다』, 아름다운책, 51쪽.

1193 강진호 외(2009), 『총서 '불멸의 력사' 용어사전』, 소명출판, 260쪽.

1194 여연구 지음, 신준영 편집(2001), 『나의 아버지 여운형』, 김영사, 274쪽.

1195 여운형 추모식 준비위원장은 독립운동가 이갑성(李甲成)이었고, 고문은 박정희 대통령, 이효상 국회의장, 윤보선 전 대통령 외 24명이었다. 윤해동(1989), 「여운형 암살과 이승만」, 『역사비평』, 제6호(가을); 조덕송(1991), 『증언(2)』, 다다미디어, 77~78쪽.

1196 당시 주요 신문들은 한지근의 자백을 거론하며, "고하 송진우를 살해한 범인 한현우와는 특별한 관계가 있는 만큼 그 취조의 결과는 매우 주목된다" 혹은 "한현우가 일찍이 법정에서 공술한 말과 같이 '여운형도 살해할 의도였다'고 한 말을 미루어 보건대, 이번 범행도 뒤를 이은 무지한 행동이 아니었든가 추측된다" 또는 송진우 살해범 한현우의 제1심 공판 때 주심 판사였던 이천상의 지적과 같이 "고 여운형 씨의 살해범 한지근은 고 송진우 선생을 살해한 한현우의 집을 근거지로 범행을 준비하였다는 사실에 비추어 양자 간에 어떠한 관련이 있다는 것을 상상할 수 있는 일"이라 발언했다. 요컨대 한지근 체포와 함께 당시 언론들은 송진우 암살범 한현우와의 긴밀한 관련성을

거론했다. 〈동아일보〉 1947년 7월 25일 자.

1197 당시 신동운 체포 소식을 다룬 신문 기사에는 신동운이 "송진우를 살해한 한
      현우의 일파로서 여 씨 암살사건 직후 2시간 만에 수도청 모 과장더러 진범인
      이 한지근이란 것을 알려주고 그 후 자취를 감추어버린 수수께끼의 인물"이
      라고 보도되었다. 〈조선일보〉 1947년 8월 1일 자.

1198 김섭(1948), 「공판조서(1)」, 『여운형살해사건진상기』, 독립신문사, 116~133쪽.

1199 김섭(1948), 「판결서」, 『여운형살해사건진상기』, 독립신문사, 173~179쪽.

1200 한현우의 아내 이봉득(李鳳得) 심문조서와 〈한성일보〉에 따르면, 한지근이
      평양으로부터 백남석의 소개 편지와 쌀 2말을 지참하고 찾아와 취직할 때까
      지 당분간 유숙시켜달라고 해서 아래층 하나를 치워주었다. 한지근은 키가
      크고 몸집도 건장한 청년이었으며, 남편과 동지 관계였고, 7월 19일 밤에 집
      을 나갔다. 〈한성일보〉 1947년 7월 25일 자; 김섭(1948), 「판결서」, 『여운형살
      해사건진상기』, 독립신문사, 173~179쪽.

1201 김섭(1948), 「공판조서(1)」, 『여운형살해사건진상기』, 독립신문사, 130~131쪽.

1202 〈조선일보〉 1947년 8월 30일 자.

1203 신동운은 1923년 함남 홍원 출생으로 함흥공립상업학교를 졸업하고 1944년
      해군지원병으로 진해 인근 녹아도(鹿兒島) 쓰치우라[土浦] 제4항공대에 복
      무하던 중 해방을 맞았다. 1945년 9월 16일 귀경해서 잠시 고하 송진우의 경
      호원 생활을 했고, 10월 중순 한현우가 운영하는 격몽의숙의 숙생이 되었다.
      1945년 11월 중순 한현우의 지령을 받고 자행한 건국청년회 위원장 오정방
      (嗚正邦) 살인미수 사건으로 서대문형무소에 구금되었고, 1946년 1월 29일
      살인미수와 불법무기소지죄로 징역 2년에 집행유예 3년의 언도를 받고 풀려
      났다. 석방 당시 신동운은 온몸이 옴투성이였지만, 한현우가 페니실린을 구
      해서 치료해주었다. 그가 한현우 일당인 것은 사실이지만, 1945년 12월 30일
      송진우 암살사건과는 무관했다. 이후 마포형무소에 수감된 한현우를 비롯한
      송진우 암살 공범자들의 옥바라지에 열중했다. 심문조서에 따르면, 신동운은
      1947년 7월 10일경 두 번에 걸쳐 여운형과 박헌영이 조선 민족을 위해 제거
      되어야 할 인물이라며 묵시적으로 한지근의 범의(犯意)를 사주하고 선동했
      다는 혐의를 받았다. 〈조선일보〉 1947년 8월 1일 자; 〈자유신문〉 1947년 9월

7일 자; 〈동아일보〉 1947년 9월 7일 자. 김섭(1948), 「피의자신문조서(1) 신동우」, 『여운형살해사건진상기』, 독립신문사, 47쪽; 한현우(1976. 7.), 「무엇이 진상인가」, 『세대』, 제14권 통권 제156호.

1204 놀라운 사실은 1947년 9월 3일 이봉득이 검찰 심문에서 7월 10일경 한지근을 유숙시킨 것은 그가 평양에서 가져온 백남석의 소개장이 있었기 때문이라고 진술했다는 점이다. 한지근에게 유풍기업사 2층 방을 아지트로 제공했던 서울형무소 간수 김이흡도 한지근의 본명과 연령(19세)이 모두 사실이라고 진술했다. 그러나 1974년 2월 김흥성 등 공범자와 신동운이 자수하면서 이봉득과 김이흡의 진술은 새빨간 거짓말로 드러났다. 그것은 사건을 한지근 단독 범행으로 꾸미기 위해 지어낸 거짓말이었다. 김섭(1948), 『여운형살해사건진상기』, 독립신문사, 60~111쪽.

1205 상고 취하와 관련해 당시 언론에는 1947년 12월 2일 발생한 장덕수 암살사건으로 요인 암살범에 대한 극형 여론이 비등했기 때문이라는 소문이 돌았다. 〈자유신문〉 1948년 1월 17일 자.

1206 오소백 편(1962), 『우리는 이렇게 살아왔다』, 광화문출판사, 54쪽.

1207 7월 23~24일 한지근을 취조한 수도청장 장택상은 19세 미성년자라 하기에는 너무나 성숙한 체구였고, 취조받는 태도도 너무 태연자약해서 조금도 꿀리는 기색이 없었다고 증언했다. 장 청장이 "너는 어찌 권총을 잘 쏘는가"라는 질문에 한지근은 "그런 일을 하는데 그만큼 못하겠습니까"라고 답했다. 그래서 "전부를 말하면 검사국에 넘어간 후 유리하게 해주마" 하고 유도심문을 했더니 한지근은 웃으며 "총감 각하, 그 무슨 말씀이십니까. 국사를 위하여 일하는 사람이 유리 운운이 무엇입니까"라며 조금도 자기 범행을 숨기지 않았다고 밝혔다. 〈동아일보〉·〈조선일보〉 1947년 7월 25일 자.

1208 오경환(1976. 4.), 「몽양 암살사건의 새 진상을 밝힌다(하)」, 『세대』, 제14권 제4호; 한현우(1976. 7.), 「무엇이 진상인가」, 『세대』, 제14권 제156호.

1209 1947년 10월 21일 제3회 판결공판에서 한지근은 "귀중한 시간을 허비해가며 진상을 밝혀주신 데 대하여 감사의 뜻을 표한다. 최초에 건국단에 가입할 때 죽음을 각오했다. 사형 구형을 두려워하지 않지만, 건국 완성까지 싸우고자 하였던 것이 1 대 1로 희생된다는 것이 유감이다. 하지만 '저를 사형시킴으로

써 저와 같은 자가 다시 발생하지 않는다'고 생각하신다면, 그것은 3천만 민족을 무시하는 것입니다. 과거에 안중근, 윤봉길, 이봉창과 같은 열사를 낳은 한국인데, 저 하나 죽고서 다시 나지 않는다고는 믿어지지 않는 바입니다'라고 발언했다. 한지근의 최후 진술을 고려하면, 그를 미성년자로 보기는 곤란하다. 결국 여운홍이 제기한 의혹이 사실무근이 아니었음을 시사한다. 김섭(1948),「공판조서(3)」,『여운형살해사건진상기』, 독립신문사, 170쪽; 여운홍(1967),『몽양 여운형』, 청하각, 230쪽.

1210 오경환(1976. 3.),「몽양 암살사건의 새 진상을 밝힌다(상)」,『세대』, 제14권 제3호.

1211 〈일요신문〉 1974년 2월 3일 자; 〈조선일보〉 1974년 2월 6일 자; 〈동아일보〉 1974년 2월 7일 자.

1212 〈경향신문〉 1974년 3월 18일 자.

1213 오경환(1976. 3.),「몽양 암살사건의 새 진상을 밝힌다(상)」,『세대』, 제14권 제3호.

1214 신동운이 김영철을 처음 만난 것은 1946년 6월 초순 한현우 공판에서였다. 김영철은 평북 영변 출신으로 대한제국 군인을 거쳐 만주에서 광복군 총영 결사대장으로 활동했고, 1920년 8월 경성을 방문하는 미국의원단 폭살 계획을 모의하다가 검거된 '아서원 사건'의 장본인이다. 〈경향신문〉 1974년 3월 11일 자.

1215 양근환은 1894년 5월 황해도 연백 출신으로 1920년 일본대학 재학 중에 동경역 제국호텔에서 국민협회 회장 겸 〈시사신문〉 발행인 민원식(閔元植)을 단도로 찔러 죽이고 13년 징역형을 받았다. 5척 단구였지만, 성격이 강직하고 술을 좋아하며 한시를 즐기는 등 '강직한 선비'를 참칭하고 다녔다. 해방 직후 저명한 테러리스트들과 함께 '혁신탐정사'를 조직했다. 그는 국수주의 테러리스트였기 때문에 거물 정치인들도 모두 두려워했다. 「통일일보 회장 故(고) 이영근 회고록(하)」,『월간조선』, 1990년 9월호, 427쪽; 정병준(1995),『몽양 여운형 평전』, 한울, 482~483쪽.

1216 국사편찬위원회 편(2003),『소련 군정 문서, 남조선 정세 보고서(1946~1947)』, 국사편찬위원회, 7쪽.

1217 이영신(1994), 『비밀결사 백의사(하)』, 알림문, 274쪽.

1218 이영신(1994), 『비밀결사 백의사(하)』, 알림문, 276~277쪽.

1219 종로2가에서 낙원극장으로 들어가는 초입에서 오른쪽으로 꺾인 골목에 자리한 여관의 이름은 정병준이 주장하는 강원여관이 아니라 경원여관이다. 1947년 12월 설산 장덕수 암살 공범 최중하의 모친이 경영했다. 투숙객은 대부분 임정과 한독당 관련자들로 이들의 아지트와 다름이 없었다. 정병준(1995), 『몽양여운형 평전』, 한울, 475쪽.

1220 1945년 12월 말 송진우 암살사건 당시 미성년자였던 이창희와 유근배는 개성 소년형무소, 김의현과 김인성은 서대문형무소, 한현우는 마포형무소에서 수형 생활을 하고 있었다. 오경환(1976. 4.), 「몽양 암살사건의 새 진상을 밝힌다(하)」, 『세대』, 제14권 제4호.

1221 오경환(1976. 4.), 「몽양 암살사건의 새 진상을 밝힌다(하)」, 『세대』, 제14권 제4호.

1222 1993년 2월 한현우는 〈한겨레〉 신문과의 인터뷰에서 "한지근은 사실상 없는 사람이다. 본명은 이필홍으로 평안도 영변의 천석꾼 아들이었다. 공산당에 모든 것을 뺏기고 내려와 언제 죽어도 좋으니 복수를 해달라고 했다. 내가 감옥에 들어온 다음에 격몽의숙에 들어왔는데 면회를 와서 만났다"고 증언했다. 〈한겨레〉 1993년 2월 23일 자.

1223 '화성 2인조'는 동생이자 형인 김인성을 옥바라지하는 과정에서 신동운을 만났고, 여운형 암살 무대에 등장했다. 이 3형제는 경기도 화성군 오산읍 독골 마을에서 나고 자랐다. 10여 마지기 농사꾼 집안 5형제 가운데 김홍성이 둘째, 김인성이 넷째, 김영성이 다섯째 막내였다. 이들 3형제는 넉넉지 못한 가정 사정으로 소학교만 마치고 다들 제 살길을 찾아 고향을 등졌다. 소학교를 마친 김홍성은 상경해서 일본인 경영 피혁회사에 취직했다가 해방 직후 회사가 파산하면서 직장을 잃었다. 셋째 김인성은 소학교를 졸업하고 해군지원병을 자원해서 입대했다가 해방을 맞아 상경했고, 같은 해군지원병 출신 김의현·백남석·이창희·신동운과 함께 격몽의숙 숙생이 되었고, 송진우 암살에 가담했다. 막내 김영성은 1945년 소학교를 마치고 곧바로 상경해서 서북청년회에서 활동하기도 했지만, 별다른 직업 없이 둘째 형 김홍성에게 의탁하고

주석

551

있었다. 독골마을 사람들은 이들이 '형제간에 우의가 남다르게 두터웠지만 그런 큰일을 저지를 만한 사람들은 아니었다'고 증언했다. 오경환(1976. 4.), 「몽양 암살사건의 새 진상을 밝힌다(하)」, 『세대』, 제14권 제4호.

1224 오경환(1976. 4.), 「몽양 암살사건의 새 진상을 밝힌다(하)」, 『세대』, 제14권 제4호.

1225 한현우(1976. 7.), 「무엇이 진상인가」, 『세대』, 제14권 통권 제156호.

1226 김태호(1982), 『끝나지 않은 심판』, 삼민사, 45쪽.

1227 오경환(1976. 4.), 「몽양 암살사건의 새 진상을 밝힌다(하)」, 『세대』, 제14권 제4호.

1228 1976년 오경환은 여운형 살해 공범 4명 가운데 '화성 2인조'의 김흥성이 사건의 총지휘자였고, 신동운은 별다른 역할이 없었다고 주장했다. 하지만 김흥성은 소학교 출신으로 빈농 출신이었고, 당시 별다른 직업도 없는 처지였다. 그는 송진우 암살범으로 서대문 감옥에 투옥된 동생 김인성을 옥바라지하다가 신동운를 만났다. 그런 김흥성이 한독당 계열로부터 총기와 정보를 입수해 여운형 암살을 기획하고 지휘했다는 주장은 설득력이 떨어진다. 오경환(1976. 4.), 「몽양 암살사건의 새 진상을 밝힌다(하)」, 『세대』, 제14권 제4호; 김상구(2014), 『김구 청문회(2)』, 마법의책공방, 122~129쪽.

1229 1974년 2월 신동운은 여운형 암살사건 진상조사와 관련해 서울지검강력부의 소환조사를 받았다. 그는 사건의 배후는 자신이 유일하며, 사건을 전후해서 직간접으로 관여했고, 한지근 단독범행이라 꾸민 것도 자신이라고 주장했다. 그는 사건 발생 다음 날 수도경찰청 박경림 경위에게 연행되었지만 범행을 부인했다. 하지만 곧이어 체포된 김영철로부터 사건을 시급히 수습해야 한다는 말을 듣고 한지근 단독범행 각본을 꾸미게 되었다고 진술했다. 바꿔 말하면 신동운은 한독당의 사주를 받고 한지근 단독범행으로 각색한 것이다. 따라서 종래 논의와 같이 신동운이 수도경찰청 수사과장 노덕술과 공모해서 한지근 단독범행으로 사건을 조작했다는 주장은 사실무근이다. 한지근은 이북 출신이어서 신분을 세탁할 수 있었던 데다 한현우의 부인 등 관계자들과 공모해서 '한지근 단독범행설'을 꾸며낼 수 있었다. 〈경향신문〉 1974년 2월 14일 자.

1230 당시 한독당 계열의 백의사 고문 김두한은 "여 씨를 사살하기 전날 밤 나는 한

군에게 권총을 수교하고 악수를 했다. 일본 장교용 권총 한 자루를 내어주고 넘버를 내 수첩에 적어놓았다"고 주장하는 한편, 한지근 체포 직후 조재천(曺在千) 부장검사를 찾아가서 "한 군 선에서 더 수사선을 확장하게 되면 당신 신상의 위험은 물론 아이들과 친족까지 사살하겠다고 위협했고, 문제의 한 군은 2일 만에 당국에 체포되었는데 당시의 수도청 수사과장 노덕술 씨가 무척 강경하게 나왔지만, 즉시 나는 수사선의 확장을 강력히 저지시키는 데 성공했다"고 증언했다. 김두한의 위협과 협박이 "조선 경찰 및 조선인 검찰관 및 재판관에게 생명까지 위협하면서 정당한 판결을 내리지 못하도록 책동했다"는 1947년 12월 장덕수 암살사건 당시 하지 중장의 발언을 고려하면, 김구와 한독당이 사법 테러를 자행해 사건 진상을 조작했음을 시사한다. 그랬기 때문에 여러 의혹에도 불구하고 여운형 암살사건이 한지근의 단독범행으로 조작될 수 있었다. 김두한 (1963), 『피로 물들인 건국 전야』, 연우출판사, 135쪽; 〈동아일보〉 1947년 12월 28일 자.

1231 이정식(2007. 9.), 「여운형은 박헌영파에 암살」, 『신동아』, 제50권 제9호; 이정식(2008), 『몽양 여운형』, 서울대학교출판부, 634~635쪽.

1232 정병준이 주장하는 '반민족·분단세력'이란 이승만과 한민당을 말한다. 정병준(1995), 『몽양 여운형 평전』, 한울, 11쪽.

1233 박태균(1994), 『현대사를 베고 쓰러진 거인들』, 지성사, 51~97쪽.

1234 윤해동(1989), 「여운형 암살과 이승만」, 『역사비평』, 제6호.

1235 김교식(1969), 『광복20년(2) 통일의 꿈과 남북협상』, 계몽사, 326~327쪽.

1236 「백의사 부사령관 박경구의 녹취록」, 1985년 8월 31일; 「이제는 말할 수 있다, 비밀결사 백의사」, MBC 2002년 1월 20일 방송; 김상구(2014), 『김구 청문회(2)』, 마법의책공방, 129~130쪽.

1237 이철승·박갑동 편(1998), 『대한민국, 이렇게 세웠다』, 계명사, 168쪽; 박태균(2021), 『버치문서와 해방정국』, 역사비평사, 339쪽.

1238 박태균(2021), 『버치문서와 해방정국』, 역사비평사, 340쪽.

1239 하지만 박태균이 인용한 문건은 1947년 8월 6일 자 미군정 「주간보고서」 제99호가 아니라 1947년 7월 2일 자 제94호였다. 관련 원문은 "RHEE and KIM, KOO were planning terroristic activities"라 적시하고 있다. 하지만 박태균

은 1994년 저작에서 이 문장을 인용하면서 "이승만과 ○○"으로 표기했다. 이는 여운형 암살 혐의를 김구가 아닌 이승만에게 덮어씌우고자 같은 문서를 조작·날조한 것이 명백하다. 주한미육군사령부 정보참모부(1986), 「주간정보요약보고서(3)」, 『미군정정보보고서(13)』, 일월서각, 411쪽; 박태균(1994), 『현대사를 베고 쓰러진 거인들』, 지성사, 90쪽; 「지우다 못해 조작까지 해서 없애버리는 이승만의 흔적」, 〈조선일보〉 2024년 2월 17일 자; 정안기(2023. 1. 19.), 「국부 이승만은 과연 몽양 여운형의 암살자인가」, 〈모닝포커스〉; 〈서울신문〉 1947년 7월 3일/7월 4일 자.

1240 대한보국의용단은 임정 법통의 계승을 주장하며 민족진영을 폭력으로 붕괴시킬 정치적 의도에서 1947년 4월 지하 단체로 조직된 테러 조직이었다. 단장 김석황, 참모장 신일준, 단원 조상항·손종수·송종옥·이덕황 등 노장층과 박광옥·최인·조엽 등 청년층의 연합체였다. 서울특별시경찰국사찰과(1955), 『한국정당사·사찰요람』, 서울대학교 한국교육사고, 36쪽.

1241 이정식(2008), 『여운형』, 서울대학교출판부, 635쪽.

1242 1974년 김영성을 비롯한 공범자들이 자수하기에 앞선 시점인 1969년 김교식의 저작에 따르면, 장덕수 암살 주범으로 수도경찰청장 장택상의 직접 심문을 받았던 박광옥은 "여운형을 암살한 한지근 일당도 한국독립당 계통과 줄이 닿고 있다는 것을 아셔야 합니다. 한지근은 가명이지 본명이 아닙니다"라고 진술했음을 밝히고 있다. 김교식(1969), 『광복20년(2)』, 계몽사, 326쪽.

1243 在上海日本總領事館警察部第二課(1946), 『朝鮮民族運動年鑑』, 在上海日本總領事館警察部第二課, 180쪽.

1244 〈중앙일보〉 1989년 11월 16일 자; 姜德相(1992), 「對中國和平工作·'アジア聯盟'構想と呂運亨」, 『한민족독립운동사논총』, 탐구당.

1245 박경수(2003), 『장준하』, 돌베개, 212~213쪽.

1246 강원용(2003), 『나의 현대사(1)』, 한길사, 264쪽.

1247 이정식(2006), 『대한민국의 기원』, 일조각, 139~140쪽.

1248 서중석(1991), 『한국현대민족운동연구』, 역사비평사, 273쪽.

1249 북조선51기념공동준비위원회(1946. 5.), 『팟쇼·반민주분자의 정체』, 39~40쪽.

1250 몽양여운형선생전집발간위원회(1991), 『몽양 여운형 전집(1)』, 한울, 225쪽.

테러리스트 김구

1251 정병준(1995), 『몽양 여운형 평전』, 한울, 150쪽.

1252 李景珉(2003), 『朝鮮現代史の岐路』, 平凡社, 91쪽.

1253 "총독부는 여운형에게 건국 자금을 제공했나?", 〈조선일보〉 2023년 6월 10일 자; 신복룡(2006), 『한국분단사연구 1943~1953』, 한울, 440쪽; 김영택(2007), 「8·15 해방 당시 조선총독부가 여운형을 선택한 배경과 담판 내용」, 『한국학 논총』, 제29집; 최하영(1968. 8.), 「정무총감 한인 과장 호출하라」, 『월간중앙』, 제1권 제5호; 이정식(2008), 「(부록3), 해방 전후 여운형(이란 씨의 회고)」, 『여운형』, 서울대학교출판부, 755쪽.

1254 김준연(1948. 9.), 『한국민주당소사』, 한국민주당선전부, 5쪽.

1255 이철승·박갑동(1998. 4.), 「좌우 대립 속에 대한민국」, 『민족정론』, 제57호.

1256 이는 1945년 8월과 2022년 10월 당시 금 1돈(3.75g) 시가로 환산한 금액이다. 1945년 8월 당시 금 1돈 시가는 473원이었고, 2022년 10월에는 28만 3천 원이었다.

1257 김준연(1948. 9.), 『한국민주당소사』, 한국민주당선전부, 3쪽.

1258 신복룡(2006), 『한국분단사연구 1943~1953』, 한울, 114쪽.

1259 브루스 커밍스 지음, 김자동 옮김(1986), 『한국전쟁의 기원』, 일월서각, 545쪽.

1260 이인은 해방되고 일주일이 경과한 시점에서 명월관 종업원으로부터 명월관 장춘각에서 엔도가 몽양의 요청으로 권총 200정과 현금 5천만 원을 제공하기로 밀약했다는 내용을 들었다고 회고했다. 이는 몽양이 일본으로부터 정권을 이양받는 대신 재조 일본인 150만 명의 영구 거주권과 재산권을 보장한다는 조건부 밀약이 있었다는 항간의 소문을 지지하는 증언이다. 이인(1967. 8.), 「해방전후 편편록」, 『신동아』.

1261 정안기, 「독립투사 몽양 여운형에게 어른거리는 '친일과 매국'」, 〈모닝포커스〉 2023년 1월 10일 자.

1262 강영수(1965. 9.), 「여운형론」, 『정경연구』, 제1권 제8호.

1263 〈매일신보〉 1945년 10월 2일 자.

1264 박갑동에 따르면, 1945년 12월 하순 당시 조선공산당은 산하에 전국노동조합평의회(전평) 50만 명, 전국농민조합연맹(전농) 330만 명, 부녀총동맹(부맹) 80만 명, 전국청년단체총동맹(청총) 72만 명의 대중 단체를 조직하는 데

성공했다. 여운형의 조선인민당 당원 총수도 약 2만 명에 달했지만, 그 가운데 70퍼센트가 조선공산당 당원이었다. 해방 직후 좌익세력의 확장 경위와 관련해서 허정(許政)은 식민지 시기 일제가 조성한 유산계급과 무산계급 대립의 틈을 타고 유산계급에 대한 증오심에 불타는 공산주의 이데올로기가 쉽게 침투할 수 있었다고 말한다. 더구나 이들은 계급적 증오심을 독립운동으로 포장해서 세력을 확장했다. 바꿔 말하면, 당시 공산주의자들은 공산주의를 독립운동으로 받아들였다. 이들은 공산주의 정체를 제대로 알지 못하는 일종의 '환상적 공산주의자들'이었다. 하지만 해방 직후 공산주의에 대한 달콤한 환상이 사회 전반에 걸쳐 거세게 표출되었고, 이를 더욱 부채질해서 남한에서 좌익세력의 강고한 기반을 구축하는 데 활용했다. 김교식(1984), 『한국의 인물, 장덕수』, 계성출판사, 137쪽; 박갑동(1991), 『통곡의 언덕에서』, 서당, 173~174쪽.

1265 '8·15 공산당원'이란 1945년 8·15해방과 함께 소련군이 진주해서 공산 천하가 될 듯하자 공산주의 ABC도 모르는 자들이 너도나도 공산당원이라고 자칭해 나선 것을 비꼬아서 만들어낸 조어이다. 한재덕(1965), 『김일성을 고발한다』, 내외문화사, 34쪽.

1266 북한에서는 여운형을 두고 "위대한 수령님의 건국사상과 민족통일전선 로선을 받들고 민주세력의 단합과 나라의 통일독립을 위해 더욱 정력적으로 투쟁하였다. (…) 그 위대한 태양의 품에 안기였기에 몽양 려운형은 민족의 단합과 통일을 위한 값 높은 삶을 살 수 있었고, 오늘도 온 겨레가 잊지 못하는 통일애국인사로 영생하고 있는 것"이라 치켜세웠다. 김강혁·라성철(2021), 『통일의 길에 이름을 남긴 애국인사들』, 평양출판사, 94쪽/100쪽.

1267 이영신(1993), 『비밀결사 백의사(상)』, 알림문, 161쪽.

1268 이영신(1994), 『비밀결사 백의사(하)』, 알림문, 264쪽.

1269 이정식(2008), 「(부록3), 해방 전후 여운형(이란 씨의 회고)」, 『여운형』, 서울대학교출판부, 772쪽.

1270 이정식(2008), 「(부록3), 해방 전후 여운형(이란 씨의 회고)」, 『여운형』, 서울대학교출판부, 750쪽.

1271 김성숙(1988), 「중도좌파의 비극적 종말」, 『신동아』, 8월호.

1272   박태균(2021), 『버치문서와 해방정국』, 역사비평사, 340쪽.

1273   김창숙 지음, 심산사상연구회 엮음(2001), 『김창숙 문존』, 성균관대학교출판
       부, 459쪽.

1274   김대중 엮음(2007), 『여운형을 말한다』, 아름다운책, 147쪽.

1275   북조선51기념공동준비위원회(1946), 『팟쇼·반민주분자의 정체』, 39~40쪽.

9 얼굴 없는 국부(國父), 장덕수

1276   허정(1979), 『내일을 위한 증언』, 샘터사, 142~146쪽.

1277   중형 장덕준(張德俊)은 1920년 1월 〈동아일보〉 창간에 참여했으며, 같은 해
       11월 초순 〈동아일보〉 특파원으로 혼춘 사건을 취재하러 연변에 갔다가 행방
       불명되었다. 동생 장덕진(張德震)은 상해 임정 예하 의정대원으로 1924년 김
       구의 지시를 받고 김해산 등 3명과 함께 프랑스 조계 중국인 도박장을 습격했
       다가 중국인 경비의 총격을 받고 사망했다. 신채호는 장덕진의 도박장 습격
       을 두고 "강도와 혈전하여 장물을 되찾고 본연의 주인의 지위를 찾는 정당하
       고도 선구적인 의거"라고 평가했다. 이경남(1981), 『설산 장덕수』, 동아일보
       사, 225~229쪽; 이명화(2014), 「〈장덕진전〉 해제」, 『한국민족운동사연구』, 제
       49집; 장덕회(1977), 「장덕수 일가의 영광과 비애」, 『신동아』, 9월호; 〈동아일
       보〉 1924년 9월 13일 자; 국가보훈처·국사편찬위원회 편(2016), 『(프랑스 외
       무부 문서보관소 소장) 한국독립운동 자료(3)』, 국가보훈처·국사편찬위원회,
       204쪽.

1278   김교식(1984), 『한국의 인물, 장덕수』, 계성출판사, 22쪽.

1279   최선웅(2013. 12.), 「장덕수의 사회적 자유주의 사상과 정치활동」, 고려대학
       교 박사학위 논문, 24~25쪽.

1280   朝鮮總督府(1911. 10. 9.), 『朝鮮總督府官報』, 第336號, 157~160쪽.

1281   권오기(1985), 『인촌 김성수』, 동아일보사, 75쪽.

1282   이경남(1981), 『설산 장덕수』, 동아일보사, 131쪽.

1283   〈동아일보〉 1920년 4월 1일 자.

1284   심지연(2013), 『해방정국의 정치이념과 노선』, 백산서당, 61쪽.

1285   이경남(1981), 『설산 장덕수』, 동아일보사, 148쪽.

1286 최준(1964. 9.), 「후진국 민주주의의 제물(祭物), 설산 장덕수론」, 『세대』, 제2권 제16호.

1287 1920년대 〈동아일보〉 기자로 활동했던 유광렬은 주필 장덕수가 "와세다 학창에서 배운 바 부르주아 자유주의를 전매특허나 얻은 듯이 양양자득하게 동아일보 지상"을 채웠다고 했고, 권오기는 "그는 김옥균(재기와 담력)과 서재필(식견과 경륜) 그리고 안창호(열성과 웅변)의 특출한 속성을 한 몸에 합친 것과 같은 사람"이었다고 평했다. 유광렬(1965. 9.), 「장덕수론」, 『세대』, 제1권 제8호; 권오기(1985), 『인촌 김성수』, 동아일보사, 283쪽.

1288 임경석(2003), 『한국 사회주의의 기원』, 역사비평사, 557~560쪽.

1289 이 사건과 관련된 상황은 다음과 같다. "고려공산당 상해파가 수취한 레닌 자금 40만 루블 가운데 국내 활동비 명목 5만 원을 김철수에게 들려 보냈다. 이것을 받아 잡지를 내는 데 자금으로 쓴 사람은 최팔용이었다. 그런데 엉뚱하게 장덕수가 착복했다는 소문이 돌기 시작했다. 설산이 뒤집어쓴 것은 마침 최팔용이 병사(病死)를 해버려 해명해줄 사람이 없었기 때문이다. 좌익계는 신문사까지 찾아와 해명하라며 항의하고 설산에게 폭행을 가하는 등 사태가 험악해졌다." 하지만 당시 고려공산당 상해파의 재무책임자이자 1920년대 중반 조선공산당 책임비서를 역임한 김철수가 1980년 5월 "그 자금은 장덕수가 아니라 최팔용에게 전달되었다"며 장덕수의 결백을 증언했다. 권오기(1985), 『인촌 김성수』, 동아일보사, 287쪽.

1290 〈동아일보〉 1923년 4월 18일 자.

1291 유광렬(1931. 11.), 「동아일보 부사장 장덕수론」, 『혜성』, 제1권 제8호.

1292 인촌 김성수는 장덕수가 미국 유학을 떠난 뒤 남은 가족들의 생계를 보살폈다. 특히 1934년 4월 14일 장덕수의 모친 김현모 여사의 회갑을 맞아 최남선, 허헌, 김도연, 김양수, 송진우, 백관수, 유억겸, 한상옥, 김철중 등 장안의 명사들을 명월관으로 초대해 성대한 회갑 잔치를 열었다. 이들은 머나먼 미국 땅에서 유학하는 장덕수를 대신해 모친께 큰절을 올리고 만수무강을 빌었다. 그의 여동생 장덕희는 "인촌 선생이 어머니 회갑연을 명월관에서 아주 성대하게 열었다. 각계의 모든 분이 참석하시어 축하해주었고, 선생님은 아들 노릇까지 해주셔서 어머니와 나는 감격해서 몇 번이나 울었다"고 회고했다. 장

덕희(1977), 「장덕수 일가의 영광과 비애」, 『신동아』, 9월호; 권오기(1985), 『인촌 김성수』, 동아일보사, 285쪽.

1293 최선웅(2008. 9.), 「설산 장덕수의 마르크스주의 국가관 비판 연구」, 『사총』, 제67호.

1294 장덕수 정치사상의 뿌리는 미국 사회학의 대부 레스터 워드(Lester Ward)가 주장하는 고전적 자유주의를 수정해 개인적 자유와 사회의식 그리고 공권력 개념을 확장시킨 '신자유주의' 혹은 '사회적 자유주의' 사상이다. 최선웅 (2008. 9.), 「설산 장덕수의 마르크스주의 국가관 비판 연구」, 『사총』, 제67호.

1295 세계 지성사에서 마르크스 국가론이 학술논쟁의 주제가 된 것은 1960년대 말 이후였다. 1968년 니코스 풀란차스(Nicos Poulantzas)의 『정치권력과 사회 계급』, 1969년 랄프 밀리반드(Ralph Miliband)의 『자본주의 사회의 국가』가 출간된 것을 계기로 네오막시스트들 사이에서 자본주의 국가론 논쟁이 발생했다. 1925년 장덕수는 석사논문에서 마르크스 국가론의 토대가 되는 경제결정론을 세계 학계 최초로 문제 삼았다는 점에서 풀란차스의 '구조주의 국가론'에 앞서는 선구적인 연구 업적이다. 박상섭(1985), 『자본주의 국가론』, 한울.

1296 장덕수는 3년에 걸쳐 영국 정부 관리와 노동조합 관계자, 경영자 단체 관계자 그리고 노사정위원회 관계자들과 광범위하게 접촉했고, 각종 정부 문서와 노동조합 간행물 등을 심층 분석했다. 심지연(2013), 『해방정국의 정치이념과 노선』, 백산서당, 65쪽.

1297 최선웅(2013. 12.), 「장덕수의 사회적 자유주의 사상과 정치활동」, 고려대학교 박사학위 논문, 160~160쪽.

1298 1937년 5월 마르크스주의 경제학자 인정식은 장덕수의 박사학위 논문을 "조선인 시민적 학자가 세계 학단에 보낸 최초의 노작"이라고 평가했다. 그의 박사학위 논문은 1936년 컬럼비아대학교출판부에서 출간되었다. 장덕희 (1977), 「장덕수 일가의 영광과 비애」, 『신동아』, 9월호; 인정식(1937. 5.), 「장덕수 씨의 박사논문, 「산업평화의 영국적 방법」과 그 학문적 가치」, 『삼천리』, 제9권 제4호.

1299 고려대학교100년사 편찬위원회(2008), 『고려대학교100년사』, 고려대학교출판부, 532~533쪽.

1300 서중석(1993), 「근대화 지상주의에 매몰된 재사」, 『친일파99인(2)』, 돌베개, 218쪽.

1301 정안기(2020), 『충성과 반역』, 조갑제닷컴.

1302 작가 채만식의 단편소설 『민족의 죄인』에서 주인공 나는 1940년대 어느 강연회에서 조선인 청년들로부터 지원병, 학병, 징병을 가야 하는가 하는 질문을 받고 "우리가 앞으로 살아 나가는 데 일본 사람과 꼭 같은 권리를 주장하자면, 피를 좀 흘려야 하지 아니할까요. 피를 흘리면 흘린 피의 대가를 요구할 권리가 생기지 아니합니까. (…) 차별대우를 받지 않도록 우리도 실력을 가져야 하겠지요. 문화적으로나 경제적으로나 그 사람(일본인)들보다 떨어지지 않는 수준에 도달해야 하겠지요. 우리 전체가 노력을 해서 그만한 실력을 가진 다음에는 감히 우리를 하시(下視)하겠습니까"라고 답했다. 여기서 주인공의 답변은 당대 대일 협력 혹은 전시 협력에 앞장섰던 장적수를 비롯한 조선인 협력 엘리트들이 추구하는 '협력의 정략성'을 압축적으로 드러낸다. 채만식(1949. 1.), 『민족의 죄인』, 백민문화사, 51쪽.

1303 한민당 창당과 함께 장덕수가 맡았던 외무부는 '해외유학부'로도 회자되었다. 윤보선을 비롯한 윤치영, 이활, 구자옥, 박용하, 최순주, 윤홍섭 등이 모두 구미 유학파였기 때문에 붙은 별칭이었다. 이영석(2018), 『건국전쟁』, 조갑제닷컴, 409쪽.

1304 이기하 편(1987), 『한국의 정당』, 한국일보사, 154쪽.

1305 인촌 김성수의 경호원으로 활동했던 양환철은 "한민당의 정책은 모두 설산에게서 나왔다고 해도 과언이 아니었다. 이승만과 김구의 화해 추진, 한독당과 한민당의 합당 추진 등 어떻게 하든 민주 세력의 통일로 공산당과의 대결에서 승리해야만 빨리 독립을 쟁취하고 새 정부를 구성할 수 있다"고 회상했다. 권오기(1985), 『인촌 김성수』, 동아일보사, 280~282쪽.

1306 장덕수는 월남한 향민들의 모임인 황해회(黃海會) 회장을 겸했다. 1946년 8월 24일 그는 황해회 명의로 (1) 북조선 공산혁명에 대한 항의, (2) 반민주주의적 좌우합작에 대한 태도, (3) 임정수립에 대한 요망, (4) 38선의 즉시 철폐, (5) 민족통일총본부와 민주의원 중심의 민족적 민주주의 제 단체의 대동단결, (6) 해외 사절단 파견 등 독립 완수를 위한 외교 공작을 촉구하는 결

의문을 발표하기도 했다. 〈조선일보〉 1946년 8월 30일 자.

1307 이경남(1981), 『설산 장덕수』, 동아일보사, 349~350쪽.

1308 송남헌(1985), 『해방3년사(1)(2)』, 까치, 192쪽.

1309 〈조선일보〉 1946년 3월 23일 자.

1310 이경남(1981), 『설산 장덕수』, 동아일보사, 351쪽.

1311 〈한성일보〉 1946년 4월 9일 자.

1312 함상훈(1954. 5.), 「설산 장덕수 선생」, 『신천지』, 제9권 제10호.

1313 이기하 편(1987), 『한국의 정당』, 한국일보사, 179쪽.

1314 이기하는 1946년 4월 한민당은 한독당과의 합당 문제 때문에 유엽을 비롯한 서울시당 부장과 차장급 간부 127명이 탈당해 유림의 독립노동당으로 옮겨가는 제1차 탈당 사태가 발생했다고 주장했다. 하지만 당시 한민당 총무 백관수는 유엽과 그 일당은 서울시 당부에서 오랫동안 반당(反黨) 행위를 해왔기 때문에 7월 16일 이들을 제명 처분했는데, 이들이 1개월이 지난 8월 5일 사실무근의 악질적 모략 성명을 발표했다고 반박했다. 〈동아일보〉 1946년 8월 8일 자; 이기하 편(1987), 『한국의 정당』, 한국일보사, 126쪽.

1315 이경남(1981), 『설산 장덕수』, 동아일보사, 351쪽.

1316 배은희(1955), 『나는 왜 싸웠나』, 일신, 57~58쪽.

1317 이경남(1981), 『설산 장덕수』, 동아일보사, 352~353쪽; 〈동아일보〉 1947년 3월 4일 자.

1318 최선웅(2014), 「한국민주당의 미소공동위원회 대응방안과 활동」, 『한국사학보』, 제54호.

1319 김구의 남북통일정부론은 제1차 미소공위가 결렬된 상황에서 전국적인 반탁운동을 더욱 치열하게 전개해 남북한의 군정을 물리치고 통일정부를 수립해야 한다는 주장이었다. 이경남(1981), 『설산 장덕수』, 동아일보사, 354쪽.

1320 이경남(1981), 『설산 장덕수』, 동아일보사, 355쪽.

1321 김혜수(1996), 「1946년 이승만의 사설정보조사기관 설치와 단독정부수립운동」, 『한국근현대사연구』, 제5집.

1322 송남헌(1990), 『시베리아의 투사』, 천산산맥, 255~262쪽.

1323 이경남(1981), 『설산 장덕수』, 동아일보사, 356쪽.

1324 한민당은 "유상 매수한 토지를 무상 분배한다는 것은 국가의 재정적 파탄을 초래하는 것으로서 결국 농민에게 경작권만을 인정하고 소유권을 부정하는 결과가 되므로, 이는 농민에 대한 일시적 기만정책이 된다고 생각하기 때문에 단호히 반대한다"는 성명을 냈다. 송남헌에 따르면, '합작 7원칙' 가운데 토지개혁 입안자는 일본 큐슈대학 출신의 최호진, 교토대학 출신의 김영휘, 도쿄대학 출신의 강정택 3명이었다고 한다. 정신문화연구원 한민족문화연구소 편(2001), 『내가 겪은 해방과 분단』, 선인, 97쪽.

1325 신복룡(2001), 『한국분단사연구』, 한울, 493쪽.

1326 민주의원 총리 겸 한독당 중앙집행위원장 김구는 '합작 7원칙'과 관련해 이승만의 언급 회피와는 달리 적극적인 찬성과 지지를 표명했다. 그래서 세간에서는 김구와 이승만의 합작노선에 이상이 발생한 것이 아닌가 하는 의문을 제기했다. 〈조선일보〉 1946년 10월 12일 자; 허정(1979), 『내일을 위한 증언』, 샘터사, 130쪽.

1327 〈서울신문〉 1946년 10월 10일 자.

1328 〈조선일보〉 1946년 10월 12일 자.

1329 송남헌(1990), 『시베리아의 투사』, 천산산맥, 258쪽.

1330 1946년 5월 1일 한민당은 다음과 같이 23개 분과위원회를 설치했다. 법제조사(김병로), 외교조사(장덕수), 국제문제연구(고창일), 정무조사(김준연), 교통(백관수), 후생연구(이갑성), 교육(백남훈), 토지제도개혁(홍성하), 농촌대책(함상훈), 농정(이운), 노동대책(김약수), 사회문제대책(유진희), 사회정보조사(박찬희), 청년훈련(전진한), 물가대책(이활), 식량대책(서상일), 산업대책(김도연), 무역(안동원), 상공대책(김동원), 화폐대책(손봉조), 재무(이순택), 국방문제대책(최윤영), 부인문제연구(임영신). 〈서울신문〉 1946년 5월 4일 자.

1331 〈서울신문〉 1946년 10월 15일 자; 〈조선일보〉 1946년 10월 19일 자.

1332 트루먼 독트린은 "독재정치를 강요하는 침략 세력(공산주의)에 대항해 자유제도와 영토보전을 위해서 투쟁하는 국가들을 미국은 적극 원조한다"는 것이었고, 마셜 국무장관은 몰로토프 소련 외상에게 미소공위 재개를 촉구하면서 "소련이 이에 협조하지 않으면 조선의 독립을 회복하려는 모스크바협정의 목적을 신장할 조치를 남조선에서 단독으로 취할 수밖에 다른 방도가 없다"

고 성명했다. 당시 중국 외교부장 왕세걸(王世杰)은 4월 8일 자 마셜 장관의 서한에 대한 회신에서 "만약 조선 점령 양국이 조선 문제 해결에 대한 합의를 보지 못할 때는 모스크바협정 당사자인 미국·영국·소련·중국 4개국 간에 조선 문제가 전폭적으로 심의 협조될 것을 제안한다"고 성명했다. 바꿔 말하면 1947년 3월 이래 조선 독립의 길은 단지 미소공위에만 있지 않다는 국제정치의 새로운 움직임을 시사하는 것이었다. 이경남(1981), 『설산 장덕수』, 동아일보사, 379쪽; 이상돈(1969), 『회상 반세기』, 통문각, 32~36쪽.

1333 이경남(1981), 『설산 장덕수』, 동아일보사, 377쪽.

1334 홍승일 편(1965), 『해방 20년』, 세문사, 284~288쪽.

1335 1947년 5월 23일 이승만은 김구와 연명으로 미소공위 측에 '탁치' 개념의 해석과 '민주' 개념의 정의에 대한 질문서를 제출했다. 미소공위 참가 여부는 개인과 단체의 자유에 맡기지만, 이하 두 가지 조건이 명확하지 않거나 충분히 해결되기까지는 미소공위 참가를 유보한다고 성명했다. 첫째, 이른바 '신탁통치'와 '독립정부'는 서로 모순되는 개념이기 때문에 신탁통치 조항을 삭제하거나 한국 사회 일반의 해석과 다르다는 것을 성명해서 독립정부 개념과의 모순을 해결해야 한다. 둘째, 미소 양측은 한국에서 민주주의 독립정부 수립을 목적하고 있다. 하지만 민주주의라는 명사는 이중의 구별(자유민주주의와 인민민주주의)이 존재한다. 이 두 가지 가운데 어느 것을 의미하는지 분명히 구별해줄 것을 질의했다. 〈동아일보〉 1947년 5월 23일 자.

1336 장덕수(1947. 5. 3.), 「국제정세와 우리의 갈 길」, 『(주간) 태평양』, 제1호.

1337 모스크바 3상협정에서 한국 문제는 (1) 미국·영국·소련·중국 4대 연합국이 임시정부 수립을 지향하고, (2) 미소공동위원회는 남북 조선인 대표들과 협의해 임시정부를 수립하며, (3) 임시정부는 4대 연합국과 협의해 5년 이내의 신탁통치를 실시한다는 것이었다. 최선웅(2014), 「한국민주당의 미소공동위원회 대응방안과 활동」, 『한국사학보』, 제54호.

1338 송남헌(1985), 『해방3년사(1)』 까치, 322쪽.

1339 당시 이승만 박사의 비서로 활동했던 박용만은 1947년 6월 10일 한민당 당수 인촌 김성수를 비롯해 장덕수와 김준연 등 중진 간부들이 돈암장을 방문했을 때 있었던 일을 이렇게 증언했다. "이 박사는 흥분해서 어쩔 줄 모르고 마구

큰 소리를 지르고 있었다. 극도로 흥분해 있던 이 박사는 내가 들어가자 내 손목을 덥석 잡고는 그대로 끌고 침실로 데려가더니 '저런 몹쓸 사람들이 어디 있나 (…) 글쎄 이제 와서 저 사람들이 미소공동위에 참가하겠다고 하면서 나더러 같이 참가하자고 하니, 이런 기막힌 일이 어디 있으며, 저런 몹쓸 사람들이 또 어디 있단 말인가'라고 목멘 소리로 울부짖으며, 내 손을 꼭 잡은 채 두 손을 벌벌 떨면서 마구 눈물을 흘렸다. 백발의 노(老)혁명가 이 박사가 이토록 눈물을 흘리면서 통분해하는 것을 나는 처음 봤으며, 하염없이 눈물을 흘리며 울부짖는 이 박사를 보고 있던 나도 가슴이 뭉클해져서 마구 눈물을 흘렸다." 박용만(1965), 『제1공화국 경무대 비화』, 내외신서, 47~48쪽; 인촌기념회(1976), 『인촌 김성수전』, 인촌기념회, 503쪽; 윤치영(1991), 『윤치영의 20세기』, 삼성출판사, 172쪽/175쪽.

1340 박용만(1965), 『제1공화국 경무대 비화』, 내외신서, 49쪽; 〈한성일보〉 1947년 6월 20일/7월 3일 자.

1341 한민당 중진이었던 함상훈은 당시 민족진영에서 이승만과 김구 양 영도자가 미소공위에 참가함은 신탁통치를 찬성하고 들어가는 것이니 절대 참가 불가를 주장하는 가운데, 오직 설산만이 "만일 민족진영이 임정을 수립하는 미소공위에 참가하지 않고 중간파, 좌파만이 미소공위에 참가하여 임정을 수립하고 그 임정이 신탁통치를 받아들일 때는 어찌하느냐. 그 정권하에서 신탁을 반대해 보았자 이불 안에서 활개 치는 격이라 탄압만 받고 한국에는 신탁이 올 뿐이다. 차라리 미소공위에 참가하여 임정 수립에 참획하여 만일 그 신탁이란 것이 과연 미소가 말하는 것과 같은 원조가 아니요, 우리의 내정을 간섭하거나 주권을 침범하는 것일 때는 절대 받지 말면 옳지 않으냐"고 설득했다고 증언했다. 함상훈(1954. 5.), 「설산 장덕수 선생」, 『신천지』, 제9권 제10호.

1342 조병옥(1959), 『나의 회고록』, 민교사, 160쪽.

1343 장덕수 연설의 일부를 소개하면 다음과 같다. "여러분! 치욕적인 신탁통치를 한사코 반대하는 우리들이 미소공위를 인정하건 아니하건 간에 양대 점령군 대표가 지금 회담을 열고 있다는 것은 지금 지구가 돌고 있다는 것처럼 엄연한 현실이 아닙니까. 그렇다면 당당히 그곳에 들어가서 반대할 것은 저지해야 합니다. 수정할 것은 바로잡아야 합니다. 쟁취할 것은 기필코 관철해야 합

니다. 마관(馬關) 조약이나 포츠머스 조약이나 베르사유 강화회의 때처럼 울타리 밖에서 수수방관할 것이 아니라 문을 박차고 들어가 팔소매를 걷고 우리의 요구를 주장해야 합니다." 이경남(1981), 『설산 장덕수』, 동아일보사, 383~384쪽; 장덕수, 「미소공위와의 협의에 관하여(상)」, 〈동아일보〉 1947년 6월 21일 자.

1344 〈조선일보〉 1948년 1월 23일 자.

1345 1947년 6월 25일 마감할 당시 미소공위 참가 청원서를 제출한 남북한 정당·사회단체는 남한 425개, 북한 36개로 총 461개 단체였고, 전체의 75% 이상을 남한의 우익·중간진영이 차지했다. 최영희(1996), 『격동의 해방3년』, 한림대학교 아시아문화연구소, 366쪽.

1346 회의장에서 장덕수의 연설을 들었던 정객들은 이구동성으로 진품 연설, 사자후, 일생일대의 명연설이라는 찬사와 치하를 아끼지 않았다. 이경남(1981), 『설산 장덕수』, 동아일보사, 387~388쪽.

1347 레너드 호그 지음, 신복룡 외 옮김(1992), 『한국 분단 보고서(하)』, 풀빛, 273쪽; 도널드 스턴 맥도널드 지음, 한국역사연구회 옮김(2001), 『한미관계 20년사(1945~1965)』, 한울아카데미, 69쪽.

1348 한독당 내부에서 미소공위 참가 문제를 둘러싸고 무조건 참가를 주장하는 국내파와 참가 유보를 주장하는 해외파(임정파)의 대립·갈등이 첨예화하기 시작한 것은 5월 25일경이었고, 그 내분이 표면화한 것은 6월 4일경이었다. 〈동아일보〉 1947년 5월 28일 자; 〈서울신문〉 1947년 6월 5일 자; 〈조선일보〉 1947년 6월 22일 자.

1349 〈서울신문〉 1947년 7월 2일 자.

1350 〈동아일보〉 1947년 7월 20일 자.

1351 도진순(1997), 『한국민족주의와 남북관계』, 서울대학교출판부, 110쪽.

1352 1947년 9월 1일 김성수와 장덕수는 미국 대통령 특사 웨드마이어 장군을 면담했다. 장덕수는 미소공위 동안 좌익세력이 사람들에게 토지를 무료로 분배한다는 흑색선전 때문에 남한사회가 무척 혼란스럽다고 말했다. 좌우합작은 두 열강이 각각의 이데올로기로 한국을 끌어당기기 때문에 통일전선이 불가능하고, "극좌파에 대항하는 민주정당의 통일전선이 필요하지만 이를 실행하

는 것이 매우 어렵다"며, 이런 상황을 타개하기 위해서는 미소공위를 결렬시키고 즉시 총선거를 실시해야 한다고 주장했다. 장덕수는 미소공위를 통해서는 "통일되고 독립된 한국"을 기대할 수 없기 때문에 한국 문제가 4대 강국 또는 유엔 총회를 통해 해결되는 동시에 총선거가 실시돼야 한다고 주장했다. 정무용(2011),「1947년 웨드마이어 사절단의 방한과 한국인의 대응」,『한국사론』, 제57집.

1353 그럼에도 김구는 1948년 3월 10일 도산 안창호 서거 10주기를 기념하는 애도문에서 "미소공위는 도리어 우리에게 신탁을 강요하다가 영용(英勇)한 우리 애국 동포의 분노와 반대로 실패되었습니다. 이에서 실망한 우리는 유엔 정의의 발동으로서 정당한 해결이 있기를 간망(懇望)하였습니다"라고 주장했다. 하지만 미소공위 참가를 통해서 소련 측의 음모를 분쇄하고 한국 문제를 유엔으로 이관시키는 데 앞장섰던 정치 세력은 김구·한독당이 아니라 바로 장덕수·한민당이었다. 김구(1948. 10.),「안도산선생 애도문」,『김구 주석 최근 언론집』, 삼일출판사, 21쪽.

1354 함상훈(1954. 5.),「설산 장덕수 선생」,『신천지』, 제9권 제10호.

1355 장덕수는 김성수와 함께 참석한 웨드마이어와의 면담 자리에서 남한 단독정부 수립을 위한 단계적 방략을 제안했다. "공동위원회가 결렬되면 한국 문제는 유엔으로 토의 장소를 옮겨야 합니다. 유엔의 권능을 동원해서 남북한 총선거를 실시하는 것이죠. 자유로운 총선거를 하면 민족진영이 승리할 수 있습니다. 필경 북쪽의 소련군은 유엔 감시하의 총선거를 거부하겠죠. 일이 거기까지 가면 마셜 국무장관이 몰로토프에게 보낸 서한 내용이 구체성을 띠게 됩니다. 우선 유엔 감시하의 총선거가 가능한 지역부터 투표를 해서 정부를 세우는 것입니다. 유엔이 승인하는 합법정부가 탄생되는 것이죠." 면담 직후 장덕수는 미국 국무성, 유엔 사무총장, 미국 상하원 의장, 차기 대통령 선거 입후보 예상 인사들 앞으로 '가능한 지역에서 총선거'를 주장하는 서신 외교를 펼쳤다. 그렇게 해서 '가능한 지역에서의 총선거'라는 아이디어를 유엔이 받아들였고, 남한 단독정부 수립이 급물살을 타게 되었다. 반면, 김구는 장덕수와 달리 총선거가 아닌 38선 철폐와 행정권 완전 이양을 주장했다. 이는 임정 법통론의 연장으로 이미 내각을 구성한 임정이 남한 독립정부를 수립하고, 이를 근간으로 통일

정부를 세워야 한다는 주장이었다. 이경남(1981), 『설산 장덕수』, 동아일보사, 392~393쪽; 김원덕(1989), 「한국의 정치·군사 상황에 관한 웨드마이어 보고서」, 『중국연구』, 제8집; 무용(2011), 「1947년 웨드마이어 사절단의 방한과 한국인의 대응」, 『한국사론』, 제57집.

1356 당시 저녁 자리에 초대받은 인물은 평소 교분이 깊었던 한민당 서울시당 부위원장 유홍종, 한민당 서울시당 재정부장 이영준, 안암동 지역유지 조희철과 은주표였다. 참석이 늦어지는 이상돈을 기다리다가 부인 박은혜가 술상을 들여 첫 순배가 돌았다. 총격은 1m 밖의 지근거리에서 있었다. 경찰관 복장의 청년이 카빈총 2발을 발사했고, 사복 청년이 쓰러진 장덕수를 향해 연거푸 권총 5발을 발사했지만 모두가 불발이었다. 2발의 총탄 가운데 한 발은 장덕수의 하복부를 관통하면서 마루 뒷벽에 박혔고, 다른 한 발은 마루 송판에 깊은 홈을 파며 스치고 지나갔다. 김교식(1984), 『한국의 인물, 장덕수』, 계성출판사, 17~18쪽.

1357 한민당 부위원장 백남훈은 "설산은 본당 창립 초부터 외교부장의 중임을 가지고 민족 독립을 위하여 최대 최선의 공적을 쌓았습니다. 설산은 그른 것을 말하지 않고 나의 옳은 것만 주장하는 성격을 가졌습니다. (…) 설산의 죽음은 실로 민족의 불행이요, 국가의 손실입니다"라고 증언했다. 컬럼비아대학 동문으로 미국 유학 시절 막역한 사이였던 조병옥도 "미소공동위원회 참가 문제 때문에 그 주동적 역할을 하고 정치적 촉망이 많았던 한민당 정치부장 설산 장덕수 형이 그만 흉탄을 맞아 암살당하고 말았다. (…) 설산 장덕수 형의 불의의 흉사는 한국민주당만의 비통지사가 아니라 건국 과정에 있는 한민족 전체의 애통지사라 아니할 수 없는 것"이라 회상했다. 조병옥(1959), 『나의 회고록』, 민교사, 173쪽; 백남훈(1968), 『나의 일생』, 신현실사, 252~253쪽.

1358 권오기(1985), 『인촌 김성수』, 동아일보사, 283쪽.

1359 〈동아일보〉 1947년 12월 4일 자.

1360 1948년 12월 8일 고 장덕수의 장례식에서 당시 고려대학교 현상윤(玄相允) 총장은 "오호 설산 형이여! 국가 민족의 불행이 이다지도 심한가? 형이 흉탄을 맞아 세상을 떠났다는 말이 웬 말인가? 형은 위대한 애국자요 원만한 인격자요 정직한 성의 있는 정치가로서 국가의 동량(棟樑)이요 민족의 보배이거

늘 형이 세상을 떠나다니, 이것이 웬 말인가? 독립은 아직도 실현되지 못하고 민족 광복의 대업이 바야흐로 전도다사(前途多事)한 이때 형 같은 유위유능(有爲有能)한 지도자를 잃으니 이 어떤 민족의 불행이며, 이 어떤 국가의 손실인가? (…) 정치경제 국가정세에 정통한 형의 학식을 누가 능히 대신하며, 조직적이고 통견력(洞見力) 있는 형의 경륜과 포부를 누가 능히 대체하여 사리사욕을 모르고 일의 위험을 모르고 곤란을 박차고 열심과 지성으로 오직 국가와 민족만을 생각하고 사랑하는 형의 애국심을 누가 능히 계승하여 도도한 웅변과 건장한 문필로 싸울 곳에 싸우고, 화(和)할 곳에 화하는 형의 투지며 박력이며 기타 풍부한 정치적 역량을 누가 보충하여 정직하고 순수하며 원만하고 온화한 형의 인격을 누가 능히 교대하겠는가. (…) 형의 고귀한 핏값을 결코 헛되이 하지 않기 위하여 더한층 용기를 내고 더한층 화충단결(和衷團結)하여 형의 유지(遺志)인 조국광복의 대업 완성을 향하여 일로매진(一路邁進)할 것을 맹세하오니 형의 존령(尊靈)은 이것을 관관(寬寬)한 가운데 가찬(加贊)하기 바라나이다" 하고 조문했다. 기당현상윤전집간행위원회 편 (2008), 『기당 현상윤 전집(5)』, 나남, 42~43쪽.

1361 유광열(1931. 11.), 「동아일보 부사장 장덕수론」, 『혜성』, 제1권 제8호.

1362 이경남(1981), 『설산 장덕수』, 동아일보사, 63쪽.

1363 유광열(1931. 11.), 「동아일보 부사장 장덕수론」, 『혜성』, 제1권 제8호.

1364 이경남(1981), 『설산 장덕수』, 동아일보사, 97쪽; 김홍일(1972), 『대륙의 분노』, 문조사, 50~55쪽.

1365 권오기(1985), 『인촌 김성수』, 동아일보사, 285쪽.

1366 이경남(1981), 『설산 장덕수』, 동아일보사, 367쪽.

1367 김교식(1984), 『한국의 인물, 장덕수』, 계성출판사, 337쪽.

1368 함상훈은 장덕수의 경제생활과 관련해서 "선생은 한민당은 부자당이다, 지주·자본가당이라 하지만, 부인은 학교 선생 노릇하여 받는 것으로 살고, 자기는 친구들의 도움으로 산다고 폭로하여 만장의 주목을 끈 사실이 지금도 기억에 새롭다"고 회고했다. 함상훈(1954. 5.), 「설산 장덕수 선생」, 『신천지』, 제9권 제10호.

1369 심지연(2013), 『해방정국의 정치이념과 노선』, 백산서당, 85쪽.

1370 한민당의 정치이념은 다음과 같다. (1) 조선 민족의 자주독립 국가 완성을 기한다. (2) 민주주의의 정체 수립을 기한다. (3) 근로 대중의 복리증진을 기한다. (4) 민족 문화를 앙양하여 세계문화에 공헌한다. (5) 국제헌장을 준수하여 세계평화의 확립을 기한다. 심지연(1982), 『한국민주당연구(1)』, 풀빛, 61쪽.

1371 이기하 편(1987), 『한국의 정당』, 한국일보사, 183~185쪽.

1372 함상훈(1954. 5.), 「설산 장덕수 선생」, 『신천지』, 제9권 제10호.

1373 마크 게인 지음, 까치편집부 옮김(1986), 『해방과 미군정(1946. 10-11)』, 까치, 106쪽.

1374 이태호(1991), 『압록강변의 겨울』, 다섯수레, 231쪽; 이경남(1981), 『설산 장덕수』, 동아일보사, 388쪽.

1375 장덕수(1947. 5. 3.), 「국제정세와 우리의 갈 길」, 『(주간) 태평양』, 제1호.

1376 장덕수(1947), 「조선정세에 관한 간략한 진술서」, 『한국민주당 연구(1)』, 풀빛, 289~295쪽.

1377 당시 장덕수는 국제정세를 분석해서 냉전 논리와 구분되는 두 가지 세계적인 흐름으로 (1) 민족자결원칙에 입각한 약소민족의 독립, (2) 사회적 혁신에 의한 계급해방(과격한 계급혁명이 아닌 봉건적 제도의 폐지와 계층 차별의 철폐 등 시민혁명)을 지적했다. 이기하 편(1987), 『한국의 정당』, 한국일보사, 190쪽.

1378 이경남(1981), 『설산 장덕수』, 동아일보사, 370~371쪽.

1379 이경남(1981), 『설산 장덕수』, 동아일보사, 371쪽.

1380 이경남(1981), 『설산 장덕수』, 동아일보사, 321쪽.

1381 이영석(2018), 『건국전쟁』, 조갑제닷컴, 392쪽.

1382 이경남(1981), 『설산 장덕수』, 동아일보사, 371쪽.

1383 김준연(1947), 『독립노선』, 시사시보사, 158~160쪽.

1384 정안기(2023. 1. 4.), 「얼굴 없는 대한민국 건국의 아버지 설산 장덕수를 아시나요」, 〈모닝포커스〉.

1385 이경남(1981), 『설산 장덕수』, 동아일보사, 372쪽.

1386 1955년 미망인 박은혜는 『난석소품』이라는 유작을 남겼다. 저작의 앞표지에서 그녀는 "나를 사랑하여 주고 믿어 주고 격려하여 주던 남편 설산의 영(靈)

앞에 이 적은 책자를 드린다"고 적었다. 유작에는 1951년 부산에서 맞은 설산의 4주기와 1953년 서울에서 열린 6주기 추도회의 추도사가 게재되어 있다. 즉, 6·25 전란의 와중에도 설산 장덕수의 지우들은 잊지 않고 모여서 추도회를 개최했다. 제6주기 추도사에서 박은혜는 "피난 중에도 국제구락부와 해병구락부 등을 빌려서 해마다 이날을 기억해주신 것은 여러 친구들의 고인에게 대한 변하지 않은 옛정의 발로임을 믿어 감격하였을 뿐입니다. 우리 유가족에게는 아직도 추억이 새롭고 해를 두고 모진 풍파에 부대낄수록 고인을 추모하는 서러운 정이 더욱 깊어갈 뿐입니다"라고 먼저 떠난 부군 설산에 대한 변치 않은 존경과 사모의 정을 밝혔다. 박은혜(1955), 『난석소품』, 경기여자중·고등학교학도호국단, 14쪽; 김교식(1984), 『한국의 인물, 장덕수』, 계성출판사, 395쪽.

1387 이경남(1981), 『설산 장덕수』, 동아일보사, 372쪽.

1388 대한민국 건국기 이승만의 브레인으로 활동했던 로버트 올리버는 "장덕수는 지적으로 탁월했고, 컬럼비아대학교 박사라는 권위도 있어 유망한 인물이었지만, 해방 후 몇 달 만에 암살되었다"며 안타까워했다. 올리버는 장덕수를 해방정국에서 활동했던 김구, 김규식, 김성수, 이승만, 조만식과 같은 반열의 정치가로 평가했다. 로버트 올리버 지음, 황정일 옮김(2002), 『신화에 가려진 이승만』, 건국대학교출판부, 233쪽.

1389 최중하는 나이가 들어 장덕수 암살사건을 회고하면서 "나는 알리바이가 있었다. 나는 현장에 없었다"며 고문 때문에 죄를 뒤집어썼다고 강변했다. 하지만 당시 신문에 공개된 공판기록을 검토해보면 그의 주장은 거짓이다. 그는 김구 일당으로부터 암살 지령, 총기, 자금을 받아 박광옥과 배희범에게 전달하는 등 장덕수 암살 테러의 주모자였다. 橋本明(2017), 『韓国研究の魁崔書勉』, 未知谷, 50~78쪽; 한국반탁·반공학생운동기념사업회(1986), 『한국반탁·반공학생운동사』, 한국반탁·반공학생운동기념사업회출판국, 496쪽; 〈동아일보〉 1948년 3월 18일/3월 19일 자//1957년 7월 8일/7월 9일 자; 〈조선일보〉 1967년 8월 13일 자.

1390 〈동아일보〉 1948년 1월 20일 자.

1391 〈동아일보〉 1948년 3월 6일 자.

1392 〈동아일보〉 1948년 3월 3일 자.

1393 김교식(1969), 『광복 20년(2)』, 계몽사, 325~326쪽.

1394 박광옥은 여운형과 장덕수가 제거되었기 때문에 나머지 제거 대상 정계 요인 은 26명이라고 자백했다. 당시 신문기자로 활동했던 조덕송에 따르면, 1948 년 1월 20일 한민당의 공동성명 이후 장안에는 살인 명부가 돌았다고 한다. 그 명부에는 이승만, 김성수, 장덕수, 김준연, 조병옥, 장택상, 백남훈, 백관 수, 홍성하, 서상일, 안재홍, 이윤영, 윤치영 등 13명이 기재되어 있었다. 〈동 아일보〉 1947년 12월 11일 자; 〈동아일보〉 1947년 12월 28일 자; 한국언론인 회(1985), 『기자의 증언』, 청송, 42쪽; 조덕송(1991), 『증언(2)』, 다다미디어, 87~88쪽.

1395 김교식(1969), 『광복 20년(2)』, 계몽사, 325~326쪽.

1396 조덕송(1991), 『증언(2)』, 다다미디어, 87~88쪽.

1397 〈동아일보〉 1948년 3월 9일/3월 11일 자.

1398 1948년 3월 8일 제5회 군사재판 오후 공판에서 최중하는 자신에게 장덕수 살해 명령을 내린 사람은 김중목이라고 진술했다. 〈동아일보〉 1948년 3월 11일 자.

1399 1948년 3월 8일 제10회 군사재판 오후 심문에서 김중목은 자신이 대한혁명 단 재정부장으로 국민의회 정치위원회로부터 자금을 융통해서 대한혁명단 에 제공한 자금은 약 1만 원이었고, 신일준에게서도 자금을 받은 적이 있다는 말을 들었다고 진술했다. 3월 26일 제18회 군사재판 오전 심문에서 김중목은 최중하에게 3천 원을 제공했다고 진술했다. 〈동아일보〉 1948년 3월 9일/3월 11일/3월 27일 자.

1400 혈서의 내용은 "나는 조국 대한의 완전독립을 위하야 혁명단원으로서 내 생 명을 바치기로 서약함. 민국(民國) 29년 8월 26일 대한혁명단 홍길동"이란 혈 서를 써 붙이고 사진을 찍었다. 한국반탁·반공학생운동기념사업회(1986), 『한국반탁·반공학생운동사』, 495~496쪽.

1401 1948년 3월 16일 제10회 군사재판 오후 심문에서 조엽의 진술. 〈동아일보〉 1948년 3월 18일 자; 김교식(1969), 『광복 20년(2)』, 계몽사, 325쪽.

1402 1948년 3월 12일 제8회 군사재판 오후 심문에서 검사가 읽은 최중하와 조엽

의 진술서. 〈동아일보〉 1948년 3월 14일 자.

1403 수도경찰청 수사과장 노덕술은 사진을 보고 김구의 수법임을 직감했다. 윤봉 길과 이봉창이 거사를 결행하기에 앞서 서약식을 치르고 사진을 찍어둔 것과 수법이 동일했기 때문이다. 김교식(1969), 『광복 20년(2)』, 계몽사, 318쪽.

1404 장덕수 암살사건의 주범 박광옥 경사는 제3관구(대전) 경찰청에 근무하다가 무기은닉죄로 파면되었다. 그의 모친은 인촌 김성수 저택의 식모였다. 식모 의 부탁으로 김성수가 미군정 경무국장 조병옥에게 추천해서 박광옥은 신원 조사도 없이 경찰에 재등용되었다. 암살사건 당시 종로경찰서 소속 외근감독 이었다. 하지 장군의 정치고문 버치에 따르면, 박광옥은 "엄항섭의 제자이며, 그를 감탄하게 만드는 사람"이었고, 배희범은 "지청천이 지도하는 청년단의 일원"이었다. 박광옥과 배희범은 한독당 외곽조직 '대한학생청년연맹' 전무 였다. 박태균(2021), 『버치문서와 해방정국』, 역사비평사, 338쪽; 〈동아일보〉 1947년 12월 11일 자; 한국언론인회(1985), 『기자의 증언』, 청송, 59쪽.

1405 이는 3월 17일 제11회 군사재판 심문에서 최중하가 남긴 진술이다. 안재홍과 배은희를 암살 대상에서 제외한 것은 안재홍의 경우 당초 찬탁을 주장해서 처단하려 했지만 이후 남북통일을 주장해서 용서하기로 했고, 배은희는 정치 력이 별 볼 것이 없어서 처단할 필요가 없다는 이유 때문이었다. 〈동아일보〉 1948년 3월 18일 자.

1406 1948년 3월 31일 제20회 오전 공판 심문에서 스틸 주심검사의 최종 구형 논 고. 〈동아일보〉 1948년 4월 1일 자.

1407 1948년 3월 8일 제5회 오후 공판 심문과 3월 19일 제13회 오전 공판 심문에서 박광옥이 한 진술. 제13회 오전 공판 심문에서 박광옥은 장덕수 암살 20일 전 부터 한민당, 민족대표자회의, 김성수 가택, 천주교 강당 등을 추적하며 암살 의 기회를 노렸으나 뜻을 이루지 못하다가 12월 2일 장덕수 자택을 택했다고 진술했다. 〈동아일보〉 1948년 3월 10일 자; 〈경향신문〉 1948년 3월 20일 자.

1408 1948년 3월 8일 제5회 오후 공판 심문에서 최중하가 남긴 진술. 〈동아일보〉 1948년 3월 11일 자.

1409 박광옥과 배희범 체포 경위와 관련해서는 제3회 공판 증인으로 출석한 중부 경찰서 소속 백일현 경사가 상세히 밝혔다. 〈동아일보〉 1948년 3월 5일 자.

1410 대한학생연맹 강령은 다음과 같다. (1) 임시정부 법통을 살린다. (2) 임정을 보호·육성한다. (3) 이북의 적색 마적을 처단한다. (4) 남한의 단독정부 음모를 분쇄한다. 한국반탁·반공학생운동기념사업회(1986), 『한국학생건국운동사』, 495~496쪽.

1411 1948년 4월 1일 제21회 결심공판에서 변호사의 변론을 반박하는 스틸 검사의 논고. 〈조선일보〉 4월 2일 자.

1412 〈동아일보〉 1948년 3월 9일/3월 11일 자; 〈조선일보〉 1948년 3월 9일 자.

1413 〈동아일보〉 1948년 3월 9일/3월 11일 자; 〈조선일보〉 1948년 3월 9일 자.

1414 〈동아일보〉 1948년 3월 9일/3월 11일 자; 〈조선일보〉 1948년 3월 9일 자.

1415 〈동아일보〉 1948년 3월 9일/3월 11일 자; 〈조선일보〉 1948년 3월 9일 자.

1416 이인(1974), 『반세기의 증언』, 명지대학교출판부, 361~362쪽.

1417 밀튼 로만 검사가 서명한 소환장은 미국 트루먼 대통령 이름으로 발부되었다. 소환장은 1948년 3월 8일 미 육군 제24군 소속 코넬 스미스 중령이 경교장을 방문해 강거복 변호사를 통해서 김구에게 전달했다. 증인 및 여비 명목으로 250원이 첨부되었다. '북미합중국 대통령이 김구 씨에 서한'이라는 제목의 소환장에는 다음과 같이 적시되어 있었다. "조선 서울시 중앙청 제1회의실에서 개정하는 미국 군율재판위원회에 귀하를 소환하오니 1948년 3월 12일 오전 9시에 출두할 것. 미국 군율재판위원회는 서울에 있는 김석황 등의 소송사건을 변호하기 위하여 증인으로 지정하고 증언할 목적으로 1947년 12월 16일 제24군 군사령부 우함(郵函) 1225 특령 320호 제1항에 의해 임명되었음. 담임검사 육군대위 밀튼 로만." 그 때문에 세간의 이목은 김구의 출정 여부에 집중되었고, 소환 하루 전(3월 11일)에야 김구는 미국 대통령에 대한 국제예양을 존중한다며 법정 출두를 발표했다. 이인(1974), 『반세기의 증언』, 명지대학교출판부, 360쪽/362쪽; 조덕송(1991), 『증언(2)』, 다다미디어, 96쪽; 〈조선일보〉 1948년 3월 9일 자; 동아미디어그룹(2016. 6. 25.), 「창간사 쓴 초대주간 설산 장덕수」, 『동네』.

1418 조덕송(1991), 『증언(2)』, 다다미디어, 91쪽.

1419 김교식(1983. 2.), 「정치 테러리스트 김지웅」, 『월간조선』, 제4권 2호.

1420 당시 신문들은 김구의 법정 소환과 출두를 두고 "아들과 같은 미군 대위로부

터 증인이 아닌 죄인과 같은 치욕적인 심문을 당했다"고 보도했다. 〈조선일보〉 1948년 3월 14일/3월 16일 자.

1421 검사는 김석황, 조상항, 신일준, 손정수의 진술서를 낭독했다. 진술서의 공통점은 (1) 김석황이 김구는 장 씨를 처치하기를 원한다는 발언을 했고, (2) 그 사실 여부를 알아보려고 김석황 이외 3명이 경교장을 찾아가 김구를 만났더니, "장덕수, 명제세, 배은희는 이 박사 밑에서 일하면서 미소공위에 참가한다니 죽일 놈들이다"는 말을 듣고, 김구의 본심을 짐작하는 동시에 김석황의 말이 사실임을 확인했다는 것이다. 〈조선일보〉 1948년 3월 14일 자.

1422 〈조선일보〉 1948년 3월 14일 자.

1423 조덕송(1991), 『증언(2)』, 다다미디어, 109쪽

1424 박갑동에 따르면, 1947년 말 백범 김구는 "장덕수 죽일 놈!"이란 말을 입에 달고 살았다고 한다. '죽일 놈!'은 영어로 번역하면 죽일 의사가 포함된 것으로 해석된다. 박갑동(1991), 『통곡의 언덕에서』, 서당, 166쪽.

1425 작가 선우휘는 범인들의 심문에서 그 배후 세력으로 한독당 중견 간부가 드러났다는 사실을 두고 좌익과 좌경 언론은 "그것 보라며 일제히 야유와 힐난과 공격의 화살을 퍼부었다. 보수 반동으로 가는 길, 스스로 무덤을 향하여 가는 꼴이 악마의 피리 소리에 이끌려 저도 모르게 강물에 빠져드는 돼지 떼와 뭐가 다르냐고 빈정댔다"고 지적했다. 선우휘(1986), 『노다지(2) 해방』, 동서문화사, 193쪽.

1426 〈조선일보〉 1948년 3월 16일/3월 17일 자.

1427 〈조선일보〉 1948년 3월 16일 자.

1428 〈조선일보〉 1947년 2월 28일 자.

1429 〈서울신문〉 1948년 3월 25일 자; 〈동아일보〉 1948년 3월 27일 자.

1430 〈동아일보〉 1948년 1월 17일/3월 4일 자.

1431 〈동아일보〉 1948년 3월 27일 자.

1432 〈경향신문〉 1948년 3월 23일/3월 24일 자.

1433 〈동아일보〉 1948년 3월 24일/3월 25일 자.

1434 〈조선일보〉 1948년 3월 27일 자.

1435 〈동아일보〉 1948년 4월 1일 자.

1436 〈조선일보〉 1948년 4월 2일 자.

1437 1948년 4월 1일 제21회 군사재판 판결 공판에서 스틸 검사의 논고. 〈조선일보〉 1948년 4월 1일 자

1438 피의자 선고 괄호 부분은 1948년 4월 22일 하지 중장이 감형을 조치한 형량이다. 하지 중장의 정치고문 버치 중위는 장덕수 암살범들에 대한 극형 처분과 관련해 "한국인 대부분이 김구 세력에 의한 압박과 불법 행위가 줄어드는 계기가 될 것이라 환영할 것이며, 이는 한국 문제 해결의 결정적인 요소"라고 지적했다. 〈동아일보〉 1948년 2월 21일 자; 박태균(2021), 『버치문서와 해방정국』, 역사비평사, 339~340쪽; 〈경향신문〉 1948년 4월 23일 자.

1439 그럼에도 김구는 1948년 4월 15일 경교장에서 마련된 남북협상 관련 기자회견 자리에서 "지난번 김석황 문제에 아무 관계 없는 나를 증인으로 출정시킨 것과 나에게 모두 뒤집어씌우려고 한 것을 볼진대 앞으로 나의 신변에 무슨 일이 생길지 모른다"고 발언했다. 〈경향신문〉 1948년 4월 17일 자.

1440 〈동아일보〉 1948년 3월 9일/3월 11일 자.

1441 장택상(1993), 『대한민국과 나』, 창랑장택상기념사업회, 73쪽.

1442 수도경찰청장 장택상은 조병옥 경무국장도 참석한 자리에서 하지 중장에게 임정 주석 김구 씨를 장덕수 살인교사 혐의로 체포, 구속할 것을 주장했다. 하지만 하지는 김구의 구속에 따른 충격과 비등해질 여론을 거론하며 거부했다. 그리고 곧바로 장덕수 살해사건 일체를 미군 수사기관에 넘기고, 재판도 일반재판이 아닌 특별 군사재판에 회부할 것을 지시했다. 김교식(1969), 『광복 20년(2)』, 계몽사, 328~329쪽.

1443 김교식(1983. 2.), 「정치 테러리스트 김지웅」, 『월간조선』, 제4권 2호; 이인 (1974), 『반세기의 증언』, 명지대학교출판부, 361~362쪽.

1444 강준식(1989. 2.), 「하지와 이승만, 김구, 여운형의 암투」, 『신동아』, 제353호.

1445 백백교란 1915년경 전정운(全廷雲)이 세운 백도교(白道敎)에서 갈라져 나와서 1923년 차병간(車秉幹)이 스스로 차천자(車天子)라 칭하며 개창한 사이비 종교집단이다. 유불선(儒彿仙)의 교리를 받들어 세도인심(世道人心)을 교화한다고 표방했지만, 우민(愚民)을 현혹해 재물을 강탈하고 살인 등 사형(私刑)을 남행해서 관의 단속과 세론의 비등으로 사라진 희대의 유사종

교였다. 〈동아일보〉 1948년 2월 21일 자; 조덕송(1991), 『증언(1)』, 다다미디어, 88쪽.

1446 〈동아일보〉 1948년 3월 9일/3월 11일 자.

1447 작가 선우휘는 범인 심문에서 배후 세력으로 한독당의 중견 간부가 드러나자 "세간에는 한독당 당수 김구 주석이 직접 교사한 것이라는 풍문이 나돌기 시작했다"고 증언했다. 선우휘(1986), 『노다지(2) 해방』, 동서문화사, 193쪽.

1448 박태균(1994), 『현대사를 베고 쓰러진 거인들』, 지성사, 137쪽.

1449 도진순(1997), 『한국민족주의와 남북관계』, 서울대학교출판부, 164쪽.

1450 박태균뿐만 아니라 도진순도 김석황 서한의 (2) 부분을 중략하고 (1)과 (3)을 짜깁기했으며, 이를 근거로 김구가 장덕수 암살을 지령했다는 피의자들의 진술서가 조작되었다고 주장했다. 박태균(1994), 『현대사를 베고 쓰러진 거인들』, 지성사, 127쪽; 도진순(1997), 『한국민족주의와 남북관계』, 서울대학교출판부, 163~164쪽.

1451 나영균(2004), 『일제시대, 우리 가족은』, 황소자리, 224쪽.

1452 리차드 로빈슨 지음, 정미옥 옮김(1988), 『미국의 배반』, 과학과사상, 116쪽; 박태균(1994), 『현대사를 베고 쓰러진 거인들』, 지성사, 126쪽.

1453 서울특별시경찰국사정과(1955), 『한국정당사·사찰요람』, 서울대학교 한국교육사고, 37~38쪽.

1454 박태균(1994), 『현대사를 베고 쓰러진 거인들』, 지성사, 130쪽.

1455 〈동아일보〉 1948년 3월 4일 자.

1456 김교식(1983. 2.), 「정치 테러리스트 김지웅」, 『월간조선』, 제4권 2호.

1457 〈동아일보〉 1948년 3월 16일 자.

1458 서울특별시경찰국사정과(1955), 『한국정당사·사찰요람』, 서울대학교 한국교육사고, 37~38쪽.

1459 박태균(2021), 『버치문서와 해방정국』, 역사비평사, 336쪽.

1460 장덕수의 명망과 대중성이 떨어진다는 박태균의 주장과 달리 하지 중장은 "남조선의 인물 중 이승만을 대체할 수 있는 유일한 한국인이 장덕수라고 말한 적도 있다"고 밝혔다. 이영석(2018), 『건국전쟁』, 조갑제닷컴, 391~419쪽.

1461 박태균(1994), 『현대사를 베고 쓰러진 거인들』, 지성사, 111쪽/118쪽.

　　　　　　　　　　　　　　　　　　　　　테러리스트 김구

1462 2016년 동아미디어그룹은 "장덕수 암살사건을 군정재판으로 가져간 것은 친일 경찰 노덕술의 작품"이라 주장했는데, 이는 명백히 사실무근이다. 동아미디어그룹(2016. 6. 25.), 「창간사 쓴 초대주간 설산 장덕수」, 『동네』, 11쪽.

1463 12월 10일 한민당 회의실에서 조선민주당 등 40여 정당·사회단체는 장덕수 살해사건의 진상 규명을 목적으로 유진산(柳珍山)을 위원장으로 한 '테러배후규명대책협의회'를 결성했다. 12월 22일 '협의회'는 하지 중장과 미군정 장관을 방문해 (1) 장덕수 살해범을 극형에 처할 것, (2) 교사자는 신분과 지위 여하를 막론하고 극형 또는 중형에 처할 것, (3) 배후 관계를 신속히 공포해 국민의 엄숙한 심판을 받게 할 것을 요망하는 건의서를 전달했다. 〈경향신문〉 1947년 12월 13일 자; 〈서울신문〉 1947년 12월 23일 자.

1464 〈동아일보〉 1947년 12월 13일 자.

1465 〈동아일보〉 1947년 12월 28일 자.

1466 1947년 12월 13일 주한 정치고문 직무대리 윌리엄 랭던은 미국 국무장관 앞으로 발송한 '장덕수 암살, 대한청년단을 비롯한 우익 과격단체의 활동에 대한 보고'에서 장덕수 암살을 언급했다. 그 내용을 요약하면 다음과 같다. "며칠 전 한국 경찰로부터 사건을 넘겨받았고, 현재 살인범 2명과 공범자 7명을 유치했다. 한국 경찰이 얻어낸 자백에 따르면, 김구가 장덕수를 죽이라고 살인범들에게 직접 지시한 것으로 드러났다. 한국 경찰이 받아낸 자백의 진실은 의문의 대상이기에 하지 장군은 범죄수사단(CID)과 방첩대(CIC) 수사관을 동원하고 있으며, 군사법원은 미국식 절차에 따라 사실을 규명하려 하고 있다. 만약 유죄가 밝혀진다면 김구를 포함하여 관련자 모두에게 사형이나 최고형을 권고하려 하고 있다. 김구의 책임은 상당한 의혹을 받고 있으며, 경찰, 정치지도자들, 입법 의원들은 김구가 테러의 배후라는 사실에 불안감을 드러내고 있다. 주한미군사령부는 이 사건을 본보기로 삼아 대중을 안심시킬 계획이라고 밝혔다." FRUS 1947. The Far East Volume VI (895.00/12-1347).

1467 1948년 4월 1일 제21회 종결 공판에서 스틸 검사의 논고. 〈조선일보〉 1948년 4월 1일 자.

1468 〈동아일보〉 1947년 3월 11일 자.

1469 김두한(1963), 『피로 물들인 건국 전야』, 연우출판사, 135쪽.

1470 한국언론인회(1985), 『기자의 증언』, 청송, 59쪽.

1471 춘원 이광수는 장덕수를 이렇게 평가했다. "장덕수는 자리에 앉으면 허리를 빳빳하게 펴지 않고 앞으로 굽히고는 머리만을 잔뜩 젖히고 두 손으로 무슨 장난을 하며 말하는 버릇이 있어서 마치 어린애 같은 천진난만한 성격자였다. 언제 어디서 무슨 일에나 충실하고 몸을 아끼지 않았기 때문에 매번 지도자 일을 맡았다. 그 어떤 허위나 가식도 없이 적나라하게 자기를 노출시키는 성격의 장덕수를 모략가라 중상하는 것은 유감이다. 설산이라는 호와 같이 개방적이고, 담백하고, 어린애같이 표리가 없는 사람이었다." 이광수(1947. 12.), 「설산과 나」, 『이광수전집(17)』, 삼중당, 428~431쪽.

1472 허정(1979), 『내일을 위한 증언』, 샘터사, 123쪽.

1473 정안기, 「김구·유어만 비망록'의 진실」, 〈아시아투데이〉 2024년 3월 10일 자.

1474 〈동아일보〉 1948년 3월 4일 자.

1475 1949년 8월 3일과 8월 5일 김구 살인 사건의 범인 안두희에 대한 중앙고등 군법회의 제1회 공판과 제3회 공판이 열렸다. 같은 자리에서 안두희는 김구 살해 동기와 관련해 '설산 장덕수 암살'을 거론했다. 〈국도신문〉 1949년 8월 4일 자.

에필로그

1476 김홍일(1954), 「애국의 화신 윤봉길 의사」, 『신천지』, 제9권 제6호.

1477 1947년 12월 22일, 김구는 "좌우를 막론하고 테러 행위를 감행하는 자와 교사 (教唆)하는 자는 엄벌함이 당연한 것이다. 그러나 감정이 이지(理智)나 법률을 초월하지 아니하도록 깊이 경계하지 아니하면 아니될 것이다"라고 역설했다. 국토통일원(1987), 『통일문제 관련 자료집』, 국토통일원, 88쪽.

1478 서울특별시경찰국사찰과(1955), 『한국정당사·사찰요람』, 서울대학교 한국 교육사고, 36쪽.

1479 김구 지음, 도진순 주해(1997), 『백범일지』, 돌베개, 307쪽.

1480 김준엽 편(1995), 『석린 민필호 전(傳)』, 나남출판, 75~76쪽.

1481 북조선51기념공동준비위원회(1946. 5.), 『팟쇼·반민주분자의 정체』, 39쪽/ 43쪽.

1482 대한민국국회(1976), 『한국민족운동사사료(중국편)』, 대한민국국회도서관, 817쪽.

1483 이상돈(1969), 『회상 반세기』, 통문각, 68~72쪽.

1484 관련해서 김강혁은 "이등박문을 격살한 안중근이 민족적 영웅으로 찬양되고 이봉창, 윤봉길의 의거로 국내는 물론 미국, 연해주, 만주 등지에 널려 있던 온 교포사회가 법석 끓고 있던 시대적 분위기를 타고 김구의 테러주의는 적개심에 불타는 조선의 많은 청년들을 현혹시켰다"고 갈파했다. 김강혁·라성철(2021), 「김구」, 『통일의 길에 이름을 남긴 애국인사들』, 평양출판사, 14쪽.

1485 1947년 3월 김구가 설산 장덕수 암살사건 군사재판에 증인으로 출석할 당시 변호인으로 활동했던 김용식에 따르면, 김구는 "장덕수가 죽은 것에 대해 더 분하게 생각하는 내게 검사가 죄를 뒤집어씌우려 하니 더 기막힌 일 아니오"라는 거짓말을 서슴지 않았다. 김용식(1993), 『새벽의 약속』, 김영사, 23~26쪽.

1486 1932년 윤봉길 폭살테러 당시 중국 국민당 고위층 간부였던 숙쟁(肅錚)은 "김구 선생은 중국말을 못 하기 때문에 나와는 필담으로 했습니다. 필담에서 그분은 1919년 상해에 왔으며, 보호임무를 지닌 경찰국장으로부터 시작했습니다. 그때 임시정부를 반대하던 사람도 있었고 또 왜놈의 정탐 노릇을 하던 사람도 있어 김구 선생 자신이 직접 나서서 몇 사람을 죽인 바 있다고 필담에서 나에게 알려주었습니다"라고 증언했다. 김준엽 편(1995), 『석린 민필호 전(傳)』, 나남출판, 75~76쪽; 숙쟁(1983), 「중국 국민당과 김구」, 『한국독립운동사 자료집』, 박영사, 149쪽.

1487 1926년 1~2월경 중국 경찰은 프랑스 조계와 중국인 거리 경계 지점에 있는 이른바 '악마의 우물'에서 약 20구의 사체를 건져 올려 검시했다. 이 시체들은 백골이 되고 문드러져 신원 확인이 곤란했다. 하지만 우물 상층부에 던져진 4~5구의 시체는 검시(檢屍)할 수 있었다. 의복과 소지품을 확인한 결과 모두 조선인으로 판명되었다. 재상해 일본총영사관은 이 시체를 두고 1926년 1월 밀정 박멸을 목적으로 창설된 병인의용대(丙寅義勇隊)의 소행이라고 밝

했다. 김구는 병인의용대 창설을 주도했고, 고문 신분이었다. 국사편찬위원회 (2009), 『대한민국임시정부자료집(32)』, 47쪽.

1488 밀정 테러와 관련해 엄항섭은 경무국장 시절 "선생은 오랫동안 감옥에 있었던 관계로 적정(敵情)을 샅샅이 알고 언제나 노련한 방법으로 상대방을 먼저 제지해버려 놈들의 간담을 서늘케 했다. 이리하여 왜적이 파견한 밀정 가운데 왔다가 다시 돌아가지 못한 놈들의 수효가 셀 수 없을 만큼 많았다"고 지적했다. 김구 지음, 엄항섭 엮음(1989), 『도왜실기』, 범우문고, 31쪽.

1489 김일성은 1948년 4월 남북협상을 위해 평양을 방문한 김구가 자신의 지난날을 반성하며 "자신은 공산주의자에 대한 이해가 없었기 때문에 반대했다며 용서를 구했다"고 밝혔다. 김일성(1985. 8.), 「解放四十年を迎えて」, 『世界』, 제485호.

1490 1986년 4월 김학준은 김일성의 회고가 심각한 사실 왜곡이며, 이를 시정한다는 취지에서 『세카이[世界]』1986년 4월호에 반박문을 게재했다. 김구는 계급투쟁을 표방하는 프롤레타리아 독재가 민족의 단결을 파괴하고, 소련 대국주의를 지지하는 국제공산주의 노선이 약소국가의 이해를 침해하기 때문에 공산주의를 반대했다고 주장했다. 金學俊(1986. 2.), 「本誌〈金日成會見記〉への反論」, 『世界』, 제485호.

1491 1920년 전후 임정 국무총리이자 고려공산당 상해파 당수 이동휘가 김구에게 공산혁명을 같이 하자고 제안하자 김구는 "우리가 공산혁명을 하는 데 제3국제당(코민테른)의 지휘·명령을 받지 않고 우리가 독자적으로 공산혁명을 할 수 있습니까?"라고 반문했다. 이동휘는 고개를 저으며 "불가능하오"라고 답했다. 그러자 김구는 강경한 어조로 "우리 독립운동은 우리 한민족의 독자성을 떠나서 어느 제3자의 지도·명령의 지배를 받는 것은 자존성을 상실한 의존성 운동입니다. 선생은 우리 임시정부 헌정에 위배되는 말을 하심이 크게 옳지 못하니, 제(弟)는 선생의 지도를 따를 수 없으며 선생의 자중을 권고합니다"라고 밝혔다. 김구 지음, 도진순 주해(1997), 『백범일지』, 돌베개, 310쪽.

1492 백찬기는 경기도 연천 출생으로 1935년 당시 24세였다. 그는 김구파 소속 중국 중앙육군군관학교 제11기생(예비반) 출신이자 1934년 12월 김구파가 창설한 '한국특무대독립군' 대원으로 활동한 인물이다. 국사편찬위원회(2000),

『한민족독립운동사 자료집(43)』, 167쪽.

1493 愚民(1936. 3. 15.), 「我獨立運動의 動向」, 『한민』, 창간호.

1494 1945~1949년 김구의 비서로 활동했던 안우생에 따르면, 1945년 김구는 김일성과 연공합작(聯共合作)을 위해 리충모를 밀사로 파견했지만, 산서성 태원까지 이르러 동북에로의 통로를 탐색하느라 지체해 중도에서 8·15를 맞게 되었으며, 밀사 파견은 김구와 조완구, 안우생만이 아는 비밀이었다. 김종항·안우생(1986), 「민족 대단합의 위대한 경륜」, 『인민들 속에서(39)』, 조선로동당출판사, 11쪽; 김학준(1986. 2), 「本誌〈金日成會見記〉への反論」, 『世界』, 제485호.

1495 1945년 12월 20일 당시 임정 국무위원 성주식(成周寔)은 기자회견에서 "임정의 기본노선은 좌우익이 서로 손잡는 것이며, 공산주의가 통일에 방해된다는 것은 이승만의 개인 의견일 뿐이고 (…) 임시정부는 남북을 한데로 뭉쳐 전국적 통일 공작을 계획하고 있다. 이 박사는 임정에 협력하나 임정과 독촉이 협력할 필요는 없다"고 발언했다. 〈서울신문〉 1945년 12월 21일 자.

1496 조선인민공화국은 김구와 이승만이 국무위원 취임을 거절하자 임정과 인공을 모두 해체하고 양측이 정부 기구를 반반 동수로 참여하자는 합작을 주장했다. 반면, 임정은 인공이 임정에 흡수(임정의 국무위원 구성을 그대로 두고 새로 1, 2석의 국무위원직을 신설하고 그것을 인공 간부들이 맡는 조건)될 것을 주장했다. 결국 비공개적으로 진행된 양측의 합작 협상은 성사될 리 없었다. 그러자 조선공산당 박헌영은 12월 12일 "망명정부가 일종의 임시정부인 것처럼 신문지 기타 선전 운동에 전력을 경주하고 있는 것은 통일을 위한 노력이 아니라 도리어 분열을 조장하는 행동이라 아니할 수 없다. (…) 그분들은 왕가(王家)적 전제군주(專制君主)적 생활의 분위기에서 해탈하고 나와서 (…) 조선인의 새로운 공기를 흡입할 필요가 있다"고 질타했다. 특별정치위원회 중앙위원은 조소앙, 김붕준, 김성숙, 최동오, 장건상, 유림, 김원봉 등으로 좌파 국무위원과 합작파와의 면면이었다. 〈서울신문〉 1945년 12월 25일 자; 양동안(1997), 「1945~49년 기간에 있어서 김구와 그의 추종세력의 정치활동에 관한 연구」, 『한국의 정치와 경제』, 제10집; 유병용(1995), 「광복 후 중경임시정부의 통일전선운동」, 『대한민국 임시정부와 좌우합작운동』, 한울아카데미, 171~219쪽.

1497 〈서울신문〉 1946년 10월 9일 자; 허정(1979), 『내일을 위한 증언』, 샘터사, 130쪽.

1498 〈동아일보〉 1946년 11월 18일 자.

1499 조갑제(2009. 9.), 「김구, "공산군 남침, 공화국 세울 것"이라면서 주한미군 철수 주장」, 『월간조선』; 정안기, 「'김구 유어만 대화 비망록'의 진실」, 〈아시아투데이〉 2024년 3월 10일 자.

1500 김구 지음, 도진순 주해(1997), 『백범일지』, 돌베개, 33쪽.

1501 오면직(1936. 12.), 「余が觀た金九及其の一黨」, 『思想彙報』, 제9호.

1502 『장강일기』의 주인공 정정화는 김구의 중국어 실력과 관련해 "백범은 중국 말이 서툴렀기 때문에 운남 사람이라고 행세했다. 중국에는 사투리가 심하여 남방의 어느 외진 섬에서 왔다고 하면 그런대로 통할 수 있었다"고 했다. 김구도 『백범일지』에서 1932년 4월 윤봉길 폭살테러 사건 이후 절강성(浙江省) 가흥(嘉興)으로 피신해 있으면서 광동(廣東) 출신 장진구(張震球) 행세를 했다고 밝혔다. 피신 생활의 곤란과 관련해서 "중국 남부의 광동인으로 행세했지만, 중국말을 너무도 모르는 데다 광동 말은 상해 말과 또 다르니 나는 벙어리나 다름이 없었다"고 고백했다. 1944년 중경 임정의 정치고문을 지낸 사오위린[邵毓麟]도 "김구가 의사를 충분히 전달할 만큼 중국어 실력이 뛰어나지 않음을 알고 있었기 때문"에 항상 중국어에 능통한 한인 통역을 대동해야 했다. 그는 자신이 회의 석상에서 발언하면 "김구는 다만 조용히 앉아서 내가 발언하는 내용을 들으며 나의 표정을 자세히 살피기만 했다. 당시 내가 짐작한 대로 김구는 원래 마의상법(麻衣相法)을 깊이 연구한 사람이라서 관상을 잘 보았다"고 증언했다. 사오위린의 회고는 중국어를 알아듣지 못하는 김구가 유년기에 독학으로 터득한 관상술을 활용해서 국민당 정부 고급 외교관을 상대했음을 시사한다. 황당하지만, 이른바 '관상외교(觀相外交)'다. 정정화(1998), 『장강일기』, 학민사, 133쪽; 김구 지음, 도진순 주해(1997), 『백범일지』, 돌베개, 344쪽; 사오위린 지음, 이용빈 외 옮김(2017), 『한국 외교 회고록』, 한울, 108~109쪽.

1503 관련해서 북조선51기념공동준비위원회는 "중국에 있을 때 '임정'과 그들의 주석을 부인하는 진보적 청년들을 자기들 손으로 또는 팟쇼의 손을 빌려 죽

인 사실은 한두 번이 아니었다. 그들은 청년들의 진보적 사상을 호랑이 이상으로 무서워했다. 진보적 청년들은 그들 앞에는 하나도 없었다. 죽이고 쫓아버리고 도망가고 했다. 진보적 문헌을 읽은 청년을 모조리 없애버렸다. 오직 팟쇼적이고 봉건적 사상의 소유자만이 그들 '임정'의 간판 밑에서 밥을 얻어먹고 지낼 수 있었다. (…) '임정'은 조선 봉건세력의 복벽운동을 위한 한 개의 집체이다. 인민과는 하등 관계도 없는 반인민·반민주의 집체이고, 그들의 지위욕을 만족시키는 도구이다"라고 질타했다. 북조선51기념공동준비위원회(1946. 5.), 『팟쇼·반민주분자의 정체』, 14쪽.

1504 김영진(2007), 「윤해 저격 사건으로 본 상해지역 민족운동 내부의 갈등」, 『사림』, 제29호.

1505 조철행(2013), 「윤해의 독립운동」, 『한국인물사연구』, 제20호; 조철행(2013), 「독립운동가 윤해 행적의 복원」, 『기록인』, 제24호.

1506 김구 지음, 도진순 주해(1997), 『백범일지』, 돌베개, 312쪽.

1507 김철수는 "임정 측에서는 이 돈 20만 원을 노리고 김상옥을 시켜 윤해에게 총을 쏘아 폐(肺)를 뜯었던 것"이라고 증언했다. 김철수(1998), 「본대로, 드른대로, 생각난대로, 지어 만든대로」, 『지운 김철수』, 한국정신문화연구원 편집부, 17쪽.

1508 윤해 암살 테러 이후 2개월이 지난 1922년 12월 말 김상옥은 재차 김구의 지령을 받고 테러 활동과 의연금 징수 지령을 받고 국내로 잠입했다. 1923년 1월 12일 종로경찰서 투탄 테러와 함께 삼판통과 효제동 일대에서 일본 경찰과 대치하며 총격전을 벌였다. 그는 1월 22일 효제동 은신처를 포위한 경찰과 총격전의 와중에서 최후의 일발로 자살했다. 김상옥·나석주 열사 기념사업회(1986), 『김상옥·나석주 항일실록』, 111~161쪽.

1509 북조선51기념공동준비위원회(1946. 5.), 『팟쇼·반민주분자의 정체』, 39~42쪽.

1510 한도신(韓道信)도 상해에 거주하던 한인 유학생들 가운데 공부도 하지 않고 빈둥거리면서도 돈 잘 쓰는 이들은 밀정이란 의혹을 받게 마련이었고, 사실로 밝혀지면 즉시 김구 수하들에게 붙잡혀가 다시 볼 수 없었다고 한다. 그래서 "어느 어느 청년이 왜 요새 안 보이느냐고 하면 남편이나 다른 운동가들은 그저 '뭐 고국으로 갔겠지' 또는 '더 알 필요가 없다'는 정도로 말을 끝냈다"고

증언했다. 한도신 기록, 김동수·오연호 정리(2016), 『꿈갓흔 옛날 피압흔 니야기』, 민족문제연구소, 175쪽.

1511 김명수(1985), 『명수산문록』, 삼형문화, 28쪽.

1512 1920년대 전반 〈동아일보〉 상해 특파원으로 활동했던 유광렬은 임정과 독립운동에 대해서 "나는 국내에서 생각하기에는 해외의 독립운동이 상당히 진전된 줄로 알았다가 상해에서 각지에서 모여든 독립운동자의 국민대표회의에서 벌어진 파쟁과 분열을 보고 환멸을 느끼었다. 7월의 어떤 비가 몹시 쏟아지던 날, 나는 많은 실망을 가슴에 안은 채 귀국의 길을 떠났다. (…) 그때 나의 생각에는 우리 운동은 해외보다 국내가 더 중요하다고 생각하였었다"고 회상했다. 상해를 방문한 다수의 진보적인 청년·학생들도 유광렬과 같은 심정이었을 것이다. 유광렬(1969), 『기자 반세기』, 서문당, 195~196쪽.

1513 대한민국국회도서관(1976), 『한국민족운동사사료(중국편)』, 대한민국국회도서관, 738쪽.

1514 이정규(1974), 『우관문존』, 삼화인쇄, 92쪽.

1515 상해 한인들 다수가 거주한 프랑스 조계는 삶과 죽음이 쉽게 엇갈리는 정치적 공간이었고, 그 경계선은 바로 북서천로(北西川路)였다. 임정 제15대 임시의정원 의장과 국무위원을 역임한 김붕준의 큰 딸 김효숙에 따르면, "불란서 조계지에 살고 있는 한민족은 북사천로가 사선으로 우리 애국지사는 이 선을 가볍게 넘나들지 못하며 살아왔다. 그러니까 이 사선을 맘대로 넘나드는 사람은 친일파요, 아니면 스파이에 속했다. 그리하여 이 죽음의 선을 중심하고 많은 애국자가 희생당하기도 하고, 아니면 스파이로 인정되어 가차 없이 척결을 가하기도 하였었으니 그야말로 정말로 '죽을 사' 자의 사선(死線)이었다"고 증언했다. 바꾸어 말하면, 상해 임정은 프랑스 조계 치외법권을 활용해서 민족과 반민족, 친일과 반일, 삶과 죽음의 철조망을 치고 인간 가두리 양식장을 만들어 재상해 교민들에 대한 통제, 억압, 약탈, 폭력을 일삼았다. 김효숙(1996), 『상해 대한민국 임시정부와 나』(미간행본), 3쪽; 조덕천(2009), 「상해시기(1919~1932) 대한민국 임시정부 구성원의 생활사 연구」, 안동대학교 대학원 석사논문, 15쪽.

1516 김사량(2002), 『노마만리』, 실천문학사, 228~229쪽.

1517   사회과학원 력사연구소(1980), 『조선 전사(15) 근대 편(3)』, 과학·백과사전 출판사, 222쪽.

1518   김구 지음, 도진순 주해(1997), 『백범일지』, 돌베개, 22쪽.

1519   김구의 양산학교 제자 오면직은 "이런 비참한 환경에서 생장한 김구는 7~8세 유년 시절부터 이미 특수계급인 양반 또는 자산가에 대한 불평을 품고 그 반항 행동으로 식도(食刀)를 들고 강 씨와 이 씨 집에 돌진한 일도 있었고, 항상 양반의 압박에 반항했다"고 증언했다. 오면직(1936. 12.), 「余が觀た金九及其の一黨」, 『思想彙報』, 제9호.

1520   김구 지음, 도진순 주해(1997), 『백범일지』, 돌베개, 155쪽.

1521   김구 지음, 도진순 엮고 보탬(2007), 『백범어록』, 돌베개, 87~88쪽; 〈동아일보〉 1946년 7월 7일 자.

1522   1932년 4월 윤봉길 폭살테러와 관련해서 김사량은 "이네들(임정 요인들)은 이 기회를 이용하여 자기네의 공로로서 국민 정부에 이 의거를 팔아넘겨 보기 좋게 시세를 얻은 것이다. 당시의 살림살이들이 말이 아니었던 판이라 장개석의 도움을 받는 데 유리할 듯하여 이러한 홍정까지 아니할 수 없었다"고 질타했다. 장개석은 1933년 3월부터 매달 임정 앞으로 당시 미곡 500석 값에 상당하는 5천 원의 생활비를 지급했다. 남파박찬익전기간행위원회(1989), 『남파 박찬익 전기』, 을유문화사, 215쪽; 김사량(2002), 『노마만리』, 실천문학사, 228~229쪽.

1523   1943년 3월 22일 자 잡지 『정로(正路)』는 「김구 씨의 실체」라는 기사에서 "재중경 조선 임시정부 수석 김구 씨는 호랑이로 알려져 있다. 그는 정적에 대한 취급은 항상 잔인하고 가혹했다. 그의 행동은 너무나 악질적"이었다고 질타했다. 국사편찬위원회(1999), 『북한관계사료집(25)』, 314~315쪽.

1524   인촌 김성수 암살과 관련해서 주한 미육군사령부 정보참모부가 작성한 일일보고서 1947년 3월 17일자에 따르면, "김구가 한국당 김성수 암살을 시도했다(KIM, Koo has attempted to have KIM, Seung Soo, Chairman of the Hankook Party, assassinated)"고 밝히고 있다. 또한 1948년 3월 30일 자 이승만이 로버트 올리버 앞으로 발송한 서신에서 "김구가 자신과 조병옥과 수도 경찰청장 장택상을 암살할 음모를 꾸몄다는 것이다. 이들 세 사람에게는 모

두 특별경찰 경호원들이 배치되어 있었다"고 밝혔다. 실제로 이승만은 지속적인 암살 위협에 시달렸다. 자택으로 자동차 진입로에 다이너마이트가 매립된 사건을 포함해서 그의 목숨을 노린 분명한 시도가 3차례나 있었다. 그래서 프란체스카 여사는 내외가 함께 자동차를 타고 다닐 때는 자신의 몸을 앞으로 구부린 상태를 유지해서 만약 암살자가 차로 돌진할 경우 이 박사 위로 자신의 몸을 던질 준비를 하고 있었다고 로버트 올리버에게 말한 적이 있다. 주한미육군사령부정보참모부 편(1896), 『미육군정보보고서(3)』, 일월서각, 600쪽; 로버트 T. 올리버 지음, 한준석 옮김(2013), 『이승만의 대미 투쟁 (1942~1960)』, 비봉출판사, 260쪽.

1525   2023년 8월 15일 그동안 종북 주사파로 활동하다가 전향해 '586 설거지론'을 주장하며 '민주화운동동지회'를 출범시킨 민경우의 고백이다. 〈조선일보〉 2023년 9월 11일 자.

참고문헌

회고(한글)

곽임대(1973), 『못 잊어 화려강산』, 대성문화사.

구익균(1994), 『새역사의 여명에 서서』, 일월서각.

김도연(1967), 『나의 인생백서』, 강우출판사.

김두한(1963), 『피로 물들인 건국 전야』, 연우출판사.

김명수(1985), 『명수산문록』, 삼형문화.

김신(2013), 『조국의 하늘을 날다』, 돌베개.

김용식(1993), 『새벽의 약속』, 김영사.

김자동(2012), 『상해 일기』, 두꺼비.

김준엽 편(1995), 『석린 민필호 전(傳)』, 나남출판.

김준엽(1988), 『장정』, 나남.

김태영·문영기(2022), 『테러리즘의 스펙트럼』, 박영사.

김홍일(1972), 『대륙의 분노』, 문조사.

나영균(2004), 『일제시대, 우리 가족은』, 황소자리.

남파박찬익전기간행위원회(1989), 『남파 박찬익 전기』, 을유문화사.

박갑동(1991), 『통곡의 언덕에서』, 서당.

박노섭 외(2016), 『범죄수사학』, 경찰공제회.

박은혜(1955), 『난석소품』, 경기여자중·고등학교학도호국단.

배은희(1955), 『나는 왜 싸웠나』, 일신.

백남훈(1968), 『나의 일생』, 신현실사.

신영길(2004), 『신영길이 밝히는 역사현장』, 선지당.

심지연(2000), 『송남헌 회고록』, 한울.

안병무(1988), 『칠봉사 따오기』, 범우사.

여연구(2001), 『나의 아버지 여운형』, 김영사.

우승규(1978), 『나절로 만필』, 탐구당.

유광렬(1969), 『기자 반세기』, 서문당.

유기석 지음, 임원빈 옮김(2010), 『30년 방랑기』, 국가보훈처.

유홍(1976), 『유홍』, 의당유홍선생자서전출판동지회.

윤치영(1991), 『윤치영의 20세기』, 삼성출판사.

이강훈(1994), 『민족해방운동과 나』, 제삼기획.

이규창(1992), 『운명의 여신(餘燼)』, 보연각.

이상돈(1969), 『회상 반세기』, 통문각.

이은숙(2017), 『서간도시종기』, 일조각.

이인(1974), 『반세기의 증언』, 명지대학교출판부.

이정규(1974), 『우관문존』, 삼화인쇄.

이정식 편(1988), 『혁명가들의 항일 회상』, 민음사.

이철승·박갑동 편(1998), 『대한민국, 이렇게 세웠다』, 계명사.

임영신(2008), 『나의 40년 투쟁사』, 민지사.

장택상(1993), 『대한민국과 나』, 창랑장택상기념사업회.

정정화(1998), 『장강일기』, 학민사.

정화암(1992), 『정화암 회고록』, 자유문고.

조병옥(1959), 『나의 회고록』, 민교사.

최갑룡(1996), 『황야의 검은 깃발』, 이문출판.

최명식(1970), 『안악사건과 3·1운동과 나』, 긍허전기편찬위원회.

한국정신문화연구원 한민족문화연구소 편(2001), 『내가 겪은 해방과 분단』, 선인.

한국정신문화연구원 편집부(1999), 『지운 김철수』, 한국정신문화연구원.

한국종교협의회(1979), 『백강회고록』, 한국종교협의회.

한도신 기록, 김동수·오연호 정리(2016), 『꿈갓흔 옛날 피압흔 니야기』, 민족문제연구소.

허정(1979), 『내일을 위한 증언』, 샘터사.

홍원길(1978), 『청곡회고록』, 태양출판사.

번역(한글)

거스 마틴 지음, 김계동 외 옮김(2008), 『테러리즘 개념과 쟁점』, 명인문화사.

님 웨일즈·김산 지음, 송영인 옮김(1984), 『아리랑』, 동녘.

도널드 스턴 맥도널드 지음, 한국역사연구회 옮김(2001), 『한미관계 20년사 (1945~1965)』, 한울아카데미.

도미타 세이이치 지음, 우정미 옮김(2013), 『식민지 조선의 이주 일본인과 지역사회』, 국학자료원.

레너드 호그 지음, 신복룡 외 옮김(1992), 『한국분단보고서』, 풀빛.

로버트 T. 올리버 지음, 한준석 옮김(2013), 『이승만의 대미 투쟁』, 비봉출판사.

로버트 T. 올리버 지음, 황정일 옮김(2002), 『신화에 가려진 이승만』, 건국대학교출판부.

리차드 로빈슨 지음, 정미옥 옮김(1988), 『미국의 배반』, 과학과사상.

마크 게인 지음, 까치편집부 옮김(1986), 『해방과 미군정』, 까치.

브루스 커밍스 지음, 김동노 외 옮김(2001), 『한국현대사』, 창작과비평사.

브루스 커밍스 지음, 김자동 옮김(1986), 『한국전쟁의 기원』, 일월서각.

사오위린[邵毓麟] 지음, 이용빈 외 옮김(2017), 『한국 외교 회고록』, 한울.

새뮤얼 헌팅턴 지음, 이희재 옮김(1997), 『문명의 충돌』, 김영사.

석원화 외 엮음, 김승일 외 옮김(2001), 『신보(申報) 대한민국 임시정부 관계기사 선집(1910~1946)』, 범우사.

에릭 홉스봄 지음, 이원기 옮김(2008), 『폭력의 시대』, 민음사.

이미륵 지음, 정규화 옮김(1989), 『그래도 압록강은 흐른다』, 범우사.

이사벨라 버드 비숍 지음, 신복룡 옮김(200), 『조선과 그 이웃 나라들』, 집문당.

이화림 구술, 장찬제·순징리 엮음, 박경철·이선경 옮김(2015), 『이화림 회고록』, 차이나하우스.

조너선 바커 지음, 이광수 옮김(2007), 『테러리즘, 폭력인가 저항인가?』, 이후.

조지 애쉬모어 피치 지음, 권기돈 옮김(2018), 『조지 피치와 대한민국』, 김구재단.

존 코넬리 지음, 허승철 옮김(2023), 『동유럽사』, 책과함께.

찰스 타운센드 지음, 심승우 옮김(2010), 『테러리즘, 누군가의 해방투쟁』, 한겨레출판.

테리 이글턴 지음, 서정은 옮김(2007), 『성스러운 테러』, 생각의나무.

하야시 다케히코 지음, 최현 옮김(1986), 『한국 현대사』, 삼민사.

호러스 G. 언더우드 지음, 주장돈 옮김(2002), 『한국전쟁, 혁명 그리고 평화』, 연세대학교출판부.

호춘혜(胡春惠) 지음, 신승하 옮김(1978), 『중국 안의 한국독립운동』 단국대학교출판부.

황현 지음, 허경진 옮김(2006), 『매천야록』, 서해문집.

자료 1(한글)

고려대학교100년사편찬위원회(2008), 『고려대학교100년사』, 고려대학교출판부.

국가보훈처·국사편찬위원회 편(2016), 『(프랑스 외무부 문서보관소 소장) 한국독립
　　운동 자료』.

국사편찬위원회 편(1959), 『동학란기록』.

국사편찬위원회 편(1968), 『자료대한민국사』.

국사편찬위원회 편(1993), 『주한일본공사관기록』.

국사편찬위원회 편(1999), 『북한관계사료집』.

국사편찬위원회 편(2003), 『소련 군정 문서』.

국사편찬위원회 편(2004), 『한국근대사자료집성』.

국사편찬위원회 편(2013), 『독립운동과 징병, 식민 경험의 두 갈래 길』.

국사편찬위원회(1968), 『한국독립운동사 자료』.

국사편찬위원회(1987), 『한민족독립운동사 자료집(4)』.

국사편찬위원회(2000), 『한민족독립운동사 자료집』.

국사편찬위원회(2002), 『요시찰한국인거동』.

국사편찬위원회(2009), 『대한민국임시정부자료집』.

국토통일원(1987), 『통일문제관련자료집』, 국토통일원.

국회도서관수서관리국 편역(1997), 『도산안창호자료집』, 국회도서관.

기독교대백과사전편찬위원회(1984), 『기독교대백과사전』, 기독교문사.

기당현상윤전집간행위원회 편(2008), 『기당 현상윤 전집(5)』, 나남.

대한민국국회도서관 편(1976), 『한국민족운동사료(중국편)』.

도산안창호선생전집편찬위원회(2000), 『도산안창호전집』, 도산안창호선생기념사업회.

독립기념관 한국독립운동사연구소 편(1998), 『김구선생혈투사』, 국학자료원.

독립운동사편찬위원회 편(1976), 『독립운동사 자료집』.

독립운동사편찬위원회(1974), 『독립운동사 자료집』.

동아일보사사편찬위원회 편(1975), 『동아일보사사』, 동아일보사.

동양학연구소 편(2004), 『이봉창의사재판관련자료집』, 단국대학교출판부.

매헌윤봉길의사기념사업회 편(1970), 『매헌윤봉길의사유고』.

매헌윤봉길의사의거제60주년기념사업추진위원회(1992), 『도록 윤봉길 의사』.

매헌윤봉길전집편찬위원회(2012), 『매헌윤봉길전집』, 매헌윤봉의사기념사업회.

몽양여운형선생전집발간위원회(1993), 『몽양여운형전집(2)』, 한울.

무정부주의운동사편찬위원회(1978), 『한국아나키즘운동사』, 형설출판사.

미24군단군사과(1948), 『주한미군사』.

백범김구선생전집편찬위원회(1999), 『백범김구전집』, 대한매일신보사.

보성전문학교(1942), 『보성전문학교일람』.

북조선51기념공동준비위원회(1946), 『팟쇼·반민주분자의 정체』.

사회과학원 력사연구소(1980), 『조선 전사』, 과학·백과사전출판사.

서울역사편찬원(2019), 『미군정방첩대 서울 문서』, 서울역사편찬원.

서울특별시경찰국사찰과(1955), 『한국정당사·사찰요람』, 서울대학교 한국교육사고.

수도관구경찰청 편(1947), 『(해방이후) 수도경찰발달사』.

안악군민회(1976), 『안악군지』, 안악군민회.

안중근기념사업회 편(1909), 『안응칠역사』.

연세대학교 현대한국학연구소(1998), 『우남이승만문서』.

오소백 편(1962), 『우리는 이렇게 살아왔다』, 광화문출판사.

윤치호 지음, 박미정 옮김(2015), 『(국역) 윤치호 영문일기』, 국사편찬위원회.

이봉창의사장학회(2002), 『이봉창 의사와 한국 독립 운동』, 단국대학교출판부.

전현수(2004), 『쉬띄꼬프 일기』, 국사편찬위원회.

주한미육군사령부정보참모부 편(1996), 『미육군정보보고서(3)』, 일월서각.

한국문헌연구소 편(1990), 『사법품보』, 아세아문화사.

해방20년편찬회(1965), 『해방20년』, 세문사.

자료 2(일문)

上海總領事 山崎馨一(1920), 「重要ナル排日派鮮人ノ略歷送附ノ件」.

荻野富士夫 編·解題(1993), 『特高警察關係資料集成(第3卷)』, 高麗書林

鎭南浦商業會議所(1930), 『鎭南浦を中心とせる多期の大同江』, 鎭南浦商業會議所.

前田力編(1926),『鎭南浦府史』, 鎭南浦府史發行所.

日本外務省(1905),『外務省記錄』.

金正柱 編(1967),『朝鮮統治史料』, 韓國史料研究所.

警保局 保安課(1932),「議會資料」.

亞細亞局(1932),『最近支那關係第問題摘要』.

日本外務省(1989),『日本外務省特殊調査文書』, 高麗書林.

朝鮮總督府 警務總長(1920),「韓人社會黨約法ニ関スル件」.

在間島吉田憲兵大尉所報(1911)「局子街墾民教育會ニ関スル件」.

浦潮斯德派遣 通譯官(1912),「1月下旬浦潮地方在留鮮人情報」.

局子街分館主任 岩永覺重(1913),「朝鮮人墾民會ニ関スル件報告」.

朝鮮憲兵隊(1914),「露國官憲ノ排日團體ニ對スル態度ノ進歩」.

在琿春副領事 秋洲郁三郎(1919),「排日鮮人金立ノ演説ニ関スル件」.

朝鮮憲兵隊(1918),「李東輝及金立等ニ関スル件」.

在浦潮斯德 日本總領事 菊池義郎(1919),「李東輝ニ関スル件」.

姜德相(1967),『現代史資料(26)』みすず書房.

在魯高麗革命軍隊文明部(1922),「在魯高麗革命軍隊沿革」.

浦潮斯德總領事代理領事 渡邊理惠(1923),『在露反日鮮人團體機密文書送付ニ関スル件』.

金正明編(1967),『朝鮮獨立運動』, 原書房.

在上海總領事 船津辰一郎(1922),「共産黨首領金立殺害ニ関スル件(1)」.

朝鮮總督府 警務局長(1921),「在上海不逞鮮人ノ內訌ニ関スル件」.

朝鮮總督府 警務局長(1921),「上海情報」.

朝鮮總督府警務局保安課(1936),「高等警察報」.

在上海日本總領事(1933),「安恭根ノ佛工部局ニ提出シタ陳情書ノ件報告」.

上海總領事 山崎馨一(1920),「重要ナル不逞鮮人ノ略歷送付ノ件」.

朝鮮總督府警務局長(1924),「在上海朝鮮人玉觀彬ノ言動ニ關スル件」.

朝鮮總督府警務局長(1936),「玉觀彬暗殺犯人ニ關スル件」.

在上海事務官 一杉藤平(1935),「對金九特種工作ニ關スル件」.

朝鮮總督府警務局長(1924),「在上海朝鮮人玉觀彬ノ言動ニ關スル件」.

在上海日本總領事館警察部第二課(1946), 『朝鮮民族運動年鑑』.

在上海總領事 失田七太郎(1924), 「爆彈供給犯人玉觀彬移送ニ關スル件」.

大日本陸軍步兵少尉 鈴木彰(1895), 『黃海道東學黨征討略記』.

內部警務局長 松井茂(1909), 「安重根ノ家系調査報告」.

高等法院檢事 村田左文(1937), 「上海及南京方面ニ於ケル朝鮮人狀況」.

荻野富士夫編·解題(1993), 『特高警察關係資料集成』, 高麗書林.

一杉藤平(1935), 「對金九特種工作ニ關スル件」.

京城地方法院檢事局編(1930), 『呂運亨訊問調書判決書』, 朝鮮總督府.

京城日報社編(1944), 『半島學徒出陣譜』.

朝鮮總督府(1911), 『朝鮮總督府官報』.

신문·잡지 1(한글)

중앙일보, 오마이뉴스, 뉴시스, 동아일보, 조선인민보, 정경문화, 독립신문, K스피릿, 조선일보, 신천지, 한민, 서울신문, 월간조선, 아시아투데이, 매일신보, 경성일보, 월간조선, 삼천리, 배달공론, 서북학회월보, 대동공보, 권업신문, 카톨릭청년, 독립기념관, 신한민보, 조선은행회사요록, 동광, 배달상보, 태평양주보, 통일로, 조선중앙일보, 세대, 대한매일신보, 경향잡지, 학지광, 신동아, 개벽, 신태양, 사상계, 월간중앙, 민족지성, 경향신문, 계간사상, 창작과비평, 대동신문, 역사비평, 월간다리, 주간조선, 재건, 자유신문, 한겨레, 모닝포커스, 혜성, 한성일보, 국도신문, (주간)태평양.

신문·잡지 2(일문)

世界, 思想彙報, 東京朝日新聞, 大阪朝日新聞, 時事新報, 東京朝日新聞, 平南高秘, 國際タイムス,

신문·잡지 3(중문)

國聞通信, 上海韓聞, 申江日報, 時報, 大公報, 上海日報, 蔣介石日記, 北平晨報, 杭州報, 文史春秋, 時事新報, 上海報, 大晚報.

신문·잡지 4(영문 등)

The North-China Herald, China Times, Shanghai Evening Post & Mercury, china press, weekly review, North China Daily News, The Daily Telegraph, The Times, The New York Times, New York Herald Tribune, Le Petit Parisien, L`Ouest-Éclair.

저서 1(한글)

강영훈(1999), 『도산 안창호의 생애』, 도산안창호선생기념사업회.

강원용(2003), 『나의 현대사』, 한길사.

강진호 외(2009), 『총서 '불멸의 력사' 용어사전』, 소명출판.

고준석(1989), 『해방 1945~1950』, 한겨레.

고하선생전기편찬위원회 편(1990), 『독립을 향한 집념』, 동아일보사.

공진성(2010), 『테러』, 책세상.

권오기(1985), 『인촌 김성수』, 동아일보사.

김강혁·라성철(2021), 『통일의 길에 이름을 남긴 애국인사들』, 평양출판사.

김광 지음, 이민원·양수지 옮김(2017), 『나의 친구 윤봉길』, 선인.

김광재(2012), 『어느 상인 독립군 이야기』, 선인.

김교식(1969), 『광복20년』, 계몽사.

김교식(1984), 『송진우』, 계성출판사.

김교식(1984), 『한국의 인물, 장덕수』, 계성출판사

김구 지음, 도진순 엮고보탬(2007), 『백범어록』, 돌베개.

김구 지음, 도진순 주해(1997), 『백범일지』, 돌베개.

김구 지음, 도진순 탈초·교감(2016), 『정본 백범일지』, 돌베개.

김구 지음, 엄항섭 엮음(1989), 『도왜실기』, 범우문고.

김국후(2008), 『평양의 소련 군정』, 한울.

김대중 엮음(2007), 『여운형을 말한다』, 아름다운책.

김병화(1980), 『한국사법사』, 일조각.

김사량(2002), 『노마만리』, 실천문학사.

김상구(2014), 『김구 청문회』, 마법의책공방.

김상기(1997), 『한말의병연구』, 일조각.

김상기(2013), 『윤봉길』, 역사공간.

김상옥·나석주열사기념사업회(1986), 『김상옥·나석주 항일실록』.

김섭(1948), 『여운형살해사건진상기』, 독립신문사.

김영범(2010), 『혁명과 의열』, 경인문화사.

김윤식(1986), 『이광수와 그의 시대』, 한길사.

김준연(1947), 『독립노선』, 시사시보사.

김준연(1948. 9.), 『한국민주당소사』, 한국민주당선전부.

김창숙 지음, 심산사상연구회 엮음(2001), 『김창숙 문존』, 성균관대학교출판부.

김치관(2010), 『21세기 민족주의』, 통일뉴스.

김태영·문영기(2022), 『테러리즘의 스펙트럼』, 박영사.

김태호(1982), 『끝나지 않는 심판』, 삼민사.

김학준(1987), 『이동화평전』, 민음사.

김학준(1990), 『고하 송진우 평전』, 동아일보사.

김학준(2008), 『항일의 불꽃으로 산화한 매헌 윤봉길』, 동아일보사.

김학준(2013), 『북한의 역사』, 서울대학교출판문화원.

김혜련·정신혁(2018), 『민족대회합의 위대한 경륜』, 평양출판사.

노경채(1996), 『한국독립당 연구』, 신서원.

도진순(1997), 『한국민족주의와 남북관계』, 서울대학교출판부.

독립기념관·한국독립운동사연구소 편(1998), 『김구선생혈투사』, 국학자료원.

동아일보사 신동아편집실 편(1979), 『근대한국 명논설집』, 동아일보사.

무정부주의운동사편찬위원회(1978), 『한국아나키즘운동사』, 형설출판사.

박경수(2003), 『장준하』, 돌베개.

박노섭 외(2016), 『범죄수사학』, 경찰공제회.

박노자(2005), 『나는 폭력의 세기를 고발한다』, 인물과사상사.

박명수(2015), 『건국투쟁』, 백년동안.

박병엽 구술, 유영구 외 엮음(2010), 『김일성과 박헌영 그리고 여운형』, 선인.

박상섭(1985), 『자본주의 국가론』, 한울.

박영석(1981), 『만보산사건연구』, 아세아출판.

박용만(1965), 『제1공화국 경무대 비화』, 내외신서.

박태균(1994), 『현대사를 베고 쓰러진 거인들』, 지성사.

박태균(2021), 『버치문서와 해방정국』, 역사비평사.

박환(1995), 『러시아한인민족운동사』, 탐구당.

반민족문제연구소(1993), 『친일파99인』, 돌베개.

반병률(1998), 『성재 이동휘 일대기』, 범우사.

배경식(2008), 『올바르게 풀어쓴 백범일지』, 너머북스.

백범김구선생기념사업회(1987), 『김구주석최근언론집』, 삼일출판사.

서중석(1991), 『한국현대민족운동연구』, 역사비평사.

선우진(1972), 『위대한 한국인(9) 백범 김구』, 태극출판사.

선우휘(1986), 『노다지』, 동서문화사.

손과지(2000), 『상해한인사회사』, 한울.

손세일(1980), 『인권과 민족주의』, 홍성사.

손세일(2015), 『이승만과 김구』, 조선뉴스프레스.

송건호(2002), 『송건호전집』, 한길사.

송남헌(1976), 『해방30년사』, 성문각.

송남헌(1982), 『전환기의 내막』, 조선일보사.

송남헌(1985), 『해방3년사』, 까치.

송남헌(1990), 『시베리아의 투사』, 천산산맥.

수촌박영석교수회갑기념논총간행위원회(1992), 『한민족독립운동사논총』, 탐구당.

신복룡(2001), 『한국분단사연구』, 한울.

신용하(2003), 『백범 김구의 사상과 독립운동』, 서울대학교출판부.

신용하(2006), 『한국 항일 운동사 연구』, 경인문화사.

신채호(1923), 『조선혁명선언』, 의열단.

심지연(1982), 『한국민주당연구』, 풀빛.

심지연(2013), 『해방정국의 정치이념과 노선』, 백산서당.

안천(1999), 『김구 재평가와 안중근』, 교육과학사.

여운홍(1967), 『몽양 여운형』, 청하각.

오기영(1994), 『민족의 비원』, 모시는사람들.

오두환(1991), 『한국근대화폐사』, 한국연구원.

오장환(1998), 『한국 아나키즘운동사 연구』, 국학자료원

유기홍(2017), 『38선 위의 김구』, 미래엔.

윤경로(1990), 『105인 사건과 신민회 연구』, 일지사

윤대원(2008), 『상해시기 대한민국임시정부 연구』, 서울대학교출판부.

이강훈(1994), 『민족해방운동과 나』, 제삼기획.

이경남(1981), 『설산 장덕수』, 동아일보사.

이광수(1964), 『이광수전집』, 삼중당.

이기하 편(1987), 『한국의 정당』, 한국일보사.

이기하(1969), 『한국정당발달사』, 의회정치사.

이기형(1984), 『여운형 평전』, 실천문학사.

이덕일(2001), 『아나키스트 이회영과 젊은 그들』, 웅진닷컴.

이만규(1946), 『여운형선생투쟁사』, 총문각.

이명화(2002), 『도산 안창호의 독립운동과 통일노선』, 경인문화사.

이수정(2010), 『최신 범죄심리학』, 학지사

이영석(2018), 『건국전쟁』, 조갑제닷컴.

이영신(1993), 『비밀결사 백의사』, 알림문.

이인(1974), 『반세기의 증언』, 명지대학교출판부.

이전(1949), 『안중근혈투기』, 연천중학교기성회.

이전(1992), 『안중근혈투기』, 나라문화사.

이정식(2006), 『대한민국의 기원』, 일조각.

이정식(2008), 『여운형』, 서울대학교출판부.

이태호(1991), 『압록강변의 겨울』, 다섯수레.

이해환(1946), 『조선독립혈사』, 국노사

이현희(1994), 『춘산 이유필 연구』, 동방도서.

인촌기념회(1976), 『인촌 김성수전』, 인촌기념회.

임경석(2003), 『한국 사회주의의 기원』, 역사비평사.

임민영(1951), 『애국지』, 애국정신선양회.

장석홍(2016), 『안창호』, 한국독립운동사연구소.

정교 지음, 조광 엮음(2004), 『대한계년사』, 소명출판.

정병준(1995), 『몽양 여운형 평전』, 한울.

정병준(2023), 『1945년 해방 직후사』, 돌베개.

정시우(1946), 『독립과 좌우합작』, 삼의사.

정안기(2020), 『충성과 반역』, 조갑제닷컴.

정약용 지음, 박석무·정해염 옮김(1999), 『(역주)흠흠신서』, 현대실학사.

조규하 외(1972), 『남북의 대화』, 한일문고.

조덕송(1989), 『머나먼 여로』, 다다.

조덕송(1991), 『증언』, 다다미디어.

조선로동당출판사(1983), 『인민들 속에서(32)』,.

주요한(1990), 『안도산전서』, 범양사.

중앙일보 현대사연구팀(1979), 『발굴자료로 쓴 한국 현대사』, 중앙일보사.

중앙일보사특별취재반(1992), 『비록 조선민주주의인민공화국』, 중앙일보사.

채만식(1949), 『민족의 죄인』, 백민문화사.

최영희 엮음(1989), 『애산 이인』, 애산학회.

최영희(1996), 『격동의 해방3년』, 한림대학교 아시아문화연구소.

최혜주(1996), 『창강 김택영의 한국사론』, 한울아카데미.

한국반탁·반공학생운동기념사업회(1986), 『한국반탁·반공학생운동사』, 한국반탁·
    반공학생운동기념사업회출판국.

한국반탁·반공학생운동기념사업회(1986), 『한국학생건국운동사』.

한국사연구회 엮음(1995), 『근대 국민국가와 민족문제』, 지식산업사.

한국언론인회(1985), 『기자의 증언』, 청송.

한국정신문화연구원 편(1999), 『한국현대사인물연구』, 백산서당.

한국정신문화연구원 한민족문화연구소 편(2001), 『내가 겪은 해방과 분단』, 선인.

한림대학교 아시아문화연구소(1993), 『조선공산당문건자료집』, 한림대학교출판부.

한민성(1982), 『추적 여운형』, 갑자문화사.

한상도(1994), 『한국독립운동과 중국군관학교』, 문학과지성사.

한시준(2015), 『김구』, 한국독립운동사연구소.

한재덕(1965), 『김일성을 고발한다』, 내외문화사.

한홍구(2008), 『대한민국사』, 한겨레출판.

허정(1979), 『내일을 위한 증언』, 샘터사.

저서 2(일문)

影山好一郎(2019), 『第一次上海事変の研究』, 錦正社.

森川哲郎(1976), 『朝鮮獨立運動暗殺史』, 三一書房.

臼井勝美(1974), 『滿洲事變: 戰爭と外交と』, 中央公論社.

大杉榮(1996), 『日本脱出記』, 岩波書店.

近藤榮造(1949), 『コミンテルンの密使』, 文化評論社.

李景珉(2003), 『朝鮮現代史の岐路』, 平凡社.

森田芳夫(1969), 『朝鮮終戰の記録』, 巖南堂書店.

橋本明(2017), 『韓国研究の魁崔書勉』, 未知谷.

논문 1(한글)

공진성(2015), 「테러와 테러리즘」, 『현대정치연구』, 제8권 제1호.

권희영(1990), 「한인사회당연구」, 『한국사학』, 제11호.

김광재(2002), 「윤봉길의 상해의거와 '중국 측' 역할」, 『한국민족운동사연구』, 제33집.

김광재(2011), 「옥관빈의 상해 망명과 활동」, 『한국근현대사연구』, 제59집.

김광재(2012), 「상해시기 옥관빈 밀정설에 대한 비판적 검토」, 『한국근현대사연구』, 제63집.

김기승(2012 가을), 「의열투쟁과 테러의 차이점」, 『백범회보』, 제37호.

김영범(2013), 「의열투쟁과 테러 및 테러리즘의 의미연관 문제」, 『사회와 역사』, 제100집.

김영진(2007), 「윤해 저격 사건으로 본 상해지역 민족운동 내부의 갈등」, 『사림』, 제29호.

김영택(2007), 「8·15 해방당시 조선총독부가 여운형을 선택한 배경과 담판 내용」, 『한국학논총』, 제29호.

김용달(2014. 6.), 「한국독립운동의 특징, 의열투쟁과 자기희생성」, 『독립기념관』, 제316호.

김원덕(1989), 「한국의 정치·군사 상황에 관한 웨드마이어 보고서」, 『중국연구』, 제 8집.

김윤미(2021), 「일파 엄항섭의 독립운동과 대한민국 임시정부 활동」, 『한국독립운동 사연구』, 제75집.

김인식(2003), 「송진우 한국민주당의 중경임시정부 절대 지지론」, 『한국근현대사연 구』, 제24집.

김창수(1988), 「한인애국단의 성립과 활동」, 『한국독립운동사연구』, 제2집.

김혜수(1996), 「1946년 이승만의 사설정보조사기관 설치와 단독정부수립운동」, 『한 국근현대사연구』, 제5집.

도진순(1997), 「1895~96년 김구의 聯中 의병 활동과 치하포사건」, 『한국사론』, 제 38집.

木下隆男(2011), 「105인 사건과 청년학우회 연구」, 숭실대학교대학원, 박사학위 논문.

무용(2011), 「1947년 웨드마이어 사절단의 방한과 한국인의 대응」, 『한국사론』, 제 57집.

반병률(2005), 「김립과 항일민족운동」, 『한국근현대사연구』, 제32집.

반병률(2006), 「잊혀진 비극적 민족 혁명가, 김립」, 『내일을 여는 역사』, 제26집.

방기중(1996), 「1920~30년대 조선물산장려회 연구」, 『국사관논총』, 제67집.

배경한(2010), 「윤봉길의거 이후 장개석」, 『역사학보』, 제236호.

숙쟁(1983), 「중국국민당과 김구」, 『한국독립운동사 자료집』, 박영사.

신용하(1995), 「이봉창 농민운동과 민족독립운동」, 『한국학보』, 제21권 제4호.

심지연(1985), 「신탁통치문제와 해방정국」, 『한국정치학회보』, 제19집.

양동안(1997), 「1945~49년 기간에 있어서 김구와 그의 추종세력의 정치활동에 관한 연구」, 『한국의 정치와 경제』, 제10집

양동안(2001), 「1945~1948년 기간 중도제파의 정치활동에 관한 연구」, 『정신문화연 구』, 제24권 제3호.

양동안(2006), 「1948년 남북협상의 허와 실」, 『한국사시민강좌』, 제38집.

양윤모(2008), 「백범 김구의 '치하포사건'과 관련기록 검토」, 『고문서학』, 제22집.

오영섭(2007), 「개화기 안태훈(1862~1905)의 생애와 활동」, 『한국근현대사연구』, 제 40집.

오영섭(2015), 「안공근의 생애와 항일독립운동」, 『숭실사학』, 제35집.

유병용(1995), 「광복 후 중경임시정부의 통일전선운동」, 『대한민국 임시정부와 좌우합작운동』, 한울아카데미.

윤경로(2012), 「105인 사건 피의자들의 사건 이후 행적에 관한 소고」, 『한국기독교와 역사』, 제36집.

이명화(2014), 「'장덕진전' 해제」, 『한국민족운동사연구』, 제49집.

이정식(2002. 8.), 「여운형」, 『한국사시민강좌』, 제31집.

이호룡(2003), 「일제강점기 재중국 한국인 아나키스트들의 민족해방운동」, 『한국민족운동사연구』, 제35집.

임경석(2004), 「식민지시대 반일 테러운동과 사회주의」, 『역사와현실』, 제54호.

장석홍(2004), 「19세기 말 안태훈 서한의 자료적 성격」, 『한국학논총』, 제26집.

정무용(2011), 「1947년 웨드마이어 사절단의 방한과 한국인의 대응」, 『한국사론』, 제57집.

정병준(2006), 「미국 자료를 통해 본 백범 김구 암살의 배경과 미국의 평가」, 『역사와현실』, 제61호.

조관자(2000), 「반제국주의의 폭력과 멸죄의 힘」, 『문화과학』, 제24집.

조덕천(2009), 「상해시기(1919~1932) 대한민국 임시정부 구성원의 생활사 연구」, 안동대학교 대학원 석사논문.

조영록(2010), 「일제강점기 항주 고려사의 재발견과 중건주비회」, 『한국근현대사연구』, 제53호.

조일문(1992), 「김구의 추억」, 『한민족독립운동사논총』, 논총간행위원회.

조철행(2013), 「독립운동가 윤해 행적의 복원」, 『기록인』, 제24호.

조철행(2013), 「윤해의 독립운동」, 『한국인물사연구』, 제20호.

최병수(1998), 「대한민국 임시정부와 일파 엄항섭 지사」, 『충북사학』, 제10집.

최석우(2000), 「안중근의 의거와 교회의 반응」, 『한국교회사의 탐구(3)』, 한국교회사연구소.

최선웅(2008. 9.), 「설산 장덕수의 마르크스주의 국가관 비판 연구」, 『사총』, 제67호.

최선웅(2013. 12.), 「장덕수의 사회적 자유주의 사상과 정치활동」, 고려대학교 박사학위 논문.

최선웅(2014), 「한국민주당의 미소공동위원회 대응방안과 활동」, 『한국사학보』, 제 54호.

한상도(2014), 「안경근이 걸어간 한국근현대사」, 『한국민족운동사연구』, 제78집.

한시준(2000), 「안공근의 생애와 독립운동」, 『교회사 연구』, 제15집.

한시준(2001), 「이봉창 의사의 일왕 저격 의거」, 『한국근현대사연구』, 제17집.

한시준(2009), 「윤봉길 의사의 홍구공원의거에 대한 중국신문의 보도」, 『한국독립운 동사연구』, 제32집.

한철호(2002), 「1930년대 전반 한중연대와 항일운동」, 『한국근현대사연구』, 제22집.

홍선표(2018), 「윤봉길 의거에 대한 국내외 언론의 반응」, 『한국민족운동사연구』, 제 97집.

홍성찬(1996), 「일제하 평양지역 일본인의 은행설립과 연구」, 『연세경영연구』, 제3권 제2호.

황묘희(2008), 「윤봉길의 상해의거와 대한민국임시정부」, 『민족사상』, 제2권 제1호.

논문 2(일문)

武井義和(2009), 「1920年代初頭の上海における朝鮮人〈実業家〉」, 『愛知大学国際問 題研究所紀要』, 第134号.

인명색인

테러리스트 김구

테러리스트 김구

테러리스트 김구

테러리스트 김구

발행일   2024년 8월 15일 초판 1쇄
        2024년 9월 10일 초판 3쇄

지은이   정안기
발행인   고영래
발행처   (주)미래사

주소   서울시 마포구 토정로 195-1 정우빌딩 3층
전화   (02)773-5680
팩스   (02)773-5685
이메일   miraebooks@daum.net
등록   1995년 6월17일(제2016-000084호)

ISBN 978-89-7087-155-4 (03300)